# 武汉大学百年名典

## 作者简介

**萧萐父** 祖籍四川井研，1924年出生于成都。1947年毕业于武汉大学哲学系，师从万卓恒、张真如、金克木教授；曾在成都华阳中学等校任教，主编《西方日报·稷下》副刊，并被蒙文通先生聘为尊经国学专科学校西方哲学教席。1949年，参加接管华西大学，五十年代中到中央党校、北京大学进修。应李达校长重建哲学系的邀请，萧萐父重回武汉大学哲学系，任中国哲学史教研室主任，在这个岗位上兢兢业业工作了四十年，桃李天下，并悉心培养出一支具有武汉地区特色的中国哲学史学术梯队。作为武汉大学中国哲学教授、博导，中国哲学史学会副会长，长期从事中国哲学和文化的教学与研究，主要著述有：《中国哲学史》上下卷、《中国辩证法史稿》第一卷、《船山哲学引论》、《明清启蒙学术流变》、《王夫之评传》、《吹沙集》三卷、《鲲化鹏飞》、《吹沙纪程》、《萧氏文心》等，另有自编印诗书画集《缀玉集》存世。

图书在版编目(CIP)数据

萧萐父选集/萧萐父著．—武汉：武汉大学出版社，2013.9
武汉大学百年名典
ISBN 978-7-307-11031-1

Ⅰ.萧…　Ⅱ.萧…　Ⅲ.哲学—中国—文集　Ⅳ.B2-53

中国版本图书馆 CIP 数据核字(2013)第 119114 号

责任编辑：白绍华　　责任校对：刘　欣　　版式设计：支　笛

出版发行：武汉大学出版社　(430072　武昌　珞珈山)
(电子邮件：cbs22@whu.edu.cn　网址：www.wdp.com.cn)
印刷：武汉中远印务有限公司
开本：720×1000　1/16　印张：42.25　字数：603 千字　插页：4
版次：2013 年 9 月第 1 版　2013 年 9 月第 1 次印刷
ISBN 978-7-307-11031-1　定价：126.00 元

# 《武汉大学百年名典》出版前言

百年武汉大学，走过的是学术传承、学术发展和学术创新的辉煌路程；世纪珞珈山水，承沐的是学者大师们学术风范、学术精神和学术风格的润泽。在武汉大学发展的不同年代，一批批著名学者和学术大师在这里辛勤耕耘，教书育人，著书立说。他们在学术上精品、上品纷呈，有的在继承传统中开创新论，有的集众家之说而独成一派，也有的学贯中西而独领风骚，还有的因顺应时代发展潮流而开学术学科先河。所有这些，构成了武汉大学百年学府最深厚、最深刻的学术底蕴。

武汉大学历年累积的学术精品、上品，不仅凸现了武汉大学“自强、弘毅、求是、拓新”的学术风格和学术风范，而且也丰富了武汉大学“自强、弘毅、求是、拓新”的学术气派和学术精神；不仅深刻反映了武汉大学有过的人文社会科学和自然科学的辉煌的学术成就，而且也从多方面映现了20世纪中国人文社会科学和自然科学发展的最具代表性的学术成就。高等学府，自当以学者为敬，以学术为尊，以学风为重；自当在尊重不同学术成就中增进学术繁荣，在包容不同学术观点中提升学术品质。为此，我们纵览武汉大学百年学术源流，取其上品，掬其精华，结集出版，是为《武汉大学百年名典》。

“根深叶茂，实大声洪。山高水长，流风甚美。”这是董必武同志1963年11月为武汉大学校庆题写的诗句，长期以来为武汉大学师生传颂。我们以此诗句为《武汉大学百年名典》的封面题词，实是希望武汉大学留存的那些泽被当时、惠及后人的学术精品、上品，能在现时代得到更为广泛的发扬和传承；实是希望《武汉大学百年名典》这一恢宏的出版工程，能为中华优秀文化的积累和当代中国学术的繁荣有所建树。

**《武汉大学百年名典》编审委员会**

# 出版说明

萧萐父先生是著名的哲学工作者，长期从事中国哲学的教学与研究。本书选录了他一生中较有影响的文章若干，辑为一册，收入《武汉大学百年名典》，予以出版，以资纪念。

# 目　录

# 一、中国哲学启蒙的坎坷道路

中国是否曾有过自己的哲学启蒙或文艺复兴？如果有，它的历史起点在哪里？经历了什么样的特殊道路？这是“五四”以来人们多次议论过的题目。经过十年动乱之后，为了总结历史的经验，探寻中国自己建设社会主义精神文明的途径，预测中国哲学发展的未来，人们又在重新探讨这个问题，进行着各有会心的历史反思。

有的同志咀嚼中外学者曾有的一种说法而赋予新解，认为中国早就有古代的“儒家民主主义”和“儒家人道主义”，至于近代人文主义的哲学思潮则始于宋代理学。因为这场儒学的复兴，提出了“消除异化的人性复归”，理学家们讲的“天人合一”、“民胞物与”即肯定了人在宇宙中的地位和人所创造的精神文化、伦理道德的价值，这表现了民族觉醒和理性精神，是中国哲学史上媲美晚周的“第二个黄金时代”。这种观点，把封建理学视为反封建蒙昧的理性主义，实际是否认中国历史上曾有过真正的启蒙哲学。因而王夫之、谭嗣同也都属于理学系统，不过是宋明理学的改进和继续，乃至今天的社会主义精神文明似乎也只能嫁接在理学这一不朽的根株之上。

有的同志则从相反的另一极出发，认为中国长期封建社会乃是一个超稳定系统，经历着周期性的农民战争——改朝换代而其基本结构不变，包括理学在内的儒家正统思想的强控制，窒息了一切新思想的萌芽，只是近一百多年西方资本主义文明的全面冲击，中国社会结构的超稳定系统才开始被打破。有同志通过分析世界近代史而论定东方社会注定不可能产生资本主义关系及其精神分泌物，也有些青年慨叹于祖国历史的沉重负担而以黑格尔所说文艺复兴时期的“爆发性的人物"①自居。在他们看来，今天为了驱除现实生活中的封建主义历史阴影，还得借助于西方近代启蒙者的思想火炬。这种见解，也同样无视中国有过自己的哲学启蒙或文艺复兴，当然也不会去研究中国哲学启蒙的特殊道路给我们留下了什么教训。

这种种历史反思，都是在历史地分析国情，引古以筹今，具有严肃的现实意义。普列汉诺夫在其名著《俄国社会思想史》的序文中说：历史学者应当"不哭，不笑，而是理解"。②为弄清这一问题，有必要对中国启蒙哲学的发展作一番史的回溯和论的探索。

## 一

思想启蒙，文艺复兴之类的词，可以泛用，但纳入马克思主义的历史科学，应有其特定的含义。狭义地说，14世纪以来地中海沿岸某些城市最早滋生的资本主义萌芽的顺利发展，以及由于十字军东征，关于古希腊罗马文献手稿和艺术珍品的大批发现，促成了意大利等地出现空前的文艺繁荣。好像是古代的复活，实际是近代的思想先驱借助于古代亡灵来赞美新的斗争，为冲决神学网罗而掀起人文主义思潮。"在惊讶的西方面前展示了一个新世界"，使得"中世纪的幽灵消逝了"③。正是在这个意义上，文艺复兴又被广义地理解为反映资本主义萌芽发展，反对中世纪蒙昧主义的思想启蒙运动。马克思主义创始人把意大利看做"现代世界的曙光在那里升起"的"典型的国家"④，把但丁（1265—1321）看做"中世纪最后一位诗人，同时又是新时代的最初一位诗人"，是标志"封建的中世纪的终结和现代

① 黑格尔：《哲学史讲演录》第三卷，北京：商务印书馆2009年版，第374页。

② 龙·瓦·普列汉诺夫著，孙静工译，郭从周校：《俄国社会思想史》，北京：商务印书馆1988年版，第9页。

③ 恩格斯：《自然辩证法·导言》，《马克思恩格斯选集》第三卷，北京：人民出版社1972年版，第445页。

④ 马克思：《资本论》第三卷，北京：人民出版社1975年版，第24页。

资本主义纪元的开端"的"伟大人物"①，并肯定这是"一个需要巨人而且产生了巨人——在思维能力、热情和性格方面，在多才多艺和学识渊博方面的巨人的时代"②。的确，14—16世纪，从意大利到法国、西班牙、荷兰、英国，涌现了一大批文化英雄、思想巨人。就哲学方面说，被黑格尔赞为"哲学烈士"的意大利的布鲁诺（1548—1600）和梵尼尼（1586—1619），虽以相同的命运被教会烧死了，但他们却使"理性和所谓天启之间的斗争燃烧起来了，在这个斗争中，天启与理性对立起来，理性独立了"③。同时，16世纪德国的宗教改革及其所唤起的下层贵族的起义和伟大农民战争，也对中世纪神学统治进行了猛烈冲击。"教会的精神独裁被摧毁了，……在罗曼语诸民族那里，一种从阿拉伯人那里吸收过来并重新发现的希腊哲学那里得到营养的明快的自由思想，愈来愈根深蒂固，为18世纪的唯物主义作了准备。"④

这就是马克思主义剖视西欧历史，从整个文艺复兴时代的社会思潮中所发现的"重新觉醒的哲学"⑤的启蒙性质。

确定意义的启蒙哲学，应当区别于中世纪的异端思想（那可推源于12、13世纪经院哲学中的唯名论，乃至更早的作为"中世纪革命反对派"的神秘主义异端），也与西欧以后作为政治革命导言的资产阶级哲学革命的理论发展有所不同，应仅就其资本主义萌芽发展相适应、作为封建旧制度崩解的预兆和新思想兴起的先驱这一特定含义

① 恩格斯：《共产党宣言》意大利文版序，《马克思恩格斯选集》第一卷，北京：人民出版社1972年版，第249页。

② 恩格斯：《自然辩证法·导言》，《马克思恩格斯选集》第三卷，北京：人民出版社1972年版，第445页。

③ 黑格尔：《哲学史讲演录》第三卷，北京：商务印书馆2009年版，第404页。

④ 恩格斯：《自然辩证法·导言》，《马克思恩格斯选集》第三卷，北京：人民出版社1972年版，第445页。

⑤ 恩格斯：《路德维希·费尔巴哈和德国古典哲学的终结》，《马克思恩格斯选集》第四卷，北京：人民出版社1972年版，第250页。

来确定它的使用范围。至于它的实质，或可从马克思的这一提示给予说明：历史“很少而且只有在特定条件下才能够进行自我批判”，而这种自我批判的历史阶段，“当然不是指作为崩溃时期出现的那样的历史时期”①（如果处于那样的历史时期，革命会代替批判，或者说批判已不再是解剖刀而是消灭敌人的武器②）。这就是说，一个社会的自我批判总是在自身尚未达到崩溃但矛盾又已充分暴露的条件下进行的。14—16世纪西欧的文艺复兴、启蒙运动正是在封建社会远未崩溃的条件下所进行的自我批判。人们给予这个时代以不同的名称，如“宗教改革”、“文艺复兴”、“五百年代”等，但这种自我批判乃是世界各主要民族走出中世纪的历史必由之路。我们说，中国有自己的文艺复兴或哲学启蒙，就是指中国封建社会在特定条件下展开过这种自我批判。这种自我批判，在16世纪中叶伴随着资本主义萌芽的生长而出现的哲学新动向（以泰州学派的分化为标志，与当时新的文艺思潮、科学思潮相呼应），已启其端，到17世纪在特定条件下掀起强大的反理学思潮这一特殊理论形态，典型地表现出来。至于这一典型形态的哲学启蒙的往后发展，却经历了极为坎坷的历史道路。

人们惯于中西哲学对比。事实上西方也有不同的发展类型。如果说，意大利、法国等地中海沿岸国家的文艺复兴直接取得了辉煌的思想成果，英国更以特殊的历史条件成为近代哲学运动的前锋和产业革命的策源地；那么，德国、俄国这些封建主义包袱较为沉重的国家，启蒙运动则迈着沉重的步伐，走过崎岖的道路。奇特的是，它们的近代思想启蒙，都是由“贵族的国民运动”或“贵族的革命家”开始

① 马克思：《〈政治经济学批判〉导言》，《马克思恩格斯选集》第二卷，北京：人民出版社1972年版，第108页。

② 马克思：《黑格尔法哲学批判·导言》，《马克思恩格斯选集》第一卷，北京：人民出版社1972年版，第3-4页。

发动的①，又都依赖于农民反封建斗争所提供的巨大动力。

纵观历史，如果把资本主义萌芽产生以后的中国与欧洲这些国家对比考察，则不难发现，中国显然异于意大利及法、英等国，而与德国、俄国却有不少历史的相似点或共同点。例如：（一）在走向近代的过程中经济发展都缓慢而落后，宗法关系的历史沉淀使封建统治势力既腐朽而又强大，由于封建制母体内资本主义因素发展不足，使近代社会长期处于难产之中；（二）反封建农民战争都曾大规模兴起，农民成为反封建革命的主力但又无法取得反封建革命的胜利，却直接间接地为启蒙思潮的崛起提供了历史的动力；（三）新兴市民以至资产阶级晚生而又早熟，都由于软弱而各具不同程度的妥协性和两面性，无力完成反封建的历史任务，结果，竟然要由无产阶级联合农民来挑这副担子；（四）由于近代社会长期处于难产状态，改革运动几起几落，阶级关系和社会矛盾都呈现出特别复杂的情况，一方面新的在突破旧的，另一方面死的又拖住活的，形成历史运动的多次洄流。这些，似乎是德、俄、中这类国家在资本主义萌芽产生以后和无产阶级领导的革命兴起之前社会状况的一般特征。总之，正如马克思在描述德国状况时所指出的那样："不仅苦于资本主义生产的发展，而且苦于资本主义生产的不发展。除了现代的灾难而外，压迫着我们的还有许多遗留下来的灾难，这些灾难的产生，是由于古老的陈旧的生产方式以及伴随着它们的过时的社会关系和政治关系还在苟延残喘。不仅活人使我们受苦，而且死人也使我们受苦。"② 然而，就在这种新旧杂陈、错综复杂的历史环境中，反映资本主义萌芽发展的、反对封

---

① 参见恩格斯：《恩格斯致斐·拉萨尔》，《马克思恩格斯选集》第四卷，北京：人民出版社 1972 年版，第 345-346 页。恩格斯：《德国农民战争·四》，北京：人民出版社 1962 年版，第 66-71 页。列宁：《俄国工人报刊的历史》，《列宁全集》第二十五卷，北京：人民出版社 1988 年版，第 98-106 页。列宁：《纪念赫尔岑》，《列宁全集》第二十一卷，北京：人民出版社 1990 年版，第 261-268 页。

② 马克思：《资本论》第一版序，《资本论》第一卷，北京：人民出版社 1975 年版，第 8-11 页。

建蒙昧主义的启蒙思潮毕竟冲破了重重阻力而产生、发展了。尽管这些国家的哲学启蒙运动都遭到了挫折而未能很好完成历史的任务，但却唤醒了一代代后继者。德、俄、中三国在这一时期都诞生了一批思想巨人，对人类精神文化作出巨大贡献。在德国，从路德、闵采尔到歌德、席勒、贝多芬，从莱布尼兹、康德到黑格尔、费尔巴哈，直到培育出马克思、恩格斯。在俄国，从拉辛、布加乔夫到拉吉舍夫、十二月党人，从普希金、赫尔岑到别林斯基、车尔尼雪夫斯基，直到培育出普列汉诺夫、列宁。在中国，许多事情和沙皇俄国相同或相似，封建压迫的严酷，经济文化的落后，以及先进人物为了国家的复兴，不惜艰苦奋斗，寻找革命真理，这都是相同的。① 但中国作为东方大国，某些方面更为落后。列宁把俄国解放运动中摸索真理的先进人物分为三代②，而中国在历史难产的痛苦中觉醒的先进人物，为摸索真理而走过的道路更加艰难曲折，似乎可分为五代。单就哲学启蒙说，明清之际的黄宗羲、顾炎武、方以智、王夫之到颜元、戴震、焦循等同具人文主义思想的早期启蒙者属一代，阮元、龚自珍、魏源、林则徐等开始放眼世界的地主改革家为一代，严复、谭嗣同、康有为等努力接受西学以图自强的资产阶级维新派为一代，以孙中山、章太炎为代表的资产阶级革命民主派和后期梁启超及王国维、蔡元培等试图会通中西自立体系的资产阶级学者为一代。三百年来，一代代思想家呼唤风雷，一阵阵古今中外思潮的汇合激荡，终于在伟大的“五四”运动中，崛起了李大钊、陈独秀、毛泽东、蔡和森等由革命民主主义转到马克思主义的思想家。中国哲学革命才被推进到一个新阶段。

## 二

通过以上简略的对比分析，似乎可以看出，德、俄、中三国走向

① 参见毛泽东：《论人民民主专政》，北京：人民出版社 1960 年版，第 2 页。

② 参见列宁：《俄国工人报刊的历史》，《列宁全集》第二十五卷，北京：人民出版社 1988 年版，第 98-106 页。

近代，对沉重封建包袱进行自我批判的道路，确有相同或相似之处。同时，也可以看到，民族的苦难，历史道路的曲折坎坷，也具有二重性，既留下耻辱的印记，又留下光辉的战斗业绩。恩格斯在1850年回顾德意志民族的传统时，曾严肃指出："在历史上德意志民族也曾表现过坚忍不拔的精神"，"在历史上德国农民和平民所怀抱的理想和计划，常常使他们后代为之惊惧"；并具体分析指出："16世纪的德国革命的特殊神学理论性质。对于不属于此世的事物有压倒一切的兴趣。从不光彩的现实中来的抽象，构成后来从莱布尼兹到黑格尔的德国人的理论优势的基础。"① 列宁在1914年回顾俄罗斯民族的传统时，曾指出，"我们看到沙皇刽子手、贵族和资本家蹂躏、压迫和侮辱我们美丽的祖国而感到无限痛心"，但应当满怀民族自豪感，因为在大俄罗斯人民中间"产生了拉吉舍夫、十二月党人、七十年代平民知识分子革命家"，产生了工人阶级政党并"证明了它能给人类做出为自由和社会主义而斗争的伟大榜样"。② 至于列宁对赫尔岑、车尔尼雪夫斯基、托尔斯泰的历史评价和对他们世界观矛盾的辩证分析，更达到了很高的科学水平。从经典作家这些示范性的论述中，理应得到启示，应当以什么样的历史感和科学方法来总结自己民族的历史传统，怎样分析自己民族的哲学启蒙到哲学革命所走过的特殊道路并由此得出什么样的历史教训。

17、18世纪中国的哲学启蒙，似应看做中国近代哲学的历史准备的一个特殊阶段，它是明末清初特殊历史条件下的产物。

明末清初，封建社会末期经济、政治危机的总爆发，资本主义萌芽的新滋长，自然科学研究热潮的蓬勃兴起，反映市民要求的文学艺术的空前繁荣，表明中国封建社会及其统治思想已经走到上述马克思所说的尚未达到"崩溃时期"但已"能够进行自我批判"的历史阶段。尽管衰朽的宗法封建关系及其强固的上层建筑多方阻挠和摧残着

① 恩格斯：《德国农民战争》，北京：人民出版社1962年版，第175页。

② 列宁：《论大俄罗斯人的民族自豪感》，《列宁选集》第二卷，北京：人民出版社1960年版，第610页。

一切新事物的生长，尽管在农民大起义失败的血泊中以清代明的王朝更迭使旧制度得以延续，形成清初一段历史洄流，但这并不能改变历史已经形成的封建制趋向“天崩地解”（黄宗羲语）的新趋势，从而孕育着近代哲学思想“破块启蒙”（王夫之语）的新动向。姑举数例：

（一）这一时期合乎规律出现的早期启蒙思潮，曲折反映当时市民反封建特权的要求，直接受到农民大革命的风雷激荡的影响，表现出某些越出封建藩篱的早期民主主义意识。他们提出“必循天下之公”，“不以天下私一人”（王夫之）；要求以“天下之法”代替封建专制的“一家之法”；声称“为天下之大害者，君而已矣”（黄宗羲），甚至怒斥“自秦以来，凡为帝王者皆贼也”（唐甄），在起义农民“贫富均田”口号的震动下，他们提出种种平均地权的设想，或主张土地公有、平均“授田”（黄宗羲），或主张“有其力者治其地”、“故平天下者均天下而已”（王夫之），或主张“亟夺富民田”（颜元）、“有田者必自耕”（李塨）。这些改革主张，与当时农民革命的理想有质的区别，却与资本主义萌芽的发展要求有着隐然的联系。至于他们反对“崇本抑末”，主张“工商皆本”，抨击科举制度，主张设立学校，以及要求发展科学技术和民间文艺等，更具有鲜明的启蒙性质。

（二）早期启蒙学者以特有的敏感，注意并尊重新兴的“质测之学”，吸取科学发展的新成果与“核物究理”的新方法，以丰富自己的哲学。他们主张“质测即藏通几”（方以智），尊重“专家之学”，认为“即物以穷理，唯质测为得之”（王夫之）。首批来华的西方传教士混合宗教宣传所译介的一些古希腊和近代的科学论著，受到启蒙学者的衷心欢迎，而当时启蒙学者强调以科学态度对待外来文化，“欲求超胜，必先会通”（徐光启），“深入西法之堂奥而规其缺漏”（梅文鼎），并正确地评价了当时传教士们传入的西方科学知识有可取之处，而神学世界观则不足道，“泰西质测颇精，通几未举”（方以智）。明清之际的自然科学研究热潮和中西科学文化的早期交流，使这一时期启蒙哲学的理论创造从内容到方法都具有新的特色。如方以智在《物理小识》中关于物质和运动不可分的理论论证，王夫之在《张子正蒙注》、《俟解》中关于物质不灭和能量守恒原理的具体论证等，都由于吸取科学成果而达到新的水平。

（三）早期启蒙学者反映新的时代要求，开辟了一代重实际、重实证、重实践的新学风。他们痛斥宋明理学“空谈心性”的虚夸学风使知识界陷于唯心主义的网罗：“足不出户”，“游谈无根”，“置四海困穷不言，而终日讲‘危微精一’之说”(顾炎武)；平日高谈阔论，大讲为“生民立极，天地立心，万世开太平”，一旦国家有事，则“蒙然张口，如坐云雾”(黄宗羲)。这种“蹈虚”、“空谈”的学风，被看做祸国殃民的根本。启蒙思想家们在研究哲学、历史、自然科学的过程中，无例外地注重“经世致用”，提倡“事关民生国命者，必穷本溯源，讨论其所以然”①，“尽废古今虚妙之说而反之实”②。他们提倡面向实际，注重实证的求实学风，广泛地进行社会调查、博物考察和历史研究。如顾炎武为了写《天下郡国利病书》，“足迹半天下”，“所至阨塞，即呼老兵逃卒，询其曲折，或与平日所闻不合，则即坊肆中发书而对勘之”③。方以智编写《通雅》、《物理小识》更是“采摭所言，或无征，或试之不验。此贵质测，征其确然者耳。……适以泰西为剡子，足以证明大禹，固公之法，而更精求其故，积变以考之”④。王夫之也是“自少喜从人问四方事，至于江山险要、士马食货、典制沿革，皆极意研究。读史、读注疏，于书、志、年表，考驳异同，人之所忽，必详慎搜阅之，而更以见闻证之”⑤。启蒙者的治学方法，突破汉宋，别开新途，日益孕育着近代思维方法。

以上举例似足以表明，17世纪中国崛起的早期启蒙思潮，就其一般的政治倾向和学术倾向看，已显然区别于封建传统思想，具有了

① 潘耒：《日知录序》。
② 王敔：《姜斋公行述》。
③ 全祖望：《亭林先生神道碑》。
④ 方中通；《物理小识·编录缘起》。
⑤ 王敔：《姜斋公行述》。

对封建专制主义和封建蒙昧主义实行自我批判的性质。这种批判之所以可能并必然出现的社会基础，是由于当时农民、市民反封建大起义的震荡下地主阶级内部的政治分化。一部分在野开明地主知识分子被卷进了反对明末腐朽统治和清初民族压迫的政治斗争的漩涡，他们震惊于当时的民族危机和政治变局，把先进汉民族的自取败辱引为沉痛教训，“哀其所败，原其所剧”①，利用他们的文化教养，对他们认为导致民族衰败、社会腐化、学风堕落的封建专制主义和封建蒙昧主义，进行了检讨和批判，并把批判的矛头无一例外地指向了作为封建正统思想、统治思想界达五百年的宋明道学唯心主义。尽管每个人的自觉程度不同，批判的侧重点有异，甚至各自的思想倾向还存在着矛盾，但社会前进运动的客观要求，正是透过这些矛盾的合力，透过特定关系下的思想三棱镜，十分曲折但又十分合理地反映出来。

16 世纪中叶以来的哲学运动的这种曲折反映，既有其生动的历史内容，更有其自身发展与思维规律相吻合的逻辑进程。

中世纪哲学意识发展到王阳明的心学，已走到极端。王阳明的心学唯心主义的彻底性孕育着自我否定的因素，使泰州学派必然分化，分化中必然出现“掀翻天地”、“非名教之所能羁络”② 的异端思想家。其中“异端之尤”的李贽，以他的“童心说”和对“以孔子之是非为是非”的封建独断论的怀疑和否定，标志着对封建社会自我批判的开端。中经东林、复社的政治实践，“一堂师友，冷风热血，洗涤乾坤”③，唤起了方以智、黄宗羲等从不同侧面去突破传统思维方式，开拓“质测即藏通几”(自然哲学)、“通儒必兼读史”(历史哲学）等哲学认识的新领域和探求真理的新途径。同一时期，合规律地涌现了一大批从不同角度剖析宋明理学的思想家，诸如陈确、朱之瑜、傅山、李颙、孙奇逢等，各不相谋，而自相呼应。王夫之以一定

① 王夫之：《黄书·后序》。

② 《明儒学案·泰州学案序》。

③ 《明儒学案·泰州学案序》。

的历史自觉，从哲学上总其成，“学成于聚，新故相资而新其故”①，不仅全面扬弃程、朱、陆、王，批判地总结了宋明道学，而且精研易理，熔铸老、庄，旁及佛、道二教，博取新兴质测之学，特别是按照“依人建极”的原则，高度重视人类史观的研究，使朴素唯物辩证法的理论形态发展到顶峰，并落足到天人、理欲关系问题上的明确的人文主义思想，预示着新的哲学胎儿已躁动于母体而即将出世。“我者，大公之理所凝也。”②“自吾有生以至今日，其为鬼于天壤也多矣。已消者已鬼矣，且息者固神也，则吾今日未有‘明日之吾’而能有‘明日之吾’者，不远矣！”“守其故物而不能日新”的中世纪僵尸“虽其未消，亦槁而死”③。一个“明日之吾”、“大公之理所凝”的新的“自我”即将诞生！王夫之的哲学，逻辑地标志着中国封建社会哲学发展圆圈的终结。

尔后，颜元、戴震除了继续揭露宋明道学所强调的天理人欲对立的伦理异化是“以理杀人”外，颜元重“习行”、倡“实学”，戴震则重“心知”、察“分理”，分别显示了唯物主义经验论和唯物主义唯理论的哲学倾向，历史地预示着朴素形态的唯物辩证法必将代之以形而上学方法为特征的新的哲学形态。但是，由于清初历史洄流中新经济和新思想横遭窒压和摧折，这种新形态的哲学在戴震之后虽经焦循、阮元等的努力仍未能诞生。19 世纪初叶，中国以鸦片战争之后的民族苦难而转入近代。结果，明清之际早期启蒙哲学的思想成果几乎被掩埋了一百多年，而到 19 世纪末才在资产阶级的变法维新运动和排满革命运动中重新复活，起着一种思想酵母的特殊作用。

## 三

从历史的回顾可以看出，中国确乎有过自己的哲学启蒙或文艺复

① 王夫之：《周易外传》卷五。
② 王夫之：《思问录·内篇》。
③ 王夫之：《思问录·内篇》。

兴，但绝非始于宋代理学，恰好相反，它是在对整个宋明道学（包括理学和心学）的否定性批判中开始的。正因为打破了宋明道学的思想桎梏，才产生了人文主义的初步觉醒。应该说，在明清之际的社会大动荡、阶级斗争和民族斗争的大风雨中，我们民族也产生过自己的巨人。我们有自己的但丁，如汤显祖、曹雪芹，且他们唱的不是“神曲”，而是“人曲”；也有自己的达·芬奇、米开朗基罗，如郑燮、石涛、陈洪绶，他们画笔下的人和物都表现了倔强的异端性格；还有自己的布鲁诺式的“哲学烈士”，如何心隐、李贽，他们敢于离经叛道，死而不悔；我们更有自己的弗朗西斯·培根，如徐光启、方以智、梅文鼎，他们学贯中西，开始了铸造自己“新工具”的事业。至于王夫之、黄宗羲这样博学深思、著作宏富的思想家，在世界文化史的这一阶段上可说是旁世无匹。但是，当清初历史转入洄流中，他们虽然“锋镝牢囚取次过，依然不废我弦歌”①，但也只能“且劈古今薪，冷灶自烧煮”（方以智诗），“思芳春兮迢遥，谁与娱兮今朝”②，遥望着未来历史的春天而眼前却感到孤寂。他们的思想火花，没有能形成照亮黑夜的“火流”，而他们散播火种的著作反而成为清王朝禁毁的对象。他们曾想对传统宗教神学和各种“镇压人心”的邪说“伸斧钺于定论”（王夫之语），建立起“理性法庭”，但清初建立的文字狱法庭反而对理性和自由实行了严酷的审判。

这是为什么？这是因为中国近代社会新旧交替的长期难产所出现的第一次历史洄流。在洄流中，中国的哲学启蒙首次遭到摧折，步入了坎坷的道路。18 世纪的历史洄流，表现为社会经济新因素由大破坏到复苏、民族关系由落后族的征服到被融合的过程中，封建专制主义回光返照地稳定了一段，伴之而来的是程朱理学的权威竟得以在“御纂”、“钦定”的形式下恢复。清统治者适应自身封建化要求的文化政策，起了强化封建传统惰力的作用。如侯外庐同志所概括：“一方面大兴文字之狱，开四库馆求书，命有触忌讳者焚之，他方面又采

① 黄宗羲：《山居杂咏》。

② 王夫之：《祓禊赋》。

取了一系列的愚弄政策，重儒学，崇儒士……另一方面，雍正元年（1723）以后，中国学术与西洋科学，因受了清廷对外政策的影响，暂时断绝关系。因此，对外的闭关封锁，对内的钦定封锁，相为配合，促成了所谓乾嘉时代为研古而研古的汉学，支配着当时学术界的潮流。"① 这就不仅掩埋了17世纪启蒙哲学的思想光芒，使之被人遗忘，濒于夭折，而且严重地延缓了整个中国历史的发展进程，使之迅速落后于世界形势，终于招致了从19世纪中叶起西方资本主义的破关入侵，进一步打断中国历史的发展进程。

鸦片战争以后的中国，以民族的苦难转入畸形的近代。面对空前的民族危机，中国人民在苦难中觉醒，集中表现为在反帝反封建的斗争中涌现出一批又一批向西方摸索救国救民真理的先进人物。他们冲决网罗，前仆后继，留下了可歌可泣的革命传统。晚生、早熟而又十分软弱的中国资产阶级，在掀起"新学"反对"旧学"的思想文化斗争中，也曾以一种朦胧的历史自觉，把明清之际的启蒙哲学看做自己的思想先驱，希图继续其未竟之业，但他们忙于引进"西学"而来不及对自己的历史遗产推陈出新。在大量吸收"西学"的过程中，也曾注意到培根、洛克、笛卡儿的哲学与科学昌明的关系，狄德罗、拉美特里的哲学与法国革命的关系，乃至康德、黑格尔哲学的进步意义等，希图吸取来"开民智"、"新民德"，但他们迫于应付政治事变而匆匆建立的哲学体系，却又芜杂而极不成熟。他们力图把当时西方自然科学的新成果和新概念直接纳入自己的哲学体系，用以否定传统的"宋学"和"汉学"，突破古代唯物主义的朴素性和直观性，但由于在理论思维的进程上跳越了一些环节，只能陷于简单的比附，结果他们所进行的哲学变革往往自陷迷途，乃至完全落空。中国资产阶级由于政治上软弱，文化上落后，既无力完成自己的社会革命的任务，也就更加无力完成自己的哲学革命的任务。中国的近代及其哲学运动，短短数十年，匆匆跨过西欧近代哲学发展几百年的历史行程，但

① 侯外庐：《中国早期启蒙思想史》，北京：人民出版社1956年版，第410页。

就理性的觉醒、理性的自我批判、理性的成熟发展等，即这一历史阶段所需要完成的主要业绩而言，却并未跨过，而是处于长期“难产”。

## 四

“难产”作为一种历史现象，指社会运动和思想运动的新旧交替中出现新旧纠缠，新的突破旧的，死的又拖住活的这种矛盾状况。它在我国历史上多次出现，似乎带有规律性。

我国原始社会向奴隶制国家过渡，考古证明从父权制出现的轩辕黄帝时代到夏禹“家天下”，经历了近二十个世纪。奴隶制向封建制过渡，许多学者把春秋战国看做“一大变革之会”的封建化时期，也经历了数百年之久。长期“难产”的古代社会，实际上走着“维新”的道路，因而诸如宗法制度、原始宗教以及氏族伦理观念等作为历史沉淀物被大量保留下来。宗族奴隶制向宗法封建制转变也走着一条演化的道路，因革损益，三统循环，于是一整套“敬天法祖”、“尊尊亲亲”的纲常伦理，作为宗教异化、政治异化、人性异化，凝成“天”、“礼”等传统观念，像梦魇一样纠缠着人们的头脑，成为历代正宗思想家进行哲学加工的主要对象。虽然天人关系、礼法关系等问题曾引起多次哲学论争，但“天”、“礼”等观念始终作为外部压迫力量的神圣象征，不容侵犯。以此为基石所建立的庞大的封建正宗统治思想，把一切“人本”思想、“法制”思想、“越名教而任自然”的思想、任何形式的反抗异化和要求人性复归的思想，都只能视为异端而给予排斥和打击。

这一封建正宗统治思想，在前期曾以“三纲可求于天”、“名教本之自然”、“富贵贫贱决定于三世因果”等具有宗教异化的神学理论形式表现出来；到后期，经过宋明道学家们的再次加工，更用伦理异化的哲学理论形式表现出来。宋明道学家把“根于人心”的宗法伦理意识客观化为“塞乎天地”的宇宙意识，把封建等级秩序本体化为“天理当然”，把主体认识活动伦理化为“存养省察”，于是大讲其“天人合一”、“民胞物与”、“理一分殊”、矛盾定位，而归结为“天理”与“人欲”的对立，“道心”与“人心”的对比，论证“三纲五常”是“人伦天理之至，无所逃于天地之间”①。这一套所谓伦理型的唯心主义，指引人们去以“天理”诛灭“人欲”，以“道心”钳制“人心”，自觉地屈从于“命”与“分”，被愈来愈腐朽而残忍的封建制度所吞噬、所侮辱、所残害，也自觉自愿，不怒不争。道学家们讲的所谓“复性”、“复理”，乃是达到这种奴性的自觉，绝不是什么“人性的复归”，而恰好是导致人性的严重异化。这样一套被称为“本诸人情，通乎物理”②、“其虑民之意甚精，治民之具甚备，防民之术甚周，诱民之道甚笃”③ 的伦理政治异化的理论体系，统治了几百年，渗入上层建筑的各个部分，是一种具有极大麻醉力的封建蒙昧主义。它服务于后期封建社会的专制统治，成为束缚民族智慧、阻滞历史前进的主要精神枷锁。我国哲学启蒙道路之所以坎坷，近代哲学变革之所以难产，除了社会经济、政治原因以外，宋明道学家们长期锻造的这副精神枷锁以及装饰在这副枷锁上的所谓“孔颜乐处”、“极高明而道中庸”、“仁者浑然与物同体”、“四时佳兴与人同”、“数点梅花天地心”之类的虚幻的花朵和彩带，起了巨大的作用。

应该看到，枷锁套着的正是反抗的囚徒。近代中国资产阶级的先进人物往往由反抗传统而接受“新学”，他们所推动的以“新学”反对“旧学”为内容的哲学变革，与政治实践紧密联系而概括了社会变革中的认识的积极成果；由对比中西学术特点而广泛吸取了西方近代先进哲学，特别对19世纪自然科学的三大发明（在西方本是对资产阶级形而上学的大突破，并构成马克思主义哲学产生的科学基础）以及一些科学新概念（如“以太”、“星云”、“阿屯”、“质”、“力”等），大胆采入自己的哲学体系；并初步总结了中国古代哲学的优秀

① 朱熹：《癸未垂拱奏札二》。

② 程颢：《论十事札子》。

③ 欧阳修：《本论》。

传统（如朴素唯物辩证法的气化论、矛盾观、知行学说等）。这就为马克思主义哲学在中国传播、生根，准备了一些必要的思想土壤。一些资产阶级学者还开始独立地研究中国哲学史，敏锐地注意到明清之际早期启蒙思想家的独特贡献；另一些学者认真翻译介绍西方哲学诸流派，特别是德国古典哲学，直到“五四”以后仍络绎不绝，这都对近代中国的哲学革命的发展起了奠基和促进的作用。但同时更应看到，由于中国近代社会的畸形，革命形势变化急速，社会生产力长期停滞，整个科学文化大大落后，这一切决定了中国资产阶级没有也不可能创造出强大的理论武器；他们服膺的“新学”、“西学”，无力战胜封建主义及其与帝国主义的文化同盟。不仅如此，由于沉重的历史包袱，巨大的传统惰力，使不少曾经勇敢地奋起冲决封建思想网罗的先进思想家最终又怯懦地自陷于封建网罗，演出了一幕幕思想悲剧。龚自珍、魏源由呼唤风雷而重礼佛经。谭嗣同自叹“有心杀贼，无力回天”。康有为由维新志士一变而为保皇党，再变而为帝制复辟派。章太炎的一生，颇为典型，他以风云一时、“所向披靡”的革命家，却局限于农民意识而反对建立共和政体、发展资本主义，最后，“粹然成为儒宗”①，在哲学上，他早年写《菌说》、《公言》等，保持清新的唯物论，经过“以分析名相始，以排遣名相终”，终于“端居深观而释《齐物》，乃与瑜伽、华严相会”②，由理性主义转向了非理性的神秘主义。中国近代思想史上，充满着矛盾的人物、矛盾的思想体系以及各种形式的由趋新到复旧的转向，这绝非个人品格、兴趣问题，而是反映了19世纪末中国的时代矛盾：资产阶级民主革命的历史课题，无论是政治的还是哲学的，都不可能由资产阶级去独立完成。

中国的近代及其哲学革命的难产，辛亥革命以后的几年的思想混

---

① 鲁迅：《关于太炎先生二三事》；侯外庐：《中国近世思想学说史》第十六章。

② 章太炎：《菿汉微言》，见章太炎著，虞云图校点：《菿汉三言》，上海：上海书店出版社2011年版，第71页。

乱是其直接后果。一些资产阶级革命家如孙中山、朱执信等意识到了这一点。孙中山在1917年以后开始致力于哲学理论的研究，奋力写出了《孙文学说》，其最精华部分的“知难行易学说”，正是反映了对理论的迫切要求。小资产阶级革命派更敏锐地感觉到了这一点，1915年《新青年》等创刊后的“新文化运动”的蓬勃开展，对当时复古尊孔的思想逆流进行了勇猛反击，提出要用“民主”和“科学”来“救治中国政治上、道德上、学术上、思想上一切的黑暗”①，表现了对封建主义旧思想旧文化的强烈反抗和不妥协精神。可是经过“五四”前后这一番“狂飙运动”式的努力，理论成果仍较贫乏，仍未能根本改变中国近代哲学革命的难产状态。

“五四”前后，马克思主义的思想光芒射进了风雨如磐的中国大地。在当时新旧文化思想的激烈冲突中诞生了马克思主义的文化新军。李大钊就是这支文化新军最早的旗手，是中国近代史的伟大转折时期出现的新启蒙运动中最有远见、最有深度的伟大思想家。李大钊最早从俄国十月革命的炮声中觉悟到只有马列主义的真理、十月革命的道路才能改造中国、振兴民族。他第一次用唯物史观来解剖中国历史和中国哲学史，认定“孔子为数千年前的残骸枯骨”，而“孔子的学说之所以能支配中国人心有二千余年”，不过因为它是“中国大家族制度上的表层构造，经济上有他的基础”，而其结果是“陵夷至于今日，残骸枯骨，满目黤然，民族之精英，澌灭尽矣”！他号召青年要“本其理性，加以努力”、“冲决过去历史之网罗，破坏陈腐学说之囹圄”，“所当信誓旦旦以昭示于世者，不在龈龈辩证白首中国之不死，乃在汲汲孕育青春中国之再生”②。李大钊的这些启示，唤起了整整一代青年的理性觉醒。以后，通过一系列的论战，唯物史观以不可抗拒的科学锋芒，在思想阵地摧枯拉朽，开创了中国近代哲学革命的新局面。鲁迅在“五四”以来的新文化运动中，更以其特有的

① 陈独秀：《本志罪案之答辩书》，《新青年》第六卷第一号。

② 以上见李大钊《孔子与宪法》、《由经济上解释中国近代思想变动之原因》、《青春》等文。

深思、韧性的战斗，作出了多方面的突出贡献。其重要思想贡献之一，就在于以深沉的历史感，对17世纪以来中国哲学启蒙的坎坷道路以及多次出现历史洄流的原因，有着锐敏的观察和深刻的解剖。他清醒地看到我们民族在精神上背负着多么沉重的“因袭重担”，有多么可怕的“祖传老病”。他指出，在我们民族的历史上，“有两种特别的现象：一种是新的来了好久之后而旧的又回复过来，即是反复；一种是新的来了好久之后而旧的仍不废去，而是羼杂”。他痛切地揭露“吃人的礼教”、“僵尸的乐观”，以及各式各样的“尊孔”、“崇儒”、“儒者之泽深且远”的“老调子”，主张继续展开“思想革命”，并极其深刻地提出“改革国民性”的问题，认为这是长期封建传统意识的毒害所造成的社会心理的病态和畸形，应当“毫不可惜它的溃灭”。他写《狂人日记》、《阿Q正传》等，目的在“揭出病苦，引起疗救的注意”①。鲁迅从革命民主主义者到马克思主义者，毕生为实现国民性的改造，埋葬封建主义僵尸，唤起民族精神的觉醒，做了大量的启蒙工作。毛泽东正确地肯定：“鲁迅的方向，就是中华民族新文化的方向”，并深刻地总结了“五四”以后新民主主义文化革命取得的胜利，“在哲学方面，在经济学方面，在政治学方面，在军事学方面，在历史学方面，在文学方面，在艺术方面，……都有了极大的发展。二十年来，这个文化新军的锋芒所向，从思想到形式（文字等）无不引起了极大的革命”②。这一总结，包括了哲学方面。20世纪30年代到40年代，继唯物史观的传播之后所兴起的唯物辩证法运动，在思想战线上产生了巨大的影响，开辟了中国历史上哲学革命的新纪元，这是中国哲学启蒙经过三百多年坎坷曲折的道路所达到的历史总结。

---

① 以上见鲁迅《笔下漫笔》、《我们现在怎样做父亲》、《中国小说历史的变迁》、《儒木》、《青年必读书》、《我怎样做起小说来》、《两地书·八》等。

② 毛泽东：《新民主主义论》，北京：人民出版社1975年版，第48页。

## 五

经过这一番历史的反思，自然产生一些“情曈昽而弥鲜”的感想。

感想之一。以科学态度进行中西哲学的对比，认真地分析历史形成的国情，应当珍视自己民族遗产中固有的真正的优秀思想传统，立足于怎样继续推进先驱者们已经开辟的中国哲学革命的航程。由于中国哲学启蒙经历了坎坷曲折的道路，哲学劳动成果的保存和传播，哲学发展链条的前后衔接，哲学思潮在运动中的分化和合流，都表现了自己的特点及其历史衍变中的客观逻辑。17 世纪的启蒙哲学，穿过了 18 世纪的洄流而在 19 世纪后期的维新运动乃至 20 世纪初叶的新文化运动中闪耀出火光，18 世纪乾嘉朴学中被扭曲了的科学方法，穿过 19 世纪的政治风浪而在 20 世纪初酝酿史学革命时发挥了重要作用，至于“道器”、“体用”、“常变”、“一两”、“虚实”、“知行”等 17 世纪启蒙学者经过咀嚼、赋予新意的范畴，通过曲折的发展，保持着生命力，至今还活在人们的思维运动中。这就历史地告诉我们，似乎应当把明中叶以后到“五四”以前的中国哲学的矛盾运动，当做一个历史过程，一串思想发展的圆圈来加以研究，通观全过程，揭示其历史和逻辑一致的规律性。这对于我们弄清马克思主义哲学在我国生根、发展的思想土壤和历史形成的逻辑起点，都会有一定的意义。

感想之二。近几年哲学史界一些同志对儒家思想特别是宋明道学的研究兴趣颇浓、评价颇高，对其性质、地位、作用等讨论颇多，新意不少。这种研究和讨论，有利于学术繁荣。从不同角度、不同范围所作的分析、评价，可以大不相同。但历史是统一的链条，历史上各种思潮、人物都必须纳入统一的发展链条才能确定其客观地位。历史科学是有党性的，马克思主义的党性当然是建立在恢复历史全貌的客观性的基础之上的。历史研究是有褒贬的，褒贬的正确与否，只能以历史运动所固有的前进性（以新代旧、由低到高）为准绳。据此，把宋明道学唯心主义思潮纳入后期封建社会的发展进程来考察，特别是联系明末清初的社会经济变动及其所引起的思想冲突来考察，则不能不肯定道学唯心主义是阻滞历史进步的精神力量。因此，对宋明道学的分析评价，究竟是跳越中国哲学启蒙运动的整个历史阶段而去重复某些学者“接着讲”的方法，还是按照哲学运动的历史轨迹来推进16、17世纪以来已经“破块启蒙”的批判？这就值得思考。这是说，马克思主义历史研究的褒贬同历史本身的自我批判的方向应当是一致的，我们的批判还必须不断突破历史上已有的批判的局限性，还需要突破“五四”以来清算历史遗产中出现过的形式主义、虚无主义、简单化、公式化等“左”的局限性，真正的清算，只能是科学的分析解剖，从粪堆中啄出珍珠，还历史以本来面目。但由于中国的近代及其哲学革命的难产，两千多年来积淀的封建传统意识，特别是宋明道学留下的思想包袱，至今还在起作用，还在被欣赏，还在被美化为可以“成为社会主义精神文明的一个来源”。这就更加表明，在哲学史研究中必须把继承优秀思想传统、继续推进哲学革命和清算封建主义流毒这三方面的任务，按照历史本身的联系有机地结合起来。

感想之三。中国近代哲学运动的特点，在现实中的投影是双重的。一方面，中国资产阶级哲学世界观在中外古今思潮的汇流中匆促形成、跳跃发展和急剧衰落，这为马克思主义哲学在中国的迅速胜利提供了某些顺利条件；另一方面，中国资产阶级的文化落后，理论建树颇少，在哲学上远未完成其应完成的历史任务，这又为马克思主义哲学在中国的发展带来了某些局限和困难。许多事实表明，历史给我们留下了一些应当完成而尚待完成的课题。在马克思列宁主义指导下提高全民族科学文化水平，建设以共产主义思想为核心的社会主义精神文明，勇攀现代唯物主义和现代科学技术的高峰，是当前的迫切任务。为此，在哲学领域，既要开拓新天地、研究新问题，又要注意到历史留下的补课任务。列宁在十月革命后曾经反复强调：“只有确切地了解人类全部发展过程所创造的文化，只有对这种文化加以改造，才能建设无产阶级的文化。”“只有用人类创造的全部知识财富来丰富自己的头脑，才能成为共产主义者。”“如果一个共产主义者不用一番极认真、极艰苦而浩繁的工夫，不理解他必须用批判的态度来对待的事物，便想根据自己学到的共产主义的现成结论来炫耀一番，这样的共产主义者是很可怜的。"① 列宁向当时俄国青年提出的正是这样的学习和补课的任务。具体化到哲学战线，列宁还鲜明地提出过必须大量翻译和广泛传播18世纪战斗无神论的文献，组织系统地研究黑格尔辩证法并形成"黑格尔辩证法唯物主义之友协会"等任务②。按列宁的思路来思考，根据人类认识史的客观逻辑——马克思主义哲学需要扎根在一定的思想土壤中才能得到健康的发育成长，为了马克思主义哲学的繁荣发展，应当依据各民族固有的文化传统特点自觉地培育这样的思想土壤。在中国，古代哲学发展充分，近代哲学革命难产，这一特点制约着历史可能提供的思想土壤的主要成分。就整个民族的理论思维的发展进程说，在当前社会主义精神文明的建设过程中，自觉地培育更丰富的理论思维的土壤，使马克思主义哲学这一发展着的科学真理体系得以在我国更好地生根、开花、结果，这是当前值得注意的一个课题。遵循哲学进化的客观逻辑，自觉地避免某些历史运动的洄流，把先驱者们已经开辟的哲学革命的光辉事业推向前进，是时代赋予我们的责任。

一九八二年七月

---

① 列宁：《青年团的任务》，《列宁选集》第四卷，湖北：人民出版社1960年版，第348页。

② 列宁：《论战斗唯物主义的意义》，《列宁选集》第四卷，湖北：人民出版社1960年版，第609页。

# 二、“早期启蒙说”与中国现代化
## ——纪念侯外庐先生百年诞辰

蓟下烽烟笔仗雄，胸悬北斗气如虹。
洞观古史知难产，发掘新芽续启蒙。
细案船山昭学脉，钟情四梦寄幽衷。
百年风雨神州路，永记前驱播火功。

为纪念侯外庐先生（1903—1987）百年诞辰，小诗致颂，词难达意。

侯外老是20世纪中国马克思主义史学的开拓者和奠基人之一。他对中国史学的诸多领域都作出了重要的学术贡献。30年代在北平，40年代在重庆，他以学者兼战士的“红色教授”身份，在反击当时国内外反动思潮的斗争中，笔剑纵横，敢破敢立，战功卓著。新中国成立后，他对新中国史学的学科建设和人才培养，尤其是“中国思想通史”的拓荒耕耘，更是成果辉煌，学林共仰。侯外老以其“通古今之变”的中国社会史观，提出“周秦之际”与“明清之际”（两个之际）的社会转型期，揭示了中国社会发展的规律和特点，并以社会史与思想史的统合研究，提出并论证了中国特有的“早期启蒙说”以及中国近现代化的“难产说”，卓然成为一代学术宗师。在国际上，他被看做“世界一级的亚细亚生产方式问题论者”和“马克思主义思潮及其历史科学的少数高水准理论家之一”。在国内，他始终是马克思主义史学阵地上的一面光辉旗帜。

但是，在已经过去的20世纪，他的学术思想在大部分的时间里却被人们视为不合时宜。20世纪30—40年代，苏俄、日本所谓《新史学》以及国内新理学、新心学、新国史等新派风行学界，他不合时宜；20 世纪 50—70 年代，他的思想又受到"左派"理论家的排斥，甚至连同尚钺等全被视为"异端"，依然是不合时宜；90 年代至今，中国特色的后现代主义流行中国，"消解启蒙心态"的声音仿佛成了主流学术话语，他的思想同样是不合时宜。

然而，正是这"不合时宜"，凸显了执著追求真理的学术研究的意义和价值。侯外老始终在那变幻无常的政治风雨中保持着对于真理的"韧的追求"，保持着一个创造性的马克思主义者的理论活力，他以独树一帜的理论建树和不肯曲学阿世的崇高人格，赢得了一切以追求真理为最高价值的学者们的拳拳服膺和衷心敬仰。侯外老的著作，哺育了一代又一代的中国史学研究者。如今，虽然不少随波逐流的人们漠视侯外庐先生的学说，虽然他的"早期启蒙说"成了摩登的后现代派学者们力图"消解"的对象，但我们仍然在此庄严地宣称：我们自愿继承侯门学脉，自愿接着侯外老的启蒙说往下讲。

## 一

启蒙，是 15 世纪以来世界历史的主题。启蒙的核心是"人的重新发现"，是确立关于人的尊严、人的权利和自由的人类普遍价值的公理，特别是确认每一个人都有公开地、自由地运用其理性的权利，并且以人道主义原则为人类社会至高无上的原则和普世伦理的底线，反对任何形态的人的异化。在世界范围内，这一历史进程至今也没有完结。启蒙与反启蒙，人道与反人道，始终在各种五光十色的思想旗号下进行着激烈的抗衡和交锋。

侯外老的"早期启蒙说"，确立于他在抗战期间写的《中国近世思想学说史》一书，该书于 1945 年由重庆三友书店出版，1947 年改名为《近代中国思想学说史》，由上海生活书店再版。50 年代中期，又将其中从明末到鸦片战争前的部分单独修订成书，改名为《中国早期启蒙思想史》，列为他主编的《中国思想通史》的第五卷。1959 年，侯外庐先生又发表了《王廷相的唯物主义哲学思想》、《李贽的进步思想》(与邱汉生先生合作)、《十六世纪中国的进步的哲学思潮概述》等文章，将早期启蒙思潮的产生上推到16世纪的中叶（明朝嘉靖年间)。1960年问世的《中国思想通史》第四卷（下)，其中第21—27章，写的就是16世纪的中国思想。完整地理解侯外庐先生的观点，中国的“近世”或“近代”的上限当断于16世纪，不宜夸张政治外因而以鸦片战争划段。而早期启蒙思想史，也当从16世纪开始，而不是从17世纪开始。

“早期启蒙说”的提出，是中国史研究领域的一大发现，一大创见，具有十分重大的学术价值。

第一，它为我们提供了16世纪以来中国传统思想文化发生历史性异动的大量第一手材料，提供了用马克思主义观点研究中国近世思想学说史的拓荒之作。

科学地论定16—19世纪中国社会时代思潮的性质，以及这一时代思潮与同时段的西方思潮是否具有本质上相通的可比性，首先并不是一个理论思辨的问题，而是一个科学实证的问题，一个需要拿证据来、不是拿个别的偶然的证据、而是大量的具有普遍必然性的证据的问题。

侯外老在《中国近世思想学说史·自序》中说：“本书所采的研究方法，仅‘朴实’二字。”他是从大量毋庸置疑的第一手资料出发，从精读原著、精研每一个案入手，来作通观全体之研究，从而作出“启蒙”性质的论断的。他研究得最精深的是王船山，作《船山学案》；由此下行，精研各时段思想界的代表人物，集个案研究而成宏篇巨帙，遂有从王船山至王国维的《中国近世思想学说史》(《近代中国思想学说史》）和从王船山至龚自珍的《中国早期启蒙思想史》；然后又从王船山向上追溯，精研王艮、何心隐、李贽、王廷相、罗钦顺、吕坤及东林学派诸个案，肯定这一时期的进步思想已开17世纪启蒙思潮之先河。“早期启蒙说”绝非有意抬高古人学说的价值，而是以严格的科学研究的态度所得出的结论。对于以个人的好恶去肆意抬高古人、以古人的学说与西欧近代思想作牵强附会之比较者，侯外老表示了坚决反对的态度。他曾经列举了学界的种种错误倾向而予以批评，指出：“有因爱好某一学派而个人是非其间者；有以古人名词术语而附会于现代科学为能事者；有以思想形式之接近而比拟西欧学说从而夸张中国文化者；有以历史发展的社会成分，轻易为古人描画脸谱者；有以研究重点不同，执其一偏而概论全般思想发展的脉络者；有以主观主张而托古以为重言者。凡此皆失科学研究之态度。”侯外老的中国思想史研究，是极力避免他所批评和反对的以上错误倾向的。他的结论是从材料中得来，而不是先预设一些原则，然后再去寻找材料，所以他才说他的研究方法“仅‘朴实’二字”。对于那些否定“早期启蒙说”的人们而言，侯外老对大量的史料的朴实引证，永远是他们绕不过去的一大障碍。不正视这些史料，而空诬为“伪问题”，足见其学风浮躁而已。

第二，它对思想变迁的内在理路作了精微的辨析。

侯外老在思想史研究中十分注重思想演进的内在理路的辨析。早在写《中国古代思想学说史》的时候，他就给自己提出了以下问题：“人类的新旧范畴与思想的具体变革，结合何在？人类思想自身的过程与一时代学说的个别形成，环链何系？学派同化与学派批判相反相成，其间吸收排斥，脉络何分？”而在早期启蒙思想史的研究中，关于明清之际学者与宋明理学的关系，是一个颇有争议的问题，这就需要在清理思想发展的内在理路上狠下一番功夫。在这方面，侯外老表现出极深的功力和极敏锐的眼光。如论王船山学说与程、朱、陆、王的关系，论定王船山“对朱为否定式的修正，对王为肯定式的扬弃”①。又如论黄宗羲与宋明理学的关系，侯外老指出，梨洲虽然在思想体系上犹保留了“明道之余技”而流连于理学的“枝叶”，但在基本上则自觉于人类现实的社会，反省于社会活生生的人类②。关于全祖望与黄宗羲学说的关系，侯外老指出：“全谢山笔削枝叶，不失

① 侯外庐：《中国早期启蒙思想史》，北京：人民出版社 1956 年版，第 43 页。

② 侯外庐：《中国早期启蒙思想史》，北京：人民出版社 1956 年版，第 179 页。

学者态度。明人好为晚年定论之说，在晚年定论一命题下便渗入了后学的新观念，于根柢上发展了前儒，全谢山亦然。不明这一点，无以言‘史’的思想过程。梁任公先生虽有夸大清学之病，而把根柢放大，犹可见其一面，而冯友兰先生抹煞根柢，重视清儒之‘流连’者则失实远甚。”① 这些论断，在我们看来，都是合乎实际的确然不易之论。

第三，它科学地揭示了16—19世纪中国社会时代思潮的本质。

在侯外老以前，梁启超、胡适之皆曾认为清代学术类似于西方的“文艺复兴”，这充其量只是一种现象形态的类比；而侯外老用“启蒙”二字来论定16—19世纪中国社会思潮的变迁，才真正揭示了时代思潮的本质。

侯外老把早期启蒙思潮的理论形态归结为“个人自觉的近代人文主义”。他说：

> 在16、17世纪之交，中国历史正处在一个转变时期，有多方面的历史资料证明，当时出现了资本主义的萌芽。因此，在社会意识上也产生了个人自觉的近代人文主义。②

从这一观点出发，他肯定王夫之具有增补“人权平等”的思想，肯定黄宗羲的《明夷待访录》类似“人权宣言”，其中“具有人权平等、自由放任的道理”，并且“由人权的平等推论到法律的平等”；又进一步阐说黄宗羲个性解放的自由思想，指出“人文主义的自我解放或自由的思想，和他的政治哲学脉络相贯，而为近代启蒙者的精神”，“崇拜个性”是启蒙学者自由思想的一个重要表现。又肯定傅山反奴性思想“具有启蒙期个性解放的进步性”。他认为顾炎武的

① 侯外庐：《近代中国思想学说史》，上海：上海生活书店1947年版，第135-136页。

② 侯外庐：《中国早期启蒙思想史》，北京：人民出版社1956年版，第38页。

"清议"论，"含有近代'大宪章'里的'自由'的内容"，"是近代言论自由的'新民'思想"；又说顾炎武的"经济思想的前提，是自由经济与私有恒产"，而顾炎武之所谓"以天下之权寄之天下之人"的政治思想，更体现了"市民的民主要求"。自由、平等、人权是近代启蒙思想的理论基石，是"个人自觉的近代人文主义"的集中体现。由以上论述可见，侯外老是深刻地把握了"启蒙"的精神实质的。

第四，它科学地揭示了社会历史的演进与思想之发展的关系。

与梁启超偏重于从学术与政治的关系来考察"近三百年"学术变迁的观点相区别，侯外老是从中国资本主义萌芽的产生、发展、挫折、复苏的全过程入手，来探讨中国近代社会缓慢前进的艰难历程和思想启蒙的曲折道路的。他认为中国的资本主义萌芽产生于明朝的嘉靖年间，即 16 世纪中叶。从嘉靖到万历，即 16 世纪中叶到 17 世纪初叶，是中国社会发展的时代转折点，是资本主义萌芽最显著的阶段。他从三个方面对这一时期社会内部的新旧矛盾作了考察。

一是考察土地所有制的变化。他认为明代中叶以后土地私有的发展，是适应着商品经济的发展的，特别是在东南沿海和长江流域以及赣水流域的广大的三角地区。他极力说明，这种状况与 19 世纪在俄国发生的情况在性质上是相似的："俄国土地私有制的发展，即在于由身份性之转变为非身份性"，土地日益卷入商品流通之中，经营地主的势力在扩大，为交换而生产的农业在发展。正是在这样的情况下，明王朝才以"一条鞭"法的法典的形式确立了从实物地租向货币地租的转变。

二是考察手工业和商业的发展。传统的生产方式是农业和手工业直接结合的自然经济的生产方式，而 16—17 世纪的中国，则出现了农业与手工业的分离和带有资本主义雇佣劳动性质的城市手工业工场。

三是考察中国民间商人的对外贸易活动。侯外老指出，在中国的 16—17 世纪，"商业资本也随着商品经济的发展与对南洋、俄国以及日本的贸易的开展而活跃起来。特别在嘉靖以后至隆庆时代，不仅沿海苏、浙、闽、粤的商人资本有了较大的国际和国内的经营组织，内地的川、陕、晋、赣、徽的商人资本也参与着贸易活动”①。

他认为经济的发展带来了社会风尚和人们的价值观念的变化，这种变化必然反映到思想家的思想上。早期启蒙思想的产生，归根结底只有从社会经济的新变动上才能得到科学的说明。通过对早期启蒙思潮赖以产生的经济的和社会心理的原因的揭示，侯外老为我们树立了把唯物史观创造性地运用于中国思想史研究的典范。

## 二

关于16—19世纪的中国产生了自己的启蒙思潮的观点，马克思主义经典论著没有说过，倒是梁启超、胡适之这些非马克思主义的学者从现象形态的考察上发现清代学术类似于欧洲的文艺复兴，为侯外老透过现象而洞察本质、提出“早期启蒙说”提供了启迪。因此，如今学术界流行的那种认为早期启蒙说是“唯物史观的教条”的观点，是完全没有根据的。侯外老不存学派偏见，善于从非马克思主义学者的研究成果中汲取营养并获得启迪，由此而自创新说，正表现了一位创造性的马克思主义者的宽广胸襟和理论卓识。

“早期启蒙说”的提出，不仅具有重大的学术价值，而且具有深刻的理论意义。

第一，它驳斥了国际上普遍存在的中国社会自身不可能产生出现代性因素的西方中心主义偏见，有力地证明了中国有自己内发原生的早期现代化萌动，有现代性的思想文化的历史性根芽。

在西方，“东方文化否定论”的传统源远流长。亚里士多德关于“希腊人天生就是自由的，东方人天生就是奴隶”的种族偏见，深深地影响了18世纪以来知名度最高的一批西方学者。孟德斯鸠说：

① 侯外庐：《中国早期启蒙思想史》，北京：人民出版社1956年版，第19页。

“支那者，专制之国也，其统制以恐怖为之精神”①；“在那个地方的一切历史里是连一段表现自由精神的记录都不可能找到的”②。英国古典政治经济学家们致力于对中国社会作经济政治分析，分别从自给自足的农业村社与专制制度的关系、皇帝作为唯一的土地所有者与法律对私有财产的限制，以及行政机关干预社会经济运作、不存在各种得到传统和公众舆论支持的可以同专制君主相抗衡的独立的社会机构来保护个人不受政府掠夺等方面，来揭露中国社会亘古不变的奥秘。黑格尔认为世界历史的目标是“自由”，而东方从古到今只知道“一个”是自由的，最不可思议的是“连学者也要服从皇帝的命令”。而M. 韦伯则干脆断言中国根本就不存在走向现代化的文化背景。他们都一致认为，亚细亚制度没有内部的动力，必须依靠引进外面的因素向它提供动力，依靠外国资本的侵入才能使这种制度的静止状态归于结束，中国只能“被现代化”。

侯外老并不否认英国古典政治经济学家对中国社会的分析具有合理性，不否认“东方专制主义”对于社会发展的严重阻滞作用，但他绝不同意只有靠外力、靠外国资本主义的入侵才能改变中国的观点。他认为，从16世纪以来，中国的历史没有如欧洲那样走向资本主义社会，这并不等于说，中国封建社会没有解体过程，没有资本主义的形成过程。从16世纪中叶开始，中国已经存在着资本主义的幼芽，中国的历史从这时起已经处于封建社会解体的缓慢过程中，“城市对农村的矛盾、货币经济对自然经济的矛盾，以及手工业从农业中分离的矛盾，总括而言之，个体经济的自由经营对由法律固定下来的封建特权所依存的土地占有制之间的矛盾，暴露出来了”③。侯外老引证顾炎武《天下郡国利病书》中的《歙县风土论》，来说明嘉靖至

① 严复译：《孟德斯鸠法意》，北京：商务印书馆1981年版，第180页。

② 孟德斯鸠著，张雁深译：《论法的精神》，北京：商务印书馆1982年版，第279页。

③ 侯外庐：《中国早期启蒙思想史》，北京：人民出版社1956年版，第3页。

万历年间的历史变革性的转折步骤，看中国的资本生活史从“末富（工商）居多，本富（土地）益少”到“富者百人而一，贫者十人而九”的发展状况；又引《吴江县志》、《震泽县志》、《苏州府志》，来阐述资本主义萌芽发达地区的阶级关系、风俗民情、价值观念变化的情况。

侯外老也并不否认中国历代专制皇权对人民的自由权利的剥夺和对自由精神的摧残。然而，他深知，被锁链囚缚着的正是反抗的奴隶；一部中国史，并非如西方学者所说“连一段表现自由精神的记录都不可能找到”。在那些充当皇帝的奴仆的学者之外，还有许多不肯服从皇帝的命令的学者。因此，在中国思想史的研究中，他除了努力发掘中国历史上的“异端”思想以外，特别重视揭示16世纪以来中国的进步学者反对专制蒙昧、争取自由权利的心路历程。他的《近代中国思想学说史》或《中国早期启蒙思想史》，正是先进的中国学者争取自由的心路历程之写照。特别耐人寻味的是，在1959—1962年裹挟着个人迷信、专制政权思想的极左思潮盛行之时，他却着力于研究汤显祖的“临川四梦”，寻索其在“笔墨之外”的“有讥有托”的深意。在《论汤显祖剧作四种》一书中，他表彰汤显祖“对于黑暗现实的抗议”，表彰敢于仗义执言、敢于为民请命的豪杰之士，揭露皇权官僚专制主义的制度性的腐败，谴责假道学“对于黑暗世界装上了鲜丽的花朵，而其本质却使世界历史的发展格而不通”；与此同时，又讲到了“大儒大侠唯患天下人有生而无食”，讲到了“免除贫困和欺压的人权思想”等。对于汤显祖的研究，既表现了侯外老的独立人格和批判精神，寄托着他情之所钟的自由理想，同时也为“早期启蒙说”提供了新的有力证据。“早期启蒙说”证明，在中国人当中，并不缺乏对于公开地自由地运用其理性的权利的追求，任何否认中国人同样应该享有人类的普遍价值、把中国人看做“天生的奴隶”的种族论的观点，都是完全错误的。

第二，通过社会史与思想史之统合的研究，通过把16—19世纪的中国思想史放到世界历史的总范围内来加以考察，把一般规律与特殊规律统一起来，丰富了马克思主义的唯物史观和世界历史理论。

在侯外老提出"早期启蒙说"以前，在中国"近三百年"学术史研究中，普遍主义与特殊主义两种倾向呈双峰对峙、二水分流之势。梁启超、胡适之的论学思路，明显地倾向于普遍主义，即都有一个基本的预设：东海西海，心理攸同。人类的官能心理是相通的，故在大致相同的历史条件下就会产生出大致相同的思潮和思想学派。所以他们都把清代学术与意大利"文艺复兴"时代相比拟。与此不同，钱穆先生的思路则是特殊主义的，他强调中国自有中国道理，与西方绝然不同，尤其痛恶"言政则一以西国为准绳"，强调学者当以"得君行道"为职志；因此，讲"近三百年"学术史，就只能按传统学术的思路讲，诸如程朱派与陆王派之争、汉学与宋学之争等，目的是"倡风教，崇教化，辨心术，核人才，不忘我故以求通之人伦政事"。

这种普遍主义与特殊主义的分歧，实际上是一场旷日持久的世界性争论在中国特定历史条件下的表现：从 16 世纪以来的"科学—理性"主义思潮及其代表人物，皆以强调各民族文化的共性和发展进化的一般规律为特征，从意大利学者维柯到法国的百科全书派，从黑格尔到摩尔根、孔德、斯宾塞，全都持普遍主义的、单线演化论的观点；而 19 世纪后期产生的新康德主义的文化哲学和文化人类学中的鲍厄斯学派，则强调各民族文化的多元性，否认进化发展和一般规律。这场争论至今也没有完结。

通过社会史与思想史之统一的研究，把人类社会发展的一般规律建立在对各民族社会发展的特殊历史途径的认识的基础上，把思想文化进步发展的一般规律建立在对文化的多元存在和发展的特殊规律的认识的基础上，是侯外庐先生的一大理论贡献。

侯外老是在首先研究了中国古代社会和古代思想史以后再来研究近世社会及其思想学说史的。他发现，从野蛮时代进入文明时代虽然是希腊、罗马、日耳曼和中国社会发展遵循的普遍规律，但进入文明的具体途径却有不同，因而有"古典的古代"、"日耳曼的古代"、"亚细亚的古代"的区别。"古典的古代"遵循的是由家族到私有制到国家的途径，氏族制的枷锁被彻底摧毁；而中国古代文明的形成则遵循的是由家族到国家、"人唯求旧，器唯求新"的途径，是在保留氏族公社的基础上进入文明的，“死的抓住活的”，古代文明的形成长期处于难产状态之中。“其思想发展的特征是由畴官世学而缙绅先生的诗书传授，由缙绅先生的诗书传授而开创私学的孔墨显学，由孔墨之学而百家并鸣之学，以至古代思想的没落。氏族制的遗留，规定了国民思想的晚出。对应于希腊古代探究宇宙根源的智者气象，在中国则为偏重伦理道德的贤人作风。”①

中国古代文明形成过程中的这种“死的抓住活的”的情形，影响到汉代以后的中古社会，更影响到了中国的近代。16 世纪以来的中国，既在封建社会的母胎中产生了资本主义的萌芽形态，又在发展过程中未能走进近代资本主义世界，关键在于旧的生产方式以及旧的思想影响太深，新的因素十分微弱，这即是如马克思说的，既为旧的所苦，又为新的发展不足所苦，死的抓住活的。资本主义要排斥身份性的人格依附，然而封建主义的顽强传统又要维持这样的人格依附；商业有多大的分解作用，首先是依存于旧生产方式的坚固性和内部结构。活的东西要冲破死的，而死的东西还在束缚着活的——这就是 16 世纪以来中国社会历史变化的实际情形。方生未死，新旧杂陈，这种情形反映在思想上，就表现为早期启蒙学者的思想仍然在相当大的程度上受到旧的传统的束缚。

侯外老晚年反复致意：“从古代文明的难产到近代文明的难产，说明旧的传统是阻碍历史前进的巨大惰力。这是中国历史的特点，也是我们应当认识的国情。”② 在侯外老看来，如果说中国有什么“特殊国情”的话，就在于旧的传统的势力太过强大，而这恰恰又是根源于古代文明形成和发展的特殊历史途径及由此而形成的特殊的社会结构，这种结构的坚固性强有力地抵御着商品经济对它的分解作用。“早期启蒙说”与中国现代化如此紧密相关！侯外老积一生之追求和

---

① 侯外庐：《韧的追求》，北京：三联书店 1985 年版，第 326、259-260 页。

② 侯外庐：《韧的追求》，北京：三联书店 1985 年版，第 326、259-260 页。

思考所凝结成的这一深刻思想，值得我们反复咀嚼、认真汲取。

## 三

侯外庐先生离开我们已经15年了，但关于"早期启蒙说"的争议仍在继续。

20世纪80年代以来，在世界范围内出现了一股鼓吹"启蒙失败论"的思想文化逆流。以麦金太尔为代表，质疑启蒙运动所确立的人类普遍价值的公理，批评权利（自由）、公正（平等）、宽容（博爱）、和平（秩序）等启蒙理念不过是一种先验的假设，从来无法用经验事实和实证方法来加以证实。这种"用启蒙的武器反对启蒙自身"的论证手法，逻辑地将启蒙的理念引入无法论证的"失败"境地。由此，"启蒙失败论"便迅速蔓延到了伊斯兰世界和东亚世界。90年代以来，在中国，拒斥启蒙理念的鼓噪亦甚嚣尘上。在一些人的眼中，侯外庐先生对中国早期启蒙思想史的研究正如关于中国资本主义萌芽问题的研究一样是"伪问题"，中国思想史和中国历史研究要完全拒斥西方的概念和学理，实现彻底的"本土化"。

我们欣喜地注意到，在中国，已经有学者奋笔撰文来回击这种全球性的思想文化逆流。李申先生在《"伪问题"与"舶来语"》一文中，揭露了中国特色的后现代主义者不考学术源流、不读古典原著、缺乏基本的学术素养的真面目①。黎鸣先生也撰文指出："中国的所谓后现代主义者，则是一帮为（现代性的）新生婴儿甚至为还尚未出生的胎儿掘墓的昏人。"② 更有吴冠军先生在《什么是启蒙》一文中，阐说康德的启蒙遗产，对麦金太尔的"启蒙失败论"给予有力的驳斥。③

---

① 李申：《"伪问题"与"舶来语"》，《开放时代》2002年第4期。

② 黎鸣：《20世纪，西方哲学走向死亡的最后历程》，《书屋》2002年第8期。

③ 吴冠军：《什么是启蒙》，《开放时代》2002年第4期。

康德是启蒙理念的坚定捍卫者。他在《什么是启蒙运动》一文中指出，启蒙运动除了自由之外并不需要任何别的东西，而且一切可以称为自由的最无害的自由，就是在一切事情上都有公开运用自己理性的自由①。诚然，“天赋人权”的原则是先验的，在以往的人类历史上是得不到经验事实的论证的，但在康德看来，它却是实践理性的必然要求，实践理性通过“自由”概念来为人类社会提供先验法则。实践理性所确立的第一条绝对命令就是：应该使你的意志所遵循的法则永远能够成为普遍的道德律。也就是说，如果你不想被剥夺自由权利，那么你就不要剥夺他人的自由权利；如果你不想被别人当做工具，那么你就不要把别人当做工具。权利的普遍原则就是从这条最高的道德律中所推出：权利乃是以每个人自己的自由与每个别人的自由协调一致为条件，即人人自由而不得侵害他人之自由。因此，尊重人权乃是道德的绝对命令，是做一个有道德的人的最基本的条件。只有尊重人权，才可能有社会的和谐、世界的“永久和平”。通过以上论证，康德捍卫了自由、平等、博爱、和平的启蒙理念，用康德的思想来驳斥麦金太尔之流对启蒙理念的挑战，无疑是十分有力的。

不过，我们还应看到，真正的马克思主义者同样是启蒙理念的忠实捍卫者，是启蒙理念的更为强有力的论证者。康德是以人的内心的实践理性为人类自身立法，马克思则直接以人类的历史实践为人类自身立法。从人类的实践中，马克思看到人的本质在于自由自觉的活动，而启蒙理念正是人类历史实践发展到近代的必然产物。马克思怒斥普鲁士政府的书报检查令，宣传每一个人都有自由地公开地运用自己的理性的权利；马克思在《〈黑格尔法哲学批判〉导言》中热烈地呼唤：“（启蒙）思想的闪电一旦真正射入（德国）这块没有触动过的人民园地，德国人就会解放成为人！”② 马克思在《共产党宣言》

① 康德，何兆武译：《历史理性批判文集》，北京：商务印书馆 1990 年版，第 24 页。

② 马克思：《〈黑格尔法哲学批判〉导言》，《马克思恩格斯选集》第 1 卷，北京：人民出版社 1972 年版，第 15 页。

中强调，他的社会理想是以每一个人的自由发展为前提的一切人的全面发展——恩格斯曾一再强调，这句话是全部马克思学说的根本精神所在。马克思在论述中国的未来时，憧憬着中国的万里长城上写着：“中华共和国：自由、平等、博爱!”① 按照马克思主义的观点，人类在实践中千百万次地重复着各种不同的逻辑的格，以便这些格能够获得公理的意义。启蒙者的理念正是人类长期历史实践的结果，是人类的历史实践赋予了启蒙理念以人类普遍价值之公理的意义。在马克思看来，只有确认人类普遍价值的公理，人才成其为人，亦才能使被长期的专制蒙昧扭曲了的人“解放成为人”。

侯外老作为一位创造性的马克思主义者，卓越地论证了启蒙的现代性理念不仅产生于西方，而且也产生于中国的观点。为我们突破传统与现代截然二分、体用两橛、中西对峙的思维方式，解决“传统与现代化的关系”问题，提供了一条新的路径。接着侯外老往下讲，我们认为，应当从我国16世纪以来曲折发展的启蒙思潮中去探寻传统文化与现代化的历史结合点，其理由是：

第一，早期启蒙思潮的兴起是以古代文化的长期积累为背景的传统文化向现代转化的历史性起点，是中国传统文化在特定历史条件下的自我批判、自我发展和更新。直到晚清和“五四”时期，中国的启蒙者们皆不忘从早期启蒙思潮中汲取理论营养和推动社会变革的动力。这充分说明传统与现代不是截然二分的，也不可用人为的“断裂”去割断它。尊重历史的辩证法，就不能无视中国文化自身产生的现代性的历史根芽，另外去寻找所谓“返本开新”之路，而应把早期启蒙思潮看做现代文明建设的活水源头。

第二，早期启蒙思潮既是中国文化的自我更新，其体其用自然是内在地统一的。这表明，中国文化之体并不是一个僵化的固定不变之体，而是历史地更新着的。用这种自我更新了的中国文化之体去接受西方的先进文化，自然不存在“中体”与“西体”之间的扞格不通，也不至于导致“中学为体、西学为用”这种体用两橛、徒使严又陵

① 《马克思恩格斯论中国》，北京：人民出版社1953年版，第189页。

耻笑的荒谬理论。而体用两橛论者的根本失误，即在于他们为了拒斥西学，竟抛弃了我们民族体用一源、不执固定之体的优秀文化传统，把中国文化之体看做固定不变之体，否认了它的自我批判、自我发展和自我更新。

第三，正因为明清之际的早期启蒙思想是中国文化之体的自我更新，所以近代先进的中国人既勇于接受西学，又自觉地向着明清之际的早期启蒙思想认同，真可谓“外之不后于世界之潮流，内之而弗失固有之血脉”(鲁迅语)。如此，所谓中西对峙、中学与西学水火不容的狭隘观念也就失去了其存在的依据。自我更新了的中学与西学既无时代性之隔膜，则民族性之微妙差别自会相互补益，由此而综合创造出人类的新文化。如此，我们所面对的，将不是“文明冲突论”者所鼓吹的儒教文化与西方文化的冲突，而是中西文化在更高层次上的会通融合。这对于为我国的现代化建设创造良好的国际环境，尤为重要。

“早期启蒙说”及关于“传统与现代之历史接合点”的论说，逻辑地指向当代中国哲学的“新人学”的建立。在中国现代哲学史上，有冯友兰先生的接着程朱理学往下讲的“新理学”，有贺麟先生的接着陆王心学往下讲的“新心学”。当新理学、新心学问世之时，侯外老独辟蹊径，表彰明清之际“个人自觉的近代人文主义”思想，安知他没有建立一种接着早期启蒙学者往下讲的“新人学”之意？我们认为，从李贽呼吁复“童心”、做“真人”，到王夫之“依人建极”、怒斥“申韩之儒”，到戴震提出“血气心知”的人性学说、批判“以理杀人”，其理论归趋无不通向扬弃伦理异化的新人学的建立，与同时期以“人的发现”为主题的西欧思潮的变迁具有本质上相通的东西方可比性。接着李贽、王夫之、龚自珍、戴震往下讲，既坚持了中国哲学自我发展和更新的主体性，又有利于融摄自文艺复兴以来西方哲学的一切积极因素，从而创造出一种根于自己的文化传统的新哲学。这是侯外老未竟的事业，想必这一定是他的在天之灵热切地期待于我们去努力实现的。

“早期启蒙说”与中国现代化之关系是如此密切，它为我们解决传统与现代化之关系问题提供了契入点和路径，为我们直接参与民族文化传承的“接力赛”设立了最近、最佳的接力点。接着侯外老的启蒙说往下讲，认真汲取侯外老关于中国之现代化何以“难产”的深刻见解，坚持“首在立人”的启蒙事业，以人的现代化促进社会的现代化，正是历史和时代赋予我们的庄严而崇高的使命。

（此文与许苏民同志合作，原作为《明清文化名人丛书·总序》，载1998年南京出版的该丛书。）

# 三、真理和民主

真理标准问题的讨论在全国蓬勃展开。这是一次激发亿万群众革命智慧的哲学解放运动。哲学的解放，就是真理和群众的结合，就是在马克思主义的真理旗帜下充分发扬无产阶级的民主。

## 一

真理和民主是属于不同领域的两种范畴：真理是认识论的范畴，民主是社会历史的范畴，两者似乎没有必然联系。但是，如果思考一下事情的本质，就会发现两者是有机地联系在一起的。

马克思主义认识论的第一的和基本的观点是实践观点，即科学地指明认识的任务在于通过实践而发现真理，又通过实践的检验而证实真理和发展真理。马克思主义历史观的首要的和基本的前提是群众观点，即彻底地承认以物质资料生产者为主体的人民群众是历史的创造者。这两个观点，不可分割，因为实践是千百万群众的实践。人民群众改造自然、变革社会、创造历史的过程，就是通过生产斗争、阶级斗争和科学实验的实践活动去发现、证实和发展真理的过程。坚持实践观点就必须坚持群众观点。这两个密不可分的基本观点正是马克思主义哲学大厦的基石，是马克思主义哲学区别于一切旧哲学的根本标志，也是共产党的全部纲领、路线、方针、政策的世界观基础。共产党人基于实践观点，坚持真理的客观标准，敢于实事求是，在实践中为真理而斗争；基于群众观点，坚持党的群众路线，甘当群众的小学生，自觉地发扬人民民主。真理和民主，是马克思主义把科学性和革命性内在地结合起来的理论本身的绝对要求，也是无产阶级革命事业胜利发展的根本条件。

林彪、“四人帮”基于篡党夺权、复辟封建法西斯专政的反革命目的，疯狂践踏马克思主义的真理观，疯狂破坏党内外的民主生活准则。他们对马克思主义哲学所进行的“挖心战”，正是妄图挖掉实践观点和群众观点，进行了两个理论上的根本颠倒：一个是根本颠倒理论和实践的关系，另一个是根本颠倒个人和群众的关系。这两个颠倒，正是他们全部反革命理论的基础，也是他们在真理问题上否定实践标准而另立所谓“标准”的反动理论支柱。

理论和实践的本质关系，是主观对客观的反映关系，是理论对实践的依赖关系。任何理论、认识，作为主观的东西，都必须接受客观实践的无情检验。实践高于理论，理论的产生、发展、判别真伪都取决于实践。林彪、“四人帮”从根本上否定马克思主义认识论的这些基本原则，放肆地鼓吹主观唯心主义的先验论和精神万能论。林彪提出“倒过来”的哲学，叫嚷“要想办法用精神力量代替物质力量”，“四人帮”提出“理论——实践——再上升为理论”的反动公式，攻击“存在第一，思维第二”，是“反动的形而上学”。一个腔调，一个目的，就是要根本颠倒主观和客观、理论和实践的关系，从而否定实践第一的观点，摧毁马克思主义哲学的基石。

对真理标准这个关键问题，林彪、“四人帮”玩弄了许多哲学诡计。他们首先用“顶峰”论之类把发展着的活生生的革命真理凝固化为“终极真理”，否认真理的相对性和历史性，狂热鼓吹什么“最高真理”可以“高于认识、高于实践、高于群众、高于历史”之类的绝对唯心主义的呓语。张春桥所谓“思想上正确与错误，决定于理论”，即在夸大理论作用的烟幕下，公然把检验思想正确与否的实践标准偷换为“理论标准”。接着，林彪、“四人帮”又把一整套的所谓“活学活用”的“断章取义”法抛了出来，进一步把革命真理的科学体系诬蔑为“多而杂”、“多则惑”，否认真理的完整性和全面性。林彪宣称：“学马（克思主）义，就是要断章取义”、“走捷径”、“背警句”，诡称“记那么几条”，就可以“一本万利”、“一通百通”。于是，一方面，高喊“在‘用’字上狠下功夫”，按“有用即是真理”的实用主义原则，恶毒地肢解革命导师的著作、言论，取其所需，割裂歪曲，篡改原意，大搞片言只语“立竿见影”的骗术；另一方面，鼓吹“在灵魂深处爆发革命”之类，按信仰主义原则把一些片言只语神圣化、神秘化，变成“句句是真理，一句顶一万句”的绝对律令，炮制出一个以“语录为究竟”的“语录标准”。

林彪、“四人帮”利用这样的“语录标准”来制造现代迷信，而他们自己却从不迷信这些“语录”。在他们看来，“语录标准”不过是愚弄群众的工具，不过是以理杀人、扼杀真理、设置禁区的工具。他们所迷信的是自己手中的权力。一手遮天、唯权是夺的权力意志，驱使他们还需要搞另一个理论的颠倒，即根本颠倒个人和群众的关系。

个人和群众在历史上的作用及两者之间的关系，马克思主义的唯物史观一开始创立就作了科学的阐明。人民群众是历史的创造者，任何高明的个人（包括领袖人物）只有在多少顺应社会经济发展的客观要求、反映人民群众的利益和需要的条件下，才能对历史的发展起一定的推进作用。无产阶级政党的杰出领袖们之所以能对历史发展起巨大的推进作用，正是也仅仅是因为他们自觉地遵循了社会矛盾运动的客观规律，集中了群众的智慧，代表了群众的利益，而绝不是因为他们变成了什么“超凡入圣”的“先知”或“天才”。任何高明的个人（当然也包括领袖人物），他的意志和主张，一旦脱离实践、脱离群众，违背了客观规律发展的要求，违反了人民群众的意愿，那就一定会犯错误。林彪、“四人帮”被反动阶级本质所决定，极端地仇恨群众，迷信权力，必然继承反动剥削阶级的唯心史观。林彪宣扬“政变”经、天才论，“四人帮”鼓吹“法家”帝王主宰历史、“三突出”英雄独占舞台。他们通过无限夸大革命领袖的个人作用，来抹杀党的集体智慧，否定人民群众创造历史也创造合乎历史要求的领袖人物的根本决定作用。他们的反动历史观，具有权力拜物教的思想特征。所谓“一切为了权字”，政权就是“镇压之权”，专政就是“全面专政”，成为他们反革命的政治代数学。他们凭着权力意志，炮制出一个以权力作为尺度的“真理标准”，似乎“谁有权谁就有真理”，权力大小还能决定真理的多少，“首长”说的全部谣言和诡辩也都可以变为真理。这种“权力标准”，把“长官意志”作为衡量是非的标准，不过是“强权即真理”的再版，是林彪、“四人帮”拼命宣扬的权力拜物教在真理观上的表现。

## 二

针对林彪、“四人帮”在真理标准问题上所制造的思想混乱和理论颠倒，我们一定要坚持马克思主义的真理观和民主观，从理论上弄清坚持真理和发扬民主、坚持真理的实践标准和贯彻党的群众路线之间密不可分的内在联系。

马克思主义是历史地发展着的科学真理，是无产阶级革命的行动指南。马克思主义开始创立时，就把真理和民主作为两个互相联系的最重要的研究课题。1845 年，马克思、恩格斯共同完成了对青年黑格尔学派的批判，出版了《神圣家族》，清算了鲍威尔等人的天才史观，在人类认识史上第一次肯定了“历史活动是群众的事业”，确立了马克思主义的群众观点，即人民群众是历史的创造者和无产阶级能够而且必须自己解放自己的根本观点。恰在同年，马克思完成了对黑格尔和费尔巴哈的哲学批评，写出了《关于费尔巴哈的提纲》，从认识论上既否定了黑格尔的唯心主义，又批判了费尔巴哈的形而上学，并认真剥取了黑格尔和费尔巴哈哲学中把实践作为认识的一个环节的真理颗粒，在人类认识史上第一次科学地规定了实践是变革现实的物质活动，确立了马克思主义的实践观点，即人类认识的来源和检验真理的标准都只能是社会实践的根本观点。这样两个观点的同时确立，奠定了马克思主义哲学世界观的基石，引起人类认识史的空前大革命。

马克思主义的哲学世界观在群众斗争的实践中不断丰富发展。在这一过程中，每当革命进入新阶段，需要总结实践经验、克服错误思潮时，革命导师总是一再提出实践标准问题，指出：对一切哲学怪论“最有力的驳斥就是实践”；同时，革命导师又总是一再强调“群众的历史主动性”，而痛斥把个别人物神圣化的天才史观或英雄史观。

毛泽东早年的光辉著作《实践论》，深刻阐明了实践既是认识的动力和来源，又是认识深化的基础，更是检验真理的唯一标准，强调了只有通过实践，才能发现真理、证实真理；强调了理论和实践的具体的历史的统一，改造客观世界与改造主观世界的统一。不仅如此，毛泽东还进一步把作为唯物史观的基石的群众观点，明确地直接地引入了认识论，把马克思主义的历史观和认识论紧密结合，深刻地阐明了实践观点和群众观点的统一，只有充分发扬民主，坚持党的群众路线，才能保证发现真理、证实真理和发展真理的认识路线得到实现。这就把真理和民主这两个课题内在地结合起来，作了深刻的说明。

马克思、恩格斯、列宁都非常强调无产阶级是最坚决、最彻底的民主派，强调必须认真研究民主问题。毛泽东面对中国革命具体的历史特点，对民主革命问题作了深刻研究，写了许多论著，发展了马克思主义的民主观。在《新民主主义论》中，毛泽东深刻阐述了真理和民主的关系，语重心长地指出：“真理只有一个；而究竟谁发现了真理，不依靠主观的夸张，而依靠客观的实践。只有千百万人民的革命实践，才是检验真理的尺度。”实践不是抽象的个人活动，而是千百万人民的革命实践。人民群众既是实践的主体，也就是认识的主体，真理的认识在实践着的群众之中，要学到知识，找到真理，必须到群众中去，向群众学习。毛泽东在《关于领导方法的若干问题》一文中极为精辟地指出：“凡属正确的领导，必须是从群众中来，到群众中去。这就是说，将群众的意见（分散的无系统的意见）集中起来（经过研究，化为集中的系统的意见），又到群众中去宣传解释，化为群众的意见，使群众坚持下去，见之于行动，并在群众行动中考验这些意见是否正确。然后再从群众中集中起来，再到群众中坚持下去。如此无限循环，一次比一次地更正确，更生动，更丰富。这就是马克思主义的认识论。”这里所阐明的是党的工作路线和认识路线的一致。在马克思主义发展史上第一次揭示了“从群众中来，到群众中去”是发现和检验真理的必由之路。所以坚持真理和发扬民主、坚持真理的实践标准和实行群众路线是互相联系，密不可分的。

这里所阐明的关于理论对实践的依赖关系，领导对群众的从属关系，先当学生后当先生的关系，先有民主后有集中的关系，等等，不仅极大地丰富了马克思主义的理论，并且使马克思主义的真理观和民主观更紧密地结合起来。

马克思主义的科学真理观，就是实事求是，坚持理论与实践的统一，坚持千百万群众的实践是检验真理的唯一标准和发展真理的真正源泉。这就是马克思主义的最严肃的科学态度。无产阶级的民主观，就是群众路线，坚持领导与群众相结合，无产阶级政党必须坚决依靠群众，无限相信群众，放手发动群众，尊重群众的革命首创精神，党的各级干部只能是群众的勤务员，社会的公仆，无产阶级专政的国家实行民主集中制，并逐步组织劳动群众直接管理自己的国家，实行巴黎公社原则的选举制。这就是社会主义的最广泛的人民民主。

马克思主义的真理观和民主观在理论上和实践上都是密切联系在一起的。只有坚持真理的实践标准，才可能确认群众对真理最有发言权，因而才会自觉地实行群众路线，发扬人民民主，倾听群众的呼声，集中群众的意见，把自己对真理的认识放到群众中接受检验，在群众的监督之下坚持真理，修正错误。同样的，只有坚持民主集中制，发扬人民民主，深入群众，深入实际，调查研究，拜群众为师，才可能把检验真理的标准只能是社会实践的这个理论真正落实到行动，在实践中解决认识路线问题。相反的，如果相信“领导高明，群众落后”，颠倒个人和群众的关系，乃至迷信“长官意志”，迷信“权力标准”，那就根本不可能认真实行民主集中制，不可能实行群众路线，不可能遵循科学的认识规律，不可能坚持实践标准和实事求是的原则，不可能取得客观真理的认识。结果，只能回到“本本标准”或“语录标准”上去，继续颠倒理论和实践的关系，这就必然走到马克思主义的真理观和民主观的反面，乃至成为阻挡革命发展的绊脚石。

一九七八年十一月

# 四、关于改革的历史反思[①]

## （一）

马克思主义的历史科学要求我们：观察现实，应当有历史感；研究历史，应当有现实感。为了理解现实，必要追溯它的历史；而我们清理过去，又总是为了开拓未来。对于当前的改革，也应作如是观。

当前，当你站在珞珈山上，抬头四望，你所看到的再不是“烟雨莽苍苍”的景色，而是神州大地一派生机。席卷全国的改革浪潮，正冲击着每一个村庄、每一个工厂、每一个课堂、每一个人的灵魂。这次改革浪潮，是从农村掀起的，人们不确切地比作“第二次农村包围城市”，其实不如说这股冲击波是从我们民族最深厚、最广阔的底层迸发出的。王兆军的报告文学叫《原野在呼唤》，蒋子龙的小说叫《燕赵悲歌》，命题都很有深意。短短几年来，农村的巨大变化，出现了许多奇迹。农村生产责任制的普遍巩固，农产品商品率的大幅度提高，农村剩余劳动力的多极扩张，促使商品生产冲破各种束缚而迅猛发展。中央1984年一号文件及时地肯定“由自给半自给经济向较大规模的商品生产转化，是发展我国社会主义经济不可逾越的必然过程”。这句话可说是字字千钧。在党的引导下，八亿农民起来改变经营方式，改革经济体制，卓有成效地探索着、创造着中国社会主义现代化农业发展的特殊道路。这是中国历史上一次空前伟大的创举。

---

① 此文据1984年10月19日在武汉大学学生会组织的报告会上的讲话记录稿整理。

这一改革浪潮既来自我们民族最深广的底层，因而是不可抗拒的，并具有不可估量的意义。

另外，从国外也袭来一股冲击波，即20世纪80年代以来在世界范围已经兴起的以新技术革命为先导的新产业革命的巨大浪潮。这已反映在许多西方学者的论著中，诸如托夫勒的《未来的震荡》、《第三次浪潮》，奈斯比特的《大趋势》，西德的弗里德里希斯和波兰的沙夫合写的《微电子学与社会》等，对这次产业革命的性质、内容和特点都各有分析和说明，大体上都肯定了微电子技术和航天工程、海洋工程、遗传工程等组成的新技术群的蓬勃兴起，将会引起一次新的产业革命，这又势必对人类社会的未来产生巨大影响。这正是马克思主义者所极端重视的科学技术的大发展，社会生产力水平的质变和飞跃。马克思在1856年就曾欢呼过："蒸汽、电力和自动纺机甚至是比巴尔贝斯、拉斯拜尔和布朗基诸位公民更危险万分的革命家。"当前的新技术革命，给我们提供了机会，也提出了严重挑战。党中央及时传播了这个信息，大大促进了城市大型工业企业的改革要求。在国民经济中举足轻重的城市大型工业企业的改革，既与整个国家经济体制、管理体制的改革紧密相关，又与世界新技术革命浪潮联系在一起，因而将是更为强大的冲击波。毫无疑问，城市工业改革的全面展开，农村经济改革的继续深入，两者互相配合促进，必将使我国社会主义建设，从物质技术基础到生产关系的诸方面，再到上层建筑的诸领域，都将发生重大的变化。通过这样的改革，大幅度地提高社会生产力，加速实现四个现代化，将使我们这个民族真正振兴起来，对人类的进步作出新的贡献。

当前的改革，我体会带有全局性的指导方针有两个大的方面，一个是对内搞活，另一个是对外开放。这两者是互相促进的，实质都是要从根本上改变我们国家的经济面貌，从根本上摧毁我国几千年来形成的自然经济基础。两者比较之下，对内搞活比较容易接受，因为直接经济效果较显著。当然在怎样搞活这方面还大有文章，而从根本上说，就是要遵循客观经济规律，时时不忘生产关系、管理体制、规章制度等是否先进的唯一检验标准，就是看它能不能解放生产力，能不能真正促进广大群众的社会主义积极性。在这方面还有大量工作要做，但较容易接受。对外开放，我理解不仅是个经济政策，应包括很多方面，特别是就指导思想来说，必须从长期形成的封闭型思维方式跃进到新的开放型思维方式，这是根本性的转折，不是很容易的，而且还会产生一些盲目的担心。这里有各种历史因素形成的心理因素及一些传统观念在起作用，思想障碍不是很小的，何况在对外开放过程中，不一定能马上看得见效果，而且有些直接效果还明显地具有二重性，即有好的一面，同时也有一些消极现象。由一种狭隘的历史经验所产生的闭关自守思想，加上小农经济必然分泌的那种落后的、近视的、愚昧的观念，两者搅在一起，就会更加感到不容易真正从心坎里接受中央这个决策。什么是真正的民族自尊心，什么是真正的爱国主义，有时我们脑子里并不怎么清楚。当前整个改革与对外开放密切联系在一起。为了加深对中央这一重大决策的理解，为了真正了解我们民族当前所面临的历史任务，我感到需要站在一个新的思想高度，来进行一番严肃的历史反思。

## （二）

古老的民族，悠久的历史，光辉灿烂的文化创造，从未中断的独立发展，使我们经常引以为豪，是我们民族自尊心和民族自信心的深厚源泉。但是，独立发展绝不等于孤立发展。恰好相反，我们这个民族之所以能在地球上独立发展这么多年，恰好是我们乐于接受外来文化，并且通过学习消化，勇于创新。回顾民族的历史，每当我们打开大门，欢迎外来文化，乐于引进，善于消化，又勇于创新的时候，也正是我们民族生命力蓬勃向上的时候。而每当我们民族由于各种原因搞闭关自守，固步自封，中断了中外文化交流的时候，也就是我们民族和民族文化处于衰败时期。回顾一下，非常明显。

我们的祖先在亚洲东部这块平原上进行文化创造活动，说起来是一百多万年的事情了。远古时期，我们民族文化的发展是多元化的、多根系的。新中国成立后的考古新发现，旧石器时代的遗址遍布二十四个省市；新石器时代的遗址七千多个，遍布全国。经过长期的斗争、融合，形成了“海岱”、“河洛”、“江汉”三个历史文化区，最后凝结成统一的华夏文化。华夏文化形成后，经历了尧、舜、禹时代，完成了治理洪水和南征“三苗”两大任务，终于通过分散的奴隶制部落王国而形成了统一的奴隶制大帝国——夏、殷、周三代。周代末叶，由于生产力的发展，从奴隶制向封建制过渡。在这个过程中，在统一的华夏文化指导下，又发展了地区性文化，诸如邹鲁文化、三晋文化、燕齐文化、荆楚文化、巴蜀文化、吴越文化、关陇文化。当时因关中的秦国封建化改革较彻底，后来居上，统一了全国，形成秦汉统一的封建大帝国，统一了全国的驰道、文字、度量衡等。这个统一是了不起的，使我们这个民族凝聚起来，成为一个文化共同体。这样，我国就以统一大帝国的形式形成了发达的封建制度和高度发展的封建文化，对人类文化曾经作出了应有的贡献。

纵观历史，我国文化独立发展的过程中，曾经接受外来文化，比较大规模地引进、消化外来文化有两次。

第一次是公元1世纪到8世纪，正当我国封建社会的上升时期，即汉唐盛世，我国迎来和消化了印度文化。以佛教为中心的印度文化系统，经过引进、翻译、学习、消化，一共花了七八百年时间，终于使其融入我们民族精神生活的很多方面，经过消化后进一步再创造，反过来又丰富了人类文化。

我们民族在1至8世纪干了这么一件大事，其中有许多精彩场面，举一个为例吧！公元401年鸠摩罗什被抢到中国。鸠摩罗什是印度人，跟其母流落到中亚一带。他从小就学习佛法，学得很好，读了很多书，在西域成了一位知名学者。当时我国北方正当所谓“五胡十六国”时期，氐族首领苻坚建立了前秦政权，他曾派三十万大军进攻西域，重要目的之一是把鸠摩罗什抢到中国来。这样“聘请专家”。他派去的大将军到西域后闹独立，抢到鸠摩罗什却没有送回内地。后来羌族建立了后秦政权，它的领袖姚兴又派大军去西域抢鸠摩罗什，这一次达到目的。公元401年鸠摩罗什被送到长安，拜为国师。鸠摩罗什在长安郊区大开译场，门下聚集了三千人，其中培养出优秀学者僧肇、竺道生等。在短短十二年间，他主持译出98部、400多卷佛学著作，高质量、高速度，出成果、出人才。精确地把印度大乘佛学中最精华的部分翻译过来，特别是传入了龙树、提婆之学，是非常了不起的！

到了唐代，我国更强盛，派了好多留学生去印度，其中成绩最大者是玄奘。他留学十六年，精通印度各派学术，满载国际声誉回到长安，唐太宗让全朝文武到郊外迎接他。玄奘带回大批印度书籍器物，除佛经外还有药物、乐器等。他在长安办了大型展览会，参观的人排了几里长，这说明当时我国对外来文化是敞开大门表示欢迎的。玄奘回来后，唐太宗接见了他，劝他还俗当官，玄奘拒绝了，立即着手翻译佛经，共译出了1300多卷。应该看到，当时传入的印度文化不仅是佛教。佛教是一种特殊形态的思辨哲学，它的系统传入对中国整个哲学界起了巨大的启迪作用。我国封建时代哲学在全世界达到了很高水平，与佛教传入有关。此外，印度的逻辑学、文法学、声韵学、医药学、天文学、数学、历法学以及音乐、舞蹈、绘画、雕塑等都带进来了。同志们看刘禹锡诗集，刘禹锡患了白内障到处求医无效，后来请了个印度僧人用特殊方法才治好了。“反弹琵琶”等舞蹈、喇叭裤等装束，都是从印度传进来的，你到敦煌去看看壁画就知道了。8到10世纪后，印度佛教开始衰微，13世纪回教入侵时，印度佛教文化就全部被消灭了。但我国恰好在7、8世纪佛教得到了大发展，创立了许多中国式的佛教宗派。智顗创立“天台宗”，法藏创立了“华严宗”，玄奘回国后创立了中国式的“唯识宗”，善导创立了“净土宗”，弘忍及其弟子神秀、慧能创立了“禅宗”。“禅宗”纯粹是中国化了的佛教哲学，在思想界影响尤其深广。举两个数字，唐代末年在民间流传的佛教经论达八千四百四十余卷，超过了儒家经传许多倍。1921年即日本大正十年，日本开始出版《大正大藏》，把中外所有的佛教著作搜集起来，编成一部大书，共有二万三千九百多卷，其中大部分是中国学者的译著和专著，也有少量是日本、朝鲜学者的译著。这些著作表明中国学者经过译介、消化和再创造，反过来又输出到东北亚、东南亚，现已普及到全世界，使佛教成为世界三大宗教之一，而且被称为具有很高思辨水平的特殊形态的宗教哲学。这说明佛教曾被我们消化以后，反过来又充实了世界文化。受我们这方面影响最大的是日本。日本现有佛教大学十余所，佛教学会五十多个，专门佛教刊物二十几种。日本学者编写了许多研究中国佛教的著作。再说德国，德国有位学者叫科本，是马克思和恩格斯一生的好友，激进民主主义者，他写了部书叫《佛陀及其宗教》，成为西方研究佛教的早期重要著作之一。在马克思的博士论文中提到过科本，马克思和恩格斯通信中也经常提到他。马克思曾在信中对恩格斯说，他现在读了一部非常重要的著作，就是科本的著作，把它介绍给恩格斯。《自然辩证法》有段话说："辩证思维只有在高级发展的人类才有可能。"在"高级发展的人类"后有个括号注明："例如佛教徒和希腊人。"表明恩格斯肯定佛教徒有较高级的理论思维。恩格斯根据什么作出这个判断呢？据一位印度学者考证，恩格斯正是从科本的著作中了解到佛教哲学的思辨水平。再说苏联，有位沙俄时代的院士谢尔巴茨基，十月革命后继续聘请他当科学院院士，他是世界有名的佛教学者，同欧洲的一些佛教学者合编一部大型的《佛教丛刊》，已刊出二十多卷，全世界都很尊重他；谢尔巴茨基写过不少著作，能够用一些近代方法分析佛教哲学问题，写得很好。至于美国，对东方的研究本来是落后的，但第二次世界大战以后，有一个大发展，佛教，中国化了的佛教受到广泛重视。日本学者铃木大拙到美国去宣扬中国的"禅宗"，使"禅宗"在美国风行一时，据说美国现有"禅宗"研究中心好几十个，关于中国"禅宗"的专著有好几十种，他们把"禅宗"与存在主义相结合。印度本来是佛教的策源地，可现在搞反翻译，即把中国过去译的梵文佛经而梵本早已亡佚的，现再从中文倒译为梵文。至于《丝路花雨》的演出轰动了意大利，不过是我们过去消化了印度文化后的一点再创造留在敦煌壁画上，现在摹了下来，搞成一幕歌舞剧，就丰富了世界的歌舞文化。

以上是说，我们民族在历史上曾经成功地完成了第一次消化外来文化的任务，并经过咀嚼和再创造，反过来又丰富了人类文化。这基本是 10 世纪以前的事，现已过去一千年了，给我们留下的是保存在

《大藏经》中的一份丰富的学术遗产，和保留在各地的石窟、名山古刹中的文化遗迹。赵朴初同志在外事活动中常即席赋诗，回顾和歌颂古代中印、中日、中朝之间学术文化交流的盛况。

我们民族第二次接受外来文化，从17世纪开始，直到现在还远未完成。17世纪起我们开始接受西方文化，中西文化在我国开始汇合，三百多年来的历史走过一条坎坷曲折的道路。直到“五四”时期，通过十月革命的炮声，我们还接受了作为西方文化最高成就的马列主义。三百多年来，我国先进人物一直在吸收、消化、咀嚼西方文化及其最高成就包括马列主义在内，至今还在继续进行，还要付出巨大的努力才能完成我们民族历史地承担着的这一时代任务。

关于中西交通，很早就有历史记载。例如三国时，有一个罗马帝国的商人叫秦伦，漂洋过海到了中国，当时孙权在武昌接待了他，跟他进行了友好的谈话。孙权问他，你的国家在哪里，有什么物产，他一一作了介绍。孙权很高兴，把他留在中国住了八个月，然后礼送他回国。这是3世纪的事情。到了13世纪，元代形成了地跨欧亚的大帝国，东西交通往来更频繁，突出的有意大利人马可·波罗通过“丝绸之路”来到中国，忽必烈友好地接见了他，请他在朝廷供职，经常奉命巡视各省，还任过扬州总督三年。马可·波罗在中国做了十七年官才回国，后写了《马可·波罗游记》盛赞中国的文明。在元代，还有位蒙古族学者曾把欧几里德几何学原本翻译成蒙文，可惜没有流传下来。一般说，尽管有这些来往，由于中国封建经济、文化水平高于西方，没有引进西方文化的需要，因而还说不上中西文化交流。直到17世纪情况变化了，西方经历了文艺复兴，我国元明时期商品经济的发展也促成了明中叶以后社会经济的变动，开始出现一个新局面。我国漫长的封建社会走向末期。封建社会的母体内已经孕育着资本主义的萌芽。据《明神宗实录》记载：万历年间，大批破产农民涌入城市，成为“浮食奇民”，在苏州的桥头上，这样的人什百成群，延颈待雇，他们“得业则生，失业则死”。这样的人万历年间在苏州等地数以万计，长江三角洲一带资本主义生产关系的萌芽开始出现。古书上记载，所谓“机户出资，机工出力，相依为命”，正典型地反映了早期资本主义生产关系。这在“三言”、“二拍”等小说中都有反映。类似这种现象，在两广的铁厂，云南的矿山，北京门头沟的炭窑，都同时出现了。伴随资本主义萌芽出现，早期市民运动兴起。1600年，武昌市民暴动，把皇帝派来的税使陈奉捆起来丢进了长江。1601年，苏州爆发了织工大暴动，为首的叫葛贤，明朝政府派兵镇压，葛贤挺身而出，英勇牺牲。1606年，云南发生上万人的矿工大暴动。但这些早期市民斗争都失败了，后来这些人都汇集到李自成、张献忠的农民起义队伍里去了。所以明末农民义军的组织性、觉悟性都比以往的农民起义军高得多。伴随资本主义萌芽还兴起了自然科学的研究热潮，被称为自然科学巨著、自然科学的巨人都出在16、17世纪。湖北的李时珍，他的《本草纲目》是世界上第一部系统的药典，早有多种外文译本。徐弘祖写《霞客游记》，第一个研究了地貌学，勘测了黄河的源头。徐光启是中国科学史上重要人物，被竺可桢称为“中国的培根”，他主编《崇祯历书》一百卷，可说是当时一部世界性的天文历法百科全书。另外还出了一批兼有哲学修养和科学头脑的思想家，诸如宋应星、方以智、梅文鼎、王锡阐等人，都是同一时期涌现的。郑和等下西洋开始开辟了外贸市场。万历到崇祯七十年间，外国银元输入达一亿元；清初资本主义萌芽又复苏，商品生产发展起来，又占有了国际市场，从康熙到乾隆一百年间，外国银元的输入达三亿五千万元。外贸水平在当时的条件下是不低的。正如毛主席所说的，假如没有外国资本主义的干扰，我国也会发展为资本主义社会。这里只是从分析文化背景的角度来说的，中国当时有了接受西方文化的可能和需要，而这时，首批西方学者也就合乎历史规律地来了。

第一个到中国来的是利玛窦，1582年到中国，先到澳门，后到南京。1601年进入北京，结交了当时上层学术界。前年是他来华的四百周年纪念，北京出版了利玛窦写的《中国札记》。1602年，随利玛窦之后，汤若望、傅汎际等带着七千卷书来华，有宗教书，也有西方的科学书，如欧几里德的几何学等。他们来后与中国当时的知名学者，如李贽、徐光启、李之藻、王澂、方以智等交朋友，并译介了不少西方学术著作，如《几何原本》、《西学凡》、《名理探》等，从此开始了“西学东渐”的历史。

当时我国学者热情欢迎西方文化的传入，抱着平等交流、互相学习的态度。徐光启有句名言：“欲求超胜，必先会通；会通之前，必须翻译。”因此，徐光启亲自翻译了《几何原本》，并领导汤若望等编著了《崇祯历书》，吸取了西方天文历法的重要成果。徐光启非常敏锐，西方的望远镜出现不久，他就想办法把它引进来了。利玛窦等传教士把一些科技知识作为宣传天主教的敲门砖，而我们的学者却把它们当做人类文化创造的成果来看的。有些学者如梅文鼎，他是17世纪中国大数学家，即说过应当“深入西学之堂奥，而规其缺漏”，他的一部数学名著就叫《中西算学通》。又如方以智也是当时著名学者，曾明确指出，“泰西质测颇精，通几未举”，这是说西方的科学技术相当精致，而哲学世界观则说不上。这都表明我国当时的学者不仅思想敏锐而且有很大气魄。方以智设想能够召集全国专家编一部百科全书，这部书要包括各门学术，“编其要而详其事，百卷可举”，即可达一百卷。由于明清之际的变局，方以智当了和尚，清政府逮捕了他，他自杀了。但这一历史要求在清代初年以另一形式实现了，乾隆时编出了当时世界最大的一部百科全书《古今图书集成》一万卷。以上是学者的态度。

至于政府的态度，明朝末年政治相当糟糕，但对于外国传教士到中国来却放任不管。利玛窦把汤若望介绍给徐光启，被任命为钦天监的官员。到清初，以康熙为代表的革新势力相当开明。康熙这个人有些方面确实需要重新评价。我举几个例子。康熙曾经与莱布尼茨有过通信。莱布尼茨是德国的大哲学家，二进位制的发明者。莱布尼茨给康熙写过一封信，表示他愿意到中国来，帮助中国建立科学院。关于这封信我国有记载。据说康熙回了一封信，但德国却未查到。在德国的传说是莱布尼茨送过康熙一台计算机，到故宫查，结果清出十部计算机，当然不是现在的微型电子计算机，而是手摇计算机，但不知哪一台是莱布尼茨送的。康熙对国外的科技成就非常重视。1693年，康熙果然在畅春园中的蒙养斋里建立了一个算学馆。这个皇家科学院聘请了法国传教士白晋、张诚等每天去讲学。这个白晋回国后给路易十四写了个报告，介绍康熙，建议路易十四向康熙学习。白晋回国后与莱布尼茨通信，使莱布尼茨注意到中国的《易经》。这说明17世纪中国对外文化交流是较正常的。再举一个例子。康熙南巡的时候，通过李光地读到梅文鼎的《历学疑问》一书，亲自加批注，给予很高评价；以后在南巡的舟中会见了梅文鼎，写了"绩学参微"四个大字相赠。康熙曾把他主编的《律吕正义》派人送给梅文鼎，请其指正书中"错处"。梅文鼎的孙子梅瑴成后到康熙的蒙养斋肄业，康熙亲自教他代数学，因而梅瑴成在数学、物理学方面都有很大成就，曾主持了32种物质比重的测量，并参加编写《历象考成》、《数理精蕴》等书，把当时传入的西方自然科学知识条理化。还有一个有名的蒙古族青年叫明安图，他在代数、解析几何方面都达到很高的成就，也是在康熙的算学馆中培养出来的。康熙个人写了近九十篇自然科学方面的论文，还学了几种文字，这在中国皇帝中恐怕是绝无仅有的。这些例子说明，17世纪中国连封建皇帝也不以主观意志为转移地反映了他所处的时代的经济发展的客观要求。

这样在明清之际特殊的历史条件下，形成了一代新思潮，新学风。从南到北涌现了一大批具有启蒙思想的哲学家、文学家、科学家，群星灿烂。诸如顾炎武、傅山、黄宗羲、王夫之、方以智等完全够得上恩格斯所说的文艺复兴时期的"思想巨人"。在文艺领域更加敏感，诸如"公安三袁"、"扬州八怪"、"三言"、"二拍"、"临川四梦"等，都反映了当时启蒙思潮中人文主义的觉醒。这就是17世纪的中国，开始接触西方文化，开始自己的民族觉醒和哲学启蒙，可以说有一个好的开端。

可是，历史车轮转到18世纪，即雍正时期，人为地中断了中西文化交流，由于宫廷里争权夺利而有外国传教士卷入，雍正为了防止政敌，一刀切地把外国传教士全部赶走，从此闭关自守。这一转折看起来是由于偶然的原因，其实有深厚的历史根源。按侯外庐同志的概括，雍正时期对外关闭封锁，对内钦定封锁，两相配合，促成了所谓乾嘉时代的学术潮流，实际是大兴文字狱，强化封建文化专制，恢复宋明理学的权威，不允许民间有任何自由思想。所谓的“乾嘉盛世”，实际是个自我封闭的木乃伊，如果一开放，就会立即朽化。17世纪启蒙思想的火花，到这时候几乎都熄灭了。中国历史经历了一次大的洄流。整个18世纪就是这个状态，几乎停滞了一百年。而恰好在这个时候，是西方近代飞速发展的一百年，17世纪的资产阶级革命，由英国转移到法国，法国大革命前后的近代启蒙运动，从思想准备、理论准备、科学准备到实际政治斗争，蓬蓬勃勃地展开。就是在这一百年间，我们在闭关自守中垮了下来，迅速落后于世界形势，一落千丈。历史的教训是极其惨痛、深刻的。我们是不是没有人才呢？不是！就在当时“避席畏闻文字狱”的封建文化专制的残酷统治下，18世纪也曾有不少的科学家、思想家，例如戴震敢于抨击理学是“以理杀人”，痛斥封建纲常伦理是用软刀子杀人。戴震还是一位科学家，提出重视“分理”的近代科学方法，在他的影响下，焦循、汪莱、李锐等数学家都卓有成就。直到19世纪初叶，有个戴煦（锷士），曾写过一篇《求表捷术》关于球面几何的论文，传到英国，“彼邦之士，叹为绝业”，把它发表在英国皇家学会的数学杂志上，这或许是中国人在外国科学杂志上发表的第一篇论文。又如1810年一位广东的女科学家叫黄履，自造了千里镜、寒暑表、照相机。1830年一位医生叫王清任，亲自跑到刑场，偷偷地解剖了四十二具死尸，重新绘制了腑脏图，明确指出脑髓是思维器官，写成了《医林改错》一书。1835年一位物理学家郑浣香还写成了一部光学专著《镜镜泠痴》。但这些事情都被历史洄流所淹没。清王朝对内镇压，对外封锁的政策，造成了极其可悲的后果。1760年（乾隆二十五年）法国传教士蒋友仁来华写出《地图新说》一书，正式介绍哥白尼的日心说和开卜勒的行星运动三规律，却被中国官员们斥为“异端邪说”。

1840年鸦片战争前后，西方资本主义列强破关入侵，打断了中国历史发展的进程，我们民族堕入了殖民地、半殖民地的悲惨境地。从鸦片战争起，我国以深重的民族苦难而转入近代，可说是血泪斑斑。但是，从思想文化史的角度看，先进的中国人这时开始认真地学习西方。如果说17世纪是别人送上门来，平等交流；18世纪是我们关起门来，故步自封；那么19世纪中叶以后，则是别人破关入侵，我们被动接受所谓“欧风美雨”，以救亡图存的紧迫感，急忙派人出国去向西方学习，开始了千辛万苦，前赴后继，摸索救国救民的真理这样一个历程。这时，是个什么心理状态呢？从魏源、郑观应、王韬、严复、康有为、谭嗣同的著作中，我们可以感受到他们的思想脉搏，似乎猛然从睡梦中醒来，看到西方资本主义已经高度发展起来，而自己一下子落后这么多年，怎么办呢？只能为救亡图存而急起直追。从鸦片战争到“五四”运动，在短短八十年间，我们想跑过别人之三四百年的历史。旧民主主义革命的八十年历史，一方面我们民族灾难深重，许多觉醒、奋起的先进人物，前赴后继，奋斗牺牲，可歌可泣。另一方面，他们在向西方学习的过程中，饥不择食，食而不化，芜杂肤浅。日本明治维新成功了，而同时我国戊戌变法却失败了。这里面当然有经济、政治的原因，也反映了戊戌变法运动的指导者康有为、谭嗣同等人学习西方，食而不化，自己缺乏必要的思想理论武器就匆匆上阵，结果无力战胜封建主义及其与帝国主义的文化同盟。中国的近代及其哲学启蒙长期处在难产之中。“难产”，成了我国近代史的一个突出现象。所谓“难产”，就是指社会运动和思想运动的新旧交替中出现的新旧纠缠，新的在突破旧的，而死的又拖住活的这种矛盾状态。旧民主主义革命是不是新的在突破旧的呢？当然是，但革命一再失败，几起几落，表明死的又拖住了活的。整个社会生活、文化生活都是新旧杂陈，矛盾交错，方生未死。比俄国的启蒙运动所走的历史道路更加艰难曲折。1905年列宁回顾俄国近代革命经历了三代，而我们可说是经历了五代。从万历到“五四”，三百多年的坎坷道路。在这个过程中间，中国资产阶级晚生、软弱，而又早熟。早熟就是尚未成熟而过早地登上了政治舞台，变法维新，救亡图存，直到辛亥革命，中国资产阶级在思想准备、理论准备、政治准备都不够的情况下匆匆忙忙地上台了。这样中国反封建的社会革命和哲学革命应该由资产阶级完成却没有能够完成，这给无产阶级留下了难题。怎么办呢？只有双肩挑，一头把资产阶级没有完成的民主革命任务由我们来完成。另一头还要完成社会主义革命和建设的任务。正当中国近代历史处在难产之中，十月革命的炮声送来了马列主义。首先从文化思想上开始了真正的革命，开始消化西方文化的最高成就马列主义，终于指导我们取得了民主革命的胜利。

新中国成立以来，经过社会主义改造，我国社会不断向前发展。由于我们在特殊的国际环境中进行建设，先是美国的经济封锁，然后是苏联的毁约、逼债，我们不能不关门建设，也取得了辉煌的成就，但在对外开放、对内搞活方面曾有不少失误和教训。至于思想文化战线的改革和建设的指导思想方面，也出现了不少偏差，如何正视历史形成的国情，勇于摆脱传统的束缚？如何放眼世界，面向未来，密切注视现代社会生活和科学技术的新发展？如何在新条件下坚持和发展马克思主义？所有这些方面都有不少具体的思想教训值得总结。

## （三）

经过以上的历史反思，可以得到一些什么启示呢？我想至少有这么三点：

第一，关于摆脱历史惰力的问题。历史的惰力曾像梦魇一样纠缠着人们的头脑。我国近代史上不少立志改革的先进人物曾经演出过不少思想悲剧，这个历史教训应当认真吸取。由于17世纪以来我国的哲学启蒙道路坎坷，近代意义的哲学革命长期难产，所以沉重的历史包袱、强大的历史惰力，使得一些改革思想家曾经勇敢地奋起冲决封建网罗，而最后又怯懦地自陷于网罗，在历史上演出了一幕幕思想悲剧。龚自珍、魏源是我国第一代放开眼界看世界的人，魏源写了《海国图志》，现在读起来也是生气勃勃的。龚自珍是唤起一代风雷的人物，毛主席曾经引用过他的诗："九州生气恃风雷，万马齐喑究可哀。我劝天公重抖擞，不拘一格降人才。"但龚自珍、魏源的晚年都转而相信佛教，"忽然搁笔无言说，重礼天台七卷经"。从呼唤风雷到重礼佛经，这不是一幕思想悲剧么？他们代表了一代人。谭嗣同慷慨激昂地走到了变法的最前列，"今日中国未闻有因变法而流血者，此国之所以不昌也。有之，请自嗣同始"！他果然悲壮地牺牲了，最后临终绝笔：“有心杀贼，无力回天。死得其所，快哉快哉！”“有心杀贼”，他有心要冲决封建网罗，但是没有办法，只好自己牺牲算了。康有为曾是叱咤风云的人物，维新运动的领袖，风云一时，可是几年之间，一变而为保皇派，再变而为帝制复辟派。章太炎是辛亥革命的思想旗帜，笔锋所向无敌，但是，到后来“粹然成为儒宗”；这样的悲剧在“五四”新文化运动中也有人重演过，曾经是激进的革命派、改革派，而曾几何时就偃旗息鼓，落荒而逃了。这是“五四”以前的情况。“五四”以后，真正革命者经得起各种考验，千辛万苦，百折不回。但确实也有人以各种形式由趋新向复旧转化。在当前改革浪潮的冲击和考验下，恐怕也会有这种情况。这里充满着令人深思的历史教训。关于这个问题，鲁迅眼光敏锐，观察很深，他看到我们民族有多么沉重的因袭负担，有多么可怕的祖传老病，他提出改造国民性的问题。所谓国民性的问题，就是长期的封建社会及其自然经济基础所形成的愚昧、保守、近视的落后意识，要改造起来相当困难。这个问题的马列主义分析，不能仅从民族心理、性格、品德等方面去找原因，而首先要剖视它得以产生的深刻的经济基础，应该说那就是自给半自给的小农经济。它必然分泌狭隘、保守观念，必然使封建传统意识得以寄生、蔓延，所以中央一号文件深刻指出要把自给半自给的自然经济转化为社会主义现代化经济，商品生产的大发展乃是“不可逾越的必经过程”。因此，大力发展社会主义商品生产，从根本上摧毁自然经济基础，从而扫荡依存于其上的一切封建残余阴影和小生产意识，这是当前的迫切任务。

第二，关于树立正确的主体思想问题。通过历史反思，应该提高这一种历史自觉，认识到当前的改革是我们三十几年来革命和建设发展的必然结果。改革所包含的内容是我们的民族几百年来所走过的曲折道路的历史总结。特别是对外开放，既要摆脱“中体西用”的老框框，又要反对失去主体的自卑思想，敢于引进国外的一切先进科学文化成果，善于消化，又敢于创新，这是我们民族发展到今天所应当承担的历史任务。反思历史，预测未来，应该提高这方面的自觉性。17世纪开始，我们接触、消化西方文化，经过三四百年来的坎坷历程，到现在我们完全有条件树立正确的主体思想，完全有条件实现对外开放。

纵观当今世界，只有我们这个民族，既有自己源远流长的文化传统，又在历史上曾经成功地消化了印度文化。现在我们继续着17世纪以来的历史行程，正在吸取、消化西方文化。如果我们能够把它们融会贯通，让整个人类创造的文化信息在中国“聚宝”，然后反馈出去，那一定会对人类文化的新发展作出贡献。在现代世界史上用吸取外来文化的“聚宝”的方法来振兴自己民族的，还有美国和日本。他们的经验和长处，毫无疑问，应当学习。但我们更应当意识到历史赋予我们民族的特定责任，需要我们一代代付出艰苦努力。应当有这样的历史自觉，应当从这个高度来理解当前对外开放的决策，理解这个决策所具有的极其深远的意义。

第三，有了这样的历史责任感，就需要清醒地意识到自己的弱点。由于中国哲学启蒙道路坎坷，近代资产阶级哲学革命难产，这一文化发展的历史特点给现实的投影是双重的。一方面，资产阶级文化上落后，哲学世界观的匆促形成和急剧衰落，为马克思主义在中国迅速胜利提供了顺利条件，但另一方面，由于中国资产阶级的理论建树少，远未完成其批判封建传统意识、译介西方近代文化成果等方面的历史任务，这又为马克思主义在中国的发展带来了思想土壤不够丰厚的困难和局限。许多事实表明，我们正面临着许多历史遗留下来的“补课”任务。十月革命后，列宁曾经向苏联广大青年和学术界提出过文化思想上的“补课”任务，他强调：“只有确切地了解人类全部发展过程中所创造的文化，只有对这种文化加以改造，方能建设无产阶级文化。”他号召大规模地翻译和广泛宣传18世纪法国唯物论的战斗无神论文献，建议系统地研究黑格尔辩证法并成立黑格尔哲学的唯物主义之友协会。因为根据人类认识史的逻辑，马克思主义只有在一定思想土壤中才能得到健康的发育成长。

近代各个民族的文化发展各有自己的历史特点和历史留下的“补课”任务。中央一号文件和一系列关于改革的重大决策，实际上提出了有计划的商品生产的大发展和价值规律作用的扩大，必然引起文化思想上层建筑的相应变化。当前我们一定要响应中央的号召，迎头赶上世界新技术革命的浪潮，要奋力吸收、消化西方科学文化的先进成果，向愚昧作斗争。

总的来说，通过历史的反思，应当提高历史的自觉，一方面自觉地清除封建阴影，摆脱传统束缚，打破小生产意识，抵制西方资本主义腐朽思想的侵蚀；另一方面，要坚持开放型的指导思想，敢于吸收世界各国的先进文化成果，大大提高我们的科学文化和理论思维水平，勇攀现代唯物主义和现代科学技术的高峰，努力培育更丰厚的思想文化土壤，使马克思主义这一发展着的真理体系在我国扎下更深的根，开放更鲜的花，结出更新的果！

我想这应是我们共同的历史责任。

一九八四年十月

# 五、中国传统文化的“分”、“合”、“一”、“多”与文化包容意识

**提要** 综观中华传统文化的历史发展，可以发现，合分与分合，是互涵递进的。合中有分，分久必合，这乃是中华文化持续发展的内在机制与客观法则。如果从中国文化逐步走向世界这个广阔的视角看，“文化中国”的范围可以概括为五个层面。“文化中国”这一范畴既涵摄世界华人文化这一综合性概念在内，又包容了世界各国学者、作家和友好人士对中华文化的研究成果。就其对中华文化的保存、弘扬和认同而言，是一脉相通的，具有统一性；而就其各自对中华文化的取舍、丰富、发展而言，则又各有成就，各具特色，展现为杂多性。由一趋多，多中显一，殊途同归，一致百虑。在中国文化走向21世纪之际，我们应该以一种多元开放的文化心态和文化包容意识来回顾过去，疏观现在，展望未来，以实现中华文化的自我振兴和中西文化的交融互补，为人类文化的新发展作出贡献。

## 中华传统文化在历史发展中的“合”与“分”

“文化中国”这一概念的提出，在海内外引起了强烈反响。

1987年春，美国天普大学傅伟勋教授来信，热情洋溢地谈到他在海外、中国大陆和台湾地区宣扬“文化中国”观念曾得到广泛共鸣，我在回应他时，曾有小诗一首纪怀：

文化中华不可分，
血浓于水古今情。

百年风雨嗟回首，
同赋《无衣》盼好春。

因触感于伟勋教授的热情来信，我的小诗虽从文化说起，而更多地牵情于政局，想到了鸦片战争以来，我们民族经受的苦难和风雨，想到了《诗经·秦风·无衣》的深情呼唤：“岂曰无衣，与子同袍”，“修尔戈矛，与子同仇”！更想到今天海峡两岸的炎黄子孙对祖国统一和中华腾飞的共同向往。诗可以情绪化地表达“不可分”的愿望，而从客观史实和理论分析的角度，则只能说中华文化曾经“有分有合”、“合中有分”、“分久必合”。由此，促使我一再思索中华学术文化历史发展中的“分、合”问题。

田野考古的丰富成果证明：我古先民在亚洲东部广阔平原上创建自己的文化，从来就是多源发生、多元并存、多维发展的。旧石器时代的文化遗址已发现1000余个，遍布黄河、长江南北以及云贵高原；新石器文化遗址已发现7000多个，更是布满全国。经过长期交流、融合，很早就形成海岱、河洛、江汉等史前文化区；又经过夏、殷、周三代的统合、发展，形成了华夏文化共同体，更辐射为燕齐、邹鲁、三晋、秦陇、荆楚、巴蜀、吴越以及辽沈、西域等地区性文化；晚周政局分裂，却蔚为学术上的诸子蜂起、学派林立的奇观。在百家争鸣中，显学崛起而又不断分化，儒分为八（还有子夏在西河、曾子在武城，各树一帜），墨离为三（还有苦获、已齿等南方之墨者，相谓“别墨”），相反相因，盛极一时。汉、唐、宋、明相对统一，似乎政局统一，也必然学术一统，韩非、董仲舒均有“贵一贱二”之说，“罢黜百家”之议；而事实上，经分今古，义旨歧出，理趣学风，南北迥异。佛学东渐，与儒、道鼎立而三，长期对立；迨融为宋明道学，虽有胡广之流编所谓“大全”(《五经大全》、《四书大全》、《性理大全》)，企求“合众途于一轨，会万理于一原”，实际上，北宋新儒学一产生，就有范仲淹等凸显“易庸之学”，王安石父子又独创“荆州新学”，周敦颐创“濂学”，张载创“关学”，司马光创“朔学”，二程创“洛学”，三苏创“蜀学”，他们之间的各种观点，复杂对立；到南宋，既有朱熹、陆九渊、吕祖谦之间的激烈论争，又有陈亮、叶适别倡经世事功之学；郑樵、马端临更首辟文化史研究新风，一反“欺天欺人”的心性空谈，而独步当时。明代王阳明以对朱、陆的双向扬弃而另立宗旨，王学又以良知说的内在矛盾而导致王门各派的多向展开；通过泰州学派的分化而由何心隐、李贽引向“异端”，而通过东林师友的“冷风热血，洗涤乾坤”的实践工夫，而由刘宗周、黄宗羲完成对王学的自我否定，终于在明清之际的新思潮中，孕育出新的整合。

曾经有一种违反客观史实的流行偏见，夸张政治风云，忽视文化生命，以为政治第一，决定一切，文化只能隶属于政治；又总以为“合”比“分”好，贵一而贱多，党同而伐异。如果深观文化生命和民族智慧的动态发展，就会发现，合分——分合，是互涵递进的。真正的新的整合，必以分殊为前提，苟无分殊，何来整合？合分——分合，合中有分，分久必合，乃是中华文化慧命持续发展的内在生机和客观法则。

分则为殊、为异、为多，合则可统、可同、可一。就“文化中国”所摄地区、层面之广，则必须进而思考“文化中国”内涵的“一”、“多”问题。

## “文化中国”的范围及其内涵的“一”与“多”

20世纪80年代初，中国哲学史学会首次国际性的宋明理学讨论会于杭州举行。冯友兰先生在会上特讲到哲学与文化的民族性问题。认为中国哲学与文化的包容性最具有民族的凝聚力。陈荣捷先生在会上概述了在美国开拓中国学的研究、译介中国哲学文献的甘苦，并深情地谈到数十年来漂泊异邦，仍与祖国人民忧乐同怀。会后陈荣捷先生寄来诗笺，其一云：“廿载孤鸣沙漠中，谁知理学忽然红。义国恩荣固可重，故乡苦乐恨难同。”眷怀乡国之情，溢于言表。景仰高风，步韵敬和：

盈盈春气遍寰中，
梅萼天心几处红。
莫道海山多阻隔，
炎黄遗裔此心同。

诗中所说“炎黄遗裔此心同”，乃指民族传统形成的文化心理素质的某些共性。这种共性，可以超越一定时期内政治、经济格局所造成的民族的分离、隔阂和差距。“文化中国”这一概念的提出，最初正在于以中华文化精神的共性，来唤起认同感，促进统一的进程。但如果着眼于世界华人文化这一视角，则不能仅局限于中国本土文化学术的“分——合”运动，仅局限于文化认同的政治功能意义，而应当从更广阔的视角，来观察世界华人文化这一历史现象的形成，观察世界华人文化的若干类别及其共殊关系，观察中国哲学文化走向世界的契机和历程。即是说，作为“炎黄遗裔”的华人，且不说箕子入朝鲜、徐福客日本、慧深远赴美洲、李白生于碎叶等，单就17世纪以来，大批华人的移民海外，散居各国，已达5000多万人。他们作为移民群体，大多成为所侨居国的一个民族单位，保持着中华民族的血统和中华文化的传统。由于所侨居国的文化背景和生活条件不同，他们所能保持和发扬的中华文化的内涵必然发生各种变异，这就使“文化中国”这一概念的范围大为扩展，而其内涵也变得极为繁富。

仅就世界华人文化的地区性的分化发展而言，当今已形成的格局，似有若干层次可以分疏：

（一）大陆母体的中华文化，源远流长。虽屡经沧桑，如在公元1至10世纪曾有中印文化交流的激荡，近四百年更有中西文化会合、欧风美雨冲击的影响；古老的中国已日易故常，变革多有；但在大陆母体，历史的积淀毕竟最沉厚，考古文物与传世文献毕竟最丰富，在人们思想和生活各个侧面所体现的传统精神也最强固、最活跃，因而自然成为“文化中国”的主干和本根。但正因为中华文化自本自根，自有其涵化外来文化的自主性与自足性，因而也容易成为文化保守主义的温床。

（二）港台地区的中华文化。数十年政治经济格局所造成的隔离，港台地区中华文化在某种独特条件下自己发展，其特点是既特别尊重民族性的传统，又比较注意吸纳西方现代化的成果，数十年来，不断更新，多维互补，时有创获，成为中华传统文化向现代化转化的一种模型。

（三）东南亚以及东北亚各国华人聚居地区的中华文化。17 世纪以来，长期持续的移民开发，使东南亚各国聚居的华人群体，已成为各国的民族构成的重要部分，既对各国社会经济发展作出了突出的贡献，又使华人移民群体始终保持着中华民族的优秀文化传统，并善于不断地吸收、消化各国各地的先进文化，从而使中华文化不断地吐故纳新而具有新的特色。

（四）散居世界各国的华人所拥有的中华文化。一般说，散居欧、美、澳各国的华人及华人群，侨居异乡，入境随俗，对所侨居国的文化耳濡目染，涵泳其中，往往有较深切的理解；同时对远离的祖国及本土文化怀有更深沉的依恋和文化认同感。他们在融通中西，即把中国文化的优秀传统与所在国的先进文化融会贯通而别有创新方面，往往作出了突出贡献。

（五）外国朋友的汉学研究中所弘扬的中华文化。自从汉唐以来，中华文化向东亚各国的辐射、移植，早引起东亚各国学者的研究兴趣，形成环太平洋的“儒家文化圈”或“汉字文化圈”。而经过耶稣会士的译介，中学西传以来，在欧美各国传播、研究中国学的学者也日益增多，特别是西欧的德、法、英、荷等国的学界，有着深厚的汉学研究传统。他们以自己的历史文化背景和比较的视角，从不同侧面探讨中华文化，并以独特方式加以弘扬，往往取得别开生面的成就。

以上五个地区化的分疏，跨越人文地理以及社会、政治、经济等的距离，也超出了民族、语言、学派等的歧异，而就其对中华文化的保存、弘扬和认同感而言，是一脉相通的，具有统一性；而就其各自对中华文化的挹注、取舍、丰富、发展而言，而又各有成就，各具特色，展现为杂多性。由一趋多，多中显一；殊途同归，一致百虑。

"文化中国"这一范畴，既涵摄世界华人文化这一综合性概念在内，又包容了世界各国学者、作者和友好人士对中华文化日益扩大和深化的多种研究成果，这就使其内涵广阔而生动，富有而日新。

## "文化中国"的未来与文化包容意识

"文化中国"的地区范围涵盖如此之广，其思想内容自然杂而多端。在价值取向、观测角度、重心选择乃至文义诠释上，都会表现出许多歧异。这就需要以一种多元开放的文化心态和文化包容意识来回顾过去，疏观现状和展望未来。同是炎黄子孙，虽曾山海阻隔，仍然心同理同。但这个"同"是以"异"为基础的"同"。如王船山所云："杂统于纯"，"异以贞同"。"理唯其一，道之所以统于同；分唯其殊，人之所以必珍其独。"正因在分殊中能"珍其独"，才有可能在总体上"统于同"。"文化中国"在过去经历了一段必要的分殊发展，在未来必将进入一个兼综并育的融合期。

"文化中国"的分殊发展，在于不同地区的华人，散居地球村，生活在不同国家的异质文化的氛围中，而近世以来又长期处于政治上、经济上和文化上的劣势。虽然今天时移势异，某些敏感的观察家已在纷纷评论21世纪将是"华人的世纪"。华人"正作为一个遍布世界各国的各地区以及各城市的民族，一个全球部落而崛起"。"由于彼此大规模的投资使他们凝聚在一个'经济联邦'之中，并由于久远的家族、文化和语言的关系，使他们的关系得到加强。"这是着眼于经济前景的乐观估计。而从文化的角度看，世界华人过去和现在始终面临着东西（东方文化和西方文化）、古今（传统观念与现代意识）之间文化思潮的矛盾冲突，面临着如何正确解决传统文化与现代化的历史接合的难题和中国文化与西方文化的互补交融的难题。正是这样共同的时代课题，吸引着世界华人有可能同心协力促进中华文化的自我振兴及其各个部分的互相整合，也激励着东西方中华文化的珍爱者和研究者，奋起探讨中西文化精华可能交融互补的前景。可以相信，中华文化的自我振兴和中西文化的互补交融，二者将互为条件，同步进行。经过这番历史的熔铸，“文化中国”将闪耀出新的光华，必将对人类文化的新发展作出应有的贡献。

前年访德，因有感于德国汉学研究的丰美成果，为数不少的德国青年对中华文化的衷心向往，我曾浮想联翩，在纪行杂诗中表达了对莱布尼茨等文化先驱的怀念和对未来的企望：

雄鸡唱晓破霾天，
史路崎岖三百年。
唤起莱翁共商酌，
东西慧梦几时圆？

这首小诗所寄托的历史感情，把象征法国革命启蒙的高卢雄鸡看做欧洲近代文明的开端，而从中西文化交流史的角度看，历史道路却在坎坷曲折中蹒跚了三百多年。17 世纪时莱布尼茨因为白晋介绍《周易》等而首次论到中国哲学，当时中西文化的平等交流，曾促使莱布尼茨满怀希望，梦想到中国来协助康熙以法兰西科学院为模式设计和建立起中国的皇家科学院。历史的曲折，使这一美好的愿望全盘落了空。今天，人们比康熙、白晋、莱布尼茨更有条件作广阔的思考和幻想。历史似乎又开始孕育着中西文化会合交融的新的希望。

希望，总给人类的历史实践及文化创造注入生生不已的活力。

一九九二年八月

# 六、“东西慧梦几时圆？”
## ——1998年11月香港“中华文化与二十一世纪”国际学术研讨会上的发言

雄鸡唱晓破霾天，史路崎岖三百年。
唤起莱翁共商酌，东西慧梦几时圆？

这首访欧杂诗之一所寄托的历史感情，一方面把高卢雄鸡所象征的法国革命启蒙，仍看做西方近代文明的凯歌；另一方面，对人类历史的迂回波折，又感到某种惘然。不仅17世纪以来的中国史曾可悲地经历过几度大的洄流，以致近代化社会长期难产，而且西方近现代社会的发展也暴露出种种畸形和弊端。仅就中西文化交流史而言，也行程坎坷，蹒跚了三百年。遥想17世纪时，当西学东渐、中学西传之初，东西方一些睿智的启蒙者都怀着多么美好的愿望，遥相呼应。徐光启、李之藻等对“异国异书，梯航九万里而来”，表示衷心欢迎，并力主“会通”，以求“超胜”；方以智总评西学“质测颇精，通几未举”，主张“借远西为郯子，申禹周之矩积”，“坐集千古之智，折中其间”，并有兼容各门学术编成一套大百科全书的构想。与此同时，莱布尼茨等在西欧，仅因读到白晋等介绍的《周易》、《中庸》等而盛赞中国的哲学智慧，曾满怀希望想亲到中国访问，并协助康熙皇帝建立中国科学院，发展中西“融合”（李约瑟语）的数理科学。这些美好愿望，全部都落了空。以后的历史现实，全是另一番图景：中西文化的正常交流被人为地中断了，中国在闭关封锁与文化专制下迅速落后了，终于导致鸦片战争以来西方列强相继狂暴入侵。举国仓皇，奋起救亡。抱恨重重，血泪斑斑。“西风一掬哀时泪，流向秋江作怒涛”；“愿将热血浇黄土，化作啼鹃唤国魂”。诗人的悲愤，无法挽救戊戌变法、辛亥革命的失败；而无数烈士鲜血铸就的民族危机感，却成为一系列狂飙式革命运动的驱动力。

20世纪的中国基本上是在狂飙式运动中度过的。与政治风云相激荡，中国文化思想也经历了急剧变化。晚清以来，西方各种思潮汹涌而来，与中国传统思想汇聚冲突，离合纷纭，蔚为奇观。当时学界有句口头禅：“纵横数万里，上下几千年。”正反映出当时人们对中西和古今两方面矛盾交错的庞杂文化局面，不免感到惊惧和茫然。一方面，从中国主流文化思潮回应西学的态度看，似乎晚清时期大多“浮浅认同”，到五四时期“笼统辨异”，再到后五四时期才注意到由“察异观同”而“求其会通”，大体经历了这样一个三段式的认识循环，似乎对大小问题都得如此，只有经过曲折和反复认识才能深化。另一方面，从中国主流文化自身的推陈出新的要求看，既溯源寻根，又各自选择。或以复古为解放，把礼运大同说、春秋公羊学等视为变法改制思想的先驱；或尊崇宋明儒学，把朱子、阳明塑为新统；或以朦胧的历史自觉，从不同层面对明清启蒙学术表示文化认同。可见百年来中国社会转型中的文化变迁，并非单向输入或被动回应西方思潮，西方学者所谓“冲击——反应”模式实属浮明误断；事实是，近代中国文化思想的发展，既表现为中西的冲突与融合，又表现为古今的变革与贯通，可说是处在中西、古今错综的矛盾汇合和新旧文化复杂的代谢过程之中，绝非只是中国文化被西方化的单向过程。正因为是矛盾的复杂汇合，所以，几代人在探索中就不免相继陷入或踏过这样或那样的思想误区，诸如：“西学中源说”、“中体西用说”、“中西互补说”、“中西殊途说”、“国粹论”或“西化论”以及“传统至上论”或“全盘西化论”、“充分世界化论”或“中国本位文化论”，以及立论总倾向上的“西方中心论”或“华夏优越论”等。这些成对的思想范式，都有其历史形式的复杂原因，在历次文化论争中，虽曾把人们引入各种歧途，相反而相因，出此而入彼，迷途未远，今是昨非，故能一再流行，长期反复。中国式的现代化理论，也是通过这些思想范式，逐步衍化超升而得以成形的。这表明，历史提出的复杂课题及其探索中出现的一些思想误区，只有当条件成熟时，经过历史的自我批判与全面反思，才可能找到圆满解决的途径。

斗柄东旋，时移势异。伫立世纪桥头，纵观国际风云。人们不难发现，两次世界大战之后，东西方文化对峙的旧格局已发生根本变化；殖民体系瓦解，冷战基本结束，以和平与发展为主流的国际新秩序正在形成；高科技、新体制，正使亚非拉一些发展中国家得以迅速腾飞。有人惊叹"西方之没落"，有人呼唤"东方的觉醒"，有人郑重宣布"全球化时代已经来临"，当然也有人表示怀疑或唱唱反调。但世界经济、政治实力不可避免地向多极化发展，文化上长期盛行的"西方中心论"已难以为继。近半个世纪，西方一再兴起"东方文化热"，西方学者对中国社会、历史、哲学、文化的研究日益深入，成果累累。同时，中国对西方学术文化的译述、评价、研讨也达到前所未有的深广度，特别是经过对"从万历到五四"、"从五四到今天"的历次文化运动和文化争论中的成就、失误、遗留问题的总结反思，中国学人的思维模式、学术视野、价值尺度与文化心态都与以前大不一样，提升到了新的精神境界。今天，人们似乎回归到 17 世纪，而又比方以智、莱布尼茨等更有着无比优越的条件和无比广阔的思想空间，来从事中西文化的对话、交往和会通的工作。历史似乎又开始孕育着中西文化汇合交融的新的希望，人类文化的历史发展似将进入一个新的时期。

毫无疑问，应当满怀文化乐观主义的希望，迎接人类文化史的这个新时期。为了迎接这一新时期，人们应当具有一定历史自觉，作好思想理论准备。近些年，东西方都有学者乐观地预言，21 世纪将是中国文化大发扬的世纪，或者按"三十年河东，三十年河西"的惯例，认为中国文化将在世界上逐步发挥主导作用。另有学者慎重地指出："从全世界范围看，今天我们正处于一个东西文化互相影响、趋于合流的时代。"这就需要对东西方文化和哲学作全面、系统、深入的比较研究，以求融会贯通。这又必然会见仁见智，产生不同的学说或学派，所以我们面临的是"世界性的百家争鸣"。海内外中国哲学的各流派，都将"在国际范围的百家争鸣中接受考验"。为此，中国哲学文化必须经过一个自我批判的阶段，进行系统全面的反思。克服各种“理论上的盲目性”①。

这一论断，切实近真。所谓“理论上的盲目性”，究何所指，尚待在自我批判的实践中多方剖析。

就管窥所见，近半个世纪在中国实现的新的文化整合中，本来可以为中国的学术文化的繁荣开拓新的前景，但由于“左”道乱真，照搬苏联文化模式，造成严重后果。而最主要的教训就是把学术文化简单化，直接地、草率地政治化。用政治标准代替其他一切标准而抹杀学术文化固有的特点和独立价值，用政治决定一切代替诸意识形态的相互作用，用真理的单向运动代替真理的螺旋发展，用日趋僵化的指导思想来限制民族文化主体精神的发扬。诸如此类，就是理论上盲目性的表现。

面向未来，中国民族文化的进一步发展和中西哲学智慧的互补合流，任重而道远。

一方面，消极地说，中国哲学文化必须通过自我批判的反思和历史教训的总结，从根本上走出单一政治化的旧格局，而更好地恢复和实现学术文化固有的价值和功能。同时，也必然由统合走向分殊，摆脱“统比分好”、“贵一贱多”的传统偏见，而走向真正百花齐放的多元化的发展方向。美国学者亨廷顿鼓吹在未来世纪，东西方只有“文明冲突”，不可调和。我们则预计东西方文化正由单向西化引起的冲突走向融合。“和实生物，同则不继。”因为有冲突，才可能进行调和。“杂以成纯”、“异以贞同”。“君子乐观其杂”、“乐观其反”，正是在杂多中求其统一，在矛盾中观其会通。这样一种文化包容意识，更符合当今人类的和平与发展的大势。

另一方面，积极地说，中国哲学文化的未来发展，应当更好地实现“两化”，即中国传统文化的现代化和西方先进文化的中国化。“两化”是互相区别而又互相联系的文化过程，必须善于兼顾，才能

① 冯契：《智慧的探索》，上海：华东师范大学出版社 1994 年版，第 559-563 页。

逐步圆满解决古今和中西两方面的矛盾的复杂交错的问题。要使中国传统文化向现代化转变，必须吸收西方的先进文化，其中当然包括西方文化发展的重大成果马克思主义在内；但是再好的外国文化，如果不与我们民族特点和现实需要相结合，不经过民族文化主体的演化与现时代的选择，都不可能真正生根和发生作用。只有充分发扬民族传统文化的精神，才能真正实现外来文化的中国化。因此，“两化”是交涵互动的。只有把“寻根意识”和“全球意识”结合起来，通过“两化”，实现中国文化的解构重构，推陈出新，作出新的综合创新，才能有充分准备地去参与世界性的“百家争鸣”，与世界学术文化多方面接轨、多渠道对话，从而对人类文化的新整合和新发展作出应有的贡献。

春兰秋菊，企予望之!

# 七、古史祛疑

## 一、问题的提出

人类对自身文明的童年时代的反思，经历了漫长曲折的过程。崇拜过去而迷信古史和蔑视过去而怀疑古史，曾经是历史研究中交替出现过的两种思潮。科学的古史研究，面临着扬弃泥古派和疑古派的双重任务。由泥古到疑古，再由疑古到科学的释古，是一个否定之否定的前进螺旋。

中国封建史家许多人是泥古派。他们一味地迷信古人、迷信古书、迷信古史，贵古而贱今，几乎成为因袭的传统。这种思潮一直延续到近代。有的学者，由于泥古而只信《说文》及石鼓文，而不信地下出土的金甲文。①“五四”前第一位在北京大学讲授中国哲学史的老先生，从三皇五帝讲起，讲了一年才讲到周公。②

“五四”时期，中国出现了近代意义上的疑古派。“五四”前夕，胡适在北大讲中国哲学史，断定“中国哲学结胎的时代”始于西周末年，认为《诗经》是古代最早的文献，宣称“先把古史缩短二三千年，从《诗》三百篇做起”，“宁疑古而失之，不可信古而失之”。

---

① 章太炎：《国故论衡》(上) 之《理惑篇》，上海：上海古籍出版社 2003 年版，第 41-43 页。

② 顾颉刚：《古史辨》第一册《自序》，顾颉刚编《故史辨》(第一册)，上海：上海古籍出版社 1982 年版，第 36 页。冯友兰：《四十年的回顾》，北京：科学出版社 1959 年版，第 3 页。

他的这些主张，曾被当时人评为“切断众流”，“令人耳目一新”①。在胡适影响下，以顾颉刚为代表，包括钱玄同、吕思勉、罗根泽、童书业等在内的疑古派所掀起的疑古思潮，可说是“五四”以来反封建的新文化运动的一个侧面。他们继承历代，特别是17世纪以来疑古辨伪的传统，同时吸取西方近代社会学、人类学、民俗学、考古学的方法，反对以往封建史学的独断，推倒“圣经”、“贤传”的权威，冲破乾嘉朴学的局限，澄清了不少关于古史的荒唐迷信，在当时学术界起到了重大的启蒙作用。顾颉刚主编《辨伪丛刊》，表彰郑樵、王柏、姚际恒、崔述等人的怀疑、批判精神，进而以“东周以上无史”为指导思想主编了《古史辨》七大卷，提出“层累地造成的中国古史说”，断定殷周以前的古史全是春秋战国时的学者为了辩论和印证其政治主张而编造出来的，时间越编越远，问题也越来越多。他们认为，古史中的人物非神即兽，“三皇五帝”全属神话，“禹”可能是神话里的一种动物，或者只像希腊神话传说中的英雄。1926年《古史辨》第一卷结集出版，一年之内印了十二版，疑古思潮风靡一时，几乎“无书不伪，是古皆虚”。这样，中国古代的大量文献被判为伪书，殷商以前的古史整个被看做神话传说史，中华民族的文明史被腰斩了二三千年。

这一时期，在国外还出现过“中国文化西来说”和“中国历史缺环论”等思潮。

从18世纪法国学者约·德·基尼（Joseph de Guignes）断言中国古代文字源于埃及象形文字、系埃及移民所造以来，在西方，不断有人鼓吹“中国文化西来说”。1923年瑞典人安特生（J. G. Andersson）根据他在中国华北一带进行考古发掘所获得的资料，更系统提出黄河流域的彩陶文化是由中亚和南俄罗斯移入的欧罗巴文化。他写了《中华远古之文化》、《甘肃考古记》、《黄土的子孙》等论著，鼓吹

① 胡适：《自述古史观书》，见《古史辨》第一册，顾颉刚编《故史辨》（第一册），上海：上海古籍出版社1982年版，第22-23页。

“中国文化西来说”。这种观点在国外一直有影响，老调新弹者不少。如苏联一些考古学家坚持中国青铜文化源于西伯利亚冶金技术的输入。苏联学者瓦西里耶夫 1974 年所写的《古代中国文明的起源问题》一文，继续论证“中国文化来自西方”，提出“信息传播论”为其理论基础，依据所谓“假设性复原”，断定在公元前 2000 年左右，先后有两批来自西方或西北方的部落进入中国黄河流域，前者带来了青铜冶炼技术、饕餮纹饰、以狗为牲等文化因素，从而产生了早殷文化，奠定了中国文明的基础，后者又带来了象形文字、天文历法以及养马、战车等，因而产生了殷代晚期文化。从此，中国文化的内部进化的规律，才明显地超过外部接触与文化借用的作用。①

普列汉诺夫曾在《马克思主义基本问题》一书中由于夸大地理环境的作用而得出中国经济的发展没有导致奴隶制生产方式的出现而直接进到封建社会的结论，成为国际马克思主义者流行的说法；日本森谷克己著《支那社会经济史》，公开主张中国没有奴隶社会的“缺环”论。20 世纪 30 年代，秋泽修二、左野袈裟美等在其关于东方史的著作中，也都鼓吹同一论调。“中国历史缺环论”从一个侧面助长了“中国文化西来说”，而两者又都在一定意义上乐于认同古史辨派的某些结论。②

与古史辨派同时，中国马克思主义的史学工作者另辟蹊径，力图走向科学释古道路。当时，即 1927 年大革命失败后，“新生命派”、部分托派和右翼资产阶级学者联合挑起“把中国社会史作一决算”的大论战。他们从不同侧面企图以中国社会发展的特殊性来论证马克思主义不合中国国情，向马克思主义挑战。郭沫若为了回击他们，在流亡日本时刻苦研究金甲文，1929 年写出了《中国古代社会研究》这部马克思主义的史学著作。稍后，吕振羽的《史前期中国社会研究》(1933 年)，尹达的《中国新石器时代》(1939 年）等，也对“西

① 文载苏联《历史问题》1974 年 12 月号。

② 尹达：《中国新石器时代》，《新石器时代》，北京：三联书店 1979 年版，第 1-12 页。

来”说、“缺环”说和疑古派的观点进行了一定程度的评析和批驳。但是，由于当时考古发掘的资料甚少，他们本人也因时代局限而多少受到疑古思潮的影响。

应该看到，疑古思潮在国内的重大影响，中国文化“外来”说、“缺环”说等在国外的广泛流传，是和旧中国考古科学的落后状况有关的。半殖民地旧中国的考古工作仅处于起步阶段，几乎没有独立的发掘与研究。20 世纪的 20—30 年代，长城以北的考古发掘，由一个叫鸟居龙藏（Riuzo Torii）的日本人和一个叫梯托夫（E. L. Titoff）的俄国人在搞，挖掘出少量文物。长城以南由一个叫纳尔生（N. C. Nelson）的美国人和一个叫安特生（J. G. Andersson）的瑞典人在搞。安特生于 1926 年公布他们在周口店收购的“龙骨”中发现了两颗牙齿。后来，1927—1929 年靠美国洛克菲勒基金资助，而由贾兰坡、裴文中等中国青年考古学者参加发掘，他们发现的三具人头盖骨全被几个美国人带走，至今下落不明。属于新石器时代的仰韶文化和龙山文化的遗址，虽有所发掘，但所得结果极其贫乏，少量文物也被盗往外国，所谓研究成果也大多在国外发表。考古工作的落后，使疑古思潮得以广泛散布。

新中国建立以来，田野考古工作取得了长足进展，史学水平空前提高，许多考古新发现越来越猛烈地冲击着疑古派立足的根基。但由于普及不够、争论较多等因素，一些可望总结的考古成果仍然仅限于少数人了解，尚未和历史学研究普遍结合起来；有些已经被考古成果所证实或推翻的结论，没能引起人们的足够的重视。虽已有学者注意到应当把考古新发现、少数民族的社会历史调查同传世的古文献结合起来研究，但关于古史的全面的综合研究还有待进一步着力。

扬弃泥古派和疑古派的任务，已提到古史研究的日程上来。根据日益丰富的考古新成就，运用马克思主义的方法，重新考释传世的古史文献，完全有可能科学地阐释古史，恢复中华民族文明史的原貌和全貌。

# 二、从考古新发现看我国文明史的开端

## （一）关于中国“纪元”问题的论争

每当社会发展的转折时期，人们都会认真地反思历史而关注自己民族史的“纪元”问题。关于中国“纪元”问题的论争，由来已久。鲁迅《自题小像》的名诗“灵台无计逃神矢，风雨如磐暗故园，寄意寒星荃不察，我以我血荐轩辕”写于1903年二十一岁时，“血荐轩辕”的历史激情，集中表现了当时民族革命觉醒的时代精神。1916年李大钊在著名的《青春》一文中，也激情地声称：“支那自黄帝以降，赫赫然树独立之帜于亚东大陆者，四千八百年于兹矣！历世久远，纵观横览，罕有其伦。”1937年4月6日延安《新中华报》曾报道：“1937年4月5日清明节，中华苏维埃共和国中央政府为颂扬黄帝开创中华的伟绩，表示抗日的坚强决心，特派林伯渠为代表，前往陕西黄帝陵致祭，举行民族扫墓典礼，并郑重宣读了毛泽东同志、朱德同志的《祭黄帝文》。”祭文中说：“赫赫始祖，吾华肇造，胄衍社绵，岳峨河浩。聪明睿智，光被遐荒，建此伟业，雄立东方。……懿维我祖，命世之英，涿鹿奋战，区宇以宁。……东等不才，剑履俱奋，万里崎岖，为国效命。……还我山河，卫我国权；此物此志，永矢弗谖!”在《七大的工作方针》(1945年）一文中，毛泽东回顾我国历史时还指出：“从黄帝纪元算起，到辛亥革命，四千六百零九年，再加辛亥革命后的三十四年，也只有四千六百四十三年。”这绝非偶然地提到“黄帝纪元”，而表现了在抗日民族解放战争中面对巨大历史转折的一种伟大的民族觉醒。这里的计算方法，依据的是辛亥前同盟会第一个刊物《民报》所用的黄帝纪元和孙中山就任中华民国临时大总统通电全国所用的黄帝纪元的年数。

辛亥革命时期，围绕着究竟用孔子纪元还是用黄帝纪元的问题，发生过激烈的争论。康有为坚持用孔子纪元，革命党人斥之为“说是纪元，实为保教”。当时所有革命派都主张“保种”，用黄帝纪元。

“同盟会”第一个刊物《民报》一开始就用黄帝纪元，武昌起义后各省军政府文告均用黄帝纪元，孙中山就任临时大总统时通电全国，以黄帝纪元四千六百零九年十一月十三日（公元1912年1月1日）为中华民国元年元旦。当时江苏的《黄帝魂》和宋教仁主编的《二十世纪的支那》等革命刊物，都刊登黄帝肖像，采用黄帝纪元（但各自计算的年数不完全一致）。刘师培特著《黄帝纪年说》一文，列出他所考订的“黄帝降生后大事略表”①。夏曾佑在所编第一部《中国古代史》中肯定：“言中国信史者，必自炎、黄之际始。”②

我国可靠的纪年是从周厉王三十七年（即国人暴动，流厉王于彘，由共和行政那一年，即公元前841年）开始，从此逐年有史可查，此前的年数就靠推算，如武王伐纣的年代，大约有近二十种说法。但西汉时，由于流行着六种古历，丞相张苍主张用“颛顼历”，后由邓平、落下闳新制了“太初历”，而仍有人专治“黄帝历”，于是发生过一场历法争论。到汉昭帝时，丞相属僚宝和学者单安国、栢育进行过一次推算，推算的结果，从黄帝纪元年到汉昭帝元风三年（公元前78年）为3629年③。据司马迁在《史记·三代世表》中说：“余读《谍记》，黄帝以来，皆有年数。”可见西汉时，人们相信黄帝纪元，并有年数可以推算。所以司马迁写《史记》并没有采取孔子删定《尚书》断自唐虞的做法，而首列《五帝本纪》，谈到古史，都从炎、黄说起。

在近代疑古思潮影响下的中国史学界，大多不提炎、黄了，至多从尧、舜、禹说起，而且很有保留，标题上总冠以“传说”或“假说”之类，这和迷信孔子有关。据传，孔子删书，断远取近，只取

① 刘师培：《左盦外集》卷十四，《黄帝纪年说》，《刘申叔遗书》，南京：凤凰出版社1997年版，第1662-1663页。

② 《中国古代史》，北京：三联书店1955年版，第11页。

③ 事见班固：《汉书·律历志》。

《尧典》以下一百余篇①，似乎中华古史至多只能始于尧舜。但是，与孔子同时或稍后的许多学者，包括孔子门下的左丘明及汉初经师，又如《管子》、《墨子》、《商君书》、《庄子》、《左传》、《国语》、《世本》、《竹书纪年》、《大戴礼记》、《小戴礼记》、《吕氏春秋》、《淮南子》等的作者，直到中国历史上第一位大史家司马迁，都不赞成孔子断自尧舜的做法，都认定中华古史从炎、黄开始，并把炎、黄之际看做文明发展史上的第一个重大变革时期。如《商君书·画策》曰："神农之世，男耕而食，女织而衣，刑政不用而治，甲兵不起而王。神农既没，以强胜弱，以众暴寡，故黄帝作为君臣上下之仪，父子兄弟之礼，夫妇配匹之合，内行刀锯，外用甲兵，故时变也。"反映了始自黄帝、国家初兴时代巨变的景况。《易大传·系辞》也描述说：古者包牺氏仰观俯察始作八卦，作结绳而为网罟，以佃以渔，神农氏为耜为耒，日中为市。而"黄帝、尧、舜氏作"，发生了重大变化，"垂衣裳而天下治"，除了发明臼杵舟楫之利，服牛乘马以及宫室、棺椁等以外，还采用了"重门击柝，以待暴客"，"弧矢之利，以威天下"，并把结绳改变为书契。这些史影，以及中国古代氏族部落之间的分布、斗争、融合并发展为奴隶制王国等，在中国古代文献中本有记载，并在日益丰富的地下考古新发现中不断得到证实。

### （二）关于奴隶制上限问题

从"元谋猿人"遗址到"龙山文化"遗址，考古学的成果向我们展示了中华民族的祖先从猿到人、由原始群到阶级社会循序演进的过程；同时证明了我们的祖先在亚洲东部广阔平原上创造我们民族的文化，开始是多源的、多根系的。作为东方大国，并立着许多氏族部落，在经济文化发展不平衡的条件下，关于我国奴隶制的上限究竟始

① 孔颖达《尚书正义》引郑玄《书论》所据《尚书纬》云："孔子求书，得黄帝玄孙帝魁之书，迄于秦穆公，凡三千二百四十篇，断远取近，定可以为世法者百二十篇，十八篇为《中候》，去三千一百二十篇。"此说不一定可信，但保留了孔子之前上古之书颇多的史影。

于何时，是一个值得再探讨的问题。

新中国建立以来，旧石器时期的遗址大量发现，遍布全国二十五个省、市、自治区。最早的古人类化石是元谋猿人，活动在云南地区，距今约二百七十万年。此后有蓝田人、北京人，距今约六十至五十万年，考古学上称为“猿人”。“猿人”进一步发展为“古人”，属于这一阶段的有马坝人、长阳人、丁村人、河套人，距今约二十至十万年。“古人”进而发展为“新人”，距今五万年，属于这一阶段的有柳江人、资阳人、山顶洞人，此外在宁夏、山西、河南、辽宁、黑龙江、西藏、新疆等地也都有发现。这一阶段以山顶洞人为典型代表，体质与现代人基本相同，从出土的尖石、圆石、骨针、人工取火技术等判断，我们的祖先已进入旧石器时代的晚期，以血缘关系为纽带的氏族组织开始形成。

新石器的遗址已发现六千多个，更是分布全国各地。其中，以仰韶文化的半坡、姜寨遗址最为典型，距今约七千年。陕西半坡遗址是一个四边环水的集体居住的村落。村中有二百多个贮存粮食的地窖，宽 2.7 米，高 1.8 米，反映出当时已有剩余产品的原始农业水平。另有复合工具与弓箭，各种陶器品及陶车，而陶器上竟发现一百多个刻画符号，有的学者认为是原始文字。仰韶文化的分布和年代，正是河洛地区古羌人的文化遗存。与此大致同时的是浙江余姚县河姆渡村遗址，发掘出大批人工栽培稻谷，经 $^{14}C$ 鉴定，距今约七千年，另有骨耜和木耒等水稻种植工具，原始纺织工具，具有榫铆结构建筑，动物骨骼 48 种和作为欣赏品的艺术创作小陶猪等。这一重大发现，改变了过去认为江南文化发展较晚的观点，证明了古代苗蛮地区的农牧业早达到先进水平。在仰韶文化晚期的姜寨遗址中，发现大批墓葬，有的随葬品一无所有，有的则有很多。有一个 17 岁少女的墓葬，随葬品除陶器外，还有玉石坠饰一双，骨珠 8577 颗组成的项链。另一个 4 岁孩的墓葬，木制棺椁，随葬品有彩石球、玉耳坠和珠子几十颗，表明了财产的差别。仰韶文化晚期的姜寨遗址和马家窑文化的墓葬中反映的贫富悬殊、杀殉和父权制、个体家庭私有制的确立，以及大批陶文的发现，都表明距今五千年前古羌人已走向文明时代。

20世纪70年代在山东和苏北广大地区大汶口文化遗址的发现，是考古新发现的最重要成果之一。大汶口文化紧接仰韶文化之后或与仰韶后期相重叠，而恰在龙山文化之前。大汶口文化分布在山东曲阜、兖州、泗水、莒县、滕县、胶县和江苏的邳县一带，已发掘的遗址有二百多个，墓群两千多座，遍布黄河下游的南岸和淮河北岸之间，广袤约有十几万平方公里，时间延续两千年之久，可分早、中、晚三期。其早期遗存，经$^{14}C$鉴定，其年代为距今5785±105年①；中、晚期经济文化高涨，约在公元前三千多年，进入中期，明显地出现贫富分化，男尊女卑等社会现象。至迟约在公元前二千三百年左右，已完成向典型龙山文化过渡。从其活动的历史时空与发展状况来看，恰与古文献中东方夷人诸部由太昊经少昊、蚩尤到挚的记载相吻合。

大汶口文化有如下特点：

1. 生产工具玉石并用。人们已经使用石铲、玉铲、石锛、石刀、石锄、鹿角鹤咀锄、骨镰、蚌镰等从事生产。

2. 农牧业得到发展。大量成套的酒器的出现，反映了可用于酿酒的剩余粮食的增多。当时人们已饲养猪、狗、牛、羊等牲畜。

3. 治玉、制陶技术的提高。出土文物中有用玉石、玛瑙、绿松石，精磨、镂刻、镶嵌的精美用具或装饰品，有象牙雕刻的十七齿梳，并有S形的类似卦画的图案，另有镂空雕刻的象牙筒等。制陶工艺中发明了轮制技术，提高了产品的数量和质量。硬质白陶及薄胎磨光黑陶的出现，反映了制陶的纯熟技艺。这一切表明手工业已独立发展起来，并有可能已发明铜器。②

4. 财产差别的悬殊。《礼记·礼运》云："大道既隐，天下为家。"从字源学上考查，"家"是会意字，从宀从豕，屋下有猪就是

---

① 此数据为邳县大墩子遗址第三层下层出土的木炭的$^{14}C$测定，见《放射性碳素测定年代报告（三）》，《考古》1963年第7期。

② 参阅唐兰：《中国奴隶制社会的上限远在五六千年前》，《大汶口文化讨论文集》，济南：齐鲁书社1981年版，第132-135页。

私有制家庭的象征。至今云南纳西族人仍用家里悬挂猪头的数目标志财产的多寡。从大汶口挖掘的一百三十三座墓中，有四十三个墓有随葬猪头，其中半数只有一个猪头，而有一大墓达十四个猪头。稍后，龙山文化的齐家文化也有类似情况，在一个墓中竟发现六十八个猪头。从大汶口文化的殉葬品看，贫富差别已甚鲜明。有的墓葬狭小简陋，随葬品屈指可数，甚至空无一物，而有的墓葬，则比小墓大数倍乃至十几倍。其中一个墓使用了可能是涂朱的木椁，死者佩戴着由七十七个单件组成的三串头饰，还有玉臂环、玉指环、墨绿色玉铲、精致的骨雕筒、象牙筒、象牙梳、成堆的鳄鱼鳞板，另有九十多件优质陶器，其中仅陶瓶一项就达三十八件之多。这种财富的差别，标志私有制的形成，财产集中于氏族内部分化出的少数贵族分子的手中。

5. 母权制的崩溃，父权家长制的兴起。一男一女墓葬的出现，说明当时的家庭形式至少已处于对偶婚向一夫一妻制的过渡。有的墓中，一男子仰身葬，而一女子则跪在旁边，有的墓中，两女子屈肢向中间一男子。这些墓葬标志着母权制日趋崩溃和父权制逐步兴起。“母权制的被推翻，乃是女性的具有世界历史意义的失败”，是“人类所经历过的最激进的革命之一”，而“随着家长制家庭的出现，我们便进入了成文历史的领域”①。马克思、恩格斯在研究了摩尔根《古代社会》一书之后，认为父权制本身就是向阶级社会的过渡，奴隶制隐蔽地存在于父权制的大家庭之中，最初的阶级压迫是同丈夫对妻子的奴役同时发生的。②

6. 文字的出现。在大汶口文化晚期陶尊上已发现特有的符号，不少古文字学家予以考释，大多认为是文字。其中有斧和锛形的象形

---

① 参阅恩格斯：《家庭、私有制和国家的起源》，《马克思恩格斯选集》第4卷，北京：人民出版社1972年版，第51-53页。

② 参阅恩格斯：《家庭、私有制和国家的起源》，《马克思恩格斯选集》第4卷，北京：人民出版社1972年版，第61页；马克思：《摩尔根〈古代社会〉一书的摘要》，《马克思恩格斯全集》第45卷，北京：人民出版社1993年版，第37-40页。

字，有一个花朵象形字，还有一些会意字，与某些玉器上的刻字很近似。在半坡遗址中，就曾发现一百多个陶文，在江西、山东、青海等地也发现了大量陶文。在姜寨发现的陶文中，有的已经类似甲骨文的字形。大汶口陶器文字，虽仅发现六个，但字形结构已有一定形式，且与殷周文字有继承关系，据一些学者考释分析，“从大汶口陶器文字可以看到中国古代文化的黎明”①。

7. 城堡的建立。在山东章丘龙山镇城子崖曾发现一座古城堡，东西距离 390 米，南北距离 450 米，面积为 17 万平方米。有的学者认为这可能是太昊之都，至少是当时的城堡之一。“在新的设防城市的周围屹立着高峻的墙壁并非无故，它们的壕沟深陷为氏族制度的墓穴，而它们的城楼已经耸人文明时代了。”② 尽管目前考古学界、历史学界对大汶口文化的分期、年代，尤其是社会性质等问题，还有较大的争论，但大汶口文化的发现和确立，无疑对恢复我国古史、重新考释古史文献具有重大意义。以上古史发现的事实，至少可以肯定，大汶口文化的中晚期已经产生了私有制，确立了父权制，正在跨向阶级社会，精美的玉器陶器，复杂的陶文，已闪耀出东方文明的曙光。唐兰同志就大汶口文化所写的几篇文章，综合出了“中国历史还是应该从黄帝开始”、“中国奴隶制社会的上限远在五、六千年前”等结论③，李学勤同志《重新估价中国古代文明》等论文④，田昌五同志有关“中国原始公社的瓦解过程”的新论⑤，石兴邦同志关于

① 参阅唐兰：《从大汶口的陶器文字看我国最早文化的年代》、《中国奴隶制社会的上限远在五、六千年前》等文，均载《大汶口文化讨论文集》。

② 参阅恩格斯：《家庭、私有制和国家的起源》，《马克思恩格斯选集》第 4 卷，北京：人民出版社 1972 年版，第 160 页。

③ 参阅唐兰：《从大汶口的陶器文字看我国最早文化的年代》、《中国奴隶制社会的上限远在五、六千年前》等文，均载《大汶口文化讨论文集》。

④ 见《先秦史文集》，《人文杂志》增刊，1982 年。

⑤ 见田昌五：《古代社会断代新论》第 2 编第 1 章，北京：人民出版社 1982 年版。

“我国私有制和国家的起源问题”的论证①，尽管立论不尽一致，但基本上都是对疑古派的古史观的否定，力图恢复我国古代文明史的真正开端。

大汶口文化的进一步发展，在黄河流域为龙山文化，距今约四千五百至四千年，正与古文献中黄帝以后直到尧、舜、禹时代相应。龙山文化包括山东龙山文化和中原龙山文化。中原龙山文化反映出文化大融合后出现的繁荣景象，标志着华夏族文化共同体的形成，部落奴隶主王国的出现，为夏王朝的统一奠定了基础。

中原龙山文化有如下特点：

1. 农牧业的繁荣。从发掘出大量的沟洫、井和耒耜、锄、铲以及蚌刀、蚌镰等农具看，我们的祖先是以水为生、以农立国的。水利设施的发展，生产工具的改进，反映农业生产力的提高。如果说早期大汶口文化主要养狗、后期养猪，那么到了中原龙山文化时期，则马、牛、羊、鸡、犬、豖六畜俱全，黄河上游以饲养黄牛为多，中下游以饲养水牛为多。家畜的繁殖成为积累财富和发展私人占有的重要手段，龙山文化及同期的齐家文化的墓葬中便有数量不等的随葬猪头，多的达六十八个。

2. 铜器的普遍化和手工业的发达。龙山文化中除原始瓷器、玉器、编织品、纺织品等都较前有大发展外，突出的是冶铜术的普遍使用。古文献中关于黄帝采铜铸鼎、蚩尤造冶作兵的记载，由于大汶口文化现仅发现一骨簪上涂有铜绿，尚难以证实，但在龙山文化中却在山东胶县出土了两个铜锥，$^{14}C$ 鉴定为距今四千三百年，而同期齐家文化墓葬中已有铜斧、铜刀、铜凿等工具和环形、片状的铜装饰器，表明冶铜技术的普遍化，且多为青铜器，说明经大汶口文化到龙山文化、齐家文化，已从红铜、黄铜进入到青铜器时代。

3. 阶级对立日益严重。此时的墓葬中杀殉奴隶的现象随处可见。龙山遗址中发现的丛葬坑有两种情况：一种是圆形坑，内有男女骨架

① 石兴邦：《从考古学文化探讨我国私有制和国家的起源问题》，载《史前研究》创刊号，1983年。

十具，相互枕压，头骨均靠近坑壁，另一种有利用被废弃的水井，埋有五层人骨架，其中有男有女，有老有少，或者身首异处，或作挣扎状。还有人兽合葬、无首、腰斩葬等。① 另外，墓葬有用人头殉葬的现象。城堡的出现，标示着奴隶制国家雏形的形成。河南淮阳县太昊陵附近平粮台发现的一座龙山后期的城堡，$^{14}$C 测定距今 4355±175 年，各种设施已很完善，城内面积 34000 平方米，如果包括城墙外侧附加部分面积达 50000 多平方米，城内有高台建筑，有城门和门卫房，还有排水的陶制管道等②。最近，河南登封县王城岗又发现一座大城堡，每边长约 90 米的方形，夯土内埋有人骨，少者二具，多者七具，显示了奴隶制压迫关系，城址中除大量陶器、骨器、石制工具外，还发现一件青铜容器残片，经$^{14}$C 测定距今 4000±65 年。有的考古学者认为，这座城堡遗址很可能是古文献中的“禹都阳城”，也有的认为可能是先夏时代的城址，《世本》所载“鲧作城郭”，是可信的。③

至于最近报道的辽西考古新发现的红山文化的重大遗存，包括五千多年前大型祭坛、女神庙、积石冢群址、类似城堡的方形广场的石砌围墙遗址，以及大批珍贵文物，考古学者饶有根据地推断该处五千年前已存在过一个具有国家雏形的原始文明社会。有的考古学家已指出：这些考古发现，“说明了我国早在五千年前，已经产生了植基于公社，又凌驾于公社之上的高一级的社会组织形式。”“它的文化特点是，村落密集分布在河谷地带，几乎都有防御设施，由一串土城堡聚落成有机的群体，可以理解为原始长城。”至于精美玉饰的玉猪龙的发现，可理解为远古族徽“龙”的图腾形象，证实了炎、黄及尧、

① 许顺基：《夏王朝前夕的社会形态》，《中州学刊》1981 年第 1 期。

② 《河南淮阳平粮台龙山文化城址试掘简报》，《文物》1983 年第 3 期。

③ 《登封王城岗遗址的发掘》和安金槐：《近年来河南夏商文化考古的新收获》，《文物》1983 年第 3 期；石兴邦：《从考古文化探讨我国私有制和国家起源问题》，《史前研究》创刊号，1983 年。

舜等都是“龙的传人”的传说。①

综上所述，对仰韶文化的再认识、大汶口文化和龙山文化的新分析以及辽西红山文化的重大发现等考古新成就，已足以证明，距今五千至七千年前，在黄河流域大部地区，都已进入父权制社会，并向奴隶制国家过渡，这一过程的历史内容，即由私有财产出现、贫富两极分化、社会分裂为对立阶级到奴隶制王国的形成。这与我国古文献中记载的从炎、黄到尧、舜、禹时代史迹大体相符。在江南地区，也由屈家岭文化、河姆渡遗址等证明，距今五千年前已开始步入私有制社会。地下考古的新成就，为重新考释古文献、恢复古史原貌、扬弃疑古思潮，提供了可靠的客观事实依据。

## 三、我国奴隶制形成的历史特点及其在古文献中的反映

### （一）关于史前三大文化区的划分

历史文化区是历史的人文地理概念。科学地理解决定社会意识的社会存在，是包含地理环境在内的，地理环境、人口、社会经济制度是研究历史时都应考虑到的三个环节。生产力水平越低，自然环境、人口对社会发展的制约作用越大。

考古学上有历史空间的概念，史前文化区的划分对于具体考察民族文化共同体的形成过程是必要的。早在20世纪30年代，蒙文通先生根据古文献记载，在《古史甄微》一书中，提出中国古代有三大民族集团，即海岱民族、河洛民族和江汉民族。徐旭生先生在《中国古史的传说时代》一书中，通过对夏墟的考古，也提出与此相近的三个集团，即东夷集团、华夏集团、苗蛮集团，被考古学和历史学界所承认。新中国的考古新成就，在黄河上下，大江南北，系统地发

① 《就辽西考古新发现访问考古学家苏秉琦》，《人民日报》海外版，1986年8月4日。

掘了许多典型遗址，学者们进行了层位学、类型学的研究，大体上建立起我国史前文化发展的体系。不仅完全证明了中华远古文化是本地起源的，而且就中华本土说，非仅一源而是多源、多根系，在交流发展中才逐步融合。因而，有的学者进一步提出了中华远古的历史文化区问题，仍分为三：

1. 海岱文化区

海岱文化区位于黄河下游，黄淮之间的广大地域，居住着东方夷人各部。据说当时“夷有九种”即有九个部落，号称“九夷”而以“风夷”为首①。“风”即“凤”，是对鸟的图腾崇拜。最早见于古书的是太昊（即太皞，亦称伏羲氏、包牺氏），他是九夷地区的部落联盟首领，结绳为网，教民渔猎，开始驯化动物，仰观俯察，始作八卦②。据传：“陈、太皞之墟也”，当今河南淮阳县，现在还有太皞陵。太皞部落发展起来，向北迁徙，散居在山东、苏北一带，即海岱地区③。接着发展起来的是少昊（少皞）氏，拥有二十四个氏族，以鸟名官，仍然以鸟作为图腾旗帜。据说“少昊处于穷桑”，即今山东曲阜一带，建立了具有一定分工的部落联盟组织④。其中九夷部落日见兴盛，产生了蚩尤这位杰出人物。古书记载蚩尤有兄弟八十一人，即有八十一个胞族。他首先发明铜器，以金为兵。《管子·地数》、《世本》、《尸子》、《太白阴经》等均记载蚩尤炼金做兵器。《大戴礼记·用兵》称：“蚩尤，庶人之贪者也。”“庶”字，据卜辞研究者说，上为坩埚，下为火，即用坩埚炼钢之义。后来蚩尤被黄帝打败，九黎部落不甘屈服的人被降为奴隶，被称为“黎民”，而夷人中的四支并入了华夏族，他们是高阳氏即颛顼、高辛氏即帝喾、伯益氏和皋陶氏，后来对中原地区文化的发展作出了重大贡献。因此，海

① 《后汉书·东夷传》：“夷有九种：曰：畎夷、于夷、方夷、黄夷、白夷、赤夷、玄夷、风夷、阳夷。”

② 《易·系辞下》。

③ 《左传·昭公十七年》；《后汉书·东夷传》：“东夷浸盛，遂分迁淮、岱，渐居中土。”

④ 《左传·昭公十七年》。

岱文化区是中华民族最早、最重要的文化摇篮之一。大汶口文化、山东龙山文化的出土文物如鸟形陶器、炼钢坩埚、卦画图案、会意陶文等，都对古文献中的记载有所覆证。

2. 河洛文化区

河洛文化区位于黄河中上游。黄河中游是古羌族各部居住地，最早一支为烈山氏，“其子曰柱，能殖百谷百蔬”，会烧山种田①。炎帝（即神农氏）也属古羌族，下有四大氏族，以共工氏最重要，他是发展农业、开发水利的一位英雄②。轩辕黄帝居黄河上游，是从西北方下来的，古戎狄各部皆属黄帝胞族。黄帝号有熊氏，以兽名官，属兽图腾崇拜，有二十五个氏族，十二个胞族③。后黄帝与炎帝联盟，产生了族外婚的婚姻形式。炎帝部落中有姜姓，黄帝是姬姓，两个部落的联姻，繁衍出世代的“炎黄子孙”。黄帝部落经过与蚩尤、炎帝的连环战争而得到大发展，其姬姓等部与羌、戎等联姻，融合而为华夏族。古书中的这些记载，有关古羌人文化及其活动地望，实际上已被仰韶文化、马家窑文化和中原龙山文化的考古发现所证实。

3. 江汉文化区

江汉文化区位于南方长江流域，是古苗蛮族各部居住地。三苗是三个苗族部落，奉帝鸿即帝江为祖先，即崇拜江神，而又被称为修蛇，即以蛇为图腾，活动在彭蠡（鄱阳湖）与洞庭湖周围。直到江汉平原的丹江④。他们最早培育出水稻，农业生产相当发达。古书记载，尧、舜、禹三代感到最大的威胁是南方的三苗，能否征服三苗成为中原奴隶制王国能否巩固的最大问题，反映了当时苗族的强盛。另有巴人即南蛮，也由五个氏族组成大部落，也活动在湖北、四川一带⑤。浙江河姆渡遗址发现的大量人工栽培的稻谷，距今已七千年，

① 《国语·周语》、《左传·昭公二十九年》。

② 《国语·鲁语》、《淮南子·本经训》。

③ 《国语·晋语》、《史纪·五帝本纪》。

④ 《战国策·魏策》、《吕氏春秋·召类》。

⑤ 《后汉书·南蛮传》。

这比过去传说中的神农、黄帝的年代还往前推进了二千余年。而湖北屈家岭文化的分布及影响所及，其农业生产水平和“陶祖”所反映的父权制的确立，这都证明当时南方的江汉流域广泛存在过一个发达的苗蛮文化区。

以上三个历史文化区的划分，既有历史文献的根据，又有考古发现的史实，相互印证，令人信服。一般说来，史前考古的出土文物，姓氏不清，而古史文献资料，往往纪年错乱，阶段不明。把传世文献与考古成果结合起来考察，就可以互证互补，相得益彰，使古史研究不断取得新的进展。

### （二）奴隶制的形成过程和发展阶段

考古发现已基本证明，我国古代的史前三大文化区，大约在距今五千至七千年都已确立了父权制，产生了私有制，走到了阶级社会的门前。但从原始社会瓦解到奴隶制国家的形成，是一个曲折发展的过程。全国三大文化区，各部落与部落联盟之间，矛盾消长，斗争融合，而就奴隶制形成和发展而言，大体可分三个时期。

1. 炎帝、黄帝、少昊时期

这一时期是我国奴隶制形成的初期，黄河流域两大文化区各主要氏族同时跨入奴隶制，通过各氏族部落和部落联盟之间的冲突、联盟、兼并、融合而逐步形成了国家。揭开这个历史序幕的是黄帝、炎帝、蚩尤之间的连环战争。

关于这三次战争的情况，古文献中都有具体记载。第一场大战发生在蚩尤和炎帝部落的共工之间。共工氏当时为了发展农业，大力治水，“振滔洪水，以薄空桑”①，把水放到黄河下游，危及下游地区利益。蚩尤率军与共工大战，“争于涿鹿之阿，九隅无遗”②。由于蚩尤首先发明冶铜技术，“以金作兵器”、“造立兵仗、刀戟、大

① 《淮南子·本经训》。

② 《逸周书·尝麦解》。

弩”①，打败共工。共工“不胜而怒，乃头触不周山崩，天柱折，地维绝”②，表明战况之激烈。炎帝部落失败，乃求援于黄帝，于是发生了第二次黄帝与蚩尤之间的“涿鹿之战”。这次大战，古书多有记载，《山海经·大荒北经》记特详，谓黄帝命应龙攻蚩尤于“冀州之野”，从山东打到河北，战线很长，战况也很激烈，“蚩尤请风伯、雨师，纵大风雨。黄帝乃下天女曰魃，雨止，遂杀蚩尤”。黄帝大概躲过了雨季，靠旱神女魃之助，凭借指南车、弓箭等优势，擒杀了蚩尤。黄帝请出东夷部落的挚（质）代替蚩尤做首领，并与之结盟，曾经在泰山“大合鬼神”，开了一次部落联盟首领的大会③。炎帝得知后，企图“侵凌诸侯”，侵吞这次战争的果实，夺取领导地位，于是爆发了第三次战争，即黄帝与炎帝之间的“阪泉之战”。据《史记·五帝本纪》记载：黄帝经过“振德修兵，治五气，艺五种，抚万民，度四方”的认真准备，终于“三战而得其志”，从此，又经过多次大小征服战争，“五十二战而天下服”。黄帝统一了黄河流域的各部落。

三次战争的结局，统一的实现，加速了古羌、戎和古夷人诸部的文化交流。仰韶文化晚期乃至甘肃马家窑文化都开始出现东夷文化特有的鸟形纹饰，而中原龙山文化更明显地表现出几种文化的混合，表明黄河流域各地区的文化开始互相融合而产生了早期的华夏文化。

中国古代文明的许多发明创造，诸如宫室、衣裳、蚕丝、舟车、臼杵、服牛乘马、弓矢，以至天文历法、甲子算数、文字书契等，都被归之于黄帝名下，反映出黄帝时代经济、文化的飞跃发展。值得注意的是古文献中关于黄帝采铜铸鼎的传说，《汉书·郊祀志上》：“黄帝采首山铜，铸鼎于荆山下。”《子华子》说同。《史记·五帝本纪》则称，黄帝“时播百谷草木，淳化鸟兽虫蛾，旁罗日月星辰水波土石金玉”。仰韶文化晚期姜塞遗址出土铜片和马家窑文化遗址出土的

① 《世本》、《史证正义》引《龙鱼河图》。

② 《史记》司马贞补《三皇本纪》、《淮南子·天文训》。

③ 《韩非子·十过》。

青铜制品，证明了当时不仅“以玉为兵”，并且金、石并用的情况。蚩尤“造冶”、蚩尤的八十一弟兄皆“铜头铁额”的传说，大汶口文化的出土文物中尚未得到证实，但经过“涿鹿之战”以后的文化大融合，冶铜术等生产技能必然得到大提高。正是这一生产力跃进的基础上，黄帝时代能够开始实现由氏族制度向国家的过渡。

氏族部落的征服战争，导致了国家的出现。恩格斯指出：“对被征服者的统治，是和氏族制度不相容的。……因此，氏族制度的机关便必然转化为国家机关，并且为时势所迫，这种转化还得非常迅速地进行。”① 黄帝时代正是实现这种转变的时代。《史记·五帝本纪》说：“轩辕之时，神农氏世衰。诸侯相侵伐，暴虐百姓，而神农氏弗能征。于是轩辕乃习用干戈，以征不享，诸侯咸来宾从。”《商君书》曾区别“伏羲、神农，教而不诛”与“黄帝、尧、舜，诛而不怒”。强调由于黄帝“内行刀锯，外用甲兵”，“故时变也”。《史记·五帝本纪》称黄帝“以师兵为营卫，官名皆以云命”，“置左右大监，监于万国”，“举风后、力牧、常先、大鸿以治民”。这表明，黄帝时期对内压迫、对外征伐的军队、官吏等设施的出现，标志着氏族机关已转化为国家机器，“军事首长的权力变为王权”②，奴隶制已初步形成。

2. 颛顼到尧、舜、禹时代

这一时期是由铜、石并用正式进入青铜器时代，是部落奴隶主王国的发展和兼并时期。这一时期最重大的事件是两次“绝地天通”，争夺神权的宗教改革。

第一次“绝地天通”，是由颛顼完成的。颛顼即高阳氏，系东夷的一支，当蚩尤被黄帝战败被杀后，颛顼部曾托庇于少昊，后又紧随

① 恩格斯：《家庭私有制和国家的起源》，《马克思恩格斯选集》第 4 卷，北京：人民出版社 1972 年版，第 148 页。

② 恩格斯：《家庭私有制和国家的起源》，《马克思恩格斯选集》第 4 卷，北京：人民出版社 1972 年版，第 148 页。

黄帝，结成联盟①。后颛顼有才子八人，即拥有八个胞族，势力不断扩大，代黄帝而为部落联盟首领②。颛顼主要做了以下几件事：（1）发展青铜冶炼技术。《世本》记载："颛顼命飞龙氏铸洪钟，声震而远。"（2）发展人为宗教，垄断神权。《庄子》记载："颛顼作玄宫。"实指颛顼营建玄宫，主持国家祭典，把神权掌握在自己手里，国家大事都通过玄宫举行宗教仪式来决定，从而把自然宗教转化成人为宗教。《大戴礼记·五帝德》记载："颛顼履时以象天，依鬼神以制义，治气以为民，絜诚以祭祀。"把自然宗教转化为人为宗教，这是阶级压迫的一个方面。龙山文化遗址中发现不少卜骨、琮璧等贵重祭器，以及人和五牲的杀殉等，足以表明已有专职祭司和宗教祭祀活动，各种祭器上的纹饰图案已多有威严、恐怖的气氛。为了垄断神权，对所统辖或征服的氏族部落，实行"绝地天通"。《国语·楚语下》记载："及少昊之衰也，九黎乱德，民神杂糅，不可方物。夫人作享，家为巫史。……颛顼受之，乃命南正重司天以属神，命火正黎司地以属民，使复旧常，无相侵渎，是谓绝地天通。"颛顼以政权的威力，首次剥夺了其他部落的宗教信仰，夷毁其宗庙，火焚其祭器，强迫他们信仰统一的宗教。（3）发展国家机关，设官分职。《左传·昭公十七年》记载，孔子曾接见了郯子，听他叙述了其祖先少昊挚——颛顼时设立专管天文历法、土地法律、战争、手工业、农业等类的二十四个官职。颛顼时代是奴隶制国家形成和发展的重要阶段。

到了尧、舜、禹时代，经过无数次的征战和权力争夺，以及第二次"绝地天通"，最终形成了统一的奴隶主王国。《尚书·尧典》、《淮南子·本经训》记载："流共工于幽州，放驩兜于崇山，窜三苗于三危，殛鲧于羽山；"并派羿先后征服了以凿齿、九婴和风鸟、太阳、长蛇、野猪为图腾的部落奴隶主王国。在尧和舜、舜和禹之间，也展开了政治斗争。舜部落属高辛氏，出帝喾之后，以善制陶器而得到发展。龙山文化出土的精美黑陶即是一证。舜不仅组织夏禹、伯益

① 《山海经·大荒东经》、《国语·鲁语》。

② 《左传·文公十八年》、《吕氏春秋·古乐》。

等取得了治水的胜利，而且又进一步战败三苗，通过强迫改变苗民的宗教信仰，实现了第二次更大范围的“绝地天通”①，由此势力强盛，夺取了尧的地位，完善了奴隶制王国的经济、政治、刑律、文教等组织②。《竹书纪年》称：“尧之末年，德衰，为舜所囚。”“舜囚尧于平阳，取之帝位。”《韩非子·说疑》也说：“舜偪（逼）尧而得天下。”直到唐代诗人李白的名篇《远别离》也坚持此说。禹属夏后氏部落，姒姓，以鲧为祖，似与戎、羌、东夷的颛顼、共工都有姻亲关系，或系混血而成。禹治水九年成功，形成自己的强大势力，于是逼舜出走，舜死于苍梧之野。禹即位后，发动大规模的再征三苗的南北战争，大获全胜。此次战争，《墨子·兼爱》、《战国策·魏策》均有记载，而以《墨子·非功》记载最详，所记战况，十分激烈，而称“禹既已克有三苗，……神民不违，天下乃静。”《太平御览》引《随巢子》也称：“禹乃克三苗，而神民不违，辟土以王。”这说明禹征三苗的胜利，实现了从黄河流域到长江流域的政治统一。

我国古代文明的黎明时期，从黄帝、炎帝与蚩尤之间的连环战争，到尧、舜、禹屡征三苗的南北战争，史前三大文化区，经过近两千年的斗争、融合，终于形成了统一的华夏文化，而南北大体同时跨入文明门槛的分散部落奴隶主王国，也终于统一为一个奴隶制的大王国。

3. 夏王朝建立后奴隶制发展时期

禹治水成功，征服三苗之后，曾经在涂山、会稽两次大会诸侯，史称：“禹合诸侯于涂山，执玉帛者万国”③；“昔禹致群神于会稽之山，防风氏后至，禹杀而戮之”④。这已显示出奴隶制王权的专制权威，同时，“芒芒禹迹，画为九州”，“敷下土方”、“任土作贡”，把

① 《尚书·吕刑》。

② 《尚书·尧典》。

③ 《左传·哀公七年》。

④ 《国语·鲁语》。

全国划为九州，制定贡赋①，并颁布历法，创立《禹刑》②，从而开辟了以华夏族为中心的统一的奴隶制王朝的新局面。禹成为我国文明史中备受崇敬的伟大人物，被称为“大禹”、“神禹”。私有制日益发展，奴隶主贵族的特权世袭制巩固，“大人世及以为礼”，禹传子，家天下，成为必然趋势。从此，开始了夏、殷、周三代相继的统一奴隶制王朝的繁荣发展时期。

疑古思潮泛滥以来，长期被视为“传说”或“假设”的夏王朝和夏文化，已被近些年夏墟考古的新成果所基本证实。古文献中有关夏代的不少记录，并非无稽之谈，而是确凿有据。例如关于夏代“以铜为兵”、“铸鼎象物”③ 的史迹，登封王城岗夏初城堡遗址中新发现的青铜容器残片和二里头文化及龙山文化晚期所发现的大量的青铜器和冶铜作坊，都提供了证明。又如，关于“鲧作城郭”、“禹都阳城”④ 的旧说，《水经注》关于阳城地望的描述，上述王城岗城堡遗址正与这些记述相符；二里头文化遗存中发现的总面积达一万平方米的宏伟宫殿基址，使《竹书纪年》所记夏桀“作倾宫，饰瑶台，作琼室，立玉门”等得到了实证。

至于夏代的文字、典籍，似无而实有，且作为科学文化的创造，质量甚高。如传世的《夏小正》一书，乃我国第一部综合物候气象和天文知识的历书，经科学史家考证，就其所记物候和星象，确系夏代历书⑤。《竹书纪年》曾记禹元年“颁夏时于邦国”，夏代历法作为三代文化的优异成果，得到春秋时代学者梓慎、孔子的高度赞扬。梓慎肯定“夏数得天”，孔子强调治国的首要措施是“行夏之时”。我国最早的也是人类文化史上最早一次日食记录、地震记录、流星雨

① 《左传·哀公四年》引《虞人之箴》、《尚书·禹贡》；《孟子·滕文公》：“夏后氏五十而贡”；《史记·夏本纪》：“自虞夏时，贡赋备矣。”

② 《左传·昭公六年》：夏禹元年“颁夏时于邦国”、“夏有乱政而作《禹刑》”。

③ 《越绝书》、《左传·宣公三年》、《墨子·耕柱》、《史记·封禅书》。

④ 《世本》、《竹书纪年》。

⑤ 夏纬英：《夏小正经文校释》。

记录，都是夏代科学家的观测所得而由古史文献保存下来。《左传·昭公十七年》记太史引证《夏书》关于那次日食纪录："辰不集于房，瞽奏鼓，啬夫驰，庶人走。"仅十四个字，却生动地记录了人们首次观测到日食现象所引起的惊恐状况。二里头文化遗址中，虽仅发现二十多个陶文，尚未破读，但就其形构看，与殷墟甲骨文有近似之处。今本《尚书》中，《虞夏书》保留的《夏书》仅《禹贡》、《甘誓》二篇，而先秦古籍，如《逸周书·大聚篇》引《禹之禁》，《尚书》引《夏箴》，《墨子》、《左传》、《国语》等多次引《夏书》，《新书》引《大禹谟》，司马迁更综述各书而写《夏本纪》，足见夏代实有文字记录的典籍。如《国语·周语上》引《夏书》曰："众非元后，何戴？后非众，何以守邦？"仅十三个字，表达了对奴隶社会阶级矛盾关系的一种理论概括。文字的产生与演化，是一个漫长过程，现存《夏书》片断和殷墟文字，绝非"独化"而生。夏代的文字、典籍，将会被未来更多的考古发现所证实。

总括上述，从炎、黄之际到夏王朝建立，是我国奴隶制的产生形成时期，中经父权家长制中隐蔽的奴隶制向分散的部落奴隶制王国的复杂衍变，其年代约当公元前 30—公元前 20 世纪，就其上限而言，约比古印度早一千年，比古希腊早一千四百年，比古埃及迟一千年，大致与巴比伦同时。夏、殷、周三代是我国奴隶制的繁荣发展时期，约当公元前 21—公元前 8 世纪，与古希腊繁荣时期差不多。公元前 7 至 4 世纪的春秋战国时期，是我国奴隶制瓦解和封建制逐步形成时期。从我国奴隶制的产生、形成到衰亡，大约经过了两千七百年，是一个自本自根、多源汇合、独立发展的完整过程。在世界上，也是奴隶制高度发展的一个典型形态，与世界各民族所经历的奴隶社会相比，既表现了合规律的共性，又具有自己的特点。它与中国封建社会的两千三百年历史相衔，构成了中华民族五千年的文明发展史。

泥古派褒义地神化古史，疑古派则贬义地神化古史，把古史斥为神话传说的历史。其实，神话传说中本身也有它产生的历史，并必然是某种历史的投影。如果善于把地下考古资料与传世文献资料结合起来，把人类社会运动的一般规律和各个民族历史的具体特点结合起来，进行宏观和微观的深入考察和具体分析，透过历史的投影去把握历史的真实，是完全可能的。

初稿于一九八四年八月

# 八、古史研究与马克思主义理论的拓展
## ——马克思、恩格斯对人类学研究的方法论启示

“知今而不知古，谓之盲瞽；知古而不知今，谓之陆沉。”王充这句名言，震烁千古。

古史研究，从来是马克思主义理论拓展的一个重要源泉。

马克思晚年不顾病痛的折磨，放下完成《资本论》的重要任务，却花了大量时间去研究原始社会，研读了大量的人类学著作，留下数十万字质量很高的笔记。不久前新出中文版的《马克思恩格斯全集》第45卷，包括了《马·科瓦列夫斯基〈公社土地占有制，其解体的原因、进程和结果〉一书的摘要》、《路易斯·亨·摩尔根〈古代社会〉一书的摘要》、《亨利·萨姆纳·梅恩〈古代法制史讲演录〉一书的摘要》和《约·拉伯克〈文明的起源和人的原始状态〉一书摘要》。此外，《约·巴·菲尔〈印度和锡兰的雅利安人村社〉一书摘要》的中译本也在《马列主义研究资料》1987年第1期上刊布了。这五篇笔记，都是马克思逝世前几年，即1879年至1882年间作的。可能只有《摩尔根〈古代社会〉一书摘要》的笔记对我们还不算陌生，因为恩格斯写《家庭、私有制和国家的起源》一书时利用了这个笔记。尽管恩格斯的《家庭、私有制和国家的起源》并没有包括马克思对摩尔根《古代社会》一书研究的全部成果，但《家庭、私有制和国家的起源》一书的历史贡献已够显赫。至于马克思有关人类学的这些笔记以及其他有关古史的研究成果，则长期没有引起我们足够的重视。以下，仅就马克思和恩格斯研究古史和人类学的历史背景和取得的重大成果及其对于人文科学研究的方法论启示，略加论述。

# 一

马克思主义理论体系——尤其是唯物史观形成之后，有两次重大的史论结合（基于历史研究与理论发展）的补正和拓展。

第一次，在1848年《共产党宣言》发表之后。

《共产党宣言》中有句名言："共产党人可以用一句话把自己的理论概括起来：消灭私有制。"这当然包括消灭以私有制为基础的一系列附着物。1848年巴黎六月起义，首次向资本主义私有制挑战，遭到血腥镇压。接着波拿巴政变，整个欧洲趋向反动，革命转入低潮。

这时的马克思，着重思考共产主义理论的深化问题。在理论上，他从两个方面进一步论证和补充《共产党宣言》。一方面写《资本论》，通过对资本主义生产方式自身的研究，论证《共产党宣言》所说的"资本主义私有制的丧钟就要敲响了，剥夺者就要被剥夺"；另一方面则是研究私有制的起源，证明其历史的暂时性，兼及家庭、婚姻制度、法权以及农民问题等。在这一方面，马克思充分重视19世纪50—70年代的非马克思主义学者的学术成果。

例如，1853年马克思读了8本关于印度的书，11本关于俄国的书，包括普鲁士官员、作家、反动农奴主哈克斯特豪森·奥古斯特（1792—1866）的著作《对俄国的内部关系、人民生活、特别是农村设施的考察》。这部三卷本的著作，描述了俄国残存的公社土地所有制。19世纪50年代初，因东印度公司的特许权行将期满，英国国会讨论殖民地政策，涉及大量的印度等国的材料，特别是残存的土地公有制和农村公社的材料，引起流亡在伦敦的马克思的注意，导致后来的"亚细亚生产方式"的提出。到19世纪60年代，马克思研读了毛勒（1790—1872）的著作。毛勒是著名史学家，研究中世纪的历史，特别是马尔克公社的历史，著有《德国马尔克制度史》(1850)、《德国地主家庭、农民家庭和农户制度史》1—4卷（1862—1863）等。通过毛勒的著作，马克思了解到，村社所有制不仅见于东方，也曾遍及西欧。

我们知道，马克思1853年6月2日在致恩格斯的信中，曾经谈到他研究了东方社会的土地所有制问题，在评论法国旅行家兼医生贝尔尼埃的描写时，指出："贝尔尼埃完全正确地看到，东方（他指的是土耳其、波斯、印度斯坦）一切现象的基础是不存在土地私有制。这甚至是了解东方天国的一把真正的钥匙。"① 当时恩格斯的复信和稍后马克思的论述，对这一特异的现象大体都用东方社会所处的气候、土壤、幅员辽阔等地理条件来加以解释，因此形成了"亚细亚的"这一地理性的概念，借以标志原始公有制的经济形态。1857—1859年《政治经济学批判》序言中，马克思在对唯物史观作了经典的论述之后又说："大体说来，亚细亚的、古代的、封建的和现代资产阶级的生产方式可以看做社会经济形态演进的几个时代。"② 在这里，马克思把亚细亚生产方式作为原始社会的生产方式，即特殊的所有制形式来看待。到19世纪60年代马克思进一步发现原始土地公有制的普遍性，但认为它起源于印度。

到1870年2月17日，马克思在给库格曼的信中指出，公社所有制在"欧洲各文明国家发展的初期都可以看到"，但仍然坚持印度起源说。③ 从1875年5月到1877年1月，马克思又读了哈克斯豪森、毛勒、汉森、德梅利奇、乌提舍诺维奇、卡尔德纳斯、雷德等人关于俄国的经济和社会关系、关于各民族特别是斯拉夫民族公社占有制的原始形式，关于塞尔维亚、西班牙的土地的所有制的历史及俄国与土耳其的冲突的有关著作。

当时，恩格斯正在写《反杜林论》，该书第二编第一章中已经指出，"一切文明民族都是从这种公社或带着它的非常显著的残余进入

① 马克思：《马克思致恩格斯》，《马克思恩格斯全集》第28卷，北京：人民出版社1973年版，第256页。

② 马克思：《政治经济学批判·序言》，《马克思恩格斯全集》第13卷，北京：人民出版社1962年版，第9页。

③ 马克思：《马克思致路德经希·库格曼》，《马克思恩格斯全集》第32卷，北京：人民出版社1975年版，第637页。

历史的”，也就是从“实行土地公有制的氏族公社或农村公社”进入历史的。① 这就表明，所谓特殊的“亚细亚财产形态或印度财产形态”，已被正确地理解为“一切文明民族”都曾有过的财产形态。

1877 年至 1879 年，马克思又读了瓦西里·契诃夫、汉森、亚契尼、巴·索柯夫斯基、卡尔顿等关于俄国和其他欧洲国家的土地占有制、土地史、农奴制和爱尔兰农民生活的著作。19 世纪 80 年代，马克思研读了柯瓦列夫斯基和摩尔根等人的著作，明确指出：“公社所有制并不是某个地区独有的，而是占统治地位类型的土地关系。”② 直到给查苏利奇的复信草稿，马克思才扬弃了公社制度“印度起源说”和“亚细亚生产方式”的概念，原始公有制的普遍性得以确立。

可以说，马克思主义的原始社会观，是在马、恩对当时的人类学成果的深入研究的基础上形成的。由此导致了对《共产党宣言》的一个著名论断的修正，这就是大家熟知的，恩格斯在 1888 年英文版《共产党宣言》上所加的注，确切指出“有文字记载的历史”而不是“到目前为止的一切社会的历史”，“都是阶级斗争的历史”。在这个注释中，恩格斯以科学家的坦诚，指出在 1847 年他们起草《共产党宣言》的时候，整个史前史几乎还完全没有人知道。“后来，哈克斯特豪森发现了俄国的土地公有制，毛勒证明了这种所有制是条顿族的历史发展起始的社会基础，而且人们逐渐发现，土地公有的村社是从印度起到爱尔兰止各地社会的原始形态。最后，摩尔根发现了氏族的真正本质及其对部落的关系，这一卓绝发现把这种原始共产主义社会的内部组织的典型形式揭示出来了。随着这种原始公社的解体，社会开始分裂为各个独特的、终于彼此对立的阶级。关于这个解体过程，我曾经试图在《家庭、私有制和国家的起源》中加以探讨。”③

---

① 恩格斯：《反杜林论》第二编《政治经济学》，《马克思恩格斯全集》第 20 卷，北京：人民出版社 1971 年版，第 187 页。

② 马克思：《马·柯瓦列夫斯基〈公社土地占有制〉一书摘要》：《马克思恩格斯全集》第 45 卷，北京：人民出版社 1985 年版，第 296 页。

③ 马克思，恩格斯：《共产党宣言》，《马克思恩格斯选集》第 1 卷，北京：人民出版社 1972 年版，第 250-251 页。

第二次，在1871年巴黎公社之后。

巴黎公社是伟大的创举。19世纪70—80年代，共产主义运动向纵深发展，马克思主义在各国传播，思想战线的斗争特别复杂。这个时候，资产阶级阵线散布对资产阶级国家的迷信，俾斯麦国家社会主义、新德意志帝国、民族沙文主义十分猖獗。在革命运动中，关于妇女、家庭问题也需要作出正确的理论回答；鉴于巴黎公社失败的教训，农民问题也突出出来。巴黎公社失败后，西欧革命沉寂，革命危机逐步转向俄国、转向东方。这时的马克思、恩格斯为拓展革命理论，迎接东方革命高潮，转而研究农民、农村、公社，研究俄国及整个东方社会。

如前所述，从19世纪70年代起，马克思特别加紧研究资本主义以前的各社会形态，十分注意研究各不同社会中的公社形式。在马克思的研究中，俄国公社占有特殊的地位，因为当时在俄国革命者中间进行着关于公社在俄国社会的改造中的作用和俄国的非资本主义发展道路的可能性的争论。俄国民粹派革命家如拉甫洛夫、丹尼尔逊、查苏利奇等许多人都是马克思的朋友，他们就俄国社会发展和革命发展的道路、前途等问题经常和马克思交换意见，向马克思请教。马克思对民粹派所提出的俄国社会发展的特殊道路问题，即依靠村社制度可以跨越资本主义阶段而直接进入社会主义的问题，也十分重视，并认真地作了研究。为了研究俄国的村社土地问题，马克思学了俄文，直接阅读了官方的统计材料和一些俄国学者的著作①，其中特别是柯瓦列夫斯基的著作。柯氏是1879年夏天将著作送给马克思的，马克思在柯氏书上作了许多批注和评语，并作了详细摘要。经过这番研究，马克思于19世纪80年代初在《给〈祖国纪事〉杂志编辑的信》、《给维·伊·查苏利奇的信》以及这封信的几篇草稿中，对于公社在

① 1881年马克思在他所写的《我书架上的俄国资料》的书单目录中，便有书籍20多种。

俄国此后发展中的地位表示了自己的观点①，马克思和恩格斯 1882 年 1 月为普列汉诺夫翻译的《共产党宣言》俄译本序里作了比较肯定的回答。序中说："俄国公社，这一固然已经遭受破坏的原始土地公共所有制形式，是能够直接过渡到高级的共产主义的公共所有形式呢？或者相反，它还须先经历西方的历史发展所经历的那个瓦解过程呢？对于这个问题，目前唯一可能的答复是：假如俄国革命将成为西方无产阶级革命的信号而双方互相补充的话，那么现今的俄国土地公共所有制便能成为共产主义发展的起点。"②

与此同时，恩格斯也一直在研究爱尔兰、德意志古史，并于 1882 年写了《马尔克》一文，研究德国农村公社土地公有制的演变。这篇重要论文，曾作为《社会主义从空想到科学的发展》一书附录。

马克思晚年通过柯瓦列夫斯基知道摩尔根的著作，当时摩尔根的《古代社会》(1877) 在欧洲鲜为人知。1880 年底到 1881 年初，马克思作《古代社会》一书的摘要，在摘要中对原书的结构作了一些改变。原书论述家庭的发展和财产的发展的第三编和第四编，在摘要中被放在第二编即摩尔根标题为"政治观念的发展"的那一编之前；此外，摘要完全略去了原书的第一编第三章《人类发展进度的比例》。马克思在作摘要时，还使用了其他一些作者的著作，把这些著作中的材料引用在摘要中。在摘要的最后一部分即论述希腊罗马史的那一部分中，马克思常常直接使用古代作家的著作，大段摘录，而且总是用原文。摩尔根发现了氏族制度，这一发现为理解人类上古史提供了钥匙，提供了根据具体历史材料阐明地区共同体和国家产生的途径的可能性。据恩格斯说，马克思曾打算联系着对摩尔根的研究写一部关于这个问题的书。由于马克思的逝世，这一计划是由恩格斯实现

① 参阅马克思：《给〈祖国纪事〉杂志编辑的信》、《给维·伊·查苏利奇的信》、《给维·伊·查苏利奇的复信草稿》，《马克思恩格斯全集》第 19 卷，北京：人民出版社 1963 年版，第 126-131、268-269、430-452 页。

② 马克思，恩格斯：《1882 年俄文版序言》，《马克思恩格斯选集》第 1 卷，北京：人民出版社 1972 年版，第 231 页。

的。恩格斯在马克思逝世的次年，即1884年，只用了两个多月的时间就写成了《家庭、私有制和国家的起源》这部巨著。这是马克思、恩格斯通过古史研究来拓展马克思主义理论的重大成果，是恩格斯创造性地运用马克思晚年的古史研究和人类学研究的笔记（仅仅其中一小部分）所取得的辉煌成就。

## 二

马克思和恩格斯晚年论著中，《家庭，私有制和国家的起源》一书具有特殊的学术地位。恩格斯在撰写该书时，除依据马克思在《摩尔根〈古代社会〉一书摘要》中的基本观点外，引证其他资料五十多种，该书问世后即被译成多种文字，在西方学术界产生了巨大影响。1891年，该书德文第四版问世，恩格斯又根据新收集到的人类学、民族学、民俗学研究成果在这一版里作了大量修改，补充了许多新的资料。

《家庭、私有制和国家的起源》是一部充分利用了19世纪积累的大量的人类学、民族学的成果，而以唯物史观为指导研究史前史的理论著作。在某种程度上，是恩格斯在马克思逝世之后执行马克思的遗言，把马克思的唯物史观与摩尔根等的史前史研究成果相结合，初步完成的马克思主义的原始社会史论。它以大量的经验材料，对个体家庭、私有制和国家的起源，进行了科学的分析，揭示了伴随所有制形态的发展而出现的家庭关系、财产关系、阶级矛盾、国家法权等和这一切必然产生、又必然演化和消亡的历史辩证法。全书贯注巨大的历史感，成为唯物史观与人类解放理论的基本著作之一。

列宁1919年在斯维尔德洛夫大学讲演《论国家》时，特别介绍了此书，称之为“现代社会主义主要著作之一”，“其中每一句话都不是凭空说出，而都是根据大量的历史和政治材料写成的”。指出需要有相当的人类学、历史学和经济学知识才能看懂，而突出其研究方法上的特点就是对任何问题都“从历史上把它的全部过程加以考察”，从而“提供了正确观察问题的方法”①。

《家庭、私有制和国家的起源》一书具有十分严谨的逻辑结构。首先，第一版和第二版的两篇序言，作者展示了一些重要的思想。

第一版序言开宗明义指出：“摩尔根在美国，以他自己的方式，重新发现了四十年前马克思所发现的唯物主义历史观，并且以此为指导，在把野蛮时代和文明时代加以对比的时候，在主要观点上得出了与马克思相同的结果。”② 所谓主要观点上得出与马克思相同的结论，大体上是指：物质生活条件制约着整个社会生活，法的关系根源于经济关系，社会发展有着自身的规律，私有制必然灭亡，社会发展下一更高阶段将是古代自由、平等、博爱的更高形式的复活。

恩格斯认为：“摩尔根的伟大功绩，就在于他在主要特点上发现和恢复了我们成文历史的这种史前的基础，并且在北美印第安人的血族团体中找到了一把解开古代希腊、罗马和德意志历史上那些极为重要而至今尚未解决的哑谜的钥匙。”③ “摩尔根在他自己的研究领域内独立地重新发现了马克思的唯物主义历史观，并且最后还对现代社会提出了直接的共产主义的要求。”④

恩格斯在第一版序言中第一次完整地阐明了两种生产理论。他指出：“根据唯物主义的观点，历史中的决定性因素，归根结底是直接生活的生产和再生产。但是，生产本身又有两种。一方面是生活资料即食物、衣服、住房以及为此所需的工具的生产；另一方面是人类自身的生产，即种的繁衍。一定历史时代和一定地区内的人们生活于其下的社会制度，受着两种生产的制约，一方面受劳动的发展阶段的制

---

① 列宁：《论国家》《列宁选集》第 4 卷，武汉：湖北人民出版社 1972 年版，第 43-44 页。

② 恩格斯：《家庭、私有制和国家的起源》，《马克思恩格斯选集》第 4 卷，北京：人民出版社 1972 年版，第 1 页。

③ 恩格斯：《家庭、私有制和国家的起源》，《马克思恩格斯选集》第 4 卷，北京：人民出版社 1972 年版，第 2 页。

④ 恩格斯：《恩格斯致卡·考茨基》，《马克思恩格斯书信选集》，北京：人民出版社 1962 年版，第 408-409 页。

约，另一方面受家庭的发展阶段的制约。”① 这样一个极其重要的原理，历来被我们漠视。

《家庭、私有制和国家的起源》一书在理论上大大超越了摩尔根的《古代社会》。它的研究视野不停留于氏族，而由氏族的解体和私有制形成，延及阶级、国家的产生到消亡的必然规律，涉及整个人类的物质文明与精神文明的演化问题。

全书九章，具有泾渭分明的逻辑层次。

第一章“史前各文化阶段”，以生产力（主要是生产工具的发明和使用）发展为标志，勾勒人类由原始群到蒙昧时代到野蛮时代直至文明时代的演进。第二章论述家庭史。本书第四版吸收了芭霍芬《母权论》(1861)、麦克伦南《古代史研究》(1886)、拉伯克《文明的起源》(1870) 等成果，勾勒了人类家庭从群婚制的血缘家庭到普那路亚家庭到母系氏族的对偶家庭和父系氏族的一夫一妻制家庭的演进，以及伴随此而出现的私有制、阶级压迫、奴隶制。第三章“易洛魁人的氏族”，论述摩尔根发现母系氏族制的重大意义，及氏族——胞族——部落——部落联盟的演进。以上两章，对于思考中国的宗法制度问题和中国古代氏族发展的问题，均有启发。四、五、六章论述希腊、罗马氏族及其瓦解和奴隶制国家的产生。在这几章，恩格斯没有局限于摩尔根的例证，而是补充了他自己掌握的材料。从这几章我们可以看到，通常以希腊作为奴隶制度的典型，而人类文明的途径是多样的，奴隶制度的类型也应是多样的。恩格斯不过依据当时他所掌握的人类学、历史学的资料，指出了人类走向文明的一般途径。第七、八章恩格斯探讨了克尔特人和德意志人的氏族和德意志人国家的形成，这些材料基本上都是恩格斯独立掌握的。

氏族制是各个民族都普遍存在的，直到 18、19 世纪，克尔特人还残存有氏族制，德意志人在大迁移之前的马尔克公社都是。从欧洲来说，罗马帝国衰落，日耳曼人入侵，氏族制度蜕化为封建制。这在

① 恩格斯：《家庭、私有制和国家的起源》，《马克思恩格斯选集》第 4 卷，北京：人民出版社 1972 年版，第 2 页。

人类走向文明的过程中是常态还是变态，是普遍还是特殊呢？

最近，有的学者认为，西方文明是跳跃的、破裂的、畸形的、不正常的，而中国、玛雅文明是连续的，是常态。美国哈佛大学人类学讲座教授张光直先生说："由于近年来考古工作所获致的新材料开始能使我们逐渐了解到文明、城市生活和社会的国家型态是如何在中国开始产生的，我们也同时开始意识到中国古史研究在社会科学一般法则上的重要意义。……在文明起源上若干西方的一般法则不适用于中国，同时在这方面中国提供它自己的一般规律——当然是彼此相关的。对中国、玛雅和苏美尔文明的一个初步的比较研究显示出来，中国的型态很可能是全世界向文明转进的主要型态，而西方的型态实在是个例外，因此社会科学里面自西方经验而来的一般法则不能有普遍的应用性。我将中国的型态叫做'连续性'的型态，而将西方的叫做'裂破性'的型态。""对于熟悉马克思、恩格斯、韦伯、柴尔德等关于社会进化和城市、国家兴起的各种理论的社会科学家来说，中国走向文明之路却好像是一种变型——常常称为'亚细亚式'变型。"①

我们今天重温《家庭、私有制和国家的起源》，当然要考虑到考古学、人类学、民族学研究的新成果。前引张光直教授的看法，就有一定的启发性。

《家庭、私有制和国家的起源》第九章"野蛮时代和文明时代"是最后一章，全书的总结，历史跨度很大，描述了整个人类史，直到未来。氏族制灭亡的条件，也即是社会大分工的结果。农业与畜牧业分工之后，阶级产生；手工业与农业分工之后，奴隶制出现。第三次大分工，城乡分裂，国家出现，氏族灭亡。本章还论述了国家的特征、阶级实质、二重性，论述了文明时代的本质和特点，论述了共产主义社会是氏族制度在更高形式上的复活。总之，本章作为全书的概括和总结，分析了氏族制度解体和私有制、阶级、国家产生的经济条

① 张光直：《连续与破裂：一个文明起源新说的草稿》，（香港）《九州学刊》1986年1卷1期。

件和一般过程，揭示了国家的起源、特征及其本质，剖析了文明时代的一般特征，预示了人类社会的共产主义前景。

《家庭、私有制和国家的起源》一书在方法论上的启示是多方面的：

首先是科学的态度。《家庭、私有制和国家的起源》提供了人文科学研究的典范，体现了历史感与现实感的统一，革命性与科学性的统一。特别突出的是，马克思、恩格斯对待非马克思主义学者的学术成果的尊重。

其次是历史时空的纵横跨度——系统方法。从时间、纵向上看，本书贯通古今；从空间、横向上看，本书涉及美洲印第安人、希腊、罗马、德意志人、克尔特人等，进行了横向比较。本书从纵横交叉的角度，论述了家庭形式、财产关系、法权关系、社会管理机构的形式、宗教、道德等的存在及其发展，研究了两种生产的并行发展及其相互关系，涉及整个文化现象。例如由第一个奴隶制，引出三大奴役形式，公开的隐蔽的奴隶制，始终伴随着文明时代，从而揭示文明时代的不文明特征。

再次是思想的深度与影响的广度。《家庭、私有制和国家的起源》在人类文明大道上产生，吞吐诸家，因而能反作用于人类文明大道，产生了深广的影响。百年来，《家庭、私有制和国家的起源》的理论在西方人类学、史前考古学中的影响经久不衰。

著名史前考古学家、20 世纪 40 年代曾任英国科学院院士、伦敦考古研究所所长的柴尔德，基本上采用恩格斯的“史前各文化阶段”作为欧洲史前经济分期的标志。他主张欧洲文化的起源是多元的，而不是单元的，否定日耳曼文化扩张说。他坚持文化进化观，但反对欧洲中心论，对东方古老文化有深厚感情。

美国著名人类学家怀特和斯图瓦德是人类学中新进化论的代表。他们在 20 世纪 50 年代发展了“文化唯物论”思想。怀特认为，所有文化都是由三种根本成分组成的：技术——经济成分、社会成分和意识形态因素。他把经济决定论和环境决定论结合起来，强调二者对文化发展的意义。斯图瓦德从更高层次上推进摩尔根—恩格斯的思想，他特别注意研究一般进化之外的特殊进化，提出了“多线进化”的主张。

美国学者布列伍德20世纪40年代在中东的一系列考古发掘，论证了《家庭、私有制和国家的起源》的一些创见。现任美国芝加哥大学东方研究所教授的阿丹斯也是“文化唯物论”的代表之一。他批判了《东方专制主义》的作者魏托夫夸张人工灌溉与大河流域国家攻击苏联和我国的做法。此外还有一些学者在研究古代东方的民主制。

现代西方人类学和史前史研究的成果，大大突破了摩尔根及他所属的早期进化派的单线进化论的主张及其他局限性，得到长足的发展。无论是传播学派、社会学派、历史学派、功能学派、精神分析学派、文化与人格学派，还是新进化论、文化生态学与文化唯物论学派、结构主义学派、哲学人类学派、象征学派、现象学派、符号学派、诠释学派等，还有西方的马克思主义人类学派，都从不同的视角和方法，作出了不同的贡献。遗憾的是，过去我们虽自命是马、恩的继承者，却没有像马、恩那样十分重视人类对自身的研究，也未能以马、恩的科学精神和心态来吸收、总结一切非马克思主义的学术成果来不断地发展唯物史观。这与《家庭、私有制和国家的起源》一书的方法论根本背道而驰。

## 三

马克思晚年（1879—1882）三万多页的人类学笔记，以及给查苏利奇的复信，竟写了三个草稿以及给普列汉诺夫俄译本《共产党宣言》所写的序等，综合起来看，究竟给了我们什么样的启示呢?

从总体上看，马克思晚年放下了《资本论》第二、三卷的整理定稿工作，而把研究的重点、研究的方面进行了转向。概略地说，似乎在研究的指导思想上发生了四大转向：第一，由西方转向了东方；第二，由现代资本主义转向前资本主义以及史前社会；第三，由城市工商业转向农村公社、土地制度等；第四，由经济、政治（阶级斗争）的研究转向对人类整个社会结构、文化结构的总体研究。

从笔记中，可以看到马克思注意到许多民族的特殊社会文化现象，并详加摘录，诸如关于原始宗教发展的诸阶段问题，印度的农村露天小学，以及受法律保护的乞丐等。

美国学者唐·凯利认为，马克思一生思想是与人类学的发展密切联系的，他在垂暮之年开始积累有关四位大人类学家（摩尔根、梅恩、拉伯克和菲尔）的笔记，大约是想按照自己的社会学来写一本比较系统的人类学著作，然而未能如愿。凯利认为，人类学表现了马克思个人思想辩证发展的最后阶段的情况，并使他超出了他的多数追随者所理解的马克思主义。①

仅是“超出”一般的平庸的理解，还是孕育着新思想的发展？

马克思晚年思想发展的新动向，启示着我们如何迎接马克思主义社会历史观的新拓展、新突破。马克思主义的理论沿着自身的逻辑向前发展（马克思本人研究实践中的新转向、新突破），当然毫不意味着离开人类文明的大道；恰好相反，正意味着它更广阔、更深入地在人类文明大道上勇于并善于吞吐百家，吸取优秀成果，拓展自己的理论。

初步涉猎，已可以肯定马克思晚年人类学研究成果中一系列科学智慧的闪光，至少具有以下几个大方面的启发意义：

首先，在文化视野上，马克思已超越了摩尔根、恩格斯的西方中心或只把西方社会作典型的局限，而扩展到东方，扩展到亚、非、拉广大地区，不只是研究古代的氏族制，而扩展到研究公社土地所有制的演化——由原生形态到次生形态以及在西方资本主义破坏下的演进过程及其前景。由此启示我们考虑，日耳曼人的马尔克、俄国人的米尔、印度的村社等，与中国的宗法小农，可以比较其历史衍变的同中之异和异中之同。

马克思在笔记中改造摩尔根全书的结构，把关于家庭和婚姻形式的篇章提到氏族制度的篇章之前，确认血缘亲属关系在唯物史观中的重要地位，奠定了恩格斯《家庭、私有制和国家的起源》一书的科

① 唐·凯利《人类学：垂暮之年的马克思》，载美国《思想史杂志》1984年4—6月号，转引自《马克思主义研究资料》1987年第1期。杜章智文。

学结构的基础和两种生产理论的基础。重视人自身的生产及相应的血缘亲属关系在一定时代和一定地区对社会制度的重要决定作用，是唯物史观的一个重要的方法论原理。这个原理长期被一些马克思主义的后继者们所误解和漠视，然而却是打开东方社会和东方文化谜底的钥匙。

我国社会科学界自马克思主义传入以来，曾经不断讨论过中国有没有奴隶社会和中国社会封建化的过程和历史分期的问题，许多争论，实际是如何理解奴隶社会、封建社会的多样性问题。十分遗憾，我们只是到最近几年才知道马克思晚年的极其重要的思想——反对以西方文化和西方社会发展的历史过程作为衡量全人类文化和社会发展的唯一参照和模式，反对欧洲中心主义。柯瓦列夫斯基是马克思敬重的学术朋友，马克思的笔记对柯著基本上持肯定的态度；但是，马克思敏锐地发现了柯氏在社会文化比较上的方法论失误。柯氏力图说明全世界所有地区的公社土地所有制在不同程度上都经历了与西欧一样的封建化过程。马克思全部删掉了强调这一观点的柯著“导言”和所有把东西方社会和文化作机械类比的部分，并对于柯氏根据印度的军功采邑制、公职承包制和荫庇制断定印度公社所有制的变化是封建化的结论，据实给予了尖锐批评。马克思在摘录英国人菲尔关于印度农村的柴明达尔地位的描述时，嘲讽菲尔是头“蠢驴”，因为他把村社的结构叫做“封建的结构”。马克思在笔记中非常慎重地把印度、阿尔及利亚社会称为“非资本主义”，而不称为封建主义的国家或生产方式，因为专制制度使这些国家没有形成封建制的人身依附关系，表现了具体地历史地分析具体问题的科学态度，反对把他所阐明的历史必然性变成一套固定的模式而抹杀了各民族社会文化发展和走向的多样性。

其次，由经济学转向人类学，对社会发展的多因素作综合考察。社会生活的积淀层，规定、制约着社会的特殊的发展道路。人类社会的进化有一定的发展阶段、秩序和必然规律，但各民族社会文化的发展又各有其独特的道路，这里有一个“别共殊”的复杂问题。东方与西方有共有殊，东方各民族之间、西方各民族之间也各有同有异。

有的西方学者以 1853 年为限断，划分马克思一生为“经济学时期”与“人类学时期”，前一时期注意社会发展的普遍模式，强调共性，强调单线进化；后一时期注意社会发展的多线衍变，强调殊异性、间断性。这种说法不是十分准确的。实际上，马克思早在学生时代就十分重视人类学。当然，从经济研究转向文化人类学研究，确实使马克思的视野扩大了，研究方法也更新了。对前资本主义的研究，否定了历史哲学的宿命论和“五种生产方式”的模式说。从人类学的角度，而不仅仅停留在经济学的角度或阶级斗争史的角度，把历史视野和历史考察方法往史前史扩大和延伸，把有文字以来的历史作为人类史的一个很小的部分，从而对人类文化的发生、发展的多样性与统一性，对人类文明的时代性和区域性（民族性）的理论，可能得出更完整、深刻的结论。

摩尔根和恩格斯构筑体系的总方法是单线进化的阶段说，即把社会的进化、生产的发展、家庭形态的变化、民族的产生和消亡、科技与宗教的演进，都看做有必然的逻辑秩序，有规律可循的。这基本上是基于早期进化学派的思路。对于这一思路、文化人类学中的传播学派、功能学派、历史学派等，都给予了批评。不能认为这些批评都是正确的，但没有这些批评，就没有尔后的新进化论、文化唯物论和文化生态学等。应当承认，以往我们对进化论作了比较狭隘的理解。

有共有殊，有一般规律又有特殊道路，多源产生、多线进化，这个思路有重大的方法论意义。即使承认东西各国都经历过封建制，而在印度、在日耳曼、在西欧、在中国，封建制的表现形态却各不相同。文化、哲学的启蒙，法国与中国也很不一样。由此，我们必须正视中国哲学启蒙的特殊道路、中国式的社会主义的特殊道路等问题。

马克思在笔记中、在给查苏利奇的信中提出了东方社会（特指俄国的农村公社这一结构）在特定条件下可能会跨越资本主义“卡夫丁峡谷”的问题。能不能跨越“卡夫丁峡谷”，我国学术界正展开激烈的争论。这争论涉及许多理论问题和实践问题，根据不发达国家经过社会主义变革走向现代化的实践，似乎生产关系领域可以跨越，而以生产力为标志的技术基础和相应的商品经济发展阶段是不能超越的。这并非要退回去补课，相反的，是要在社会主义条件下吸收资本主义的一切成就，在技术经济形态上尽快地达到并超过资本主义时代所具有的水平。

马克思关于跨越“卡夫丁峡谷”的设想，似乎可以给我们这样的启示：对世界文化的考察要摆脱东方中心或西方中心的封闭思考模式，走向多元化，承认异质文化的相互交融，东方社会是可以跨越资本主义阶段而跃进到社会主义的。商品经济不是一种社会经济形态（不是一种社会制度或经济制度），商品经济只是人类社会经济活动的一种运行方式。商品经济有自身发展规律，经历了不同发展阶段，为不同的社会制度所运用，并因而具有不同的特征。我们现在搞社会主义商品经济，正是马克思主义理论在东方现代化实践中的一大发展。通过商品经济、民主政治和文化启蒙，来实现生产力的大提高和人的个性的大解放，这是社会主义初级阶段不可逾越的任务，但并非资本主义原始积累时期一些灾难、罪恶和痛苦都是不可避免的。马克思跨越“卡夫丁峡谷”的思想，正是从世界革命发展的视角强调了“缩短和减轻分娩的痛苦”①。思考中国社会主义现代化道路时，马克思这一思想对我们会有多方面的启发。

20世纪以来文化人类学的多方面发展，实际上已修正了摩尔根、恩格斯的许多具有历史局限性的方法和结论。我们作为我们时代的马克思主义者，应当以马克思当年的坚毅精神和开放心态，吸取当代各种有价值的学术成果，以丰富和发展自己。这正是当年马克思埋头写下三万多页人类学笔记的用心所在。我们的研究，应当以其终点作为起点，在人类文化发展的大道上去扬榷古今，吞吐百家。当前一个迫切的任务，就是要尽快地赶上和超过西方学者，建立和发展马克思主义的文化人类学和文化哲学的理论体系，并不断使之完善。这对于我们在新的历史条件下拓展马克思主义的理论阵地并用以服务于当前社会主义建设的实践，具有不容忽视的现实意义。

一九八八年十二月

① 马克思：《资本论》上，《第一版序言》，《马克思恩格斯全集》第23卷，北京：人民出版社1972年版，第11页。

# 九、中国哲学史方法论问题刍议

## ——新编《中国哲学史》导言

中国哲学史是一门发展着的科学。中国哲学史之成为一门科学，有其发展的历史过程；作为一门科学的中国哲学史，还需要继续沿着马克思主义的哲学史观所开辟的认识道路不断地发展。

在中国古代，早就有对前代学术思想成果进行总结性评述的论著，诸如《庄子·天下》、司马谈《论六家要旨》、宗密《华严原人论》、朱熹《伊洛渊源录》、直到黄宗羲主编的《宋元学案》、《明儒学案》等。这些论著，按不同的时代要求，从不同的思想角度，辨章学术，考镜源流，至今对哲学史研究仍有参考价值。但由于古代社会分工和学术分类的局限，哲学还与其他非哲学的社会意识形态浑沦未分，被包容在所谓“内圣外王之道”、“天人性命之学”的庞杂体系之中。哲学史还不可能成为独立的学术部门。

哲学史的专门研究伴随着哲学的独立化而始于近代。在西方，近代资产阶级哲学冲破了神学网罗而独立发展，曾被囊括在神学中的各个学术部门相继独立，于是有了哲学和哲学史的专门研究；又经过几代人的努力，才由黑格尔系统化的演述而总其成。黑格尔基于唯心辩证法所形成的哲学史观及一系列方法论问题的探讨，作出划时代的贡献，被马克思赞为“开始奠定哲学史的基础”①，并实际成为马克思主义创立科学的哲学史观所继承和改造的直接理论前提。在中国，近代是畸形的，中国资产阶级政治上软弱，文化上落后，因而哲学发展

① 马克思：《博士论文·序》，北京：人民出版社 1961 年版，第 2 页。贺麟译本作：“哲学史是从它开始。”

极不成熟；但毕竟在广泛吸取西方近代哲学的过程中，逐步摆脱了封建“经学”等传统的束缚，开始了对中国古代哲学和哲学史的独立研究。经过章太炎、刘师培、梁启超等人的撰述，到“五四”前夕出现了胡适的《中国哲学史大纲》(上)；嗣后，一些学者如冯友兰、萧公权、范寿康、唐君毅、钱穆等以类似论著，踵事增华，颇有发展。他们的研究成果，比之古代学术史论大有进步，为中国哲学史适应近代学术分工的要求而独立成科，作出了历史贡献。但是，他们在研究中所采取的哲学史观及其方法，却落后于“五四”以后整个文化思潮的迅猛发展而具有极大的局限性。总的说来，这些论著，往往陷入浅薄的唯心史观，停留于对历史上某些学派分合、思潮起伏的现象形态的描述，谈不上对哲学发展的本质矛盾和内在规律的阐释，在方法上还未能达到黑格尔演述西欧哲学发展所显示的思维水平，也未能真正跳出中国古代学术史论的某些陈旧的窠臼。

“五四”以后，中国新旧文化思想的激烈冲突中涌现出马克思主义的生力军。随着马克思主义哲学运动在中国的蓬勃展开，首先在社会史领域，然后在思想史领域，以郭沫若为代表的马克思主义学者作了巨大的开拓性工作。马克思主义的唯物史观以无可辩驳的科学锋芒，解开了许多中国古史之谜。20 世纪 30 年代起，吕振羽、杜国庠、侯外庐等发表的有关中国思想史、哲学史的一些论著，使历史唯物主义的真理与中国哲学发展的特点初步结合，破除了不少封建传统意识用以解释历史的迷信，批判了“五四”新文化运动中滋生的某些思想偏向和种种非历史主义的臆说，这就为中国哲学史走向科学化开辟了道路，奠下了基石。

新中国成立以后，以马克思主义为指导的中国哲学史这门年轻的科学，得到空前的繁荣和发展。尽管在发展过程中有过干扰，走过弯路，尤其“左”倾思潮的一再作祟，曾产生过把马克思主义的哲学史观公式化、庸俗化、贫乏化等不良倾向。但三十年来，历史资料的整理，方法论问题的研讨，重要考古文献的发现，研究成果的积累，科学体系的初步建立等方面，都取得了长足的进展；特别是结束了十年动乱之后，迎来学术解放的春天，为拨乱反正而展开的对马克思主义哲学史观的理论研究日益深入，许多学术问题的争论得以正常开展，一些新的研究领域逐步开辟，这一切，标志着作为一门科学的中国哲学史正在更坚实的基础上建设起来。

当然，在科学的道路上，“直行速获而可以永终”的事情是没有的。目前，中国哲学史的科学化建设还有待从多方面努力推进，特别需要进一步研究、解决一些基本的理论、方法问题。我们在编写本书的过程中，曾经注意到以下一些问题：

首先，中国哲学史作为一门科学，它所研究的特定对象、论述的重点范围和史料的筛选原则，似应得到进一步的科学规定。这是一个历史遗留的问题。在西方，经过资产阶级哲学发展的整个历史阶段，原被包容在哲学中的各门科学以及与哲学关系最密切的伦理学、美学、心理学、社会学等都相继独立出去，并各有自己的专门史。哲学的概念逐步净化，使哲学史研究的特定对象也逐步明确。特别是黑格尔提出了“哲学史由于它的题材的特殊性质而与别的科学史不同”，必须把其他精神文明的材料排斥于哲学史之外，“哲学史才会达到科学的尊严”① 等思想，西欧哲学史的研究范围和史料筛选等问题，似乎得到了历史的解决。由于历史条件不同，中国长期封建社会，留下了丰富的精神文化遗产和笼统的学术分类传统，近代又流行着所谓“中国哲学属于伦理型”、“中国古代哲学家缺乏逻辑思维”、“中国哲学主流之进展是极高明而道中庸”之类的似是而非的论断，影响到中国哲学史的研究，范围难定、对象不明，往往因人而异地把未经筛选的各种思想资料羼入哲学史，似乎中国哲学史的研究可以而且应当去分担政治、伦理、法权、宗教、教育等思想史的研究任务。这样，哲学史或仍被沉没在一般思想史、学术史之中，或由于研究的对象不明，承担的任务太广，从而模糊了自己的特定任务。

按照马克思主义对社会诸意识形态的分析，哲学是一种特殊的社会意识，它具有自身的特殊矛盾及其发展的特殊规律。哲学史研究的

① 黑格尔：《哲学史讲演录》第1卷，北京：商务印书馆2009年版，第13-14页。

特定对象，简括地说，就是哲学认识的矛盾发展史。所谓哲学认识，区别于宗教、艺术和各门具体科学的知识，是人们以理性思维形式表达的关于自然、社会和思维运动的一般规律的认识，也可说是对于客观世界的本质和人对客观世界能否认识和改造、怎样认识和改造的总括性认识。这种哲学认识，来自人类在不同发展阶段的历史实践中对各种具体科学知识的概括、总结和反思；在古代，它常被混合在各种具体知识中，所以哲学史研究往往涉及其他学术史料，但就哲学认识成果的形式和内容而言，就其在人们认识和实践中的作用而言，都与其他非哲学的认识有质的区别，可以从古代学术思想资料中筛选出来。哲学史料的筛选，当然不能主观随意，而取决于对哲学史研究的内容和对象的科学规定。列宁通过对希腊哲学的考察，把哲学史简略地规定为“就是一般认识的历史”，即关于自然、社会和思维的“一般”(共同本质、普遍规律）的认识的历史，借以区别于“全部认识领域”中其他“各门科学”关于特殊、个别领域的本质和规律的认识史，但哲学认识并不与各种科学认识相脱离，也不是各种科学认识的简单综合，而是通过哲学的概括、总结和反思，抽象出“构成认识论和辩证法”等属于哲学的“一般认识”。整个人类的认识史（包括各门科学史，及儿童智力发展史、语言史、宗教史、艺术史等）包罗万象，无比宽广，而哲学史研究的则仅是既区别于宗教、艺术、道德，又区别于各门科学而专属于哲学的“一般认识”的历史，按列宁的提示，即认识论和辩证法的历史。① 在中国哲学史的研究中，无疑应当以列宁这些科学的规定为指针，认真厘定哲学史研究的对象、论述的重点和思想资料的筛选原则。例如，中国哲学家们对社会政治问题所发表的许多议论，大量的应属于社会学史、政治学史、法学史等研究的范围，但其中也确有一些是对历史发展规律、社会矛盾运动的哲学分析，则应筛选出来作为哲学史的对象。至于中国古代思想遗产中似乎关于人性善恶、道德理想以及“性情”关系、“理欲”

① 列宁：《拉萨尔“爱非斯的晦涩哲人赫拉克利特的哲学”一书摘要》《列宁全集》第38卷，北京：人民出版社1959年版，第399页，译文略有订正。

关系之类问题的言论特别丰富，从哲学史的角度加以择取，确应重视历代哲学家对人性问题的探讨中有关人的本质、人性的发展和异化等属于历史辩证法问题的认识成果，而其余则理应由伦理学史、道德学史、教育学史等去进行独立研究，哲学史不必要也不可能去代庖。这是由于社会诸意识形态虽然互相影响，乃至互相渗透，但各有自己的特殊矛盾和特殊本质，而哲学史与各门科学史的分工，正取决于研究对象所具有的特殊的矛盾性。

属于哲学的一般认识在其发展中充满着矛盾。这些矛盾中，最能表现哲学本质的特殊矛盾性，是思维和存在的关系问题所引起的思想原则的分歧和对立。黑格尔曾指出："思维与存在的对立是哲学的起点，这个起点构成哲学的全部意义。"他认识到哲学在消除这种对立的做法上分为两种主要形式："一种是实在论的哲学论证，一种是唯心论的哲学论证。也就是说，一派认为思想的客观性和内容产生于感觉，另一派则从思维的独立性出发寻找真理。"① 费尔巴哈在考察哲学史时也指出：思维与存在的关系问题是"最重要的也是最困难的问题，全部哲学史就是在这个问题的周围兜圈子"②。恩格斯总结这些成果，进一步作出更明确的论断："全部哲学，特别是近代哲学的重大基本问题，是思维与存在的关系问题。""哲学家依照他们如何回答这个问题而分成了两大阵营。凡是断定精神对自然界说来是本原的……组成唯心主义阵营。凡是认为自然界是本原的，则属于唯物主义的各种学派。""但是思维和存在的关系问题还有另一个方面：我们关于我们周围世界的思想对这个世界本身的关系怎样？我们的思维能不能认识现实世界？我们能不能在我们关于现实世界的表象和观念中正确地反映现实？用哲学的语言来说，这个问题叫做思维和存在的

① 黑格尔：《哲学讲演录》第3卷、第4卷，北京：商务印书馆2009年版，第320页。

② 列宁：《费尔巴哈"宗教本质讲演录"一书摘要》：《列宁全集》第38卷，北京：人民出版社1959年版，第63页。

同一性问题。"① 这一科学的总结，是马克思主义哲学史观的一个理论基石。它本质地概括出了哲学的“基本问题”或“最高问题”作为哲学矛盾产生的根据和划分哲学上对立阵营的唯一标准，并如实地指出了从思维和存在的关系问题所展开的哲学矛盾运动的复杂性和丰富内容。哲学的基本问题包括：思维和存在谁是本原的世界观（本体论）方面的问题和思维能否反映存在的认识论方面的问题，由这两个方面的分歧所产生的唯物主义和唯心主义的矛盾，是哲学认识中最普遍、最根本的矛盾。而在回答世界的本原问题时必然联系到世界是否运动变化，统一的本原怎样发展为杂多的万物等问题；回答世界能否被人认识的问题时必然联系到这种认识是否具有能动性，是否有一个发展过程等问题。这就逻辑地蕴含了两种发展观的分歧，由此产生的辩证法和形而上学的矛盾，贯穿哲学认识史的始终，也是根本性的矛盾。哲学认识中这些本质的矛盾，具有普遍性，因而具有表现形态的多样性；它们在各个民族及其哲学发展的不同历史阶段，可以有千差万别的表现形态。中国古代哲学的独立发展，历史地形成一些独特的概念、范畴和争论的中心问题，如前期的“天人”、“名实”之辨与“和同”、“常变”之争，后期的“理气”、“心物”之辨与“一两”、“动静”之争，就都是哲学论争的一些焦点，恰好是哲学基本问题及其所引起的哲学本质矛盾在不同侧面的展开，科学研究的任务，就在于揭示出这些哲学的本质矛盾在中国哲学发展中的表现形态和历史特点，揭示出矛盾的普遍性与特殊性的具体联结。

哲学认识的矛盾发展，按其逻辑进程，集中地体现在哲学概念、范畴的产生、发展和演变之中。范畴是认识之网上的纽结，是理性思维在去粗取精、去伪存真的积淀、升华中的结晶。由普通概念精炼成为哲学范畴，哲学范畴的内涵由贫乏到丰富、由朦胧到清晰、由简单到复杂、由抽象到具体，哲学范畴之间的联系、对立、依存、转化的关系由零散而逐步形成明确的系统，都标志着人类哲学认识一步步提

① 恩格斯：《路德维希·费尔巴哈和德国古典哲学的终结》，《马克思恩格斯选集》第4卷，北京：人民出版社1972年，第219-221页。

高和深化的过程。历史上唯物主义与唯心主义、辩证法与形而上学的相互斗争和在斗争中的互相联结、渗透、转化，正是通过对一些基本范畴的继承、扬弃或赋予不同的解释表现出来。哲学发展到一定阶段的历史总结，也总是通过把以往各个体系中的重要范畴纳入一个新的体系而变为这一新体系中各个环节来实现的。不同民族文化系统中的哲学思维的特点和水平，可以通过范畴体系的异同对比而得到较好的说明。列宁指出："概念（认识）在存在中（在直接的现象中）揭露本质（因果律、同一、差别等）——整个人类认识（全部科学）的真正的一般进程就是如此。"① "从逻辑的一般概念和范畴的发展与运用的观点出发的思想史——这才是需要的东西!"② 科学的哲学史应当分析概念和范畴的发展与运用，分析每个哲学家的中心范畴，分析一些重要的哲学家的范畴体系，特别要研究不同历史阶段的哲学矛盾运动中哲学范畴的逻辑发展。只有通过这样的分析和研究，才可能真正揭示出哲学思维发展的进程和规律。中国哲学发展的不同阶段都合规律出现了一系列天道观、认识论和发展观的概念和范畴，有的公用，有的独用，有的时起时灭，有的长期流行，诸如"天"、"道"、"气"、"神"、"有无"、"道器"、"阴阳"、"消息"、"动静"、"常变"、"体用"、"本末"、"和同"、"一两"、"理气"、"心物"、"能所"、"知行"等较为通用的范畴，也都经历了复杂变化、曲折发展的过程，它们在不同历史阶段上对立的哲学体系中各有自己的规定，这些基本范畴的含义不断丰富深化，正反映了哲学认识螺旋前进的客观进程。所以，具体剖析和清理这些范畴在不同派别、体系中的特定含义和特殊应用，进而把握它们在人类哲学认识史上的逻辑意义和客观作用，无疑将大有助于探索中国哲学发展的内在规律。中国哲学史的科学化建设，应当把研究哲学范畴的历史联系和逻辑发展作为一个

① 列宁：《黑格尔辩证法（逻辑学）的纲要》，《列宁全集》第 38 卷，北京：人民出版社 1959 年版，第 355 页。

② 列宁：《黑格尔"逻辑学"一书摘要》，《列宁全集》第 38 卷，北京：人民出版社 1959 年版，第 188 页。

重要课题。

基于以上认识，在本书的编写中，按我们所理解的哲学史研究的特定对象，比较注意了突出哲学思想的发展线索，而对哲学家们的非哲学的思想成果则尽量删略。把围绕哲学基本问题所展开的哲学矛盾运动，作为论述的重点，而以认识论和发展观为重心。一方面，对历代哲学矛盾发展的普遍根据，即其社会阶级根源、自然科学基础和其他社会意识、时代思潮的影响等，进行必要的历史唯物主义的说明；另一方面，对哲学本身发展的特殊根据，即哲学本身作为思维运动的内在矛盾，试图进行同样必要的唯物辩证法的分析，通过分析哲学范畴的历史演变来探索哲学认识发展的逻辑进程。为从事这一艰巨的探索，我们认为还必须充分重视哲学史研究中的一些重要的方法论原则。

哲学史方法论问题是多方面的。历史唯物主义所提供的解剖社会意识形态的一般方法，诸如阶级分析的方法、历史主义的方法、比较鉴别的方法、实事求是的人物评价方法、系统周密的史料考订方法等，都是研究中必须坚持的科学方法。但就哲学史这个特殊领域来说，历史和逻辑的统一，是一个具有特别重要意义的指导原则和方法。这是由于哲学史这门科学既属史学又属哲学这种特殊的性质所决定的。

历史和逻辑的统一，作为辩证逻辑的科学思维的一个普遍方法，是马克思主义熔铸、改造黑格尔哲学史观所取得的重大成果。黑格尔哲学史观的一个重要观点，即把哲学史和哲学都看做“发展中的系统”，都是绝对观念的自我展现，两者具有本质的联系。所以，“哲学史的研究就是哲学本身的研究，不会是别的”①。由此导出了历史和逻辑统一的方法论原则。他认为：“历史上的那些哲学系统的次序，与理念里那些概念规定的逻辑推演的次序是相同的。”并说：“如果我们能够对哲学史里面出现的各个系统的基本概念，完全剥掉

① 黑格尔：《哲学史讲演录》第1卷，北京：商务印书馆2009年版，第37页。

它们的外在形态和特殊应用，我们就可以得到理念自身发展的各个不同阶段的逻辑概念了。反之，我们如果掌握了逻辑的进程，我们亦可从它里面的各个主要环节得到历史现象的进程。不过我们当然必须善于从历史形态所包含的内容里去认识这些纯粹概念。"① 黑格尔把抽象的理念自身发展的逻辑进程看做基础，把现实的哲学史看做不过是绝对理念自我认识的历史表现，历史从属于逻辑。他所强调的是"哲学在历史中的发展应当符合于逻辑哲学的发展"②，从而唯心地颠倒了历史和逻辑的关系。但黑格尔的这一深刻的论述，却包含了历史和逻辑相统一这一辩证思维的合理内核，受到了马克思主义经典作家的高度赞扬，并被其改造和发挥，最终成为马克思主义方法论体系中的一个重要原则。

恩格斯指出：黑格尔的方法"是从纯粹思维出发的，而这里必须从最顽强的事实出发"③。然而，在历史科学的研究中必须摆脱历史现象的外在形式和各种偶然性因素的干扰，"因此，逻辑的研究方式是唯一适用的方式。但是，实际上这种方式无非是历史的研究方式，不过是摆脱了历史的形式以及起扰乱作用的偶然性而已。历史从哪里开始，思想进程也应当从哪里开始，而思想进程的进一步发展不过是历史过程在抽象的、理论上前后一贯的形式上的反映；这种反映是经过修正的，然而是按照现实的历史过程本身的规律修正的，这时，每一个要素可以在它完全成熟而具有典型形式的发展点上加以考察"。④ 这就是马克思主义剥取黑格尔的辩证逻辑方法所得出的结论，恩格斯还专就哲学史和辩证逻辑的关系问题对黑格尔的思想作了发

---

① 黑格尔：《哲学史讲演录》第1卷，北京：商务印书馆2009年版，第36-37页。

② 列宁：《黑格尔"哲学史讲演录"一书摘要》，《列宁全集》第38卷，北京：人民出版社1959年版，第292页。

③ 恩格斯：《卡尔·马克思〈政治经济学批判〉》，《马克思恩格斯选集》第2卷，北京：人民出版社1972年版，第120页。

④ 恩格斯：《卡尔·马克思〈政治经济学批判〉》，《马克思恩格斯选集》第2卷，北京：人民出版社1972年版，第122页。

挥，深刻地指明："在思维的历史中，某种概念或概念关系（肯定和否定，原因与结果，实体和变体）的发展和它在个别辩证论者头脑中的发展的关系，正如某一有机体在古生物中的发展和它在胚胎学中（或者不如说在历史中和在个别胚胎中）的发展的关系一样。……在历史的发展中，偶然性起着自己的作用，而它在辩证的思维中，就像在胚胎的发展中一样包括在必然性中。"① 列宁也充分肯定黑格尔"把他的概念、范畴的自己发展和整个哲学史联系起来"对辩证逻辑的贡献，并指出："黑格尔的辩证法是思想史的概括。从各门科学的历史上更具体地更详尽地研究这点，会是一个极有裨益的任务。总的说来，在逻辑中思想史应当和思维规律相吻合。"② 以唯物史观为前提的历史和逻辑相统一的方法论原则，毫无疑问应当成为哲学史研究的指导原则和根本方法。马克思主义所肯定的历史和逻辑的统一，既是唯物的统一，又是辩证的统一。一方面，坚持从历史事实出发，把哲学发展的生动的现实的历史过程作为哲学范畴的逻辑发展的出发点、根据和基础；另一方面，也必须善于透过历史的现象形态，摆脱某些起扰乱作用的偶然性因素，从历史上具体的哲学矛盾运动中去发现其概念、范畴演化发展的逻辑进程及其理论上前后连贯的诸环节。这样把历史的方法和逻辑的方法结合起来，对历史上前后更替、互相对立的哲学体系及其中心范畴，进行深入的马克思主义的阶级分析、历史分析和逻辑分析，剥掉它们的外在形态和特殊应用，揭露其中包含的作为人类哲学认识发展的必经的理论环节，这样，就能通过哲学史的研究总结出人类哲学认识史的逻辑。

人类哲学认识的发展，充满了矛盾，经历着曲折，有其大体依存于社会经济发展阶段的思想起落的阶段性。每一阶段的哲学运动，大体都有一个思想的起点和终点，由问题的提出，矛盾的展开，范畴的

① 恩格斯：《自然辩证法》，《马克思恩格斯选集》第 3 卷，北京：人民出版社 1972 年版，第 544-545 页。

② 列宁：《黑格尔辩证法（逻辑学）的纲要》，《列宁全集》第 38 卷，北京：人民出版社 1959 年版，第 355 页。

演变，争论的深入，到思想的总结，形成一个首尾相应的逻辑进程。这个逻辑的进程，由于它所反映的客观过程的矛盾性和反映过程本身的矛盾性，必然经历着曲折和反复、肯定和否定，由偏到全，由低到高，而表现为近似于螺旋式的曲线，近似于一串圆圈组成的大圆圈。这个“圆圈”的比喻是黑格尔提出的。列宁认为，这是“一个非常深刻而确切的比喻！每一种思想 = 整个人类思想发展的大圆圈（螺旋）上的一个圆圈”①。在《谈谈辩证法问题》一文中，列宁按历史和逻辑统一的原则，对西欧哲学发展的“圆圈”，曾勾画出一个简明的纲要，具有极其重大的方法论的指导意义。中国哲学史的科学化建设，应当把列宁的这些提示作为指针，努力去探索中国哲学的历史发展中所固有的“圆圈”。

源远流长的中国哲学史，并不是什么“百家往而不反”② 的可悲战场，也不是什么千古心传的“道统”记录，而是中华民族的哲学智慧在艰苦曲折中发展的合规律的必然历程。

战国时期的百家争鸣，似乎是“各引一端，崇其所善”③，“皆有所明，不能相通”④，所谓阴阳、儒、墨、道、名、法等各家蜂起，互相攻讦，争论的问题又涉及许多方面。但如果筛选出这些争论中的哲学认识的积极成果，又剥掉其外在的形式和特殊应用，就可以发现这一时期的哲学认识的矛盾运动，有其符合思维规律的固有的逻辑进程，并形成特定历史阶段上哲学发展的一个“圆圈”。早期稷下道家保留在《管子》一书中的思想资料，早被筛选出“精气说”的宇宙观和“静因之道”的反映论，可说是这一时期哲学运动的逻辑起点。孟轲和庄周继之而起，都试图克服这种消极反映论，从不同角度论述和夸大了人的主观精神的能动作用，构成哲学认识的必要环节。围绕

① 列宁：《黑格尔“哲学史讲演录”一书摘要》，《列宁全集》第 38 卷，北京：人民出版社 1959 年版，第 271 页。

② 《庄子·天下》。

③ 《汉书·艺文志》。

④ 《庄子·天下》。

思维和存在的同一性问题，惠施合同异、公孙龙离坚白、庄周齐是非，各以其片面性和直线性而陷入谬误，却又分别展开和加深了关于事物的差别性和同一性、认识的有限性和无限性、真理的相对性和绝对性等客观矛盾的逻辑认识。后期墨家通过科学实践，注意到同和异、兼和分、一般和个别、相对和绝对在认识中的辩证联结，对名辩思潮中的谬误倾向有所纠正。这些都表现了哲学认识在对立斗争中的螺旋发展，准备了战国末期必然出现的批判总结。荀况以“解蔽”的方法基本上完成了这一历史任务，把百家争鸣中的哲学劳动成果都作为一个个必要的认识环节而纳入自己的哲学体系，并明显地以他的“天行有常”、人道“能群”、“天命可制”的天人关系论和“虚一而静、谓之大清明”的认识辩证法，在更高的理论思维水平上，扬弃了孟、庄、公、惠而向稷下道家的“静因之道”复归，逻辑地标志着这一时期哲学发展“圆圈”的终结。

明清之际的思潮激荡，是中国历史上出现的又一次社会动荡、哲学繁荣的局面，并具有思想上新旧杂陈、方生未死的时代特点。这一时期，伴随着资本主义萌芽，出现了早期启蒙思潮，标志着中国漫长的封建社会及其传统思想已进入马克思所说的尚未达到“崩溃时期”，但已“能够进行自我批判”的历史阶段①。一大批思想家几乎同时涌现出来，各以自己的批判武器去继往开来，推陈出新，各不相谋地在时代潮流中选择自己的学术道路，再经过明清易代之后18世纪的思想洄流，在当时所谓王学和朱学之争、汉学和宋学之争等历史的外在形式的掩盖下，似乎难于理出他们的各具特点的哲学思想之间有什么内在联系。但是，就这一特定历史阶段的哲学运动说，通过历史和逻辑相统一的分析，不仅可以明显地看出，王夫之的哲学通过扬弃朱熹和王阳明而复归到张载，完成了宋明时期围绕“理气”、“心物”关系问题展开的整个哲学矛盾运动的大螺旋。而且，从李贽的“童心”说和“是非无定”论对封建独断论怀疑、否定的逻辑意义，

① 马克思：《〈政治经济学批判〉导言》，《马克思恩格斯选集》第2卷，北京：人民出版社1972年版，第108页。

可以发现这一阶段哲学启蒙的实际起点。方以智、黄宗羲、顾炎武卓然成家，正好从自然史、社会史、学术思想史等各个侧面去突破传统思维方式，开拓哲学认识的新领域。王夫之更从哲学上总其成，他在理气（道器）、心物（知行）和天人（理欲）等关系问题上多方面的哲学贡献，把朴素唯物辩证法的理论形态发展到顶峰，并预示着新的哲学启蒙即将来临。稍后，颜元重“习行”、倡“实学”的唯物主义经验论倾向和戴震重“心知”、察“分理”的唯物主义的唯理论思路，开始从不同侧面酝酿着新的思维方法和新的理论动向。但由于中国近代的长期难产，这个哲学发展的逻辑进程，未能达到它的理论终结，而到 19 世纪初叶历史地转入了另一个时代。

以上是我们对历史和逻辑的统一这一马克思主义方法论原则的一些粗浅理解，在本书的编写中，试图贯彻这一原则而作了一些探索。这些探索显然是初步的，一些具体论断，尚待今后在研究和教学中进一步推敲。

马克思主义的哲学史方法论是一个完整的体系。列宁提出的哲学斗争的党性原则和哲学发展的圆圈思想是统一的，不应作任何割裂的理解。当我们强调历史和逻辑相统一的原则时，毫无疑问应当坚持整个唯物史观的理论前提，坚持哲学矛盾运动依存于社会矛盾运动而又对社会运动有其反作用的观点，坚持人民群众的三大实践是哲学发展的动力和源泉而哲学发展又有其相对独立性的观点，坚持观点和材料的统一、共性和个性的统一、一般原理指导和具体分析的统一，等等。一句话，必须坚持马克思主义的党性和科学性的统一。而科学性又是无产阶级党性的基础。全面理解和坚持这些原则，就一定能够不断地推进中国哲学史的科学化建设。

把中国哲学史作为一门发展着的思维科学来研究和学习，具有多方面的意义。而最主要、最根本的意义在于：（1）通过对中国哲学发展进程的历史考察和逻辑分析，把历史上经过许多艰难曲折才获得的哲学劳动成果和哲学斗争经验重新反刍一遍，总结和吸取其中理论思维许多典型的经验教训，可以锻炼、提高理论思维的能力。这与我们民族当前面临的时代任务，建设社会主义精神文明，实现四个现代化，急起直追，勇攀现代科学和现代唯物主义的高峰，就有着直接的联系。恩格斯指明了这种联系，他说："一个民族要站在科学的最高峰，就一刻也不能没有理论思维。"① 但理论思维的能力"必须加以发展和锻炼，而为了进行这种锻炼，除了学习以往的哲学，直到现在没有别的手段"。② 恩格斯还从反面指出：轻视理论的自然主义、经验主义的思维道路必然受到历史的惩罚，以致"连某些最清醒的经验主义者也陷入最荒唐的迷信中，陷入现代降神术中去了"。③ 不久前历史留给我们的惨痛教训不是还记忆犹新么！（2）通过中国哲学史的学习，特别是对历史上独立形成的哲学范畴的体系、哲学斗争的焦点、哲学发展的"圆圈"进行认真的分析，揭示其规律和特点，解剖世界上仅有的几个文化系统中哲学创造的这一个历史类型，继承这份珍贵遗产，可以充实唯物辩证法对人类哲学认识史的概括。这对于丰富和发展马克思主义的哲学和哲学史观，是一个重要的方面。马克思主义的哲学史观，从欧洲哲学史的总体上，已揭示出了朴素形态的唯物论和辩证法相结合的古代阶段，到机械唯物论和唯心辩证法交错发展的近代阶段，再进到科学形态的辩证唯物主义的现代阶段这一人类哲学发展的大圆圈；除希腊阶段外，列宁对欧洲近代充分发展的哲学矛盾运动更勾画出三个小圆圈，直到马克思主义产生而开辟哲学发展的新纪元。这是结合欧洲历史特点所总结出的人类哲学发展的普遍规律。沿着马克思主义哲学史观所开辟的认识道路，我们应当结合中国历史特点总结出人类哲学发展中具有典型意义的客观规律，诸如夏殷周奴隶制时代的哲学的产生和发展，作为东方大国在战国封建制形成过程中哲学矛盾运动的展开，长期封建社会得到充分发展的哲学斗争转化的两大阶段，中国近三百年的哲学启蒙在历史洄流中的两个

① 恩格斯：《自然辩证法》，《马克思恩格斯选集》第3卷，北京：人民出版社1972年版，467页。

② 恩格斯：《自然辩证法》，《马克思恩格斯选集》第3卷，北京：人民出版社1972年版，第465页。

③ 恩格斯：《自然辩证法》，《马克思恩格斯选集》第3卷，北京：人民出版社1972年版，第482页。

螺旋；直到马克思列宁主义传入、毛泽东思想产生，中国哲学跃进到一个新阶段。这些典型规律的总结，不仅可以丰富对人类哲学发展的总规律的认识，而且有助于我们深刻认识毛泽东思想中的哲学贡献的划时代意义，也有助于我们预见中国哲学发展的未来。（3）在研究和清理哲学遗产中，必然涉及两种民族文化、两种思想传统的问题。哲学区别于一般文化思想，而又总是与某种文化思想相依存并成为其核心。中国哲学遗产中，历史既保存下不少真理的颗粒，作为哲学认识的积极成果，应当加以发掘和总结；同时，历史也遗留下不少谬误的种子，作为认识史上的赘瘤，作为民族文化传统中的某些糖衣裹着的思想毒素，至今还起着腐蚀、毒害人们的作用，必须加以批判和揭露。当然，在中国哲学史的研究中对这些糟粕毒素的批判，只能是科学的解剖，解剖其历史的根源和作用，还其历史的本来面目，并指出其将被人们扫进历史垃圾堆的必然性。

我们想，明确对象，突出重点，掌握方法，认清目的，中国哲学史这门科学的研究和教学，必将取得某些新的成绩。

一九八一年十二月

# 十、中国哲学范畴研究中的论史结合问题

范畴是认识之网上的纽结，是理性思维在去粗取精、去伪存真的积淀、升华中的结晶。科学的哲学史研究，应当揭示人类哲学认识的矛盾发展的逻辑进程。这个逻辑进程，集中地体现在哲学范畴的产生、发展和衍变之中。生活实践中形成的普遍概念以及各门具体科学概念被精炼成哲学范畴；哲学范畴的内涵由贫乏到丰富，由简单到复杂，由朦胧到清晰，由抽象到具体；哲学范畴之间的依存、转化、联系日益形成明确的系统；这些都标志着人类哲学认识一步步提高和深化的过程。历史上哲学派别的相互对立、斗争和在斗争中的相互渗透、转化，正是通过一些基本范畴的继承、扬弃或赋予不同的解释而表现出来；哲学发展到一定阶段的历史总结，也总是通过把以往各个体系中的重要范畴纳入一个新的体系而变为这一新体系中的各个环节来实现的。所以，只有历史地清理和具体剖析这些范畴在不同派别、体系中的特定含义和特殊运用，才能确切地把握哲学发展的历史进程及其曲折性、跳跃性等；但还必须进一步把握这些范畴在人类哲学认识的发展史上的逻辑意义和客观地位，即深入发现它们的产生、发展和衍变具有与思维规律相吻合的逻辑必然性。这样，通过哲学史的研究才有助于总结出人类哲学认识史的逻辑。

范畴研究不免首先进行历史的考察。每一范畴在具体的哲学体系中都各有其历史的外在形态和特殊的应用范围。如《孙子兵法》中的“奇正”范畴是结合“战势”讲的，有其应用于军事运动的特定含义，而到《老子》书中的“正复为奇”，则联系“祸福”、“善妖”等的对立转化，其概括范围有所扩大；又如史伯、晏婴、

孔丘等所讲的“和同”范畴，各有其时代特点和思想内容。这些都应当做具体的历史分析，严密考订史料，以确切了解它们的内涵及衍变。但是，这样的历史考察可以说仅是研究的必要准备。作为科学的哲学史研究，还必须更进一步，以马克思主义的哲学史观和辩证逻辑为指导，运用摆脱了历史偶然因素干扰的逻辑方法，对历史上合规律出现的各哲学体系及其主要范畴，粉碎其体系，剥掉其中诸范畴的外在形态和特殊应用，揭示它们所包含的作为人类哲学认识发展的必经环节的内在本质。这样，善于透过历史的现象形态，去真正发现哲学矛盾运动中范畴衍变的逻辑进程，乃是哲学史研究科学化的必由之路。

范畴研究不免先作静态的考察，弄清每一范畴的多侧面或多层次的含义，这是完全必要的。但是，在此基础上，按照马克思主义的辩证法的要求，还必须进行动态的分析和综合。如果把哲学范畴摆进哲学认识史的逻辑发展的过程中，前瞻后顾，左顾右盼，就可以清楚看出，每一范畴的内涵由贫乏到丰富、由抽象到具体，有其衍化过程，而这一范畴与同一时代或同一思想体系中的其他范畴之间又还有其横向或纵向的联系，有其流动、变化的过程，列宁对黑格尔《逻辑学》进行总结性评论时，有一段生动的论述：“一条河和河中的水滴。每一水滴的位置，它同其他水滴的关系，它同其他的水滴的联系；它运动的方向、速度、运动的路线——直的、曲的、圆形的等等——向上、向下。运动总和。概念是运动的各个方面、各个水滴（=事物）、各个细流等等的总计。”这段话讲的应当就是对概念、范畴进行动态的研究，既要求对概念、范畴进行动态的分析，又要求进行动态的综合。因为，如果说概念、范畴是真理长河中的各个“水滴”、各个“细流”。反映着“运动的各个方面”；那么对概念、范畴本身的认识，也必须在其逻辑的联系和发展中去动态地加以把握。把握反映着“运动的总和”的哲学范畴的逻辑体系。着手哲学范畴的研究，可以说是哲学史研究和唯物辩证逻辑体系的研究的结合点，也可以说是一种深层次的论史结合。我们常说哲学史研究必须论史结合，例如，以马克思主义的唯物史观为指导，去分析历史上哲学产生、发展的时代条件、社会阶级根源、自然科学基础以及时代思潮、社会心理的影响等，对历史上的哲学矛盾运动给予历史唯物主义的说明，这是一种结合。但深层次的结合，还应当体现在哲学范畴的系统研究之中。这个问题的探讨，可以说是黑格尔开始的，他第一个把哲学史和哲学都看做“发展中的系统”，两者具有本质联系，哲学史的逻辑发展进程与哲学本身范畴体系的逻辑推演次序是同一的，由此导出了他的历史和逻辑统一的方法论原则。但黑格尔有很大的局限性，除了他唯心主义地颠倒了社会存在与社会意识的关系和历史与逻辑的关系以外，还有许多狭隘的偏见，如西方中心论的偏见、形而上学顶峰论的偏见以及唯心主义党性的严重局限等。这些局限和偏见，使他不可能建立起真正科学的范畴体系，从而也不可能揭示哲学矛盾运动的客观规律。我们认真扬弃了黑格尔，在马克思主义的历史观和辩证法的指导下，就应当把范畴研究的目的提到一个更高的认识水平上，即在更深的层次上实现论史结合的原则，通过总结哲学范畴的历史发展，来深入探讨唯物辩证法的逻辑体系与作为“唯物辩证法前史”的哲学史的逻辑进展两者之间的关系。这样的研究和总结，一定能丰富、发展、完善唯物辩证法的逻辑体系。而唯物辩证法的逻辑体系的完善化，又反过来一定能指导、促进中国哲学史，比较哲学史，乃至统一的人类哲学史的研究日益深化。

中国哲学在一个独立发展着的文化系统中孕育出来的，是中华民族的哲学智慧在艰苦曲折中发展的合规律的必然进程。中国哲学发展的不同阶段都合规律地出现了一系列哲学范畴（诸如天、道、气、神、有无、道器、阴阳、消息、和同、一两、动静、常变、兼别、因革、体用、本末、理气、性情、心性、己物、知行等），其中不少凝结了中华民族特有的文化传统和心理素质，表现了中国人历史形成的逻辑思维的某些特征。至于这些范畴的动态发展，在古代中印文化大汇合中的历史衍变，在近现代中西文化大汇合中的历史衍变，特别是经过马克思主义的批判、熔铸、改造所引起的革命变革和所赋予的新的生机，都具有其固有的规律性。毫无疑问，对中国哲学范畴进行系统深入的研究，在研究中坚持历史和逻辑统一的方法，把哲学史的研究和辩证逻辑的研究更有意识地结合起来，必将对唯物辩证法范畴体系的丰富和发展作出应有的独特贡献。

一九八四年五月

# 十一、哲学史研究中的纯化和泛化

鉴于哲学史研究曾羼入许多非哲学的思想资料，往往与一般思想史、学说史混杂难分，我们曾强调应当净化哲学概念，厘清哲学史研究的特定对象和范围，把一些伦理、道德、宗教、政法等非哲学思想资料筛选出去，使哲学史纯化为哲学认识史，以便揭示哲学矛盾运动的特殊规律。但进一步考虑哲学与文化的关系，文化是哲学赖以生长的土壤，哲学是文化的活的灵魂，哲学所追求的是人的价值理想在真、善、美创造活动中的统一实现。哲学，可以广义地界定为"人学"；文化，本质地说就是"人化"。因而这些年我们又强调哲学史研究可以泛化为哲学文化史；以哲学史为核心的文化史或以文化史为铺垫的哲学史，更能充分反映人的智慧创造和不断自我解放的历程。其实，在哲学史的研究中，或由博返约，或由约趋博，或纯化，或泛化，或微观，或宏观，或纵向，或横向，都可以"自为经纬，成一家言"，而只有经过这样的两端互补和循环往复中的反复加深，才能不断地开拓新的思路、提高研究的科学水平。

一九八九年十月

# 十二、楚简重光　历史改写

## ——郭店楚简的价值和意义（1999 年 10 月珞珈山首届郭店楚简国际学术研讨会开幕式上的发言）

此次郭店楚简学术会得以在珞珈山顺利举行，全赖海内外硕学鸿儒的关怀指导，全赖文史哲各科老中青专家的合力支持；特别是饶宗颐老师、任继愈老师，都以八旬高龄，亲临指导，而许多外国朋友也不远万里前来与会，言传身教，使我们深受鼓舞。

20 世纪 70 年代以来，荆楚大地，频频献宝。自 1973 年长沙马王堆汉墓出土大批竹木简和帛书以来，临沂、阜阳、武威、江陵、云梦、荆门等地陆续有新的发现，令人振奋。1993 年底，荆门更传出惊人消息，有记者报道，称荆门楚墓出土了对话本《老子》，这一讹传引来海内外许多朋友函询详情，而我们茫无所知，也无从探问。1995 年 8 月，杜维明教授来我校参加徐复观先生纪念会，会后由唐明邦、郭齐勇教授陪同他亲去荆门博物馆查访，得见若干散简，稍知梗概，未得窥其全貌。直到 1998 年 5 月，竹简整理完毕，经裘锡圭先生审订，由文物出版社推出了《郭店楚墓竹简》一书，这才顿时引起普遍重视，迅速成为国内外汉学界的研究热点。继五月初北京国际儒联召开了首次学术座谈会之后，美国学者信息灵通，五月下旬美国达慕思学院（Dartmouth College）就举行了一次“郭店《老子》国际研讨会”，有来自中国大陆和台湾、美国、加拿大、英国、德国、法国、日本、比利时等国家、地区的三十余名专家学者参加，传媒迅速报道了会议情况，把郭店出土的这批简书称之为“中国的死海遗书”。接着，北京学术界在炎黄艺术馆召开了隆重的学术研讨会。从此，古墓新知，掀起热潮，多次会读、讨论以及硕、博士论文的撰写、答辩等，涌现出首批可观的研究成果。

为什么一座荆门古墓挖出了一批竹简，写有一万多字，竟会引起如此广泛的关注，竟会成为国际汉学界的热门话题？

我想，这首先是因为这批竹简所承载的文化信息，太丰富、太重要了，几乎全是最高水平的学术著作。可以说，是当时具有很高学养的“老教授”(如墓主可定为“东宫之师”的话)，精心选辑的“最精美的图书”，代表了当时时代精神的精华和学术思潮的主流。这批竹简，连同尚未公布的上博藏简一千多枚（保存古籍更多），比之西方1947年在埃及死海所发现有关基督教早期的资料或许更为重要。这批楚简，除三组《老子》、一篇《缁衣》以外，其他十余种全是今人从未见过的古佚书（其中仅《五行》一篇曾见于马王堆帛书），内容为战国中期以前以儒、道两家为主的重要理论著作。如汇合上博从香港购回的流失楚简及此前出土之简帛书，则涵盖益广，更是洋洋大观。

其次，中国学术传统中似乎有一特别引人注目的历史经验，即每一次地下重要古文献的出土和深入研究，往往会引发一次学术思想的大震荡，展开一场经久不息的学术大讨论，从而成为中华学术不断跃进的驱动力之一。这次大批简书的纷纷出土和研究的逐步深化，势必对中华学术文化的未来发展产生巨大的、难以估量的影响；1998年12月，在香港举行的“中华文化与二十一世纪”学术会中，饶宗颐先生曾深刻地指出：近二十年的考古新发现，特别是大批楚简的出土和研究，有可能给21世纪的中国带来一场“自家的文艺复兴运动以代替上一世纪由西方冲击而起的新文化运动”。饶公预见，立论高远。我想，沿此思路，回顾历史，略举数例，鉴古知今。

首举一例：汉初孔壁出书。汉武帝时，鲁恭王刘馀坏孔子宅以广其居，偶于壁中得古书数十篇，计有《古文尚书》、《礼记》、《论语》、《孝经》等，全是古文字（蝌蚪文）所写，与当时流行的经师口传、以今文（即汉隶）写定的经传，篇数与文字均大有出入。这批孔壁古书归还孔氏后，经孔安国整理，如《尚书》就比伏生所传多出了十六篇。因无师传，未得立于学官，与其他古文经传如《周礼》、《毛诗》、《春秋左传》、《费氏易》等，均在民间流传。文本不同，诠释各异。从此，引发了一场自汉至清持续两千年的争论。

西汉朝廷所立“五经博士”，全属今文学家，已形成章句训诂的一套传统模式。孔壁出书，冲击了今文经学的权威地位。当刘歆上书哀帝争取古文经传列于学官，遭到博士们的抗拒，引起激烈论争。刘歆写了《移太常博士书》名文，抨击今文经师们的“抱残守缺”。后虽借助王莽政治势力而使古文经学一度列于学官，但随又被废。东汉时，今文经学的谶纬化，招致古文学派的有力批判，再经贾逵、马融、郑玄、许慎等大师的努力，东汉古文经学大盛。汉末战乱，古文经籍多散亡。东晋时，梅赜称其发现了久佚的《尚书》古文五十八篇且附有《孔安国传》，震动一时。唐编《五经正义》，采用梅本，使其广为流行。宋以来，学者多怀疑梅本，或直称之为《伪古文尚书》、《伪孔传》，到了清代，阎若璩著《古文尚书疏证》，列举百余条证据，论证《古文尚书》及《孔传》皆为伪书；而毛奇龄又作《古文尚书冤辞》，逐条驳斥阎说，而崔述、段玉裁、王鸣盛、丁晏又各撰专著，参加争论，支持阎说。直到清末民初，交织着政治思想矛盾的经学论争，由于廖季平、皮锡瑞、康有为与章太炎、吴承仕之间的分歧而更趋激化和复杂化，至今余波未息。

孔壁出书所引发的经今古文之争，绵延两千年，初由经传文本及文字诠释的同异、是非、真伪之辨，渐扩展到两派的学术路线、思想倾向及学风、方法之争，更涉及传统文化及学术史观中一些重大问题（诸如：古史的疑信问题、孔子的地位问题、孔子与六经的关系问题，等等），足见其影响之广阔与深远！

再举一例：西晋汲冢出书。西晋太康二年（281），有位盗墓者在河南汲县盗发魏襄王墓（或言安厘王墓），得竹书数十车，内容极为丰富，据《晋书·束皙传》、杜预《春秋经传集解后序》记载，有重要古佚书十六种，总共七十五篇，皆竹简漆书蝌蚪文，盗墓者烧简照取宝物，遂有残缺，晋武帝司马炎（当时宰相张华为博物学家）将这批竹简交著名学者荀勖、和峤、束皙、杜预等整理编次，以今文写定，编入国家图书目录《中经》，列为典籍。当时，引起学术界广泛重视。汲冢书出土不久，既有卫恒、束皙与王庭坚之间的考订、辩难和王接的公允评判（见《晋书·王接传》），又有多种类书和著名作者的广为引证。甚至，在汲冢竹书的书法研究方面也出现了一股热潮。惜经战乱，这批珍贵古书竟散失大半，现仅遗存《逸周书》、《竹书纪年》、《穆天子传》、《琐语》四种，且都非原本，但仍然作为珍贵的出土文献，对传世的许多史实记载起着无可辩驳的证实或证伪的史料作用。

单就《竹书纪年》说，这本唯一出土的魏国编年体史策，以其记载朴实，“诸所记多与《左传》符同”(杜预语)，所以受到许多学者的特别重视。杜预注《左传》，郭璞注《穆天子传》，郦道元注《水经》，裴骃、司马贞注《史记》，范晔撰《后汉书》，李善注《文选》，欧阳询编《艺文类聚》，李昉编《太平御览》，刘知几著《史通》……都曾引证《竹书纪年》，足见其在历代学者心目中的重要地位。特别引人注目的是，汲冢《竹书纪年》记有“舜囚尧”、“夏年多殷”、“益干启政，启杀之”、太甲杀伊尹、文丁杀季历、共伯和摄行天子事等，与传统《经》、《传》及《史记》所载均大异，又引起历代史家的争议。实际上，《竹书纪年》所记更接近史实，对消除儒家美化古史的讹传有其解放思想的巨大作用。所以，诗人李白在其《远别离》名诗中唱出“尧幽囚，舜野死。九嶷连绵皆相似，重瞳孤坟竟何是”正是以新出土的竹书文献为据，反映了他的新古史观。

原十二卷的古本《竹书纪年》，到宋代已仅残存三卷。到明嘉靖年间，又出现今本《竹书纪年》，乃范钦所辑录、伪作，重点在删去了“舜囚尧，复偃塞丹朱”等大异于儒家经传的记载，失去了存真的文献价值。清代学者又进行了《古本竹史纪年》的辑佚工作，王国维总其成，作《古本竹书纪年辑校》一书，大体恢复了汲冢所出古本的原貌。古本《竹书纪年》为古史研究提供了新资料，开辟了新视野，至今仍有重要价值。汲冢出书中还有一部奇书《穆天子传》，记述了周穆王（约公元前9世纪）十三年至十七年进行了一次西征昆仑山的大旅游，行程九万里，见到西王母。关于周穆王西征事，先秦古书《左传》、《国语》、《楚辞·天问》、《墨子》均曾提到，而此书记述特详，初出土，即有郭璞为之作注，历代被列入小说家。清代有学者重新考订，近代刘师培著《穆天子传补释》认为“西王母”系译音，即今波斯；丁谦著《穆天子传地理考证》，说“西王母”是古巴比伦的尼尼微城；顾实著《穆天子传今地考》，则认为穆王经波斯到了里海黑海之间的旷原。三说虽不尽可信，但至少表明，此书为丰富人们的西北乃至中亚地理知识，拓展人们的视野空间，起到了重要作用。

再举近代一例：甲骨文的发现。殷墟甲骨作为古文物被发现和收集，始于1899年（光绪二十五年）。迄今，整一百年，国内外公私收藏的有字甲骨估计已达十五六万片。经过许多学者收集整理、断代、分类、缀合、释字、通读，甲骨学已蔚为一门专家之学；甲骨文所发现单字四千五百多个（现公认已能破读的字一千五百字左右，另有五百字尚在疑似之间），在多种甲骨文字汇编的基础上，胡厚宣主持编成《甲骨文合集》十三巨册，共收有字甲骨四万多片，国内外虽尚有小部分未及选录，但已是集其大成的皇皇巨著。

殷墟卜辞甲骨文（以及20世纪70年代周原甲骨）的发现，是我国近代地下文物考古的一项伟大的成果，其本身所取得的成就，已享誉海内外。甲骨学的发展和成就，不仅直接地促进了我国古文字学、古器物学、古地理学、古民俗学和社会经济史、科学技术史、思想文化史的研究，而且有力地推动了史学思想、史学方法论上取得突破性的进展。例如，第一个从文字学角度研究甲骨卜辞的孙诒让，他根据第一部甲骨文拓片资料、刘鹗所编印的《铁云藏龟》，1904年写成《契文举例》，1905年写成《名原》，最早认定这些卜辞是殷代文字，他庆幸自己“晚年睹兹奇迹，爱玩不已”，详加考释，并据以校正传世古籍中一些错讹字，功不可没。罗振玉继之，考释了甲骨卜辞五万多片，出版了《殷墟书契》初、后、续编，《殷墟文字》甲、乙编。王国维则进一步根据甲骨卜辞，对照传世文献，考证古史，写出了大量高质量的论文：《殷周制度论》、《释礼》、《殷礼征文》等，其中《殷墟卜辞中所见先公先王考》及《续考》二文，成为震动世界学林的名文，首次把甲骨文作为史料，证明《史记·殷本纪》等文献所记殷王世系的正确性。王国维在清华任教时又写了《古史新证》讲义，同时，郭沫若、董作宾在这方面也卓有成果，作出了独特的贡献，从而把甲骨学的研究推进到一个新阶段。特别是王国维自觉地在史学思想上纠正疑古思潮的偏颇，在史学方法论上提出把地下考古新发现与传世文献综合起来的“二重证据法”(后来，由姜亮夫、饶宗颐先生等再具体化为“三重证据法”，即善于把传世文献资料与地下考古发现的新资料（又可分为无字的古器物与有字的古文献）结合起来)。这就在古史研究上提供了新视角、新方法，既扬弃疑古思潮，又跳出泥古传统，为古史的复原开辟了广阔的新天地。至今，我们对楚简的研究，仍然是继踵前修，实践所谓“二重证据法”或“三重证据法”。

孔壁出书、汲冢出书、殷墟甲骨的发现等，这些仅仅列举的史实，我想，对我们了解郭店楚简的价值和意义，包括近二十年来考古新发现的大量简帛书可能发生的巨大影响，不能说没有一定的启迪。近二三十年出土的简帛文献之丰富和重要，可说是空前的。且大地献宝，似乎作了某种合理分工，诸如：1972 年临沂银雀山汉墓所献，全是兵书；1976 年云梦睡虎地秦墓挖出的，多为法律；1972 年武威旱滩坡汉墓所献，全属医学（1973 年长沙马王堆汉墓出土帛书中亦有大量医书）；1973 年江陵凤凰山汉墓出土的，多为有关田租、赋税、徭役、商贸等的经济史料。而现在我们面对的郭店楚简（加上上博所藏楚简以及 1972—1973 年马王堆三号汉墓所出大量简帛书），则全是学术著作，且时代最早，前后相继，涵盖面广，形成规模，正如有的学者所指出：这批楚简，给我们“打开了一个哲学的世界”。《易》、《老》开源，儒道纲举，百虑殊途，并行不悖。其价值和意义，随着研究的深入将愈来愈显示出来。从学术思想史角度，仅就一年多来的初步研究成果看，实际上已涉及一系列重大学术问题，诸如：

先秦儒道思想的流行区域、相互关系、前后嬗变等的新证，便自然涉及整个中国文化学术的发展格局、思想脉络的重新审定。不少学者从简本《老子》无“绝仁弃义”等语，指出早期道家不反“仁义”，且与儒学有相通处。简本《老子》是否还透露出老学自身或有南北、先后的分派问题，蒙文通、冯友兰均曾论及，现从简本《老子》到帛书本《老子》的文字异同，似乎得到某些印证。

同样，儒门多杂，儒学分派问题韩非早言之凿凿。只是由于孟、荀独显，其他多晦而不彰，连子思著作也残佚无闻。今楚简儒书十一种十四篇，就其论点而言，研究者已指出可能分属于子思、子游、世硕、公孙尼子、县成、陈良等儒家各派。杜维明教授就此作出的“先秦儒学的发展是多元多样的”论断，是言之有据的。今后，上博藏简公布和更多的下简帛书发现，必然会提供更多证据，证明儒道两家各派以及与先秦诸子各家之间同源分流、多极显示、多元互动的固有格局，涤除道统论者对中国思想文化史的臆造和歪曲。

学术思想随时代变迁，往往有其原生、衍生、发展、变异、中衰或复苏的阶段。楚简重光，使我们从被埋藏了两千多年的古佚书中得见早期儒家的一些思想精华。诸如“禅而不传，利天下而弗利（自利）”的思想，“恒称其君之恶者可谓忠臣”的思想，“君臣不相戴也则可已”、“友，君臣之道也”的思想，“道始于情，情生于性”、“礼作于情”的思想等。在秦汉专制皇权形成后，虽尚有儒生、经师如浮丘伯、辕固生、赵绾、王臧、眭孟、盖宽饶等坚持这些“微言大义”，甚至冒死实践，以身殉道；但自公孙弘、董仲舒曲学阿世的“儒术”得势以后，上述富有人民性、批判性的闪光思想，就逐渐晦而不彰，乃至中绝。如今从楚简儒书得到确证，始知黄宗羲、唐甄、王夫之等人“破块启蒙”所发挥的“公天下”、“天下为主君为客”以及君权“可禅、可革”等思想，乃是“取今复古，别立新宗”（鲁迅语）的先秦儒学的复苏。足以表明，楚简的重见天日和浚求博证，势必促成对先秦学脉、儒门多派、儒道关系、儒墨关系以及经学源流等重大问题的重新梳理和重新定位。一些论者，或从楚简多篇引据《尚书》、论及《尚书》的详密考订，重新提出了《六经》形成时代及先后排序问题、《逸周书》的性质问题、今古文《尚书》的争论问题等，这些都是中国学术史上的大悬案。随着郭店楚简及上博楚简的全面研究，这些大悬案势必得到重新审理，进而有可能重新改写中国学术史、经学流变史以及楚国文化史等。

这次会议所汇聚的海内外专家提供的科研成果，斐然可观。通过讨论交流，无论从文本校释，或从义理考辨，都必将促进楚简研究的深化和发展。这是世纪之交令人感奋的大喜事。楚简《性自命出》篇有云："喜斯陶，陶斯奋，奋斯咏"，感奋之余，欣然成咏：

神明呵护墓门开，楚简缤纷出土来。
学脉探原儒道合，人文成化古今谐。
不传而禅公心美，道始于情六德恢。
嘉会珞珈瞩新纪，东方旭日扫阴霾。

（原载《文汇报》二〇〇〇年九月九日《学林》）

# 十三、人文易与民族魂

20 世纪 80 年代中国出现的《周易》研究热潮中，象数易的复苏，科学易的崛起，考古易的开拓，均取得了引人注目的新进展和新成果；同时，作为周易热的一股支流，反映社会机遇心理的滋长，占卜易也一度流行。相形之下，人文易的研究反而显得薄弱了。而人文易，凝结在易学传统中的人文意识和价值理想，似乎应当成为易学和易学史研究的主干和灵魂。

## 一、《易》之为书与易学分派

《易》，既被儒门列为“六经之首”，又被道家尊为“三玄之一”，以其历史形成的理论优势和特殊地位，被赞为“大道之源”、“圣人之蕴”，成为我们民族传统文化精神和哲学智慧的主要的“活水源头”。

关于《易》之为书，从《易传》作者起，历代相沿，已有各种说法。如《易传》中确有一种说法：“圣人设卦观象，系辞焉而明吉凶，刚柔相推而生变化。……是故君子居则观其象而玩其辞，动则观其变而玩其占。”又说：“探赜索隐，钩深致远，成天下之亹亹者，莫大乎蓍龟。是故天生神物，圣人则之……”① 这些话，可以被理解为《易》乃巫觋所用的占卜之书，不过是古代宗教巫术文化的残留；作为占卜用的“蓍龟”，是“天生神物”，比圣人还具有更大的权威。

但《易传》中更别有其他富于理性的说法，如认为：“《易》与

---

① 《易传 · 系辞上传》。

天地准，故能弥纶天下之道(“天下”今本作“天地”，据陆德明《经典释文》与李鼎祚《周易集解》校改)。仰以观于天文，俯以察于地理，是故知幽明之故；原始反终，故知死生之说。”① “《易》之为书也，广大悉备，有天道焉，有人道焉，有地道焉。”② “昔者圣人之作《易》也，将以顺性命之理，是以立天之道曰阴与阳，立地之道曰柔与刚，立人之道曰仁与义。”③ 还说：“《易》之为书也不可远，为道也屡迁，变动不居，周流六虚，上下无常，刚柔相易，不可为典要，唯变所适。”④ 这是说，《易》是圣人仰观俯察的结果，其所反映的是天地人三才之道，即自然运行和人类活动的普遍法则，而这些法则，作为阴阳（刚柔、仁义）的交错变化，并非死板固定的而是“变动不居”的。这里的“幽明之故”、“死生之说”、“性命之理”等，并无神秘意味，不过是对客观事物矛盾运动的朴素的概括和说明。一方面，强调了这些天地人物的矛盾运动法则是客观的、普遍的，“范围天地之化而不过，曲成万物而不遗”⑤，乃至具有不可违抗的神圣性；另一方面，更强调了《易》所揭示的“圣人之道”，乃是对这些天地人物矛盾运动法则的模拟、掌握和运用，是一种“极深研几”的哲学智慧。所以说：“夫《易》，圣人所以极深而研几也。唯深也，故能通天下之志；唯几也，故能成天下之务”，“化而裁之存乎变，推而行之存乎通，神而明之，存乎其人”⑥；“苟非其人，道不虚行”⑦。“观乎人文，以化成天下。”⑧ 这就充分肯定了人道的意义，肯定了人的自觉能动作用。人文化成天下的思想，成为“易道”的中心与归宿。《易传》作者如此诠释“易道”，实际上是

---

① 《易传·系辞上传》。
② 《易传·系辞下传》。
③ 《易传·说卦传》。
④ 《易传·系辞下传》。
⑤ 《易传·系辞上传》。
⑥ 《易传·系辞上传》。
⑦ 《易传·系辞下传》。
⑧ 《贲卦·彖辞》。

对《易》的原始象数系统以及流为占卜书之后的卦象、筮数等，进行了哲学理性的加工，对“天地自然之易”(朱熹语）贯注以人文价值理想。遂使由《经》到《传》的“易学”，固有地就兼涵了“明于天之道”的科学理性，“察于民之故”的价值理想，“是兴神物以前民用”的占卜信仰这三方面的内容，在不同的条件下发挥着“以通天下之志”、“以定天下之业”、“以断天下之疑”的社会作用①。因此，合《经》《传》为一体的“易学”，摆脱了原始巫术形态，容纳和体现了古先民的科学智慧、人文理想与神道意识，三者既相区别，又相联系，且互为消长，在不同历史时期与不同学术思潮相激荡而发挥其不同的文化功能。《四库总目提要》所说：“易道广大，无所不包，旁及天文、地理、乐律、兵法、韵学、算术，以逮方外之炉火，皆可援易以为说，而好异者又援之以入易，故易说至繁。”实指历史上“易学”与各门学术的双向交流和互相渗透，使“易学”容纳了各种学术成果，有着繁杂的内容。所以，对于《易》之为书，殊难一语中的，所谓“以言者尚其辞，以动者尚其变，以制器者尚其象，以卜筮者尚其占”②，允许见仁见智，各引一端。一部易学史，正是在今、古、汉、宋，各家各派的聚讼纷纭的多维格局中得到发展的。

关于易学分派，初无定说，各自立论大多有其历史依据。先秦的“三易”、“九筮”之说已不传。从西汉起，有传《易》的专门之学，初诸家皆祖田何；其后，施雠、孟喜、梁丘贺及京房诸家今文易，得立学官，孟喜、京房吸取当时天文、历法等科学成果所阐发的“卦气”说，影响深远。民间还有费直传古文易，专以《易传》解经，既长筮占，又颇重义理。同时，司马谈、《淮南子》作者、严君平、扬雄等，又多援道家言以解《易》，尤重义理；而扬雄撰《太玄》，又颇受孟、京一派易学的影响。到东汉，谶纬思潮中神学与科学并存，促使郑玄、荀爽、虞翻、魏伯阳等均重视并发挥了《易》象数

① 《易传·系辞上传》。

② 《易传·系辞上传》。

学的成果；唯有王肃解《易》，又独重义理，排斥象数，成为王弼易学的先驱。足见，汉代易学，并非全主象数；且《易》象数学中，也派别各异，精糟可分。如京房易学中有些内容，以其与当时天文、历候等科学成果相联系而形成的象数思维模式，有其合理成分，对当时和以后的哲学和科学思想的发展都产生过积极影响。故将历史上的易学流派，粗分为象数与义理两大派，自无不可，但尚需进一步规定。李鼎祚在《周易集解・序》中曾认为："自卜商入室，亲授微言，传注百家，绵历千古，虽竞有穿凿，犹未测渊深。"他举出郑玄、王弼为代表，指斥"唯王、郑相沿，颇行于代，郑则多参天象，王乃全释人事，且《易》之为道，岂偏滞于天、人者哉"？李鼎祚似乎把唐以前的易学又区分为"天象易"与"人事易"，虽不准，亦有据，且试图超越两派的"偏滞"。

宋代易学有新发展，范仲淹、胡瑗、程颐、张载等吞吐佛老，回归《易》、《庸》，使之哲理化，把天道与人事统一起来，推进了《易》义理学的发展。而陈抟、刘牧等则提倡《河图》、《洛书》之学，提出"先天易"与"后天易"的划分；周敦颐、邵雍进而发挥传统的《易》象数学中的哲理与数理；朱熹、蔡元定等继之对陈抟的先天易图认真研究，并溯源于《周易参同契》，使《易》象数学中的一些智慧成果得以流传下来并得到一定的理性疏解。这样历史地形成一个条件，易学中象数学和义理学有可能达到一种新的综合，在此基础上孕育着新的易学分派。如王夫之在17世纪中国的特定历史条件下，总结、继承了宋代易学的诸方面成就，既深刻批判了传统的《易》象数学中某些神秘主义和形式主义；又同时重视《易图》的研究，强调象数学与义理学在新易学体系中的统一；在"易为君子谋"的前提下不废占易，认为"学易"与"占易"可以并存。① 王夫之在"学易"方面的重大贡献，在于全面而系统地发挥了《易》义理学中的"人文化成"思想，利用传统易学的范畴和理论框架，展开了他的具有早期启蒙性质的人文哲学体系。王夫之的"尊生"、"主

① 王夫之：《周易内传发例》。

动”、“贞生死以尽人道”的易学思想，可说是走出中世纪的近代“人文易”的雏形。与之同时代的方以智父子，从“质测即芷通几”的观点出发，把律历、象数、医药、占候等都看做“圣人通神明，类万物，藏之于《易》”的“物理”、“数理”①；其“核物究理”、“深求其故”的易学思想，也可说是走出中世纪的近代“科学易”的先声。

## 二、“科学易”与“人文易”

“科学易”与“人文易”，可说是相对待而形成的名称；用“科学易”与“人文易”来划分易学流派，似乎有其现实的客观依据。“科学易”与“人文易”，虽也有其历史渊源，但就其思想内容和研究方法的特征而言，都属于近现代的易学流派，对于传统的易学诸流派都有所扬弃和超越。

“科学易”，被有的同志界说为“现代易的别名”或“现代易学新流派”，但也可以更具体地表述为对于《易》象、数、图中的数理、物理等给予现代科学的透视和诠释，从而使一些曾被神秘化了的图式、数列及原理，得到一定的科学化的说明；这样被现代科学眼光照亮和说明了的易学中的象数模式和推理方法，还可以反过来应用于现代科学研究的某些领域，并得到一定的验证。在中国，古老的易学及其象数思维模式与西方传入的新兴质测之学相结合，在17世纪就开始了。当时涌现的具有典型意义的桐城方氏易学学派，可以说是“科学易”的早期形态。方以智自觉地意识到，他以易学为根基的自然哲学体系的建立，是“因邵、蔡为嚆矢，征《河》《洛》之通符”，“借泰西为剡子，申禹、周之矩积”②，即是说，一方面继承邵雍、蔡元定等所提倡的象数图书之学的易学原理，另一方面引进西方新兴质测之学，并借以发扬祖国科学思想的优秀传统。这正是“科学易”

① 方以智：《通雅·自序》。

② 方以智：《物理小识·编录缘起》。

的基本思想特征。18世纪，戴震、焦循等沿着这一思路，继续推进“科学易”的发展。此后，中国文化的近代化的正常历程被打断，我们民族在深重的苦难中步入近代，人们迫于救亡图存的政治形势，忙于日新月异的西学引进，来不及去清理易学遗产，“科学易”的研究濒于中断；而在西方，从莱布尼茨到爱因斯坦、玻尔、李约瑟等，把中国易学中某些象数结构纳入现代科学的语境和视野，对“科学易”不断地有所探测。20世纪中西文化的汇聚、交融中，一些学有专精的自然科学家，转向传统易学与科学思想遗产的研究而时有新的创获：80年代伴随改革开放而兴起的文化研究热潮中，由于《易》象、数、图中数理、物理、生理及哲理的被重视，由于多学科交叉研究方法的被应用，由于东西方学术思想某些层面的重新被整合，“科学易”的研究得到长足的进展，并有方兴未艾之势，成为当代易学的一项特殊成就。

当然，“科学易”的研究有一个理论和方法的导向问题。首先，在理论原则上，应当承认《易》之为书的原始形态，虽是人类智慧创造的一株奇葩，但毕竟是古老中华文化发轫时期的产物。它本身必然是在科学思维的萌芽中充斥着宗教巫术的迷信，即使经过晚周时期《易传》作者们的哲学加工，改变着其中科学思维、人文意识与神物迷信的比重成分，但仍然是原始科学与神物迷信的某种结合。因此，“科学易”作为现代形态的知识体系，必须将这种固有的科学与迷信的结合加以剥离，必须将传统易学中某些固有的神秘性（各种拜物教意识、神物迷信等）加以扬弃。这是十分繁难的任务。因为，历史地把握科学与迷信二者的区别和联系，了解二者既互相对立、排斥，又互相寄生、转化的机制，以及二者能够共生或实现转化的思想文化条件和社会经济根源，并非易事，且在实证科学所凭依的工具理性范围内得不到解决。其次，在文化心态上，应当看到鸦片战争以来的民族苦难和中西古今文化的激烈冲突，在人们思想上曾造成各种困惑和畸变心理。诸如，面对西方科技新成就，希望“古已有之”的“西学中源”说，幻想“移花接木”的“中体西用”说，都是曾经流行过的思想范式，并在中国文化走向近代化的历程中一再把人们引向歧途。显然，“科学易”的研究，应当避免再陷入这样的思想范式及其种种变形，应当跳出中西文化观中的“西方中心”、“华夏优越”、“肤浅认同”、“笼统立异”、“拉杂比附”等误区，而在传统易学与现代科学之间发现真正的历史接合点，从中国“科学易”三百年来具体的历史发展中去总结经验教训，提炼研究方法，开拓未来的前景。

这一未来前景的一个重要方面，就是“科学易”与“人文易”必须相辅而行，成为易学研究中互补的两个主流学派。

与“科学易”相并列的“人文易”，也属现代易学的新流派，而又有其深远的历史渊源。《易传》作者以其对易道的深刻理解，明确意识到“天道”与“人道”、“天文”与“人文”的联系和区别，而强调“人道”、“人文”的意义。《贲卦·彖辞》指出：“[刚柔交错]（据孔颖达《正义》补四字），天文也；文明以止，人文也。观乎天文，以察时变；观乎人文，以化成天下。”“刚柔交错”所展示的“天文”，是人们的工具理性所掌握的自然知识，属“科学易”所探究的内容；而人按一定的社会需要和价值理想去“观天文以察时变”，这一实践活动的意义已属于“人文易”的研究范围；至于作为人类文明的标志，“观乎人文，以化成天下”，更是“易道”的主旨而构成“人文易”的主要内容。足见“人文易”在易学体系中固有其优越的地位。“人文易”所注视的是《易》象、数、图和义理中内蕴的人文精神。它研究的不是蓍数而是“蓍之德”，不是卦象而是“卦之德”，不是爻变而是“爻之义”，是“圣人以此洗心，退藏于密，吉凶与民同患”① 的价值理想。所以，“人文易”并非对传统的晋易、宋易中义理内容的简单继续，而是对传统易学中“象数”和“义理”的双向扬弃和新的整合。“人文易”的新整合，并非一蹴而就，而是一个历史过程，反映着永恒跳动的时代脉搏。作为走出中世纪的人文意识觉醒的反映，中国“人文易”的发展，也已有三百多年的历史。王夫之以他的易学体系，“其明有、尊生、主动等大义，

① 《易传·系辞上传》。

是为近代思想开一路向”①，为近代“人文易”奠定了理论根基。此后，许多论者，继续开拓。或以“体用不二”、“翕辟成变”、生生不已、自强不息、“不为物化”的“人道之尊”等，来阐扬“大易”的“义蕴”。或据《乾》、《坤》两卦的“象辞”：“天行健，君子以自强不息”、“地势坤，君子以厚德载物”，来论证中华传统文化中源于“易道”的民族精神。这些先行者的研究与发掘，推进了“人文易”的发展，也启迪着后继者的继续开拓。

## 三、“人文易”内蕴之民族魂

“人文易”的内容极为丰富，可以从不同的视角去加以考察。如果就“人文易”中的价值理想内蕴于民族文化深层中、长期塑造而成的精神因素而言，可称作民族文化之魂，至少有以下几个层面，昭然可述：

### （一）时代忧患意识

忧患意识，是中华传统文化中一个特有的道德价值概念，标志着一种根源于高度历史自觉的社会责任感和敢于承担人间忧患的悲悯情怀。这样一种人文价值理想或精神境界，最早、最鲜明也最集中地体现在《周易》之中。《易传》作者对于《易》的产生并未作神秘的夸张，相反地，把“《易》之兴也”平实地归结为在特定的艰危处境中人的忧患意识的产物，“《易》之兴也其于中古乎？作《易》者其有忧患乎”？进一步再具体化，作《易》的时代环境，乃是殷、周之际的政治变革，“《易》之兴也，其当殷之末世、周之盛德邪？当文王与纣之事邪”？② 作《易》者（周初统治集团、文王、周公等）的忧患，就在于“小邦周”要战胜、取代“大国殷”所面对的重重困难和艰危处境。文王因之而曾被囚于羑里，周公等更面临各种矛盾而

---

① 熊十力：《谈经示要》。

② 《易传·系辞下传》。

怀着无穷忧虑，谦慎自持，始得以转危为安。《易传》作者在肯定了作《易》者的忧患之后，又从总体上论断《周易》一书：“是故其辞危，危者使平，易者使倾，其道甚大，百物不废，惧以终始，其要无咎，此之谓《易》之道也。”① 整个“易道”所凸显的，正是“朝乾夕惕”、“居安思危”、“外内使惧”、“困穷而通”的忧患意识；并强调地指出：天道自然“鼓万物而不与圣人同忧”；而圣人则必须“吉凶与民同患”，并“明于忧患与故”②。

“吉凶与民同患”，“明于忧患与故”，是《易传》阐发“忧患意识”所提出的极为光辉的命题。所谓时代忧患，远非个人祸福，而是一种洞察时艰、深体民瘼的群体意识，不仅要求“与民同患”，而且要求深知忧患的本质及其根源，旨在为消除群体忧患而“鞠躬尽瘁，死而后已”。不同的时代有不同的群体忧患。“人文易”中这一深蕴的“吉凶与民同患”的忧患意识，在传统文化中产生了巨大的影响。历代献身正义事业的志士仁人，先进思潮的号角和旗手，往往也是时代忧患意识的承担者。他们“先天下之忧而忧”，“忧道”、“忧时”、“忧国”、“忧民”，总是怀着“殷忧启圣，多难兴邦”、“生于忧患，死于安乐”的信念，不顾艰难困苦，奋斗不息。

这种忧患意识，具有深沉的历史感，又具有强烈的现实感，它区别于印度佛教的悲愿思想，也不同于西方美学的悲剧意识，而是中华传统文化所特有的人文精神，是我们民族经受各种苦难而仍然得以发展的内在动力，是“人文易”中跳动着的最值得珍视的民族魂。

### （二）社会改革意识

客观的自然和社会的变革，不可违阻；而反映为主观上的改革意识特别是社会改革意识，却需要自觉树立。《周易》本是讲“变易”的书；六十四卦的卦序序列，即含有不断改革、永无止境的意蕴；而其中，专立一个《革》卦，更是集中地自觉地树立一种社会改革意

① 《易传·系辞下传》。

② 《易传·系辞下传》。

识。“天地革而四时成，汤武革命，顺乎天而应乎人。革之时义大矣哉！”①《易传》作者把社会变革——“革去故，鼎取新”②、“穷则变，变则通”③，视为客观必然规律；但适应客观规律，怎样实行变革或改革，则必须创造条件，注意过程，掌握时机，做到措施适当，“应乎天而顺乎人”，而关键在于取得民众的信任。

整个《革》卦的卦爻辞，经过《易传》作者的理论加工，展示为一种从汤、武革命等社会改革实践中总结出的严肃而慎重的社会改革思想，富有深意。首先，认定某项社会改革，必经一个过程，取得民众对改革的信任(“巳日乃孚，革而信之”)，才能顺利成功(“文明以说，大亨以正”)。其次，强调改革过程的开始，切忌妄动，“不可以有为”。经过一段时间，可以开始发动；但也需要“革言三就”，反复宣传；直到取得民众信任，“有孚，改命吉”。再次，指出到了改革时机成熟，“大人虎变，其文炳也”；再到改革初成，正当“君子豹变，小人革面”之时，又不宜妄动，“征凶，居贞吉”，力求稳定一段以巩固改革的成果。《革》卦内蕴的社会改革意识，既强调“革之时义大矣哉”，“革而当，其悔乃亡”；又充分注意到在改革过程中“有孚”、“乃孚”，即取得民众对改革的信任的极端重要性。如果郑重总结历史上某些改革失败的教训，《革》卦所展示的改革理想模式不是值得再咀嚼么？

### （三）德、业日新意识

首先，《易传·乾坤文言》及《系辞上下传》关于人文化成思想的大量论述中，把“德”和“业”作为对举的范畴，认定“易道”所追求的人文价值的最高理想，就是“盛德”和“大业”。“盛德、大业，至矣哉！富有之谓大业，日新之谓盛德，生生之谓《易》。”

① 《革卦·彖辞》。

② 《易传·说卦传》。

③ 《易传·系辞下传》。

又说："《易》，其至矣夫！夫《易》，圣人所以崇德而广业也。"①《易》的伟大社会作用就在于"崇德而广业"。《易》的思想特点，首先是德、业并举，正如整个六十四卦体系是"乾坤并建"一样，《系辞上传》开宗明义即由"乾以易知，坤以简能"推衍开，"易则易知，简则易从，易知则有亲，易从则有功，有亲则可久，有功则可大，可久则贤人之德，可大则贤人之业"②。"德"和"业"，成为人类"可久"、"可大"的追求目标，"德"是内在的道德修养，"业"是外在的功业创建，前属内圣，后属外王，两者不可偏废，必须互相结合。而《易传》的人文思想，更偏重于以德创业，以德守业；由六十四卦卦象引出的《大象辞》，强调的是"君子以果行育德"、"以振民育德"，"以反身修德"，"多识前言往行以蓄其德"，③ 表现了这一倾向。

其次，《易传》从"天地之大德曰生"，"生生之谓易"的大原则出发，提出了德业日新思想，"富有之谓大业，日新之谓盛德"④。"富有"也有赖于"日新"。不断地开拓创新，不断地推陈出新，是最高的品德。无论事业的创建，人格的修养，皆是如此。尊生、主动、尚变、日新，是"人文易"的哲学核心。张载、王夫之、谭嗣同、熊十力，对此均有慧命相续的深刻阐明。

### （四）文化包容意识

"《易》之为书，广大悉备"，就在兼三才之道，把"天道"与"人道"、"天文"与"人文"贯通起来考察，依据"天道"来阐述"人道"，参照"天文"来观察"人文"，因而形成"人文易"中的文化包容意识。其主要思想特征是：尚杂、兼两和主和。

首先，《易》把人类文明、文化的原生形态和基本构成，规定为

① 《易传·系辞上传》。

② 《易传·系辞上传》。

③ 《蒙卦》、《蛊卦》、《蹇卦》、《大畜卦》、《大象》。

④ 《易传·系辞上传》。

“物相杂，故曰文”①；“龙战于野，其血玄黄”所构成的“天地之杂”②，正是“文”的发端。尚杂，是人类文化创造的根本特征。

其次，“兼三才而两之”③，“一阴一阳之谓道”④，是“易道”的思维模式。借以考察人文现象，也就承认各种矛盾和对立。“一阖一辟之谓变。”“参伍以变，错综其数，通其变遂成天下之文。”⑤兼两，是考察文化现象变动的致思途径。

再次，“易道”用以考察人文化成的基本文化心态，是主和。“乾道变化，各正性命，保合太和，乃利贞！首出庶物，万国咸宁。”⑥这个“和”范畴，经过史伯、晏婴、孔子等的琢磨，旨在反对专同，是能够容纳杂多和对立的更高层次的范畴，成为文化包容意识的理论支柱。

以尚杂、兼两、主和的文化观及文化史观，明确认定“天下同归而殊途，一致而百虑”⑦是人文发展的客观自然进程，只能“学以聚之，问以辨之，宽以居之，仁以行之”⑧，才有可能察异观同，求其会通。这是人文化成的必由之路。司马谈衡论六家要旨⑨，黄宗羲提倡“殊途百虑之学”⑩，王夫之作出“杂以成纯”、“异以贞同”的哲学概括⑪，都是“人文易”中文化包容意识的继承和发挥，“含弘光大”，至今具有生命力。

以上仅从“时代忧患意识”、“社会改革意识”、“德业日新意

---

① 《易传·系辞下传》。
② 《坤卦·文言》。
③ 《易传·说卦传》。
④ 《易传·系辞上传》。
⑤ 《易传·系辞上传》。
⑥ 《易卦·彖辞》。
⑦ 《易传·系辞下传》。
⑧ 《乾卦·文言》。
⑨ 《史记·太史公自序》。
⑩ 黄宗羲：《明儒学案·序》。
⑪ 王夫之：《周易外传》：《杂卦传》、《未济传》。

识”、“文化包容意识”四个侧面揭示了“人文易”的内蕴，蠡酌管窥，聊举一隅，亦足以证明“人文易”确有丰富内容，值得认真发掘。

一九九一年五月

# 十四、儒门易、庸之学片论

儒门有易、庸之学，乃战国末至秦汉之际的儒生们，在被坑、被黜的逆境中仍然自强不息，“戒慎乎其所不睹，恐惧乎其所不闻”①，认真吸取道家、阴阳家思想而努力营建的儒家的形上学（Metaphysics）。其要旨体现在《易传》、《中庸》之中。

## 一

《易传》、《中庸》，是儒学发展的衍生阶段初期，与战国诸子并行而互相采获所迸发出的智慧之光。作者气度恢弘，目光远大，“溥博如天，渊泉如渊”②，面对着“今天下车同轨，书同文，行同伦”③的历史大趋势，预期有大人物出来顺天应人，革故鼎新，“天地革而四时成，圣人革人心而天下和平”，“革之时大矣哉”④，“云从龙，风从虎，圣人作而万物睹”⑤乃至“声名洋溢乎中国，施及蛮貊，舟车所至，人力所通，天之所覆，地之所载，日月所照，霜露所坠，凡有血气者莫不尊亲”⑥，对于历史的未来充满乐观的信心。

秦汉之际儒学发展的衍生阶段，儒门各派分别形成了许多富有新意的学说，诸如：子游之徒摄取墨家“尚同”精义而创发的“《礼运》

① 《中庸》第一章。
② 《中庸》第三十一章。
③ 《中庸》第二十八章。
④ 《易传·革卦彖辞》。
⑤ 《易传·乾文言》。
⑥ 《中庸》第三十一章。

大同”之学，孟轲之徒摄取稷下道家的“气论”思想而发展的“尽性知天”之学，汉初辕固生所传齐诗说的“革命改制”之学，申培公所传鲁诗说的“明堂议政”之学，韩婴所传韩诗说的“人性可革”理论等，皆属儒学传统中的精华；而子弓、子思善于摄取道家及阴阳家的慧解而分别涵化为易、庸统贯天人的博通思想，尤为可贵。至于汉初公孙弘、董仲舒之流曲学阿世而独得尊宠的“公羊春秋大一统”之学，主要因袭法家，隆君权，严等级，酷政虐民而文饰以儒术，乃儒门之糟粕耳。

汉代儒林博士大多沉溺于章句，醉心于利禄，不辨精糟。如顾炎武所讥：“汉自孝武表章六经之后，师儒虽盛，而大义未明。”① 不仅易、庸之学为拘于家法、锢于章句的博士们难于觉识，而且其他儒学精华，也几乎全被漠视。馯臂子弓所传之易，流行民间，反被道家所容，成为“三玄”之一；严君平、扬雄等皆易、老并重，王弼、韩康伯、孔颖达等皆以《老子》注《易经》，时有灼见。而《中庸》被纳入《小戴记》，湮没无闻，反为佛徒所重视，梁武帝萧衍注之于前，尔后佛徒注之者颇多。经过这一番玄、佛思辨的浸润陶冶，唐、宋间儒者乃觉识到《易传》、《中庸》的理论价值。陆贽、柳宗元皆以儒融佛而盛倡“中道”或“大中之道”，又以是否合乎易理来评判诸子之学。至宋初，范仲淹主持庆历新政，开创一代学风，本人博通经史，尤精易、庸，适应宋初佛、道被儒化的理论需要，自觉提倡易、庸之学，张载等均直接受其影响。张载受学于范仲淹而研读《中庸》，后再出入佛老，又精研易理，终于自为经纬，成一家言。《宋史·张载传》称“其学尊礼贵德，乐天安命，以《易》为宗，以《中庸》为体……”言之凿凿。儒门早有易、庸之学，到范仲淹、张载才逐步意识到其重要意义。但他们仍局限于自我虚构的道统，不承认易、庸之学的理论内容多采自老、庄，其义解诠释更融入了佛理；而他们所重视的也是按他们自己的诠释所择取的部分观点，至于易、庸之学中有关人文化成思想，多元文化史观等，则长期被漠视了。

---

① 《日知录》卷十三。

## 二

《易传》与《中庸》，义理互通。《易传》强调道兼三才，由“弥纶天地之道”推及于人事之“崇德广业”；《中庸》则强调“道不远人”，由“庸德庸言”之具体实践出发而上达于“无声无臭”的天道，二者致思的侧重点稍异。而二者一些立论的基本点采自道家的形而上学意蕴，则洽然自相会通。诸如：

基于《老子》提出的“道常无名、朴”，“朴散、则为器”①，“道、器”作为对峙的范畴，分别以“常、无名、朴”和“朴散、(变、有名)”加以规定；《易传》因之，也“道、器”对举，凝成了“形而上之谓之道，形而下之谓之器”，“见乃谓之象，形乃谓之器”② 等重要命题；《中庸》则切合人事，引而申之，“道也者，不可须臾离也，可离非道也”。“君子之道费而隐”，“莫见乎隐，莫显乎微”③。按形而上与形而下所区分的“道器”、“常变”、“费隐”、“显微”及其所推衍出的“体用”、“本末”等，成为儒家构建形上学的基本范畴。

《老子》提出的宇宙生成论：“天地万物生于有，有生于无”；“道生一，一生二，二生三，三生万物，万物负阴而抱阳，冲气以为和。”④《易传》摄取这些思想而有所涵化，故称：“易有太极，是生两仪……”“太极”一词出于《庄子·大宗师》，《庄子》把“道”规定为“在太极之先”；而《易传》则把“太极”看做阴阳浑合未分之始，道寓其中，“太极”的展开就是道，“一阴一阳之谓道”，“刚柔相推而生变化”，“天地感而万物化生”⑤。《中庸》以同样思

① 《老子》第三十二章、第二十八章。

② 《易传·系辞上》。

③ 《中庸》第一章，第十二章。

④ 《老子》第四十章，第四十二章。

⑤ 《易传·系辞上》、《咸卦·彖辞》。

路，衍为："君子之道，造端乎夫妇，及其至也，察乎天地。"①

老、庄都主张人效法天地，如《老子》云"人法地，地法天，天法道，道法自然"②，但更强调道"生天生地"，长养万物，"长之育之，亭之毒之，养之覆之"③，"夫道，覆载万物者也，洋洋乎大哉"④。《易传》也承认道"范围天地而不过，曲成万物而不遗"，但更注意人的作用，"神而明之，存乎其人"⑤，所谓"天行健，君子以自强不息"，"地势坤，君子以厚德载物"⑥，乃指君子效法天地所起的作用。《中庸》也以"至诚无息"，"博厚所以载物也，高明所以覆物也，悠久所以成物也。博厚配地，高明配天，悠久无疆"等，来赞扬"文王之德之纯"⑦。

此外，有关"精、气、形、神"之别，"知能"、"言意"之辨，"物极则反"之理，"中和"、"时中"之义等以及一些用语、范畴，不仅易、庸互通，且明显地有所承袭于道家思想。这方面，前人已多有论述。冯友兰在其《新原道》中特立《易、庸》一章，后撰《中国哲学简史》又改题此章为"儒家的形上学"，其立论颇符合史实。

## 三

易、庸之学作为儒家的形上学，其主要的理论贡献是：善于有选择地吸取了道家思想，新建构了儒家的天道观和人道观。

首先，为了新建儒家的天道观而突出了普遍的"道"范畴，摆脱传统的"天神"、"天命"等宗教意识观念，超越原始儒家仅赋予"道"以主体行为价值的含义，而对于"道"范畴给予新的哲学规

① 《中庸》第十二章。

② 《老子》第二十五章。

③ 《老子》第五十一章。

④ 《庄子·天道》。

⑤ 《易传·系辞上》。

⑥ 《易传》:《乾》、《坤》象辞。

⑦ 《中庸》第二十六章。

定，诸如："形而上之谓之道"，"易与天地准，故能弥纶天地之道"①；"天地之道，可一言而尽也，其为物不贰，则其生物不测"；"大哉圣人之道，洋洋乎！发育万物，峻极于天"②等，使"道"具有了本体、本原或本根的含义。由此，展开其由"太极"—"阴阳"—"四象"—"八卦"……而"万物化生"的宇宙生成论，概括出"一阴一阳之谓道"、"刚柔相推而生变化"、"天地之大德曰生"、"生生之谓易"③以及"天道好还"，"无往不复"等命题，大体形成了儒家天道观的基本构架。

其次，由天道观转入人道观而突出了"诚"范畴，把"诚"看做人的认知活动和道德实践的基础和终极目标，认为"自诚明，谓之性；自明诚，谓之教"④，由诚而明，是人性的实现，而由明到诚，乃是教化的功能；进而，以"道不远人"的人本论原则，强调了"至诚无息"的"天地之道"，就在于"居易以俟命"、"素其位而行"的社会伦理实践之中："峻极于天"的"圣人之道"，就存在于"庸德之行，庸言之谨"之中；"至道"，就凝于"至德"之中。⑤所谓"至德"，并非"索隐行怪"，而只是要求在日常的社会伦理实践中坚持"中和"、"中庸"的原则，无过不及，从容中道；这样，在实践中，"成己"、"成人"、"尽人之性"、"尽物之性"，就可以达到"赞天地之化育"的最高境界。⑥重主体，尊德行，合内外，儒家的人道观体系也大体形成。

再次，儒家人道观中具有丰富涵蕴的"中和"、"中庸"、"时中"等思想原则，并非仅用于规范个体的道德行为，且作为一种普遍的价值尺度，用以观察一切人文现象和文化创造活动。"观乎天

① 《易传·系辞上》。

② 《中庸》第二十六、二十七章。

③ 《易传·系辞上》。

④ 《中庸》第二十一章。

⑤ 《中庸》第十三章、十四章、二十七章。

⑥ 《中庸》第十一章、二十五章、二十二章。

文，以察时变，观乎人文，以化成天下”①，把“天道”与“人道”、“天文”与“人文”相提并论，贯通起来考察，是易、庸之学的一个重要思路，依据“天道”来阐述“人道”，参照“天文”来观察“人文”，因而有“龙血玄黄”、“天地之杂”、“物相杂，故曰文”、“通其变遂成天下之文”之说。② 既云“观乎人文，以化成天下”，则必有其人文发展观以及基于这种发展观所形成的文化心态。如《易传》所云：“乾道变化，各正性命，保合太和，乃利贞！首出庶物，万国咸宁。”③《中庸》也称，“中也者，天下之大本也；和也者，天下之达道也。致中和，天地位焉，万物育焉”。④ 此中，实含有儒家形上学原本固有的多元文化史观，精义时出，但被长期湮没，未得彰显。盖儒学被独尊以后，一般儒者的思想日趋褊狭和专断，好同恶异，“愚而好自用”，尸居正宗，虐杀异端，自己抛弃了原有的开放文化心态和多元学术史观。

## 四

易、庸之学所含有的文化学术史观，以“中和”原理为其理论基石。就人性而言，“喜怒哀乐之未发谓之中，发而皆中节谓之和”；推而广之，无所偏倚的“中”，是“天下之大本”，是根本的价值标准，且兼有“时中”、“用中”等意；发而中节的“和”，是“天下之达道”⑤。这一经过琢磨的“和”范畴，乃继承史伯、晏婴、孔子所讲“和实生物，同则不继”，“和与同异”，“以它平它之谓和”，“君子和而不同”而来，也有取于老、庄“知常、容，容、乃公”，“和之以是非而休乎天钧，是之谓两行”之旨，故强调“和而不流，

---

① 《易传·贲卦彖辞》。

② 《易传》;《坤卦文言》、《系辞》上、下。

③ 《乾卦·彖辞》。

④ 《中庸》第一章。

⑤ 《中庸》第一、二、六章。

中立而不倚"，"宽裕温柔，足以有容"，"溥博如天，渊泉如渊"①，具有无比深广的包容性；有此宽容广博的胸怀，才能"含弘光大"，"富有"而"日新"②，具有不息的生命力。

这种基于"中和"之理的发展观，《易传》、《中庸》的作者们认为是仰观俯察，"上律天时，下袭水土"所得的结论。从客观方面说，"辟［譬］如天地之无不持载，无不覆嚼，踏［譬］如四时之错行，如日月之代明。万物并育而不相害，道并行而不相悖，小德川流，大德敦化，此天地之所以为大也"。③ 这是说，客观自然界是一个和谐的整体，而其中正充满着杂多、差异和矛盾；但从总体发展来看，"万物并育"而并不相害，多层面的"道"可以并行不悖；既有"小德川流"的各行其是，又有"大德敦化"的总体整合。天文、人文，皆是如此。这是多元文化学术史观的客观依据。再从主观方面说，觉识到上述客观真理，就应当克服"憧憧往来，朋从尔思"的小圈子狭隘眼界④，抛弃"愚而好自用，贱而好自专"的主观自大的愚妄心理⑤，通过"极深而研几"，"以通天下之志"⑥，承认"天下同归而殊途，一致而百虑"⑦ 是人文发展的客观自然进程，只能"学以聚之，问以辨之，宽以居之"⑧。客观上文化学术思潮的多元并存，多维发展，要求主观上必须克服偏私、狭隘和愚昧，只有"博学之，审问之，慎思之，明辨之"⑨，真正懂得"同归而殊途，一致而百虑"的思想运动的历史辩证法，而又能够"宽以居之"，容纳众流，察异观同，吞吐百家，才有可能从杂多中求得统一，从矛盾

---

① 《中庸》第十、三十一章。
② 《易传》:《坤卦彖辞》、《系辞上》。
③ 《中庸》第三十章。
④ 《易传·系辞下》。
⑤ 《中庸》第二十八章。
⑥ 《易传·系辞上》。
⑦ 《易传·系辞下》。
⑧ 《易传·乾卦文言》。
⑨ 《中庸》第二十章。

中观其会通。“化而裁之存乎变，推而行之存乎通”，“通其变遂成天下之文”，“唯深也，故能通天下之志”①，这是“观乎人文以化成天下”的必由之路。

## 五

易、庸之学所含的上述多元开放的文化学术史观，是周秦之际诸子蜂起、百家争鸣的文化局面的理论升华。其所表现的如此开朗的文化心态，其所揭示的多维并行的文化发展规律，无疑在我国文化史观中是极为珍贵的思想遗产。这一珍贵的思想遗产，虽被儒法合流以来力主“罢黜百家”的儒门正宗所背弃，但为历代被斥为“异端”的先进学者所认同。司马谈是汉初最渊博的学者，其所撰《论六家要旨》是我国最优秀的学术史论之一，开宗明义就引证《易传》“一致百虑，同归殊途”之旨，并据以衡论六家思想的短长，而特别赞扬道家博采诸家、府物峦化的良好学风。王充直斥儒术独尊以后的儒林博士们“守信一学，不好广观，无温故知新之明，而有守愚不览之”，因而倡“通明”“博见”、吞吐“百家之言”的“通人之学”。

在唐代，经过南北朝时期佛、道二教的蓬勃兴起，儒学也有新的发展。唐王朝基本实行文化开放政策，儒、佛、道三教并用，三教平衡，曾组织多次三教代表公开辩论，使各派学术都得到发展，且通过斗争、融合，“初若矛盾相向，后类江海同归”，终于汇合成宋明时期新兴的各派学术思潮。其间，远继易、庸之学的文化史观，又能反映当时的时代精神的先进学者，如柳宗元以儒融佛，而有“诸子合观”之论；圭峰宗密出入孔老，又倡“会通本末”之说。他们这种开放的文化心态和博通思想，与同辈学者如韩愈辟佛卫道的褊心浮气一比较，就显然可以看出其间的高下之别。

直至17世纪，涌现出一批敢于冲决“囚缚”、吞吐百家的思想家。其中，观点最鲜明、成绩最卓著者如黄宗羲，他明确论定：“盖

① 《易传·系辞上》。

道，非一家之私，圣贤之血路，散殊于百家。”① 认为学术思想史的研究，应当深刻体会“一本万殊”之理，尊重“一偏之见”，承认“相反之论”，坚决反对“必欲出于一途；一剿其成说以衡量古今”的专断和狭隘，自觉提倡“殊途百虑之学”②。王夫之更从哲学方法论上作出了“杂以成纯”、“异以贞同”的概括，肯定“杂因纯起，即杂以成纯，则相反而固会通”③；“同者所以统异，异者所以贞同，是以君善其交而不畏其争”④。因此，强调对待各种矛盾，包括“道因时而万殊”的学术思想矛盾，不应当“惊于相反”，而应当“乐观其反”，“听道之运行不滞者以各极其致，而不忧其终相背而不相通”⑤。这是易、庸之学的多元文化史观的优秀传统，在明清之际所引发的学术思想变化中的新的整合；也可以说是明清之际的早期启蒙者冲破了儒家道统一尊的囚缚，在学术文化史观上向易、庸之学的复归。

一九九〇年一月

① 《南雷文定·清溪钱先生墓志铭》。
② 《明儒学案·自序》、《明儒学案·发凡》。
③ 《周易外传·杂卦传》。
④ 《周易外传·未济传》。
⑤ 《周易外传·杂卦传》。

# 十五、易学研究的现代意义
## ——1990年8月庐山“《周易》与中国文化”学术讨论会开幕词

这次会由江西省社会科学院、中国《周易》研究会、武汉荆楚书院、九江市社联、桂林市道家文化研究会、庐山白鹿洞书院等单位联合发起，经过近半年的筹备，现在顺利开幕了。

关于这次会议的宗旨，我们在会议的“预约通知”中曾指明：“《周易》这部古代的珍贵文献，是中华民族智慧的结晶。几千年来，它对我国哲学、史学、文学、民俗、宗教以及天文、历法、数学、乐律、医学、气功等自然科学的发展都产生过重大影响。近年来，随着当代自然科学的发展，国际上出现了东方文化热。《周易》的义理及其象数思维模式，成为引人注目的议题。为了弘扬传统文化，批判民族虚无主义，振奋民族精神，我们决定今年八月在江西庐山举办‘《周易》与中国文化’学术讨论会……”许多同志，是看到这个预约通知“闻风坐相悦”而来与会的。我们约请的十几位专家、学者，为了研讨易理，也不避跋涉之劳，前来讲学。我谨代表筹办单位向与会的同志们，向应邀来讲学的老师们，表示衷心的感谢和热烈的欢迎！

不言而喻，这次庐山论易之会与1984年5月东湖论易之会、1987年12月济南论易之会，有着某种学脉继承关系；又是中国《周易》研究会去年正式成立以来组织的首次学术活动。

“开物成务”，有必要“彰往察来”。回顾一下过去，正是为了把握现在这个转换的中介，便于迎接未来。

20世纪80年代的中国，随着改革开放的春风吹遍神州大地，易学研究的热潮也在全国兴起。不期而然，但绝非偶合。其缘由枢机，可作多层次的分析和不同角度的理解。或以《易经》本为占卜之书或占卜书之源，而当前社会流行的占卜热等乃反映了商品经济所激起的贪求和机遇心理的滋长；这种看法似有所据，而失之狭浅。或以为人们对易学及整个辩证法思想传统的研究热忱，乃是为了反思十年浩劫中形而上学猖獗、斗争哲学横行的思维教训；这种看法，表达了不少同志确有的直接感受。或以人们对易象数学的重新评价和刮目相看，乃是在改革开放新形势下对西方传来的“东方文化热”的一种回应，表现了一种民族自豪感的激情。还有一种看法，认为《周易》既是中国传统文化的活水源头之一，80年代中国传统文化热和《周易》热，乃表现了一种既具有民族性、又具有时代性的深层人文意识的觉醒，也就是易文化所内蕴的在忧患中自强不息，在改革中通变腾飞的民族意识的觉醒。促成这番《周易》热的因缘客观上是多方面的。可以仁者见仁，智者见智。但我愿意倾向于后一种看法。

几年来易学研究的新进展，不仅表现在形式上：学术交流，十分活跃：1984年东湖之会以后，连年举行的大型和中型、通论和专题的学术讨论会达十余次之多，其中1987年在济南举行的“国际《周易》学术讨论会”，展示了丰富的研究成果，起到了海内外交流的重要作用；而许多专题性的学术讨论会，如以“医易会通”为题的会就举行过四次，把研究引向具体和深入。研究队伍，不断扩大，研究机构，纷纷成立：除全国性的“中国《周易》研究会”于1989年正式成立外，省、市级的研究机构已成立十余个。其中，1985年在四川成都市成立的“《周易》地质学方面应用的研究组”，1987年在山东淄博市成立的“华夏易学工程研究会”等，尤具特色；山东大学“周易研究中心”更于1988年开始出版《周易研究》专门刊物，已出版五期，流誉海内外，至于全国各地（包括台湾、香港）近几年出版的易学古籍和新撰专著，各报刊发表论文，数量之多，质量之高，可说是五四以来前所未有。

从上述大量研究成果的趋向看，更表现出学术上某些值得注意的新动向、新特点。

首先，一个引人注目的新动向是易象数学（包括河、洛之学）

得以复苏。长期被冷落、被荒芜，乃至斥为糟粕的易象、数、图学，重新得到广泛重视。不仅对汉易诸家象数，而且对魏伯阳、陈抟、邵雍、朱震、蔡元定等所传的先天图书之学，以至方以智父子、戴震、焦循的数理哲学，都引起研究者的浓厚兴趣，分别给予了文献学的考订和科学史的疏理；而且，由于现代科学视野和方法的引进，整个易象数学似已获得再生的活力。尚秉和先生的专著《周易尚氏学》经名家推荐，在"文革"前已排版付型，仍未得出书；而到 1980 年应运而出，宛如一阳来复，数点梅花，接着一大批关于易象数图的论著，便联翩问世。特别是一些学有专精的自然科学专家，转而研讨易学，对易象数图中蕴含的数理、物理、哲理或给予科学史的论证，或给予现代科学理论的诠释，澄清了不少问题。对于易象数学的历史还原及其中合理成分的科学解释，作出了重要的贡献。

其次，与易象数学的复苏相联系，80 年代中国易学研究的新动向，突出地表现为"科学易"的兴起。对易象、数、图中的数理、物理、哲理的研究，有的同志将其纳入现代科学的语境和视野，引进现代科学的理论和方法，给予现代科学的透视和诠释。从而使一些曾被神秘化了的数理或原理，矩阵或图式，得到一定的科学化的说明，古老文献焕发出青春的光辉；这样被现代科学眼光照亮和说明了的易象数模式和推理方法，还可以反过来应用于现代科学研究的某些领域，并使之得到一定的证验和丰富化。这样生长出易学研究中一个新的学派——"科学易"，可说是当代易学发展中一项特殊成就。

"科学易"一词取自潘雨廷、赵定理二同志分别两篇论文的同一标题。他们的论文都各有严谨的论证，论证"科学易"是时代的产物，是超越传统象数派和义理派的现代易学新流派。从西方莱布尼兹到爱因斯坦、玻尔、李约瑟等曾有所探测；从 20 世纪 40、50 年代刘子华、蔡福裔等更有所实证；而 20 世纪 80 年代，易象数图的被珍视，多学科研究交叉方法的被应用，吸引了更多作者（如赵庄愚、邹学熹等）以自己的研究成果来扩充了"科学易"的阵营；而近年来，我们更读到王赣、牛力达、刘兆玖三同志合著的《古易新编》上下卷和江国梁新出版的《周易原理与古代科技》等专著。刘惠荪教授在江书卷前所题《贺新郎》词后半阕云：

> 图南自启先天窍。
> 探魔方，左三右七，洛书义窅。
> 西哲东贤无二理，谁果先窥秘要？
> 说到头，无非符号。
> 数、理、化、生、文、史、哲，满园春，到处花枝俏。
> 阐绝学，看今朝。

颇能反映当前“科学易”蓬勃兴起的盛况。

再次，“考古易”的研究，是20世纪70年代以来地下考古新发现提出的新课题。1984年马王堆汉墓出土的《帛书周易》的公布和于豪亮、张政烺先生专论的发表，周原甲骨上数字卦的发现和徐锡台等先生的初步研究，可说是对易学考古新发现的研究的开端。这些年，研究成果大为增加，主要是研究质量有所提高。例如，有的研究者从《帛书周易》的排列及卦名的特点发现其与《归藏》有关，而卦序更与《先天六十四位卦方位图》暗合；又从阜阳西汉汝阴侯墓出土的《太乙九宫占盘》上小圆盘的刻画，发现其与朱熹《周易本义》所载《洛书》完全相符，仅此二证，似已足以核定《河图》、《洛书》及《先天图》等在汉初乃至更早实已有之（见《大易探微》刘大钧序）。“考古易”的成果，如此巧妙地了结了易学史上一大公案。

最后，近几年易学研究的新进展，也表现在与“科学易”相对应的“人文易”，通过易学哲学史的研究而受到重视，并自觉到“人文易”并非晋易、宋易中义理内容的重复，而应是对义理派、象数派的双向超越。“人文易”也是时代的产物，是现代人文意识对易理的渗透和诠释。“人文易”的研究，旨在古今贯通地展示易学中构成传统文化心理、深层的人文意识、价值理想、精神追求等。近些年，传统文化的讨论中，不少作者涉及易学中的人文意识。苏渊雷先生重版的《易通》，提出“生、感、变、反、成、时、中、通、进、忧患”等十个范畴作为论纲，对“人文易”的探究，有开拓之功。张岱年先生一再强调：“天行健，君子以自强不息”；“地势坤，君子以厚德载物”，是渗透在中华传统文化中的基本精神，是我们民族经受各种苦难而得以发展的伟大的内在动力。

“人文易”在表述形式上还出现了“诗化易”的创作。近几年除易学会议中常有不少唱和的诗词外，还出现了以大型组诗表述易理的专门诗卷，如金文杰的《大易探微》与杨炼《自在者说》，一老一青、一古一新，堪称典型。

以上概述，极不全面，仅系例举。

回顾为了展望，展望这次会议主题和今后研究的趋势。这次会预定的主题——“周易与中国文化”，据我的理解，侧重点并非历史的探索，而是现实的审度，重在探讨易学的现代意义，易学（无论是科学易、人文易或占卜易）对现代中国的文化建设、文化更新、文化重构的正面、反面的意义，题目大，可以多向交流，自由驰骋。但看来，“科学易”作为新事物，可能是引人注目的议题。

首先“科学易”一词能否成立？如何界说？值得慎重思考和深入讨论。其次，如果能够成立，能够界定，又如何使其得到正常、健康的发展，而不致陷入迷途和歧途。

《周易》是我们民族智慧的结晶，但毕竟是我们民族文明发蒙时期的产物。按人类认识史的逻辑进程，按文化人类学的实证分析，它本身不能不是原始科学与神物迷信（宗教巫术）的结合（即使是“奇妙的结合”）。列宁曾依黑格尔对毕达哥拉斯哲学的论析指出：科学思维的萌芽同宗教、神话之类的幻想是联系、结合在一起的，今天同样还有那种联系，只不过科学和神话之间的比例不同罢了。① 如果有“科学易”，它作为现代形态的知识体系，其建立和发展只可能是尽可能将《周易》中固有的科学与迷信的结合加以剥离。所谓剥离，并非外在地剖分为二，而是将其内在神秘性（各种拜物教、神物迷信、神秘幻想等）加以扬弃。这是一个复杂的艰巨的过程。丹

① 《列宁全集》三十八卷，北京：人民出版社1959年版，第275页。

皮尔在其《科学史》中曾论道："科学并不是在一片有益于健康的草原——愚昧的草原——上发芽生长的，而是在一片有害的丛林——巫术和迷信的丛林——中发芽成长的，这片丛林一再地对知识幼芽加以摧残，不让它成长。"① 问题的复杂性在于历史上科学和巫术是孪生的，不仅互相摧残，而且互相寄生，一同成长，俱分进化，科学与迷信作为对立物，在一定条件下又互相渗透，互相转化。科学说过了头会变成迷信，迷信被解释了又会变成科学，真理多跨出半步也会变成谬论。因而"科学易"所必须进行的剥离、扬弃工作，又必须十分严肃和慎重。科学和迷信二者的区别和联系，二者转化的机制、条件以及二者转化的思想根源和社会根源等，不仅难于准确掌握，并且在工具理性范围内无从解决，而只能诉诸人文意识和价值理性。

就易学研究领域而言，似乎探讨"科学易"之余更应着力于探讨"人文易"。我们提出"人文易"问题，并强调"人文易"是易学和易学史研究的主干和灵魂。

《易传》作者以其对《易经》的深刻理解，明确意识到"天文"与"人文"的联系和区别，而强调"人文"的意义。《贲》彖云："[刚柔交错]，天文也；文明以止，人文也。观乎天文，以察时变；观乎人文，以化成天下。"前者为工具理性所掌握的自然知识，后者为价值理性所追求的人文理想。《易》象数、义理中都有其内蕴的人文理想。而"人文易"并非对传统的"义理易"的简单继续。而是对"象数易"和"义理易"的双重超越。与"科学易"相并列的"人文易"，理应成为我们研究、发掘的一个重点。

同志们，我们这次会有幸在庐山召开，庐山是人文荟萃之地。庐山论易，不能不想起易学史中开拓性人物周敦颐。这位濂溪先生，一生只做过州县小吏，基本上是民间学者。而他之所以被人们怀念和敬仰，乃在于他 1061 年做虔州通判时道出江州，即在庐山脚下筑"濂溪书堂"，讲易其中。1063 年在书堂写了千古名文《爱莲说》，因改

① 丹皮尔：《科学史》中译本，北京：商务印书馆 1975 年版，第 29 页。

名“爱莲书堂”。缅怀先贤，确有可资继承和发扬的人文理想。

首先是濂溪先生做人的人风——人的精神风貌，当时学者赞扬他“胸中洒落，如光风霁月”。一篇《爱莲说》，仅120字，“出污泥而不染，濯清涟而不妖，中通外直，不蔓不枝。香远益清，亭亭净植……”其所反映的不慕荣利、洁身自好的人格美，流芳千古。

其次是濂溪治学的学风，堂庑甚广而融炼甚精，所著《太极图说》250字，《易通》2601字以及《姤说》、《同人说》等全阐易理，而其学风特点：敢于吞吐道、佛各家而归宗于《周易》、《中庸》，其“无极”、“太极”等范畴，来自《老子》、《庄子》、《肇论》、《华严法界观》等。“太极图”则来自陈抟，自认不讳：“始观丹诀售希夷，盖得阴阳造化机。”从而，以极精炼的论著，开辟了笼罩六百年的一代新学风，更琢磨出一整套哲学范畴，把我们民族的理论思维水平和人文价值理想，提高到一个新的水平。

这样的人风和学风，可说是易学传统中的精髓。发扬这样的人风和学风。我们这次庐山论易之会，一定开得“明通公博”，生动活泼，取得“富有日新”的学术成果；一定能够把马克思主义指导下的《周易》研究往前推进一步。

一九九〇年六月

# 十六、《周易》与早期阴阳家言

先秦学术思想史上，究竟是否存在早期阴阳家言？或者说，是否存在先于邹衍而为邹衍所承继和发挥的阴阳数度之学？如果存在，这些早期阴阳家言对邹衍思想的形成，对《周易》从经到传的思想演变，有什么影响？这对于古代辩证法史的研究和《周易》源流的考辨，似乎都是值得探讨的问题。本文仅就此提出一些管窥之见，伫望方家指正。

## 一、"旧法世传之史"的"数度"之学

《庄子·天下》篇是一篇思想史料价值极高的奇文。不论被判为南方道家的作品，或被认作站在儒家的立场，该文对先秦主要思想流派所作的言之有据的评述，基本上反映了古代学术由统一到分化、由学在官府到散为私学的客观历史进程。当其论到"古之所谓道术"的最初分化时，首先指出："其明而在数度者，旧法世传之史，尚多有之。"① 这是说，古代"道术"体现于"数度"方面的学问，由世代相传的史官掌握而保存尚多。其次，说到春秋时代学术下移，"其在诗、书、礼、乐者，邹鲁之士、缙绅先生，多能明之"。这是说，以孔子为代表的儒家在邹鲁地区兴起，整理和传授了《诗》、《书》、《礼》、《乐》等古代文献。再次，说到战国诸子争鸣，"其数散于天下而设于中国者，百家之学时或称而道之"，往下发挥了一通"百家

① 马叙伦《庄子天下篇述义》于此句断句为："其明而在数度者，旧法世传之，史沿多有之。"可备一说。

往而不返”，“道术将为天下裂”的感慨，然后依次评述了墨翟、禽滑釐、宋钘、尹文、彭蒙、田骈、慎到、关尹、老聃、庄周、惠施及其他辩者等六大学派的学说。《庄子·天下》篇把“旧法世传之史”所讲求的“数度”之学，看做儒、墨之前出现的学术派别，而列于首位，是符合先秦思想发展的历史实际的。所谓“数度”之学，可以说就是早期阴阳家言。《庄子·天运》篇曾寓意孔子“未得道”而向老聃说：“吾求之度数，五年而未得”，“吾求之阴阳，十又二年而未得”。“度数”、“阴阳”，正是早期阴阳家研究的主要内容。① 这从汉初最博学的司马谈所作《论六家要旨》可得到明确的印证。

司马谈把历来称为“百家之学”的学术流派首次概括为六家：阴阳、儒、墨、名、法、道，就各家的思想特点、理论贡献及社会作用等，作了简要中肯的说明，并隐然按六家出现的历史顺序，明白地把阴阳家放在儒、墨之前，这尤为卓识。（当然，他以道家殿后，似不合历史顺序，并带有某些学派偏见，但就其所论道家已经“因阴阳之大顺，采儒墨之善，撮名法之要”，实为汉初流行的新道家，故也不无历史依据。）司马谈认为，阴阳家（包括早期阴阳数度之学及战国后期的邹衍等）主要研究的是“四时、八位、十二度、二十四节”，即天文历法、星度、节气、物候之类，借以掌握“天道之大经”、“四时之大顺”等不可违背的自然法则；同时，也指明阴阳家言“大祥而众忌讳，使人拘而多畏”，具有重要缺点。此后班固在《汉志·诸子略》中，按独尊儒术的时代偏见，把阴阳家移于儒、墨之后，但仍因司马谈之论而推演说：“阴阳家者流，盖出于羲和之官，敬顺昊天，历象日月星辰，敬授民时，此其所长也。及拘者为之，则牵于禁忌，泥于小数，舍人事而任鬼。”这里所谓“羲和之

① 王夫之《庄子解》卷三十三王敔增注引方以智曰：“盖‘数’自有‘度’，因而制之，秩序变化，尽于河图洛书矣。故曰，‘数’为藏本末之端几，而‘数’中之‘度’，乃统本末之适节也，道之籥也。”王夫之对《庄子·天运》“吾求之度数、阴阳”句的解释：“天地人物之化，其阴其阳，其度其数，……有定无定，变与不变，皆有其极，而为其大常，皆自然也。”可参。

官”，或推源于黄帝“命羲和占日，常仪占月……”(如《世本·作篇》、《吕氏春秋·勿躬》)，或溯本于帝尧“乃命羲和，钦若昊天……”(如《尚书·尧典》)，实指古代传说中的羲氏与和氏两个氏族“世掌天地四时之官”(《尚书正义》第一卷孔安国传)。按《周礼·春官》大宗伯所属“大史”之下有“冯章氏”和“保章氏”，其职务是“掌岁月星辰之位”，“与大史同主天文”。前者分掌“日月星辰不变，依常度者”，后者“掌日月星辰变动，与常不同，以见吉凶之事”(以上均见《周礼正义》十七卷、二十六卷贾公彦疏)。在古代，观象授时是头等大事，而天文历法的科学知识又与占星术之类的迷信必然混合在一起。天文学与占星术本是孪生的最早的知识领域。可见，从“羲和之官”发展到“与大史同主天文”的“冯章氏”、“保章氏”等，正是《庄子·天下》篇所谓“旧法世传之史”。他们不断积累的关于天文历法、节气物候等知识，使他们有可能总结和概括出带有自然哲学性质的阴阳数度之学，即早期阴阳家言。

我国天文历法发展很早，可推源于轩辕黄帝时代。据《史记·历书》司马贞《索引》引《系本》及《律历志》；“黄帝使羲和占日，常仪占月，臾区占星气，伶伦造律吕，大挠作甲子，隶首作算数，容成综此六术而著《调历》”(雷学淇校辑《世本》以此为《作》篇佚文)。司马迁更肯定“黄帝考定星历，建立五行，起消息，正闰余”(《史记·历书》)。《淮南子·览冥训》也说：“昔者黄帝治天下，而力牧、太山稽辅之，以治日月之行，律阴阳之气，节四时之度，正律历之数。”汉初学者把黄帝时代的历法水平都估计较高。《汉书·律历志》谓春秋时“史官丧纪，畴人子弟分散，或在夷狄，故其所记有黄帝、颛顼、夏、殷、周及鲁历”。这六种历，在汉代还流行着。汉初，张苍曾主张用《颛顼历》，到武帝时，由邓平、落下闳等创造了《太初历》，此后，还有张寿王、李信等专治《黄帝·调历》，挑起一场争论，并因而由单安国、栝育等推算出黄帝纪元（计黄帝纪元至汉元凤三年即公元前 87 年为三千六百二十九年）。到成帝时，刘向还“总六历，列是非”，写了《五纪论》，成为刘歆《三统历》的理论基础（以上均见《汉书·律历志》）。当然所谓《黄帝历》(《汉书·艺文志·数术略》曾载《黄帝五家历》三十三卷,《颛顼历》二十一卷)等,实系后人依托而并非“古历”。但古代天文历法依存于农牧业生产实践的需要而发展,与人类由原始社会进入文明社会的历史的发展,基本上是同时相应发生的。《易·贲卦象辞》说:“[刚柔交错],天文也;文明以止,人文也。观乎天文,以察时变;观乎人文,以化成天下。”也可说反映了“观乎天文”与“观乎人文”两者大体是同步的。我们民族在黄帝时代已创制了文字,有了原始的天文、历法、数学①,并“作为君臣上下之义,父子兄弟之礼,夫妇妃匹之合,内行刀锯,外用甲兵”(《商君书·画策》),开始步入文明社会。这从仰韶文化晚期和大汶口文化的考古新发现,愈来愈得到证明。唐兰等前辈学者关于我国文明史应从黄帝时代开始的论断,是有根据的②。

一种合理的推断:我国古代的天文历法,始于黄帝,经过颛顼、帝喾、尧、舜发展到夏代,以《夏小正》为标志已趋定型,殷、周两代更有新的发展。孔子推崇“夏时”,并非妄评(《论语·卫灵公》、《礼记·礼运》)。《夏小正》是我国第一部成文历,其特点是天文历与物候历相结合,确乎反映了夏代的天象和淮河中游的物候,是夏代的历书。③ 以后经过“四仲中星”的观测、干支记日法的使用,以置闰来调整朔望月和回归年的长度,进而以圭表测影来确定冬至、夏至等节气,二十八宿的参考系统的确立,星表的制定,到春秋战国时期出现的《月令》(《礼记》)、《十二纪》(《吕氏春秋》)、《时训解》(《逸周书》)等,把星象观测与物候考察结合得更紧密,记录得更完备。我国观象授时的历法,从原始社会末期到战国时代,经历了数千年的历史。古代天文历法家,同时具有广博的其他历史知识和自然

---

① 温少峰、袁庭栋同志近著《殷墟卜辞研究——科学技术篇》一书第二章已有此说,先得我心。

② 参唐兰:《从大汶口文化的陶器文字看我国最早文化的年代》(《光明日报》1977年7月14日),《再论大汶口文化的社会性质和大汶口陶器文字》(《光明日报》1978年2月23日)。

③ 夏纬英:《夏小正经文校释》。

知识，他们认真地仰观俯察，治历明时，必然广泛涉及自然现象的性质、自然规律的作用、人和自然关系等问题。这就使他们有可能“从意识的宗教形式中”挣扎出来①，而成为早期的自然哲学家。《史记·天官书》称：“昔之传天数者，高辛之前，重、黎；于唐、虞，羲和；有夏，昆吾；殷商，巫咸；周室，史佚、苌弘；于宋，子韦；郑则裨灶；在齐，甘公；楚，唐昧；赵，尹皋；魏，石申。”这些被称为“史巫”或“巫史”的人物，是最早分离出的精神劳动者，传授“天数”的专家。其中名人不少，重、黎，是颛顼、帝喾时华夏族征服了九黎、三苗后，两次大的宗教改革(“绝地天通”)的主持人，羲和是黄帝以来世掌天文的氏族领袖；尤其巫咸，是周公所称道的殷大戊时的名臣(《尚书·君奭》：“在大戊，时则有……巫咸乂王家”)，更是“筮”的发明者(《世本·作篇》：“巫咸作筮”，《吕氏春秋·勿躬》同)，被称为“大圣”、“神巫”(《诅楚文》、《楚辞注》)，名见于许多先秦著述，说明其影响之深广。巫咸所发明的“筮”，既是变龟卜为筮占以后简化了的占卜工具，又是与天文、历法、数学相联系的运算筹码，以筹码进行数学运算，体现了抽象概念的作用，促进了逻辑思维的发展。《周易》的产生及其通过数理而形成卦象、滋生哲理，巫咸发明的“筮法”，曾起过重要作用。至于史佚和苌弘，更是周代著名的思想家。史佚在周初与周公、太公、召公并称“四圣”，其事迹言论见于《逸周书》、《大小戴礼记》、《左传》、《国语》等，其《史佚之志》一书，被春秋时人常引为经典依据。而苌弘这位春秋时周室大夫，是当时最渊博的天数学者、占星术家，由于他贤智而冤死，更引起人们的怀念。《庄子·外物》：“苌弘死于蜀。”成玄英《疏》：“苌弘遭谮，被放归蜀，自恨忠而遭谮，遂剖肠而死，蜀人感之，以匮盛其血，三年化为碧玉，乃精诚之至也。”《淮南子·氾论训》称：“昔苌弘，周室之执术数者也。天地之气，日月之行，风雨之变，律历之数，无所不通。”《汉书·艺文志》

① 马克思：《剩余价值理论》第一册，第二章，《马克思恩格斯全集》第26卷，北京：人民出版社1974年版，第26页。

兵家阴阳有《苌弘十五篇》，注云“周史”，又称“[兵]阴阳者，顺时而发，推刑德，随斗击，因五胜，假鬼神而为助者也”。《史记·封禅书》谓“周人之言方怪者自苌弘”。苌弘深通天文历数，而又杂以星占灾异，这种科学思维与宗教迷信的混合，正是早期阴阳家的思想特征。

除了巫咸、苌弘这样著名的巫史以外，西周末到春秋时期还有不少类似的人物。如《逸周书·周祝解》所记无名周祝的言论，《国语》所记伯阳父、单襄公及单穆公的言论，《左传》所记鲁梓慎、郑裨灶的言论以及晋史墨的言论等，都可说是属于早期阴阳家言。其中伯阳父以“阴阳”之气的矛盾解释地震(《国语·周语》)，使“阴阳”范畴开始哲学化，正是阴阳数度之学有可能发展为哲学的一个契机。而史墨尤为典型，一方面他依据臆想的联系，占日食梦兆，发表一些神秘的预言（见《左传》昭公二九、三十一年，哀公九年)。另一方面他又敏锐地观察现实的矛盾，阐述了“物生有两、有三、有五、有倍贰”的客观辩证法，清醒地论证了“季氏出其君”的合理性和“社稷无常奉，君臣无常位”的规律性，并归结到《周易》中“雷乘乾曰大壮”的卦象（见《左传》昭公三二年)，透露出矛盾斗争势必引起事物转化的深刻思想。

基于天文历法及其他科学的实践而形成的“数度”之学，具有古老的传统，它从一个方面对《周易》的卜筮构架赋予新的解释，充实以数理的和哲理的思想内容。

## 二、“《易》著天地阴阳四时五行，或长于变”

现存《周易》(包括《易经》和《易传》）是经过长期筛选而逐步形成的一部书。传统旧说所谓“人更三圣，世历三古”，无非表明《周易》一书经过多人加工，很长时期才定型。

迄今出土文物中类似卦画的装饰图像（如大汶口文化的骨梳上的六画图案）和数字卦形（如安阳出土的卜骨和周原出土的卜甲上六个数叠成的筮数或卦画)，可能起源很早。而现存《周易》的卦象及卦、爻辞，则可能是“筮法”兴起以后才逐步形成的。《说卦传》对所谓“圣人作《易》”的次序，有一个说明：“昔者圣人之作易也，幽赞于神明而生蓍，参天两地而倚数（李鼎祚《周易集解》引虞翻曰：“倚，立也”），观变于阴阳而立卦，发挥于刚柔而生爻，和顺于道德而理于义，穷理尽性以至于命”。这个“卦出于筮”的说法，是合乎情理的。先有筮法中数的奇偶（参两）杂配，才有卦及爻的阴阳（刚柔）变化，然后才产生关于卦象及爻象的说明辞。筮，随手分蓍，变化莫测，所以说：“蓍之德圆而神”，筮之后所得出的卦象，是固定而明确的，所以说“卦之德方以智”。筮数奇偶（⚊⚋）杂配而成的卦象，由四（⚌⚏⚎⚍）而八（☰☷☳☶☵☲☴☱），而再重为六十四，可以有多种排列的样式。《周礼·筮人》：“筮人掌三易以辨九筮之名。”所谓“三易”：《连山》、《归藏》、《周易》，即三种排列的卦序。旧说：夏曰《连山》，以艮为首；殷曰《归藏》，以坤为首，周曰《周易》，以乾为首。“九筮”即九种筮法。而由此产生的卦、爻辞，实际很多。《周礼·占人》称：“凡卜筮既事，则系币（帛）以比其命，岁终则计其占之中否。”大概经过逐年总结，把一些所谓“占中”了的筮辞保留下来，流传到秦汉时期也很不少。据《太平御览·学部》引桓谭说：“《连山》八万言，《归藏》四千三百言。”又据《汉志·数术略》“蓍龟”一类所录即别有“《周易》三十八卷，《周易明堂》二十六卷，《大筮衍易》二十八卷”，均佚，或即这类筮人所保留筮辞记录的各种汇编。

如此大量的筮辞资料，经过整理、筛选，终于在殷周之际这一政治变革时期，基本形成了现存《易经》这一专供筮占用的简明定本。其中所反映的史实（如“帝乙归妹”、“箕子之明夷”、“王用享于岐山”、“康侯用锡马蕃庶”等），大多是殷末周初故事；其中所反映的思想（如矛盾对立、转化的观念，朝乾夕惕、居安思危、自强不息的思想，扩大同人、克服困难、先否后喜的思想等），主要是周初统治集团的精神趋向和政治心理。《左传》昭公二年记载韩宣子聘鲁，“观书于太史氏，见易象与鲁春秋，曰：周礼尽在鲁矣。吾乃今知周公之德与周之所以王也”。韩宣子虽特别高明地从“易象”中看出了

"周之所以王"的政治代数学；而《周易》从周初到春秋，一直是作为一本卜筮之书流传着。《左传》、《国语》引用《周易》共二十余处，大多数用于筮占（主持筮占的史巫，虽引用已成定本的《周易》中的卦、爻辞，但大多是借题发展，随意解释）。值得注意的是，有几处却系引申《周易》之理来论事评政。如《左传》昭公元年载秦医和评晋平公疾，以为"疾不可为，是谓近女室，疾如蛊"，进而引用《周易·蛊卦》的卦名和卦象来分析："于文，皿虫为蛊。谷之飞亦为蛊。在《周易》：女惑男，风落山，谓之蛊䷑，皆同物也。"这种类推，是把《周易》的卦象看做体现了某种规律，因而不需筮占而可以直接引作分析其他物理人事的指导原理。再如前引史墨评论"季氏出其君"这一政治事件，直接引用"在《易》卦，雷乘乾曰大壮䷡"来分析，即把"雷乘乾"的卦象看做普遍起作用的"天之道也"，是君臣易位这类社会变革现象的客观根据。又如《论语·子路》记孔子肯定地引用《周易》"恒卦"九三爻辞"不恒其德，或承之羞"，而又说"不占而已矣"，以后荀子就断然宣称"善为《易》者，不占"(《荀子·大略》)。这就更明显地把《易经》中的某些卦爻辞看做具有独立意义，可以引为论据的公理、格言之类，而不管它的占卜作用，表明到了春秋时期，经过整理筛选而成为定本的《易经》，虽仍保持着卜筮书的神秘形式，却被研读者不断地赋予以理性思维的新内容。《易传》的作者们正是把上述这些对《易经》赋予的新解释、发挥的新思想加以扩充，加以系统化，以更高的思维水平和理性自觉，把《易经》固有的和前人赋予的某些零星的哲学含义加以发挥、利用和改造，作为先行思想资料的旧形式与旧范畴，而实际创立了一个新的哲学思想体系。《周易》一书从简约的《易经》到充实以繁复的《易传》，从卜筮书到改造为哲学书，正如《易经》成书反映了殷周之际的时代特点一样，这一演变反映了周秦之际的时代精神。

这一演变，并非偶然，有其内在的根据。首先，《周易》的筮占系统中早已包容有早期阴阳数度之学的科学内容。例如筮数，由许多数字抽象为奇和偶，再记录为爻象，交错而成八卦，再重为六十四卦，可以排列组合成许多数列，蕴含着级数、函数、各种矩阵，乃至二进位制等许多数学关系。又如八卦的卦象，不仅可以象征天、地以及雷、风、水、火、山、泽等自然物类和象征父母以及长、中、少男女等宗法关系，而且还与方位上的八方、气候上的八风或八气、乐律上的八音等有一定的关系；至于重卦后有些卦的爻象，也反映某些自然知识，如乾卦从初九到上九六爻里，有五爻讲到“龙”，由“潜”到“见”，由“跃”到“飞”，既可象征任何事物的变化发展过程，也可能实指天文学上苍龙星七宿从春到冬的出没规律。中国古代自然科学的许多学科：天文、历法，方位、气候、乐律，数学，医药、气功等都与《周易》结下不解之缘，从一开始就互相渗透，并长期互相影响。早期阴阳家所积累的自然科学成果，对于脱胎于宗教巫术的《周易》，实现从经到传的演变，即从宗教巫术中挣扎出来，是一个重要的内在因素。

但是，在历史上自然科学知识并不能自发地摆脱与之孪生的宗教的束缚，也不能直接地升华为哲学理论，还需人们在特定的历史实践中锤炼和发展自己的哲学思维，而哲学思维的发展要能自觉地排斥宗教意识，消化科学成果，反映时代精神，就必须建立和琢磨自己的范畴体系。《易经》作者们，在周秦之际的战国并争时代，充分吸取了百家争鸣的学术成果，特别注意总结以往阴阳数度之学，建立了以“阴阳”范畴为基石、以“一阴一阳之谓道”为核心的朴素辩证法体系，从而实现了先秦哲学发展中这一重大的飞跃。

筮数的奇偶，最初仅是一种数学的抽象，画为爻象“⚊ ⚋”，也并不反映什么物（天地、日月、刚柔）或生理（且也、牝牡、男女）等的具体内容，更谈不上具有哲理的含义。《易经》乃至殷墟卜辞中，无对举的阴阳字；阴阳范畴的逐步形成，乃是早期阴阳家和其他哲学家的精神劳动成果。字源学上的“昜”和“霍、黔”等，仅有气象学的意义。而“既景乃岗，相其阴阳”（《诗经·大雅·公刘》），反映了生产和生活经验的总结，“唯兹三公，论道经邦，燮理阴阳”（《尚书·周官》），可说是政治经验的总结。可见，“阴阳”已逐步成为人们观察事物、总结经验的一对重要概念。到西周末，一方面是社会矛盾的激化，另一方面是阴阳数度之学的发展，从自然观开始，初步把“阴阳”用作概括各种矛盾现象的哲学范畴。周宣王时的虢文公认为：春天“土膏其动”是由于“阳气俱蒸”，“震雷出滞”是由于“阴阳分布”。周幽王时伯阳父更把阴阳归结为“天地之气”，用二者的矛盾运动，“阳伏而不能出，阴迫而不能蒸”，来解释地震。(《国语·国语上》)“阴阳”概念开始具有了自然哲学范畴的意义。大体上是用“阴阳”二气消长的“失其序”或不平衡来说明自然灾害，形成一种阴阳消长论。春秋末越国大夫范蠡把阴阳范畴由自然现象推广到社会矛盾运动，用以解释战争规律，并强调阴阳转化论，“阴至而阳，阳至而阴”，“赢缩以为常”(《国语·越语》)。这一时期对阴阳消长和转化思想的积极成果，进行总结和深化的是《老子》一书，首次提出“反者道之动”的矛盾转化观，但又强调“万物负阴而抱阳，冲气以为和”，主张“挫锐”、“解纷”、“和光”、“同尘”，归结为阴阳和谐论。正是在这样一些人的哲学劳动的基础上，《易传》的作者才有可能把“阴阳”作为中心范畴，把自然运动和社会运动结合起来考察，从而对《易经》原有构架的基石“⚊ ⚋”二爻给予新的哲学规定，对其中关于数理、物理、事理的矛盾关系的分别抽象(诸如奇偶、参两、乾坤、刚柔、否泰、剥复等)给予新的系统化说明。《周易》因《易传》作者的哲学加工而获得了新的理论生命；同时，也经商瞿等孔门学者的宣扬而被升为儒家的六艺之一，并后来居上，超乎诸经而列于首位。

《庄子·天下》篇称：“《易》以道阴阳。”《礼记·祭义》说：“昔者圣人建阴阳天地之情，是以有《易》。”司马迁更肯定：“《易》著天地阴阳四时五行，故长于变。”(《史记·太史公自序》)这些说法，对于《周易》一书的思想核心作了本质的概括。《易传》提出“一阴一阳之谓道”，“立天之道曰阴与阳”，认为以“阴阳”为最高范畴的《易》理，可以“范围天地之化而不过，曲成万物而不遗”；至于阴与阳的关系，一方面，“阴阳合德，而刚柔有体”，另一方面，“分阴分阳，迭用柔刚”，强调“刚柔相推，变在其中”，“以动者尚其变”，“唯变所适”。并把天地万物的变化的动因，归结为阴阳之间的“相感”、“相摩”、“相荡”。但最后，《易传》把阴阳矛盾所引起的变化局限于“变则通、通则久”，并归宿于“往来不穷”的变化循环论和“天尊地卑”的阴阳定位论。“《易》以道阴阳”所发挥的这一朴素辩证法的宇宙观，琢磨出一套“絜静精微”的范畴体系，在先秦哲学的总结阶段独树一帜，影响极其深远。

## 三、《易传》和邹衍

《周易》以《易传》成书而哲学化。但《易传》成书年代，自从欧阳修提出疑问以来长期未决。据《晋书·束皙传》与杜预《左传集解后序》，魏襄王（前317—前294年）墓中出土的书已有《易繇阴阳卦》二篇，与《周易》略同，《繇辞》则异；又有《卦下易经》一篇，似《说卦》而异，还有《阴阳说》。说明像《说卦》之类的易传，战国中期已流行。现存《易传》的基本思想的形成，恐不会迟于战国中期，成书或先于邹衍和荀况。既非出于一人一时，各篇先后，必有参差；成书之后，也会有所增删。从《荀子》、《乐记》、宋玉、司马谈、陆贾等均称引过《易传》，足证其成书于战国时期。但有的论者或认为《易传》与邹衍同调，甚至可能成于邹衍后学之手；或以为《易传》大讲阴阳，当为战国晚期邹衍等盛倡阴阳说之后为易学家所采用而写的①。则邹衍与《易传》作者的思想的异同及其在先秦哲学发展的逻辑进程中的先后，尚有待论定。

邹衍是公认的先秦阴阳数度之学的集大成的总结者，是把此前并行发展着的阴阳说与五行说首次结合起来并加以创造性发挥的思想家。邹衍在稷下所创立的学派，旗帜鲜明，思想新颖，著作宏富。《汉书·艺文志》阴阳家所录《邹子》四十九篇，《邹子终始》五十六篇，惜均亡佚。据各书所转引，邹衍学说中最引人注目的“五德终始”说、“异木改火”说，都与天文历法密切相关。

先说“五德终始”。邹衍所称“五德从所不胜，虞土、夏木、殷

① 侯外庐等：《中国思想通史》第1卷，北京：人民出版社1957年版，第651-654页。

金、周火”(《文选·沈休文〈齐故安陆昭王碑〉》李善注引《邹子》)，“政教文质者，所以云救也。当时则用，过则舍之，有易则易也。故守一而不变者，未睹治之至也”(《汉书·严安传》载安上书引《邹子》)。这是明显地反映战国时期的社会变革思想，不过是用“五行相胜”的自然哲学观点加以论证。正如《史记·孟荀列传》所概述：邹衍“先序今以上至黄帝，学者所共术，大并世盛衰，因载其禨祥制度，推而远之，至天地未生，窈冥不可考而原也。……称引天地剖判以来，五德转移，治各有宜，而符立若兹”。这是一种歪曲反映社会运动中否定之否定规律的循环史观，旨在论证当前变革的合理性，而推演出“五德转移”、文质相救的历史必然性。司马迁评论邹衍学术思想的特点是：“深观阴阳消息”，并在《史记·历书》中论述“黄帝考定星历，建立五行，起消息，正闰余”以来的历法史，指明春秋时已“史不记时”，历法混乱，到战国并争，更无暇及此，但充分肯定“是时独有邹衍，明于五德之传，而散消息之分，以显诸侯”。这也就是《盐铁论》中肯定的“邹子以儒术干世主不用，即以变化始终之论，卒以显名”。这里，所谓“五行”、“五德”以及“变化始终”、“阴阳消息”，大多是渊源于或直接来自天文历法，是当时天文数度之学的专用名词。如《历书》中所谓“名察度验，定清浊，起五部，建气物分数”，《集解》引应劭曰：“皆叙历之意也”；《考证》引孟康曰：“五部，五行也。天有四时，分为五行也。”又引晋灼日：蔡邕《天文志》：“浑天名察发敛，以行日月，以步五纬。”《史记·天官书》更论及“天有五星，地有五行”。“五星者天之五佐，为经纬，见伏有时，所过行，赢缩有度。”“为天数者，必通三五（即三辰、五星的行度)，终始古今，深观时变，察其精粗，则天官备矣。”所谓“变化始终”，即《历书》所引《左传》文“履端于始，举正于中，归邪（余）于终”，杜预注云：“步历之始，以为术之端者，朞之日三百六十有六日，日月之行，又有迟速，故言归余于终。”《史记·集解》引韦昭说；“谓正历必先称端于始也，若十一月甲子朔旦冬至也。气在望中，则必时日昏明皆正也；邪，余也。终，闰月也。中气在晦，则后月闰在望，是其正中也”。所谓“散消息之分”，即《历书》司马贞《索引述赞》所云：“推步天象，消息母子”和《历书·集解》引孟康注：“分，历数之分也。”可见，邹衍“五德终始”说的立论之本，全属天文历法中建正、立闰、推算日月五星的行度等的专门历数之学。

再说“异木改火”。邹衍有“春取榆柳之火，夏取枣杏之火，季夏取桑柘之火，秋取柞楢之火，冬取槐檀之火”的议论（周礼·司爟》郑玄注引郑众说引《邹子》）。关于“改火”，是古代按季节行火的一种措施。《周礼·司爟》说：“司爟掌行火之政令，四时变国火，以救时疾”，似为一种原始的行火节日。《艺文类聚》火部引《尸子》曰：“燧人上观星辰，下观五木以为火”，即燧人（古代的火正官）以大火星定季节，四季分别取异木钻火。《管子·禁藏篇》有“当春三月，萩室熯造，钻燧易火，抒井易水，所以去兹毒也”。似乎“改火”和换井水，均属于古代月令中的卫生防疫措施。曾有学者对邹衍此说考订的结果，认为如依“改火”说，“改火之木随五行之色而变”，其次序为木火土金水，则属于《月令》系统的五行相生说，因而认为邹衍初主“相生”说，以后另创五德转移的次序，乃主“相胜”说。①

至于邹衍的“大小九洲”说，反映了当时航海发现与地理知识的扩大，《盐铁论·论邹》记桑弘羊说：“邹子疾晚世之儒墨，不知天地之弘，昭旷之道，将一曲而欲道九折，守一隅而欲知万方……于是推大圣终始之运，以喻王公。”然后转述大九洲说。这位为汉武帝的雄才大略搞经济基础的实干家对邹衍的“九洲”说给予了充分的肯定和赞扬。

拨开儒学正统偏见所加给邹衍的“积毁”，可以看到，邹衍在战国时期，以深广的自然科学知识为基础，所创建“五德终始”的历史观、“大小九洲”的地理观及其“先验小物，推而大之，至于无垠”的方法论，是“闳大不经”、“颉亢”不群的，吐露了不少天才

① 杨向奎：《五行观念的起源》；顾颉刚：《五德终始说下的政治和历史》（《古史辨》第五册），上海：上海亚细亚书局1935年版。

思想，打开了人们的狭隘眼界，对以后航海、开拓中外交通事业和科学发展都起了引发作用。但必须指出，邹衍的思想特点，在于直接从当时天文历法、阴阳五行的“数度”之学中，企图推衍出概括天道人事的普遍规律来。他的“先验小物”，然后“推而大之”的方法，有一定的科学性；但任意推演，就会“用纯粹的幻想来填补现实的空白”。“依靠经验自然科学本身所提供的事实”，就想借以构造出一个统一的宇宙观，这只能陷于自然哲学的思维模式。① 这就是邹衍思想的根本局限。正因如此，邹衍在哲学思维的水平上赶不上《易传》的作者。《易传》的作者们，同样注意总结当时阴阳数度之学的成果，但他们区别了“形而上者谓之道，形下者谓之器”，强调了哲学的任务在于“探赜索隐，钩深致远”，掌握“弥纶天地”、“曲成万物”的普遍规律，需要从“天下之至赜”和“天下之至动”的事物的复杂性和变动性中，抽象出“易知”、“易从”的“理”来，“易简而天下之理得”，“神而明之，存乎其人”。这样，才能运用普遍规律去掌握变化，推行主张，做成事业，“化而裁之谓之变，推而行之谓之通，举而错之天下之民谓之事业”。这就是《易传》与邹衍在思想路数、思维水平上的不同。《易传》不可能成于邹衍后学之手。

至于邹衍在先秦辩证法思想发展的“圆圈”中应占的地位，应当运用历史与逻辑一致的方法，剥去其学说的外在形态和特殊应用，从中揭示出作为认识矛盾运动中承先启后的必经的理论环节。这就是邹衍在他的学说中表达的“阴阳消息”、“五德转移”的矛盾运动每一阶段都经过斗争而“递废兴，胜者用事”(《吕氏春秋·荡兵》)，强调的是矛盾的对立、斗争。这恰好是从《老子》到《易传》的辩证矛盾观的螺旋发展中的一个必经环节。如果说《月令》等著作曾透露出“五行相生”的观点，邹衍则贡献了“五行相胜”的观点，而后期墨家又提出“五行无常胜”的观点，……《易传》则以“一阴一阳之谓道”，“柔刚相推而生变化”的观点来“观其会通”，作出

① 恩格斯：《费尔巴哈与德国古典哲学的终结》，《马克思恩格斯选集》第4卷，第242页。

总结。不是说《易传》成书可能在邹衍之前么？似乎可以引列宁的话来回答：“哲学上的圆圈：是否一定要以人物的年代先后为顺序呢？不！”

一九八四年五月

# 十七、秦汉之际学术思潮简论

1956年冬，曾侍坐已婴风疾而仍谆谆诲人不倦的汤用彤先生，有一次我请教如何读王充书，汤先生蔼然指点应注意王充与秦汉道家的关系，应考察王充晚年所著《养性之书》存今本《论衡》中究系哪些篇，养性即养生乃道家思想的重要一环，由贵己养生而推到天道自然；因论及蒙文通先生有先秦道家分为南北两派之说甚精，至于秦汉之际道家似更有新的发展，或衍为神仙家、医家（如《楚辞·远游》、《黄帝内经》）或衍为黄老之学，王充书中累称黄老，值得注意。当时初学，难体深意，迄今二十余年，自愧德业蹉跎，对前修指点，浅尝辄止，过耳或忘，未能闻一以知十。后读马王堆汉墓出土帛书《经法》等篇，益信司马谈所论六家要旨，实为秦汉之际发展的新思潮而并非先秦名家旧旨。比类通观，异同可见。忆及蒙文通先生于《儒学五论》中曾指出："盖周秦之季诸子之学，皆互为采获，以相融会。韩非集法家之成，更取道家言以为南面之术，而非固荀氏之徒也。荀之取于道法二家，事尤至显。《吕览》、《管书》，汇各派于一轨，《淮南子》沿之，其旨要皆宗道家。司马迁之先黄老而后六经，亦其流也。六艺经传之事，盖亦类此。汇各家之学，而综其旨要于儒家。"深感汤、蒙诸前辈硕学所论，常中肯綮，足以启迪来学。只可惜《老子》甲乙本及《经法》等帛书出土时，汤先生、蒙先生均已先后谢世，再不能向他们问难、请教了。善歌者使人继其声，善教者使人继其志。王夫之把《易传》"继之者善也"，解释为"学成于聚，新故相资而新其故"。兹篇所述，苟能"继其声"而"新其故"于万一，盖汤先生当时娓娓数语实有以启之。

秦汉之际的中国，封建制已在全国确立，而历史又经历了一次社会大动荡、大分裂又趋向大统一的曲折。在这一历史的曲折中，先秦各家思想虽经《庄子·天下》作者、荀况、韩非试作过总结，却又进一步分化、改组、汇合而形成了不同倾向的新的学术思潮。

秦汉封建统治集团实现了全国政治统一之后，面临着为巩固政权而营造新的上层建筑的历史任务；但以什么思想理论作为指导，对封建统治思想及其理论重心的选择，却经历了一个过程。从秦皇到汉武，摸索了整整一个世纪。这一时期，各种学术思潮的互相激荡，迭为废兴，又各有承转，非仅战国诸子争鸣的余波，且为秦汉学者适应时代要求的新的理论创造。

秦及汉初，新兴地主阶级内部的不同集团，对于怎样巩固封建集权统治和营造新的上层建筑，怎样创立新的“法度”及其理论基础，曾发生多次思想政治路线的分歧和争论，学派形式上则表现为道、儒、法之间的互黜。

秦统一前夕，秦相吕不韦招致宾客著了《吕氏春秋》一书，显然以道家思想路线为中心，兼采儒、墨、名、法及阴阳、兵、农家言，适应历史发展的客观要求，提供了一个实现封建主义的政治统一和思想统一的初步方案。战国末，思想发展的总趋势已要求通过“吹万不同”的争鸣而互相摄取、趋向统一。《庄子·天下》、《荀子·非十二子》、《韩非子·显学》均已表现出这一趋向，而《吕氏春秋》更以兼容并包的积极态度，“齐万不同”的指导思想，采“人著所闻”的“集论”方式，形成了一个以八览、六论、十二纪为构架，以新发展的道家无为思想为中心的理论体系。书中强调以“义兵”统一天下，然后推行“无为”政治，“主执圜，臣处方”，“大圣无事而千官尽能”，主张德治、法治并举，“凡举事必先审民心”；突出地重视发展农业生产，注意天文、历法、物候、乐律等自然规律；归结到哲学上强调“贵因”、“知一”、“名实相保”。（见《荡兵》、《圜道》、《君守》、《顺民》、《贵因》、《执一》、《上农》等篇）凡此，表现了新道家的思想特征。《吕氏春秋》曾于秦始皇八年公布于咸阳市门，并以“有能增损一字者予千金”的号令以显示其权威，因而得以在秦汉之际流传，被汉初学者目为“圣贤发愤之所为作”的第一流著作。不久，在秦统治集团内部的权力争夺中，秦始皇以罪诛灭吕不韦集团，虽未涉及思想争论，但事实上否定了《吕氏春秋》为代表的思想政治路线。秦始皇集团以武力实现了“振长策而御宇内”的政治统一，推崇韩非，信用李斯，独尊法家。秦虽“设博士七十人，掌通古今”，有伏生、叔孙通、鲍丘令之（即浮丘伯）、淳于越、黄公（名疵）、正先等人，而不予重视。秦统一不久，讨论“官天下”或“家天下”问题，发生过尖锐冲突。（见《说苑・至公》）接着，在“师古”或“师今”问题上，儒生淳于越等与秦始皇、李斯展开了激烈争论（见《史记・秦始皇本纪》），争论涉及营造上层建筑的指导思想。秦始皇、李斯坚持商鞅以诗、书、礼、乐为“六虱”的思想路线，认为“不燔六艺，不足以尊新王”，因而导致焚书坑儒、禁废私学的严重事件。秦统治集团迷信法家思想，把君主的意志及其所掌握的权势夸大为具有决定一切的作用，陷入极端的唯心史观：实行“以法为教，以吏为师”，忽视对前代文化思想遗产和政治统治经验的批判继承，陷入盲目的主观独断。这样违反历史要求的指导思想，简单粗暴地黜道、坑儒，“偶语《诗》《书》者弃市，以古非今者族”，结果导致了秦王朝在农民大起义的风暴中迅速覆亡。

章太炎认为：“秦虽钳语、烧《诗》《书》，然自内外荐绅之士与褐衣游公卿者，皆抵禁无所惧。”（《秦献记》）他所例举《汉志》所录儒家羊子、名家黄公各著书四篇，二人皆秦博士；又成公生游谈不仕，著书三篇；零陵令信一篇，专难丞相李斯等，乃战乱之后的散篇孑遗。事实上，秦王朝的镇压手段，并未能阻止儒、道各家思想的流传和在理论上的新发展。正是秦汉之际，被称为“黄老之学”的新道家，以比《吕氏春秋》更精炼、更成熟的形态在齐、楚各地民间代代相传，并以更鲜明的政治态度由“轻物重生”、“全性葆真”而转向研究“成败存亡祸福古今之道”，为新兴封建统治者提供“君人南面之术”。至于“祖述尧舜，宪章文武，宗师仲尼，以重其言”的儒家学说，由秦博士和邹鲁地区的儒生们整理、保留了大批古代经籍文献，并顺应时代潮流而有新的发挥，吸取墨家而有《礼运》之篇、

《孝经》之作；博采道、法、刑名、阴阳诸家而有《易传》及大小戴记中系统的哲理和政论，逐步形成了为封建大一统提供伦理政治原则的新儒家。其他，阴阳方士、权谋纵横也与时俯仰或与儒、道两家思想融和而有新的发展。

秦统治者择定指导思想、制定文化政策的失败教训，引起汉初统治者的特别注意，促使他们对文化学术问题采取了慎重和开放的方针。汉初，首先废除了秦朝的“挟书律”，多次派人“求亡书于天下”，礼聘秦博士和邹鲁儒生，为设博士弟子员，请他们传经讲学、制定朝仪；对盖公、陆贾、黄生、司马谈等治黄老之学的新道家学者，也表示特别尊重。所以，在汉初，儒家、道家都以服务于新统治者的新姿态而活跃起来；至于法家，作为新兴地主阶级夺权、统一运动的思想旗帜，虽经“秦二世而亡”的政治挫折，但在汉承秦制和总结秦政得失中，仍保持着一定的思想活力。

但汉初统治者，对于怎样营造新的上层建筑、确立新的统治思想及其理论重心，仍在摸索之中。封建统治阶级内部的不同集团之间，争论在继续着。

汉高祖刘邦其人，本来“不好文学”，鄙视儒生。当他初定天下，却不得不接受叔孙通和一伙鲁诸生为之制定的朝仪。但就巩固政权应当如何确立指导思想的问题，他和谋臣陆贾发生过一次著名的争论。史称：“陆生时时前说称《诗》《书》，高帝骂之曰；‘乃公居马上得之，安事《诗》《书》？’陆生曰：‘居马上得之，安可以马上治之乎？且汤武逆取而顺守之，文武并用，长久之道也。……向使秦已并天下，行仁义，法先圣，陛下安得而有之？’高祖不怿而有惭色。乃谓陆生曰：‘试为我著秦所以失天下，吾所以得之者何，及古成败之国。’陆生乃粗述存亡之征，凡著十二篇。每奏一篇，高帝未尝不称善，左右呼万岁，号其书曰《新语》。”(《史记·郦生陆贾列传》)这一生动的描述，表明刘邦是“好谋善听”的聪明人。争论的开始，刘邦显得幼稚、粗鲁，陆贾所提出的“文武并用”等也颇笼统。而争论的结局，倒是刘邦承认了不能“以马上治之”，进而提出了总结秦亡教训这个要害。陆贾以后所上《新语》，重点也在总结秦亡的教训在于："蒙恬讨乱于外，李斯法治于内，事逾烦，天下逾乱，法逾滋而奸逾炽，兵马益设而敌人逾多。秦非不欲治也，然而失之者，举措太重而用刑太极故也。"(《新语·无为》)因而，有针对性地较早提出了"无为而治"的政治原则，"夫道莫大于无为，行莫大于谨敬"(同上)。"君子之为治也，块然若无事，寂然若无声，官府若无吏，亭落若无民。"(《新语·至德》)他所强调的主要是统治者要宽刑简政，不要苛扰人民，休养生息，恢复被破坏了的封建经济；然后，注重教化，统一政令，"举一事而天下从"，做到"不言而信，不怒而威"(同上)。这样的"无为"，实际上是"有为"。陆贾《新语》所提供的以道兼儒的"无为"原则，虽尚粗浅而未形成明确体系，但符合形势需要，反映了时代思潮。所以，陆贾在中央的这一建议与盖公在齐地对曹参的指教竟不谋而合，表明秦汉之际崛起的新道家思想，适应了当时封建统治者的迫切要求。

曹参初为齐相时，曾召集长老诸生征询"安集百姓"的施政方针，遇到了"诸儒以百数，言人人殊"的各种争论。曹参终于选择了黄老道家思想。"闻胶西有盖公善治黄老言，使人厚币请之。既见盖公，盖公为言治道贵清静而民自定，推此类，具言之。参于是避正堂，舍盖公焉。其治要用黄老术，故相齐九年，齐国安集，大称贤相。"(《史记·曹相国世家》)这位盖公，是齐地学有师承的黄老学者。据司马迁记述："乐臣公善修《黄帝》、《老子》之言，显闻于齐，称贤师。""其本师号曰河上丈人，不知其所出。河上丈人教安期生（这位安期生，在秦、楚之际很活跃。据皇甫谧《高士传》说，秦始皇东游时曾见过他，以后他与蒯通又游说过项羽)，安期生教毛翕公，毛翕公教乐瑕公，乐瑕公教乐臣公，乐臣公教盖公。盖公教于高密、胶西，为曹相国师。"(《史记·乐毅列传》)盖公根据战国末以来在齐地形成了学派的黄老学，向曹参提出的"清静无为"的为政方针与思想原则，在汉初实际政治生活中起着重大作用。因为曹参相齐九年之后又继萧何任汉相国，继续推行"清静无为"的方针，被史家赞为："参为汉相国，清静极言合道。然百姓离秦之酷后，参与休息无为，故无不称其美矣!"司马迁特记录了当时百姓的一首颂歌："萧何为法，顜若画一。曹参代之，守而勿失。载其清静，民以宁一。"(《史记·曹相国世家》）自陆贾提出"道莫大于无为"，汉高帝虽口头"称善"，但并未付诸实践，甚至还未意识到为巩固政权有择定新的指导思想的必要。张良曾受黄石公书，用谋略佐刘邦定天下，以开国重臣而辞三万户之封，愿从赤松子游，自学辟谷道引的养生术，又巧妙地荐"商山四皓"辅太子刘盈，避免了汉初废立太子的危机，局部地起了某种稳定作用。而"曹参荐盖公言黄老"，开始切实推行"无为而治"的指导方针，并取得显著成效，史称："当孝惠、高后时，百姓新免毒蠚，人欲长幼养老，萧、曹为相填（镇）以无为，从民之欲而不扰乱，是以衣食滋殖，刑罚用稀。"(《汉书·刑法志》）此后，文帝、景帝、陈平、汲黯等人，尤其是参与文、景两朝朝政四十余年的窦太后，能够自觉地坚持以黄老道家思想作为巩固封建政权的指导理论，并在学术思想领域大大扩展阵地，形成了新道家在当时与儒、法互黜中的理论优势地位。这种优势地位的取得，有政治上的原因，但主要是新道家在理论上的成熟发展。

自秦统一前夕，《吕氏春秋》以黄老道家为中心，兼采儒、墨、名、法、阴阳、兵、农诸家，形成了一个粗糙的体系，未得到秦统治集团重视；中经秦始皇、李斯坚持法家路线而招致败亡；汉初统治者吸取秦亡教训而逐步自觉地采取黄老道家思想作为巩固政权的指导方针。新兴地主阶级的政治实践经历了这样一个"之"字路程，促使新道家思想得到理论上的锤炼、丰富和发展。楚人陆贾通过分析秦亡教训而明确提出了"道莫大于无为"、"无为者乃无不为也"的思想原则。齐地学者更精炼出"治道贵清静而民自定"的总的论纲。经过文、景两代的顺利执行，积累了一定的政治实践经验和思想斗争成果，到武帝初年，合规律地出现了较系统的理论总结。淮南王刘安组织门下宾客，"讲论道德，总统仁义"，"弃其畛挈，斟其淑静"，写成《淮南鸿烈》一书，展开了"无为"和"有为"的辩证关系的论证，较彻底地扬弃了先秦道家"无为"思想中的消极倾向，对《吕氏春秋》以来发展着的新道家思想的积极成果作了较全面的总结。由于体系庞大，不免浮杂。稍后，太史公司马谈，作为当时最博学的思想家，以更广阔的视野和更高的理论思维水平，对秦汉之际流行于朝野的各派思想进行了深入剖判而归宗于新道家，并具体分析了新道家其所以取得理论上的优势地位，就在于能够“因阴阳之大顺，采儒墨之善，撮名法之要，与时迁移，应物变化，立俗施事，无所不宜，指约而易操，事少而功多”。即是说，托名黄帝，渊源《老子》的新道家，对阴阳、儒、墨、名、法各家的思想精华都有所吸取，并顺应秦汉之际的时代变迁而有新的发展，所以在实际运用中能够取得“事少而功多”的成效。这实是对汉初在黄老“无为”思想指导下曹参、陈平等取得的政绩所作的理论总结。司马谈更深一层从哲学上概括出了新道家的理论要点，首先，在处理主客观关系上，“其术以虚无为本，以因循为用。无成势，无常形，故能究万物之情；不为物先，不为物后，故能为万物主。有法无法，因时为业；有度无度，因物与合”。即虚心体察外物的实际情况，注意遵循事变的客观规律，先“究万物之情”，然后“因循为用”就能“为万物主”；对事物的“势”、“形”、“法”、“度”的把握，并没有一成不变的公式，只能“因时为业”，“因物与合”。这是清醒的唯物论和辩证法。其次，在考察名实关系上，“实中其声者谓之端，实不中其声者谓之窾。窾言不听，奸乃不生，贤不肖自分，黑白乃形。在所欲用耳，何事不成，乃合大道，混混冥冥，光耀天下，复反无名”。即要求名副其实，不听假话空话，就可以防止奸邪，分清是非；这样冥合大道，按规律办事，就可以不事声张而成就大事业。最后，在分析形神问题上，认为“凡人所生者神也，所托者形也。神大用则竭，形大劳则敝，形神离则死。死者不可复生，离者不可复反，故圣人重之”。承袭道家一贯的贵生、养神思想，但以此论证“无为而治”的原则，反对“任术”，强调要“先定其神”，才能去“治天下”。（《史记·太史公自序》引司马谈“论六家之要指”）

司马谈作为新道家的最后学者对新道家思潮的概括，是简明而扼要的。他对儒、法各家思想得失的评判，也反映了当时流行的儒、法等思潮的新特点，表明新道家对其有所取和舍的基本内容。这也是汉初道、法、儒三种主要思潮竞长争高、并行而互黜的矛盾状况的如实总结。

秦汉之际，法家思想是否也有新发展？是否形成了新的法家？回答应当是肯定的。韩非、李斯之功在助秦统一，而其学术思想并未因秦亡而中绝。如河南吴公与李斯同邑，曾学于李斯，汉初为河南郡守，“治平为天下第一”，因而被汉文帝征为廷尉；他又推荐其门下的青年贾谊于汉文帝，一度受到特殊的信用。（见《史记·屈原贾生列传》）又如轵县张恢曾以“申商刑名之学”教授于民间，晁错等多人曾往就学（见《汉书·晁错传》）。以后，贾谊、晁错以其主要论著和政治实践表明他们是汉初新法家的思想代表。司马迁判定“贾生、晁错明申、商”（见《史记·太史公自序》）。刘向称“贾谊言三代与秦治乱之意，其论甚美，通达国体，虽古之伊、管，未能远过”（《汉书·贾谊传》）。班固《汉志》录晁错论著列入法家，而将贾谊论著列入儒家、阴阳家，实不当，宋黄震已辨贾谊“无得于孔子之学，盖不过智略之资，战国之习，欲措置汉天下尔”（《慈溪黄氏日钞》卷五十六）。就文、景时期道、法、儒并存而互黜的史实看，贾谊以年少英才，被吴公推荐而得到“本好刑名之言”的汉文帝的任用，一年就超迁为太中大夫。他所陈政论，主要在总结秦之兴亡的历史经验，分析汉初社会矛盾和政治得失，提出内削诸侯王势力，外抗匈奴侵扰，扫除旧制度残余，巩固封建经济，强化中央集权等一系列政见，经过汉文帝的“深纳其言”，对当时实际政治产生过重要影响。但贾谊以申韩法家思想为指导所提出的一些尖锐的矛盾分析和激进的改革主张，诸如认定分封制下的诸侯王必然分裂叛乱，“疏者必危，亲者必乱”，“负强而动”，“强者先反”，因而主张运用“权势法制”这一“人主之斤斧”，“排击剥割”，大刀阔斧地削藩等（见贾谊：《陈政事疏》）则与当时朝廷奉行的黄老道家思想路线发生了根本分歧。所以，贾谊被斥为“年少初学，专欲擅权，纷乱诸事”。汉文帝也只好“疏之”，贾谊旋被贬谪长沙（《史记·屈原贾生列传》）。稍后，晁错初被景帝信用，也由于坚持新法家的激进改革主张，“为国远虑，祸反及身”，竟被谗杀。贾谊、晁错等以其面向现实的尖锐的矛盾分析预见到当时的政治事变，他们不少具体主张实际被采纳施行，但他们“不别亲疏，不殊贵贱，一断于法”的思想路线则受到排斥，被斥为“严而少恩”，“可以行一时之计，而不可长用也”(《史记 · 太史公自序》)。这表明汉初的新法家，尽管融合了更多的儒家思想，但与掺和着刑名法术的新道家，仍处于互黜的地位。

至于秦汉之际的新儒学，虽然政治上长期被黜，而在理论上却不断地得到发展。这一方面由于古代文献被作为儒经，而有其承袭的丰厚基础；另一方面也由于秦汉儒生努力吸收各家思想，而使儒家理论不断有所创新。秦汉传经的博士，代代相承，民间还有不少讲经、习礼的儒者，形成一股不小的社会势力。汉初统治者大多“好黄帝、老子之术”，新道家思潮盛极一时。而这时的新儒家，也毫不示弱地在积极发展，如儒林的著名学者申培公、辕固生等也影响一批朝臣，赵绾、王臧都受《诗》学于申培公，因而“隆推儒术，贬道家言”。道、儒互黜的事件，在景、武时期连续发生。按司马迁的概述：“世之学老子者则黜儒学，儒学亦黜老子，道不同，不相为谋，岂谓是耶?”“道不同”的两种思潮，势必发生冲突。首先，景帝时爆发了新道家代表黄生与儒林博士辕固生的一场尖锐的争论。史称：“辕固生……以治《诗》，孝景时为博士。与黄生争论景帝前。黄生曰：‘汤武非受命，乃弑也。’辕固生曰；‘不然。夫桀、纣虐乱，天下之心皆归汤武，汤武与天下之心而诛桀纣，桀纣之民不为之使而归汤武，汤武不得已而立，非受命而何?’黄生曰：‘冠虽弊，必加于首；履虽新，必关于足。何者，上下之分也。今桀纣虽失道，然君上也；汤武虽圣，臣下也。夫主有失行，臣下不能正言匡过以尊天子，反因过而诛之，代立践南面，非弑而何也?’辕固生曰：‘必若所云，是高帝代秦即天子之位，非邪?’于是景帝曰：‘食肉不食马肝，不为不知味；言学者无言汤武受命，不为愚。’遂罢。”(《史记 · 儒林列传》）这位司马谈都向他学过“道论”的黄生，服务于新兴地主阶级巩固政权的需要，按照兼容了儒法的新道家思想，强调君臣上下之分不可颠倒，驳斥了辕固生所持的儒家齐诗说的观点，而得到了汉景帝的支持。这场争论可能当时影响不小，由于儒学被屈，以致一段时间“学者莫敢明受命放杀者”(同上)，说明有关“汤武革命”等儒家旧义，已不符汉初政治形势的要求。接着，窦太后更与辕固生就《老子》一书的评价问题展开了直接的交锋。史称：“窦太后好《老子》书，召辕固生问《老子》书，固曰：‘此家人言耳。’太后怒曰：‘安得司空城旦书乎?’乃使固入圈刺豕。景帝知太后怒，而固直言无罪，乃假固利兵，下圈刺豕正中其心，一刺豕应手而倒。太后默然，无以复罪，罢之。”(同上)这次争论，直接涉及对黄老道家的理论基础的评价问题，所以触怒了窦太后，辕固生几乎丧生于野猪之口。新儒家并没有因此畏缩，通过各种渠道积极活动，由学术争论发展为政治体制之争，因而到武帝初年，矛盾终于激化到对儒生倡议采取了镇压措施。当时，支持儒学的郎中令王臧与御史大夫赵绾，趁武帝初即位，建议“立明堂”，并推荐其师、《诗》学专家申培公主持其事。申公“至，见天子（汉武帝)。天子问治乱之事，申公时已八十余，老，对曰：‘为治者不在多言，顾力行何如耳。’是时天子方好文词，见申公对，默然。然已招致，则以为太中大夫，舍鲁邸，议明堂事。太皇窦太后好老子言，不说（悦）儒术，得赵绾、王臧之过以让上，上因废明堂事，尽下赵绾、王臧吏，后皆自杀。申公亦疾免以归，数年卒。”(同上）司马迁这一简洁的记述，表明学术之争已发展为政治斗争。因为“议明堂事”，非同小可。秦汉新儒家思潮，有取于墨家与法家。蒙文通先生曾论及：“凡儒家之平等思想皆出于墨。法家之平等，为摈弃世族，扩张君权而壹刑法。墨家之平等，为废抑君权而建民治。儒家之义，莫重于明堂。班固言‘墨家者流，盖出于清庙之守，……’清庙者即明堂也。知明堂之说，创于墨家而儒者因之。凡儒者言禅让、言封禅、言议政、言选举学校，莫不归本于明堂，其为本墨家以为说，不可诬也。墨家非乐，而六艺佚乐经；墨以孝视天下，而儒者于汉独尊《孝经》，是皆秦汉之儒，取于墨家之迹。斯今文说者实兼墨家之义。”(《儒家政治思想之发展》,《儒学五论》)按吸取了墨家的今文经师说，明堂乃大学，类似监督执政的议政机关，这是汉初部分儒生违反封建专制原则的政治幻想。今文《诗》学、《尚书》学中有不少类似的奇论。申培公、辕固生等正是这部分“不达时务”的儒生的代表。被“病免”的辕固生，曾固执地告诫新被征用的公孙弘：“公孙子，务正学以言，无曲学以阿世!”这一系列事件表明，汉初新儒家荀旧义而谈桀纣为独夫，汤武为革命，又曾吸取墨学而发挥了一整套所谓井田以均贫富、封禅以选天子、明堂以议时政之类的“非常异义可怪之论”，由于“不达时务”而一再被黜。稍后的公孙弘、董仲舒，则大不一样，抛弃今文经学中一些不切实际的幻想，更多吸取刑名法术及阴阳家言，重新营造了一套以《春秋》公羊学为中心的新儒学，逐步适应了巩固封建大一统的现实政治需要。从而，在汉武帝当权以后，取代新道家，一跃而为封建统治思想的正宗。如班固所总结：“孝文本好刑名之言，及至孝景不任儒，窦太后又好黄老术，故诸博士具官待问，未有进者。……及窦太后崩，武安君田蚡为丞相，黜黄老刑名百家之言，延文学儒者以百数。而公孙弘以治《春秋》为丞相，封侯。天下学士靡然乡风矣。”(《汉书·儒林传》)

综上所述，秦及汉初，新兴地主阶级为巩固政权而营造新的上层建筑，选择封建统治思想及其理论重心，经历了曲折过程。秦代“以法为教”，黜道、贬儒，终于失败；汉初统治者，吸取教训，适应形势需要，采取了黄老之学的新道家思想作为施政方针，取得了“文景之治”的实际效果。而思想领域则比较活跃，道、法、儒并存而互黜中，各自营造学术体系，思想上互相吸取，原则上各有重心，事实上形成了三种具有新的时代特征的主要思潮，即新道家、新法家和新儒家，都属于秦汉之际的新兴地主阶级的理论创造。司马迁对此曾作过总结性的概述：

> 周道废，秦拨去古文，焚灭诗书，故明堂石室金匮玉版图籍散乱。于是汉兴，萧何次律令，韩信申军法，张苍为章程，叔孙通定礼仪，则文学彬彬稍进、诗书往往间出矣。
>
> 自曹参荐盖公言黄老，而贾生、晁错明申、商，公孙弘以儒显，百年之间，天下遗文古事靡不毕集太史公。(《史记·太史公自序》)

前一段主要说的秦不重视上层建筑的营造，汉初营造政治、法律、文化等上层建筑的成就。后一段则概述汉初学术潮流的发展，简要明确地勾画出当时学术领域中三种主要思潮及其代表。盖公所言的“黄老”，即战国末在齐地兴起、代有师承的黄老之学的新道家，在汉初流行于朝野而得到大发展，其哲学思想源远流长。从《吕氏春秋》到《淮南鸿烈》显示了新道家博采众长的学术路线，其所论证的理论核心乃是“无为”和“有为”，即事物的客观规律性和人的主观能动性之间的辩证关系。其间，陆贾、盖公揭示其总纲，司马谈、司马迁总结其要点，惜语焉不详。新出土的汉墓帛书与《老子》乙本合卷的《经法》、《十六经》、《称》、《道原》等四篇，提供了重要思想资料，其所阐明的“虚同为一”的“道”即规律的客观性，“人事之理”的“顺逆”的复杂性，以及“执道”、“循理”、“审时”、“守度’，就可以在客观规律面前反“客”为“主”的能动性等，反映了新道家据以立论的哲学世界观根据，补足了秦汉哲学发展史上重要的一环。贾谊、晁错所明的“申、商”，实指通过总结秦之兴亡的历史经验对法家路线的发展，如贾谊对“攻守异势”、“攻守异术”的战略分析所得出的“礼法并用”的主张，特别是“按之当今之务”，对社会新矛盾的不同性质、不同阶段、不同处理方针的具体分析，达到了较高的思维水平，新法家在哲学上的新贡献，以贾谊的辩证矛盾观为代表，发展了韩非和《易大传》各有片面的矛盾学说。至于儒家，在秦汉之际长期处于被黜的地位，反而作了大量的历史文献研究和理论准备工作，整理、传授和阐释了《易》、《诗》、《书》和《春秋》以及《孝经》等，并不断吸取各家思想来充实自己，虽然“六艺经传以千万数”，“博而寡要”，但准备了丰富的思想文化资料。通过“公孙弘以白衣为天子三公”，在政治上使新儒家显露头角，再到董仲舒以“专精一思”的努力，集秦汉之际新儒学思潮之大成，在理论上使新儒学形成系统，当他的“天人三策”为汉武帝所接受，封建地主阶级终于找到了自己统治思想的理论重心。

封建社会初期的三种思潮，看来迭为废兴，互相否定，实际上相反相成。所谓“黜黄老刑名”而“独尊儒术”，不过由道法合流而发展为儒法合流。“汉家自有制度，本以霸王道杂之”(《汉书·元帝纪》)，汉以后长期封建社会的正宗思想大体承继这一传统。王夫之处于封建社会开始没落并进入自我批判时期，因而能够揭露所谓“儒术”，不过是“于申韩则暗袭其所为而阴挟其心”，“自宋以来，为君子儒者，言则圣人而行则申韩也”，“后世之天下死于申韩之儒者积焉”(《姜斋文集·老庄申韩论》)。王夫之所抨击的“以申韩之酷政，文饰儒术，而重毒天下”(《尚书引义·舜典二》)的“申韩之儒”，当然不是指先秦的法家及秦汉之际的新法家，而是指宋明以来维护封建法统、把封建专制主义之“法”神化为主宰天地人物之“理”而又以“理”杀人、重毒天下的理学家们。至于汉初黄老之道，王夫之也有所评析，如推许汉文帝比贾谊、晁错高明，“知时”、“知几”，认为“夫天有贞一之理焉，有相乘之几焉。知天之理者，善动以化物；知天之几者，居静而不伤物，物亦不能伤之。以理司化者，君子之德也；以几远害者，黄老之道也；降此无道矣”(《读通鉴论》卷十七《文帝》)。王夫之的这些议论，对我们研究和评价秦汉之际的新道家思潮，似乎也有某些借鉴意义。

一九八四年十月

# 十八、陆学小议

## ——序王心田《陆九渊著作注评》

陆九渊（1139—1193）是12世纪中国南宋时富有平民意识、独立不苟的思想家。他虽经科举考试，历任过县主簿、敕局删写、将作监丞、知荆门军等低微官职，而其一生的大部分时间都在民间讲学，自办书院，创立学派，从事传道授业活动，受教学生多达数千人。他以“心即理”为核心所建构的心学思想体系，勇于独树一帜，与当时以朱熹为代表并集其大成的正宗理学相抗衡，在与朱熹等直接交锋的多次论辩中逐步达到理论上的成熟；此后，经杨简及陈献章等的学脉继承，再由王守仁进一步充实、发挥，蔚为明清以来的主流哲学思潮，一直影响到近现代中国的思想界。后“五四”时期，陆九渊的学术思想对熊十力、郭沫若、蒙文通等仍保持着特殊的吸引力，足见陆九渊在中国思想史上所据有的独特地位。

陆九渊所创立的心学，其最主要的理论特点是昂扬人的主体意识，典型地抽象发展了人的自觉能动性。他以“人皆具是心，心皆具是理，心即理也”为立论的基点，认定“盖心，一心也；理，一理也。至当归一，精义无二。此心此理，实不容有二”，“万物森然于方寸之间，满心而发，充塞宇宙，无非此理”。由此推论出：“宇宙便是吾心，吾心即是宇宙。”这些论断，似乎可以诠释为主观唯心主义的呓语，但如果联系陆九渊从童年起就开始探索客观宇宙问题的心路历程，就其深层的哲学含义而言，则可如实地理解为：当万物森然呈现于吾心，人所面对的世界才由“自在之物”转化为“为我之物”，这是靠人所独具的主体意识及其“满心而发”的活动，从而实现宇宙万物之理与吾心之理的交融契合，“至当归一”“不容有二”。

他强调的是“道在天下，加之不可，损之不可，取之不可，舍之不可，要人自理会”，“宇宙不曾限隔人，人自限隔宇宙”。所以，人应当着力的是：“收拾精神。自作主宰！”就这个意义上凸显人的“本心”（精神）的能动发用，理所当然。所以，有的学者褒称陆九渊为一代“精神哲学大师”，信然。

陆九渊心学的另一特点，是以“尊德性”为宗，在鹅湖会中与主张“道问学”的朱熹激烈交锋，因而更加自觉地坚持价值理性对理论理性的优先地位；强调“先立乎其大者”，就是要把做人的德行践履、人格修养置于首位。在德育与智育的关系上，明确地把德育放在第一。他所主张的德育，并非纲常伦理规范的外在强制灌输，如正宗理学所坚持的以道心钳制人心，用天理窒息人欲，而是相反，强调“发明本心”，即把普通人的“人同此心”的“心”作为人生价值和意义之源，通过“存心”、“养心”、“求放心”的修养，高扬价值理想，挺立起道德自我，立志“堂堂地做个人”！他说：“上是天，下是地，人居其间，须是做得人，方不枉。”“天地人之才等耳，人岂可轻？‘人’字又岂可轻？”他的名诗：“仰首攀南斗，翻身倚北辰。举头天外望，无我这般人。”这都表明，陆九渊的心学，出发点和归宿点都是现实的“人”，实可称之为“人学”或“人的哲学”。

陆九渊展开他的“人学”理论，触及到一个重要课题，即他对正宗理学所维护的伦理异化和文化专制，进行了具体的揭露，表示过深沉的抗议。他所谓“堂堂地做个人”的价值标准，首要的就是“公私义利之辨”。从原则上看似乎与传统道德观相类，但当他联系现实作出具体剖析，就显示出它的批判锋芒。例如，淳熙八年他应朱熹邀请，在白鹿洞书院一次讲课中，以当时的科举取士的积弊为例，痛切揭露：“今人只读书便是利，如取解后，又要得官，得官后又要改官。自少至老，自颠至踵，无非为利。”一针见血地指出：“学而优则仕”的流行观念，实际是引导人们追逐名利，“如锦覆陷阱，使人贪而堕其中”。由于他在白鹿洞书院公开揭露“利欲之习”，朱熹也承认陆九渊讲得“恳到明白”，“切中学者隐微深痼之病”，听众“至有流涕者”；朱熹自己也“深感动。天气微冷，而汗出挥扇”。生动地展示了陆九渊这次“决破罗网”的讲演的震撼力。

一方面，陆九渊指出，“还我堂堂地做个人”，必须警惕依附、盲从和奴化。他痛斥一切依附别人，依附权势、随波逐流或甘当“声、色、利、达”的奴隶的人，统称之为“附物”。他说“今人略有些气焰者，多只是‘附物’，元非自立”。因而强调人要有独立自主精神，不盲从，不迷信，不随风倒，“不随人脚跟，学人语言”，而要“自立”、“自重”。在治学学风上更力主“自得、自成、自道、不倚师友载籍”。针对当时社会的堕落风气，一些人“奔名逐利”，一些人“卑陋凡下”，一些人自陷于伦理异化的困境中而不能自拔，陆九渊大声疾呼：“要当轩昂奋发，莫恁地沉埋在卑陋凡下处！”“此理在宇宙间，何尝有所碍？是你自沉埋，自蒙蔽，阴阴地在个陷阱中，更不知所谓高远底。要决裂破陷阱，窥测破罗网！”“激厉奋迅，决破罗网，焚烧荆棘，荡夷污泽！”这类激烈言词，散见于他的语录中，近乎冲决网罗的愤怒呐喊，是陆九渊的“理性的激情”的一面；另一方面，他又以冷静的钻研，反对“泛观”、“泛从”，而提倡一种怀疑精神，他说：“为学患无疑，疑则有进。”“小疑则小进，大疑则大进。”他从教学实践中总结出一个“疑”字，批评孔门的子贡虽然好学但不疑不辨，所以成就不大。同时，更把慎思明辨的怀疑精神直指向经典权威，大胆声称：“《春秋》之谬，尤甚于诸经”；《易传》“系辞首篇二句可疑，近于推测之辞”；“《论语》中多有无头柄的说话”。对当时学术潮流更敢于藐视权威，抨击司马光《资治通鉴》开宗明义的《名分论》为思想僵化的谬论；又一反时论，赞扬王安石的品德，并肯定其“祖宗不足法”的观点。甚至怀疑到君权私有的合理性，声称：“后世人主不知学，人欲横流，安知天位非人君所可得而私。”进而导出一个更具有普遍意义的结论：“学苟知本，六经皆我注脚。”“六经注我，我注六经。”这类贬抑儒经的议论和冲决囚缚的思想闪光，不仅当时惊世骇俗，被朱熹等目为“狂”、“怪”；而且至今还具有启发作用，可以视作传统文化中稀有的现代性的文化基因。

陆九渊的哲学思想及其历史定位，近些年超越两军对战的模式后，有所清理和重新评价，但尚有待详据史料，顾及全人，作出具体深入的剖判研究。所幸者，陆九渊晚年（1189—1193）思想趋于成熟时期，任知荆门军，得以在荆门留下他的光辉足迹。陆夫子祠便是近年重修的文化名胜。更有幸者，王心田同志立足荆门，神交往哲，公务之余，深研陆九渊著作，从陆九渊知荆门军时期入手，对其这一时期的全部著作——予以编年、考订、注释、解评，撰成《陆九渊知军著作研究》一书，期能深入浅出，古为今用，将陆九渊晚年知军形象、为政实践和学术思想，清晰地展现在读者面前。这无论是对陆九渊学说的研究，还是对荆门地方文化的资源开发和建设，都具有重要的意义，作出了可贵的贡献。

本书作者摒弃过去用预先设置的框架来割取前人学术资料的做法，以历史唯物主义导向，坚持从当时当地的历史背景出发，坚持从陆九渊社会实践活动出发，坚持从每篇作品所反映的思想内容出发，逐篇对陆九渊著作进行具体的分析论述，重在探讨陆九渊学术思想的精神实质及其历史与现实的价值。如在《送宜黄何尉序》解评中，本书作者赞赏陆九渊以人民群众的毁誉为标准，为被免职县尉何坦鸣不平和多方慰勉的义气，进而对陆九渊个人的情操、修养、胆识进行评介。这样，就使得注与评做到了有根有据，实事求是。本书作者不满足于以往著作对陆九渊学术思想作哲学路线上的简单定性和归类，而是努力突出陆九渊所创立的心学的特点和陆九渊其人的个性。在肯定陆九渊的哲学思想体系是主观唯心主义的同时，也指出心学的辩证法的积极方面，即心学能激发人的主体意识和创造精神。

凡此，均表明本书作者发愿以来，矻矻七年，已卓然有成，书将出版，谨为之序。

一九九六年十月

# 十九、刘鉴泉先生的学思成就及其时代意义

**蜀学奇葩**　蜀学渊渊，源远流长，积健为雄。仅自晚清以来张之洞、王闿运、刘申叔、廖季平等讲学蜀中，倡导博通学风，影响所及，曾涌现出一代代卓有思想风骨的人文知识分子群，乘时代风涛，藉外缘内因，代有通人硕学应运而生。其中，刘鉴泉先生玄思独运，驰骋古今，所取得的学术成就最为突兀，堪称近世蜀学中的一朵奇葩。

**生平、著作**　先生名咸炘（1896—1932），字鉴泉，别号宥斋。祖籍双流，出生成都。家世业儒，祖父刘沅（1768—1855），中举后退隐成都讲学，融合心性道术，自成一家之言，有《槐轩全书》传世，被收入列传《清史·儒林》；父、兄亦讲学、论道为务，流誉蜀中。鉴泉于刘沅孙辈年最幼，亦最聪颖，家学熏陶，五岁能属文，九岁能自学，稍长入家塾习文史，得章学诚书而特好之，弱冠后多有撰著。22岁被任为塾师，执教殷勤，后又被敬业学院、成都大学、四川大学等聘为教授。矻矻一生，不离教席，淡泊自甘，以“寂寥抱冬心”的“忍冬花”自喻，直至1932年不幸遽逝，享年仅36岁。

先生任塾师后，勤敏异常，自藏古今书二万余册，俱有批识，十余年中，学思并进而大有成，虽因早逝，壮志未酬，而已成书231种，计1169篇，475卷。短促一生，竟留下如此丰厚遗著，近世作者，实罕其匹。先生著作，不仅卷帙浩繁，而且粲成条贯。总名《推十书》，取《说文》解“士”为“推十合一”之意，亦表明其致思取向，旨在明统知类，以合御分。故《推十书》依自立“学纲”，序目井然：首列《中书》、《两纪》之类属之，兼综儒道，总标纲旨；

次《左书》，“知言”之类属之，评论先秦子学以来历代思想义理之是非；次《右书》，“论世”之类属之，通现史籍所反映时风、土俗、政术等的古今南北之变异；次《内书》，多心得之作，辨天人义理之微；次《外书》，乃博观所见，析中西学术之异；《认经论》、《先河录》等，自明学术渊源；《续校雠通义》、《校雠述林》等，论定校雠真义；而《子疏定本》、《道教征略》、《清学者谱》等，乃学术史论著；此外，论艺文书画，讲治学门径之专论尚多。其自述《学纲》，自订《推十书类录》等，皆附简表，以示纲维，虽尚未最后定型，而由博返约，自立系统，使传统学术现代化，已具一定自觉。

**学脉源流** 鉴泉先生之学基于勤勉自修，但仍渊源有自。首先，受熏于家学，屡称引槐轩遗说，但绝非拘守局限，而是自觉到“槐轩明先天而略于后天”，故“槐轩言一，吾言两；槐轩言本，吾言末……”，继志述事，别有开拓。另撰《蜀学论》、《蜀诵》等，高扬蜀学传统，而旨在推陈出新。其次，明确宣称私淑章学诚，承继浙东“通史家风”，其独特贡献，在清理浙东史学之学脉，“文献之传”在吕氏（东莱），而“史识之圆大”，“实以阳明之说为骨”；并以“明统”之说补足章氏的“知类”，以“贯通之识”补足章氏的“撰述”，更以经、子皆史的“广义史学”（或“人事学”）来发展章氏六经皆史思想，探索到具有现代性的人文思想与浙东启蒙学术思潮的内在接合，堪称独见。至于“五四”以来大量涌入的西方各种思潮，被其广纳兼收，细心咀嚼，《外书》多篇，足见深度，实已内化为思想酵母之一。

**哲思** 鉴泉先生强调蜀学有“深玄之风”，认为“蜀学复兴，必收兹广博以辅深玄”，故特重哲学思辨。《一事论》、《两纪》，乃《推十书》中两篇奇文。宏观立纲，文简义深，评及中西古今各家得失而直示其一系列哲学独见。如认为哲学之首要目的，在于学“何以为人”（“当为真人，勿流于非人”），“千万言，千万年，千万人，唯此一事”。因为，“宇宙万物以人为中心，人又以心为中心”。“治心”之学，不能专主“知”而应重“情、意”，所追求的“真善美”三统一，应“以善为主，真美次之”。衡论诸说，自持圭臬，倾向灼然。所谓“两纪”，乃以“两”为纪纲，贯通一切事物与学理，即在一切事理相待、相对、相反、相因的“两端”中，以道家法“观变”，以儒家法“用中”，辨其同异，观其会通。认为宇宙万象以“两”观之，就能“豁然知庄生所谓‘天地之纯，古人之大体’”。因而宣称：《两纪》一篇，“乃八年用功，得此一果——唯一之形而上学”。后在《左右》等文中，对“两一”关系及“中”、“公”、“容”、“全”、“两不”、“两有”以及“包多则归于全”、“超多则归于无”等的梳理诠释，足见其对传统的“两一”学说与现代辩证矛盾观相契合而得以哲理化为某种系统，确已具有相当的理论自觉。

基于这样的自觉，一方面在《内书·理要》等专论中，着力于中西哲学范畴的异同比较和认真清理，已初步琢磨出一个融贯中西的范畴体系；另一方面，又注意引进和研究“论理考证法”，即逻辑分析方法，遍及当时有关方法学的最新译本。同时，对中国传统哲学的历史发展，从文献考订，义理诠释，范畴衍化与思潮离合的梳理，到固有血脉价值的体悟，都作了“新故相资而新其故”的探究，撰著宏富，创获甚多。

**史识**　或称先生“于学无所不通，尤专力于史”。而《推十书》中史纂、史考之作并不多，除《蜀诵》等为方志力作，《重修宋史述意》乃修史规划之外，其余史学论著多为史论或论史之作。就其对浙东“通史家风”学脉的继承，对章学诚“六经皆史”义理的发挥，理论上的独特贡献乃在于把“史学”扩大为“论世”、“观变”的“人事学”。《治史绪论》、《道家史观说》等文中所论“广义之史”，括举整个人文世界，颇近于现代与自然科学相对峙的“价值学”或“人文学”。而强调以道家方法治史，即以“执两”、“御变”之法研究历史发展进程，“疏通知远”，“藏往知来”，“通古今之变”。具体化到史实，则特重以“贯通之识”“察势观风”，即以天人一贯、道器不二、体用相涵的观点，通观一时代或一地区之“风势”（时风、土俗、民情、政势等），纵观“时风”，横观“土风”，势有大小，风有主从，互相促动，互为因果。纵横两观，既能洞察大势，以大包小，又能因小见大，不遗细微。故张尔田赞之为“目光四射，如珠走盘，自成一家之学”。蒙文通赞之为“精深宏卓，六通四辟，近世之言史学者未有能过之者也”。信然！

**文心**　《推十书》中文艺学论著颇多，《文学述林》等，多层面地论及文心、文体、文风变革、文学派别。乃至专题论到陆机、袁宏道、魏伯子、魏叔子等人的文论，出入诸家，时有创见。除文论外，更广泛涉及诗论、词论、曲论、骈文、八股、小说、寓言、谜语、弹词、话本以及通俗文学如《增广贤文》等；还有专论书法、画旨之作。在某些领域，由于深造有得，直与并世专家相切磋而进到前沿（如与卢冀野论曲），惜拟著中国文学史（存纲目）而未果愿。

**时代意义**　鉴泉先生之学，自是时代产物。只缘珠沉大泽，光华未显。他生当晚清，面对“五四”新潮及正向“后五四”过渡的新时期。中西文化在中国汇合激荡，正经历着由浮浅认同到笼统辨异，再向察异观同而求其会通的新阶段发展。《推十书》中主要论著，大多反映了这一主流文化趋势，且慎思明辨，不随波逐流，通过中西古今文化的异同对比，力求探索其深层义理的会通，找到中西哲理范畴可能交融互补的契合处，“外之既不后于世界之思潮，内之仍弗失固有之血脉，取今复古，别立新宗”（鲁迅语）。“五四”以来，西化狂潮与复古逆流的交相冲击下，确有部分学者，独立不阿，既深研国学传统，又敏求域外新知，自觉地作过这样的努力，力求会通中西，熔铸古今，缔造出具有现代性的中国化的新思想体系。这应当是“后五四”时期新文化主潮之一。鉴泉先生僻处西蜀，独立探索，虽志业未竟，而心路历然。其学思成就（幸有《推十书》传世）的理论价值与时代意义，必将得到海内外学林应有的重视。

一九九八年一月

# 二十、《熊十力全集》编者序

熊十力先生是20世纪中国著名的哲学家和坚贞的爱国民主志士。原名继智、升恒，字子真，曾化名周定中，晚年自号漆园老人、逸翁，湖北黄冈人。幼年家贫，勤读自奋；青年投身于推翻帝制的反清、反袁革命；中年慨然脱离政界，潜心研究哲学。1918年发表第一部论著《心书》，蔡元培为之序，许其“贯通百家，融会儒佛”。稍后由梁漱溟推荐入南京支那内学院从欧阳竟无深研佛法，首尾三年，逐步超迈旧说，发挥新义，博学精思，以建构其《新唯识论》的独特体系，成为“五四”以后卓立不苟、流誉海内外学林的一代哲人。

熊先生生于清末光绪十一年即1885年，卒于1968年。他的一生，正当我们民族经历着空前苦难，在苦难中觉醒奋起而屡遭挫折，又勉力克服艰危险阻而赢得进步的年代；同时，在文化领域，中西新旧各种思潮的汇合激荡，也空前剧烈。正是这种特殊的历史条件和文化背景，诞生了熊十力这样充满忧患意识的爱国者和民主斗士，培育出熊十力哲学这样独具民族特色的辩证思维体系。这是我们民族的哲学智慧在苦难历程中的升华，是我国近现代的哲学文化遗产中的珍品。

熊先生的学术创造，具有反映时代脉搏的深沉思想动力。他戎马青春，投身于辛亥革命。辛亥之后，亲见洪宪改元、张勋复辟，民主革命成果被封建军阀所篡夺，而曾经革命的人绝少在身心上用功夫者，忧时之思深，愤世之情急。如他自言：“吾年十六七，便以革命从戎……三十左右，因奔走西南。念党人竞权争利，革命终无善果；又目击万里朱殷，时或独自登高，苍茫望天，泪盈盈雨下，以为祸乱起于众昏无知，欲专力于学术，导人群以正见。自是不作革命行动，而虚心探中印两方之学。”(《尊闻录》) 他以如此深挚的忧国情怀，弃政从学，转入学术理论的钻研，其内在动力，绝非消极的“逃世”、“孤往”，而是满怀悲愿所激发的高度自觉的历史责任感。如他晚年追述：“余伤清季革命失败，又自度非事功材，誓研究中国哲学思想，欲明了过去群俗，认清中国何由停滞不进。故余研古学，用心深细，不敢苟且。”(《乾坤衍》) 熊先生作为辛亥革命失败的痛苦中觉醒之一员，他深研中国传统学术，进行严肃的历史反思，其明确的目的，就在于总结“中国何由停滞不进”、“革命终无善果”的历史原因和思想教训。他主要从两方面着眼，一方面着眼于对中国封建专制主义传统遗毒的清理，对此他观察敏锐，爱憎分明，认定“两千年专制之毒”，乃至《儒林外史》等所揭露的“一切人及我身之千丑百怪”，都需要大力清除；尤其历代统治者标榜的“以孝治天下”、“移孝作忠”等宗法伦理政治信条，“支持帝制，奴化斯民”，更必须彻底清算。新中国建立后，他仍反复叮咛：“吾国帝制久，奴性深，不可不知。”(《熊十力与刘静窗论学书简》) 另一方面，区别于一般菲薄固有文化、漠视优秀传统的崇洋论者，熊先生又深入总结出辛亥革命失败的原因之一，在于“清季革命思潮自外方输入，自己没有根芽”(《原儒》)，即民主革命的理论在中国缺乏应有的根基和思想土壤。因而，他上下求索，试图在传统文化中去“掘发固有之宝藏”，竭力为他心目中的民主革命理想——诸如否定神权、反对帝制、“树立人权”、“宏大人道”、“荡平阶级”、“实行民主”、“同于大公”、“协于至平”等，找到自己民族传统中的“根芽”，赋予它们以民族化的理论形态和现代化的时代内容，借用古代的语言和传统思维模式来表达新的时代精神。他对《周易》、《春秋》、《周礼》及《礼运》等儒家经传的独特解释，以及对历代政治学术的评论，几乎全是围绕民主革命和自由平等社会的理想设计这一主题。他采取这种“引古筹今”、“六经注我”的方式所表达的思想内容，实际是对封建专制主义和封建蒙昧主义的尖锐批判，是对东方近代化的理想价值和特殊道路的探索和追求，力图使西方输入的“自由、平等、人权”

等民主革命理论得到系统地中国化，从而对先天不足的辛亥革命进行理论补课。尽管他对自己从儒经中发掘的所谓“革命”、“自由”、“民主”乃至“社会主义”等意蕴的阐释，往往是托古论今，不免穿凿，但跳动在熊先生说经评史论著中的文化寻根意识却是时代的脉搏，深刻地表露了他对民主革命理想的忠贞，对社会主义的向往，对中华文化慧命和祖国的前途充满信心。细读熊先生书，无不有此感受，并自会得到崇高的精神激励。

熊十力先生的学术创造，具有熔铸百家、敢破敢立的思想特征。他生当20世纪前半叶风雨如磐的半殖民地旧中国，西化惊涛，复古逆流，相反相因，交互激荡，使不少人迷惘不知所归。熊先生正当此时进入学界，他没有随波逐流，而是以异乎寻常的苦学精思，自循中国哲学启蒙的特殊道路，自觉地把王阳明、王船山视为自己的哲学先驱，把明清之际的启蒙思潮视为中西新旧文化迭嬗的枢纽，更广博地扬榷古今，另开一条承前启后、推陈出新的学术途径。论者或把熊先生的学术道路简括为初由儒转佛，出入空有二宗，旋又由佛返孔而归宗于《大易》。这也并非无据。但熊先生治学立言的根本特点，不在学脉数变，而在于自有主宰，不囿成说，力破门户，强调“夏虫井蛙，学者宜戒”，而主张博采兼综，“以平等心究观古今各大学派”，“析其异而观其通，舍其短而融其长”，因而与当时的崇洋论者和复古论者都各异其趣，与拉杂比附而浪言融通者亦卓尔不同。他虽自谦对现代科学与西方哲学了解不多，而就其博涉所及，确能以高一层次的哲学思络，通贯古今，平章华梵，衡论中西，出入于儒、佛、老、庄及宋明诸子，自立权衡，自创体系。其以“新唯识”或“体用论”为名所自创的独特的哲学体系，有人称之为“新佛家”或“新法相宗”，又有人称之为“新儒家”或“新陆王学”或“新易学”等，其实，作为开拓性的哲学家，自当熔铸丰富的先行思想资料，故其论著中，睥睨西学，痛斥奴儒，且明确自称：“吾唯以真理为归，本不拘家派……然吾毕竟游乎佛与儒之间，亦佛亦儒，非佛非儒，吾亦只是吾而已矣。”(《新唯识论》语体本）这就难于以某种固有的学派范式去加以评定，或诃其乖违佛理，或赞其不坠儒宗，或美其归宗大易，或疵其抨击宋儒，似皆持论有据而与熊氏思想全貌实未必相应。熊先生的哲学思想，虽有其自为经纬的严整系统，在其境论（本体论）、量论（认识论）、人生论、价值论中也各有其理性思辨的范畴体系，但熊氏哲学的根本精神，在于以“体用不二”为致思途径所展开的“本体与主体合一”、“德慧与知识并重”、“内圣与外王一贯”的思想，自强不息，高扬在文化创造、道德实践中的主体性原则和“不为物化”的“人道之尊”。不仅在后“五四”时期的中国哲学论坛上独树一帜，卓然成家，而且以其所达到的现代思维水平，以其所阐扬的人文精神与人文价值，既与20世纪世界哲学思潮相汇通，又保持了“东方哲学的骨髓与形貌”，故得以蜚声海内外，在中国和世界文化思想史上都占有一定的地位。熊氏哲学虽不免有其固有的理论矛盾和时代局限，但其博大体系中的人格光辉、智慧探索和多方面的学术贡献，则是我国近现代哲学领域中极为珍贵的思想遗产。

熊先生一生贫困坎坷，长年衰病流离，而以极其深挚而悲苦的忧患意识与文化责任感，勤奋讲学，著述不倦，共写出专著近三十种，发表论文、札记近百篇，与人论学书简更不计其数，共约三百余万言。除自成体系的哲学巨著以外，尚有经学、史学、子学、佛学等多方面的学术成果。20年代至40年代曾刊印专著十数种，新中国成立后新印行八种，60年代以后有的在台湾地区、香港及海外也曾重排或影印出版。但过去海内外已刊著作，印数既不多，编校又失之零散而不够精善；至于熊先生生前未刊之遗稿、书札，流传不广的讲义，及散见于报刊上的文字，更亟待搜集整理。1985年北京中华书局开始出版的《熊十力论著集》，稍经辑校，仍属选集而非完璧。为了保存这一份珍贵文化遗产，为了提供研究现代中国思想及熊十力思想全貌的完整资料，我们在海内外许多师友和熊先生亲属的热情支持下，决定广搜穷索，重新序目编校，辑成《熊十力全集》，共分九卷，约计三百五十万言，幸得湖北教育出版社慨然以保存乡邦文献自任，惠予排印出版。

这部《熊十力全集》，先专著，后论文、书札，拟大体按年代顺排，足以展示熊先生思想的衍变、发展；拟收入已刊和未刊的全部论著及其原载的诸家序跋与附录；特别可贵的是，已搜集到的熊先生自存校订本上的笺条、夹注、眉批等，将全面反映在校注或校记之中，力求完整和存真，旨在巨细无遗地向读者展示熊先生学术思想的全貌。至于散见于报刊的论文札记和大量未刊的书信、题词等，亦大体按年代编辑，无论宏篇或是片语，均收录在卷，以备检索。当然，全集之“全”，只能是相对的，虽力求网罗无余，总难免沧海遗珠。我们恳望熊先生生前好友、门人及其家属，海内外专家和广大读者，能将所收藏的熊先生的佚文、书札、照片、手迹等，提供给我们，使纳入本集的后出诸卷，使这部全集能够日趋完善，不胜企望。

萧萐父序于东湖

一九九〇年十月

# 二十一、徐复观学思成就的时代意义

## ——1995年8月在武汉“徐复观思想与现代新儒学发展学术讨论会”开幕式上的发言

### 一

浠水徐复观先生（1903—1982），是现代中国卓有建树的学者，耿介不阿的思想家。他生活在后“五四”时期的时代风涛中，始终跋涉于学术与政治之间；学术层面又长期涵泳于中学与西学、旧学与新学之间，历史与现实、传统与现代化之间，儒门与道家之间，道德与艺术之间……以深沉的忧患意识，从事坚贞的学术研究，严肃思考，引古筹今，上下求索，左右探源；在对立两极之间自觉地保持张力，在双向扬弃中渴求新的进展。因而，对晚清以来一直困扰着人们的时代课题，诸如：历史形成的悠久传统能否向现代化转换的问题，对传统文化的二重性、正负面作用如何分疏的问题，从古老传统文化中如何剥离、发掘出现代化的人文价值的问题等，作出了一系列独具卓识的创造性诠释，被海内外学界誉为“创新的传统主义者”，“献身于民主的斗士”，“敢于向权势挑战的人文自由主义者”。

徐先生著作宏富，学风凝重，其代表作《两汉思想史》、《中国人性论史·先秦篇》及《中国思想史论集》、《中国艺术精神》及《中国文学论集》等，大体从政治文化、道德学说、艺术精神三个方面对中国传统文化进行了有破有立的疏释，着力阐扬传统文化中被窒压、被曲解的人文主义精神。读徐先生书，有一种特殊的感受，即书中跳动着的是一颗赤子之心对神州大地山川草木、故乡风土人情的强烈的爱，是他对饱经磨难而仍然活着的中华文化精神的一片热忱；同时，也充溢着他对两千年来专制主义的黑暗统治和传统社会，传统士人的痼疾和流弊的无情抉发，横眉冷对，深刻剖判，爱憎分明，入木三分。至于他大量的时论杂文所流露的忧患意识和批判精神，更是披肝沥胆，充分表现了他绝不奄然媚世的狂狷性格。徐先生可说是洗尽了乡愿庸人气习、襟怀坦白的性情中人。

徐先生的学术研究和文化剖判的总方向，似可概括为以破显立，去芜存菁，即通过对传统思想的负面的揭露批判以凸显其正面的价值，勇于剔除古老民族文化中污秽及僵化的成分，从而复活并弘扬其不朽的真精神。

首先，在政治文化的剖判方面，他把重点放在反专制、反奴性方面，显然有所承继于熊十力先生。熊先生一再强调："吾国帝制久，奴性深，此不可不知"；"两千年专制之毒"及至《儒林外史》等所揭露的"一切人及我身之千丑百怪"，都需大力清除。如果说熊先生言简意赅，宏观立论；则徐先生微观考史，予以实证。他的代表作《两汉思想史》一至三卷，系统深入地考察了从先秦到两汉中国社会和学术的巨变，特别是关于西周政治社会的结构及其崩解和秦汉典型的专制政治制度的成立问题，关于汉代君王一人专制政治下的分封问题、官制演变、君相矛盾，以及外戚、宦官势力的形成等问题，关于两汉知识分子在专制下的压力感及卑怯心理、言行游离等问题，关于中国姓氏演变与社会结构的形成问题，关于从《吕氏春秋》到董仲舒的思想转折以及哲学大系统的建立问题，关于扬雄、王充、韩婴、刘向等以及《盐铁论》反映的社会政治文化思想，《史记》、《汉书》所反映的由宗教通向人文的史学思想等问题，探微索隐，仔细梳理，发人之所未发。他从社会史与思想史结合的角度，剖析从西周到秦汉政治体制的诸方面，尤其是专制政治的基本性格及其所造成的专制主义的心理状态；在此背景下中国知识分子的艰难处境和软弱性格，中国学术文化依附于政治的畸形发展等，其透视之深切，论析之绵密，为以往史学论著所罕见。

徐先生痛切指出中国古代学术文化发展的艰难性：由于学术文化

依附于专制政治，“很难打开一条顺应学术文化的自律性所要求的康庄坦途，因而一直走的是崎岖曲折而艰险的小径。中国历史中的知识分子，常常是在生死之间的选择来考验自己的良心，进行自己的学术活动。所以两千多年来中国的学术情况，除了极少数的突出人物以外，思想的夹杂性，言行的游离性，成为一个最大的特色。逻辑的不能发达，此亦为重要原因之一。而知识分子自身，由先秦两汉的任气敢死，因在长期专制折磨之下逐渐变为软懦卑怯”①。“知识分子没有自由活动的社会平面，文化即失掉其自律与自主的伸展。……一般士人，为了做官而谈政治，绝不能构成政治学；为了争宠而说有谈无，绝不能构成哲学。于是中国历史上的大多数士大夫，总是自觉或不自觉地挟带着满身的政治污秽，而中国文化的真精神，也不免和这些政治污秽夹杂在一起。”② 这一无情揭露，摧枯拉朽，但并非中国文化全是一片“污秽”。他反驳好友钱穆美化专制政治的国史观，惋惜地称之为“良知的迷惘”，同时极为深刻地指出：我所发掘的乃是以各种方式反抗专制、缓和专制，在专制中注入若干开明因素、在专制下如何保持一线民族生机的圣贤之心、隐逸之节，伟大史学家文学家所面对的人民的呜咽呻吟，以及志士仁人忠臣义士在专制中所流的血和泪。……血河泪海，不激荡出民主自由来，便永不会停止”③！这类血泪文字，典型地表现了他对中国传统文化的真精神的爱深言切。他反对把中国传统文化的真精神与封建专制主义混同起来的两极观点（一极是全盘否定传统文化，将其笼统地等同于封建专制主义，一极是全盘肯定中国专制主义，将其美化为体现了传统文化精神），而坚持从中国历史中把与种种政治污秽夹杂在一起的中国文化真精神剥离开来，即把中国文化中原有的反抗专制的自由民主精神以及“贬天子，退诸侯，讨大夫”和“从道不从君”、“忧道不忧贫”等

---

① 徐复观：《两汉思想史》卷一，台北：学生书局1982年版，第199页。

② 徐复观：《徐复观文录选粹》，台北：学生书局1980年版，第10页。

③ 徐复观：《良知的迷惘——钱穆先生的史学》，《华冈学报》，1979年第8期。

优秀思想传统，认真发掘出来，并使之与现代民主意识相沟通，以推进中国现代化进程。经过徐先生的“复古开新”的学术工作，儒家、道家思想传统中的“圣贤之心”、“隐逸之节”，以及渗透于人文史学与忧时文艺中的与广大劳苦百姓的“呜咽呻吟”痛痒相关、血肉相连的思想感情，和历代志士仁人“以德抗权”、“以道抑尊”的浩然正气与抗议精神等中华文化中这样一些不朽的真精神，得以重新显豁，光辉人间。这是徐先生针对许多知识分子蔑弃传统文化的自暴自弃态度而发愤著述所作出的重要贡献。

其次，徐先生通过中国思想史，特别是中国人性论史的研究，着重梳理了传统道德学说的诸层面，主要在发掘儒、道两家学说中的忧患意识和自由意识。

徐先生独有会心地阐发《易》道中的“忧患意识”，旨在凸显人文价值所依存的主体性。他认为，殷周之际产生的“忧患意识”，是古代文化由宗教向人文演进的重要标志，集中反映了中国古代的以道德理性为核心的人文觉醒。原始宗教虔敬天神，唯天命是听，周初人提出“敬慎”、“敬德”，朝乾夕惕，自强不息，精神专一，认真负责，由信赖神、把一切责任交给神，转化为信赖人、“吉凶与民同患”，对一切人间苦难、社会祸福勇于自我承担。这就是“忧患意识”。这不是听天由命，抹杀人的主体性；而是在历经忧患的反省中，唤起主体的能动作用的人文精神。这种人文精神，以“敬”为动力，以“德”为目标，以“成己成人”的社会义务作为自己的行为准则和应尽之责，因而是一种自觉的道德理性。徐先生从原始宗教向人文转化，来阐释儒家的人性论，认为孔子的“畏天命”，实是“对自己内在的人格世界中无限的道德要求、责任而来的敬畏。性与天道的融合，是一个内在的人格世界的完成，即是人的完成”①。而孔子的“仁”，乃是一个人的自觉的精神状态，它至少包括“成己、成人”两个方面：一是对自己的人格的建立及知识的追求发生无限

① 徐复观：《中国人性论史》(先秦篇)，台北：商务印书馆 1969 年版，第 89-90 页。

的要求；一是对他人无条件地感到有应尽的无限的责任。他说："个体的生命与群体的生命，永远是联结在一起的，这是中国文化最大的特性。""孔子对仁的开辟，不仅奠定了尔后正统人性论的方向，并且又由此而奠定了中国正统文化的基本性格。"① 至于孟子的"性善说"乃是"人对于自身惊天动地的伟大发现"，"可以透过一个人的性，一个人的心，以看出人类的命运，掌握人类的命运，解决人的命运。每一个人即在他的性、心的自觉中，得到无待于外的圆满自足的安顿"。② 即认定性善说是通向人的终极价值和安身立命的桥梁，是确定人的尊严和人与人相互信赖的根据。故由"性善"说可以推广为"仁政"说，确定人民的好恶为指导政治的最高准绳，即中国思想史中以道德主体性为基础的最高的民主政治精神，只是缺乏民主制度的构想。

徐先生把道家的人性论思想，也纳入了他即思想史以发掘人性论的道德主体的自由意识的系统。他着重剖析了庄子反对人性异化的自由观，提出庄子面对沉浊的现实，却怀有"无限的悲情"，又从"无待"的自我逍遥的精神境界中，探索人性从各种异化中得以复归的途径，"欲使众生的性命，从政治、教义的压迫阻害中放出来；欲使每一人、每一物，皆能自由地生长。一方面好像是超脱于世俗尘滓之上；但同时又无时无刻不沉浸于众生万物之中，以众生万物的呼吸为个人精神的呼吸，以众生万物的自由为个人的自由；此即他所说'独与天地精神往来，而不傲倪于万物'。他所欲构建的，和儒家是一样的'万物并育而不相害，道并行而不相悖'的自由平等世界"。③ 这样对庄子自由观的阐释和肯定，表现了徐先生以平等心对待儒、道两家的文化包容心态。他还深刻指出，历史上的正宗儒家，

① 徐复观：《中国人性论史》(先秦篇)，台北：商务印书馆 1969 年版，第 152 页。

② 徐复观：《中国人性论史》(先秦篇)，台北：商务印书馆 1969 年版，第 412 页。

③ 徐复观：《中国人性论史》(先秦卷)，台北：商务印书馆 1969 年版，第 412 页。

“过于信赖现实，最容易为统治者所藉口，乃至甘心供统治者的利用，以加强统治者的惨酷之毒，真是值得庄子加以棒喝涤荡的。他（庄子）在抨击仁义之上，实显现其仁心于另一形态之中。……这是我们古代以仁心为基底的伟大自由主义者另一思想形态”。① 对于庄子反抗政治伦理异化的自由理想如此高度地评价，对儒道两家的真精神如此巧妙地加以融通，这是徐先生的独得之见，值得我们认真咀嚼。

再次，徐先生通过对中国艺术史，特别是对中国传统绘画及历代画论的研究，着重发掘中国艺术精神中的主体意识和艺术境界中所实现的人格自由。

徐先生从原始宗教向人文精神的转化，展示了他的中国人性论的研究；再从中国人性论的研究，拓展到中国艺术精神的阐扬。他认为，中国文化的主流，“走的是人与自然过分亲和的方向，征服自然以为己用的意识不强”，故自然科学不发展，一些“前科学”的成就，只有历史意义。但中国文化中的人性研究，从人的具体生命的心、性中，发掘出道德的根源和人生价值的根源，不假外力而靠道德自觉之力，即可解决人类自身的矛盾和危机。中国文化还有一个层面，即从人的具体生命的心、性中，发掘出艺术的根源，在艺术中把握到精神自由解放的关键，并由此产生了许多伟大的文艺家、画家和他们的不朽的作品。这两个方面的成就，“不仅有历史意义，并且也有现代的、将来的意义”。② 他概括中国文化中的艺术的精神，有两个典型。一是由孔子所显出的“仁与音乐合一”的典型，是道德与艺术的最后统一。另一是庄子所显出的典型，乃是纯艺术精神。庄子所说的“道”，落实到具体人生，作为人生的体验来把握，乃是纯粹的崇高的艺术精神。庄子由“心斋”、“坐忘”等工夫所自觉到的“心”，乃是艺术精神的主体。道家由老、庄演变为玄学，它的真实

① 徐复观：《中国人性论史》（先秦卷），台北：商务印书馆 1969 年版，第 412 页。

② 徐复观：《中国艺术精神》，台北：学生书局 1984 年版，第 1-2 页。

内容乃是艺术化的生活和艺术上的成就。历史上的大画家、大画论家所达到的精神境界，常不期而然都是庄学——玄学的境界。所谓“玄”，乃是一种心灵状态、精神境界；而中国艺术中的绘画，正是这种“玄”的心灵状态所产生、所成就的。“心斋”、“坐忘”，正是美的观照得以成立的精神主体，也是艺术得以成立的最后根据。达到“心斋”、“坐忘”的精神境界的历程，一是必须消解由生理而来的物欲，使物欲不能奴役心灵，心灵得以从物欲的支配下解放出来。二是让心灵不受认知活动的烦扰，而从“生也有涯而知也无涯”等无穷追逐中得到解放，以增进人的自由。心灵摆脱了“欲望”和“知见”的遮蔽，心的虚静的本性便会呈现出来。从老子的“致虚极、守静笃”发展到庄子的“无己”、“丧我”、“心斋”、“坐忘”，都以虚静作为体道即把握人生本质的工夫，也就是一种主客两忘、物我合一、超越时空而了无间隔的审美境界。“心与物冥”的心，即审美观照的主体之心；所冥之物，即作为审美对象之物。中国艺术精神不同于西方，最根本的一点是强调艺术美从人格根源上涌现出来，是主体精神的自由表现。在主体呈现时，既是个人人格的完成，又是主体与客体宇宙万有的融合；“天地与我并生，万物与我为一”。所以中国文化的根源之地，无主客的对立，无个体与群体的对立，“成己”与“成物”是一而非二。这是中国文化最不同于西方文化的基调之一。

徐先生对中国文化主流学派的道德哲学和艺术精神的诠释，其理论重心集中在阐发其中关于人的主体性和精神自由。他在孔孟儒学中发掘出道德自律与人格独立的主体性原则，他在庄学、玄学中又发掘出审美观照与艺术自由的主体性原则。他既肯定人不仅是道德主体，而且是艺术主体，也就承认了主体的多元化，人还可以作为独立的认知活动的主体、政治与经济活动的主体、科技与宗教活动的主体等。徐先生在学术上通观儒道，扬榷诸家，对道家思想多方面的认同，同样也可推衍出学术思想上综摄融贯的多元化。体用多元，一本万殊，大德敦化，殊途百虑。徐先生留给我们的不是“断港绝潢”，而是广阔的康庄大道。

综上所述，徐复观先生对古代中国社会特别是政治文化的反思，对中国人性论及道德哲学的剖析，对中国艺术精神的阐扬，无不具有引古筹今的历史感和现实感。而其中一以贯之的思想，是他力求发掘中国传统文化中的人文精神，亦即主体自由的精神，高度自觉的忧患意识，不为物化的人道之尊。这是现代化价值的生长点，是传统与现代化的接合处。徐先生留给我们的思想遗产和学术成就，无疑具有重要的时代意义。

一九九五年八月

# 二十二、传统·儒家·伦理异化

## 一

传统，是一个沉重而模糊的概念。“古愁莽莽不可说”（龚自珍诗句），“青史凭谁定是非”（林则徐诗句）。传统在历史之流的滚滚风涛里形成，一个古老民族的历史传统，总给人以混茫幽窅的印象，似乎无比丰厚，而又无从把握。概念的模糊性并不妨碍它的认识功能。传统一词广泛流行，但人们对于传统的理解，往往流于把它过去化、凝固化。似乎传统仅仅属于过去，而与现代相距很远，只有离开现代的立足点，才能回头去理解或重现传统。所以，对传统，有恢复或抛弃之说。恢复论者视传统为民族旧文化中某种“一脉相承之统绪”，即三代以来“原于中国文化之一本性”而形成的“道统之相传”，并悲叹其在中国走向近代的文化历程中发生了“断裂”；因而大声疾呼，要以孔子作《春秋》之“存亡继绝”的精神来恢复中国文化中“一贯之传统”①。抛弃论者视传统为“沉重的枷锁”，为“陈旧的过时物”，强调必须挣脱传统之束缚，才能彻底重建新文化，因此，同样大声疾呼，为了实现现代化，中国的传统文化“最好后继无人”②。

果真如此吗？不尽然。

---

① 唐君毅、牟宗三、徐复观，张君劢四人于1958年联名发表的《我们对中国学术研究及中国文化与世界文化前途之共同认识》，见唐君毅《中华人文与当今世界》（下）附录。

② 刘晓波：《与李泽厚对话——感性、个人、我的选择》。

传统，并非已经死去的历史陈迹，而是至今活着的文化生命。它渊源于过去，汇注于现在（经过现实一代人的参与），又奔流向未来。人，作为类存在的社会人，其类特性就在于自由自觉地参与创造历史的活动，人只能生活和思考在他自己不断创造的历史之中，而不可能“遗世而独立”，也就只能承前启后地处在某种传统之中。“全盘西化”论和“保存国粹”论之所以必然落空，就因为两者都把自己身处于其中的历史传统误解为凝固化了的异己的外在物，似乎可以随意抛弃或须加抢救。事实上，传统内在于现实的人们及其对传统的心态中，并不断地被人们评判、理解、复制和重构而成为动态的流程。老黑格尔说：“传统并不是一尊不动的石像，而是生命洋溢的，有如一道洪流，离开它的源头愈远，它就膨胀得愈大。”①

传统既然流动，必非铁板一块而是多元的。历史的长河宽容“殊途百虑之学”。所谓“罢黜百家”、“裁判异端”的嚎叫，正证明了“百家”和“异端”的顽强存在。纵观历史，正宗与异端，精英与大众，主流与支流，神奇与腐朽，从来是相待而有，并行不悖。故粗分为“两种文化”或“大、小传统”② 者有之，旷观为“圣贤之血路，散殊于百家”③ 者有之。譬如水火，相反相生，龙血玄黄，杂以成文。因此，对传统文化整体泛观、单维进化的模式，势必为二分（或三分）剖判、多元衍变的模式所代替。

传统既然多元，总是新旧杂陈，或已死而未僵，或初生而尚丑，或托古以护新，或假新以复旧。正因为情态多样，所以主体参与的历史选择，文化上的整合、重组、熔铸、涵化，破旧立新或推陈出新，乃有可能。在主体自觉的参与下，历史沉积物中的“璞”与“鼠”、“砒”与“蜜”可能糅混，但不是不可分的，并非只能宿命地接受。传统既然与主体的参与意识相依存，就不可能“后继无人”。某些传

① 黑格尔：《哲学史讲演录·导言》。

② 列宁：《关于民族问题的批评意见》；雷德斐（Robert Redfield）：《农民社会与文化》。

③ 黄宗羲：《清溪钱先生墓志铭》，《南雷文定》三集卷二。

统思想似乎感染了整个民族，化为民族性格，浸入了无意识深层，但也会因人而异、因事而异、因时而异地发生着分解和变异。

多元的传统在不同的历史条件下形成，也只能随历史条件的变化而产生变革和发展。因此，传统的继承，并非文物的保管，也不是古学的复兴，更不是对古今文化的肤浅认同，而是按“人事有代谢，往来成古今”（孟浩然诗句）这一历史的客观进程，基于主体的自觉对历史中形成的传统去进行筛选和评判，去发现自己视为先驱者的开拓的足迹，去探索新旧文化代谢发展的机制、条件和历史根据，从而找到传统文化与现代化之间的历史接合点。对传统文化的选择和继承，与对现今文化的创建和对未来文化的设计及追求，是密切结合在一起的。

## 二

试以上述传统观来观察儒家传统，则应看到多元的、流动的传统文化洋溢乎中国，源远流长，儒家仅其中一环。儒家产生以前，中国文化已历史地形成若干文化区，各自创建又互相汇合，已蓬勃发展数千年。儒家产生以后，虽曾列为“显学”，实与并世诸家（如阴阳、墨、法、名、道等）并行，且互为采获；汉唐以来，所谓儒之独尊，乃指官学而言，且代有变迁，而其间佛、道屡盛，纂著宏富，仅唐代流行于朝野的佛教经论，已达八千余卷，超出当时儒家经典若干倍。至墨侠、阴阳、神仙、方术一直在民间流行，绵延不绝。

儒家及儒家传统等词，论者习用之，其实名实颇多龃龉。因为历史上并不存在统一的儒家，也不存在一脉相承的儒家传统。儒门有所谓“道统”之说，假托孔子预言“董仲舒，乱我书”①，算是最早的神学谶记；韩愈自觉编造的“道统”②，尊孟贬荀，于史无据，与汉

① 王充；《论衡·实知》。

② 韩愈：《原道》。

儒皆尊荀、传经多出荀门①之史实全然相背。韩愈编造的“道统”名单，到宋初石介、孙复等，还在孟轲之后加上荀卿、董仲舒、扬雄、王通、韩愈，并不全然排斥汉唐诸儒②。而到了南宋朱熹手里，则一方面上溯伏羲，又牵强附会把“道统”内容规定为所谓“十六字心传”；另一方面又全然撇开汉唐诸儒包括韩愈，而在孟子之后直继以二程，后又稍扩充为周敦颐、邵雍、张载、司马光等所谓“伊洛渊源”，而他自己当然以“道统”嫡传者自居③。从此，由朱熹所虚构，由元明清三代皇权所钦定的所谓儒家道统，成为一种强制推行的思想史范式，遮蔽了历史的真实。

其实，儒家夙以“杂”见称。《荀子·法行》记南郭惠子早称“夫子之门，何其杂也”！《韩非子·显学》谓孔子死后儒分为八：“有子张之儒，有子思之儒，有颜氏之儒，有孟氏之儒，有漆雕氏之儒，有仲良氏之儒，有孙氏之儒，有乐正氏之儒。”再加上子夏在西河和曾子在武城也各立门庭，各有创建（或以为仲良氏乃仲梁子，传曾子之学，或以为乐正氏乃乐正子春，乃曾子弟子，或以为子夏为“传经”人物，或以为子夏乃“法家宗师”④）。反正各自成家，取舍不同；荀况后起，直斥子张、子夏、子游为“贱儒”，对子思、孟轲更猛烈抨击，把他们斥为“偷儒惮事，无廉耻而嗜饮食”，“术谬学杂，呼先王以欺愚者”⑤。可见孔子之后的儒门各派，互相攻讦，势不两立。韩非所列八派中有“漆雕氏之儒”，被称为“不色挠，不目逃，行曲则违于臧获，行直则怒于诸侯”，以其“廉”“暴”学风与孟、荀都敬重的宋钘的“宽”“恕”学风相对立；章太炎尊“儒侠”一派，称其“刚毅特立”别树一帜。⑥ 试问，如溯及先秦而论

① 汪中：《述学》补遗《荀卿子通论》。

② 见石介《徂徕集》卷十二，《宋元学案》卷二《泰山学案》。

③ 见朱熹《中庸章句·序》、《沧州精舍告先圣文》、《六先生画象赞》等。

④ 见《礼记·檀弓上》、《后汉书·徐防传》、郭沫若《十批判书》。

⑤ 《荀子》：《非十二子》、《儒效》。

⑥ 《韩非子·显学》、章太炎《馗书·儒侠》。

儒家传统，究何所指？是指孟轲氏之儒，抑或指与孟轲持论相反的荀卿氏之儒？或是指与孟、荀都大不一样的漆雕氏之儒？如果概指各家，应绎其共性，如果仅指某一家，则举一废百，名不符实。

到汉代，初有儒、道互黜，稍后儒得独尊，且儒林与经师合一，似乎有儒经可据，易于趋同；事实上大不然，儒经一开始流传，就发生了文字训解、师说家法、思想原则等方面的种种分歧。突出的是经分今、古文，在一系列重大问题上互不相容。诸如对孔子的评价、对孔子与六经的关系、对六经的排列次序、对六经是孔子所作或是古代文献，都有截然不同的解释，而同是今文经学派内也有分歧，如“三家诗义”与“公羊春秋”在政治主张上就互相对立，学术争论动辄发展为政治诛杀。汉廷尊儒，所尊者乃投其所好之儒，凡固执儒学原旨者，如申培公、辕固生等反遭拒斥，而赵绾、王臧、眭弘、盖宽饶等竟以思想罪被迫害。至于被儒门斥为“曲学阿世”者如公孙弘等人，则得贵显①。与此交织，稳定汉王朝的大批“酷吏”和“循吏”，倒堪称儒法合流的汉家法度的真正实践者②，而大批标榜名教的“儒生”、“名士”，反而成为儒学培养出的伪君子③。如论汉代儒家传统，究指申培公、辕固生之儒？或指公孙弘、董仲舒之儒？抑或指眭弘、盖宽饶之儒？如依孙复等独尊董仲舒为使“圣道晦而复明”的汉儒代表④，也难以排除传统中别有尊韩婴、尊刘歆、尊扬雄、尊王充而斥董仲舒为“淫巫瞽史”、“义和团之远祖”⑤ 等说法。

至于宋元明清时期，似乎三教分立，名成一系；儒家由经学发展为理学，不断得到皇权支持；作为科举考试定本，俨然成为思想正宗。明初编出三本《大全》——《五经大全》、《四书大全》、《性理

① 《史记·儒林列传》，《汉书》卷七十五《眭弘传》与卷七十七《盖宽饶传》。

② 《史记》：《酷吏列传》、《循吏列传》。

③ 如《后汉书·陈菩传》附赵宜事等。

④ 见孙复《睦阳子集·与张调书》、《宋元学案》卷二《泰山学索》。

⑤ 参柳宗元《贞符》、章太炎《蓟汉微言》。

大全》，诏颁天下，所谓“合众途于一轨，会万理于一原”①，似乎达到空前的稳定与统一。其实大谬不然，仅就北宋儒学而言，就有王安石的新学、司马光的朔学、张载的关学、二程的洛学、三苏的蜀学……诸学派之间，各种观点形成复杂的多角对立；到南宋，既有朱熹、陆九渊、吕祖谦之间的激烈争论，别有陈亮、叶适等从根本上反对理学家们的心性空谈；郑樵、马端临等更以空前的博学，别创文化史研究新风，而独步当时。明朝王阳明以对朱陆的双向扬弃而另创新说，王学又以良知说的内在矛盾而导致王门各派的多向展开；通过泰州学派的分化而由何心隐、李贽引向“异端”，再通过东林学派的实践工夫而由黄宗羲完成对王学的自我否定；明清之际的特殊历史条件下更崛起一代早期启蒙学者，各有师承，各具特色，但大多超越出儒家的藩篱。仅就儒门一家而论，已是异说纷纭，单是朱、陆之争，就势同水火。如黄宗羲所云：“师门宗旨，或析之为数家”，“大类释氏之源流，五宗水火，遂使杏坛块土，为一哄之市”②。所谓《圣学宗传》、《理学宗传》、《皇明道统录》之类，当然不足为据。事实上，人们无不是按各自的先入之见和历史意识去建构、去诠释自己的儒家传统。

## 三

诠释的多样性不排斥诠释的对象仍有其历史的统一性。因为诠释者总生活、思考在统一的历史的行程中，而被诠释的对象总有其历史的继承性；而历史又总是以自己固有的严峻方式，检验着、筛选着各式各样的诠释，增减其存在的历史合理性。

历史上所谓儒家思想，从晚周到清末，经过与中华固有的道、法、墨、名、阴阳家思想，蒙、满、藏、回等各族传统思想交相融合，又与外来的印度佛教各派思想、西方各家思想，先后汇合，屡经

① 胡广等进书表。

② 《明儒学案·自序》。

变异，分殊发展，但毕竟摄取各家，为我所用，而自有重心，蔚为中华文化中的主流学派之一，形成一个多向度而可供诠释者自我选择的丰富传统。

"历史，如果它有意义而并非空洞的回声，那它就都是当代的历史。"（克罗齐语）对历史上儒家传统的当代诠释，虽纷然杂陈，但某种诠释得以流行则并非偶然，往往由许多历史因素的结合而据有一定的客观根据。按流行的说法，由孔子奠基、以六艺为法的儒家学说，自汉至清，二千余年，确乎形成了传统。儒家传统的发展，自有其历史变化的原生、衍生、变异、衰落诸阶段。

儒学在其原生阶段，立论朴实，旨在重视人伦和人的实践智慧，追求理想的社会和谐秩序。孔子博学好古，总结三代文明的盛衰，提出"仁"、"礼"结合，"孝、悌"为本的伦理原则；孔门各派多元发挥，而颜（回）、曾（参）、孟（轲）、荀（况），颇能以人伦为中心，各有侧重而又互补地完成了"修己治人"的"仁义"之学体系的建构。所谓"以仁为恩，以义为理，以礼为行，以乐为和，薰然慈仁，然后君子"①；所谓"列君臣父子之礼，序夫妇长幼之别，虽百家弗能易也"②，可说是对原始儒家独特贡献的切实概括。这一概括实际表明，儒家思想的根基，乃是宗法伦理关系及其所产生的宗法伦理意识，由宗法家庭的道德行为规范推广到宗法等级制的礼法名教等社会政治规范，就是儒家所谓"成己成人"、"内圣外王"的思想体系的重心。宗法制的历史沉淀就是这一思想重心的扎根处。

儒家传统在其衍生、变异阶段，形成多层的结构，并随时代发展而不断变化其内容。如：

（一）儒经的传统。孔子在文化下移中搜辑、整理、编纂了《诗》、《书》、《易》、《礼》、《春秋》等古文献，功绩不朽，孔门子夏、荀卿及以后儒者多以传经著称，所谓"儒者以六艺为法，六艺

① 《庄子·天下》。

② 《史记·自序·司马谈论六家要旨》。

经传以千万数”①。儒家以丰富的古文献作思想载体，吸聚了历代知识精英，发挥了特有的文化优势，无论是“我注六经”还是“六经注我”(两者实不可分)，都同样在参与儒经传统的历史延续。从秦博士浮丘伯、伏胜……直到皮锡瑞、廖平、章太炎，绵延二千余年，文分今、古，学别汉、宋，各种笺注疏解，更是汗牛充栋，成为中国传统文化中最丰腴、最庞杂的一份遗产。

（二）儒行的传统。儒重行，“知之匪艰，行之唯艰”，“行有余力，则以学文”②。“冠、婚、丧、祭”等基本宗法礼仪和“入则孝、出则悌”等基本行为规范，本依存于以小农为基础、以血缘为纽带的宗法制遗留，与群体生活实践和群体价值意识脉息相通，这是儒家传统特具再生力的深层社会基础。至于《荀子·儒效》、《小戴礼记·儒行》中所申论，乃战国末到秦汉之际的儒者，对新人行为模式的理想设计，昂扬主体的自觉性，颇有“强哉矫”的生气。而往后儒者对“视、听，言、动”的强制规范，如程颐的《四箴》、朱熹的《家礼》等，则以“克己复礼”、“灭欲存理”为价值取向，使一切道德行为因主体沦丧而失去活力。

（三）儒学的传统。儒重文，“博学于文”、“好古敏求”被看做“修己治人”、“化民成俗”的首要一环；所谓“观乎天文，以察时变，观乎人文，以化成天下”③，故儒者强调文治教化的作用，主张“尊德行而道问学，致广大而尽精微，极高明而道中庸”④，注意对历史遗产的继承，对外来文化的汲取，对自身理论的加工，对异端思想的涵化，从而使儒学思想体系具有较大的包容性，得以长期居于统摄的正宗地位。

（四）儒治的传统。儒学的包容性体现在政治上既可以儒法合流、儒道互补；而儒行的内容尤重“安上治民”、“以天下为己任”

① 《史记·太史公自序》。

② 《古文尚书·说命中》、《论语·学而》。

③ 《周易·贲卦彖辞》。

④ 《小戴礼记·中庸》。

的从政意识，从“三纲八目”到经世致用，从维护“皇极”到赞美“循吏”，构成儒家传统的政治内核。治统与学统，政统与道统，相互依存，相辅而行，遂使历代王权既可以缘饰儒术、宣扬德治、自称圣王，又可以用卫道名义兴文字狱、诛心中贼，以理杀人。

上述几个层面，各成系统而又密相结合，故所谓儒家传统，并不仅是一种学术思想或精神资源，而是依附于一定的经济政治制度的伦理规范、社会风习、文化心态、价值理想等的综合体，涵盖面广，渗透力强，在历史上曾起过重大的支配作用，尽管经过近百余年的历史沧桑，它在民族文化的深层结构中仍具有不可忽视的再生活力。

## 四

传统并不仅是一种精神力。当传统与一定社会制度相融合就会产生特殊的社会功能。儒家传统，主要依存于又服务于以自然经济与血缘纽带为支柱的宗法封建制，这种宗法封建制是由宗法农业家庭以及这样的家庭、宗族细胞分层隶属而构成。所以儒家思想传统的主要内容是以维护宗法关系及其等级秩序，确定和限制封建特权、调节宗族内外矛盾为中心的“礼教”——“所以定亲疏、决嫌疑、别同异、明是非”① 的一套价值规范。

这一套礼教规范，其源，可以远溯到古代血缘氏族的父系家长制；其流，更长期绵延，与文明同步。作为历史沉淀物的宗法制度，在进入文明时代即与国家体制及政治、法权、宗教等深相结合，形成中国特有的宗族奴隶制。到晚周时期的礼崩乐坏、社会蜕变过程中，原始儒家适时地对“郁郁乎文哉”的周代礼教进行了一番理论加工。礼，不单指器物、礼仪、制度，而是一种人文价值。因此，实之以仁，充之以孝，扩之为仁政、德治，证之以“明分使群”。孟、荀互补，孟主性善，“仁义礼智根于心”，“非由外铄，我固有之”②，把

① 《礼记·曲礼》。

② 《孟子》:《尽心上》、《告子上》。

礼教内化为修己之道；荀主性恶，强调“人道有辨”、“礼以定伦”、“国之命在礼”①，把礼教外化为治人之经。原始儒家既论证宗法伦理根于人心，为人的类特征所固有，又强调宗法伦理规范为圣人所制定，是人类所必需。尽管孔、孟、荀还保留了某些天命神权或神道设教的传统思想，但从伦理实践的角度却肯定了人作为主体的道德自觉的意义，并没有把作为客体的社会必需的伦理规范绝对化。故有“邦无道则隐”、“闻诛一夫纣”、“从道不从君”② 之论。

秦汉新儒家摄取阴阳家言，融合道法刑名思想，服务于宗法封建制的统一法度，实现了儒法的政治合流。韩非的“三纲”思想被纳入儒家的礼教体系，宗法伦理由相互的道德感情转变为绝对的伦常义务，由自觉的道德要求逐步变为强制的行为规范。于是，由董仲舒开始形成了“王道之三纲，可求于天”、“屈民而伸君，屈君而伸天”③的神学理论。往后，发展为“名教本之自然”的玄学正宗，再发展为“明体达用”、“理一分殊”的理学正宗，始终都在论证宗法伦理及其政治推广的纲常名教的神圣性和绝对性。绝对化的纲常名教，日益成为丧失了主体自觉道德的异化的伦理教条，其所维护的宗法等级隶属关系，日益变为人性的桎梏，变为道德自觉的反面，人的真正价值被全面否定。

这一历史事实，可以被理解为类似宗教异化的伦理异化现象。

人，为了实现人的本质，结为群体，组成家庭，创立社会，建构人际之间必要的伦理关系及其他社会政治关系，为调节这些关系而产生了自律和他律的行为规范。人的价值正是在这些关系中自觉实践一定的道德规范而得以实现的，但是，当这些规范被架空，脱离了现实的人际关系，脱离了人的自我道德意识，而异化为一种强制、奴役、愚弄人的“天生铁定底道理”；这“道理”反过来钳制人心，革尽人

① 《荀子》:《大略》、《王制》。

② 《论语·卫灵公》、《孟子·梁惠王下》、《荀子·大略》。

③ 《春秋繁露·基义》、《举贤良对策》。

欲，直到“身心收敛”，“坐如尸，立如斋，头容直，目容端……”①使人成为非人，结果，人在实践道德规范中反而丧失了人的本质。

儒家传统的礼教思想、伦理至上主义，有其重视道德自觉、强调教化作用、追求人际关系和谐等可取因素。但因其植根于我国奴隶制社会和封建制社会长期顽固保存的宗法关系之中，一开始对理想人格的设计，就以客观化的等级名分制度和人际依附关系为基准，而使个体的主体性消融于其中；个体的存在和价值完全隶属于超个体的整体，只有事父事君，尽伦尽职，才可能获得个人存在的意义和价值。因此，一个人的道德自觉性愈高，愈是最大限度地尽到伦理义务，也就愈是自觉地否定自我，乃至扼杀个人的道德意识。同时，把人之所以为人的本质归结为道德活动，蔑视人的其他一切价值，人不必去追求成为独立的认识主体、审美主体，政治、经济、科技、生产活动的主体等，而只需成为纲常名教的工具。这种伦理至上主义，绝非人文精神；相反乃是一种维护伦理异化、抹杀人文意识的伦文主义。它不仅取消了人的主体性，而且抹杀了人的个体性，把个体消解于异化了的群体人伦关系之中。只有冲破伦文主义的网罗，才可能唤起人文主义的觉醒。

伦理异化，是中国封建社会特有的历史现象。为之辩护者历代多有，前期多采神学说教，后期多采哲学论证。董仲舒、朱熹，堪称典型。抗议者亦不少，前期多梦游远古，后期始瞩望未来，鲍敬言、黄宗羲，可作显例。至于李贽歌颂“童心”，揭露“假人”②，龚自珍呼唤“众人之宰，自名曰我”③，王夫之反对“灭情而息其生”④，戴震怒斥“后儒以理杀人”⑤，谭嗣同声讨“无实之名”造成“三纲

① 《朱子语类》卷十二。

② 《焚书·童心说》。

③ 《龚自珍文集·壬癸之际胎观第一》。

④ 《周易外传》卷三《掘》。

⑤ 《孟子字义疏证》卷上《与某书》。

五常之惨祸烈毒”①，章太炎强调“依自不依他”、“一切虚伪，唯人是真”②，全是一派反抗伦理异化的叱咤声。五四时期“哀其不幸，怒其不争”的反传统，并非什么传统文化的“断裂”，而正是四百年来文化代谢中这一优秀传统的继承。

至于儒家传统中的积极因素，早已裂变为文化代谢中的新生面。“谢朝花于已披，启夕秀于未振”③，春兰秋菊，千古永存。④

① 《仁学》八。

② 章太炎：《答铁铮》、《国家论》。

③ 陆机：《文赋》。

④ 屈原：《九歌·礼魂》。

# 二十三、道家·隐者·思想异端

江瑔《读子卮言》中有《论道家为百家所从出》一篇，谓："上古三代之世，学在官而不在民，草野之民莫由登大雅之堂。唯老子世为史官，得以掌数千年学库之管钥而司其启闭，故《老子》一出，遂尽泄天地之秘藏，集古今之大成，学者宗之，天下风靡，道家之学遂普及于民间。……道家之徒既众，遂分途而趋，各得其师之一端，演而为九家之学，而九流之名以兴焉。"江氏之言颇夸张，谓道家之徒演为九流，乃臆测；唯论到道家之学出于史官，后来流行于民间，徒众而分趋等，亦非全然无据。黑格尔在其《哲学史讲演录》卷首概述"中国古代哲学"时，虽甚简略但颇中肯地指出："孔子的哲学就是国家哲学，构成中国人教育、文化和实际活动的基础。但中国人尚有另一特异的宗派，这派叫做道家。属于这一派的人大都不是官员，与国家宗教没有联系，也不属于佛教。这派的主要概念是'道'，这就是'理性'。这派哲学和与哲学密切联系的生活方式的发挥者是老子，他生于基督前第七世纪末，曾在周朝的宫廷内作过史官。"黑格尔在这里既肯定了道家的理论贡献，也指出了道家思想的非官方性质。

关于老子其人其书和道家的起源，关于道家思想所依存的社会基础及其在中国传说文化中的地位和作用，长期以来已有过许多争论和各种歧解，至今难以得出定论。但有一种流行的偏见，即认为儒家文化似乎可以代替或代表整个中国传统文化，把传统文化单一化、凝固化和儒家化。这显然是不符合历史实际的。本文拟就上述问题略抒己见，以就正于方家。

# 一、传统文化的多维与两分

从文化发生学的角度来审视整个人类文化，从来是多源发生、多元并存、多维发展的。这从全世界的考古成果中已得到充分证明。旧石器和新石器时代的文化遗址，遍布五大洲，由史前多根系文化汇合而成的埃及、两河流域、印度、希腊、中国和墨西哥等大的文化系统，各自发展，各具特色，都曾达到高度繁荣。人类文化有趋同现象。但文化传播中的辐射、迁徙、涵化、融合等，实际上都以文化发生的多根系和文化发展的多向度为前提。

就中国作为东方大国而言，我们祖先从猿分化出来在亚洲东部这大片土地上战天斗地的文化创造，也是多源发生、多维发展的。且不说新石器文化遗址已发现七千多个，遍布全国，经过长期斗争、融合，早形成海岱、河洛、江汉等三大史前文化区，又经过夏、殷、周三代的进一步发展，更形成了燕齐、邹鲁、三晋、秦陇、荆楚、巴蜀、吴越以及辽阳、西域等地区性文化，其传统文化心理的特点，至今在民俗、文风中尚有遗存。仅就上述区域性文化所凝结、交织而成的学术派别而言，在周秦之际已展现为诸子蜂起、百家争鸣的局面，当时的学者对各家思想的特点已有过简明的概括和总结。值得注意的是，在当时学者的概述中，如《庄子·天下》括为八家，除讲“阴阳数度”之学的阴阳家，讲“诗书礼乐”之学的儒家，以墨翟、禽滑厘为代表的墨家，以惠施及辩者为代表的名家外，其余四家——宋研、尹文之学，彭蒙、田骈、慎到之学，关尹、老聃之学，庄周之学，皆属道家。《荀子·解蔽》所列六家，道家居三；《尸子·广泽》所列六家，道家亦居三，《吕氏春秋·不二》所列十家，道家居五。① 足见先秦诸子中

① 《荀子·解蔽》云：“墨子蔽于用而不知文，宋子蔽于欲而不知得，慎子蔽于法而不知贤，申子蔽于势而不知智，惠于蔽于词而不知实，庄子蔽于天而不知人。”《尸子·广泽》云：“墨子贵兼，孔子贵公，皇子贵衷，田子贵均，列子贵虚，料子贵别囿。”《吕氏春秋·不二》云：“老聃贵柔，孔子贵仁，墨翟贵廉［兼］，关尹贵清，子列子贵虚，陈骈贵齐，阳生贵己，孙膑贵势，王廖贵先，倪良贵后。”

道家独盛，徒众而分趋，同属道家而衍为数派，故比重特大。至汉初，司马谈首次综括先秦学术，归结为“阴阳、儒、墨、名、法、道”六家，在评论中也特别推崇道家。① 后班固依刘歆《七略》撰《汉书·艺文志》，在《诸子略》之外别出《六艺略》、《兵书略》等，而将诸子括为“九流”(别增“小说”，合为“十家”），而“九流”中道家的文献著录特多，达993篇（且不计其误列入他家者)，数量为诸子各家之冠。②

《史记》、《汉书》所括“六家”、“九流”，撮其要旨，论其特点，似较先秦书为确；且已论到“九家之术，蜂出并作，各引一端，崇其所善，以此驰说，取合诸侯。其言虽殊，辟犹水火，相灭亦相生也”③。触及诸子各家多维并存和矛盾两分的关系，但对各家的兴衰、绝续、分合之故，未加细说。

就先秦诸子各家的具体的历史发展而言，阴阳家产生最早，集大成于战国末的邹衍；道家继起，凝成《老子》一书，衍为杨朱、宋研、尹文、田骈、庄周等南北诸流派；儒、墨渐盛，且有“儒分为八，墨离为三”的蓬勃发展；名家出入于各家之中，法家成熟于各家之后；兵、农、纵横诸家应时勃兴而皆统摄于法家，流行于秦、晋。“李悝撰次诸国法著《法经》，商君受之以相秦。”④ 秦依法家为政，兼用兵、农、纵横，因而能够“振长策而御宇内，吞二周而亡诸侯”⑤，实现封建主义的政治统一。汉承秦制，为惩亡秦之弊而一度重用黄老道家，继又独尊儒术而实为儒法合流，因而得以稳定和强化宗法封建制的政治统治。就理论思维水平的深广度而言，兵、农、纵横以至阴阳、名家，都以其理论上固有的局限而只能依附于儒、

① 司马谈所推崇的道家，实为总结了先秦道家各派，又吸取了阴阳、儒、墨、名、法思想的新道家，即流行于战国末、秦汉间的“黄老道家”。

② 据《汉书·艺文志》所列，儒家836篇，杂家403篇，阴阳家369篇，法家211篇，农家114篇，纵横家107篇，墨家86篇，名家36篇。

③ 《汉书·艺文志·诸子略》。

④ 《晋书·刑法志》。

⑤ 贾谊：《过秦论》上。

道、墨、法四家；而墨家在秦汉之际，以其所代表的“农与工肆之人”的政治地位的失落而归于中绝。真能独立发展，体用皆备，统之有宗的，实有儒、法、道三家。如以多维并存、矛盾两分的观点分别考察，则其离合变化的基本格局似可概括如下：

### （一）道、法由相依而分驰

道、法相依，源于齐学传统。周初，姜太公治齐，既因循齐俗，又注重法治，“尊贤而上功”，“通工商之业，便鱼盐之利”，雷厉风行，五月报政。① 相传姜太公著书甚多，《汉书·艺文志》“道家”著录“《太公》二百三十七篇”，包括“《谋》八十一篇，《言》七十一篇，《兵》八十五篇”，皆亡；但太公思想影响及于管仲。管仲相齐桓公，重贤任能，实行改革，“九合诸侯，一匡天下”②，今存《管子》书虽非全是管仲遗说，但其中多道、法合一思想，如；“明王在上，道法行于国”，“事督乎法，法出乎权，权出乎道”，“法者，天下之至道也，圣君之宝用也”，“治民有常道而生财有常法……明君之重道法而轻其国也”③ 等。战国时，邹忌相齐威王，进一步实行封建化改革，为礼贤下士而创建“稷下学宫”。“稷下”学者中，不少人兼通黄老刑名，提倡道、法合一，以黄老道德为体，以刑名法术为用。故《史记》以老、庄、申、韩合传，自非偶然；其称“申子之学，出于黄老而主刑名”，韩非“喜刑名法术之学，而归本于黄老”④，更是明证。

但道、法两家在思想上本有分歧，尤其三晋法家与南方崛起的荆楚道家如庄子等更多舛背。集法家思想之大成的韩非，虽曾著《解老》、《喻老》，史称其学“本于黄老”，但韩非直斥“为恬淡之学而

① 参见《史记·齐太公世家》、《吕氏春秋·长见》、《史记·鲁周公世家》。

② 《论语·宪问》。

③ 《管子》:《法法》、《心术上》、《任法》、《君臣上》。

④ 《史记·老庄申韩列传》。

理恍惚之言”的道家为“天下之惑术”，把道家推崇的“许由让天下”与“盗跖犯刑趋利”二者，同等地斥为破坏刑赏的“殆物”；断然反对“不以天下大利易其胫一毛”的“轻物重生之士”，认为这直接违反了“重殉上事”的忠君原则①。在秦统一前后的社会大变革中，法家依附于封建统治集团，以乘势夺利的当权派立场，迷信权势法术，在实践上一度取得成功；而道家则基本上植根于没落贵族下降而形成的逸民或隐士集团，以失势退隐的在野派自居，“全性保真，不以物累形”②，“其学以自隐无名为务”，主张“无为自化，清静自正”③。因而既反对“礼治”也反对“法治”，更轻视权势刑赏，老、庄都猛烈抨击依靠法家变革而上台的新统治者是“盗竽”，是“窃国者”④。现实中激化的政治分化，促成了学术思想上的日趋对立，愈往后发展，愈发生尖锐冲突。当儒、法两家政治合流而跃居统治思想的正宗地位，道、法两家则更是背道分驰。

### （二）儒、法由相乖而合流

儒、法相乖，源于春秋战国时期社会变革中的对立势力，一主“礼治”、一主“法治”，路线不同，针锋相对。孟轲猛烈攻击秦孝公、商鞅等的社会变革是“漫其经界”的“暴君、污吏”，抨击法家，兼斥兵、农、纵横，主张“善战者服上刑，连诸侯者次之，辟草莱、任土地者次之”⑤，反对法家主张的兼并战争和土地私有化。反之，商鞅则把儒家提倡的“礼、乐”、“《诗》、《书》”、“孝、弟”、“仁、义”等斥为足以“亡国”的“六虱”⑥；韩非也直斥儒家学说是“疑当世之法而贰人主之心”的“邦之蠹”，并称儒家推尊

① 《韩非子》:《忠孝》、《显学》。

② 《淮南子·氾论训》。

③ 《史记·老庄申韩列传》。

④ 见《老子》五十三、五十七章，《庄子·胠箧》。

⑤ 《孟子》:《滕文公上》、《离娄上》。

⑥ 《商君书·靳令》。

尧舜、颂美三代是“非愚则诬”①。儒家亲亲而尚仁，宣扬德教仁政；法家尊尊而尚功，强调刑赏法治，在社会变革时期两者似乎冰炭不相容。

但到战国末年，荀况为封建统一所提供的政治理论，已强调了“法后王”、“美当今”，兼重礼与刑。儒、法思想开始走向融合。秦汉之际的儒生们面对着“秦并海内，兼诸侯，南面称帝，以养四海，天下之士，靡然向风”，而由于“仁义不施，攻守势异”②，仅二世而亡的大变局，不得不总结秦政得失，继承秦制，融摄法家。如韩非所云：“臣事君、子事父、妻事夫，三者顺则天下治，三者逆则天下乱，此天下之常道也。”③ 此类思想被汉初董仲舒等吸入儒家伦理政治体系，而形成“王道之三纲”，建立起“杂霸、王道用之”或“阳儒阴法”的“汉家法度”，并一直沿袭下去，成为历代封建专制主义政统的轴心。章太炎论及此事颇有见地，云：“至汉，公孙弘、董仲舒辈本是经师，其时经师与儒已无分别。弘习文法吏事，而缘饰以儒术，仲舒为《春秋决狱》二百三十二事，以应廷尉张汤之问。儒家法家，于此稍合。……儒者自耻无用，则援引法家以为己有。南宋以后，尊诸葛为圣贤，亦可闵已。然至今日，则儒、法、纵横殆后世之将合而为一也。”④ 其实，我国传统正宗思想并非儒门一系而是儒法合流，对此，近世先进学者已多有论述。如王夫之指出：所谓“君子儒”“言治道者”，“于老庄则远之唯恐不夙，于申韩则暗袭其所为而阴挟其心”，“言则圣人而行则申韩也”，他称之为“以申韩之酷政文饰儒术，以重毒天下”的“申韩之儒”，并痛切揭露：“下至于申韩之儒，而贼天下以贼其心者甚矣！后世之天下死于申韩之儒者，积焉！”⑤ 戴震也痛切揭发：宋儒所谓“理欲之辨，适成忍而残杀之

① 《韩非子》：《五蠹》、《显学》。

② 贾谊：《过秦论》上、中。

③ 《韩非子·忠孝》。

④ 章太炎：《论诸子学》。

⑤ 王夫之：《姜斋文集·老庄申韩论》、《尚书引义·舜典二》。

具”，“酷吏以法杀人，后儒以理杀人，浸浸乎舍法而论理，死矣，更无可救矣”!① 谭嗣同更尖锐地指出：“自秦垂暴法，于会稽刻石，宋儒炀之。……独夫民贼，固甚乐三纲之名，一切刑律制度皆依为率”，“数千年来三纲五经之惨祸烈毒，由是酷焉矣”！他进而概括言之：“二千年之政，秦政也，皆大盗也；二千年之学，荀学也，皆乡愿也。唯大盗利用乡愿，唯乡愿工媚大盗!”② 痛愤之词，不免偏激，却深刻揭示了二千年封建专制政统中儒、法合流的本质。

### (三) 儒、道由相黜而互补

儒、道异说，源于齐、鲁异政，更衍为荆楚学风与邹鲁学风之取向不同。战国时，孟子力辟杨、墨，庄子则剽剥儒、墨，孟、庄同时而未谋面，但思想路线早已形成对立。到汉初，儒、道互黜，在政治思想领域的冲突更是尖锐。儒林博士辕固生与好黄老道的窦太后争论《老子》一书的评价，竟被令入圈刺豕，几乎丧生；申培公被迎来议明堂事，触怒了窦太后等，导致“隆推儒术，贬道家言”的赵绾、王臧等竟因而被政治诛杀③。司马迁曾总括：“世之学老子者则黜儒学，儒学亦黜老子。道不同不相为谋，岂谓是邪?”④ 此后，司马迁被斥为“论大道，则先黄老而后六经”，因而《史记》一书竟有“谤书”之嫌⑤；而王充则自命“虽违儒家之说，但合黄老之义”，因而《论衡》一书长期被斥为“异端”⑥。

两汉时期在政见上儒道互黜，深化为“圣人（孔子）贵名教，老庄明自然”的学派分歧和思想对立；而东汉时由于大批伪名士的出现，使儒家名教大为贬值，需要起用“自然”观念来滋补其生机，于是夏侯玄、何晏、王弼等煽起玄风，强调“天地以‘自然’运，

① 戴震：《孟子字义疏证》、《与某书》。

② 谭嗣同：《仁学》三十七、八、二十九。

③ 《史记·儒林列传》。

④ 《史记·老庄申韩列传》。

⑤ 《汉书·司马迁传》，《后汉书·蔡邕传》。

⑥ 王充：《论衡·自然》；纪昀：《四库全书总目提要》。

圣人以'自然'用"，"君亲自然，匪由名教，爱敬既同，情理兼到"①。在玄学思潮的发展中，曾自觉讨论过儒、道的异同、离合问题，而大体归宿于"儒道合"，或"将无同"②。无论是偏重于"以儒合道"，或偏重于"以道合儒"，其主旨都在"儒道兼综"、"情理兼到"，以企求"自然"和"名教"的统一。玄学正宗，可以说是从学派形式上初步实现了儒道两家的兼容和互补。以后，经过佛道二教的激荡而形成宋明道学新思潮。中国化了的佛教哲学和道家及道教思想的渗透，实为宋明道学的哲理化思辨得以形成和发展的基本学术条件。历代学者多已指明，如王夫之认定：周、邵、程、朱"器外求道"，乃老氏之旨；陆、王之学，"消所入能"，乃阳儒阴释③。潘平格更一语道破："朱子道，陆子禅。"④ 所谓"朱子道"，乃指程朱一系思想多承袭于道家及道教理论，所谓"陆子禅"，乃指陆王一系思想多来自禅宗而中国禅宗思想实直承庄子之学。宋明道学正宗，可以说从理论内容上实现了较深层的儒道互补。

学术思想上所实现的儒道互补，反映了现实生活中某种社会心理的需要。中国封建社会中的士人一直有在朝和在野之分。但随着科举制的发展，朝野之间的流动性也不断加大，每个人随时都面临着所谓"穷达"、"出处"、跻身庙堂或退处山林的不同命运，因而决定其立身处世态度乃至价值观念等的不同选择。而儒道两家分别提供的思想体系及价值取向，恰好足以适应人们在不同境遇中的精神需要，可以维持人们在处境变化中的心理平衡。冯友兰先生颇有实感地指明："因为儒家'游方之内'，显得比道家入世一些；因为道家'游方之外'，显得比儒家出世一些。这两种趋向，彼此对立，但是也互相补充。两者演习着一种力的平衡，这使得中国人对于入世和出世具有良

① 何晏：《无名论》引夏侯玄语（见张湛《列子注·仲尼》）；袁宏：《三国名臣颂》。

② 《晋书·阮籍传》："阮瞻见司徒王戎，戎问曰：'圣人责名教，老庄明自然，其旨同异?'瞻曰；'将无同!'"

③ 王夫之：《周易外传》卷五、《张子正蒙注·序论》。

④ 李塨：《恕谷后集》卷六。《万季野小传》引潘平格语。

好的平衡感。”他还认为“中国哲学的这两种趋势，约略相当于西方思想中的古典主义和浪漫主义这两种传统”，并举杜甫与李白的诗，作为显例①。似乎也可以说，正如西方文化中有“日神”精神和“酒神”精神的对立和互补一样，中国文化主流中也有儒、道精神的对立和互补。

以上从三个层面对传统文化的多维与两分所作的简析，仅系一种宏观角度鸟瞰其基本格局，实际存在有许多过渡形态和中介环节，未遑细论。

## 二、道家·史官·隐者

单就道家，论其起源，似可概括地表述为出于史官的文化背景而基于隐者的社会实践，前者指其思想理论渊源，后者指其依存的社会基础。

此在史志中似已言之凿凿。如《史记·老子列传》云“老聃，周守藏室之史也”(同书《张汤传》又谓“老子为柱下史”，《庄子·天道》又称“周之徵藏史有老聃者”)，盖周室史官兼管图籍文献。故《汉志·诸子略》称：“道家者流，盖出于史官。历记成败、存亡、祸福、古今之道，然后知秉要执本，清虚以自守，卑弱以自持……”此所谓“盖出于史官”，乃概指之词，非仅实指老聃作为道家创始人曾做过周守藏史，而且泛指道家思想的重心乃渊源于对以往“成败、存亡、祸福、古今之道”的研究和总结。而《史记·老子列传》又称：“老子修道德，其学以自隐无名为务”，“居周久之，见周之衰，乃遂去，至关，关令尹喜曰：子将隐矣，强为我著书。于是老子乃著书上下篇，言道德之意五千言而去，莫知其所终”。“老子，隐君子也”。此所谓“以自隐无名为务”的“隐君子”，非仅实指老聃见周之衰而自隐去或庄周拒楚威王之聘而宁愿“曳尾于涂中”等具体史实，且泛指一部分古代士人自愿或被迫从统治层的政治斗争漩

① 冯友兰:《中国哲学简史》第二章。

涡中跳出来，成为在野者，他们既具有博古通今的历史教养，又与现实权力斗争保持一定距离，因而有可能深观社会矛盾运动，冷静分析和总结历史经验；同时，他们退隐在野，贵己养生，不慕荣利，乃至傲视王侯，因而有可能较多地接触社会现实，了解民间疾苦，关心生产科学，乃至成为时代忧患意识、社会批判意识的承担者，或“以德抗权”、“以道抑尊”的代表人物。这类隐者代表人物，在《论语》里已成批出现。既有批评、讽刺孔子的长沮、桀溺、石门晨门、荷蒉者、荷蓧丈人、楚狂接舆等；也有孔子所称道的许多“逸民”，如较早的伯夷、叔齐，同时代的虞仲、夷逸、柳下惠、朱张、少连、蘧伯玉等。对蘧伯玉，孔子赞扬说：“君子哉蘧伯玉！邦有道则仕，邦无道则可卷而怀之。”① 对虞仲、夷逸，孔子赞扬他们“隐居放言，身中清，废中权”②，说他们隐居不仕而放言高论，处身清高，废退合乎权变之道。战国时，齐国有位陈仲，义不食兄禄，逃隐于陵，为人灌园，号“于陵仲子”。被称为“上不臣于王，下不治其家，中不索交于诸侯”③，但知名度很高。孟、荀都对他有所评论④，也是当时隐者之一。这类隐者，正是道家产生和依存的社会基础。老聃、老莱子、杨朱、子华子、列子、庄周，以及《庄子》书中听记北昏瞀人、南郭子綦等道家人物，乃是这类隐者中的思想代表。

早期隐者发展为道家思想群，再发展为稷下学者群，日益充分而明晰地体现出道家的思想特征。稷下学宫虽为齐国君所设，集中反映了战国诸侯的养士之风；但游于稷下的学者群中，有不少人崇信道家思想，所谓“稷下先生喜议政事”、“不任职而论国事”⑤，但他们始终恪守隐者风范，不事王侯，高尚其事。“在布衣之位，荡然肆志，不诎于诸侯，谈说于当世，折卿相之权”⑥，他们的议政，是“不治

① 《论语》：《卫灵公》。

② 《论语》：《微子》。

③ 《战国策·齐策》。

④ 《孟子·滕文公下》；《荀子》：《不苟》，《非十二子》。

⑤ 刘向：《新序·杂事第二》；桓宽：《盐铁论·论儒》。

⑥ 《史记·鲁仲连列传》。

而议论”，只是“各著书言治乱之事”①，并不希图进入政治权力结构，反而力求与之保持一定的距离，因而能够表现某种“以德抗权”、“以道抑尊”的精神，并对现实政治保持一定的独立不阿的批判态度。诸如，颜斶以“士贵于王”的气概面折齐宣王的故事②，鲁仲连为国立功而拒绝封赏、逃隐海上的故事③，田巴在稷下讲学敢于“毁五帝，罪三王，訾五伯，一日而服千人”以及他去世时有三千弟子来送葬的故事④，都被传为千古美谈。李白诗中就有一首赞美鲁仲连的名作：“齐有倜傥生，鲁连特高妙。明月出海底，一朝开光耀。却秦振英声，后世仰末照。意轻千金赠，顾向平原笑。吾亦澹荡人，拂衣可同调！”⑤

战国时期在社会变动中涌现的“士”阶层，处于不断沉浮分化之中，或仕或隐，或出或处，或上升为贵族，或下降为庶民，其间界限当难划定，故史籍中常称之为“游士”。而到了秦汉以后相对稳定的封建社会，士人则明显地分化为在朝与在野两大集团，总有一部分士人游离于封建统治集团之外，成为自觉或不自觉的隐者。他们退隐不仕的原因或有不同，或自愿“蝉蜕嚣埃之中，自致寰区之外”⑥，或被迫“红颜弃轩冕，白首卧松云”⑦；其退隐后的心态也不一样，有的失意消沉，有的诗酒自娱，有的穷居著书而尚友古人，有的身在江湖而心忧天下，也有个别走“终南捷径”以谋取高官的假隐士⑧，还有所谓“小隐隐陵薮，大隐隐朝市”⑨的说法。但总的说来，隐者或隐士（亦称“处士”、“徵君”、“逸民”、“高士”、“山林隐

① 《史记》:《田敬仲完世家》、《孟荀列传》。
② 《战国策·齐策》。
③ 《史记·鲁仲连传》及正义引《鲁连子》，又《太平御览》卷464。
④ 《史记·鲁仲连传》及正义引《鲁连子》，又《太平御览》卷464。
⑤ 李白:《古风》。
⑥ 《后汉书·逸民列传·叙》。
⑦ 李白:《赠孟浩然》。
⑧ 《新唐书·卢藏用传》。
⑨ 《昭明文选》卷二十二，王康琚《反招隐诗》。

逸”、“避世之士”、“不宾之士”等），构成中国封建社会中一个特殊的阶层或集团，一种特殊的社会势力。从范晔《后汉书》开始，便在正史中专门增设《逸民列传》，录本朝引起朝廷注意的隐士二十人，其叙论云：“《易》称‘《遯》之时义大矣哉！’又曰：‘不事王侯，高尚其事。’是以尧称则天，不屈颍阳之高；武尽美矣，终全孤竹之洁。自兹以降，风流弥繁，长往之轨未殊，而感致之数匪一：或隐居以求其志，或回避以全其道，或静己以镇其躁，或去危以图其安，或垢俗以动其概，或疵物以激其清。然观其甘心畎亩之中，憔悴江海之上，岂必亲鱼鸟、乐林草哉？亦云性分所至而已。”“汉室中微，王莽篡位，士之蕴藉义愤甚矣，是时裂冠毁冕，相携持而去之者，盖不可胜数。……光武侧席幽人，求之若不及。旌帛蒲车之所征贲，相望于岩中矣。……群方咸遂，志士怀仁，斯固所谓‘举逸民，天下归心’者乎！”① 这篇史论，概述了形成隐士集团的社会的、政治的以及心理的因素，并指出了光武帝等笼络这些隐士的政策及其用心。其后，唐修《晋书》、《隋书》，宋修《唐书》直至清修《明史》等，均专设《隐逸列传》，将各朝代著名隐士的事迹载入国史，语多褒扬。私家著作的专史中，更有晋皇甫谧撰《高士传》，录许由以下知名度最高的隐逸之士九十六人，而汉代约占一半。清代高兆又撰有《续高士传》，录魏至明的著名隐士一百四十三人。这些入选的知名隐士中，按其思想倾向，大多数都属于道家或道家所赞美的人物。

隐者中的道家，以巢父、许由为最高典范②。洁身自好，蔑弃荣利，傲视王侯，所谓“欲洁其身而乱大伦”③，“天子所不得臣，诸侯所不得友”④，在政治上不依附、不屈从于权力结构，“羞与卿相

① 《后汉书·逸民列传》。

② 巢父、许由的传说，散见于先秦诸子，略谓：许由，尧时高士，隐于沛泽，尧以天下让之，逃隐箕山。尧又召为九州长，许由闻之，乃洗耳于颍水之滨。时其友巢父牵犊欲饮，问其故，许由告之。巢父急牵犊赴上游饮之，曰，勿污吾犊。《庄子》等书中更多增益，塑造出道家隐士的典型。

③ 《论语·微子》记子路对隐者的评语。

④ 《后汉书·逸民列传》。

等列，至乃抗愤而不顾”①，试图保持人格的独立和尊严；在思想上按道家的理想人格和价值尺度来立身处世、讲学议政，并试图以“不治而议论”的特殊方式，影响时代思潮，干预现实政治。战国初已盛传魏文侯师事卜子夏、段干木、田子方的故事，《吕览》、《淮南子》等新道家论著特加渲染②，如《淮南子·修务训》在论述魏文侯敬重段干木事迹时，借魏文侯之口说出了“段干木光于德，寡人光于势，段干木富于义，寡人富于财。势不若德尊，财不若义高”的论断，并强调段干木等不居官、不受禄，所以他们与魏文侯的关系不是君臣关系而是师友关系。《庄子》提示以“大宗师”去“应帝王”的理想，历代道家颇欣赏“为帝王师”这一特殊的议政方式。诸如，黄石公授书张良，教其为王者师，果助刘邦取天下，后张良又计邀“义不为汉臣”的“商山四皓”傅刘盈，稳定了汉初新政局③；隐居胶东、传黄老学的盖公，指点曹参治齐，其所教“治道贵清静而民自定”一语，竟成为汉初推行黄老治术的指导方针，并取得文景之治的最佳效益④。黄石公、盖公、商山四皓以及张良（以开国重臣而辞三万户之封，愿从赤松子游，自学道家养生术）等，便成为基于隐者的道家所向往的理想人格。退而思其次，不屈于汉光武的严光，“不为五斗米折腰”的陶潜，不愿意“卖论取官”的范缜，隐居茅山而被称为“山中宰相”的陶弘景，“天子呼来不上船”的酒中仙李白，虽被帝王礼重而拒绝走“终南捷径”的司马承祯等，也是道家的理想人物。他们可称作封建时代有意与当权者保持一定距离的自觉的在野派，不同程度地体现了道家的风骨和隐士文化的传统。

道家隐者们的言行和他们在各个文化领域中的创造活动，形成了中国历史上与历代庙堂文化相并立或对峙的山林文化传统。“山林”与“庙堂”，在中国文化史上成为一对特殊的范畴。在文学艺术的创

① 《后汉书·逸民列传》。

② 见《史记·魏世家》，《吕氏春秋·下贤》，《淮南子·修务训》。

③ 《史记·留侯世家》。

④ 《史记·曹相国世家》。

作风格、审美情趣等方面，从来有“庙堂文艺”与“山林文艺”之分；在学术思想的理论重心和价值取向上，则有“方外”与“方内”、“任自然”与“重名教”的明显区别；佛教初传入，依靠贵族上层，而在中国化的过程中也出现了与宫廷佛教立异的“山林佛教”①；道教的发展也有类似情况，与贵族金丹道教相并立的有民间符水道教，宋元以来崛起的“全真道派”与山林隐逸相结合，被称为“有古逸民之遗风”②。当然，山林与庙堂、山林民间文化与庙堂贵族文化，并非截然分离绝缘，而是可以互相流动转化的，乃至在一个人的生活道路、思想、创作中也表现出这两种文化精神的流动转化。陶渊明在弃官归隐以后，刘禹锡、柳宗元在遭到“八司马冤狱”、“万死投荒”以后，苏轼、杨慎等在被长期流贬以后，由于受到山林民间文化的陶冶，他们的思想、创作都发生了重大的变化。

与山林民间文化相联系，还有“布衣”这一奇异的称号，似乎标志着一种特殊的社会身份，在等级森严的封建社会里竟被普遍地看做一种褒称。“布衣”，本指平民俭朴衣着，后转为一般平民之代称，而在具有山林文化自觉的道家隐者口中，则变为一种颇足自傲的尊称。《庄子·山木》中描写庄子以贫自傲，称：“庄子衣大布而补之，正緳系履而过魏王，魏王曰：‘何先生之惫邪?’庄子曰：‘贫也，非惫也。’‘士有道德不能行，惫也；衣弊履穿，贫也，非惫也。’”庄子丝毫不以布衣为耻。至于诸葛亮《出师表》中首称“臣本布衣，躬耕于南阳，苟全性命于乱世，不求闻达于诸侯”，李白《与韩荆州书》中自荐“白陇西布衣，流落楚汉，十五好剑术，遍干诸侯，三十成文章，历抵卿相。虽长不满七尺，而心雄万夫”等，均已成为脍炙人口的名句。直到龚自珍，仍以“近来不信长安隘，城曲深藏此布衣”的美辞，来赞扬他的好友志士潘咨。他又曾撰《布衣传》一卷，并有诗云“登乙科则亡姓氏，官七品则亡姓氏，夜奠三十九布衣，秋灯忽吐苍虹气”(自注：撰《布衣传》一卷，起康熙迄嘉庆

① 参见吕澂：《中国佛学源流略讲》第九讲《南北宗禅学之流行》。

② 参见陈垣：《南宋初河北新道教考）卷一《全真教之起源》。

凡三十九人)。①

作为道家思想主要社会基础的布衣——隐者群中，常有一些“学而优却不仕”的各种奇才。他们的动向常引起封建朝廷的密切注意，聪明的统治者采取一些特别手段（如遣使征辟、旌表，以安车蒲轮卑辞礼聘，乃至皇帝亲自拜访等)，加以网罗和控制。在封建盛世，“招隐”、“举逸民”或“入山林访隐逸”，成为一项重要的政策措施；而在衰世，不仅统治者无心“招隐”，而且政治腐败，必有大批失意士人遁入山林，从而会增强布衣——隐者群这一特殊的社会势力，乃至改变“山林”与“庙堂”的互补关系和各方面的力量对比。中国历史上每当王朝末叶，政局昏乱，民心解纽，就必然出现上述情况。龚自珍处于“日之将夕，悲风骤至”的晚清衰世，他以特有的时代敏感，注意到“山中隐者”这一社会势力的迅速增强，他为此而写了《尊隐》一文，并慨然自许：“少年《尊隐》有高文，猿鹤真堪张一军”②，即二十几岁时所写《尊隐》高文已指出，“猿鹤”即“山中隐者”这一在野势力已足以组成一个方面军。在《尊隐》这篇奇文中，他极为深刻地指出：由于清廷腐败不能广纳人才，反而扼杀人才，“圣智心肝，人功精英，百工魁杰所成，如京师，京师弗受也；非但不受，又裂而磔之”，结果是“百宝咸怨，怨则反其野矣”。于是，形成了“京师”与“山中”的对立。文章又从政治经济实力、精神文化风貌各方面把双方进行对比，结论是：“京师贫”而“四山实矣”，“京师贱”而“山中之势重矣”，“京师之日苦短”而“山中之日长矣”，京师朝士“寡助失亲”而“山中之民，一啸百吟，一呻百问矣”。因而预计不久的将来，“山中之民，有大声音起，天地为之钟鼓，神人为之波涛矣”！龚自珍这一大胆的预言，果被19世纪后半叶中国社会变革的大震荡所证实。

① 龚自珍：《己亥杂诗》三三、七四。

② 龚自珍：《己亥杂诗》二四一。

## 三、道家传统与思想异端

有正宗而后有异端。在西欧，如恩格斯所论："一般针对封建制度发出的一切攻击必然首先就是对教会的攻击，而一切革命的社会政治理论大体上必然同时就是神学异端。"① 在中国，自秦汉统一，汉承秦制，儒术渐尊，儒法合流，形成了封建法统与学统的正宗以后，道家思想以其被罢黜、受排斥的现实遭遇，更以其固执天道自然、抗议伦理异化的理论趋向，便一直被视为思想异端。秦皇、汉武的雄才大略，百年之中以思想罪兴两次大狱，一诛吕不韦集团，一诛刘安集团，株连镇压大批优秀学者，尤其道家（如"淮南八公"等）遭到严酷打击②。但道家并未因此而偃旗息鼓，相反地，历代道家学者仍然以与封建正宗相对立的异端身份，倔强地从事于学术、文化的创造活动和批判活动，不断地取得许多重要成果，尤其在发展科学、文艺和哲学思辨方面作出了超迈儒家的独特贡献，从而形成了我国历史上别树一帜的道家文化传统。

两汉时期，封建皇权缘饰儒术，依靠大批酷吏和循吏交织成封建专制主义的政治网罗与思想网罗，在大批儒林博士"曲学阿世"、奔竞利禄、"天下学士靡然向风"③ 的情况下，班固承认"自武帝立五经博士，开弟子员，设科射策，劝以官禄，讫于元始，百又余年，传业者浸盛，枝叶繁滋，一经说至百余万言，大师众至千余人，盖禄利之路然也"④，顾炎武判为"汉自孝武表彰六经之后，师儒虽盛而大义未明"⑤。而当时独有身受腐刑的司马迁，卖卜为生的严君平，投阁几死的扬雄，"废退穷居"的王充等，这些卓立不苟的道家学者，

① 《德国农民战争》二。

② 《史记·吕不韦列传》，《汉书·淮南王传》。

③ 《汉书·儒林传》。

④ 《汉书·儒林传》。

⑤ 《日知录》卷十三。

正因为他们被斥为异端而他们也慨然以异端自居，故能在各自从事的学术领域奋力创造，取得辉煌成就。仅以王充为例，他在儒林博士们“高论白虎，深言日食”的气氛中，勇于举起“疾虚妄”的批判旗帜，自觉地“依道家”立论，“伐孔子之说”①，“奋其笔端以与圣贤相轧”②，“为《论衡》，趣以正虚妄，审乡背，怀疑之论，分析百端，有所擿发，不避孔氏”!③ 乾隆帝愤斥为“背经离道”，“已犯非圣无法之诛”④。而章太炎则衷心赞美王充：“汉得一人焉，足以振耻。至于今，亦未有能逮者也!”⑤

魏晋时期，当朝名士所宣扬的玄学正宗，莫不主张“以儒融道”，故坚持“圣人体无”、“孔优于老”，强调“名教”、“礼制”的首要意义。而固执道家思想的在野名士，笑傲山林，则主张“非汤武而薄周孔”、“越名教而任自然”，乃至直斥“六经为芜秽，仁义为臭腐”⑥，如嵇康、阮籍等则不可逃避地被斥为异端。玄学名士钟会向朝廷告发嵇康：“言论放荡，非毁典谟，帝王者所不宜容”，“轻时傲世，不为物用，无益于今，有败于俗。……今不诛康，无以清洁王道”!⑦ 嵇康竟因此而被杀。嵇、阮等原本贵族，但受道家思想的影响，走上了思想异端的道路，拒绝与当权者合作，而求友于当时著名隐士孙登，真心向往“采薇山阿，散发岩岫，永啸长吟，颐情养寿”⑧ 的隐士生活。虽未实现，却留下了奇妙的憧憬。这一时期，近似嵇、阮坚持道家思路的异端学者尚有不少，诸如，“清操自然”、征聘不就的杨泉（吴会稽处士，著有《物理论》、《太玄经》等，发展了道家传统的气论），盛倡无君论的鲍敬言（被葛洪尊称为鲍生，

① 《论衡·问孔》。

② 纪昀：《四库全书总目提要》。

③ 章太炎：《訄书·学变》。

④ 乾隆：《读〈论衡〉后》。

⑤ 章太炎《訄书·学变》。

⑥ 嵇康；《与山巨源绝交书》、《难自然好学论》。

⑦ 见《晋书·嵇康传》、《世说新语》注引《文士传》。

⑧ 嵇康：《幽愤诗》。

其系统的无君思想，与阮籍、陶潜等相呼应)，隐居著论、驳斥报应的戴逵（东晋处士，著名艺术家，著有《释疑论》等，存《弘明集》中)，不惧围剿、坚持神灭的范缜（梁时处士，以“布衣穷贱之人”自居，著《神灭论》，坚持道家的自然观、形神观以驳斥佛教)，等等，大多在当时的学术前沿和整个思想文化战线上能够开拓创新，作出贡献。

隋唐时期，在儒学正宗的统摄之下。佛、道两家均有发展。唐太宗虽然宣布：“朕所好者唯尧舜周孔之道，以为如鸟有翼，如鱼有水，失之则死，不可暂无耳!”① 但是唐王朝实行了三教平衡的宽松政策，道家思想得以因缘道教的兴盛而流行一时。唐王朝尊宠道教，崇道之风席卷朝野，信道术仙成为时髦，一些道士因走“终南捷径”而得官爵，成为皇权的附着物。但真心坚持道家思想风骨的士人，或自甘隐退，或总被排斥，他们中间出现了不少优秀学者、诗人、科学家，例如：赵蕤、孙思邈、成玄英、李荃、王玄览、刘蜕、李白、孟浩然、元结、罗隐、皮日休、陆龟蒙、谭峭等，他们的著作幸得保留，在中国传统文化的宝库中各有其独特的贡献。他们中的一些人虽非全属道家思想，但其批判锋芒却显示了明朗的异端性格。

宋元明时期，理学正宗居于统治地位，儒家关于伦理异化的说教，被强化到“人死于理，其谁怜之”的地步；而科举考试制的普遍化，更以严密的“文网世法”禁锢和毒化着整个知识界。但在当时，除了理学正宗、庙堂文化之外，异端学术、山林文化仍有较大的发展。例如，两宋之际的郑樵，隐居夹漈山中三十年，著书一千卷，其中《通志》二百卷，具有很高的学术价值；宋元之际的马端临，放弃举业，隐居不仕，著《文献通考》三百多卷，并批判流行的“欺天之学”与“欺人之学”。郑、马二人是当时最渊博的学者，其所开辟的“通史家风”，远超宋元诸儒，影响尤为深远。又如，宋元之际的邓牧，隐居九涤山，终生不仕，自号“三教外人”，著《伯牙琴》，富有社会批判内容；元末明初的刘基、叶子奇，隐伏民间时分

① 《贞观政要》卷六。

别著《郁离子》、《草木子》等，吸取道家思想而显示出异端性格。明代，在阳明心学的发展、分化和自我否定的潮流中，出现了颜钧、何心隐、李贽等活动于民间的许多思想家。他们大多把阳明心学中昂扬主体自觉的“狂者”意识，发展到对封建纲常名教的权威的否定。他们狂傲不羁，揭露“假人”，呼唤“童心”，主张个性解放，反对伦理异化的许多言论，虽属时代要求的反映，也有道家思想的渊源。

明清之际，“天崩地解”的社会震荡，“破块启蒙”的思想异动，在中国历史上是空前的。在这空前的变局中，学术思想出现了新的整合，活跃于整个中世纪的思想异端，开始蜕化为力图冲决网罗、走出中世纪的新的启蒙意识。这一思想的重新整合和蜕变的过程，是极为复杂的，但先秦子学的复苏，长期被目为异端的《老子》、《庄子》、《列子》思想的引起重视和重新咀嚼，无疑是一个促进的重要因素。明末清初在时代风涛里涌现出的一大批灿若群星的思想家，大多富于历史教养，有过政治流亡或甘当遗民的生活经历，因而能够顺应时代思潮的动向，远继历史上的异端批判思想，开拓出新的启蒙意识。他们中间，就其思想蜕变与以往道家传统和异端性格的深刻联系而言，傅山可说是一个典型。

傅山思想的最大特点是自觉地继承道家，鲜明地批判“奴儒”。他明确宣称：“老夫学《庄》、《列》者也。于此间诸仁义事，实羞道之。即强言之，亦不工！”① 并直斥理学家们“一味板拗”，全是“奴儒”，“后世之奴儒，尊其奴师之说，闭之不能解，结之不能觿”②，主张坚决扫荡“奴性”、“奴物”，表现了鲜明的启蒙意识。傅山于明亡后自隐岩洞，曾以抗清被逮入狱，不屈，几死；又被康熙强征入朝，峻拒，亦几死；终以“黄冠自放”得脱，遂着道流衣冠，自称“朱衣道人”，行医卖字为生，俨然道家隐者。顾炎武赞之为“萧然物外，自得天机”③！傅山的《霜红龛集》及《荀子评》等子

① 全祖望：《阳曲傅先生事略》。

② 傅山：《霜红龛集》卷三十一。

③ 顾炎武：《广师篇》。

学著作，《红罗镜》等通俗传奇，则充分体现了 17 世纪中国早期启蒙者的思想锋芒和感情升华。傅山，可说是继承道家传统的思想异端挣脱封建囚缚而转化为早期启蒙者的典型人物。

中国历史上的异端思想和批判意识的承担者，虽非全出于道家，但确有不少是具有道家思想风骨的隐逸人物。这些人物及其思想，在中国传统文化中怎样定位？在中国文化的发展中起过什么历史作用？在中国走向近代化的文化历程中发挥过什么功能？对今天的社会主义文化建设有何借鉴意义？这些问题似乎值得进一步探索。

一九八九年八月

# 二十四、道家风骨略论

**提要** 本文阐述道家有其独特的思想风骨，即其思想和学风中涵有的某种内在精神气质，并分析道家风骨的形成，有其深远的社会根基。文章概述了道家风骨内涵的三个层面：（一）“被褐怀玉”的异端性格，是道家风骨的重要特征。（二）“道法自然”的客观视角，是道家思想的理论重心，与儒家把“道”局限于伦理纲常相比，更具有理性价值，更接近于科学智慧。（三）物论可齐的包容精神，这是道家特有的文化心态和学风，具体论证了道家学风的开放性、包容性和前瞻性，并认定这是值得珍视的思想遗产。

## 一

道家，远慕巢、许，近宗老聃，独阐道论。虽然老聃被司马迁称为“隐君子也”，“修道德，其学以自隐无名为务”（先秦无“道家”之名，亦无人以道家学者自命），而道论——老学的研究，却流播民间，蔚为思潮，不仅与儒、墨、名、法等显学相并立，积极参与了先秦诸子的学术争鸣；而且，以其理论优势，纵横南北，学派纷立，高人辈出，论著最丰①。到秦汉之际，融摄各家思想而发展为新道家，对汉初新制度的巩固和社会经济的繁荣发挥过独特的导向作用；汉初最博学的司马谈《论六家要旨》，通观当代学术思潮，总结各家理论

① 关于道家的分派和《汉书·艺文志》所反映的诸子九流、十家的论著以道家为最多，我在《道家·隐者·思想异端》一文中略有论述，参拙著《吹沙集》，成都：巴蜀书社 1999 年版，第 145 页。

贡献，独对道家的成就及其学风给予了高度评价。中央集权的封建专制法度确立之后，在儒法合流、儒道互黜中，道家虽长期被斥为“异端”，但仍然以茁壮的学术生命力和广泛的思想影响，渗入民族文化意识深层，成为传统文化中的主流学派之一，并具有其独特的思想风骨。

“风骨”二字借自刘彦和《文心雕龙·风骨篇》，原意指文艺创作中的风力和骨髓所构成的气势，亦即文艺家在创作时潜在的倾向激情或作品中内在的精神力量。彦和所谓“辞之待‘骨’，如体之树骸；情之含‘风’，犹形之包气”，“风骨不飞，则振彩失鲜，负气无力”。其引申义，可以涵摄更广。如陈子昂所说：“汉魏风骨，晋宋莫传”①，乃泛指汉魏文风的恢弘气象。又如钟嵘《诗品》曾称赞刘桢的诗达到了“真骨凌霜，高风跨俗”的境界；而李白在《大鹏赋·序》中称：“余昔于江陵见天台司马子微，谓余有仙风道骨，可与神游八极之表……”“真骨高风”，“仙风道骨”，这类颇具质感的表述，似乎更能道出道家的思想和学风所涵有的某种内在精神气质的特征。

曾有论者从儒道对立互补的总格局着眼，认为儒家的精神气质趋向于“贤人作风”，道家则表现了“智者气象”，这一分疏，似也近理。但由于“贤人作风”与“智者气象”等词，经赵纪彬、侯外庐等的提倡、论证，原是用以区分古代中国与西方（尤其指古希腊）的哲学思想特质的。“薰然慈仁”的儒家，确具有“贤人作风”；而把“绝圣弃智”的道家比作古希腊智者（以外向自然、追求知识为务），则显然不类。仅就先秦诸子而论，被道家斥为“其道舛驳”，“逐万物而不反”的名家，或宜归于“智者气象”；类推之，则墨家近于工匠意识，法家近于廉吏法度，而道家，则似可说是表现了隐者风骨。

① 陈子昂：《修竹篇》。

## 二

道家风骨的形成，有其深远的社会根基。

中国作为东方大国，古先民在亚洲东部广阔土地上缔造文明时，走着一条特殊的途径。依靠原始共同体的分工合力，早已创造了河洛、海岱、江汉等史前文化区，原始氏族公社及其向文明社会的过渡，经历了曲折漫长的岁月（从黄帝、炎帝时代起，经过颛顼、尧、舜，到夏王朝的建立，共经历了二十个世纪），而且氏族公社的一些遗制和遗风始终被保留下来。因而，我国文化的黎明期，氏族制开始瓦解的社会蜕变过程中，已出现了一批抵制阶级分化，对奴隶制文明抱着怀疑、批判态度乃至强烈反抗的公社成员，他们向往氏族制下原有的纯朴道德和原始民主，反对文明社会必将带来的矛盾冲突和贪残罪恶……乃至在国家机器形成中自己可能被推上首领地位，由公仆转化为主人而享有的各种特权，也表示鄙弃、拒绝和逃避。这就是最早的"避世之士"。他们的独特言行，对社会现实的批判和超越态度，被人们传为美谈。"日出而作，日入而息；凿井而饮，耕田而食。帝力于我何有哉?"这首古《击壤歌》所表达的，正是这类独特人物的心态。《庄子》书中有《让王》等篇，专述这类人物"鄙弃名位如敝屣"的故事。其中除了"尧以天下让许由，许由不受"的著名传说外①，还有一则云："舜以天下让善卷，善卷曰：'余立于宇宙之中，冬日衣皮毛，夏日衣葛絺；春耕种，形足以劳动；秋收敛，身足以休食；日出而作，日入而息，逍遥于天地之间而心意自得。吾何以天下为哉?！悲夫，子之不知余也'。遂不受，于是去而入深山，莫知其处。"类似的许多故事，正是这类人物行迹的史影。善卷的言论，与

① 依皇甫谧《高士传》的综述，略谓：许由，尧时高士，隐于沛泽，尧以天下让之，逃隐箕山。尧又召为九州长，许由闻之，乃洗耳于颍水之滨。时其友巢父，牵犊欲饮，见由洗耳，问其故，许由告之，巢父急牵牛赴上流饮之，曰：勿污吾犊。（《史记·伯夷列传》正义引《高士传》）

古《击壤歌》类似，反映了氏族公社分化中另一种价值取向。

在氏族社会末期，已有这样一批鄙弃权位、轻物重生的特殊人物，并成为人们仰慕的对象①。往后，在以贪欲为动力的阶级社会中，仍不断地涌现出辞让权位爵禄、甘心退隐山林的高士、逸民，继承这一古老传统，诸如殷初的卞随、务光，周初的伯夷、叔齐等，皆名彪史册。到了春秋战国时期，由于社会变革中的贵贱易位与“士”阶层的沉浮分化，更出现大批隐者。《论语》、《史记》等实录了他们中许多人的名号、言论和时人对他们的赞扬，《庄子》、《列子》等书中更夸张地赞述了许多隐者的行迹和精神风貌。这些隐者，“游方之外”，避世、遁世却并非出于厌世，而是由于愤世嫉俗，洁身自好，所谓“欲洁其身而乱大伦”②，由反抗伦理异化到反对政治异化，试图以德抗权，以道抑尊，蔑弃礼法权势；傲视王公贵族，所谓“志意修则骄富贵，道义重则轻王公”③。以至“天子所不得臣，诸侯所不得友”④。他们往往主动从统治层的权力斗争漩涡中跳出来，与权力结构保持一定的距离和独立不阿的批判态度，所谓“在布衣之位，荡然肆态，不诎于诸侯，谈论于当世，折卿相之权”⑤。甚或“羞与卿相等列，至乃抗愤而不顾”⑥。他们自愿退隐在野，较多接触社会现实，深观社会矛盾，了解民间疾苦，从而有可能成为时代忧患意识和社会批判意识的承担者。他们为了贵己养生，遁居山林，注意人体节律与自然生态的观察和探究，强调个体小宇宙与自然大宇宙之间的同构与互动的关系，从而有可能成为民间山林文化和道术科学的开拓

---

① 司马迁称：“余登箕山，其上盖有许由塚。”郦道元《水经·颍水注》：“山下又有许由庙，碑阙尚在。”《太平御览》卷一七七引戴延之《西征记》云：“许昌城有许由台，高六丈、广三十步、长六十步，由耻闻仰让，而登此山，邑人慕德，故立此台。”足见许由一直为人们所崇敬和仰慕。

② 《论语·微子》。

③ 《荀子·修身》。

④ 《后汉书·逸民列传》。

⑤ 《史记·鲁仲连列传》。

⑥ 《后汉书·逸民列传》。

者。这样的隐者群，在中国古代社会中是一个特殊阶层。他们的生活实践，乃是道家风骨得以形成和滋长的主要社会根基。

道家风骨的形成，自当有其思想文化条件。《老子》一书反映了道家思想的成熟体系。它熔铸了大量的先行思想资料，既有当时最先进科学技术知识的总结（诸如天体“周行”的规律、冶铸用的‘橐籥’的功能等），也有个人立身处世经验的总结，而更主要的是富有历史感地对“大道废，有仁义，智慧出，有大伪”的文明社会的深层矛盾进行了透视和总结。班固称“道家者流，盖出于史官，历记成败、存亡、祸福、古今之道、清虚以自守、卑弱以自持”。此所谓“出于史官”非仅实指作为道家创始人之老聃做过“周守藏史”，而是泛指道家思想的重心乃渊源于对以往“成败、存亡、祸福、古今之道”的研究和总结。《庄子》有“参万岁而一成纯”一语，王夫之曾给予深刻阐释：“言万岁，亦荒远矣，虽圣人有所不知，而何以参之？乃数千年以内见闻可及者，天运之变，物理之不齐，升降、隆污、治乱之数，质文风尚之殊，自当参其变而知其常，以立一成纯之局，而酌所以自处者，历乎无穷之险阻而皆不丧其所依，则不为世所颠倒而可与立矣①！”这正是依赖于历史教养而形成的道家风骨的最好说明。

当然，道家风骨的形成，还有更广阔的思想土壤与理论源泉。不仅《老子》一书以其理论思维水平，对远古至旧制崩解的春秋时期哲学发展的积极成果作了一个划时代的总结。“道”概念的凝成，及“道生一，一生二，二生三，三生万物，万物负阴而抱阳，冲气以为和”这一命题的提出，就已涵摄了以往大量的哲学思辨成果，并使之整合为新的范畴系统；“有无相生……”、“反者道之动”等哲学概括，综合了古代辩证智慧的丰富成果而标志着我国朴素矛盾观的历史形成。而且，古代气功养生等方术科学和神仙境界的自由向往，原始朴素的非功利的审美观、道德观等，也都被纳入思想体系，成为道家风骨的重要文化基因。

---

① 王夫之：《俟解》。

## 三

道家风骨的内涵，具有模糊性而又包容甚宽，仅就其在思想和学风上表现的普遍特征而言，至少有以下几个层面，灼然可见：

### （一）“被褐怀玉”的异端性格，这是道家风骨的重要特征

圣人“被褐而怀玉”，是《老子》书中对理想人格美的一句赞词，乃指布衣隐者中怀抱崇高理想而蔑视世俗荣利的道家学者形象。他们在等级森严的社会中，自愿处于“被褐”的卑贱者地位，对世俗价值抱着强烈的离弃感，对现实政治力图保持着远距离和冷眼旁观的批判态度，从而在学术思想上往往表现出与正宗官学相对峙的异端性格。在西方，针对天主教会的神权统治和宗教异化，而有活跃于整个中世纪的神学异端；在中国，针对秦汉以来儒法合流所营建的以皇权专制与伦理异化为核心的封建正宗，道家便被作为思想异端而出现。秦皇、汉武为巩固专制皇权，百年中曾兴两次大狱，一诛吕不韦集团（包括《吕氏春秋》作者群），一诛刘安集团（包括《淮南鸿烈》作者群），除了政治诛杀以外，主要打击对象乃是大批道家学者。司马迁曾指出：儒、道互黜，表现了“道不同不相为谋”的思想路线的对立，也就是正宗和异端的对立。汉代，自武帝接受董仲舒“独尊儒术”的献策之后，大批儒林博士，由于奔竞利禄而使儒学日趋僵化和衰微。这时，正是处于异端地位的道家，虽屡遭打击而仍固守自己的学术路线，坚持天道自然，反抗伦理异化，揭露社会矛盾，关怀生命价值，倔强地从事于学术文化的创造活动和批判活动，形成了特异传统，凸显了道家风骨。如司马迁，被斥为“论大道则先黄老而后六经”，在身受腐刑、打入蚕室的困顿处境中，奋力写成了《史记》这部光辉巨著；此外，隐姓埋名的“河上公”，卖卜为生的严君平，投阁几死的扬雄，直言遭贬的桓谭，废退穷居的王充等卓立不苟的道家学者，正因为他们被斥为异端而他们也慨然以异端自居，故能在各自的学术领域自由创造，取得辉煌成就。以王充为例，正当

汉章帝主持盛大的谶纬神学会议，儒林博士们“高论白虎，深言日食”的喧嚣气氛中，勇于举起“疾虚妄”的批判旗帜，自觉地“依道家”立论，“伐孔子之说”①，“奋其笔端以与圣贤相轧”②，一千多年后还被清乾隆帝判为：“背经离道”，“已犯非圣无法之诛”③。足见《论衡》一书的思想锋芒确乎表现了一个异端思想家的品格。此后，在长期封建社会中，凡真具有道家风骨的民间学者，无不表现这种可贵的品格。

### （二）“道法自然”的客观视角

“人法地，地法天，天法道，道法自然”，这是道家思想的理论重心，决定了道家对社会和自然的观察、研究，都力图采取客观的视角和冷静的态度。这与儒家把“道”局限于伦理纲常的伦文至上乃道统心传观念等相比，显然更具有理性价值，更接近于科学智慧。道家超越伦理纲常的狭隘眼界，首先，力图探究宇宙万物的本原，“道”是“天地之根”、“万物之母”，“道”被规定为：“自本自根，自古以固存，神鬼神帝，生天生地……”，这样的理论思维，对宗教意识和实践理性的超越和突破，标志着我们民族的哲学智慧的历史形成！其次，力图通观人类社会由公有制向私有制、由氏族制向奴隶制的过渡及其二重性（道家着力研究原始公社“自然无为”原则被阶级压迫原则所破坏以后的社会矛盾，出现了战争、祸乱、虚伪，出现了“损不足以奉有余”的残酷剥削，出现了“危生弃生以殉物”、“以仁义易其性”的人的异化，从而富有历史感地提出了救治之方及“无为而治”的理想社会的设计）。由“道法自然”的客观视角对社会现实的批判与对社会矛盾的揭露，从老庄开其端，在王充、嵇康、阮籍、陶渊明、鲍敬言、刘蜕、邓牧等的论著中，得到鲜明的反映，表现了道家由自然哲学转向社会哲学的研究成果及其价值取向（反抗

① 《论衡·问孔》。

② 纪昀：《四库全书总目提要》。

③ 《读〈论衡〉后》。

伦理、政治的异化现象，提倡否定神权、皇权的无神论、无君论等)。至于“道法自然”的思想定势，更主要唤起道家学者大多热爱自然、重视“天地与我并生，万物与我为一”的自然生态，尊重客观自然规律，因而极大地影响和推动了我国古代各门自然科学的发展，从贵己养生，全性葆真出发，道家更强调了自然和人之间、宇宙大生命与个体小生命之间的同构与互动的关系，诱导人们从自然哲学转到生命哲学，更具体化到人体功能和自然节律的深入研究，大大促进了中国特有的医药气功理论及养生妙术。中国民间道术科学的发展，许多科技成果及自然和生命奥秘的静心探研，首应归功于道家；而许多卓有成就的科学家，如扬雄、张衡、葛洪、陶弘景、孙思邈、司马承祯、陈抟等，都是道家人物并具有道家特有的思想风骨。

**（三）物论可齐的包容精神，这是道家学风的特点**

由于长期处于被黜的地位，与山林民间文化息息相通，道家的学风及其文化心态，与儒家的“攻乎异端”、“力辟扬墨”和法家的“燔诗书”、“禁杂反之学”等文化心态的褊狭和专断相比，大异其趣，而别具一种超越意识和包容精神。他们对于“万物并作”、百家蜂起的学术争鸣局面，虽也曾担心“智慧出，有大伪”①，“百家往而不返，道术将为天下裂”②，但他们基本上抱着宽容、超脱的态度。如《老子》提出“知常、容，容、乃公”的原则，主张“挫锐”、“解纷”、“玄同”、“不争”③。稍后，北方道家宋钘、尹文等强调“别囿”，主张“不苛于人，不忮于众”、“以聏合欢，以调海内”；田骈、慎到也提倡“公而不党，易而无私”④，在他们的带动下，所形成的齐稷下学风，在学宫中各家各派并行不悖，自由论辩，兼容并包，互有采获，成为古代学术繁荣最光辉的一页。南方崛起的荆楚道

① 《老子·第十六章》。

② 《庄子·天下》。

③ 《老子·第四章·第二十二章》。

④ 《庄子·天下》。

家，以庄子为代表，更为道家学风的开放性、包容性和前瞻性作了理论论证，提出“物论”可齐，“成心”必去，分析学派的形成和争论的发生，学术观点的多样化，是不可避免的“吹万不同，咸其自取”。因而，基于“道隐于小成，言隐于荣华”而产生的儒墨之是非，只能任其“两行”——“和之以是非，而休乎天钧，是之谓两行”①。《秋水》等名篇，深刻揭示了真理的相对性、层次性和人们对于真理的认识的不同层次都有的局限性；“井蛙、河伯、海若”的生动对话的寓言，既指出：“以道观之，物无贵贱；以物观之，自贵而相贱”；又通过认识的不同层次，把人们引向开阔的视野，引向一种不断追求、不断拓展、不断超越自我局限的精神境界。这是庄子对道家思想风骨的独特体现。儒、法两家，都有把“道”凝固化、单一化的倾向。如孔子说：“朝闻道，夕死可矣。”② 韩非说：“道无双，故曰一，是故明君贵独道之容。”③ 而庄子却说：道“无所不在”④；“指穷于为薪，火传也不知其尽”⑤。《庄子》上记载颜回对孔子毕恭且敬，亦步亦趋，但仍然跟不上，称“夫子奔逸绝尘，则回瞠若乎后矣⑥!”庄子却对后学说：“送君者自其涯而返，君自此远矣⑦”！这显然是两种学风，两种文化心态。道家以开放的心态，对待百家争鸣，在学术文化上善于学诸家之长，走自己的路。司马谈总结先秦诸家学术时，正是从学风角度赞扬道家能够博采众长，取精用宏，“因阴阳之大顺，采儒墨之善，撮名法之要，与时迁移，应物变化”，“以虚无为本，以因循为用，无成势，无常形，故能究物之情”。这一兼容博通的学风，影响深远。唐宋以降的道家及道教理论家，大多善于继承老、庄学脉，大量摄取儒、佛各家思想，尤其大乘

① 《庄子·齐物论》。
② 《论语·里仁》。
③ 《韩非子·扬权》。
④ 《庄子·知北游》。
⑤ 《庄子·养生主》。
⑥ 《庄子·田子方》。
⑦ 《庄子·山木》。

佛学的理论思辨，诸如：李荣、成玄英之论“重玄”有取于三论宗的“二谛义”，司马承祯的坐忘论有取于天台宗的“止观”说，而全真道派袭山林隐逸之风，更倾心吸取禅宗的慧解，并非舍己耘人，食而不化，而是有所涵化和发展。马端临在《文献通考》中评定：“道家之术，杂而多端”，此语可从褒义理解，正反映出道家学风的开放性和博通兼容精神，这是值得珍视的思想遗产。

以上对道家风骨的内涵的概述，仅系例举一斑，远非全豹。但已足以表明，道家思想风骨在我国传统文化的发展中，具有重要的地位，发挥过独特的文化功能。它在历史上所起的作用，尽管由于本身的局限或被歪曲利用而存在着消极面，但从中华文化的总体发展上看，是积极的，是促进的因素。至于道家思想风骨的现代意义，能否实现其与现代化的历史结合，则是有待探究的重要课题。

一九九二年十月

# 二十五、道家学风述要

**提要**　道家学风的首要特点是以“尊道贵德”为理论重心，力图超越可名言世界的局限，探究宇宙万物的终极本原。道家学风在方法论上的重要贡献，可概括为通过相对主义而导向辨证智慧。承认事物普遍的相对性，避免认识上的片面、绝对和独断，是道家坚持的慧解。

道家之学，源于柱下，依附隐者，流播民间。

在先秦，虽尚无道家或道德家之名，而论道各家，已蔚为南北诸流派，旨趣不全相同。但道家诸派，都无例外地祖述老聃，阐扬道论，以其特有的思想风骨和理论趋向，轻物重生，反抗异化，贬斥礼法名教，主张返璞归真，追求精神自由，从而形成了道家独特的共同学风。

## 一

道家学风的首要特点，是以“尊道贵德”为理论重心，力图超越可名言世界的局限，探究宇宙万物的终极本原。道家独创的形而上学及其精神语言体系中，“道”成为超乎天地、万物、五行、阴阳之上，而又与“气”、“朴”、“大”、“一”等抽象处于不同层次的最高范畴。“道”被规定为：“自本自根，自古以固存”，是“天地之始”、“天地之根”、“万物之母”、“万物之宗”，具有终极的根源性；“道通为一”、“道无终始”、“道未始有封”，即具有无限的普存性和永恒性；“道常无名”，“可传而不可受，可得而不可见”，即“道”

属超名言之域，非通常的理智和感觉所能认知，而只能通过“徇耳目内通而外于心智”的特殊方式去体知。“夫体道者，天下之君子所系焉。”①“道”并非不可知，而是“可传”、“可得”、“可知”的，只是需要人们在特定的实践中去体知。道家在理论上的一个重要贡献，就是提出了区别于“认知”(依靠名言）的“体知”(超越名言)，并论证了这种“外于心智”、超越名言的对“道”的体知，究竟是一种什么样的认识机制。

道家从两个方面展开它的论证：一方面，由自然哲学引向社会哲学，从“道法自然”的原则引出社会批判的原则。道家力图通观人类社会由原始公社向奴隶制文明社会过渡的二重性，并着重揭露了文明社会所出现的争夺、祸乱、欺诈、罪恶以及种种违反人性的异化现象，“大道废，有仁义；智慧出，有大伪”②，人们“以仁义易其性”，“危身弃生以殉物”，乃至“与物相刃相靡，其行进如驰而莫之能止，不亦悲夫！终身役役而不见其成功，苶然疲役而不知其所归，可不哀邪！人谓之不死，奚益？其形化，其心与之然，可不谓大哀乎”③！道家认为人与天地自然本是浑然一体的，人的本性与自然无为的天道也应是和谐一致的，而文明社会中的现实人类，却由“形（体）”到“心（灵）”都可悲地被异化、被扭曲了，“丧己于物，失性于俗”④。因而，人不但不能体道，并且日益迷失本性，与道疏离，背道而驰，陷入了“不知其所归”的最大悲哀。为了克服和扬弃这一切伦理的、政治的以及人性的异化现象，道家提出可以从个人修养和社会改革两方面采取一系列措施，诸如个人修养方面“见素抱朴”、“少私寡欲”、“专气致柔”、“涤除玄鉴”等和社会改革方面“绝圣弃智”、“绝仁弃义”、“绝巧弃利”、“爱民治国，能为无为”等，都旨在否定和消解异化，以求得人性的复归——“复归于婴

① 《庄子·知北游》。
② 《老子·第十八章》。
③ 《庄子·齐物论》。
④ 《庄子·缮性》。

儿"、"复归于朴"，"常德不离，民复孝慈"。道家认为，不被现实社会的权威、传统及流行的价值观所迷惑、所局限，而能够自觉地超脱出来，按自然无为的原则处理一切，"孔德之容，唯道是从"①，乃是人能体道，自同于道的具体途径。庖丁解牛、轮扁斫轮等故事，更生动说明"以神遇而不以目视"之类的"体知"，并非虚无缥缈、高不可攀，而是"大道甚夷"，在日常的生活、生产实践中都可能实现。

另一方面，道家以贵己养生为立论基点，由自然哲学更深入到生命哲学，取得重要研究成果。这些成果，不仅对中国传统的医药学、养生学、气功学等应用人体科学作出了独特的贡献，为中国道教的教义发展提供了理论指南；而且更重要的是道家对生命的深入探究，并非仅限于人体内部结构与功能的实测与开发，而是旨在同时探究哲学意义上的"真人"与"真知"。道家认为，通过"致虚极，守静笃"的特殊途径，在"微妙玄通"的自我生命体验中，"收视反听"、"耳目内通"，可以达到对"道"的体悟。这是道家所独有的内省方法。道家所谓"真人"与"真知"，即摆脱了异化枷锁、返璞归真的人所特有的对人天合和境界的体知。所谓"知天之所为，知人之所为"②，"不出户，知天下；不窥牖，见天道"③，并非神秘直觉，而是经过长期的修炼，逐步地意识到"人"(小宇宙）与"天"(大宇宙)、个体小生命与自然大生命乃是同质同构、互涵互动的，"天地与我并生，万物与我为一"④，"静而与阴同德，动而与阳同波"⑤。因而通过个体生命律动的探求，"载营魄抱一"，"心斋"、"坐忘"等内在的体验自证，可以达到自我净化，"与天为徒"，乃至逐步由"外天下"、"外物"、"外生"到"朝彻"、"见独"、"无古今"而

① 《老子·第二十一章》。

② 《庄子·大宗师》。

③ 《老子·第四十七章》。

④ 《庄子·齐物论》。

⑤ 《庄子，天道》。

"入于不死不生"的自由境界，也就是人天、物我被整合为一的悟道、体道、与道冥合的精神境界。

道家关于道论体系的建构和对于"道"的体知途径的探索，可以说触及到了真正的哲学本体论问题，其所达到的理论深度，对现代人的哲学思考无疑具有启发性。

## 二

道家学风在方法论上的重要贡献，似可概括为通过相对主义而导向辨证智慧，由齐物论、齐是非、齐美丑、齐生死、齐寿夭等追求，而昂扬一种可贵的超越精神。

承认事物普遍的相对性，避免认识上的片面、绝对和独断，是道家坚持的慧解。"天下皆知美之为美，斯恶矣；皆知善之为善，斯不善矣。故有无相生，难易相成，长短相形，高下相倾，音声相和，前后相随，恒也。"① 坚持矛盾两分的观点，并认定作为矛盾的对立双方，"知东西之相反而不可以相无"②。矛盾互相依存、转化，乃是恒道。这是道家由相对论导向辩证法而达到的对一般单向度、直线性认识的谬误的超越。至于道家思想家中，有的因"贵齐"而陷于认识论上的相对主义、折中主义，则是理论思想顾此失彼的个别教训。

进一步，道家强调"别囿"、"去私"，"明白四达"，破除各种条件造成的思想局限性。"井蛙不可以语于海者，拘于虚也；夏虫不可以语于冰者，笃于时也；曲士不可以语于道者，束于教也。"③"拘于虚"，"笃于时"，"束于教"，即自陷于狭隘眼界和束缚于僵化教条，是各种思想局限产生的认识根源。故道家主张"贵因"，"因时为业"，"因物与合"，"舍己而以物为法"，即舍弃"建己之患"、"用知之累"，而坚持认识的客观性；进而强调"贵公"，"公而不党，

① 《老子·第二章》。
② 《庄子·秋水》。
③ 《庄子·秋水》。

易而无私”，即否定党同伐异的“私心”、“私虑”，而坚持“弃知去己而缘不得已，泠汰于物，以为道理”①。这样“以因循为用”，让黑白自分，并非消极无为，而是对师心自用所产生的各种狭隘偏见的积极的超越。

再进一层，道家注意到人类的理性能力及认知活动与名言工具等，有其固有的根本局限。所谓“道可道，非常道，名可名，非常名”，“道”无形无名，不可道，不可名，即非一般理性和感性以及名言工具所能把握和表达的。必须进一步对整个认识的局限有所突破，才能达到“从事于道者，同于道”。道家深刻地揭示：人所面临的认识对象，既有可道可名的“有”世界(“天地万物生于有”)，又有不可道不可名的“无”即“道”世界(“有生于无”)。这两个世界，都是作为认识对象而存在，都是可知的，但两者的界限在于“有”世界的被认识靠主客两分，而“无”世界即“道”的被认识靠对主客两分模式的超越。所谓“心有天游”，在“吾丧我”的“坐忘”中“堕肢体，黜聪明”②、“忘年忘义，振于无竟而寓诸无竟”③等，都表明超越了主客两分的局限，就能够置身于“道”之中，“与道徘徊”，自同于道。道家认为，经过长期的自我修炼，这是能够实现的一种精神超越。

不自陷于各种片面的局限，而能不断地开阔视野，不断地自我超越，这是道家学风的重要特征，似有助于突破现代哲学的某些困境。

## 三

道家学风体现在学术史观与文化心态上，更有一种恢宏气象。从总体上与儒、墨、法诸家的拘迂、褊狭和专断相较而言，道家别具一种包容和开放的精神。

---

① 《庄子·天下》。

② 《庄子·大宗师》。

③ 《庄子·齐物论》。

早期道家对于“万物并作”、百家蜂起的学术争鸣局面，并非都很理解和乐观，甚至担心“百家往而不反，道术将为天下裂”。但他们基本上抱着宽容、超脱的态度。如老子提出“知常容，容乃公”的原则，主张“和光、同尘、挫锐、解纷”；宋钘、尹文提出“别囿”，主张“不苟于人，不忮于众”，“以聏合欢，以调海内”①。彭蒙、田骈强调“静因之道”，主张“去智与故”，“与物宛转”。庄子继之，提出齐“物论”、去“成心”，更从理论上论证“道隐于小成，言隐于荣华，故有儒墨之是非”，而主张“和之以是非，而休乎天钧，是之谓两行”②。《秋水》篇等深刻揭示真理的相对性、层次性和人们对真理的认识的不同层次都有的局限性，把人们引向日趋广阔的视野，引向一种不断追求、不断拓展、不断超越自我局限的精神境界。这是庄子对道家学风的独特贡献。儒、法两家都倾向于把“道”单一化、绝对化、凝固化。故韩非曰：“道无双，故曰一”，“明君贵独道之容”③。孔子称：“朝闻道，夕死可矣。”④ 庄子却说“生也有涯而知也无涯”，“指穷于为薪，火传也不知其尽”。⑤《庄子》上记载颜回对孔子毕恭且敬，称“夫子步亦步，夫子趋亦趋，夫子奔逸绝尘，则回也瞠乎其后矣”!⑥ 而庄子却对后学说：“送君者自其涯而返，君自此远矣!”⑦ 这显然是两种真理观、两种学风、两种文化心态。

司马谈总结先秦学术时，正是从学风的角度赞扬道家能够“因阴阳之大顺，采儒墨之善，撮名法之要，与时迁移，应物变化”，“以虚无为本，以因循为用，无成势、无常形，故能究万物之情”。⑧

① 《庄子·天下》。
② 《庄子·齐物论》。
③ 《韩非子·杨权》。
④ 《论语·里仁》。
⑤ 《庄子·养生主》。
⑥ 《庄子·田子方》。
⑦ 《庄子·山木》。
⑧ 《论六家要旨》。

王充所坚持的“虽违儒家之说，但合黄老之义”的学术路线和学风，也主张要像“海纳百川”一样“胸怀百家之言”，才能成为知今知古的“通人”。唐宋以来的道教理论家，在为道教的系统理论化建设中，更是依托老、庄学派，阐发“重玄”之旨，大量地摄取儒、佛各家思想，尤其大乘佛法的理论思辨。诸如“重玄论”之有取于三论宗的“二谛义”，“坐忘”论之有取于天台宗的“止观”说，而全真道派更直袭禅宗学风，创始人王喆自称道教的最高境界也是“语默动静，无时非禅”。马端临在《文献通考》中称，“道家之术，杂而多端”，而《道藏》的编者确也从一个侧面显示出道教理论和学风的宏肆和兼容的性格。总之，无论是前期的道家或是后期的道教的学风及其对异己学术的文化心态，都是较为宽容、开放而具有广阔的胸怀的。这在中国传统文化中是很值得发掘的优秀思想遗产，是具有现代意义的文化基因。

一九九五年十月

# 二十六、《黄老帛书》哲学浅议

汉代学者已有定称(“黄老之家”、“黄老之义”、“黄老之术”)的黄老学，其传世经典为《老子》及渊源于老学而后出的《黄帝书》。司马迁称：汉初，由于窦太后好《黄帝》、《老子》言，“帝及太子、诸窦，不得不读《黄帝》、《老子》，尊其术”①。关于《黄帝书》，据《汉书·艺文志·诸子略》在“道家类”著录了五种：《黄帝四经》四篇、《黄帝铭》六篇、《黄帝君臣》十篇、《杂黄帝》五十八篇、《力牧》二十二篇；此外，在“阴阳家类”、“兵阴阳类”、“小说家类”、“天文类”、“五行类”、“医经类”、“经方类”、“神仙类”等托名黄帝的论著尚有二十一种，除“医经类”中的《黄帝内经》一种尚存外，其余全都在东汉以后陆续亡佚。1973年长沙马王堆三号汉墓出土，与《老子》乙本合卷的帛书《经法》等四篇古佚书，据考，正是晚周至秦汉流行的《黄帝书》的重要部分②，补足了这一时期哲学史料的重要环节。就《经法》等四篇的主要内容看，与司马谈在《论六家要旨》中对道家思想的概要，正相契合，所引“圣人不巧③，时变是守”一语，正出于《十大经·观》。

这四篇佚书——《经法》、《十大经》④、《称》、《道原》，其思想内容和文字结构，都首尾一贯，自成体系，因而可以作为一个整体

① 《史记·外戚世家》。

② 唐兰等考订这四篇即《汉书·艺文志》所载的《黄帝四经》。这四篇帛书，出土时仅有篇名及字数而无统一书名，现姑名为《黄老帛书》，待后确考。

③ 按《史记·自序》作“朽”，据《汉书·司马迁传》校改。

④ 此据唐兰等释本。另张政烺、裘锡圭对比帛书中的“六”、“大”二字，认为应作《十六经》。

来加以研究。本文即想探讨一下《黄老帛书》的哲学思想。

《黄老帛书》对老子哲学的“道”范畴，特别是包容于其中的关于“独立而不改，周行而不殆”的客观规律性的含义，给予了进一步的发挥，把“道”看做客观存在的天地万物的总规律。

首先，帛书论述了“道”的根本性质是“虚同为一，恒一而止”，“人皆用之，莫见其刑［形］”①。“道”作为规律，是看不见的，寓于虚而普遍起作用，守恒而稳定。

> 虚无刑［形］其裻［督］（人体八脉，督脉居脊中）冥冥，万物之所从生。②
>
> 恒无之初，迵［洞、通］同太虚。虚同为一，恒一而止。湿湿梦梦，未有明晦。……古［故］无有刑［形］，大迵无名。天弗能复［覆］，地弗能载，小以成小，大以成大，盈四海之内，又包其外。在阴不腐，在阳不焦，一度不变，能适规［蚑］侥［蛲］，鸟得而蜚，鱼得而流［游］，兽得而走，万物得之以生，百事得之以成。人皆以之，莫知其名，人皆用之，莫见其刑［形］③。

这是对作为普遍规律的“道”的一些朴素说明，从“恒无之初”以来，“道”就贯通于整个宇宙的发展之中，“道无始而有应”④，“通同而无间，周袭而不盈”⑤，在一切大小事物中普遍而恒常地起着作用，是万物所以生长、百事所以能成的总根据。这个“道”，又可称为“一”；

---

① 《道原》。
② 《经法·道法》。
③ 《道原》。
④ 《称》。
⑤ 《道原》。

“一”者，其号也……夫为“一”而不化，得道之本，握少以知多①。

“一”者，道其本也。……“一”之解，察于天地；“一”之理，施于四海。……夫唯“一”不失，“一”以驺［趣］化，少以知多。夫达望四海，困极上下，四乡［向］相枹［抱］，各以其道。夫百言有本，千言有要，万言有蔥［总］，万物虽多，皆阅一空［孔］②。

这是说，杂多事物中有根本之道，即“一”；万物都受一个总规律支配，如出一孔。把握了它，就可以“握少以知多”。

其次，帛书还反复强调了“道”的客观必然性，认为：“道之行也，繇［由］不得已。”③ 规律是事物之间的客观必然联系，帛书显然吸取了当时的天文、历算的科学成就，指出：

天执一以明三：日信出信入，南北有极，［度之稽也。月信生信］死，进退有常，数之稽也。列星有数，而不失其行，信之稽也。④

四时有度，天地之李［理］也。日月星晨［辰］有数，天地之纪也。三时成功，一时刑杀，天地之道也。四时时而定，不爽不代［忒］，常有法式，□□□□，一立一废，一生一杀，四时代正，冬［终］而复始。⑤

这些自然规律的客观性和必然性，可从它们有“度”“数”可考，有“法式”可循而得到证明。它们独立于人的意识之外，“独立夫偶，

① 《道原》。

② 《十大经·成法》。

③ 《十大经·本伐》。

④ 《经法·论》。

⑤ 《经法·论约》。

万物莫之能令"①。

至于社会生活，同样有其客观规律。按帛书的观点："极而反者，天之性也。"②"极而反，盛而衰，天地之道也，人之李［理］也。"③物极必反，初看做天道、人事共同的最根本的规律。尽管"极而反"的客观规律是同一的，但"人之理"有一个"审知顺逆"的问题。这又是"天道"和"人道"的重要区别。《经法》首篇指出：

> 天地有恒常，万民有恒事，贵贱有恒立［位］，畜臣有恒道，使民有恒度。天地之恒常：四时、晦明、生杀、輮［柔］刚。万民之恒事：男农、女工。贵贱之恒立［位］：贤不宵［肖］不相放［妨］。畜臣之恒道：任能毋过其所长。使民之恒度：去私而立公。

这是说，除自然有其"恒常"规律外，人类社会诸方面还有特定的"恒事"、"恒位"、"恒道"、"恒度"。这里，把男耕女织的自然经济的基础上建立的封建等级制以及所谓"畜臣"、"使民"的一些重要规范，都看做具有客观规律的性质，认为这些"人事之理"，也是"顺则生，理则成，逆则死"。如果违背这些规律，就会"乱生国亡"④。但是，这些社会规律的表现是极其复杂的，"或以死，或以生，或以败，或以成，祸福同道，莫知其所从生"；"绝而复属，亡而复存，孰知其神？死而复生，以祸为福，孰知其极"？因而，凭主观，看表面，是找不出规律性的。必须认真清除各种主观偏见，即所谓"见知之道，唯虚无有"，做到"无执"、"无处"、"无为"、"无私"，彻底虚心地体察情况，才能认识客观规律。同时，还要认真发

① 《道原》。

② 《经法·论》。

③ 《经法·四度》。

④ 《经法·论约》。

挥认识的能动性，所谓“反索之无刑（形），故知祸福之所从生”①。即运用抽象思维能力，探索事物的内在规律性。

由此，《黄老帛书》系统提出了“执道”、“循理”、“审时”、“守度”的思想。

所谓“执道”，即认识和掌握客观事物的普遍规律。帛书反复强调“执道”的重要性，如说：

> 故唯执道者，能上明于天之反，而中达君臣之半［畔］，［富］密察于万物之所终始，而弗为主，故能至素至精。悎［浩］弥无刑［形］，然后可以为天下正。②

“执道者”才能明白天道“极而反”的法则，了解社会生活中君道和臣道的区分，周密观察各种事物的变化过程，而不抱先入为主的成见。这样，就能认识精深，思路开阔，成为天下是非的准绳。“执道”要从根本上着眼，“执道循理，必从本始”③。“执道”的关键一环，在审定“形名”，“刑［形］名已定，逆顺有立［位］，死生有分，存亡兴坏有处；然后参之于天地之恒道，乃定祸福、死生、存亡、兴坏之所在。是故万举不失理，论天下而无遗策”④。这个“天地之恒道”，也就是“极而反”——任何事物都依一定条件而向相反方向转化的辩证法则。帛书试图用“天稽环周”、“时反以为几”、“嬴绌变化，后将反施”等来表达这一辩证法则的内容。

所谓“循理”就是具体地“审知顺逆”。“物各合于道者。胃［谓］之理；理之所在，胃［谓］之顺。物有不合于道者，胃［谓］之失理；失理之所在，胃［谓］之逆。顺逆各自命也，则存亡兴坏

① 《经法·道法》。
② 《经法·道法》。
③ 《经法·四度》。
④ 《经法·论约》。

可知。"① 可见，理是道的具体化。这和韩非"万物各异理而道尽稽万物之理"② 的观点是一致的。帛书强调社会政治争斗中的各种顺逆问题的复杂性，提出"顺逆同道而异理，审知顺逆，是胃［谓］道纪"，也就是要求根据道的原则来具体研究和处理这些复杂的顺逆关系。它分析当时社会生活中最重要的顺逆，是所谓"四度"问题，即要正确认识和处理君臣、贤不肖、动静、生杀四者的顺逆关系。"审知四度，可以定天下，可安一国"；如果处理不当，造成"君臣易位"、"贤不肖并立"、"动静不时"、"生杀不当"，就会招致"身危为僇"、"国危破亡"的"重殃"③。帛书作者认为，"四度"等社会生活之理，表现为"法"。"法"是道所派生，是道和理的社会表现；执道循理，就必须立法。帛书开宗明义就提出了"道生法"的命题：

> 道生法。法者，引得失以绳而明曲直者也。故执道者，生法而弗敢犯也，法立而弗敢废也。□能自引以绳，然后见知天下而不惑矣。④

稷下学者曾提出过"法出乎权，权出乎道"⑤ 的观点，韩非也提到"以道为常，以法为本"⑥，但韩非更重视法术势三结合的君主权力；而帛书则强调"道生法"，"法"是社会规律的客观表现，立法者也必须"自引以绳"，"生法而弗敢犯"，"法立而弗敢废"，帛书并概括出了"法度"这一范畴，用以指新的政治法权原则：

> 法度者，正［政］之至也。而［能］以法度治者，不可乱

① 《经法·论》。
② 《解老》。
③ 《经法·四度》。
④ 《经法·道法》。
⑤ 《管子·心术上》。
⑥ 《韩非子·饰邪》。

> 也。而［能］生法度者，不可乱也。精公无私而赏罚信，所以治也。①

建立统一的法度，“精公无私”地遵守执行，这是帛书为统治者提供的国策。

所谓“审时”，即处理各种顺逆矛盾必须掌握事物变化发展的转折点，做到“静作得时”。帛书一再强调：“圣人不巧，时反是守”；“圣人之功，时为之庸”。善于掌握和利用时机，是圣人成功的关键。但时机是客观地存在于事物的变化之中，“其未来也，无之；其已来，如之”。不能靠主观的臆测或侥幸去掌握，而只能“不剸［专］己，不豫谋，不为得，不辞福，因天之则”②。所以说：“王者不以幸［倖］治国，治国固有前道”③。这个“前道”，就是全面了解天时、地利、人事，“当天时，与之皆断。当断不断，反受其乱”④。“时若可行，亟应勿言。时若未可，涂其门，勿见其端”⑤。应当审时而动，见机而作，果断行事。帛书更进一步指出：

> 明明至微，时反以为几。天道环[周]，于人反为之客。争［静］作得时，天地与之。争不衰，时静不静，国家不定。可作不作，天稽环周，人反为之[客]。静作得时，天地与之；静作失时，天地夺之。⑥

这里的“几”，指事物在发展中转折的契机。这种契机或矛盾转化中的关键时刻，是“明明致微”，即极不明显，却又明显地存在着。

① 《经法·君正》。
② 《称》。
③ 《十大经·前道》。
④ 《十大经·观》。
⑤ 《称》。
⑥ 《十大经·姓争》。

“天道”独立地不断地运行，但是人们如果按照天道运行的规律，“静作得时”，掌握了时机，就可以使客观的天道为人所利用，变为人所支配的“客”(即认识和改造的客体)。反之，如果争夺不止，时当静不静，事可做不做，人们在“天道环周”面前，“静作失时”，不善于掌握时机，人就会反而成为“天道”所支配的客体，处于被动地位。动静“得时”或者“失时”，是人能够在客观规律面前发挥能动性、获得主动权的关键。

所谓“守度”，是观察变化、掌握时机中的重要一环，即注意事物变化中的数量关系及其一定的限度。帛书突出地阐述了“度”的概念，强调了“守度”或“处于度之内”的重要性，得出了“过极失当，天将降殃”的重要论断。它指出，任何“动于度之外”而希图侥幸成功的事，都必然失败，“功必不成，祸必反自及也”。只有“处于度之内”，“静而不移”，才能“已诺必信”①。所谓“度”，也是一定的数量标准。因而统一度量衡标准，是当时社会经济生活中的重大问题，帛书强调：“八度者，用之稽也。”即规、矩、曲、直、水平、尺寸、权衡、斗石等，都要确立统一的“度”，做到“轻重不爽”，“少多有数”，就可以“度量已具，则治而制之矣”②。推而广之，自然事物和社会生活的各方面，都有其特定的“度”，特别是使民要有“恒度”，赋敛更要“有度”，如果“变恒过度”、“过极失当”，就会使事情走向反面，造成严重后果。它警告说：

> 黄金珠玉臧［藏］积，怨之本也。女乐玩好燔材［疑为蕃财］，乱之基也。守怨之本，养乱之基，虽有圣人，不能为谋。③

以上几个环节，表明《黄老帛书》对规律的客观性和必然性以及人对客观规律的掌握和利用问题，作了较切实的论述。

---

① 《经法·名理》。
② 《经法·四度》。
③ 《经法·四度》。

此外，《黄老帛书》还以“凡论必以阴阳明大义”① 为纲，阐述了朴素辩证法的矛盾观，并富有特色地提出了以柔克刚的“守雌节”思想。

“凡论必以阴阳明大义”，是帛书广泛论及自然和社会各个领域大量的阴阳对立事象所概括出的思想原则，即是说，客观事物无不具有阴阳对立的两个方面，因而，我们观察事物也必须坚持阴阳对立的观点。帛书明确指出：

> 观天于上，视地于下，而稽之男女。夫天有［恒］干，地有恒常，合□□（疑夺“两”“曰”二字）常，是以有晦有明，有阴有阳。夫地有山有泽，有黑有白，有美有亚［恶］。地俗［育］德以静，而天正名以作。静作相养，德瘧［虐］相成，两若有名，相与则成，阴阳备物，化变乃生。②

这是说，远观天地，近察男女，看出一个普遍永恒的法则，即“合两曰常”，矛盾着的对立面是永远结合着的，“两相养，时相成”，是相养相成的。正因为阴阳备于一物，所以“化变乃生”。以“阴阳备物”为内因的一切事物的“化变”，表现为新陈代谢的客观法则。因而，帛书作者认为，对待新旧事物的矛盾转化的正确态度应当是：“不臧［藏］故，不挟陈。乡［响］者已去，至者乃新，新故不翏［摎纠］，我有所周”③。这是说，对新旧事物的代谢，不应当去保留旧事物，陈旧的东西已经过去，新生的事物就会到来，旧东西和新事物不会老是纠缠在一起，所以应当舍故趋新，欢迎变化，川流不息。

既然新旧事物的转化是必然的，因而帛书作者在考察社会矛盾运动时作出了两方面的结论。

一方面，肯定了矛盾对立的必然性，明确指出：自然界和人类社

① 《称》。

② 《十大经·果童》。

③ 《十大经》结语。

会本来充满着“谋相覆倾”的冲突，这是“天制固然”，无可忧患。“天地已定，规［蚑］侥［蛲］毕挣［争］。作争者凶，不争亦毋以成功。”这是自然界的生存斗争。至于人类社会，“天地已成，黔首乃生。胜［姓］生已定，敌者□生争，不谌［戡］不定”①。只能用正义斗争去战胜非正义斗争。因而，正义战争，特别像黄帝征蚩尤之类“伐乱禁暴”的战争，是必要的。

另一方面，又肯定了在促进矛盾转化的过程中，新生的一方必须以弱胜强，因而取胜的策略应当以“雌节”为主。老聃贵柔，基于“反者道之动，弱者道之用”的观点，提出了“知其雄，守其雌”的原则。帛书发挥了这一思想，制定了“雄节”和“雌节”这一对特殊范畴，用以区分两种斗争的策略和方式。凡盛气凌人，骄横自恃的，称为“雄节”；凡外示柔弱，谦慎自恃的，称为“雌节”，帛书分析：“夫雄节者，浧［满］之徒也；雌节者，兼［谦］之徒也。”②认定凭雄节取胜，并非是福，取胜的次数愈多，招致的祸殃愈大，“凶忧重至，几于死亡”；反之，据雌节而暂时失败，必将受赏，失败的次数越多，越是积德。“凡人好用雄节，是胃［谓］方［妨］生”，雄节实是“凶节”；“凡人好用雌节，是胃［谓］承禄”，雌节乃是“吉节”③。例如，“大堇［庭］之有天下也，安徐正静，柔节先定”，结果是“单［战］朕［胜］于外，福生于内，用力甚少，名殸［声］章明，顺之至也”④。所以说，“辩［辨］雌雄之节，乃分祸福之乡［向］”⑤，“以刚为柔者栝［活］，以柔为刚者伐。重柔者吉，重刚者灭”⑥。

帛书这一雌雄、柔刚之辨的思想，源于老子。由于估计到了新旧事物的矛盾转化总是遵循着“极而反，盛而衰”的客观规律，而新

① 《十大经·姓争》。
② 《十大经·雌雄节》。
③ 《十大经·雌雄节》。
④ 《十大经·顺道》。
⑤ 《十大经·雌雄节》。
⑥ 《经法·名理》。

事物由弱小到强大的发展又总是经历着迂回曲折的道路，所以帛书把守雌节的主要原则看做“卑弱主柔，常后而不失［先］”①，强调“圣人不为始”，“短者长，弱者强，嬴绌变化，后将反㐌［施］”②，即是说，不应当去先发首创，而应当利用强弱转化的客观法则，后发制人。以军事斗争为例，帛书反复指出：“以有余守，不可拔也；以不足功［攻］，反自伐也。”③ 在战争的策略上，更要“立于不敢，行于不能，单［战］视［示］不敢，明执不能。守弱节而坚之，胥雄节之穷而因之”。④ 所谓“不敢”、“不能”，一方面是使自己永远处于不自满状态，坚持雌节，谦虚谨慎，留有余地；另一方面是向敌人示之以弱，助长其骄横自满，使之由强变弱，自取败亡。

总之，《黄老帛书》把朴素辩证法的矛盾转化观运用于社会现实的观察，即肯定“今天下大争”，“不争亦无以成功”，要当机立断，敢于斗争；又强调坚守“雌节”，“弗敢以先人”，留有余地，后发制人，即要注意策略，善于斗争。这两方面的结合，就理论思维水平来说，继承老子而高于老子。就其现实意义来说，实际指导了汉初几十年“清静无为”的政治而发挥了巩固新兴封建政权的历史作用。

一九九五年十月

① 《十大经·顺道》。
② 《称》。
③ 《经法·君正》。
④ 《十大经·顺道》。

# 二十七、隋唐时期道教的理论化建设

此题涉及面广，思想跨度较大，这里只能略述其梗概，提供一些研究此课题的新的视角。

## 一

先要辨析的是道教与道家的关系。自韩愈《原道》并斥老、佛，宋明儒亦多言辟释、老，把道教与老庄道家混为一谈。考之史实，就道教的起源说，与先秦老庄道家乃至秦汉之际的新道家并无多大关系。

关于道教起源的问题，众说纷纭。或认为源于原始巫术（如许地山谓易、史、巫三系神秘传说长期形成），或以为源于燕齐海上方士（如陈寅恪《天师道与滨海地域之关系》所论），或以为源于墨家（如章太炎《检论·学变》附《黄巾道士缘起说》所论），或以为源于汉代儒家，特指今文经师甘忠可、夏贺良之流所造《包元太平经》，即道教早期经典《太平经》之权舆（如蒙文通《道教史琐谈》所论），又说太平道似与墨家有关，而天师道盖原为西南少数民族之宗教，张道陵所画符箓，乃西南少数民族原始文字演变而来。蒙先生又据《抱朴子内篇·微旨》把先秦神仙家分为"行气"、"房中"、"服食"三类，至于"导引"可归入"行气"一类，皆属卫生、医药、营养、气功等学术范围。以上种种，可视为道教产生的综合因素，但都未涉及道家。原始道教与古神仙家关系颇密，《庄子》与屈原《远游》等皆述及神仙事，而刘向《七略》到班固《汉书·艺文志》所述神仙家属方技略，皆与诸子略的道家截然分开。这也表明，道教的起源，道家思想并没有起到多少作用。且原始道教经典中有些思想，是和老、庄思想相对立的。老、庄基本上是无神论，他们提出道作为最高范畴，超越于鬼神、天地、阴阳之上。《老子》说：道“象帝之先”，《庄子》也说：道“神鬼神帝，生天生地”；道教则主张粗糙的有神论；另外，老庄思想作为自然哲学，把天、地、人、物的生死成毁都看做自然的气化过程，反对长生；道教则以长生不死作为基本信念。二者旨趣迥然不同。因此，道教兴起之后，有一个如何对待道家思想的问题。

汉末宫廷中已祭祀老子，把他神化。张道陵结合西南少数民族宗教，创立五斗米道，曾崇奉老子，每日诵五千言，但并未附会教义加以解释。至于于吉、孙恩、卢循等在南方的道教活动，也查不出与老庄有关。总之，从民间兴起的符水道教，到逐步变为上层的金丹道教，均与老庄思想没有直接关系。

道教兴起之后，尊老、注老，以老、庄、列、文作为道经，对它们进行宗教性的诠释，作为建构自身理论的材料，这是隋唐以后的事。“我注老、庄”，也就是“老、庄注我”，正是在这互注过程中建构了道教的思想体系。传为汉代的河上公《老子章句》、尹喜《老子内节解》、及传为张陵著的《老子想尔注》，侈言修炼事，可视为神仙家对《老子》的诠释、渗入，是《老子》道教化的先声。①

但南朝时期道教诸流派，如刘勰划为三派：“按道家立法，厥品有三：上标老子，次述神仙，下袭张陵”(《弘明集》卷八《灭惑论》)。释道安的《二教论》也分道教为三：一者老子无为，二者神仙饵服，三者符箓禁厌(《弘明集》卷八)。马端临在《文献通考·经籍考》五十二卷中称“道家之术，杂而多端，……盖清净一说也，炼养一说也，服食又一说也，符箓又一说也，经典科教又一说也。黄

① 蒙文通先生论及《老子河上公章句》时谓：“《老子》之合于神仙，此书当为之首，后世羽流皆宗之，所谓《老子想尔拄》、《老子内节解》之流，皆出于此。”(《古学甄微·道教史琐谈》，成都：巴蜀书社 1987 年版)，第 165-200 页。

帝、老子、列御寇、庄周之书所言者，清净无为而已，而略及炼养之事，服食以下所不道也。至赤松子、魏伯阳之徒，则言炼养而不言清静。卢生、李少君、栾大之徒，则言服食而不言炼养。张道陵、寇谦之之徒，则言符箓而俱不言炼养服食。至杜光庭而下，以及近世黄寇师之徒，则专言经典科教，所谓符箓者特其教中一事。……”此说虽不尽然，但五派互相排斥，其中只一派欣赏老庄。又一般道教史家，把南北朝道教分为四派：

（一）太平派，早期道派，于吉、宫崇等奉《太平经》，后张角颇有其书，利用之组织了农民大起义。

（二）正一派，原为张陵所创五斗米道①，奉《老子》五千文，称老子为“太上老君”，但又创《太清》、《太玄》、《正一》三经，四代孙张盛移居江西龙虎山称“正一道”，主要奉《正一》经，以后传播甚广。

（三）灵宝派，葛玄、郑隐、葛洪等奉《灵宝经》，关于《灵宝经》的繁衍及灵宝派的形成，陈国符、卿希泰均有详考，兹不赘。

（四）上清派，由东晋时杨羲、许谧等相传至陆修静，奉《上清经》。陆修静又得《灵宝经》、《三皇经》，遂总括为《三洞》，始著道书目录，称有一千余卷。

此外，尚有（五）楼观派，北朝道士所倡，奉《老子化胡经》，特尊关尹。又早期道教也尊墨子、鬼谷子、邹衍为仙人。足见，南北朝各道派，自造道书，尊奉老子的只其中一派，且全未涉及庄、列等。

到隋唐时期，道教面临理论化建设任务，因而产生了对老、庄玄言的吸取和选择问题，标志着道教发展的重要阶段。在理论建构中，既吸取了儒、佛，更依托道家，使道教从低层次的粗俗的宗教形态发展为高层次、有教养的系统理论形态。

① 卿希泰：《中国道教思想史纲》（汉魏两晋南北朝时期，第一卷），成都：四川人民出版社1980年版。

## 二

隋唐道教的兴盛及其原因。

首先，按道教自身的发展说，经过魏晋南北朝时期，道教已具备了组织、教派、道书、斋仪等思想上和组织上的条件，已势必进入理论化建设的新的大发展阶段。而从客观社会条件看，隋、唐相继统一，封建经济、文化有了高度的发展，封建品级结构的相对调整，经济繁荣，财富增加，世俗浮华享乐生活的扩展，也为道教的理想追求和现实发展提供了一定的物质基础。

其次，佛、道二教从汉魏以来基本上是并行发展的，而南北朝佛教势力的恶性膨胀，已引起统治者的不安，激起了反佛思潮和灭佛活动，如北魏太武帝拓跋焘于444年下诏禁佛，北周武帝宇文邕于594年下令禁佛，这为道教的乘机发展创造了条件。北周武帝曾倡立"通玄观"，隋文帝继之尊崇道教，"开皇"年号，即采自道书。隋文帝即位前与道教徒张宾、焦子顺等往来密切，践祚后于开皇二十年下诏曰："佛法深妙，道教虚融，咸降大德，济度群品，凡在含识，皆蒙爱护"。表示并重二教。隋炀帝与道教徒更深相结纳，任晋王镇扬州时，即与道教徒徐则要好，曾手书召之曰："夫道得众妙，法本自然"，表白自己"钦承素道，久积虚襟，侧席幽人，梦想岩穴"。恳望徐则辅佐他夺取王位，"昔商山四皓，轻举汉廷，淮南八公，来仪藩邸"，"导凡述圣，非先生而谁"!① 此外，还有道士王远和，亦为炀帝所重，曾"亲执弟子之礼"②。周、隋之际，隋、唐之际，都出现了一批有政治嗅觉的道教徒，可称为政治道士，如魏征，出家为道士，曾投瓦岗军，向李密献策，不用，后归唐，成为太宗名臣。又如楼观台道士岐晖，预言"天道将改"，"将有老君子孙治世，此后吾教大兴"。他原本投靠隋朝，看到形势大变，立即向李渊"密告符

① 《隋书》卷七十七《徐则传》。

② 《旧唐书》一七二卷《王远和传》。

命”，“尽以观中资粮给其军”，并改名“平定”①，这批政治道士（还有王远知、薛颐等）在唐初都甚得势，这对道教的发展，起了推波助澜的作用。

再次，李渊起兵陇西，出身于关陇集团的武人世家，门第不高，虽然当了皇帝，仍被中原地区的门阀士族（如山东的王、崔、卢、李、郑，江左的王、谢、袁、萧，东南的朱、张、顾、陆等大姓）所轻视。唐太宗一方面命高士廉等人重修《氏族志》，列皇族李姓为第一等；另一方面，制造神话，夸称李家为老子的后代，力倡道教，并使道教与老、庄思想挂上勾。唐高祖时，就依托吉州人吉善行于羊角山途遇老君，因使人致祭立庙，封老子为“太上玄元皇帝”（事详《封氏闻见记》）。太宗贞观十一年下诏：“老子是朕祖宗，名位称号宜在佛前。”唐玄宗更亲注《老子》，令士子习之；下令全国修建玄元皇帝庙，规定明经考试以三书为准：《老子》、《孝经》、《论语》，而以《老子》为上经。玄宗尊老崇道颇为狂热，天宝二年至十三年中再三给老子加尊号，最后封为“大圣祖高上大道金阙玄元天皇大帝”，还封老子父母为“先天太上皇”与“先天太后”；并诏吴道子等为老子画像，颁布天下。天宝元年，尊庄子等为四真人——庄子为南华真人，文子为通玄真人，列子为冲虚真人，庚桑子为洞虚真人，连同孔子，都陪祭老子；有意提高道士地位，开元九年召见司马承祯，亲受法箓，赏赐甚厚，赋诗送行；继又召见王希夷、张果老等；开元二十年设“崇玄馆”，置“玄学博士”，每年以“四子真经”取士，名曰“道举”。同时，命太清观主史崇玄、崇文馆学士崔湜、卢藏用等修《一切道经音义》、《妙门由起》等150卷，并搜求道经，纂成《三洞琼纲》，共3744卷。

唐代，崇道之风，席卷朝野。据《唐会要》，单是长安城中的道观，就有三十多所，备极华丽。许多公主、妃嫔借口信道，出家当女冠，过着荒淫生活。杨贵妃曾是女道士，道名“太真”。唐玄宗还创作了道教乐舞：《霓裳羽衣曲》、《紫微八卦舞》。太子宾客、著名诗

① 见《混元圣纪》卷八。

人贺知章，弃官愿为道士，玄宗批准，不少道士因出入宫廷而得官爵，称为“终南捷径”。不少名人被录入“神仙传”。诗人李白二十五岁出川之前，已与赵蕤交往，赵是著名道士，著有《长短篇》。出蜀后又结识司马承祯；司马承祯的“仙宗十友”都是当时文坛名人，如陈子昂、卢藏用、宋之问、孟浩然、王维、李白、贺知章等；李白还与道士元丹丘、吴筠等交往，经吴筠推荐去长安，又经玄宗之妹女道士玉真公主推荐给朝廷，被视为“异人”。李白自称“五岳寻仙不辞远，一生好入名山游”，其夫人也笃信道教，李白有《送内寻庐山女道士李腾空》诗云：“君寻腾空子，应到碧山家，水舂云母碓，风扫石楠花，若恋幽居好，相邀弄紫霞”。此外，画家吴道子，书法家颜真卿、张旭，都是信仰道教的，而著名道教人物有如“八仙”：韩湘子、何仙姑、张果老、吕洞宾等。吕有诗：“黄鹤楼前吹笛时，白苹红蓼满江湄，衷情欲诉谁能会，唯有清风明月知。”又有“三醉岳阳人不识，朗吟飞过洞庭湖”。一生辟佛、老的韩愈，偏有一位仙人侄子韩湘子，留下不少仙迹的传闻。

正是在上述这样的政治背景和文化背景下，道教兴盛起来，开始从事和儒、佛对峙的理论建设。

## 三

隋唐时期，儒、释、道三教斗争与融合中道教进行了理论化建设。

隋唐统治者虽个人各有偏好，但基本上实行的是“三教”并用、“三教”平衡的政策，因而使三教都得到发展，并通过斗争而走向互相融合。

在隋代，兼重佛、道，轻视儒学，几次佛、道之间的冲突，都以佛教徒的胜利告终；而“三教”调和的论调，已由颜之推、王通等人发出嚆矢。

到唐代，继行“三教”并用政策，而重点扶持道教，并明确尊崇儒学，对佛教既有扶植又稍有抑制。这激起“三教”之间的激烈斗争，并大体形成儒、道联合，共同反佛的形势。突出的有高祖武德四年（621 年）开始的傅奕反佛与释法琳等的反驳，这场大辩论，持续到贞观十三年（639 年），始由唐太宗强制裁决才告一段落。此外，在这一时期还发生过多次佛、道之间的矛盾和斗争，如唐高宗时，即发生了佛教徒要求皇帝下令焚毁《老子化胡经》的斗争，到唐中宗时竟明令“废此伪经”而宣告了佛教的胜利。但初唐以来，唐王朝为贯彻其“三教”平衡的政策，更多次组织“三教”的代表公开辩论。① 这一思想斗争的形式，大有助于道教的理论化建设。隋唐时期，如果说佛教进入了系统的中国化时期，则道教开始了系统的理论化过程。

道教的理论化，概略地说，有三个方面：

首先，道教开始占领老庄玄学阵地，大兴注老解庄之风。单就注老诸家来看，唐末五代道教学者杜光庭曾作过一番清理和总结，著《道德真经广圣义》五十卷，发现历代注《老子》者有六十余家，可归纳为五种：（1）河上公、严君平为代表，明理国之道；（2）陶弘景、顾欢为代表，明理身之道；（3）鸠摩罗什、佛图澄为代表，明事理因果之道；（4）刘进喜、成玄英、李荣等十一家为代表，明重玄之道；（5）何晏、王弼、钟会、羊祜等为代表，皆明虚极无为、理家理国之道。而各家宗旨也不相同：严君平以“虚玄”为宗，顾欢以“无为”为宗，孟智周、藏玄静以“道德”为宗，梁武帝以“非有非无”为宗，孙登从“重玄”为宗。此处孙登，并非与竹林七贤交往的隐士孙登，乃东晋时人，孙盛之侄，是发明“重玄”之旨的人。杜光庭判断说：“宗旨之中，孙氏为妙矣。”表明“重玄”之旨，是道教建构自己理论中的突出贡献。杜光庭在《道德真经广圣义》一书中也贯彻了“不滞有无，不执中道”的“重玄之道”，用以阐释“玄之又玄”。此乃隋唐道士注老的主流思想。

① 如贞元十二年（796 年），唐德宗生日，令儒官与佛、道代表讲论，“初若矛盾相向，后类江海同归”（见《南部新书》）；迎合朝廷需要、调和三教的人，如太常卿韦渠牟，初读儒书，后做道士，又当和尚。

杜光庭又著《太上老君说常清静经注》，谈到道教的气化宇宙观，道教的成仙之术，认为修道成仙，“非一途所限，非一法所拘”，约有四种：（1）飞升，（2）隐化，（3）尸解，（4）鬼仙。前三者都事属渺茫；唯（4）即生前行善，死后成仙，这已完全脱离了道教的原始教义。

其次，道教着力于融摄佛教的思辨成果，用以建构自身的理论体系。在这方面，除了一些表层的宗教仪注、名词术语的模仿、引用之外，还在深层的思辨结构和理论内容上有所吸取，主要表现为以下三环：

（1）重玄理论，作为隋唐道教理论建构中的主干思想，明显地吸收了佛学中观般若的精华，特别是通过三论宗的介绍，得以融会龙树、提婆的中道观方法论，直接吸取吉藏的“二谛义”，用以诠释《老子》的“玄之又玄”。所谓“重玄”，即“又玄”之义。据成玄英《老子义疏》第一章云：

> 玄者，深远之义，亦是不滞之名。有无二心，微妙两观，源乎一道，同出异名。异名一道，谓之深远，深远之玄，理归无滞。既不滞有，亦不滞无，二俱不滞，故谓之玄。
>
> 有欲之人，唯滞于有，无欲之士，又滞于无，故说一玄，以遣双执。又恐行者滞于此玄，今说又玄，更祛后病；既而非但不滞于滞，亦乃不滞于不滞，此则遣之又遣，故曰玄之又玄。
>
> 妙，要妙也。门，法门也。前以一中之玄，遣二偏之执；二偏之病既除，一中之药还遣，唯药与病，一时俱消。此乃妙极精微，穷理尽性，岂独群圣之户牖，抑亦众妙之法门。

又李荣《道德经注》第一章云：

> 道德杳冥，理超于言象；真宗虚湛，事绝于有无。寄言象之外，论有无之表，以通幽路，故曰玄之。犹恐迷方者胶柱，失理者守株，即滞此玄，以为真道，故极言之，非有无之表，定名曰

玄。借玄以遣有无，有无既遣，玄亦自丧。故曰又玄。又玄者，三翻不足言其极，四句未可致其源，寥廓无端，虚通不碍；总万象之枢要，开百灵之户牖，达斯趣者，众妙之门。

这种双遣二边之论，显然来自鸠摩罗什所传龙树之学以及鸠摩罗什注《老子》对"损之又损"的诠解，而以道融佛，颇与中国化的佛教如吉藏的四重二谛义相近，而又别有进境，如所谓"以重玄为道，以三一为归"等。蒙文通先生《校理老子成玄英疏叙录》等文中曾详论之。

（2）坐忘理论，源于《庄子》，而显然吸取了中国化佛教的最初体系天台宗的止观论。《玉简杂书》言："道释二氏，本相矛盾，子微（司马承祯）乃全本于释氏，观七篇叙可见。而《枢》一篇尤简径明白，略谓夫欲修道，先去邪僻，端坐内观，但灭动心，不灭照心，定而慧生，此真慧也。此言与智者（智𫖮）所论实相表里。子微隐天台玉霄峰，盖智者所居，知其源流有自。"① 蒙先生进而考订《坐忘论》有三家，其中司马子微与赵志坚均有所谓"有观"、"空观"、"真观"——三观之说，而述及张耒称引张至柔之言曰："大道甚简，守心而已，守心无他，守一而已。……是道也，智者得之为'止观'，司马子微得之为'坐忘'，皆一道也。……今人忽之，乃若其形骸，妄想变怪，吞饵金石，去道远矣！"足见，坐忘理论与天台宗的止观、定慧，确实"其道不二"。司马承祯的《坐忘论》、《天隐子》中以道融佛，强调了所谓成仙，并非肉体飞升等，而认定"收心离境"，"守静去欲"，便会"自入虚无"，"与道冥一"，达到这种精神境界，就是"神人"，也就是《庄子·大宗师》所说的"堕肢体，黜聪明，离形去知，同于大通"的"坐忘"境界。

这里显示出道教发展到唐代，吸取、融摄了儒、佛、老庄各家思想而系统地理论化之后，在所谓"长生"、"成仙"问题上发生了重大转变。即不再言"白日飞升"之类，一般不再讲外丹（炼丹服药，

① 转引自蒙文通《道教史琐谈》。

长期无效，且多人中毒身死），而重言内丹，指斥外丹是“舍本逐末”，而强调内在修养，“安心坐忘之法”，所谓“神不出身，与道同久，且身与道同，则无时而不存，心与道同，则无法而不通”。司马承祯认为，达到这样的形神合一，“虽未升腾，挥翼丹霄之上矣”。刘鉴泉先生在《道教徵略》中曾论断：“唐以还，道教诸名师皆明药之非草，长生之非形骸，不言白日升天矣。”这是道教理论发展史的一大变化，自当重视。

（3）宋元以来，南北教派林立，而以北方的全真道为主流。陈垣先生在《南宋初河北新道教考》一书中，曾据大量碑记以及通行道教史文献《甘水仙源录》、《祖庭内传》、近人陈友珊《长春道教源流》等资料，详述了全真道派的发展，认为“全真之初兴……也以其非儒非释，漫以道教目之，其实彼固名全真也。若必以为道教，亦道教中的改革派耳”。全真教派创始者王喆（字知明，号重阳，1112—1170年）及弟子谭处端、刘处元、马钰、丘处机等，其立教思想的最主要特点，就是吸取中国化了的佛教禅宗思想，自称：“禅为宗，道为祖”；清初全真道士柳守元《玄宗正旨序》中说：玄宗“与禅宗实为相近”。《弇州续稿·书〈中和集〉后》云：“究其大旨，多出禅门。”王喆在《立教十五论》中明确主张修行应从“打坐”入手而达到“语默动静，无时非禅”的最高境界。禅宗与山林隐逸的结合，成为金、元一代的道风。王恽《秋涧集》卷五八《奉圣州永昌观碑》云：

> 后世所谓道家者流，盖古隐逸清洁之士，岩居涧饮，草衣木食，不为轩裳所羁，不为荣利所怵，自放于方之外，其高情远韵，凌烟霞而薄云月，诚有不可及者，自汉以降，处士素隐，方士诞夸，飞升炼化之术，祭醮禳禁之科，皆属之道家，稽之于古，事亦多矣，徇末以遗本，凌迟至于宣和极矣。弊极则变，于是全真之教兴焉。渊静以明志，德修而道行，翕然从之，实繁有徒。其特达者各潜户牖，自名其家，耕田凿井，自食其力，垂慈接物，以期善俗，不知诞化之说为何事，敦纯朴素，有古逸民之

遗风焉。

陈垣先生认为"以逸民名初期之全真，诚得全真之真相"①。又全真派思想的另一特点，已显示"三教合一"的倾向，王喆在各地传教，先授《孝经》、《道德经》，然后再授《般若心经》与《常清净经》，其弟子一再宣扬"天下无二道，圣人不两心"，"教虽分三，道则唯一"。

最后，道教理论化的后期发展，日益趋向于、并包容在三教融合的思潮之中。整个隋唐时期，三教由对立斗争而趋向融合，乃是思想主潮。

佛教在中国化过程中，既容纳儒家"忠孝"等伦理规范，更由禅宗大量吸取孟、庄思想。

援佛入儒也成为时代思潮，韩愈、李翱已多方吸取佛、道，而柳宗元、刘禹锡、王维、李贺、白居易、梁肃等更自觉地消化佛理。

唐文宗太和元年（827 年）曾举行一次三教讲论会，参加者有安国寺僧义林、太清宫道士杨弘元等，秘书监白居易代表儒教，并作记录，后整理成《三教论衡》一书。② 从该记录问答中可以看出，这已是一次非常和谐的学术讨论，完全不同于以往的互诤。又韩愈、柳宗元、刘禹锡之间的一次天人问题的争论（实质上也表现出儒、佛、道的观点分歧），宗密参加了，而所写《原人论》，主张"会通"，认为"孔、老、释迦，皆是至圣，随时应物，设教殊途"。

至于晚唐道士，如陈抟、谭峭、张无梦、陈景元等，都是兼通《老》、《易》及经史百家之言，都起了会通三教的作用。

北宋初年，道教理论家张伯端著《悟真篇》，也是兼通易、老，并明确肯定"教虽分三，道乃归一"。而陈景元（碧虚）在其《道德真经藏宝纂微篇》、《南华真经章句音义》中所用概念，多为二程所

① 以上均见陈垣《南宋初河北新道教考》卷一《全真教之起源第一》。

② 见《白氏长庆集》卷五十九。陈垣：《南宋初河北新道教考》，北京：中华书局 1962 年版。

袭用。蒙文通先生云："余校碧虚《老子注》，观其所常用之词语，所常用之经传文句，及其思想旨要，则全同于二程，乃与周、邵之文不类。由碧虚之书，然后知二程之学实为希夷（陈抟）之传。"又云："北宋儒学，显有三派，为洛学、新学、蜀学，皆于六经有解，各自得立。洛派唯司马光注《老子》，二程理学一派则排斥佛、老，至荆公新学，东坡蜀学，皆深入于佛、老，虽不属于道教，而实为道家之学。"① 至于朱熹，虽未注老，而于《阴符经》、《周易参同契》均有述作。足见，晚唐五代之道教，对于宋代理学之兴起实有不可忽视之影响。

一九九〇年九月

① 蒙文通：《古学甄微·道教史琐谈》，成都：巴蜀书社 1987 年版，第 165-200 页。

# 二十八、蒙文通与道家

## 一

蒙文通先生（1894—1968 年），讳尔达，四川盐亭人。20 世纪中国卓尔不群的国学大师、国史专家。淹贯经传，博综子史，出入佛典，挹注西学，超越今、古、汉、宋之藩篱，融会考据、义理于一轨，在蜀学渊源传统中成为自觉承启者的一员，通观以明变，富有而日新，在众多学术领域皆有创获，抉原甄微，发覆有功；而对南北道家的思想分疏和对重玄道论的历史发掘，更是独具慧眼，别开生面，作出了划时代的重大贡献。

1994 年 10 月，蒙先生百年诞辰，蜀中师友集会纪念，道远不能赴会，谨电去八句祝词："儒申五际，道阐重玄。古族三分，越史千年。掀髯大笑，川上观澜。缅怀仪型，孺慕拳拳。"以蠡测海，自难达意，复寄蒙默世兄一信，并颂诗一律：

存古尊经学脉醇，
观澜明变见精神。
弘通汉、宋堂庑广，
涵化中、西视角新。
秘阐齐、韩昭大义，
疏还成、李入玄莹。
桐花细雨京郊路，
钵水投针笑语亲。

诗末附一《后记》，概略地赞述了文通先生的学术成就及其思想渊源。盖自晚清以来，蜀学昌明，继张之洞、王闿运等在蜀中创办“尊经书院”之后，赵启霖仿张之洞在湖北的学政又继立“存古学堂”(后改名“四川国学院”)，乃当时蔚然兴起的蜀学中心。文通先生于民初被荐选入“存古学堂”，得受教于廖平、刘师培、吴文英诸大师之门，师说各异，饫闻各种争论，启迪实多。廖平从平分今古到尊今抑古所展开的今古、大小、人天六变之说，尤为恢奇。文通先生独能深入堂奥、心知其意，而又自立权衡，蜕出师门。特赏孟子“观水有术，必观其澜”一语，引而申之，别创通观达识，明其流变的史学新风，为蜀学的发展开辟出新的境界。

文通先生治学，特重独立思考，不拘成说，不苟附和。由通经入手，以究史为归，贯通传记诸子，驰骋古今，期于明道。常谓：通经必须明体达用，为推本礼数，考镜源流，当明其家法；同时，为深察微言，较论诸家，则当跳出家法，重视学脉渊流，把握时代变化。又谓：究史必须虚实结合，“以虚带实”，“史料是实，思维是虚，有实无虚，便是死蛇”①。唐君毅、丁山等无不称道其“每篇文章背后，都另有一个道理”，“每篇考据文章，都在讲论哲学”②。这样寓论于史，就实论虚，史与论、变与常、实与虚的深相结合，体现了蒙先生治学在方法论上的深蕴自觉；故能汇历史地理学、民族学、文化人类学等于古史研究而创为中华远古民族文化的三系之说，即通过绵密考订，将中国古代民族分为“海岱”、“河洛”、“江汉”三大民族集团，由于民族传统不同而形成中国“东、北、南”三大文化系统。这一创见，不仅验之于古文献记载的史迹与传说信而有征，而且为此后地下考古的大量重要发现所粲然证明，因而影响极为广远，超出了历史学、民族学的领域，对于文化传统和哲学流派的史的溯源也具有

① 蒙默（编）：《蒙文通学记·治学杂语》，北京：三联书店 1993 年版，第 1 页。

② 蒙默（编）：《蒙文通学记·治学杂语》，北京：三联书店 1993 年版，第 6 页。

重要意义。故蒙先生二十年代于《古史甄微》中首先提出的古史三系说，并由此出发而论及齐鲁、三晋、荆楚三方说史之互异及其思想文化传统之各殊，立论铮铮有据，受到学术界的普遍尊重和认同。

至于抗日战争时期的艰苦岁月，蒙师北游返川后任教于川大等校，本通经致用之微旨，奋力撰写出《儒家政治思想的发展》与《儒家哲学思想的发展》等名文，引古筹今，发人深省。其解经说儒，力排流行的浮浅之论，而认为儒学发展乃吸纳九流百家之学，秦汉经师所撰传记乃承继诸子菁华而别有创新。西周典礼乃国野异制，贵贱等级不可逾越；而秦依法治，反世卿，行君主专制而奖兼并，贫富悬绝。儒学发展到秦汉之际的今文经师，则惩周、秦两制之弊而并绝之，其所提出的一套理想制度，乃是齐诗说、京房易所述之“五际”、“四始”之说，以“素王”、“参命”、“民主”、“平等”为依归。强调汉初今文师说，区别于孔孟而吸取了诸子特别是墨家之学，其精义在“井田以均贫富，辟雍以排世族，封禅以选天子，巡狩以废诸侯，明堂以议时政”①。这才是儒家真正的“微言大义”，而浮丘伯、申培公、辕固生、赵绾、王臧、眭孟、盖宽饶等乃是儒学的真正传人。② 又进而以人性论为中轴，认真清理了从子思、公孙尼子和孟、荀以来的儒家哲学，而别有会心地突出《韩诗外传》所阐述的人性发展理论；尔后，精研宋明理学，扬弃程、朱、陆、王，而最后归宿到陈乾初、王船山的“以日生日成言性”的“发展论”。其《儒学五论》等对先秦两汉整个学术流变及儒家思想的发展轨迹所作的独立清理，浚求博证，发微钩沉，往往详人之所略，发人之所未发，推陈出新，贡献极大。其博学锐识，慎思明辨，深获当时一流学者、一代大师廖平、欧阳竟无诸先生的嘉许并寄以厚望，“文通文如桶底脱落，佩服佩服，将来必成大家”（廖平）。“孔佛通……唯我文通，

① 《蒙文通学记·蒙文通先生传略》，北京：三联书店 1993 年版，第 188 页。

② 蒙文通：《古学甄微·儒家政治思想之发展》，成都：巴蜀书社 1987 年版，第 165-200 页。

始足与谈”，“何时西窗烛，共作刻入谈”(欧阳竟无)①，继志述事，期望何殷!

蒙先生坚持学贵自得、学以美身的传统价值观，把德养放在一切的首位，一再强调做学问必先堂堂正正做个人，“若不知人之所以为人，而与人论学，是遗其大而言其细”。② 钱穆在《师友杂忆》中忆及他与青年蒙文通初晤于苏州，同游灵岩，赏梅邓尉，“俯仰湖山，纵谈今古”，以及30年代初他们同任教北大时，与熊十力、汤用彤等时时交往、相聚辩学论道的情景，宛如竹林濠上，其俊朗风神，跃然纸上。蒙先生早年游南北，既问佛学于欧阳竟无，复询国故于余杭章氏，又纳交于海内硕学，了无门户之见。蒙先生讲儒学，大异于流俗。以汉今文经师为归依，同时特重《儒行》，高扬漆雕氏之儒的“儒侠”学风。他择善固执，耿介不阿，藐视权贵，白眼官绅，一生不离教席，而每与师友论学，意气风发，往复辩难，强聒而不舍；他生性旷达，乐道安贫，待人率真，蔑弃荣利，颇有道家风骨。早在京津任教时，生计困难，却严词拒绝了亲日伪者之重金诱聘，大义凛然！30年代先在北大，后在川大，曾两次被无理解聘，掀髯一笑，处之泰然。40年代长四川省图书馆期间，条件十分艰苦，而醉心于辑校古籍，其中成玄英《老子义疏》之辑为完璧，更是度越清代二三百年辑佚之重大成果。1945年书成由蒙老先生以楷书写定后，文通先生除撰写长篇《叙录》外，特请人摩绘李公麟《九歌图》中的《国殇》一图，置于卷首，并深情篆题云：“佳兵不祥，群生刍狗，奉愿国殇毅魄，早证三清！并祷永弭甲兵，天下安泰。”慨然以自己辑校的精品，奉献给抗日国殇，祝祷烈士英魂，早证三清。情系国殇，足见高怀。至于50年代以后所写《理学札记》，乃专门哲学论著，含英咀华，别具慧解；而考史之作则转为较重社会经济史的研究，立论有本，考辨綦详，表明其敏求新知，学有进境。特别是在“文革”中横遭凌辱迫害的条件下，苦心孤诣，奋力撰成其绝笔之作

① 蒙默（编）:《蒙文通学记》，北京：三联书店1993年版，第186页。

② 蒙默（编）:《蒙文通学记》，北京：三联书店1993年版，第1页。

《越史丛考》，针对越南扩张主义者的谬说，予以系统驳正，成为经世史学的当代名作。当其昼系“牛棚”，夜归奋笔，完全置个人荣辱安危于不顾，正是“参万岁而一成纯”①、“历乎无穷之险阻而皆不丧其所依”② 的道家学者的崇高风范！十八万字的《越史丛考》写完后仅一月，蒙先生即倏然辞世，其爱国赤诚，贞风亮节，光耀学林！

## 二

先秦是中国历史上的“轴心时代”③。这是老子、孔子和墨子以及其他诸子蜂起争鸣的时代。而儒家道统，一贯贬斥诸子之学。蒙先生一扫传统偏见，以平等心衡视九流百家；尤其对儒墨道法诸家思想在发展中的分合出入，注意其相互影响，力求予以动态地把握。基于“古族三分”、“文化三系”、“古史三说”的理路，蒙先生将先秦诸子主流学派归结为三系：东方儒、墨（阴阳、名辩可统于墨），皆“法先王、道仁义，诵《诗》《书》”，“大同而小异”，同出于邹鲁；西北法家（兵、农、纵横属之）乃出于三晋而终显于秦；北方道家出于燕齐，而南方道家则兴于荆楚。这三系各派之间，既矛盾互攻，又互为采获，彼此融会。如“孔孟之道，以惩于墨家，而后脱落于陈言；以困于道家，而后推致于精眇”。“百家横议，错互其间，以击以守，相荡相激，有所辩必有所惩，有所变必有所困，阐发既宏，波澜壮阔。”④ 今文经学的理论，则有取于墨家者较多。⑤ 推原儒家

① 《庄子·齐物论》。

② 王船山：《俟解》。

③ 田汝康、金重远选编：《现代西方史学流派文选》，上海：上海人民出版社 1982 年版，第 39 页。

④ 蒙文通：《古学甄微·儒家哲学思想之发展》，成都：巴蜀书社 1987 年版，第 67 页。

⑤ 蒙文通：《古学甄微·论墨学源流与儒墨汇合》，成都：巴蜀书社 1987 年版，第 211-226 页。

之发展，孔门之教，作始也简；八儒之分，端赖诸子思想之激荡，如仲梁氏之儒杂于道家，乐正氏之儒杂于墨家，子思氏之儒则杂于法家等；至秦汉今文经师传记，乃诸子思想精华的总结。把杂而多端的诸子学说视为汉代新儒学之所由来的必经环节，从而揭示出从先秦到秦汉诸子思想由分而合的演进逻辑。诸多创见，出人意表，然而其绵密的考订，深刻的洞见，又足以令人折服。

蒙先生对于先秦道家思想的研究，着力尤深。《杨朱学派考》一文，破旧立新，震动学林。其中特有创见的研究成果就是把道家区分为南北两派，明确提出“北方道家说”，并对其学脉源流作了细致的分疏。

一般论道家仅言老、庄，无论褒之贬之，皆蔽于一曲。蒙先生却认为先秦时期的道家实以北方杨朱之学为主流，而南方庄、老之学实为支流；以老、庄指称道家，是后来玄学清谈崇尚“虚无”之偏辞所致。单从人数讲，道家要以北人为多。针对疑古派的某学者论定杨朱即庄周一说，蒙先生特从学理上杨、庄异旨给予了系统的驳正。杨朱、庄周一北一南，思想旨趣相去甚远。北方道家杨朱之徒，不废仁义，而南方道家非薄仁义。“杨言尊生、言仁义，庄皆反之，此其不同之彰彰者！”① 蒙先生认为北方道家学派，源于列御寇，创始于杨朱，发挥于田骈、慎到，而下开稷下及秦汉之际的黄老之学，并从杨朱思想核心“贵己”、“尊生”出发，进而广论詹何、子华、它嚣、魏牟、陈仲、史鰌、田骈、慎到等皆属杨朱学派。蒙先生认为，杨朱之学在衍扬流播中又各有所重。如它嚣、魏牟重生轻利，因偏于“纵情性、安恣睢”，成为杨朱之学的末流，属“纵情派”；而陈仲、史鰌承杨朱“自贵”之旨、“轻爵禄而贱有司”，退隐山林，属“忍情派”；齐人田骈、慎到贵“静因之义”，“因性任物”，“变化应求”，以”因循”为本，是对杨朱之学的精到发展。蒙先生进而对接予“或使”之说，别出新解。认为“宇宙万象、皆若或使”，人们对

① 蒙文通：《古学甄微 · 杨朱学派考》，成都：巴蜀书社 1987 年版，第 245 页。

之既不必损益，也难以损益，由此推论出“或使”之说与田骈“因性任物”之义大同。

蒙先生博涉《吕览》、《淮南》、《管书》以及《孟子》、《荀子》、《庄子》与《群书治要》等，突出辩明田骈、慎到在北方道家中的重要地位，特别揭示其“贵因”、“贵公”、“贵齐”学说之深义。所谓“贵因”，即“因人之情”，因物之理；使天与圣人各行其行，使万物、百姓各被其利；杨朱不肯拔我一毛而利天下，“我”即主观，才加主观一毛，即足以害天下，正是反对以一毛之私去扰乱天下。“贵因”之说实为道家之大用，“舍己而以物为法”，其深旨正与尊重客观规律之义相合。因而肯定“静因之旨，诚田骈、慎到言学之根荄，于义为最精”。“贵公”，即强调一切都必须处以公心，行以公道，反对“私视”、“私听”、“私虑”、“私情”，因为“私设则智无由公”。故田骈、慎到“公而不党，易而无私，决然无主，趣物而不两”的主张，就是要公天下，反对以天下私一人的专制体制。而“贵齐”之说，认为天能覆而不能载，地能载而不能覆，“万物皆有所可，有所不可”①。因此，就应“使贤愚不相弃，能鄙不相遗”②，在社会政治观上，就是主张“漫差等”，反对君主百官的等级特权。田、慎等人的“贵齐”、“贵公”之说，以因循为宗的“静因之道”，其陈义既高于庄周，又大大地拓展了杨朱之说。“杨子之说，得心术、白心之言而义益彰。杨子言不可见，慎到、田骈之徒，引而伸之，推致于极精。”③

蒙先生特别论定《管子》中的《白心》、《心术》、《内业》诸篇为慎到之书，《管子》有取于慎子，而宋钘、尹文本之墨翟，乃为“逃归于杨的墨学者”④。这一观点迥异于当时的刘节、郭沫若等指

① 《庄子·天下》。

② 《尹文子·大道上》。

③ 蒙文通：《古学甄微·杨朱学派考》，成都：巴蜀书社 1987 年版，第 256 页。

④ 蒙文通：《古学甄微·杨朱学派考》，成都：巴蜀书社 1987 年版，第 243-267 页。

认此四篇为宋钘、尹文之作。比观两说，蒙先生的论证更为翔实可信。嗣后许多学者，结合《庄子·天下》篇的提示，从思想主旨、文体风格以及出土的古文献资料等方面进一步补证了蒙先生之说，更足以表明其率先发覆之功。①

田骈、慎到、尹文、宋钘、接子、环渊等，皆聚游稷下，贵公、贵齐之论，静因之道，清虚之旨，彼此融会，于是黄老之学乃兴。田、慎以后，黄老始兴，何以人们又称田、慎之学本于黄老？蒙先生深刻地指出："凡称黄老，皆出汉人书，晚周无言黄老者。盖黄帝、老子之书皆晚出，以稷下此诸家者，皆合黄老意，遂以黄老后来之名，被之前人。非此诸家之学出于黄老也。"② 这实际上是揭示了学术史、思想史上经常出现而又使人易于迷惑的现象，即研究者在整理前人的思想时，往往以后设的理论框架被之前人、古人，而又误以为那个框架就是客观实际或历史的真实。蒙先生还指出：田骈、慎到因循之说，有法无法之义，衍为申、韩之术，由此推知法家实源于道家，黄老邻于法。这一溯源之论，经由马王堆出土帛书之佐证，实为确解。

较之于对北方道家的推重与肯定，蒙先生对以老、庄为代表的南方道家则有所疵评。就庄、老关系言，老聃其人古已有之，庄子屡称之，老学的师承授受，于《史记·乐毅传》可详。而老子《道德经》一书则晚于《庄子》。黄帝、老子之书，殆皆成书于战国晚期，老子一书盖取道家言之精要而为篇，言多浑沦，含义深富。蒙先生持论的根据有二：一是凡作"经"皆战国晚期事，即当一学派学说已臻于完满成熟，在此基础上撷取精要而始为"经"。如《韩非》、《管子》中有"法经"，墨家有"墨经"，老子《道德经》一书不外于此；二是庄书言老子凡十七章，其言皆不见于《道德经》，庄书同于《道德

① 蒙文通：《古学甄微·杨朱学派考》，成都：巴蜀书社 1987 年版，第 243-267 页。

② 蒙文通：《古学甄微·杨朱学派考》，成都：巴蜀书社 1987 年版，第 262-263 页。

经》者十五处，其中不为老子语有十三见，足见老书取于庄书；而老子《道德经》一书内容精富，可证其为周秦学术成果之总结。通观道家思想之流变，蒙先生认为从杨朱到田、慎，尊生重己、贵齐贵公、“义益邃而用益宏”、清虚无为、名正法备，实得道家之正。庄周一流之思想，总是以不屑之意待人，“轻世绝俗”，灭裂仁义，使人与人“相轻”；而申、韩之流尚刑名、任法术，使人与人“相贼”。故庄、老、申、韩张极端之论，废道术之全，实为道家之偏。田、慎静因之道远比庄、荀之说深广。蒙先生的这些创见，言似奇诡，但其辨析南北道家学脉宗旨之不同，实不可易；而推尊齐学、表扬稷下，则尤为卓识。其斥庄生“轻世绝俗、矜己卑人”，自视过高，实对当世某些知识分子有所针砭，引古筹今，不无深意。

## 三

蒙先生在疏释先秦诸家思想的基础上，转向道教源流及其理论创造的研究，成果丰硕，贡献极大。

道家、道教，原本殊途，后乃同归，嬗变之迹，有史可循。蒙先生指出：道家之学盛于晚周，而道教则起于汉末，两者初无大关系，如构成道教重要内容之一的神仙思想在先秦时期早已流行，且与道家大不类。但当后世道教徒奉老子为神人，尊《老子》、《庄子》为经典，则道家、道教便不可复分。既注意到道教产生的多根系、多源头，更注意历代道教徒注《老子》解《庄子》实为道教的理论化建设，故从宗教哲学的维度来清理道教思想史，着力于思想的逻辑进程，而不单是史实的陈述。

蒙先生明确提出“道教三源说”，即太平道、天师道和神仙家共同构成道教的源头。神仙始于晚周，太平道似出自儒、墨及西汉今文经师之说，而天师道则出自西南少数民族，賨、僚等族的巫觋之道。这一见解，尤具卓识。唐长孺、饶宗颐均对此事有所申论。唐在《范长生与巴氏据蜀的关系》一文中曾考论：“范长生是道教徒”，“巴蛮即賨人”，“范氏即于賨人部落”。饶在说“五斗叟”中指出

“五斗米道与氐人、鄋人自来有密切关系”，即指天师道浓厚的巫术色彩与巴蛮敬信巫觋之风的一致性。①《华阳国志》称：賨人“俗好鬼巫”，故五斗米道亦被称为“米巫”、“鬼道”。西南少数民族賨、僚的巫觋之风，乃是天师道的兴起与发展的文化土壤。道教三源，入晋以后，渐合而为一，至寇谦之则道教之组织、教仪、经典始备。魏晋间学术的一大变局，即玄风昌炽，老学极一时之盛，道教徒莫不注老、解庄，奉老、庄之书为经典，并以之为道教的理论建设。最具代表性的有托名为《河上公》及《尹喜》、《想尔》三家注，诸书多言修炼事，均为后世道教徒所尊奉。隋、唐以降，则重玄宗、坐忘论流行，尤以重玄宗为最著。刘鉴泉先生在《道教征略》中曾言：“唐以还，道教诸名师皆明药之非草，长生之非形躯，不言白日升天矣。”②蒙先生吸取刘氏的研究成果，更突出辨明道教成仙理论在唐代的重大转变，即内丹事盛，外丹日衰。到了宋代，所谓钟（离权）吕（岩）之传，实近于陈抟（图南）之传，远绍司马子微，此一时期经箓外丹之说更衰落。此后，北方全真道教称为北宗，南方道教称为南宗，南宗言修命，北宗言修性。独以全精、全气、全神即全其本真为追求的全真道教，指认一切内外丹药吐纳伸经之术，如“黄庭”、“参同”、“悟真”皆为傍门小道。金、元道教与宋相异，属茅山正一之流。明代全真道教传入南方，为武当一派，自张道贵、张守清后，武当一派遂流行于两浙、滇、蜀等地，兼修清微、正一之法，南北二宗又混而为一。道教思想在多个源头的基础上，分合合分，相互取益，彼此融合，不断地向前发展。汉、唐以来，道教徒的理论与实践的创造，吸纳儒、佛两家的心性学说，兼采海上燕齐方士、神仙家、医家言，可谓杂而多端。面对这一复杂而又丰富的古代文化遗存，以往学者治道教史多注目于教仪、法事、丹鼎、符箓以及茅山、武当、南北

① 饶宗颐：《老子想尔注校证》，上海：上海古籍出版社 1991 年版，第 152-153 页。

② 刘鉴泉：《道教征略》，转引自《古学甄微·道教史琐谈》，成都：巴蜀书社 1987 年版，第 326 页。

二宗等。而蒙先生则认为所谓丹鼎、符箓、斋醮、章咒、导引、房中，这些皆与学说思想之变少所关系，故作道教史“仅可涉及，无庸缕陈”，应当从宗教哲学的高度来把握道教的历史发展。因而蒙先生的道教史研究实为道教哲学思想史之研究，这无疑具有开风气之先的重要作用。

蒙先生把道教哲学的研究置之于传统文化的洪波浩瀚中，既看到道教哲学在其理论形成与创建中借鉴和兼融儒、佛的一面，更论及道教哲学对其他主流学派的重要影响。如晋、唐时期，道教哲学以“重玄”论为盛，而重玄论多撷取中观之义；唐、宋时期，“坐忘”论流行，实有取于天台宗；而宋、元全真道教之兴盛，亦有取于禅宗。不仅如此，道教亦借鉴儒家，如南宋道士就多取荆公及朱子学说。另外，蒙先生在对陈抟学派的研究中，发现陈景元（碧虚）之学来自张无梦，而张无梦师事陈抟，“多得微旨”，再深考陈景元《老子注》中所常用之词语，常引之经典文句以及思想旨要，竟全同于程颢、程颐，“由碧虚之书，然后知二程之学实为希夷之传”，也就是说不仅周（敦颐）、邵（雍）之象数学，而且二程之理学都源自陈抟。这无疑是学术史上的一大发现①。叶适在《习学记言序目》中就曾指出“程张攻斥老佛至深，然尽用其学而不自知者”。无论自觉与否，陈抟学术经由陈碧虚这一中间环节而下启二程，殆无疑义。

蒙先生对道教哲学史研究的最突出贡献是对“重玄”学派的系统发掘，开重玄学研究之先河。近年来随着道家道教文化热的兴起，晋唐时期的重玄思潮也成为人们关注的热点之一，但究竟如何认识、界定这一思潮，却是众说纷纭、难得共识。蒙先生以“道家重玄学派”来指称这一思潮，颇为精当。因为重玄学不单是道教理论之一环，而且也是晋唐间道家既吸纳儒、释又保持本身特色，以抗衡儒、释的理论创造。经由蒙先生之疏证史实，晋唐间确有一学脉相承的重玄学派，此学脉可溯源孙盛，而学派则创立于孙登，完善化于成玄英、李荣。“以重玄为道，以三一为归”是其共同的宗旨；这一学派

① 蒙文通《古史甄微》，成都：巴蜀书社 1999 年版，第 315-332 页。

既上承魏、晋之玄风，又远超胜于何、王；既承继老、庄，又拓展了老、庄的思辨，既吸纳佛学双遣两非的中道观，又保持本土的道家文化特色，这使得其影响越出道教范围，而蔚为一股时代思潮。蒙先生的指称正是就重玄道论这一时代思潮的哲学本旨立论的。

“重玄”一词源出《老子》“玄之又玄”一语，“道家重玄学派”，以“重玄”为宗本，以“重玄”来诠释“道”。成玄英《疏》“重玄”谓：“有欲之人，唯滞于有，无欲之人，又滞于无，故说一玄，以遣双执。又恐学者滞于此玄，今说又玄，更祛后病。既而非但不滞于滞，亦乃不滞于不滞，此则遣之又遣，故曰玄之又玄。”李荣《注》说：“定名曰玄，借玄以遣有无，有无既遣，玄亦自丧，故曰又玄。又玄者，三翻不足以言其教，四句未可致其源，寥廓无端，虚通不碍。”成、李之“重玄”论，是即本体即方法的：就本体论，道即重玄之道；就方法言，即指通过双遣有无、是非、滞与不滞的方法达到寥廓虚通之境界。这种熔本体论、方法论于一炉，极富思辨水平的“重玄”学说，确使孙登“以重玄为宗”之妙旨得到很好的发挥。

蒙先生更对“重玄学”之流变作推本溯源的研究。魏、晋间，自王弼、何晏崇尚虚无，大扇玄风，而清谈放诞渐入末流。在此情势下，裴颀著崇有之论，以攻王、何；而其时孙盛更作《老聃非大贤论》、《老子疑问反讯》(皆存《广弘明集》)，批判的矛头直指《老子》。孙盛据老书“两者同出而异名，同谓之玄”，反驳王弼的贵无说。指出：“宜有欲俱出妙门，同谓之玄，若然，以往复何独贵于无欲乎?”同时，又指出：“尚无既失之矣，崇有亦未为得。”这一批判，超越当时的有无之争，可谓深中肯要。孙登正是从其叔父的高论中受到启发，并依托支道林“重玄”观点而创“重玄宗”。孙登以下，般若之学广为重玄学所吸纳，如蒙先生所指出的重玄学派“双遣二边而取中道，与释氏中观之义若合符契”。由于般若学的引入，此派哲学义益圆满，冠绝群伦。例如，此派解“希、夷、微”之说为三一诀。成玄英疏“希、夷、微”举臧公（玄靖）《三一解》云：“夫言希、夷、微者，所谓精、神、气也。精者，尽智之名；神者，不测之用；气者，形相之目。总此三法，为一圣人。不见是精，不闻是神，不得是气。既不见、不闻、不得，即应云无色、无声、无形，何为乃言希、夷、微耶？明至道虽言无色，不遂绝无，若绝无者，遂同太虚，即成断见。今明不色而色，不声而声，不形而形，故云希、夷、微也。所谓三一者也。”又云：“真而应，即散一以为三；应而真，即混三以为一，一三三一，不一不异，故不可致诘也。”《三一诀》把希、夷、微，精、气、神，形、声、色，闻、见、得等都合在一起，颇富于理论思辨，使老学之义更进。且后来道教徒，为合重玄之致，广辩三一，更衍为“三一九宫法”、“三一服食法”等。重玄宗就其理论之精致、深刻，影响之广远，皆为道教哲学之冠，且常常是与佛教进行理论交锋的主要代表。蒙先生曾肯定：“重玄一倡，卑视魏、晋。何公、辅嗣，并遭讥弹”，重玄学起，清谈声息，两者不无关系。①

通观蒙先生的道教哲学史研究，深入堂奥，属意于理论思维，究心于思潮演变，微观考史，批隙导窾，游刃有余；宏观立论，举纲张目，得其环中。蒙先生在道教史研究中的许多论断、质疑和提示，总给人们以多方面深蕴的启发。

## 四

蒙先生在辑校道书方面，硕果累累，嘉惠学林，功在不朽。他在辨章学术、考镜源流上许多创见，正得益于对道书的求全、求善、求精的辑校、整理上，因而其理论创见信而有征。

蒙先生在长四川省图书馆期间，面对“多以收藏善本为询者”，蒙先生笑答：“善本岂易得哉，余唯日坐其间，新勘善本耳。”蒙先生之答语实反映了他瘁力于整理祖国文化遗产的创新精神，并体现了他求精、求善、求全的笃实学风。他任图书馆长数年之间，辑校精善之古代典籍达二十余种，其中道书达十多种。如《老子成玄英疏》

① 蒙文通：《古学甄微》中《校理成玄英老子疏叙录》、《坐忘论考》、《陈碧虚与陈抟学派》，成都：巴蜀书社1987年版，第343-380页。

六卷，《老子李荣注》四卷，《老子古注补》八卷，《老子指归拾遗》二卷，《老子河上公章句校本》四卷，《老子王弼注附音义校正》二卷，《遂州本老子校文》一卷，《老子章门》一卷，陈景元《老子注》、《庄子注》两种等。在辑校过程中，每遇疑缺讹误，详加考索，多所是正。例如杜光庭误认为创重玄宗之孙登即魏人苏门山隐士之孙登，蒙先生指出“此大谬也”。隐士孙登未曾注《老子》，隋唐志皆不见著录，《晋书·隐逸列传》说隐士孙登只好《易》，且隐居不出，“不知所终”。而《隋书·经籍志》，两《唐志》及《经典释文》皆著录“晋尚书郎孙登注”《老子道德经》二卷。又如罗振玉影印《鸣沙石室古籍丛残》中收有《老子义疏》残卷，罗氏却误以为是梁道士孟智周之作，蒙先生对此予以订正，论定是成玄英之作。

在蒙先生辑校之道书中，堪称奇迹者当数《老子成玄英疏》和《老子李荣注》两种。成玄英并疏老、庄，庄疏存于《道藏》中，《古逸丛书》有庄疏残帙，与《道藏》相补，可得全本。而老疏却散佚已久，据彭鹤林《道德经集注·杂说》论成氏老子疏“于宋已无存”。蒙先生于《道藏》中搜求到老子旧纂疏有二：即强思齐《道德真经玄德纂疏》和顾欢《道德真经注疏》集注本。两者皆录有成疏，且两书于采掇之际，各有取舍，互补性很强。蒙先生以强、顾之注疏为本，又参校宋李霖《道德真经取善集》、范应元《道德经集注》以及鸣沙山出土之《老子义疏》残卷，正其误夺，缀其断引，使成玄英《老子义疏》辑成完璧。进而蒙先生考察成疏所用之经文，与诸家传本相校，然后知其为唐遂州碑、易州碑本。老子成玄英疏之辑成，使散佚千年之要籍重见天日，为研究道家重玄学派提供了极宝贵的思想资料。蒙先生还特别辨明成疏所疏何注的问题。成玄英《老子义疏》究竟依何注为疏，成氏没有明言。蒙先生深考细辨之后指出：六代注《老子》，显有王弼、河上公两大派，王弼专研玄理，河上备言仙道，成玄英《老子义疏》既多违《河上》义，又不曲从王弼说，而是“总此二派，不偏一际，兼举内外”。成氏这种不牒一家之注的独特之处，正体现了他兼采诸家而又力求超胜的理论特色。蒙先生这一见解，实为如何探究隋唐道教理论的发展、如何阅读成氏

《老子义疏》，提供了重要的启示。

清末阮元已经注意到强、顾二书大量征引成说，但因对成疏之意义未予重视而没有辑校。蒙先生别具慧眼，赤水得珠，辑成完书，实因缘于先生对道教典籍的精熟和博学锐识。钱穆先生曾感叹："有清二、三百年间，所辑佚书率多残帙，何意今日竟得全编，非治学精勤者焉能获此!"仅此一项发现和贡献，就足以享誉学林，而蒙先生精进不已，在辑校成疏的过程中，发现凡引成说之诸籍皆引李荣《老子注》，故一并辑之。李荣《老子注》，唐、宋志皆著录，但仅存《道经》残卷于正统《道藏》中，蒙先生以此残卷为基础，又搜得敦煌卷子，使李荣《老子注》几成全本。总之，蒙先生在整理道家、道教典籍上贡献了一系列重要成果，并且对进一步整理道家、道教文化思想资料，提出了一系列的饶有深意的具体建议，诸如仿朱彝尊《经义考》作《道德经考》，仿《四库全书总目提要》作《道藏典籍提要》等，有的不久前已经部分得到实现。

"善歌者使人继其声，善教者使人继其志。"关于道教史的研究，无论是思想疏释或文献辑校，蒙先生都筚路蓝缕，导乎先路，有开拓之功；而后继者踵事增华，有所进展完善，自是理所当然。如重玄道论与重玄学派，经蒙先生清理出后，已引起海内外学界的注视并成为道教理论研究的一个热点，论著多篇，不乏佳作。又如成玄英《老子义疏》的辑校本，继蒙先生首辑《道德经义疏》六卷本之后，又有严灵峰先生所辑《道德经开题序诀义疏》五卷本和日本籐原高男先生所辑《辑校赞道德经义疏》本，拾遗钩沉，当有所补苴。这正足以证明，真正的学术事业必然是许多人的持续努力，承先以显其富有，启后以见其日新，开拓者燃心为炬，后起者继志为薪，因此，神州慧命，于穆不已。

一九九六年七月（此文与朱哲合作）

# 二十九、浅析佛教哲学的一般思辨结构

关于佛教，从哲学史的角度去把握，似乎可以这样简单地概括：它是一种唯心主义的本体论以及对于本体的证悟论。这有两个侧面，可以说是佛教哲学试图回答的两个方面的问题。一方面是本体和现象的关系问题。这个问题涉及或实际包含一系列重要的哲学问题，诸如本质、现象和假象之间的关系问题，还有一般和个别的关系问题、普遍和特殊的关系问题、整体和局部的关系问题、统一性和差别性的关系问题、依存性和独立性的关系问题，等等。佛教提出一系列的观点，制定一大堆范畴，试图按照它的唯心主义世界观来回答这些问题。至于证悟论这个侧面，它试图回答主体和本体的关系问题。当然，它所谓“本体”有其特殊的含义。回答这个问题，就涉及一系列认识论、真理论中的问题。比如：认识的有限性和无限性的问题，感觉的主观性和客观性的问题，真理的相对性和绝对性的问题，语言、概念等的局限性问题，认识过程中各种形式的飞跃问题，逻辑思维和形象思维的关系问题，等等。佛教徒在探索主体和本体间的关系时，涉及这一系列问题。

关于唯心主义本体论的思想实质，马克思就西方哲学范例作过深刻剖析，指出唯心主义的思辨哲学总是经历着一个自我意识的循环。唯心主义者所设想的本体，实质上是“自我意识的外化”，是人的理性从自身中分离出来，变成了一个“无人身的理性”①。它所展开的思辨循环，大体是：从作为主体的人的自我意识出发，首先“从人

① ［德］马克思著，徐坚译：《哲学的贫困：答蒲鲁东先生的“贫困的哲学”》，北京：人民出版社 1964 年版。

的属性变成了独立的主体"；再从独立的主体"神秘地变成了想象的无限的自我意识"，即客观的绝对本体；然后，人的自我意识这个主体与绝对本体互相对置起来而又通过某种神秘的认识途径达到互相冥合，实际是在幻想中实现异化的扬弃而达到人性的复归。正如马克思和恩格斯在揭示唯心主义的思辨哲学的本质时指出的："这是一幅讽刺人脱离自然的形而上学的神学漫画。""自我意识也通过这种运动首次把自己制造成绝对的东西，因为绝对的唯心主义者要想成为绝对的唯心主义者，就必须经常地完成一种诡辩过程，就是说，他先要把他身外的世界变成幻觉，变成自己头脑的单纯的突发之念，然后再宣布这种幻影是真正的幻影——是纯粹的幻想，而最后便宣告它是唯一的、至高无上的、甚至不再为外部世界的假象所限制的存在。"① 佛教哲学的一般思辨，本质上也属于这一类。佛教哲学和一般唯心主义本体论一样，利用形而上学的抽象，在相对的现实的现象界背后去设置一个绝对的超现实的"本体"。这个形而上的"本体"，被赋予某种宗教异化的神圣性质，给它取上"法性"、"佛性"、"真如本体"、"圆成实性"、"不思议界"等名字，把它规定为绝对的、无限的、唯一真实的、永恒不变的、至高无上的存在。于是，"非有非无、非常非断"、"不生不灭、不一不异"，"言语道断、心行路绝"等"关于绝对的呓语"，便构成佛教哲学思辨的重要内容。而最后的宗教目的在所谓"证真如"、"入涅槃"，即通过特殊的"证悟"途径以达到主体的自我与绝对的本体互相冥合，实现幻想中的人性的复归。这种复归，表现在佛教哲学中大体有两条途径：一条是使主体融入"本体"之中，如华严宗等近似客观唯心主义思路，叫"流入大涅槃海"；另一条是把本体纳入主体之内，如禅宗等近似主观唯心主义思路，叫做"直指人心，见性成佛"；两者最后都归宿到宗教神秘主义。

佛教哲学之所以精巧，更由于它有一套以相对主义为特征的思辨

① ［德］马克思恩格斯著，马恩列斯编译局译：《神圣家族；或，对批判的批判所做的批判》，北京：人民出版社1958年版。

方法。但其中确又蕴含着、酝酿着某些认识运动的辩证法。关于佛教哲学中这一套思维模式和思辨方法，大体上可以归纳为以下四个方面：

### （一）缘起说

缘起说是佛教从小乘到大乘的一个共同的理论基石。小乘佛教一开始从印度其他宗教中区别出来的时候，主要就是讲缘起说。小乘的缘起说，以“十二因缘”为中心，着眼于人生过程，以缘起说来论证“人无我”；而大乘则发展为讲“法无我”，即认为：任何事物和现象（即“法”：“心法”、“色法”，即精神现象和物质现象，都叫“法”），在佛教看来，都不是单一的、孤立的存在，而是因缘所生。也就是说，它们的存在和变化，生、住、异、灭，都与其他的事物处在一个普遍联系的关系之网当中，牵一发而动全身，一变一切变。所以任何事物、任何现象都不能够自主，不能自己主宰自己，即没有独立性。任何事物也都不能够常住，因为它处在互相制约的关系之中。它不能自主，没有独立性，又不能常住，因而它没有质的规定性。佛教得出的结论是：诸法无自性。不能自主，就是无我；不能常住，就是无常。这就是佛教所说的“三法印”，即三个最高原则：“诸行无常，诸法无我，涅槃寂静。”这个“涅槃寂静”是整个佛教教义的归宿，即达到“涅槃寂静”的境界而得到“解脱”，属于宗教幻想，但它的哲学理论根据就在这里：诸法缘起无自性，就是说任何事物都是诸缘会合，并没有一个自主的、常住的质的规定性，所以，都是不真实、不可靠的。由此也逻辑地导向所谓“缘起性空”或“唯识无境”的结论。佛教的缘起说，强调了事物的普遍联系和多重关系的综合，它并非全是胡说而包含了某些真理的颗粒。因为，任何人的本质，只能是各种社会关系的总和；而任何一个现实事物之所以存在并具有特定的性质，也只能是由他物所规定，是许多规定的综合。佛教的缘起说，似乎从反面承认了这一事实，只是它的论证反而从诸多关系的规定中抽空了这种本质，把事物的本质归结为无任何规定性的“空”。龙树的《中论》里有一段典型的论述：“众因缘生法，我说即是空。

何以故？众缘具足，和合而物生。是物属众因缘，故无自性；无自性，故空。"① 还有一段话："以因缘，诸法生，无我、无造、无受者。"② 这是说，任何法都是依靠众多因缘而生成，凡是因缘所生的法，"我说即是空"，"何以故"呢？众缘凑在一起，具足了，和合而物生。所以，人们所说的物实际属于众因缘，为诸关系所规定。"故无自性"，没有独立的自主的质的规定性。"无自性故空"，没有自性就叫"空"；"空"，并不是说它不存在，而只是说它是因缘所生，因而"无我、无造、无受者"，即没有自性、没有造作什么、也没有承担者，所以说是"空"。这是般若空宗的基本观点。稍后，无著、世亲创立瑜伽有宗，继续发展了这个"缘起"思想，从认识论角度提出"三性"论，即认为宇宙万有应分析为"三性"，即"遍计所执性"，指人们所见的妄有，如见绳为蛇；"依他起性"，指这种妄有也有所依，依靠因缘条件所起，如见绳为蛇即由主观的能缘的识作用于绳等所缘的境上而造成，这就是缘起。这是对小乘和大乘空宗的缘起说的一种主观唯心主义的改造。至于"三性"中的"圆成实性"，则是"转识成智"以后不靠因缘条件而凭神秘直觉所达到的绝对真实③。有宗对缘起的"缘"还细分为四：

第一个叫"因缘"，是作为"因"的缘，即条件中的主要条件，近似我们所说的根据。

第二个叫"次第缘"，又叫"等无间缘"，"次第"是紧接着的意思，是说缘具而产生事物，由此事物又产生另外的事物，是前后相继的，就事物（无论"心法"或"色法"）的普遍联系说，经过无数的中介而互相联系，一环扣一环，没有间断，叫等无间缘。

第三个叫"所缘缘"，从认识论角度更进一步指出，任何事物的

---

① 《中论·观四谛品》第二十四。

② 《维摩经·佛国品》第一。僧肇对此句的注解说："法从因缘故不有，缘起故不无，诸法皆从缘生耳，无别有真主宰之者，故无有也。夫以有我，故能造善恶、受祸福；法既无我，故无造、无受者也。"

③ 参见《成唯识论》卷八。

产生，要有个所缘的那个缘。既要有个能缘，心是能缘，能缘又要有个对象，对象就是所缘的缘。“所缘缘”还被分析为“亲所缘缘”和“疏所缘缘”。有宗大师陈那著有《观所缘缘论》，讲得非常复杂。

第四个叫“增上缘”，是说除了有“因缘”、“次第缘”、“所缘缘”之外，还要有增加、扶助的缘。增上缘又叫“助缘”，近似我们所说的诸条件。对增上缘又有很多解释，如“增上缘”的范围有大有小，大到可以说任何一件事都以全宇宙为增上缘，但显然不必这样追究而需确定起作用的条件的范围；又“增上缘”的作用，有顺有逆，也要分析。① 佛教哲学的思辨方法颇为细密，也可说极端烦琐。要研究它，需要层层分析。以上简述，至少可以看出佛教对这个问题是进行了一番探讨的。

佛教缘起说的这种思路，基本上是歪曲地反映了客观事物的普遍联系。尽管我们承认，任何事物对其他事物的多种多样的关系的总和，规定了这一事物的内在性质。但这个普遍联系长期以来没有得到很好的研究。列宁在《谈谈辩证法问题》一文中谈到：辩证法是活生生的、多方面的（方面的数目永远增加着的）这么一种联系的认识。这个认识论的辩证法原理也没有很好地展开研究。大体上，我们曾经肯定：关于事物的普遍联系，需要区别本质联系和非本质联系、直接联系和间接联系、因果关系的联系和函数关系的联系，还有矛盾着的东西在斗争中的相互联系，等等。这已有很多层次。一个普遍联系，结构也非常复杂。客观事物的联系，有的是函数关系，同步增长；有的是因果关系，由此生彼；有的是矛盾关系。这个矛盾关系又非常复杂，矛盾的联系中有斗争性的联系和同一性的联系；而同一性的联系中，又有直接同一性和间接同一性的联系，矛盾的同一性这个概念中还包含着多方面的问题。至于认识论的辩证法，关于真理的具体性在于它是许多规定的综合，而人的认识是从现象到本质，从不甚深刻的本质到更深刻的本质的深化的无限过程，也包含着许多复杂问题。佛教就是在这个非常复杂的问题上进行了曲解，它的缘起论就是

① 参见《成唯识论》卷七。

用貌似辩证法的唯心主义思辨，把事物的普遍联系的复杂关系同这些关系所规定的事物的内在本质割裂为二，使两者彻底对立；认为事物既是缘起，就不能再有自性即内在的质的规定性。通过这样一种思辨分析，来抽空事物的内在的质的规定性，从而彻底否认其客观实在性。龙树认为：一切事物都是缘具而生，并无自性，所以叫“空”。“未曾有一法，不从因缘生，是故一切法，无不是空者。”①“空”是一个特殊的范畴。苏联学者谢尔巴茨基曾把“空”翻译成“普遍的相对性”，颇有点哲学意味。所以“空”不是虚无，至少龙树讲的这个“空”不是虚无，而是讲的诸法都是缘起而无自性。僧肇被赞为“解空第一”，他在《不真空论》中作了一个最简要的规定：不真，故空。空不是在“有”之外的东西，而任何“有”都因是缘起而有，所以不是真实的，所以叫“空”。僧肇强调佛教的空观是“即万物之自虚，不假虚而虚物”。他引《维摩经》说：“色之性空，非色败空。”意思是说，“色”本身是因缘法，无自性故空，并不是说“色”消失了才出现空。佛教反复强调这点。这套理论贯穿到佛教的各个经典，归根到底，它的目的是为了否定现实世界的质的规定性以及它的客观实在性。这种方法，具有相当高的思辨水平。

### （二）中道观

从缘起说推出的中道观，是大乘佛学的又一理论基石。龙树有一个著名的偈：“众因缘生法，我说即是空。亦为是假名，亦是中道义。”②

这个偈，是龙树空宗的全部理论基础，被称为“三是偈”或“三谛偈”。这里面出现了“空”、“假”、“中”三个范畴。这首偈的前两句讲的是缘起论，即诸法由众因缘和合而生，所以我说它就是“空”，对它进行一个“空”的规定。后两句：强调我说的这个“空”本身也仅是一个假名。意思是说，为了启发人们领悟，用

① 《中论·观四谛品》第二十四。

② 《中论·观四谛品》第二十四。

“空”这个名言概念来破除“执有”的观点。“我说即是空”，即是说，“空”也是一个假名，是假借名言来表达诸法缘起无自性这个意思。所以，应当领悟的道理是：既不能执“有”，不能说一切事物有自性，也不能执“空”，不能说是什么都没有，那会堕入“断灭空”的邪见。“遮破二边”，即把“执有”和“执空”两边都否定掉，是为“中道”。凡是执著二边的都叫“边见”，即偏见，也就是片面性。去掉“边见”，既破“执有”，也破“执空”。通过否定来达到肯定，这就是龙树《中论》所讲的“中道”。

上引《中论》：“众因缘生法，我说即是空，何以故？众缘具足，和合而物生。是物属众因缘，故无自性，无自性，故空。”紧接着又说：“空亦复空，但为引导众生故，以假名说；离有无二边故，名为中道。”

“空亦复空”，意思是说，这个“空”本身也不能执著，“空”也要去掉。按护法的解释：“又此空言，是遮非表，非唯空有，亦复空空。”①“复空”的“空”是否定的意思。为什么“空”也要否定掉？这是因为，龙树认为“空”也是一个“假名”，并不能反映诸法实相；而且，如果把“空”误解为“虚无”，那更要破掉。按僧肇对龙树思想的概括：“物从因缘，故不有；缘起，故不无”，“万物若无，则不应起，起则非无，以明缘起，故不无”②。所以“离有无二边”，才是“中道”；“中道”，是破掉各种“边见”的认识，也就是佛教所谓真理的认识。

这样的“中道观”，是由“空观”发展来的，是对“缘起性空”的认识的深化，由于承认了“假有”，并承认了“空”也是假名，故可以说龙树是综合“空”、“假”而成立了“中”。上述偈文中三个范畴——空、假、中，似有其固有的逻辑进展。

龙树由此讲了一大套“八不中道”。他举了四对范畴来展开：生灭、常断、一异、来出。他认为，用中道观观察事物，就明白任何事

① 《广百论释论》卷六。

② 参见僧肇《不真空论》。

物都是“不生亦不灭，不常亦不断，不一亦不异，不来亦不出”的；懂得这个道理，就可以破除各式各样的错误和肤浅的理论，既不会执有，也不会执无，这样就破了二边。懂得了“八不中道”，“能说是因缘”，就能“善灭诸戏论”①。

关于“八不中道”，佛教中广泛采用，分析任何问题都采取这一思维模式。龙树的《中论》发表后，引起很大的震动，有七十家为之作注。其中青目论师的注最好，鸠摩罗什翻译《中论》连青目的注也一起译出来了。青目注释“八不中道”时举例说：谷生芽，这件事是缘起，本来就没有这个谷芽。之所以有谷芽，是因为空气、阳光、水、劳动等诸缘共生，谷就发芽了。本来就没有芽，这个芽不是生出来的，是诸缘凑成的，所以说是不生。那么，不生就应该灭，但它又不灭。因为既然是缘起，它就必然会生芽，所以谷芽的生长是不中断的。那么，不灭就应该常，保持一个常态，但是不常。因为它是依他而起的，是依靠诸缘而起的，所以芽出后，种子就坏了，所以不常，不是永远是谷种，而是变成谷芽了。不常就应该断，但是不断。因为芽毕竟是谷种里长出来的，它是等无间缘，从谷种到谷芽是不间断的。不断就应该同一，谷种跟谷芽应是一个东西，但又不一，不是一个东西。因为缘生之物各异，新谷芽毕竟不是旧谷种。那么，不一就应该异，就应该不同，但又不异，不是不同。因为它们是同体而变，毕竟芽是谷之芽。既然是谷之芽，那么就有来，芽从谷来。但又不来，不是从谷种中来。因为谷种不可能自己生芽。那么应该来自外面，外面加一个谷芽。但又不是，它毕竟是谷子本身发生的芽，所以它是不来，不是外部来的。那么应该是从内部钻出来的，但又不出，不是从内部钻出来的，因为谷子之所以发芽，是诸缘凑合才发芽②。青目的解释，用最现实的“谷生芽”这个例子讲出一大堆既不生又不灭，既不常又不断，既不一又不异，既不来又不出的道理。这就是

① 《中论·观因缘品》第一。

② 参见《中论·观因缘品》第一，青目释。

所谓“双遣两非”、“以遮为表”的“八不中道”。这样来观察事物，就达到“中道”的境界了。

这些思辨，具有辩证法的外貌，颇能鱼目混珠。我们用辩证唯物主义观察某些问题，似乎也运用否定性，要求扬弃矛盾而达到更高的综合、统一。例如，什么叫时间？时间是点截性和绵延性的统一。只抓住点截性的时间观，错了；只抓住绵延性的时间观，也错了。运动是动和静的统一，只讲任何一面都错了。辩证地观察事物应该这样。龙树讲的“八不”，多少利用了人们认识过程中的矛盾问题，但问题在于：它是在一些对象上去设置了一些虚构的矛盾，然后再来个“双遣两非”，通过一系列的否定来显示所谓“中道”。它用的方法是“以遮为表”，遮就是遮破，如画月亮，只画周围的云雾，月就显示出来了。它是用否定的方法来显示它所谓的“绝对真理”，借以论证佛教所探讨的真如本体是超越一切名相的绝对。如龙树所说：“非有亦非无，亦复非有无，此语亦不受，如是名中道。”① “非有非无”，“非非有，非非无”，“非亦有亦无，非非有非无”。这样的否定法，可以“非”很多层。这就是所谓“想入非非”。

列宁讲过：郑重的科学抽象，可以正确地反映事物的本质；形而上学的非科学的抽象，则会搞出一个“神化了的绝对”来。② 佛教的思辨正是陷入了非科学的抽象，所谓“八不中道”，层层抽象上去，所谓双遣两非，破除边见，貌似辩证法，也可以说是蕴含着某些辩证法的因素；但其方法论的实质，不是去分析事物固有的矛盾，而是在事物之外去设置矛盾，然后作为“二边”加以排除，最后达到抽空事物的一切规定性，而导致一个“神化了的绝对”。它把认识过程中的相对和绝对、有限和无限这一类辩证关系进行割裂，引向了反辩证法的思维途径。对于佛教哲学的这种思维途径及其教训，通过剖判，有其可资借鉴的意义。

---

① 《大智度论》卷六。

② ［俄］列宁著，马恩列斯编译局译：《列宁全集》，第 38 卷，北京：人民出版社 1959 年版，第 181，411 页。

## （三）二谛义

什么叫二谛义？佛教认为，人们对客观事物的认识和认识的结果有二重：一重叫俗谛，又叫世俗谛；一重叫真谛，又叫胜义谛。谛就是道理，俗谛和真谛两重道理，都有意义。什么叫俗谛？俗谛可说是一般人看事物的方法以及所看到的结果，简单说，就是看问题从现象上来看，而看到的结果按照佛教观点都是“假相”。什么叫真谛？就是按照佛教世界观来观察世界，即从本质上看，这样观察的结果，看到的都是“实相”或“真相”。佛经中也常用俗谛，是为了方便说法，它的目的是为了引导人们进入佛教真理的认识，即真谛。这二谛义贯穿于一切经论。可以看出，佛教试图解决它所说的“真理”和常识之间的矛盾。佛教所讲的“真理”和常识，距离很远，矛盾很大。但是，发明一个“二谛义”，就是为了缩短这个距离，调和并解决这个矛盾。不能说它讲的内容全部是谬论，因为在实际生活中确有真相和假相的问题。唯物辩证法对这个问题也要认真地回答。太阳从东方升起，这明明是个假相，而地球围绕着太阳转，整个太阳系又围绕银河系旋转，那才是真相。银河系究竟围绕着什么旋转，现代宇宙学还在不断地扩大，以后究竟什么是真相，还有待探索。客观现象中真相和假相往往交错在一起，是极为复杂而难以分清的。我们自有一套办法去解决，如用本质、现象、假相，主流、支流、逆流等这样一些范畴来分析客观现实；在认识路线上坚持从实际出发，调查研究，走群众路线，健全民主集中制，等等，力图接近事情的真相。佛教也有他们的一套办法。佛教的办法，也并不是简单地宣布：常识就是谬误，佛教讲的就是真理。它的讲法似乎不那么简单，而是运用“二谛义”把人的认识进行了一番多层次的分析。当然，它分析的结果是要剥夺人的认识能力，取消人的认识能力。但它既对认识能力及其结果进行多层次的分析，也就接触到了认识过程中的本质和现象，由现象到本质，通过现象、排除假相而接近本质，由一级本质到二级本质……认识无穷深化的问题。

在龙树的中观理论中，所谓“离是二边行中道，是为般若波罗密”①，实已区分任何“二边”之见，都是“俗谛”，所观察的仅是相对的现象世界；而“离是二边”的中道，才是“真谛”，所把握的乃是绝对的本体世界。但是，“俗谛”和“真谛”、现象界和本体界，也是相对待的，如果加以区别而执著某一边，也还是堕入了“边见”而成为“俗谛”。因而真正的“中道”、最后的“真谛”，只能是泯去一切差别的“究竟无得”、“言忘虑绝”，引入神秘主义。

专扬龙树之学的三论宗创始人吉藏，写了《二谛义》一书，提出四重二谛义说，比较典型地代表了佛教运用二谛义的分析方法，表达了他的真理层次论。他把佛教的真理当做认识的客观对象来探讨，分成四层阶梯：第一层，按照一般人的常识，即坚执现象都是实有的，都是有自性的，有质的规定，有独立的实体，这种看法是俗谛，是常人的“迷见”。小乘佛教因而主张“诸法无我，诸行无常”，一切存在物都无自性，都是因缘生法。这种看法就把一切事物的常住性、自主性空掉了，看做一切皆空。这种看法当然比常识深入，故是真谛。紧接着第二层，第一层中小乘佛教所讲的那个空，它还停留在要区别有自性还是无自性这个问题上，对待有而言，说它是无。有是一边，无又是一边，分别了有和无，仍然是一种对待的知识，因此从这个侧面看，小乘佛教又是俗谛。而大乘佛教如龙树空宗认为，事物的本质是非有非无，叫“不二中道”，非有非无的“不二中道”，才是真谛。进一步第三层，大乘佛教中讲“不二中道”，固是真谛。但它讲“不二”是对于“二”而言，讲“中道”又是对于“边见”而言，就这个意义上来说，它还是俗谛，因为它还在区别，还是对待的知识，只有更进一步，认识到这两者是“非二，非不二”，这才达到更高的境界，才是真谛。所以，非二非不二，非中非偏，能够认识到这一点，表明认识更进一步了，这是第三层。最后，还有第四层。所谓“非二非不二”，还是在勉强地对于真如本体进行说明，企图用名言、概念等来对它进行规定，还是用的一种“分别智”，用一种对待

① 《大智度论》卷四十三。

客观事物进行分析、分解的办法，这还是俗谛。事实上，真如本体是不可名相的，是不能用“分别智”来说明的。只有用“无分别智”对待这个不可名相的对象，而且把握它时不能够做任何说明。前面三重真谛，都因为还停留在“分别智”上，所以在不同层次上一重一重都陷入了片面。可见只有“无分别智”才能达到最高的真谛。这个最高的真谛，就是“言忘虑绝”。这时，一般人所用的语言、文字、概念都不适用了，“无分别智”排斥掉了“分别智”，达到“究竟无得”，“言忘虑绝”，“言语道断，心行处灭”，把正常人的认识能力加以彻底否定，这样才达到所谓最高的智慧、最高的真理认识①。这就是它说的最高的真谛。

说到这个地方，本已由思辨哲学进入了宗教神秘主义。但是，吉藏并未就此止步，他又倒转过来，说一旦达到了这样一个最高真谛的时候，反过来再看那前三重俗谛，也都不同层次地说到了一部分真理。因为，真正讲真谛的人讲到最高真谛时，是不废俗谛的。因为俗谛既是方便说法的需要，又是达到最高真谛的一层层阶梯。即所谓“不坏假名，说诸法实相；不动等觉，建立诸法”②。所以它不能废。而且，吉藏认为，俗谛和真谛这两重认识，是相反相成的。两者看来绝对相反，实际并不互相排斥，而是互相依存的。“俗非真则不俗，真非俗则不真，非真则不俗，俗不碍真；非俗则不真，真不碍俗”③，这是吉藏的一段结论。这最后的结论，又把真俗都统一起来了。就是说，在达到最高真谛之后，又反过来对于过去讲过的俗谛全都重新肯定下来，认为“俗非真则不俗，真非俗则不真”，即是说俗谛如果不是相对于真谛来说的话，也说不上它是俗谛。比方上述第三层二谛中，在佛教认为是很高明的龙树菩萨的理论，相对于更高的真谛而言，竟变成俗谛了。小乘佛教，佛最初讲的一切皆空，这也是对的，但相对于龙树空宗来说，它又变成了俗谛。所以，俗谛是真谛发展的

① 参吉藏:《大乘玄论》卷一。

② 吉藏;《二谛义》卷上。

③ 吉藏;《二谛义》卷中。

一个层次或阶梯，到了最高真谛后，反过头来，则会看到“真非俗则不真”，真谛相对于俗谛而言才说得上是真谛。俗和真两者是相对的。“非真则不俗”，所以“俗不碍真”，即使讲俗谛也并不妨碍真谛；那么“非俗则不真”，所以“真不碍俗”，讲真谛时也不要排除俗谛。这样“不坏假名，而说实相；虽曰假名，宛然实相”①。佛教的真理和常识的矛盾似乎得到消除。

“俗不碍真”，“真不碍俗”，按照这个思辨途径，大乘佛教扩展为一系列的结论。比方说，佛教原本认为，世界是一个苦海，在这个苦海里充满烦恼，最大的烦恼就是生死烦恼；所以要从生死轮回中解放出来，进入涅槃。但是，按照“俗不碍真，真不碍俗”这样的观点来看，生死就是涅槃，就在生死流转中悟入涅槃；烦恼就是菩提，就在烦恼中间得到菩提。佛教本来追求出世，但达到最高的真谛认识之后，即世间就是出世间。这是大乘佛教和小乘佛教的不同之点。

单就认识论意义上说，吉藏的四重二谛义，从宗教唯心主义的思辨上触及到了真相与假相的关系问题，真理认识的多层次性问题；它以歪曲的形式所提出来的问题，在认识史上是有意义的。至于吉藏的理论最后落足到“俗不碍真”、“即俗而真”，即达到最高的真谛（由“分别智”达到“无分别智”）之后，就可以“不废假名，而说实相”，在俗谛中悟到真谛。但这里有个先决条件，就是必须“由迷转悟”。

佛教所谓由迷转悟，由俗谛进到真谛，必须经过一次认识能力的突变。这就转入到它的哲学思辨的另一环，即佛教各宗都一致宣扬的证悟论。

### （四）证悟论

“证悟”，作为佛教所谓“成佛”的关键，是宗教修炼实践中一种自我亲证的神秘体验。但佛教特有的关于“证悟”的一套理论，

---

① 吉藏：《大乘玄论》卷一。

则以夸张的形式较深刻地触及到了一些认识论的复杂问题。

佛教的“证悟论”的一个理论基石，是它抓住了人类认识及其媒介手段的局限性，加以尽量夸大，认为人类的认识能力、认识活动、一切“见闻觉知”及语言文字等表达工具，由于全都具有相对性、有限性，因而全都是障碍“真理”的偏见、“边见”，都是产生“颠倒迷误”的根源。因为，人们正常认识所固有的相对性和佛教所谓“真如本体”的绝对性是绝对对立、绝不相容的。佛教看来，正常人的认识，根源于原始“无明”，通过受、想、行、识，形成各种“迷执”、“边见”，只能是以“分别智”为基础的“俗谛”。所以，需要从根本上否定人们现有的认识作用，剥夺人们自身的认识能力。然后，在人们正常认识能力之外去发挥另一种真正的智慧，寻找另一条神秘的认识途径，才能领悟佛教的最高真理，才能使主体与本体直接冥合。这就是所谓“转识成智”、“由迷到悟”，通过“证悟”这个契机，实现精神状态的突变和认识能力的飞跃。

佛教内部围绕这个“证悟”问题曾展开烦琐的讨论和争论。除了宗教神秘主义的呓语之外，从哲学思辨上，它们曾区别“信解”和“证悟”的不同，认为前者不仅包括一般人的“迷执”，即使对佛教教义的信解，也属于“见闻觉知”的认识活动，只能得到间接性知识；而后者不属于“见闻觉知”，是一种通过自我亲证而得到的直接性的觉悟。对所谓“证悟”的途径和方式，它们又区别有所谓“渐”、“顿”之分。或主张“渐修”，即认为“证悟”的获得要经过长期的修养和锻炼：如唯识宗认为，虽然人都具有“证悟”的可能，但需要在宗教实践中经过很长时间(“三大阿僧祇劫”)、很多步骤(如所谓“五位”：“资粮位”、“加行位”、“通达位”、“修习位”、“究竟位”等复杂的修炼的阶段)，才可能逐步达到“转识成智”，实现精神上的突变。或主张“顿悟”，即认为对佛教的信解可以有一个积累过程，但真正的领会却必须而且只能是“亲证”、“顿悟”：如中国化了的佛教禅宗慧能一派，更是强调对于佛教最高真理的把握，实现“证悟”这一认识上的飞跃，任何修炼都是无用的，除非通过某种契机，直接顿悟，一次完成，即所谓“一念相应，便成正觉”，

“一刹那间，妄念俱灭”①。禅宗沿着这一思辨途径，更明确地否定逻辑思维的意义，认为“亲证”、“顿悟”所领会的佛教最高真谛的内容，不属于逻辑思维所把握的间接性知识，而只能是一种神秘直觉所默契的直接性知识，因而不可能用逻辑思维的语言文字来表达、交换，而只能借助于形象思维，禅师们“应机接化”，往往用故事、譬喻或一些诗句来象征说明。

佛教哲学中关于“证悟论”的这些思辨，似乎不能简单地斥为全是神学诡辩或宗教呓语。它以夸张的扭曲的形式提出并展开了认识论中的一些重要问题。例如，认识过程中的飞跃问题，佛教赋予它以神学的夸张，视为“顿悟成佛”或“转识成智”的一个关键。而客观上人类认识的辩证法存在着各种飞跃形式，有待辩证唯物主义给予科学的说明。一般肯定从感性认识到理性认识是一个飞跃，从理性认识到实践是又一个飞跃；两者循环往复，不断加深，一个人的认识水平可以出现大的飞跃。单就认识过程又可分为感性、知性、理性三阶段，各有其飞跃的形式；马克思、列宁对黑格尔认识论的批判改造，强调了从具体到抽象的飞跃之外，还有从抽象上升到具体的飞跃，把感性的具体，经过知性阶段的分析给予抽象的规定，再综合多方面规定而达到理性的具体。这也是个反复加深的过程。在这个过程中，科学的思想体系的形成和发展也可以表现为精神上的突变或理论思维水平上破旧立新的大突破。又如，佛教有意夸大“信解”和“证悟”，即认识和觉悟的迥然不同，把两者说成是绝不相容的两种认识能力，只能灭此生彼，不破不立，这是荒谬的。但现实的人的认识活动中，确也存在着认识、理解和觉悟、领会两者的区别。我们常说的认识水平和思想觉悟水平，并非一回事，后者还有其他精神因素起作用；而对于任何理论，理解文字、背诵公式乃至懂得原理与领会其精神实质也大有区别，这涉及精神领域中的一些复杂现象，从认识到领会、从理解到觉悟，人的思想水平或精神境界的从低到高的发展，其中显然还有一些特殊的飞跃，需要加以科学阐明。至于逻辑思维和形象思维

① 《神会语录》卷一。

的关系问题，也具有认识论的意义。佛教，特别是中国的禅宗，尽力夸大逻辑思维的局限性，甚至把佛教经论所阐述的系统理论，也称之为“粗言”、“死语”、“戏论之粪”，而为了解除它所谓“第一义谛不可说”而又不能不说的矛盾，后期禅宗强调形象思维的作用，用诗的语言来表达所谓佛教的真理，似乎形象思维可以补充逻辑思维的不足，可以克服逻辑思维的局限，可以给人以一种特殊的启发。在真、善、美的意识之间的相互作用问题，在逻辑思维与形象思维之间的互补关系问题，一些佛教徒似乎抓住了某些认识环节。就这方面说，佛教神秘主义的证悟论，也有其产生的认识论根源。

以上简述的四个方面：缘起说、中道观、二谛义、证悟论，可说是佛教各宗普遍采用的主要哲学思辨的模式和方法。尽管佛教内部各宗派纷争甚多，对这些思辨原则的解释、应用范围以及侧重方面都各不相同，形成五光十色的体系；但从总体上，这些模式和方法贯穿于佛教的各宗，形成其哲学思辨的一般结构和共同倾向，在逻辑意义上具有共性。

尽管佛教尤其大乘各宗富有哲学的思辨性，但仍然是一种宗教；尽管佛教哲学的思辨内容具有某些积极成果，但基本上属于貌似辩证法的相对主义思辨。它主要以缘起说、中道观、二谛义等为理论基石来构建自己的世界观——方法论体系，一方面抽空客观物质世界的实在性，论证所谓“诸法缘起性空”，并颠倒地用现实世界的彻底虚幻性来反证彼岸世界的绝对真实性，把世界二重化；另一方面否定人的正常认识能力的可靠性，强调必须彻底自我空虚，才能找到另外一条把握真理的“证悟”途径，把认识神秘化。这两个方面，正是宗教意识的本质特征。佛教强调必须彻底自我否定，既空“我执”，又空“法执”，“究竟无得”，才能得到所谓“般若波罗密”，即渡到彼岸世界去的“智慧”，最后还是依靠“彼岸之神大发慈悲”而得到所谓“解脱”。由“自我空虚”到信仰“彼岸幻影”，这恰好是宗教意识中人的异化的根本标志。佛教哲学思辨其所以能给人们一种似是而非的满足，也正在于佛教还典型地表现了对现实的苦难的抗议，并为人们设计了一条在幻想中脱离一切苦难、扬弃一切异化的神学道路。就这个意义上说，佛教哲学思辨，并非全是“不结果实的空花”。

一九八四年七月

# 三十、佛家证悟学说中的认识论问题

## 附：五台行吟稿

佛家哲学，简而言之，可说是一种以人生究竟、宇宙实相为对象的特殊形态的本体理论以及人作为认识主体对于这“究竟”、“实相”如何体认、把握的证悟学说。从哲学本体论角度，可以探究佛家关于宇宙的构成要素、变化过程、缘起模式以及宇宙万物（境）的本质和现象、真相和假相、一般和个别、总体和局部、合成和崩坏、原因和结果、统一和杂多等问题的独特论述。从哲学认识论角度，则可以发现佛家对于主体的认识活动及其结构、功能，主体对“本体”的把握或契合的方式、途径等，也进行过多方面探析，涉及认识论和真理论方面的一系列复杂问题。

中国化的佛学，以“证菩提”为归趋，主“心性本觉”(不同于印度佛学以“入涅槃”为归趋，主“心性本寂”)，因而尤为重视“智光”、“慧观”、“觉解”、“心悟”，与老庄玄学相融会，被纳入中国哲学认识史的逻辑进程，促进了宋明时期哲学理论思辨的发展，直到近现代仍保持其对思想界的吸引力。

试以吉藏的“四重二谛义”、玄奘的“八识四分说”、慧能的“亲证顿悟说”为例，略论其在认识论方面的贡献。

### 一　吉藏的“四重二谛义”

1. “关河之学，传于摄岭”

自罗什来华，精译“四论”(指龙树的《中论》、《十二门论》、《大智度论》和提婆的《百论》)，传入龙树、提婆之学，如僧叡所赞："斯四者，真若日月入怀，无不朗然鉴彻。"(《中论序》) 一时僧肇等为之阐扬，达到很高思辨水平。但当时涅槃学一度盛行，而般若学反而中衰，接着是北讲毗昙，南崇成实，小乘理论颇惬人心，表明理论发展的过渡环节似不可或缺。稍后，直到南朝齐、梁之际，僧朗南来摄山，再弘"三论"——《中论》、《十二门论》、《百论》，复兴关河之学，被誉为"清规挺出，硕学精诣"，"阐方等之指归，弘中道之宗致"①。经过僧诠、法朗，敢破敢立，"历毁诸师，非斥众学"，始立"山门玄义"；吉藏总其成，笃学精思，著述宏富，道宣评其"貌像西梵，言实东华"，非仅因吉藏系西域安息族人而精通汉文，实指其远承僧肇，把龙树般若空宗理论进一步中国化了。

2. "二谛若明、众经皆了"

关于"二谛"含义，南朝义学中异说纷纭，梁昭明太子萧统曾组织讨论（见《广弘明集》），有十余家，约分三派，但都就客体的"境"或"理"上说，乃成实师旧义；吉藏批判各家，肯定"二谛"乃就主体的言教说，应机立说，两种言教表达了唯一真实，即将"二谛"纳入认识论领域。"二谛"，指人们对客观对象的认识和认识的结果具有二重性乃至多层次的差异性。"二谛义"旨在解决常识（俗谛）与佛理（真谛）之间的差距以及佛理内部各家说法的差异和矛盾，它是龙树中观理论的重要发挥，也是中国化佛教的判教理论的逻辑论证。

诸师讲"三重二谛"，吉藏创造性地发展为判教式的"四重二谛义"。声称："他（师）但以'有'为世谛，'空'为真谛。今明，若'有'若'空'皆为世谛，非'有'非'空'始明真谛。三者，'空有'为二，非空有为不二，二与不二，皆是世谛；非二、非不二名为真谛。四者，此三种二谛皆是教门，说此三门，为令悟不三，无所依得，始名为理。""言亡虑绝，为第一义，即第四重义也。"② 吉

① 见江总持《栖霞寺碑》，转引自汤用彤《往日杂稿·摄山之三论宗史略考》，北京：中华书局1962年版，第16、17页。

② 《大乘玄义》卷一。

藏把人对真理的认识看做真俗二谛依次递进的四个层次，虽其最后目的在于引向“言亡虑绝”的自我掏空的宗教归宿，但既对主体的认识能力及认识结果进行了认识论意义的多层次分析，这就必然触及关于真理认识的二重性以至多级性问题，触及认识过程中由现象到本质，通过现象、排斥假相而接近本质、悟出真相，由一级本质再进到二级本质以至无穷等认识逐步深化的问题，有其合理因素。

吉藏进而论到真谛与俗谛之间的矛盾关系，既对立互斥，又具同一性，互相依存转化。认识的每一层次，真与俗正相反对，真谛乃是在对俗谛的破斥中显示出来，此之谓“破邪显正”；佛家全部经论都是在不同层次上“破邪显正”。但同时，真、俗二谛又是互为前提的依存互补关系，“俗非真不俗，真非俗不真。非真则不俗，俗不碍真；非俗则不真，真不碍俗。真不碍俗，俗以真为义；俗不碍真，真以俗为义”。在认识的各层次中，真、俗二谛互相依存转化，因而通观全过程（判教），则以往的俗谛亦不可废，皆是走向真谛的一步步阶梯。“有方便，三不废者，即不坏假名，说诸法实相，不动等觉，建立诸法。唯假名，即实相，岂须废之。”并宣称：“明俗是真义，真是俗义，他家无此义。”① 用“双遣两非”的否定方法所展开的“四重二谛义”，确乎是吉藏的创见。在所谓“五句三中”、“究竟无得”的神学思辨的迷雾中，透露出辩证思维的光辉。

## 二　玄奘的“八识四分说”

### 1.“缘起性空”的理论发展

缘起说为佛家从小乘到大乘的共同理论基石。小乘着眼于人生过程，以五蕴合成、十二因缘支配的缘起说来论证“人无我”。大乘空宗以缘起性空说普遍地论证了“法无我”，“众因缘生法，我说即是空。何以故？众缘具足，和合而物生；是物属众因缘，故无自性；无

① 《二谛义》卷上。

自性，故空”①。通过二谛义，以假成空，由假显空，旨在遣“有”。大乘有宗则提出“二自性”(“假说自性”与“离言自性”)、“三自性”(“偏计所执自性”、“依他起自性”与“圆成实自性”)与“四缘”(“因缘”、“次第缘”、“所缘缘”与“增上缘”)来充实缘起说，旨在遣“无”，重点移到对认识主体的自我意识结构及其能动功能的分析。“由假说我、法，有种种相转，彼依识所变。”② 由认识论的角度深化了佛家的缘起说。

2.“八识”、“四分”的主体结构思想

玄奘及弟子窥基等传入和发挥无著、世亲之学，创立唯识学，从“唯识无境”的前提出发，着力于认识主体的内部结构及其功能的剖析。

首先，把作为精神主体的“心法”分为“八识”，表现了对主体的认知心理结构，力图作出层次性的分析，可简括如下：

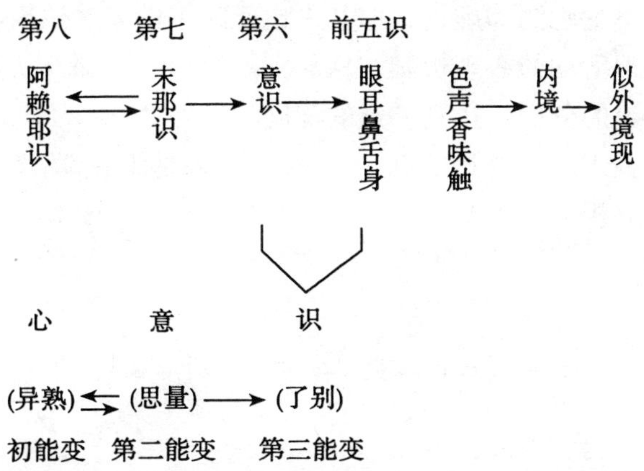


1）前五识，各有所据之“根”与所缘之“境”，活动间断而粗浅。

① 《中论·观四谛品》第二十四。

② 《唯识三十颂》。

2）第六意识，比前五识深细，无前五识的局限性，既可与前五识共同活动，使其认识更加明晰，并把认识结果储为记忆，名“五俱意识”，又可单独活动，名“独行意识”（又分“散位独行意识”、“定位独行意识”、“梦位独行意识”三种），凡此，形成“分别我执”。

3）第七末那识，乃第六识的“意根”，是前六识依存的主体，其特点是不以外境为对象，不间断地把更深层的第八识的“见分”执著为自内我，由此形成“俱生我执”，产生“我痴、我见、我慢、我爱”诸烦恼。以其“恒审思量”，又名“思量识”，成为第六意识与第八阿赖耶识之间的中介。

4）第八阿赖耶识，又名“藏识”、“种子识”、“异熟识”，它既包藏前七识一切潜在活动的“种子”，又能接受前七识活动结果给予的影响，并不断地引发前七识的新的活动。如此刹那相续，势如瀑流，恒转不息。唯识学关于八识的划分，相互区别又相互依转的复杂联结，虽有不少臆测和虚构，但其中也反映了佛家对认识主体的内部结构、对认识活动的心理机制，从显到隐，由浅入深，从意识到潜意识，作了一定的分析，达到一定的深度。

其次，关于八识各具“四分”的观点，是唯识学对主体的认识功能结构的分析，可简括如下：

1）“相分”和“见分”，均为识体所变现。“相分”是识体生起时所必然变现出的所缘之“境相”，即前七识的认知活动并非直接识别所缘之“实境”（本质），而仅是其“相状”（映现于主观意识中的影像）。只有第八识才能直接以“实境”为所缘的“相分”。“见分”是识体自身具有的了别所缘对象的作用、机能。一切我、法（主、客观现象），都是识体所变，如蜗牛出头，同伸两角，一为“见分”，一为“相分”。

2）“自证分”与“证自证分”，均是识体固有的自我证知的能力。“自证分”对“见分”了别其“相分”的结果加以度量和确证；“证自证分”再对“自证分”加以验证，而“证自证分”与“自证分”则辗转自证，不假外求。

3）唯识学还提出“三量”(能量、所量、量果）来说明“四分”之间量度证明的关系。

“四分”、“三量”说，认为识体自身具备认识对象、认识能力、认识结果及其验证的功能，这纯属唯心主义的夸张，但其中含有强调认识活动中，主体参与的能动性及对于认识对象分解、整合的必要性等合理因素；至于认识结果的检验问题当以实践为最后圭臬，但在认识中反复总结、“反思”、“自证”，也应有其重要意义。

最后，关于“转识成智”的理论，是唯识学的归宿，认为通过修持可以“转八识以成四智”，即把前五识转变为“成所作智”，把第六意识转变为“妙观察智”，把第七末那识转变为“平等性智”，把第八阿赖耶识转变成“大圆镜智”。其中虽杂有不少宗教道德意识，但把主体智慧的丰富性和人性的自我完善视为成佛的标志，对理想人格的追求和塑造是颇有理论价值的。

## 三　慧能的“亲证顿悟说”

### 1. “静默的哲学”或“诗化的哲学”

慧能创立的中国化的佛学禅宗（南禅），以其坚持“即心是佛”，“以心传心”，“不立文字”，“第一义不可说”，因而以更尖锐的形式提出并深化了佛学特有的认识论问题。

强调“证悟”，是佛家共识。其重要根据是意识到正常人类认识及其媒介工具（语言、文字等）全都有其局限性，甚至把常人的认识夸大为是产生“颠倒迷误”的根源。因而只有在人们正常认识能力之外去发挥另一种真正的智慧，寻找另一条特殊的认识途径，“转识成智”，“由迷到悟”，才能领悟佛家的终极真理，达到主体与本体的冥合。但如何“转识成智”，如何“由迷到悟”？佛家各派各自立说，既有区分“信解”与“证悟”而又两者并重之说，又有对证悟途径和方式的“渐”、“顿”之争。慧能创立的南禅，以特有的敏锐把认识固有的矛盾展开，使之趋向极端，自觉地陷入“第一义不可说”的悖论困境中而别求出路，提出“亲证”、“顿悟”之说，强调遮诠、否定乃至静默的认识功能，并充分重视了诗化的审美意识的认识论意义，从而推进了佛家的排遣常人认识的认识理论。

2. “直下无心、本体自观”

禅宗“即心是佛”的本体论，区分“心之体”(“本寂之体”)与“心之用”(“本智之用”，如见闻觉知等)，强调只有排除一切“见闻觉知”，才能“于心中顿见真如”。通过“说即不中，拟议即乖”，“以心觅心，一觅便失”的论证，凸显了区别于一切间接性认知的直接性体知的重要意义。

“只汝自心，更无别佛”，在禅宗被当做是首要的信念。把“自心”与“佛”、小我生命与大千世界融合为一的成佛境界，包括通过瞬间，悟到永恒；突破有限，达到无限；超越必然，得到自由等。这种种禅悟心态，只能自己去亲证，去体知，他人无从代劳。“如人饮水，冷暖自知”，“智者乐水，仁者乐山”，拈花微笑，目击道存，以及“非宗教的高峰经验”等，这是古今哲人共有的内在体验。

禅宗夸大认识运动中相对与绝对的对立，认为一切见闻觉知、语言文字、逻辑思维都有其固有的相对性，因而不可能把握绝对的“真如本体”，只有通过某种契机，实现精神境界和认识能力的自我突变，激发顿悟，一次完成，所谓“一念相应，便成正觉”、“恒沙妄念，一时顿尽”，这是通过某种神秘直觉而达成的超验性飞跃。认识运动中固有各种形式的飞跃，禅体验是其一。

“第一义不可说”，乃一悖论。为逃出困境，禅门各宗既有“应机接化”的方法（如曹洞宗的“五位君臣”、临济宗的“四照用”、云门宗的“三句”等），又有“公案”、“颂古”、“评唱”等方式，对佛家“表诠法”与“遮诠法”的认识理论有所拓展和深化。而禅门的诗化，大量禅诗和诗禅的出现，表露了认识活动中求真、趋善和审美的统一，逻辑思维、直觉思维和形象思维的互补，既有必要，又属必然。

总之，佛家哲学中的证悟论诸形态，各以其特殊的致知方式，探索了不少认识论的复杂问题。它们在人类认识史上留下的思想遗产，似乎并非全是“不结果实的空花”。

## 附：五台行吟稿

小序：这篇论文，首次宣读于山西五台山举行的“中国佛教思想与文化国际研讨会”(1992 年 7 月)。会中，行吟五台，有诗纪怀，略加简注，附存于此，盖亦落叶空山，自寻行迹之类耳。

### 一

抛却尘嚣入五台，佛光迎面慧门开。
老松似解文殊意，历尽风霜向未来。

初入山，首访佛光寺，有唐松二株，巍然矗立。五台山，乃中国佛教四大名山之一，传为文殊道场。峰峦奇秀，寺庙林立，明释镇澄所撰《清凉山志》称其景色殊胜，使入其境者“昏昏业识，望影尘消；汩汩烦心，观光慧朗”。

### 二

澄观妙悟说华严，此地清凉别有天。
蓦地雷音狮子吼，空山灵雨润心田。

访清凉寺，遇雷阵雨。澄观（738—839 年），唐代高僧，被尊为华严宗四祖，曾于五台山讲说《华严经》。经中有云：“东北方有处名清凉山，现有菩萨名文殊师利，与其眷属诸菩萨众一万人俱，常住其中而演说法。”澄观将经中所称清凉山，妙解为即五台山，并详加论证。因此，五台山即被定为文殊道场。《大智度论》称释迦牟尼佛为“人中师子”。《涅槃经》云：“无上法雨，雨汝心田，令生法芽。”

## 三

隐几维摩原未病，文殊慰语忒多情。
对谈忽到无言处，花雨纷纷扫劫尘。

原南山寺外有“二圣对谈石”。“二圣”，事详《维摩诘经》，谓居士维摩诘深通大乘佛法，一次示疾，释迦牟尼佛派文殊师利等前去问病，共论佛法，论到最精妙处，维摩诘眷属天女出来散花相庆。

## 四

蟠藕修罗梦未圆，无端歌哭堕情天。
随缘暂息清凉镜，始信禅心是自然。

阿修罗，简称修罗，本为佛教所说六道之一、八部众之一、十界之一，又转化为阿修罗王，好斗，反抗帝释天，战败，暂时蟠身于污泥藕孔之中。事见《观佛三昧海经》。王夫之诗词中常有蟠藕修罗的形象。

## 五

劫波千载渺难寻，不二楼前集众音。
显密各宗合一脉，如来欢喜百家鸣。

五台山之西台北侧，有“不二楼”，建于唐代。日本高僧圆仁于唐开成五年（840 年）游此，曾有记；明崇祯六年（1633 年）徐霞客游此，亦有记，足见盛况。五台山共一百多寺庙，显、密各宗俱有，殊途同归，并行不悖。

## 六

暂住云峰似虎溪，当年三笑岂支离。
东台日出西台月，万古长空不可疑。

随缘参加“中国佛教思想与文化国际研讨会”，寄住云峰宾馆，门前有山溪，与数友散步溪边，颇似当年虎溪之聚。东台观日出，西台赏月，为五台山中奇景。禅宗常以“万古长空，一朝风月”等诗语喻禅境，似有从瞬间把握永恒，从有限悟到无限之意。

# 三十一、关于《大乘起信论》的思想源流

《大乘起信论》产生于中国南北朝后期，绝非偶然，有其深厚的思想渊源和具体的文化背景。

两汉之际传入的印度佛学，初以小乘教义为主，所讲禅法神通，往往与神仙道术思想相附会，因而得以立足中土。魏晋以来，大乘教义的般若空宗传入中国，佛学作为一种理论体系开始与中国传统哲学相汇合，主要表现为般若学与老、庄玄学，通过格义互释而逐步融通。般若学的中国化过程中，出现了对般若空观的所谓“六家七宗”的歧解和论争，而由“解空第一”的僧肇给予批判的全面总结。《肇论》一书，以其超越旧有的比附格义的方法，着重从思想内涵上融通般若中观缘起性空之义与老、庄玄学有无动静体用之辨，从而完成了印度佛学中国化的第一座纪程的丰碑。

与般若中观在中国的传播并逐步与玄学合流而中国化的同时，印度大乘佛学的另一系即唯识法相学也在译介传播。北魏菩提流支等所形成发展的“地论学”，成为北朝佛教显学。稍后梁、陈之际在广州的真谛等所发展的“摄论学”(以阐扬《摄大乘论》为中心)，逐步推向全国，直到唐初玄奘从印度留学归国，把唯识法相学的传播推向高潮。但唯识法相学以其固守印度佛教义理而缺乏中国化的创造性发展，流行不久即中衰。

在上述两大系之外，另有一些经论在印度佛教发展中几乎无甚影响，而译介到中国却引起巨大反响。这就是涅槃佛性学一系。先是法显译出《大般泥洹经》(即《大涅槃经》之前部)，已引起僧肇的高度重视，对经中所云“泥洹不灭，佛有真我，一切众生，皆有佛性”等，特加表彰。

北凉昙无识于公元421年将四十卷《大涅槃经》译出，立即风靡全国。接着，永嘉年间（424—452年）在南方陆续译出与《大涅槃经》同类的经籍，如《胜鬘经》、《楞伽经》、《央掘魔罗经》、《大法鼓经》等。《胜鬘经》即指出人人具有“自性清净心”，此心“含藏如来一切功德”，亦名“如来藏”；《楞伽经》明言“如来之藏，是善不善因，能遍兴造一切趣生”。《大法鼓经》更肯定众生“有常”、“有我”，此“我”又名“真我”，即是“佛性”、“如来性”。这些新鲜观点，启发促进了《涅槃经》重点所讲的佛性问题以及如来藏问题的广泛研究，并出现了各有师承、互相歧异的涅槃师说。据隋吉藏在《大乘玄义》中记载，这些师说，共有十二家之多。吉藏同门惠均的《四论玄义》（现存残本）则认为“根本之说”有三家，“枝末之说”有十家，共十三家，与吉藏所说大同小异。

各家师说，围绕佛性问题——关于“正因佛性”，关于“佛性当、现”（即“本有”或“始有”），关于佛性与众生心识的关系等问题，展开了复杂而曲折的争论。如众生皆有佛性，但佛性是在众生心识之中还是在心识之外，亦即在心识之外是否有一“清净法性”？由于有些经讲得含糊，如《大涅槃经》中一方面讲“净谓如来性善，纯清无染”，清净佛性似存在于生灭心识之外；另一方面，又讲五阴佛性，主张“因色、因明、因心”见佛性，则佛性又似在生灭心识之中。至于《胜鬘经》、《楞伽经》等则又肯定“如来法身不离烦恼藏”，常说“如来藏亦名藏识”，乃至合称之为“如来藏藏识”，似乎又主张“净、染一处”。但言之不详。

关于佛性当、现问题，即众生皆有佛性的“有”，是“当有”还是“现有”？是“本有”还是“后有”、“始有”？《大涅槃经》似曾暗示众生之有佛性，犹如“贫女宝藏”、“力士额珠”，似说佛性“本有”；但又以乳酪为喻，谓乳中无酪，但酪从乳生，在于未来，似又主张非“本有”而是“后有”、“始有”。经文本有不同说法，故以后地论师的分为南北二道，正是把“本有”、始有”二说对立起来，争论不休。

地论师所据《十地经》（乃《华严经·十地品》的单行本）与

《十地经论》，主要思想即“三界虚妄，但是一心作”，并把“心”具体规定为阿赖耶识。但《十地经论》对“心”的规定并不明确，有时指为“染依止”，是“杂染心”，有时又讲心中有一“自性清净心”，“自性不染相”。至于阿赖耶识，既是缘生万法的本体，本身性质如何？其中是否有佛性？也未作具体分疏。

由此引起地论师南、北二道的分歧，主要在于当、现二说的佛性论问题。并直接涉及阿赖耶识的染净问题。南道讲染净缘起是以真如法性为依持，故与佛性“本有”说相关；北道讲染净缘起以阿赖耶识为依持，同南方摄论师相近，认为通过修行，无漏种子新熏，故与佛性“始有”说相关。北道以阿赖耶识为杂染识，法性在识外，故讲转识成智、破识显性的“当果”说，较符合印度唯识法相学原意。而南道以第八识本性为清净阿赖耶，以第七识为杂染，修习是使本有佛性重新彰显，故主佛性不离心识的“现果”说。法上在其《十地论义疏》卷二中，已讲到佛性与诸心识“终日同处，染净常别”，已孕育着心真如与心生灭不一不异的思想萌芽。

《摄论》的传承晚于《地论》。真谛译出的《摄大乘论》与《摄大乘论释》，流行南方，对唯识学体系别出新解，形成摄论学派，在南北朝佛学发展中产生了极大的影响。真谛所译传的《摄论》，其说心识，与《地论》大异，与以后玄奘新译所传也不相同，其主要分歧在于杂染“阿赖耶识”(第八识）之上，是否还有一个清净“阿摩罗识”(第九识)，即认阿赖耶识为妄识，与如来藏明示区别。

摄论派其所以在阿赖耶识之上再立纯净无染的第九识，旨在沟通中、印心性学，坚持真心一元论的思想取向，可以说属真心系；而玄奘所传属妄心系，主赖耶杂染义，故真如佛性在众生心识之外，佛性与阿赖耶识是异体和合的矛盾关系，转依的根本靠外缘后得的“正闻薰习”以及六度修行等。这更符合唯识学原义。

真谛的立异，引起《地论》的南、北二道以及《摄论》的新旧译传之间、唯识学系与如来藏系之间的激烈互诤。但真谛试图调和沟通之论并未达到成熟，他一方面另立一纯净无垢、真如为体的第九识，似乎肯定阿赖耶识为杂染识；另一方面又讲第八阿赖耶识既是杂染流转之因，又是还灭的“解性赖耶”，具有二重性，似乎主张赖耶中固有清净种子，只要清除本识中的不净种子，解性赖耶就可增长以至成佛。

吉藏《中观论疏》卷七中曾概述当时真谛为代表的摄论家以八识为妄，九识为真实。又云：八识有二义：一妄、一真。有解性义是真，有果报义是妄用。这就使《摄论》的传承中内部也异说纷出，歧解多端。正是这些矛盾两难的异解中，预示着推陈出新的思想契机，预示着更加成熟、更加圆通的理论必将出现。正如有的论者所概述的：“其在印度，龙树、无著，双峰对耸。……延及末流，护法、清辨，互诤空有，法海扬澜。”《起信论》以众生心为大乘法体，而众生心一面涵真如相，一面涵生灭因缘相，生灭又以真如为依体，而真如又具空、不空二义。

“于是般若、法相两家宗要摄无不尽，而其矛盾可以调和。其在中国，地论、摄论诸师，关于佛身、如来藏、阿赖耶诸问题，多尊所闻，哄成水火。《起信论》会通众说，平予折中。言佛身则应真双开，言藏识则净妄同体。于是南北各派之说据无不尽，而聚讼得有所定。”（梁启超《大乘起信论考证》）这一概述，大体如实。

《起信论》适应佛学进一步中国化的历史要求，应运而生，既有其产生所必备的思想渊源、理论准备和文化氛围，更有其使大乘佛学在中国化中得到发展所需要的善于融会中国传统哲学精神的必要条件。这在《起信论》理论体系的一些重要环节中，可以清楚地看出来。举例如下：

《起信论》关于“一心开二门”的理论建构，是其整个体系的核心，由此出发，展开了一系列饶有新意的佛学思辨。一心所开真如、生灭二门，互不相离：“依如来藏故有生灭性。所谓不生不灭与生灭和合，非一非异，名为阿赖耶识。”这就明确地总结和回答了南北朝以来开展的佛性问题的各种论争。自《涅槃》、《胜鬘》、《楞伽》以及地、摄诸师，在争论如来藏与阿赖耶识是同是异，以及阿赖耶识是染是净等问题时，都陷入真（不生不灭的真体）妄（生灭的妄相）、净染等二元对立、体用割裂的思维模式，而校论一异，互诤不休。

《起信论》以更高的思维水平，创建了一心二门、真妄同体、净染同依的一元思路；而且坚持真如缘起的思想，肯定一切生灭法（染、妄）皆无自性，皆依真如而起，皆以真如为本体，克服了以往如来藏系也讲染、净和合的二分、二元的倾向，而突出了染无自性、性识不二的一元论。从而为大乘佛法的缘起论和解脱论，提供了更圆满的论证。

而“一心二门”的理论架构，虽从佛性与心识、如来藏与阿赖耶识的异同问题的两难论辩中来，但显然是吸取、融摄了中国传统哲学的智慧。如《周易》有尚杂(“物相杂，故曰文”）、兼两(“兼三才而两之”）之义；《老子》标出“常有、常无”的对立范畴，而作出“两者同出而异名，同谓之玄”的论断；《庄子》有“和之以是非而休乎天钧，是之谓两行”的提示；《中庸》分“未发”与“已发”，《易传》分“寂”与“感”，《乐记》分“天性”与“物欲”等。这些思路，自可作为《起信论》由“一心二门”开展出的真妄、净染、性识等一系列“二而不二”构想的活水源头。

“心性本觉”，是《起信论》与印度佛学传说的“心性本寂”卓然立异的根本观点。攻《起信论》者都抓住此点，视“性觉”说与印度佛学传统的“性寂”说乃“根本相反”，指斥《起信论》讲“心性本觉”、“众生佛性，即是真觉”，乃是违反“圣教”，“混同能所”，“流毒所至，致趋净而无门”。事实上，《起信论》把真如法性规定为“本觉”，并对由觉到不觉的流转与由不觉到觉的还灭所作的详尽剖析，恰好是《起信论》在佛学中国化中的突出贡献。

佛教东传及其在中国化过程中，长期沿袭印度传统讲“性寂”、“性静”、“性空”，或以儒家伦理化的人性论来格义而讲“性仁”，到《起信论》一变而讲“性觉”，把众生自觉修行证悟成佛，看做众生自信心中有佛性，靠自心由“始觉”向“本觉”复归，不假外求。这是佛学的心性论、解脱论，由于理论上的中国化而得到的新发展。

《起信论》对“性觉”义的阐释，显然受到了《中庸》、《孟子》的思想影响。《孟子》主张“性善”，而必须“尽性”、“尽心”，“心之官则思，不思则不得”，强调“思”的作用；所谓“以先觉觉后觉”，“以斯道觉斯民”，更突出了“觉”的意义。《中庸》讲“自诚明”与“自明诚”相结合的觉性，又强调“极高明而道中庸”。《起信论》善于吸纳、消化这些思想资源，故敢于以“不觉”说无明，以“觉”表佛慧，辨诸“觉”义而把中国化的佛学思辨推进到一个新的境界。

至于《起信论》贯注整个体系、消解各种对立的“不一不异”、“二而不二”的灵动方法，深刻地发展了佛学思辨中的二谛义、双遣法，确乎使当时佛学界各家互诤、悬而未决的一些繁难问题，诸如阿赖耶识与如来藏的一异问题、佛性与众生心识的关系问题（佛性“本有”与“始有”之争）、染净互薰何以可能等，都因善于从中国传统哲学的“物生有两”、“和而不同”、“相灭相生”、“相反相成”以及体用相涵、本末一贯等思想中吸取智慧，而得以较好地解决。

总之，《起信论》是佛学中国化的历史和逻辑发展到特定阶段的必然产物。它对南北朝以来中国佛学的各种论争，在一定意义上作了一个阶段性的总结，并对隋唐中国化佛学的创宗立义，提供了直接的思想资源，与《肇论》遥相辉映，完成了佛学中国化的第二座纪程的丰碑。

# 三十二、禅宗慧能学派

禅宗是隋唐佛教诸宗之一。在佛教史上有所谓僧稠旧禅与达摩新禅之别①，达摩禅学传到唐代，又曾有所谓“北宗”与“南宗”之分及其他许多分派②，而其中，慧能（638—713）所创“南宗”，作为中国独创的佛教哲学，独盛于中、晚唐直至两宋，风靡全国，并传播到朝鲜、日本，在思想史上产生了特别深远的影响。禅宗慧能学派和与之同时兴起而以后基本合流的华严宗，可以说是中国封建统治思想由前期的神学正宗到后期的理学正宗之间一个承转、过渡的中间环节。

马克思曾指出：“宗教是人类理论斗争的目录”③；“而对宗教的批判是其他一切批判的前提”④。如果说，在欧洲，要清算传统思想，

---

① 道宣《唐高僧传·习禅篇》曾区别僧稠与达摩的禅法不同：“观彼两宗，即乘之二轨也。稠怀念处，清范可崇；摩法虚宗，玄目幽赜。可崇则情事易显，幽赜则理性难通。”这指南北朝时早期禅学的分派。

② 一般分唐代禅宗为“北渐”、“南顿”，即指弘忍（601—674）在唐初开创“东山法门”以来，其弟子神秀在北方传播的“北宗”，主“渐修”；慧能在南方创立的“南宗”，主“顿悟”。这种分法是不确切的。据宗密（780—814）在《禅源诸诠集》中说：“宗义别者，就将十室”；他在《圆觉经大疏》中又列举禅门七家，宗旨不同；另在《拾遗门》中，又分为五宗，而在《禅源诸诠集都序》则从思想特点判为三家，即“息妄修心宗”、“泯绝无寄宗”、“直显心性宗”，较有理论意义。

③ 《摘自“德法年鉴”的书信》，《马克思恩格斯全集》第1卷，北京：人民出版社1957年版，第417页。

④ 《黑格尔法哲学批判导言》，《马克思恩格斯全集》第1卷，北京：人民出版社1957年版，第452页。

必须对基督教神学进行彻底的批判，那么，在中国，为了清算思想遗产，就有必要系统地解剖中国化了的佛教哲学。禅宗慧能学派，是佛教哲学中最有理论深度的。他曾渗入许多文化意识领域，产生了广泛的影响。

这里，谨就唐代禅宗慧能学派的某些基本思想，作一初步的分析，并不拟对它的历史发展作全面的论述。

## 一、禅宗慧能学派产生的社会基础及其思想渊源

隋唐佛教所依存的社会阶级基础，在中国封建制由前期向后期转化中，有一个演变过程。“任何一个时代的统治思想都不过是统治阶级的思想。”① 东晋南北朝以来，与玄学合流并取而代之的佛教，依存于和服务于门阀士族大地主专政的政权及其经济基础，成为一代的统治思想。到隋唐之际，极端腐朽的门阀士族集团，经过农民战争的打击，在经济势力和政治地位上日趋没落，但他们不甘心于现实的没落命运，转而寻求精神上的自我解救；他们震恐于隋末农民革命的怒火，希图强化能够“柔化人心”的精神武器。于是，大批没落士族知识分子转入了佛教阵营。他们大多是“家世儒宗”、“博通经史”的人物，通过对宗教上层建筑的经营和寺院经济的扩张，他们又得到皇权的尊宠，而重新获取到某些现实的权力。② 在这一基础上，综合南、北佛教教义而新创的三论宗、天台宗、唯识宗等正宗佛教宗派，适应于隋、唐统一大帝国的经济、政治局面，纷纷建立起来。再到武周时期，封建品级结构的再编制，渐趋于完成；在政治统治集团中，除了旧的豪门士族、新兴官品贵族及僧侣贵族以外，挤入了大批被武周皇权破格提拔的“近世新族”。为了服务于封建等级制这一新编制

① 《共产党宣言》，《马克思恩格斯全集》第4卷，北京：人民出版社1957年版，第488页。

② 隋唐有不少“高僧”，被封为“国师”，出入宫廷，干预政治；拥有大量土地的寺院庄园，始终享有免税、免役等特权。

好的统治秩序，以调协矛盾、粉饰现实为思想特征的华严宗，应运而生；同时，以“革新”佛教教义姿态出现的禅宗，更迅速取得了封建品级改编中部分已经和正在上升的庶族地主的广泛支持。昨天的庶族寒士，可能一跃而变为当朝权贵，武周时期这一政治生活的演变，在禅宗所进行的宗教活动和教义“革新”中得到了相应的反映。不只北方的神秀学派，以宣扬所谓“东山法门”的禅宗新佛教而作了“两京法主，三帝国师”，活跃一时；而且在南方隐伏的慧能学派，以大胆的教义“革新”，在一般庶族地主的政治意识中，更找到了广阔的传播市场。例如慧能门下大师神会在传教时便经常说：

> 世间有不思议事，出世间亦有不思议事。世间不思议者，若有布衣，顿登九五，即是世间不思议。出世间不思议者，十信初发心，一念相应，便成正觉。于理相应，有何可怪？
>
> 如周太公、傅说，皆竿钓板筑，简在帝心，起自匹夫，位顿登台辅，岂不是世间不思议事？出世不思议事者，众生心中具贪爱无明宛然者，遇真善知识，一念相应，便成止觉，岂不是出世不思议事！
>
> （《神会语录》卷一）

神会把当时世俗的晋身道路和禅宗所宣扬的“顿悟成佛”的道路两者相比，指出这种类似是“于理相应”，恰好表白了禅宗慧能学派的思想秘密及其现实基础。

据《六祖坛经》记载：慧能出身贫贱，生于岭南“百姓”之家，小时“艰辛贫乏，于市卖柴”①。王维所撰《六祖能禅师碑铭》也说他“不生族姓之家……混农商于劳侣”②。他在岭南一带隐伏十多年，直到声名大振以后，还拒绝了武则天和唐中宗的两度朝命招

① 《坛经·行由品》。

② 《王右丞集》卷廿五。

请①，这表明禅宗传教对象及其所依存的社会基础，区别于旧有佛教各宗而有所扩大和转移。但慧能学派所以高举起“革新”佛教的旗帜，并不在于他们是所谓“平民派”，而在于当时寺院经济和佛教势力的发展，内部存在着严重危机。这是他们从事“革新”运动的真正动力。南北朝以来，寺院经济的发展，使佛教日益成为一支巨大的社会力量。隋唐统治者对佛教势力采取依靠、利用、联合的政策，不少上层僧侣直接参加了统治集团的政治斗争以及镇压“叛乱”的活动，被皇帝封以爵位，赐以官品，赏以“法腊”，变成了披着紫袈裟、食邑几千户的显贵官僚。② 这些“高僧”们，奔竞利禄，奢淫享乐，日趋腐化，逐步丧失了在群众中的诱惑作用，而各宗日趋烦琐的教义和浩繁的经卷（到武周时代，刊定众经目录，已有 3616 部、8641 卷）③，也日益令人烦厌，失去对广大群众的吸引力。同时，寺院经济的扩张，影响到了唐王朝的财政收入，也不断遭到皇权的限制、淘汰和打击。为挽救上述佛教发展中的这些危机，在佛教阵营内部，出现了以禅宗慧能学派为代表的“革新”派。它以“教外别传”的独特理论和简易通俗的传教方式，和旧有佛教宗派相抗衡，这既投合了一般庶族地主、特别是所谓“近世新族”的精神倾向，也适合于在新条件下重振佛教的旗鼓。慧能学派表面上摆脱一些已经僵化的佛教传统教条和宗教仪式的束缚，主张“不读经”、“不礼佛”、“不坐禅”，采用“直指人心”的通俗说教，甚至公开发表所谓“超佛越祖”、“呵佛骂祖”的偏激言论，来宣扬佛教的根本精神。这样，它为佛教开拓了新的思想领域，为朝野士人重新构建一根精神支柱。

正因为如此，在佛教的内部和外部的危机中，在唐末五代社会震荡的条件下，佛教其他各宗势力大多衰落，而禅宗慧能学派却反而得

① 《宋高僧传·慧能传》。

② 例如：华严宗创始者法藏被武则天封为“康藏国师”，唐中宗时参加平定“叛逆”有功，还被赏以“三品”；又如所谓“开元三大士”之一的不空，被唐代宗封为肃国公，食邑三千户；不少的僧侣由皇帝赐“法腊”（佛教僧侣用以表示资历的出家岁数），赐紫袈裟、银鱼袋等。

③ 见明佺《大周刊定众经目录·自序》。

到迅速发展，经过慧能门下永嘉玄觉、南阳慧忠、青原行思（及其弟子石头希迁）、南岳怀让（及其弟子马祖道一）等所谓“五大宗匠”的扩展阵地的弘法活动，进而在全国蔚为五大支派——即沩山灵佑（771—853）及其弟子仰山慧寂（814—890）所开创的“沩仰宗”，临济义玄（？—867）所开创的“临济宗”，洞山良价（807—869）及其弟子曹山本寂（840—901）所开创的“曹洞宗”，云门文偃（？—949）所开创的“云门宗”’，法眼文益（885—958）所开创的“法眼宗”。这些支派所宣扬的大同小异的中国化了的佛教思想和禅门独有的学风，在晚唐五代风行南北，成为一代思潮。

这一思潮的历史渊源，被慧能学派自己附会、臆造的神话传说弄得模糊不清。慧能学派自称是得了释迦牟尼和摩诃迦叶在所谓“灵山会上，拈花微笑”所传下的“心印之法”(这本是出于佛教《大梵天王问佛决疑经》中的一个神话)，不过表明它所进行的“革新”，乃是佛教世界观内部的独树一帜，并希图用祖师真传的名义来夺取佛教正宗的法统地位，又假托所谓“达摩西来”(按菩提达摩系南印度僧人，约于梁武帝时来华，提倡一种“理入”或“壁观”的新禅法，当时影响很小)，传入了真正佛教的精髓，实质上乃是慧能学派在大力简化佛教教义中，充分利用了达摩的“虚宗”禅法及其门下慧可直到弘忍传教时所依据的《楞伽经》及《金刚经》等简明的佛学思想资料。至于所谓弘忍“传教付法”的宗教故事，相传慧能在弘忍门下把当时教授师神秀的“身是菩提树，心如明镜台，时时勤拂拭，勿使惹尘埃”一偈，改为“菩提本无树，明镜亦非台，本来无一物，何处惹尘埃”，从而得了“法衣”等，我们“用历史来说明迷信”，只不过表明慧能对佛教理论的“革新”的实质，乃在于想把佛教理论进一步精炼化、哲学化，企图摆脱烦琐的修正过程和经论词句的解释，而把作为宗教本体论的客观唯心主义体系，进一步发展为主观唯心主义的神秘体验论，由思辨推理转入超验直觉。慧能学派的真正思想渊源，乃是基于当时思想斗争的实际需要，承袭了南朝竺道生（？—434）“孤明先发”的“顿悟成佛”之说而赋予了新的时代内容；并充分吸取和发展了魏晋玄学所提炼过的庄子的思想中的直觉体验论，用以会通佛教教义，使之进一步中国化，从而构成中国思想史上一个独特的宗教哲学学派。

再从思想斗争史看：南北朝以来，佛教唯心主义依附豪门士族而成为统治思想，但何承天、范缜等为代表的无神论战士在思想战线上曾给予猛烈的冲击。隋及唐初，由于统治阶级的支持，佛教又得以空前发展；但与之对抗的唯物主义无神论思潮，在唐代科学文化繁荣的基础上也有极大的发展。佛教内部的宗派纷争，互相攻击，也在削弱着它自己的理论阵地。这种思想斗争的形势，要求佛教在理论上必须进一步往前发展。但是历史上宗教哲学的发展，按颠倒世界观本身的认识运动规律，在唯物主义和科学思潮的不断冲击下，总是从客观唯心主义转向主观唯心主义，再堕入神秘主义。这是合乎规律的现象。这一发展趋向，不过是唯心主义世界观“自己内部的旋转”，从自我意识出发，再回到自我意识本身，“结束了思辨的循环，从而也结束了自己的全部生涯”①。因此，禅宗思想的出现，在一定意义上可以说是中国佛教哲学发展的顶峰；同时，也就标志着中古哲学史上佛教这一整个思潮的发展“圆圈”，达到了它的终点。这就是禅宗慧能学派所进行的佛教“革新”运动的思想实质。

## 二、禅宗慧能学派的思辨结构及其方法论的秘密

隋唐佛教，作为一种理论思维的形式，一般说来，是一种特殊形态的宗教唯心主义，是一种唯心主义的本体论以及对于“本体”的证悟论。在其庞杂、烦琐的体系中，在其颠来倒去的迂回论证中，总的说来，主要是试图回答两个哲学上的重要问题：一个是“本体”和现象之间的关系问题，另一个是主体和“本体”之间的关系问题。前一个是试图解决所谓“本体”是什么，以及“本体”怎样变为现实世界等唯心主义迷恋的本体论问题；后一个，则是试图解决认识的

① 《神圣家族》，《马克思恩格斯全集》第2卷，北京：人民出版社1957年版，第181-182页。

主体怎样才能把握绝对的“本体”，与“本体”冥合等导入神秘直觉的认识论问题。环绕这样两个核心问题，隋唐佛教各宗，基于唯心主义世界观的共同本质，极力开展绝对主义和相对主义的哲学思辨，按不同的哲学思辨途径，又引到共同的宗教归宿，从而各自建立起五光十色的烦琐体系。哲学思辨和宗教归宿的深相结合，就是这些体系的共同特征。

就思想实质看，佛教基本上是一种自我意识的哲学。自我意识的循环、相对主义的诡辩和神秘主义的证悟，三者不同方式的结合，构成了佛教哲学的一般思辨结构。

第一，佛教和一切唯心主义本体论一样，为抽空现实世界的物质统一性和客观实在性，总是力图在现实世界之外去构想有一个超现实的“本体”；这个“本体”（佛教各宗给它取上“真如”、“实相”、“真谛”、“佛性”、“法性”、“空性”、“理”、“心”、“识”、“菩提道”、“第一义”、“萨波若海”、“不思议界”等名字），实质上不过是“自我意识的外化”或“无人身的理性”。在佛教，“本体”被规定为是绝对的、无限的、永恒的、唯一真实的、无所不包的；它本身，“超过一切限量、名言、踪迹、对待”，“不可思议、不可言说”。于是，所谓“非有非无”、“非常非断”、“不生不灭”、“不一不异”等一大堆“关于绝对的呓语”，便构成佛教理论体系的主要内容。但佛教认为，它最后的目的是在于“证真如”、“入涅槃”、“得解脱”，也就是通过正常认识之外的“证悟”途径，而达到主体的自我与绝对的“本体”互相冥合。这就必须开展一个思辨循环：作为主体的人的“自我意识”，首先“从人的属性变成了独立的主体”；再从独立的主体“神秘地变成了想象的‘无限的自我意识’”，即绝对的“本体”；然后主体与“本体”对置起来而又再通过某种神秘的途径，达到互相冥合。① 在这里，或者按华严宗等客观唯心主义的思路，是让主体融入“本体”之中（流入“大涅槃海”、“息波入水”等），从

① 参见《马克思恩格斯全集》第2卷，第4卷，北京：人民出版社1957年版，第140页、第176页。

而使主体获得永恒性；或者如唯识宗等主观唯心主义的讲法，则是把“本体”归结到主体之内(“转识成智”、“见性成佛”等)，从而使“本体”人格化；最后，都进入神秘主义。这就是隋唐佛教在客观唯心主义、主观唯心主义和宗教神秘主义之间颠来倒去的一般思辨途径。正如马克思和恩格斯在揭露思辨哲学的本质时指出的：“这是一幅讽刺人脱离自然的形而上学的神学漫画”，“自我意识通过这种运动首次把自己制造成绝对的东西，因为绝对的唯心主义者要想成为绝对的唯心主义者，就必须经常地完成一种诡辩的过程，就是说，他先要把他身外的世界变成幻觉，变成自己头脑的单纯的突发之念，然后再宣布这种幻影是真正的幻影——是纯粹的幻想，而最后便宣告它是唯一的、至高无上的、甚至不再为外部世界的假象所限制的存在”①。佛教的思辨，本质上也属于这一类绝对唯心主义者的自我意识哲学。

第二，佛教哲学在方法论上的特点，主要是运用相对主义的诡辩。所谓“缘起论”、“中道观”等，都是用貌似辩证法的诡辩方法，来歪曲和虚构事物的联系和认识的矛盾，力图论证客观世界及主观认识都完全是虚幻的。而在认识论上，由于佛教理论所处理的对象，既不是现实的客观世界，也不是反映客观世界的主观世界，而是把所谓“真如”、“法性”等神化了的绝对——“本体”作为对象，这就必须归结为神秘主义的证悟论。否定人类正常的认识能力，企图通过彻底的自我否定、“自我虚空”、“能所双忘”、“内外俱遣”等，另外找寻一条可以把握“本体”的所谓“证悟”的认识途径。这种“证悟论”，以不可知论为前提，并用不可知论来作为论证的工具，但并不归结为不可知论。佛教大讲所谓“不知之知”、“寂而恒照”等，事实上乃是为它的宗教归宿开辟去路，暴露出自命为“无神论”的宗教本质。恩格斯指出：“宗教就是人的自我空虚的行为。”“宗教按其本质来说就是剥夺人和大自然的全部内容，把它转给彼岸之神的幻影，然后彼岸之神大发慈悲，把一部分恩典还给人和大自然。只要对

① 《马克思恩格斯全集》第2卷，北京：人民出版社1957年版，第178-179页。

彼岸幻影的信仰还很强烈很狂热，人就只能用这种迂回的办法取得一些内容。"① 佛教强调要既空“我执”，又空“法执”，“人境俱夺”、“究竟无得”，然后才能得到所谓“般若波罗密”，即渡到彼岸的“智慧”。实质上，也就是依靠“彼岸之神大发慈悲”而得到所谓“解脱”。由“自我虚空”到坚持“彼岸幻影”，这恰好是宗教意识的根本标志。是否设置一个具体的人格神，那还是次要的。佛教的一些宗派自称为是“无神论”，但仍然是一种宗教。②

以上极其简略地对佛教一般思辨结构概括，目的仅在于进而分析禅宗慧能学派的思想特征时，可以更好地了解它的共性和个性。

禅宗慧能学派，从思想到学风，区别于佛教其他各宗，具有很大的特点。但它所进行的教义“革新”，始终没有脱离佛教世界观的范围，只可说把宗教唯心主义发展到极致，并不属于“宗教异端”。禅宗自称是“教外别传，不立文字，直指人心，见性成佛”。这表示禅宗要求摆脱正统佛教的文字烦琐；而在理论上，却是以更明确、更洗练的论纲，宣扬了佛教最根本的思想原则。禅宗着重于展开认识论问题上的诡辩，在当时条件下，可以说是抓住了在人们认识运动中宗教唯心主义得以寄生的某些成分和环节。它在思想史上的巨大影响，不

① 《英国状况，评托马斯·卡莱尔：“过去和现在”》，《马克思恩格斯全集》第1卷，北京：人民出版社1957年版，第647页。

② 在前苏联、印度、中国有一部分学者认定，佛教是“无神论”，并且不是宗教，如前苏联姆·烈斯涅尔在其《东方思想体系》一书中说：佛教“甚至不是宗教，而是半神秘、半理性的特殊的哲学体系，并且它的特点还是无神论性质的”。（原书第219页，此处转引自阿·恩·科切托夫著《佛教的起源》一书，民族出版社译本第21页）又如印度拉胡尔·桑克里特雅扬所写《佛教辩证法》一文，一开始就论断，“佛教学说没有神（宇宙的创世主），也没有启示神意的经典”（《学习译丛》1957年第三期）。又印度巴罗拉曼摩尔蒂所写《佛教哲学》一文中，也肯定“佛教完全否定神和灵魂”，是一种“出自现实主义”的“高级形式的辩证法”（《学习译丛》1956年第八期）。印度的佛教传入中国以后，在理论上的发展，可以说是更加变为“有教养的哲学形态”了，所以中国不少学者也曾认定“佛法非宗教非哲学”等。但我们从佛教思辨的本质倾向上看，很难同意上述这些意见。

能说是偶然的。

按照这一理解，关于禅宗慧能学派的思辨，似乎可以从以下主要的环节来分析：

第一，关于“即心是佛”的本体论。

关于所谓“本体”和现实世界的关系问题，即把实是自我意识的外化的“本体”和现实世界对置起来，再迂回地论证两者关系，论证本体如何变现为现实世界，论证本体的绝对真实性和现实世界的虚幻性等，本是佛教哲学烦琐体系的核心。禅宗慧能学派按“革新”佛教的要求，抓住了这一问题的思想核心，企图摆脱种种迂回论证的烦琐性，明确地回答：“心”就是“本体”，别无“本体”，现实世界的一切，都依存于“心”。慧能明白宣称：

> 心生，种种法生；心灭、种种法灭；一心不生，万法无咎。心量广大，犹如虚空，无有边畔。……
>
> 世界虚空，能含万物色象，日月星宿，山河大地，泉源溪涧，草木丛林、恶人善人，恶法善法，天堂地狱，一切大海，须弥诸山，总在空中。世人性空，亦复如是。……自性能含万法是大，万法在诸人性中。
>
> （《坛经·般若品》）

正是这样大胆而明确地宣扬主观唯心主义，使这位相传“不识字”的禅宗祖师慧能在南方佛教阵营中顿露头角：

> ……至广州法性寺，值印宗法师讲《涅槃经》。时风吹幡动，一僧曰“风动”，一僧曰“幡动”，议论不已。慧能进曰：“不是风动，不是幡动，仁者心动。”一众骇然。
>
> （《坛经·行由品》）

客观世界一切事物的存在和运动，是由“心生”或取决于“心动”，这本是佛教的老生常谈。慧能学派的特点，是企图把传统佛教的抽象思辨和烦琐论证以及对“本体”的讲法越讲越烦琐也就越僵化的情况，加以改变。一方面，把“本体”直接安置在人心上，对这个“神学掩盖起来的僵死的抽象概念”，试图把它从人的本质的歪曲抽象，放回到现实的人的心理活动中去恢复它的生命力；另一方面，把作为主体的“自我意识”(“心”)，直接提升为作为“本体”的“无限的自我意识”，尽量缩短在自我意识的循环中主体与“本体”互相冥合的途程。因此，禅宗所谓“成佛”(“证真如”、“得解脱”等)，便不在于追求另一个遥远的“彼岸世界”，而在于了彻现实世界（禅宗术语叫“本地风光”）所依存的“心体”，也就是了彻人人都具有的现实的“自我意识”本身。禅宗把这个自我意识本身，叫做“本源清净心”、“念之体”、“心体”等，认为它就是“真如”、“本体”，也就是“佛”。慧能说：

> 万法尽在自心，何不从心中顿见真如。
>
> 汝今当信，佛知见者，只汝自心，更无别佛。
>
> 般若无形相，智慧心即是。
>
> 菩提只向心觅，何劳向外求玄？听说依此修行，西方只在眼前。
>
> 真如是念之体，念即是真如之用。……真如自性起念，虽即见闻觉知，不染万境，而常自在。
>
> （《坛经》）

这就是说：“心”就是“佛”，“心体”就是“真如”。但“心”却要区别为“心体”(或“念之体”)和它的作用(“见闻觉知”等)。所谓“心体”接近于列宁所指出的，这个“最初的心理的东西”，乃是“某种臆造的，不属于任何人的感觉，一般感觉，神的感觉”①；而且，还是脱离了它自己的作用的，“不染万境而常自在”的一个

① 《唯物主义和经验批判主义》第四章，《列宁全集》第14卷，北京：人民出版社1957年版，第238页。

“纯我”的抽象。

慧能及其门徒从这一前提出发，展开一种“将心捉心”的思辨推理，即认为“心体”本身乃是一个绝对体，不可能用具有相对局限性的心的作用（见闻觉知）去把握。据说：“向心觅心，一觅便失。”因为意识永远不能直接意识到意识本身，一经意识，它就变为对象化了的意识，而不再是自我意识本身了。黄檗说：

> 此“心”无始以来，不曾生不曾灭，不青不黄，无形无相，不属有无，不计新旧，非长非短，非大非小，超过一切限量名言踪迹对待。当体便是，动念即乖。犹如虚空，无有边际，不可测度。唯此一“心”，即是“佛”。“佛”与众生，更无别异。但是众生著相外求，求之转失，使佛觅佛，将心捉心，穷劫尽形，终不能得。……若不决定信此“心”是“佛”，而欲著相修行，以求功用，皆是妄想，与道相乖。此“心”即是“佛”，更无别“佛”，亦无别心。……即“心”是“佛”，如今学道人，不悟此“心体”，便于心上生心，向外求佛，著相修行，皆是恶法，非菩提道。
>
> （《传心法要》）

这里，为了论证“即心是佛”，把认识的主体，直接提升为绝对的“本体”，指出“将心捉心”，“终不能得”，似乎在人的意识现象中发现了某种奇妙的秘密，想借以恢复佛教本体论的一些“僵死的抽象概念”的生命力。事实上，所谓“心体”本身，乃是主观唯心主义所构思的“一个赤裸裸的抽象的自我”，只是表示宗教唯心主义想把派生自然界以及人的意识的“神”的观念，变换为“更抽象，更模糊，同时（为了显得更真实）更接近于‘心里的东西’”而已。①

① 《唯物主义和经验批判主义》第四章，《列宁全集》第14卷，北京：人民出版社1957年版，第240页。

佛教关于“性”和“相”、“体”和“用”，即本体和现象的关系问题的思辨推理，被禅宗慧能学派用来处理所谓“心之体”和“心之用”之间的关系问题。神会说：

> 一切众生，心本无相，所言相者，并是妄心。何者是妄？所作意、住心、取空、取净，乃至起心求证菩提涅槃，并属虚妄。但莫作意，心自无物，即无物心，自性空寂，空寂体上，自有本智。……故《般若经》云：“应无所住而生其心。”“应无所住”本寂之体，“而生其心”本智之用。但莫作意，自当悟入。
>
> （《神会语录》卷一）

这里所谓“本智”、“无物心”、“本寂之体”，即是“心体”；而所谓“妄心”等，即作意取相的常人的见闻觉知等，则是“本智之用”。神会认为，两者既是矛盾，又可统一，统一于所谓“莫作意”。以后黄檗更机智地推论：

> 此“本源清净心”，常自圆明遍照。世人不悟，只认见闻觉知为心，为见闻觉知所覆，所以不睹精明“本体”。但直下无心，“本体”自现。……学道人唯识见闻觉知、施为动作，空却见闻觉知，即心路绝无入处，但于见闻觉知处认“本心”。然“本心”不属见闻觉知，亦不离见闻觉知，但莫于见闻觉知上见解，亦莫于见闻觉知上动念，亦莫离见闻觉知觅心，亦莫舍见闻觉知取法。不即不离，不住不著，纵横自在，无非道场。……不可将心更求于心，历千万劫，终无得日，不如当下无心，便是本法。
>
> （《传心法要》）

在“见闻觉知”以外，另有一个作为“本体”的“本心”；“本心”和常人的“见闻觉知”是矛盾的，但也可以统一，统一于所谓“直下无心”。这里所谓“直下无心”、“莫作意”等，据慧能学派说，“此心即无心之心，离一切相”(黄檗)，并不是“百物不思”或“空心静坐”(那是禅宗所反对的所谓“修空住空被空缚”)，而是“于念而无念”、“于相而离相”，“不于境上生心”的精神境界，是一种通过不认识而得到的“认识”。这种认识能力的改变，一下子达到主体之“心”与“本体”之“心”互相冥合，乃是一种精神状态的突变。这便是禅宗“亲证领悟”的成佛方法的理论根据。“直下无心，本体自现”，由此转入禅宗思辨的第二个环节——“顿悟成佛”的方法论。

第二，关于“顿悟成佛”的方法论。

在宗教实践意义上如何“成佛”的问题和哲学思辨意义上如何“使主体与本体直接冥合”的问题，一直是佛教各宗认作头等重要而长期反复论辩的问题。有所谓“渐”(渐修成佛)“顿”(顿悟成佛)之争，“当常”(现世修行，准备来世成佛)与“现常”(现世即可成佛)之争。南朝时，竺道生提倡“顿悟成佛”的教义，并从认识论上阐述，其所以“悟”必须“顿”，是因为只有“以不二之悟”，才能“符不分之理”①。他说：

> 至象无形，巨音无声，希微绝朕之境，岂有形言哉？
>
> (《法华经疏》)
>
> 悟夫法者，封惑永尽，仿佛尽除，妙绝三界之表，理冥无形之境。形已既无，故能无不形；三界既绝，故能无不界。
>
> (《维摩经注》)
>
> 夫象以尽意，得意则忘象，言以论理，入理则言息。……若忘筌取鱼，始可与言道矣。
>
> (《高僧传》引)

这些言论，虽然是在糅合玄学与佛教中发挥了庄子思想中的神秘体验论，但所处理的对象，还是客观唯心主义所设置的“脱离了物

① 见慧达《肇论疏》中述道生顿悟之旨。

质、脱离了自然、神化了的绝对”，即绝对的精神本体——真如。

禅宗慧能学派继承了这一条思维途径，却把所处理的对象转变为主观唯心主义所构想的“心体”即自我意识本身。既然，“心即是佛”，而“将心捉心，终不能得”，于是，只能通过“顿悟”，才能“成佛”。在这里，禅宗以一种特殊的手法，展开一系列的认识论问题上的诡辩。禅宗站在主观唯心主义立场上，以颠倒、歪曲的形式，直接、间接提出了关于克服认识的相对局限性问题，关于主观认识与客观真理的矛盾如何统一的问题，关于绝对真理与相对真理的关系问题，关于逻辑思维与形象思维的关系问题等，这在哲学思想发展史上的意义，是特别值得重视的。

首先，禅宗慧能学派抓住了人类认识的相对局限性和固有矛盾性，而加以尽量夸大；认为人们来自生活、实践的认识能力、认识活动，是它所谓的“彻悟”(即对“真理”的把握）的最大的敌人。从而彻底否认人们正常的认识作用，宣称一切“见闻觉知，施为动作”及一切语言文字、表述工具，全是障碍“真理”、产生“颠倒谬误”的根源。不只一般人对现实的一切认识和判断，是“妄生分别”、“根本颠倒”；而且连佛教的一切教义，一经说出，也都成了多余的废话。他们把佛教教条，有时也称之为“粗言”、“死语”、“戏论之粪”。他们宣称：对于“真理”，“说即不中”，“拟议即乖”，坚持彻底的不可知论（及“不可说”论）。

其次，禅宗歪曲、割裂绝对真理和相对真理在认识过程中的联结，而把人们认识的相对性和真理的绝对性绝对地对立起来，从而认为必须彻底抛弃人们现有的认识作用，在人们正常认识能力之外，去找寻另一条神秘的认识途径，才可能把握所谓“真理”。这条神秘的认识途径，禅宗慧能学派认为唯一可能的就是“顿悟”，即通过一种神秘的契机而达到精神状态和认识能力的突变。“一念相应，便成正觉。”据神会说：

> 迷即累劫，悟即须臾。……譬如一綟之丝，若合为绳，置于木上，利剑一斩，一时俱断，丝数虽多，不胜一剑。发菩萨心

人，亦复如是。若遇真正善知识以巧方便，宜示真如，用金刚慧断诸位烦恼，豁然晓悟。……证此之时，万缘俱绝，恒沙妄念，一时顿尽。

（《神会语录》卷一）

这种“快刀斩乱麻”、一下子豁然贯通的“顿悟”境界，是不可言传的，只能“亲证”，“如人饮水，冷暖自知”。禅宗坚持不可知论，是用以剥夺和取消人们正常的认识活动，但它并不归结为不可知论，反而十分肯定地说，通过“亲证”、“顿悟”，所谓“真理”（在禅宗是指对于“真如本体”，即“心体”的了彻，或是指历代祖师相传的“心印之法”，即所谓“第一义”、“西来意”等佛法的“精髓”）是可知的，而且是可以一下子全面掌握的。但是，这种由“亲证”、“顿悟”所领会、掌握的内容，却不属于逻辑思维的间接性知识，而只可能是一种神秘直觉的直接性知识，因而也就不可能用逻辑思维的语言文字来表达、交换，而只能“默契”、“默照”，或者借助于形象思维，用诗的语言来象征说明。

禅宗从各个方面来颠倒、歪曲人类正常的认识能力和认识活动，割裂感性认识和理性认识的联结，割裂逻辑思维和形象思维的统一，彻底否定思维及其物质外壳在认识中的作用。从而在基于宗教意识的主观真理论的基础上，臆造出另一条所谓“亲证顿悟”的认识途径，宣扬非理性或超理性的神秘直觉。

再次，正如一切唯心主义和不可知论必然自陷于不可解的矛盾一样，禅宗取消了认识真理的可能性而又要制定自己体悟真理的认识论，自己肯定“心体”的真相或“第一义”的真理“不可说”、“不可传”，而又大力讲说所谓代代相传的“心印之法”，于是自陷于进退两难。正是这些矛盾，促使禅宗慧能学派大力展开认识方法上的唯心主义诡辩，集中在试图“解决”所谓“第一义不可说”这一自语相违的矛盾。说“第一义不可说”，这本身是对所谓“第一义”作了一定说明（这有似于逻辑学上所谓“悖论”）。关于这一类认识问题上的矛盾，禅宗慧能学派在理论上和实践上所采取的解决方法，便构成他们的方法论及其独特的学风。例如：

> 僧问："如何是西来意?"
> 师（马祖道一）便打，乃云："我不打汝，诸方笑我也。"
> （《传灯录》卷六）
>
> 问："如何是第一义?"
> 师（法眼文益）云："我向尔道，即是第二义。"
> （《文益禅师语录》）
>
> 药山（唯俨）上堂云："我有一句子，未尝说与人。"
> 僧问药山曰："一句子如何说?"
> 药山曰："非言说!"
> 师（园智）曰："早言说了也。"
> （《古尊宿语录》·卷十四）
>
> 僧问大梅："如何是西来意?"
> 大梅曰："西来无意!"
> 师（齐安）闻乃曰："一个棺材，两个死汉!"
> （《古尊宿语录》卷一）

诸如此类，禅宗所谓著名"公案"，无非反复表明它所要表明的佛教真理，只能"顿悟亲证"，不能正面说明。第一、二例，说明所谓"第一义"根本不可说；第三、四例，则进一步指出，说"不可说"，也算说了。这一方面可理解为，本是"不可说"的对象，但也可以适当加以说明（这种说明，被禅宗称为"应机接化"、"活语"等）；另一方面也可理解为，凡是对"真理"的任何肯定的说明，都是谬误（这种说明，被禅宗称作"戏论之粪"、"死语"等。如上例，关于"西来意"本是既不能问、也不能答，某僧和大梅有问有答，便被讥评为是装在"一个棺材"里的"两个死汉"）。后期禅宗便专门发展所谓"接化"、"应机"的禅门学风，在正常的理性思维和语言文字之外，力图找到一种特殊的认识、表显"真理"的途径和方法，禅门宗师采用了所谓"机锋"、"棒喝"、隐语、念诗、画圆圈、竖指头、大笑乃至拳打脚踢等教学法，用以促使和启发他们的信徒得到所谓“顿悟”的境界。据说，开创临济宗的义玄就是这样“顿悟”的：

> 师（义玄）初在黄檗会下，行业纯一。
>
> 首座问：“曾参问也无？”
>
> 师曰：“不参问，不知问个什么？”
>
> 首座云：“汝何不去问堂头和尚如何是佛法的大意？”
>
> 师便去。问声未绝，黄檗便打。……如是三度发问，三度被打。……
>
> 师到大愚；大愚问：“什么处来？”
>
> 师云：“黄檗处来。”
>
> 大愚问：“黄檗有何言句？”
>
> 师云：“某甲三度问佛法的大意，三度被打，不知某甲有过无过？”
>
> 大愚云：“黄檗恁么老婆心切，为汝得彻，困。更来这里问有过无过！”
>
> 师于言下大悟。
>
> （《古尊宿语录》卷五）

又如：

> 道悟问：“如何是佛法大意？”
>
> 师（石头希迁）曰：“不得，不知。”
>
> 曰：“向上更有转也无？”
>
> 师曰：“长空不碍白云飞。”
>
> 道悟于言下顿悟。

又如：

庞居士初谒石头（希迁），乃问：“不与万法为侣者是什么人?”

头以手掩其口，庞豁然有省。

后参马祖（道一），问曰：“不与万法为侣者什么人?”

祖曰：“待汝一口吸尽西江水，即向汝道。”

庞于言下顿领玄旨。

（《古尊宿语录》卷一）

这类“顿悟”的故事，充满了《语录》。这里的“打”、“用手掩口”，表示“佛法”不能问，不可说；“待汝一口吸尽西江水”，表示这类问题根本不可得到回答。“长空不碍白云飞”以及其他禅师常用的诗句，如“孤轮独耀江山静，长啸一声天地惊”（义玄答凤林），“有时直上孤峰顶，月下披云笑一声”（药山偈）等，则是在取消了逻辑思维之后用形象思维来象征所谓“彻悟”了的精神状态。这种“应机接化”的方法的发展，便形成禅门五宗有所谓不同的“禅风”，所谓“临济势胜”、“曹洞丁宁”、“云门突急”、“法眼巧便”、“沩仰回互”等。其中，特别是以后极为盛行的临济宗，被称为“临济家风，全机大用，棒喝齐施，虎骤龙奔，星驰电掣。负冲天意气，用格外提持。卷舒纵擒，杀活自在”。所有这些所谓“禅门机锋”，目的在于制造人们认识上的迷乱，进而否定人们正常的认识作用，宣扬为主观真理论服务的神秘体验论。

禅宗慧能学派试图把宗教唯心主义本体论、神秘主义认识论和宗教实践的修证方法，三者统一起来。但在理论和宣传上陷入“第一义不可说”而又不能不说的矛盾，后期禅宗为多方解除这一矛盾，制定了各种宗教宣传的方式方法。这些所谓“应机接化”的宣教方式中，体现了禅宗的认识论的主要原则；同时，也体现了禅宗在向人们灌输宗教意识、剥夺人们正常认识能力和进攻朴素实在论的几个主要手法。

例如，曹洞宗提出所谓“五位君臣”的表显法，总结出禅宗表显所谓“第一义”的方法论原则，也就是通过正面、侧面来诱导、启发人们进入所谓“悟境”的五个根本方法。“君”，指“正面”表达，对“本体”、“真理”等“第一义”要正面表达，只能用“无语”；“臣”，指侧面表达，通过某些能暗示“第一义”的事象，也可以“有语”。两者结合，随机应变，便有五种方式，即“正中偏”、“偏中正”、“正中来”、“偏中至”、“兼中到”。对这五条，洞山良价、曹山本寂及其弟子各有许多不同的解释。大体说来：

（一）“正中偏”的表显法。如马祖问百丈：“汝以何法示人?”百丈竖起拂子；又问：“只这个为当别有?”百丈抛下拂子。(《古尊宿语录》卷一）慧忠国师与紫璘议论，既升座，紫璘曰：“请师立义，某甲破。”师曰：“立义境。”紫璘曰：“是什么义?”师曰：“果然不见，非公境界。”便下座。(《传灯录》卷五）这是所谓“无语中有语”，是一种没有说明却正是说明的方法。

（二）“偏中正”的表显法。如僧问省念和尚：“如何是佛心?”曰：“镇州萝卜重三斤。”(《传灯录》卷三）这是所谓“有语中无语”，答非所问，表示根本不该问此类问题。

（三）“正中来”，则是根本不回答，只用当头一棒或一喝，促使问者自己去领悟。所谓“德山棒，临济喝”，成为后期禅宗最流行的方法。如水潦禅师问马祖：“如何是西来的意?”祖乃当胸踏倒。师大悟。起来拊掌，呵呵大笑。后告众曰：“自从一吃马祖踏，直到如今笑不休。”又如前引黄檗对临济义玄“三问三打”的“公案”等。这是所谓“无语中无语”，是根本取消问题的方法。

（四）“偏中至”，则是一般企图用言语去说明，如说“即心是佛”、“真如是念之体”等，是所谓“有语中有语”。后期禅宗认为这是最不好的方法，甚至批评这种方法“如把屎块子向口里含过吐与别人”(义玄语)。

（五）“兼中到”的表显法，据说是最好的“圆转法”，这种机锋答语，也可说是有话，也可说是无语，任人去自觉体会。如：“天台德韶以遍参丛林，无所契入。后到临川谒法眼，但随众而已，无所参谘。有问法眼者曰：‘如何是曹源一滴水?’法眼曰：‘是曹源一滴水!’德韶于这话下大悟，平生疑滞，涣若冰释。”(《文益禅师语录》）这里，说“曹源一滴水”(按指曹溪慧能所流传下的佛法）就是“曹源一滴水”，可说是无语，但包含着“真理”就是事物的“本来面目”，或佛教所谓“真如”是不生不灭、不增不减等含义，也可说是有语。

主观真理论加上神秘体验论，就是这些宣教方法中所体现的认识论原则的思想实质。

又如临济宗所制定的“四照用”或“四料简”的因材施教的手法，针对了主观认识和客观对象的关系这一认识论的核心问题，提出一整套剥夺人们正常认识能力和否定唯物主义世界观的方法。临济宗认为要树立和巩固宗教唯心主义世界观，必须彻底剥夺人们来自生活实践的朴素实在论的认识原则，其中最根本的一个是认定有现实存在的客观物质世界和客观真理（这种认识对象，禅宗称为“境”或“法”）；另一个是认定自己有正确反映客观世界和把握客观真理的主观认识能力（禅宗称为“人”或人所执著的“我执”及“法执”等)。因此，临济宗提出了对“境”和“人”两方面进行剥夺的四种方法。义玄说：

> 如诸方学人来山僧此间作三种根器断：如中下根器来，我便夺其境而不除其法（指“法执”）；如中上根器来，我便境、法（指“法执”）俱夺，如上上根器来，我便境、法（指“法执”）俱不夺。
>
> 有时夺人不夺境，有时夺境不夺人，有时人、境俱夺，有时人、境俱不夺。
>
> 我有时先照后用，有时先用后照，有时照用同时，有时照用不同时。先照后用有人在，先用后照有法（指“境”）在；照用同时，驱耕夫之牛，夺饥人之食，敲骨取髓，痛下针砭；照用不同时，有问有答，立宾立主，合水和泥，应机接物。
>
> （《古尊宿语录》卷四、五）

这是说，针对几种对象，采取不同方法，但目的都在于一方面否定人们所坚持的事物对象的客观实在性(“境”)，另一方面剥夺人们正常的主观认识能力(“人”)。特别是对于所谓“中上根器”的一般人，往往坚持既有客观的“境”，又有主观的“我”，“抵死不放”。临济宗认为对这种坚持唯物主义观点的人，必须进行残酷的思想斗争，“敲骨取髓，痛下针砭”，好像“驱耕夫之牛，夺饥人之食”一样给予无情的剥夺。用临济宗常用的形象说法，要“拟犯吹毛剑，特地斩精灵”，达到“云散水流去，寂然天地空”的境地，才能使这些人接受佛教唯心主义世界观。反之，如果是所谓“上上根器”的“聪明”人，很快接受了禅宗的教义，树立了宗教唯心主义世界观，则互相心领神会，只是“应机接物”，人还是人，境还是境，“人境俱不夺”。但由于世界观突变了，自己觉得“顿悟成佛”了，也就在这个现实世界中变为一个逍遥自在的“解脱人”了。

“人境俱不夺”，被禅宗慧能学派宣称为是“顿悟成佛”以后的最高境界、最后归宿。他们从本体论到方法论展开一系列诡辩，完成了宗教对人进行“自我空虚”的任务之后，宣布:“语默动静，一切声色，尽是佛事。”“不起一切心，诸缘尽不生，即此身心是自由人。”(黄檗语)由此，禅宗的思辨便转入最后第三个环节，即“凡夫即佛”的宗教归宿。

第三，关于“凡夫即佛”的宗教归宿。

哲学思辨和宗教归宿的结合，是整个佛教哲学的一般特征。以往佛教为了抬高“佛性”(即神性)的尊严，把“佛”安置在遥远的“西方极乐世界”的彼岸，把“修心成佛”这张进入天国的门票的兑现日期开得太远。如玄奘所创唯识宗，即认为“转识成智”的修炼过程，必须经过所谓“五位”、“十地”等复杂阶段和“三大阿僧祇劫”的漫长时间，这显然会使人望而却步。(唯识宗在玄奘死后不久就衰竭了，这是重要原因之一。)禅宗慧能学派对佛教教义的最重要的“革新”，就在于它的全部理论和方法，都归结到论证:“佛”不在遥远的彼岸，就在你“心”里；只消在认识上来个简单的突变，你就“顿悟成佛”了；“成佛”以后，一切还是老样子。“人境俱不夺”，但你却变成“自由人”了。慧能学派反复强调:

凡夫即佛，烦恼即菩提。前念迷，即凡夫；后念悟，即佛。前念著境，即烦恼，后念离境，即菩提。

（慧能）

未悟未解时，名贪嗔；悟了，唤作佛慧。故云，“不异旧时人，异旧时行履处”。

（百丈怀海）

终日吃饭，未曾咬着一粒米；终日行路，未曾踏着一片地。与么时，无人我等相，终日不离一切事，不被诸境惑，名“自在人”。念念不见一切相，安然端坐，任运不拘，名“解脱”。

（黄檗希运）

佛法无用功处。只是平常无事，屙屎送尿，著衣吃饭，困来便卧。愚人笑我，智乃知焉。

（临济义玄）

这一来，佛与众生的区别，只是“一念之差”；现实苦难世界和彼岸安乐佛土的距离，只有“一纸之隔”。禅宗慧能学派的大师们，就这样以廉价抛售可以立地进入天国的门票的手段，来苦心孤诣地为封建政治服务。对统治阶级来说，不只可以“放下屠刀，立地成佛”；而且，“不放屠刀，也可成佛”。因为成佛以后，“人境俱不夺”，只要“心不起分别”，同样可以杀、盗、淫、妄，胡作非为。对于被压迫、被剥削、被奴役的阶级来说，丝毫不必“著相外求”以图改变现状；只消一转念，烦恼就变成了“菩提”，苦难世界就变成了“清静佛土”，就在“披枷带锁”中也就成为“解脱”了的“自由人”了。

列宁曾经指出：“一切造神说”在思想上都根源于不健康的、脆弱的灵魂的“自我直观”。禅宗的“即心是佛”、“顿悟成佛”、“凡夫即佛”等，可以说也属于这种“自我直观”的“造神说”之类，是一种宗教意识的表现。列宁揭露这种宗教意识的本质说：

一切从事造神的人，甚至只是容许这种做法的人，都是以最坏的方式侮辱自己，他们所从事的不是“实际活动”，而恰巧是自我直观，自我欣赏，这种人只“直观”自我身上种种被造神说所神化了的最肮脏、最愚蠢、最富有奴才气的特点。①

禅宗慧能学派的思辨结构及其修养方法的社会功能，在一定意义上可以说，正是最廉价地出售天国门票和在“自我直观”中幻想得到“解脱”和“自由”。

## 三、禅宗哲学思想的历史评价问题

总的说来，禅宗慧能学派的“即心是佛”的理论及其“顿悟成佛”的方法，首先是一种特殊形态的宗教哲学。禅宗运用认识问题上的唯心主义诡辩来巩固宗教世界观的阵地。

禅宗以佛教“革新者”的姿态，宣扬一种所谓“教外别传”的理论，既深入浅出而又讲究方法的、善于“应机接化”因而“雅俗共赏”的新佛教。并且独出心裁，为了巩固宗教意识，挽救佛教危机，不惜“呵佛骂祖”；甚至说：“莫将佛为究竟，我见犹如厕孔。菩萨罗汉，尽是枷锁缚底物。”并常讲“释迦牟尼佛”是“乾屎橛”，是“老骚胡”。后期禅宗最大支派临济宗的开山祖师义玄公开宣称：“你如欲得如法见解，但莫受人惑。向里向外，逢着便杀，逢佛杀佛，逢祖杀祖，逢罗汉杀罗汉，逢父母杀父母，逢亲眷杀亲眷，始得解脱。”(《古尊宿语录》卷四）作为佛教徒，这类惊人之谈，究竟是什么用意呢？就其原意所指，乃是在强调禅宗所坚持的一条神秘主义的认识原则，即必须坚决取消一切认识的对象（包括把“佛”、“菩萨”作为对象），再取消一切关于对象的认识（包括一般人关于“佛”及“佛法”的认识），只有“人境俱夺”才能彻底摆脱一切

① 《给阿·马·高尔基》，《列宁全集》第35卷，北京：人民出版社1959年版，第106-107页。

“见闻觉知”，而达到纯粹自我直观的“顿悟成佛”的境界。就其思想实质，乃是：

> 破除了对权威的信仰，却恢复了信仰的权威。他把僧侣变成了俗人，但又把俗人变成了僧侣。他把人从外在宗教解放出来，但又把宗教变成了人的内在世界。他把肉体从锁链中解放出来，但又给人的心灵套上了锁链。①

马克思对德国农民战争时期马丁·路德宗教改革实质的这一著名的批判，虽然时代条件和具体对象不同，但对我们判定禅宗在我国思想史上的地位和作用，却具有深刻的启示。禅宗“呵佛骂佛”式的、“推倒权威”的“批判”，就其思辨途径，在一定意义上也可以说是：

> 从宗教的外壳下剥出了构成这种神性的内核的极端自命不凡或自我意识，把它看做独立的存在，把它变成独立的在物，并在“无限的自我意识”的幌子下把它提升为批判的原则。②

马克思这里所揭发的，是作为“一个批判的神学家或神学的批判家”的鲍威尔，指出他在批判基督教中却宣扬主观唯心主义的唯我论的思想本质。但从禅宗思想中，如他们常讲的“同脱尘根，灵光独耀”，以及“上天下地，唯我独尊”等，云门宗的“三句”有所谓“函盖乾坤句”、“截断众流句”等，临济宗风有所谓“负冲天意气”、“作无位真人”等，乃至以后陆象山继承禅宗思想大讲：“吾心便是宇宙，宇宙即是吾心”，并抄袭禅宗僧侣的诗句：“仰首攀南斗，翻身倚北辰，举头天外望，无我这般人”等，不正好是这种自我意

① 《黑格尔法哲学批判导言》，《马克思恩格斯全集》第1卷，北京：人民出版社1957年版，第461页。

② 《神圣家族》，《马克思恩格斯全集》第2卷，北京：人民出版社1957年版，第181页。

识哲学的“极端自命不凡”和主观唯心主义的狂妄自大的共同表现么？所以，禅宗对正统佛教的“批判”，不是背叛，而是打强心针；所以，禅宗并没有“革命”，也不是佛教“异端”，而是经过一番“革新”把自己提升成为了佛教的正统。这一切，除了佛教史已作了事实证明以外，在中国转入后期封建社会的政权性质、阶级关系的相对变化中，也可找到相应的说明。从这里，也才能理解禅宗和华严宗为什么会成为后期封建社会理学正宗的直接思想来源。

我们认为，迷于表面现象和局部现象的形式主义方法，不可能对历史，尤其是思想史的复杂现象作出科学的说明。马克思主义大的全面的历史的唯物主义观点和辩证分析的解剖刀，才可能深入地揭示各种类型的宗教哲学的社会本质，并如实地估计其中不同性质的“异端”在不同历史条件下的客观作用。

就思想史螺旋前进的一个环节看，禅宗在中国哲学思想的矛盾发展史上，以歪曲的形式加深和发展了认识论的问题，提高了宗教意识形态的精炼程度，这在哲学矛盾发展过程中，对于促进我国唯物主义、辩证法思想的发展是具有客观历史作用的。有了禅宗及华严宗（二者在宋以后基本合流）这样的宗教哲学思想体系出现，中国后期封建社会中的哲学唯物主义反对唯心主义及宗教神学的斗争，就不得不在更高的水平上进行。借用马克思的分析：“现在问题已经不是俗人同俗人以外的僧侣进行斗争，而是同自己内心的僧侣进行斗争，同自己的僧侣本性进行斗争。”① 韩愈、李翱的新儒学和以后宋明理学唯心主义，大多采取非宗教的哲学形态，他们甚至还在“排斥佛老”、即“同俗人以外的僧侣进行斗争”；可是，他们自己却变成为俗人内部的“僧侣本性”的代表者，由辩护宗教异化转变为辩护伦理异化，起到真正僧侣所不能起的给广大人民的心灵套上锁链的作用。因此，中国后期封建社会中，理学唯心主义（无论是程、朱客观唯心主义流派或是陆、王主观唯心主义流派）直接吸取了禅宗及

① 《黑格尔法哲学批判导言》，《马克思恩格斯全集》第 1 卷，北京：人民出版社 1957 年版，第 461 页。

华严宗哲学体系中的主要思辨材料；通过这一思想演化的过渡环节，把前期封建社会中作为统治思想的宗教意识形态，熔炼改造为更有教养的，主要采取哲学形态的唯心主义理学或心学。这样，唯物主义思潮反对理学和心学唯心主义的斗争，便代替了反对一般宗教神学的斗争。当然，唯物主义无神论直接冲击宗教神学的斗争，仍然在继续发展，统治思想已由神学正宗变为理学正宗，是由粗糙的宗教形态提升为精巧的哲学形态；因而唯物主义的、进步的批判思潮，为了和统治思想相对抗，也就不能不提到更高的水平。由于这样的客观需要，就使得我国后期封建社会哲学斗争转入了更高阶段，而在斗争中锻炼、成长的唯物主义和辩证法思想的发展，也就达到了典型的高度。

此外，也应该看到，禅宗慧能学派在“革新”佛教中有极端化发展的倾向，使它自陷于矛盾，并孕育着自我否定的因素。由于禅宗从极端唯心主义出发，企图用主观的“心”来吞并客观的物质世界，事实上却只能在幻想中去“函盖乾坤”，于是把所谓“真如”、“佛性”等加以尽量地扩大。“一切声色，尽是佛事”，神秘主义就孕育着泛神论的倾向，从而潜伏了无神论的萌芽。由于禅宗尽量压缩思辨循环的路程，尽量缩短天国和人世的距离，把“佛”安置在人心上，并宣布“凡夫即佛”，这就不免过分冲淡了宗教意识关于“彼岸世界的幻影”，而模糊了它超现实的本质。由于禅宗强调神秘的“亲证顿悟”，自我体验而否定佛教经典的权威，贬低修行、说教的意义，在理论、方法上它为了表示彻底性而提出了一些唯心主义和诡辩根本不可能解决的认识论和逻辑上的矛盾和问题，这在思想斗争中，可说是造成了一次宗教唯心主义世界观固有的各种混乱、破绽的自我暴露。正是由于这些因素，在特定的条件下，过去不少的进步思想家，接受了禅宗这一方面的影响，促进了他们基于进步政治立场或正确思想方向的真正“异端”思想的成长。“相反的东西有同一性。”宗教唯心主义按一定条件向着它的对立面——无神论、唯物主义转化，是哲学思想在相斗争而发展中螺旋前进的固有规律。

一九六一年二月

# 三十三、石头希迁禅风浅绎
## ——1996 年 8 月长沙纪念石头禅及曹洞宗学术研讨会上的发言

两年前，在黄梅，举行过一次纪念弘忍开创“东山法门”的学术会。今天，在长沙，又有幸参加这次纪念石头禅与曹洞宗的学术盛会。因缘殊胜，慧命无涯。上午开幕式上，几位大德的发言，曦曦小居士一字不差地背诵《参同契》，令人心生法喜，忽得一偈：

曦曦朗诵《参同契》，颗颗摩尼落玉盘。
寄语草庵休怅望，童心最契石头禅。

石头禅注重即事显理，触目会道，旨在日常生活的动静云为中去契会禅机，故灵源皎洁的童心，最易于契入。这正是石头禅的生机所在。

在会中，缅怀石头大师的德业光辉与学思成就，我曾口占颂诗一律：

性海乘龟梦太奇，灵源一脉漫湘凝。
石头路滑参同契，曹洞丁宁善接机。
玄化通观涵渐顿，神游鸟道贯中西。
殊途百虑劳回互，昂首征程有所思。

据《五灯会元》记：师（希迁）因看《肇论》有悟，“不觉寝梦，自身与六祖同乘一龟，游泳深池之内。觉而祥之：‘灵龟者，智也；池者，性海也。吾与祖师同乘灵智游性海矣！’遂著《参同契》”。与六祖同乘灵龟，遨游性海，这一梦兆，意境恢奇，似可理解为希迁这一禅门龙象在开创新禅风时留下的“梦太奇”（谐音Montage）。至于石头禅及曹洞宗的圆融思想与回互学风，大有助于当今以多元开放的心态作面向未来的文化思考。

石头希迁（700—790），出生于广东肇庆高要县陈氏家，幼而奇慧，童年依慧能出家，六祖寂后，曾“上下罗浮，往来三峡间”，四出参学，德业精进，后至吉州青原山拜见行思，始得心印。遂于天宝初入南岳，结草庵于石头上观心，弘法度人，被尊称为“石头和尚”。当时，南禅蓬勃发展，马祖道一在江西，石头希迁在湖南，蔚为两大学脉，被称为禅门“二大士”、“二甘露门”。从这两大学脉，开出以后五家七宗，弘传至今，波及全球。石头希迁以其学思方面的卓越成就，以其精心撰写的《参同契》、《草庵歌》等的广被传诵，在禅学史上具有崇高地位；他所首倡的圆融理事的禅教合一学风，实为以后曹洞、云门、法眼三宗奠定了思想理论基础。石头禅以其特有的理趣和学风，不仅对中国佛门禅学的发展，而且对整个中国哲学文化的发展都产生了极为深远的影响。

石头禅风的一个重要特色，是重视理论思辨，注意引教入禅。中国化的佛教来自印度，而与印度佛教的致思和价值取向又有所不同。据吕澂先生总结性的论析，认定印度佛教本主张“心性本寂”，而佛教中国化过程中因种种原因转而倾向于“心性本觉”；印度佛教依“性寂”说而把修行的目的归结为“入涅槃”，而中国化佛教却依“性觉”义而把最后的终极目标指向“证菩提”。

石头希迁始终循着中国化佛教的致思途径去推进禅学的发展。他从理论上契入佛慧，首先是从中国化佛教哲学精品《肇论》得到启发。据禅史记载：“师（希迁）因读《肇论》至‘会万物为己者，其唯圣人乎’，师乃抚几曰：‘圣人无己，靡所不己。法身无相，谁云自他。圆鉴虚照于其间，万象体玄而自现。境智非一，孰云去来。’”僧肇在《涅槃无名论》中虽广引佛经，而实际上是以老庄玄学来“格义”大乘佛理，把“涅槃”理解为一种“物我玄会，归乎无极”的“妙悟”境界，故强调“涅槃之道，存乎妙契”，“玄道在于妙悟，妙悟在于即真，即真则有无齐观，齐观则彼己莫二。所以天地与我同根，万物与我一体”。“至人戢玄机于未兆，藏冥运于即化，总六合以镜心，一去来以成体。古今通，始终同，究本极末，莫之与二，浩然大均，乃曰涅槃。”希迁所谓“法身无相，谁云自他”，“境智非一，孰云去来”，说明他继踵僧肇，会通玄佛，自觉走上把佛学玄学化的道路。沿此思路，更进一步吸纳了牛头宗来自三论的般若中观思想与华严宗“理事圆融无碍”等观点，并着力发挥中国化佛教另一哲学精品《大乘起信论》的“一心二门”理论框架及“本觉”、“不觉”、“不变”、“随缘”诸义，因而突出地强调了“唯达佛之知见”，与早期禅学偏重“静坐”、“守心”、“由定入慧”不同，而较重视哲学思辨，不排斥语言、文字、符号及其逻辑运用等，这就更符合中国化佛教的致思取向。他明白宣称：

> 吾之法门，先佛传授，不论禅定精进，唯达佛之知见，即心即佛。心、佛、众生，菩提、烦恼，名异体一。汝等当知，自己心灵，体离断、常，性非垢、净，湛然圆满，凡、圣齐同。……

这是石头禅的理论纲领，并在弘法中一再强调：“汝等当知”，“汝能知之”。知、知见、知识，一切符号系统，都是进入禅学智慧、禅悟境界的门径与阶梯。“千种言，万般解，只要教君长不昧”(《草庵歌》)，全都是不可缺少的。不离世间法，不脱离现实生活的可名言之域，逐步引导学禅者进入超越名言的非名言之域的禅境。这很符合中国人的思维定势。石头禅风的朴实、平稳、简易、绵密，使普通人乐于接近，易于理解，感到亲切。这是石头禅的重要特色。

由于石头禅强调“唯达佛之知见”，重视理性思维，坚持禅宗既“不立文字”、又“不离文字”的传统，善于把遮诠和表诠巧妙地结合起来。举一常见的公案为例：

> 道悟问：“如何是佛法大意？”

师（石头希迁）曰："不得，不知。"

问："向上更有转处也无？"

师曰："长空不碍白云飞。"

道悟于言下顿悟。

"不得，不知"，是遮诠，表明佛法真理不可说；道悟再问，又答以"长空不碍白云飞"，这是表诠，表明佛法真理可以说，可以用这样诗化的语言来表达，并使学者得到某种特殊的启发而"于言下顿悟"。许多禅宗语录公案，都属此类。说佛法真理（或"第一义"）"不可说"，这本身是自语相违的"悖论"。因为对于不可说的东西，却已作了"不可说"这种说明。为摆脱这种逻辑矛盾，禅宗主张"绕路"说禅、"因指见月"或"烘云托月"说禅，即认为不可说的东西并非不可说，问题在于如何说。石头禅及以后曹洞宗对此作了多方面的探索，注意到如何把逻辑思维、直觉思维与形象思维巧妙结合起来，试图解决"不可说的东西究竟能不能说"或"如何说"的问题。如所谓"五位君臣"的表显法，即试图总结出"绕路"说禅应"如何说"的五种方式，即"正中偏"、"偏中正"、"正中来"、"偏中至"、"兼中到"等，虽各有不同的诠释，但本质上是在探索"有语"与"无语"、"可说"与"不可说"的关系问题。扩而大之，引而申之，也就是知识与智慧的关系问题。佛家讲"转识成智"，具体化为"八识"分别转化成"四智"，唯识宗讲得非常琐细、复杂。现代东西方一些哲学家也讲到"认知"和"体知"的关系，认知，是以主、客体的分离为前提，靠主体的感性、理性活动去反映、认识客观事物；而体知，则靠主、客体的合一，泯去了主、客观的界限，"浑然与物同体"所得到的体悟。认知和体知是什么关系？康德花了一生的功夫，写出了三大批判，把理论理性、实践理性与审美直观三者的功能和作用范围，加以严格区分，于是，形而上学如何可能，不可说的东西如何能说，成为哲学上长期悬而未决的大问题。如果再扩而大之，近代以来人类哲学发展的大势，大体可以分为两条路线：科学主义与人文主义、实证主义与非理性主义，长期对立，得不到会通。从石头禅学中，就其力求处理遮诠与表诠的关系、无语与有语的关系、知识与智慧的关系，似乎可以体会到，他所提倡的“理事圆融”、“本末归宗”、“触目会道”、“圣凡不二”等，实指一切认识过程中的矛盾，都是可以会通，可以兼容的，即可以互相涵摄，可以互相渗透的，即他在《参同契》中所说：“门门一切境，回互不回互”，“明暗各相对，比如前后步”，“承言须会宗，勿自立规矩”。所谓“石头路滑”，可以理解为指这种“参而同契”的辩证思维的灵动性。石头禅学影响下的曹洞宗风，所谓“权立五位”、“正偏”、“明暗”等的辩证联结，正可以理解为灵动地试图解决“有语”与“无语”、“知识”与“智慧”、“认知”与“体知”的关系问题。虽仅是探索，但实际上已开拓了一个哲学致思的思路，对我们当前如何走出人类哲学的困境，不能说没有一定的启发。

基于上述哲学思路，石头禅及曹洞宗特别重视语言文字的哲学运用与表显功能。禅语言，有其特殊的结构与风格。石头希迁可以说是禅语言学的奠基者。石头禅风不仅与早期“不立文字”、“离言语道”的默坐禅风具有极大差异，同时与洪州宗的以“势”启导，创“势”以表义也有明显的区别。《参同契》“明暗相对”、“承言会宗”的语言启导艺术，既“不立文字”，又“不离文字”，在禅学史上，与慧能的“三十六对”等具有同等的影响和意义，对后世传灯语录体的发展起了重要启导作用。石头禅风善于运用语言，充分利用中国语言文字的多义性、暗示性、灵活性、模糊性，以及中国传统诗美学中的“赋、比、兴”等，形成了一套生意盎然的、活泼的禅语言。一些哲学化了的诗句或诗化了的哲学语言，被广泛地生动地运用于应机接化，石头希迁以“长空不碍白云飞”启发道悟，药山唯俨以“云在青天水在瓶”启发李翱，都达到“言下”(禅语言艺术的启导之下)有所开悟的效果，足见不可说的东西是可以说的，问题是如何说，如何运用禅语言的特殊功能。后期禅学的诗化，似表明禅境与诗心一脉相通，这只是禅语言艺术的一端；至于禅语言中还有各种机锋、反诘、突急、截断、擒纵等，各有其特定的认识功能。可见，禅语言学是一个很值得研究的课题。

最后，石头禅风的“回互”方法与“参而同契”的观点，也就是融会贯通的观点，就当时的针对性说，是针对禅门内部有南北对立，南顿北渐，势同水火；就南禅内部来说，还有洪州禅与菏泽禅的龃龉。石头禅建立起来，独树一帜，就旨在把禅门各派，力图会通起来。所以说：“人根有利钝，道无南北祖”，无论北渐南顿，都各有长短，不应当分裂互斥，而应当和合互补，才不致“自立规矩”，“迷隔山河”。这样一个思路，求同存异，观其会通，可以说是石头禅的一个重要特点，这也是我们中国传统思想中的精华。《易传》说：“乾道变化，各正性命，保合太和，乃利贞。”又说：“憧憧往来，朋从尔思，天下何思何虑？天下同归而殊途，一致而百虑，天下何思何虑？”这里，表达了一种超迈的文化心态。《中庸》讲得更好：“道并行而不相悖，物并育而不相害，小德川流，大德敦化，此天地之所以为大也。”“道并行而不相悖，物并育而不相害”，这么一种思想史观，在我国传统思想文化中，有司马谈论《六家要旨》，各有所长，各有所短，荀子《非十二子》，庄子《天下篇》，都是这么一个思路，一直到柳宗元，圭峰宗密。柳宗元所谓“诸子合观”，各有贡献；宗密《华严原人论》的判教理论，最后“会通本末”，认为历史上各家的理论，都是真理的颗粒，真理发展的一个阶梯，真理认识的一个组成部分。在石头希迁的禅学中，他也这样说：“人根有利钝，道无南北祖”、“万物各有功，当言用及处”。因此，对于当时的顿、渐，以及禅、教之争，佛、道之争，儒、佛之争等，他都主张回互一切，加以会通。黑格尔—马克思的真理史观，也是以这样一种通观历史的文化心态来看待人类认识史上真理发展的辩证法，也主张只有吞吐百家，才能求得自身的发展。就这个意义说，石头禅对我们也有很重要的启发，启发我们无论研究历史文化或面对当代学术思潮，都应当坚持多元开放的文化心态，在人类文明多维发展的大道上去会通中西、融贯古今，发展真理。

一九九六年八月

# 三十四、略论晚明学风的变异

中国当前文化问题的研讨热潮中，普遍涉及文化寻根问题。对“寻根”的含义，歧解甚多。而其中一义，即中国的现代化及其文化更新仅是西方文化冲击下的被动回应？还是在中国悠久文化的发展中有其历史的内在根据或“活水源头”？而这种民族文化生命得以更新的内在根源，是存在于远古或形成于近世？如何去探寻？能否从儒学正宗的传统中去开出科学与民主以求得“返本开新”？或者只有彻底抛弃一切旧传统才能重建民族文化的新生命？这些问题，涉及面广，争论尤多。笔者坚持，尽管17世纪以来的西学东渐在中国近现代的文化代谢中起过重大的引发作用，但从根本上说，中国的现代化及其文化蜕变只能是中国历史长期发展的必然结果。长期以来，我们总陷在“全盘西化”、“保存国粹”以及各种形式的“体用错置”的思想泥淖及两难选择之中，总是跳不出中西分途、古今对立、体用割裂的思维模式，没有深入辨识中西文化发展轨迹的同中之异与异中之同，没有认真去探寻中国思想启蒙的特殊道路。因而在西方文化的猛烈冲击下，往往忙于引进而忽视消化和会通，也更少注意去发掘民族传统中与之同质而异态的文化根芽，始终未能准确而切实地把握传统文化与现代化的历史接合点。当前文化问题的讨论中，其所以涉及中国走出中世纪的文化历程究竟起点何在，中国明清之际文化思潮的异动是否具有启蒙性质，中国式的启蒙道路具有什么特点等问题，成为争论的热点，我想，因为这是中国近代的社会发展畸形和文化革命难产所遗留下的历史课题，有待后人从不同侧面去加以研究，咀嚼出新的结论。本文谨为重新审视这一课题而提供一点参考性的历史注释。

明末清初，在我国文化思想史上是一个特殊的发展阶段。当时，中国封建制已发展到烂熟而进入它的末期，商品货币经济的活跃催生着资本主义的萌芽，而衰朽的封建生产关系及其强固的上层建筑，却多方阻抑着新生产力的生长，使社会诸矛盾空前激化，尽管在明末农民大起义失败的血泊中以清代明的王朝更迭，曾使封建旧体制得以延续，新经济和新思想遭到摧折，形成了一段“死的拖住了活的”历史洄流；但正是在明清之际的政治变局中，社会矛盾运动所促进的文化思想的发展，显露出“新的突破了旧的”特色，涌现出一大群文化精英，掀起一代批判思潮。这一批判思潮，首先是从宋明道学的内部分化中滋生出来，同时遍及各个学术领域，“破块启蒙”，“别开生面”，从而引起整个学风的变异和学术路线的转轨。

## 一

晚明阳明心学的急剧分化，显示出儒门学风的变异及活力。

儒学，作为中国中世纪的主流思想，其发展大体可分为两个时期。儒学的前期发展，从汉代定为一尊，实际上经过三教并立，融摄佛道，自营“道统”，回归《周易》、《中庸》，终于系统地哲理化为理学，宋初开始儒学的后期发展，由周敦颐、张载开其端，二程及其弟子衍其流，集大成于朱熹，形成了理学的严整体系。但在朱熹逝世之后理学了无进展，其后学陈陈相因，所谓“师承有自，矩矱秩然”①，不敢越朱学雷池一步，形成近三百年的所谓“述朱”时期。模式化了的朱熹理学，作为辩护“三纲五常”的伦理异化的成熟理论，愈充分发挥其对人们行为的外在强制力，也就愈丧失其对行为主体的内在驱动力。正如黄宗羲所揭露，“此亦一述朱，彼亦一述朱”，“剿其成说以衡论古今”②，成为思想僵化、学风庸伪的病根。明中叶，阳明心学的勃兴，绝非偶然。

阳明心学，作为儒学哲理化体系的最后一个形态，似有所承于陆

① 《明史·儒林传一》。

② 《孟子师说·题辞》，《明儒学案·自序》。

九渊、陈献章之学，而针对当时朱熹理学对思想界的长期禁锢，以“狂者”精神，高扬“致良知”的主体性原则，起到了“震霆启寐，烈耀破迷”的巨大作用。究其实，阳明心学在理论上是对朱、陆的综合，其创建“致良知”新说，既异于朱的“格物致知”，复别于陆的“一了百了”，实为双向扬弃而具有对宋明儒学哲理化的逻辑终结的意义。一个值得注意的史实是，与朱学定型化后一统数百年的景况全然不同，阳明学在阳明去世之后数十年中，急剧分化，迅猛发展，王门各派都以“致良知”论为出发点，而各自发挥，多向展开。择要而言，有“现成”派与“工夫”派两大趋向之分。如王畿力主现成良知，“一念灵明，自作主宰”，乃至反对“为名节所管摄，道谊所拘持”①，近乎确信主体自具良知，而取消外在的规范；王艮及泰州学派则更突出良知“人人具足”，“百姓日用即道”，“满街都是圣人”，并因而肯定情、欲合理，“造命由我”，要求“解缆放船，纵横任我”②。被称为王学左翼的“现成”派，确乎在孕育着突破封建名教网罗的批判意识。至于“工夫”派中的聂豹等反对现成良知，强调“归寂以致知”的“主静”工夫，把活泼泼的良知通过所谓“静定工夫”还原为“寂然不动”的本体③，显然是王学主旨的偏离；邹守益、欧阳德等及其所影响的东林志士，则强调“戒慎恐惧”的“主敬”工夫与“事上磨炼”的“主事”工夫，主张“学务实践，不尚空虚”④，认定“致吾心之良知于事事物物”，乃是体与用、知与行、本体与工夫两者动态统一的日履过程。这正是阳明心学固有的践履精神向经世致用之学过渡的契机。以上王学的分化预示着晚明学风的变异和理学的衰微。

黄宗羲曾概括：阳明心学有泰州、龙溪而风行天下，亦因泰州、

① 《龙溪全集》卷十二《与魏敬吾书》。

② 《王心斋先生遗集》卷二《答朱思斋明府》、《又与徐子直》、《语录》，《明儒学案·泰州学案》。

③ 《明儒学案·江右王门学案》。

④ 《东廓邹先生文集》卷五《答曾新之》，《明儒学案·浙中王门学案》、《明儒学案·东林学案》，《明史·儒林传二》。

龙溪而渐失其传，原因是“泰州、龙溪时时不满其师说”，力图有所突破，尤其“泰州之后，其人多能以赤手缚龙蛇，传至颜山农、何心隐一派，遂复非名教之所能羁络矣”①。阳明学风行天下而并未僵化停滞，其后学“时时不满师说”而使之变化日新，终于超越王学，“掀翻天地”，把王学固有的昂扬主体自觉的“狂者”意识，发展到对封建纲常名教的权威的否定。王学理论的这种自我分化发展，竟走向了自己的反面。如从阳明的“万物一体之仁”、“天植灵根，自生生不息”② 的“良知”出发，王畿、李贽、何心隐等都强调“心中一点灵明”的道德主体的自觉性，并用以抵制强加于主体的伦理约束；强调以“朋友”式的平等关系代替君臣、父子、夫妇之间的等级隶属关系。从阳明“日用间何非天理流行”③ 的观点出发，王艮、李贽等提出“百姓日用即道”，“穿衣吃饭即是人伦物理”，进而肯定私欲，提倡功利，要求“人本自治”，“各遂其千万人之欲”，而否定一切“条教禁约”④。从阳明的“良知是尔自家的准则”，“求之于心而非也，虽其言出于孔子不敢以为是也”⑤ 出发，发展到怀疑儒家经典，公开反对“以孔子之是非为是非”⑥，藐视权威，反对盲从，提倡独立思考。这一切，对晚明思潮的进一步演变，显然起着重要的引发作用。

## 二

晚明学风的变异，儒门王学内部的演化仅其一端，作为时代思潮的反映，实遍及社会意识诸领域。

---

① 《明儒学案·泰州学案》。

② 《传习录》中、下。

③ 《传习录》中、下。

④ 《王心斋先生遗集》卷二《答朱思斋》，李贽《焚书·答邓石阳书》、《明灯道古录》。

⑤ 《传习录》上。

⑥ 李贽：《续焚书·题孔子像于芝佛院》、《答耿中丞》。

社会意识或时代思潮的整体是个“全牛”，为了剖视它，只能采取一定视角，运用一定方法，按照一定尺度去“批郤导窾”，去芜存菁，举一反三。对历史的理解只能受制于理解者的历史感和对多元文化传统的历史选择。

文艺，一直被认为是时代的晴雨表，最能灵敏地反映时代思潮的变动。明中叶以后，随着城市工商业的繁荣，资本主义萌芽的滋长，文艺思想酝酿着激烈的变化。一反明初流行的庙堂文学和拟古文风，涌现出以抒发性灵、突出个性、描绘社会风情、反映人文觉醒的新文艺蓬勃兴起的局面。渊源于阳明心学的李贽“童心说”及其影响下的袁宏道“性灵说”，是这一新文艺运动的理论旗帜。李贽认为“天下之至文”全是出自“童心”，而道学所讲礼教却在毒染“童心”，使人“失却真心”而成为“假人”。并指斥“《六经》、《语》、《孟》，乃道学之口实，假人之渊薮”①。在李贽思想影响下，以袁宏道为首的公安派，则主张文艺必须“独抒性灵，不拘格套，非从自己胸臆流出，不肯下笔”；反对被传统束缚、“死于古人语下”，而提倡“任性而发”、“宁今宁俗”② 的俗文学。除“公安三袁”以及竟陵诗派等外，汤显祖的“临川四梦”以及吴江派的剧作，冯梦龙、凌濛初的“三言”、“二拍”以及大量的民歌俚曲，石涛以及“扬州八怪”等许多艺术家，既达到很高的艺术水平，又表现出鲜明的个性，几乎在同一时期群星灿烂般涌现出来。而在精英文艺圈里，也反映了这一时期文艺思潮的异动，如李贽、金人瑞等赞扬《西厢》、《水浒》的文艺评论，傅山等歌颂妓女对爱情忠贞的通俗剧作。时代在呼唤新的个性解放的文艺，文艺家们也在向往追求“掀天揭地之文，震电惊雷之字，呵神骂鬼之谈，无古无今之画”③。

质测之学的兴起是当时的新事物，对于“徒言宰理”、“空穷其

① 李贽：《童心说》。

② 袁宏道：《叙小修诗》、《与江进之》、《雪涛阁集序》。

③ 郑板桥：《板桥印跋·华萝绿映衫》。

心"① 的儒门学风是一个突破，在中西文化早期交流中是重要触媒。明中叶以来，随着社会经济的变动，海外市场的开拓和新生产力的滋长，兴起了科技研究的热潮，涌现出大批具有空前专精水平的科学论著，如李时珍的《本草纲目》(1578 年写成)、朱载堉的《乐律全书》(1606 年刊行)、徐光启的《农政全书》(1628 年完稿）和《崇祯历书》(1643 年成书)、宋应星的《天工开物》(1637 年刊行)、徐宏祖的《霞客游记》(1637 年左右写成)、王锡阐的《晓庵新法》与梅文鼎的《中西算学通》(17 世纪中期)、方以智的《物理小识》(1640 年左右写成）等，不到一百年中，如此众多的科学精英及其科学巨著从不同学科领域中联翩出世。正当这时，以利玛窦等为媒介的西学传入，而徐光启、李之藻等能如此敏锐地注意到欧氏几何与亚氏逻辑的重要的方法论意义，率先翻译，并提出"欲求超胜，必先会通"② 的明确方针，表明传入的西学精华对当时中国正在酝酿的思想启蒙和学风变异，起到了声气相投的作用。方以智设想的百卷本百科全书，到康熙时竟编成万卷本的《古今图书集成》；法兰西科学院在西方建立后不到三十年，康熙帝在其畅春园内建立了类似皇家科学院的算学馆……至于邓玉函、王征合译的《远西奇器图说》(1627 年刊行)，南怀仁编著的《新制灵台仪象志》(17 世纪中叶）等书所译介的物理学、机械学知识，均已达到西方 17 世纪初的同等水平。李约瑟言之有据地把当时中国的天文、数理科学的成就，称之为中西科学文化的"融合点"③。这一切表明 17 世纪的中国，历史正鼓荡着一种走出中世纪的文化代谢要求。

政法观念的突破，是这一时期"天崩地解"的政治生活大变局所直接引起的思想裂变。宋明理学共同固守的原则是把封建纲常"天理"化，从而把专制皇权绝对化。晚明王学演化中，已出现蔑弃"四伦"、独尊"朋友"的议论和以"均"、"群"释"君"，主张

① 方以智：《物理小识·自序》、《愚者智禅师语录》。

② 王锡阐：《晓庵遗书·历说》。

③ 《李约瑟文集·世界科学的演进》。

“立君为民”的议论①。到明末清初，一代思想家在封建社会危机的总爆发和农民革命风暴的大震荡中惊醒，从民族危机的忧患意识中滋生出政治批判意识，从而多少突破了传统思想的牢笼，敢于抨击君主专制，提出一系列具有早期民主意识的改革主张。王夫之痛斥“孤秦陋宋”，主张以“天下之公”代替“一姓之私”，因君权并非神圣不可侵犯，而是“可继，可禅，可革”，如果“天子失道”，百姓“疾首以呼”，要求“易吾共主，杀此有司，以抒民怨”，也并非不合理。他提出“有天子而若无”的虚君分权的政治设计，并把“置天子于有无之外，以虚静而统天下”的办法看做未来的“奕世之规”②。

顾炎武以同样的思路，主张“以天下之权寄之天下之人”，对于乡邦政事，应当“庶人皆议”，反对“独治”，要求“众治”③，因而对黄宗羲的《明夷待访录》表示了极大的赞赏。黄宗羲典型地表达了这一时期勇于冲破封建“囚缚”的早期民主意识。他从君主与万民的利益对抗来揭露君主专制为“天下之大害”，鲜明地提出了“天下为主，君为客”这一与“君为臣纲”、“君为民主”的原则正相反对的政治原则，要求把维护等级特权的“一家之法”代换为“天下之法”，把君主与臣民之间的主奴关系改变为平等关系，甚至向往着取消君主制而得以实现“人各得自私，人各得自利”的公平社会。④同时代的唐甄，也揭露“自秦以来，凡为帝王者皆贼也”；他主张“抑尊”，取消等级特权，理想的君主应当“处身如农夫，衣食如贫士”；还深刻地指出迷信“忠孝”等封建礼教，会使人“心化为妖”，“失身之主”；他把这一伦理异化现象，直斥为“祟”，而坚决主张

① 李贽：《何心隐论》；何心隐：《论中篇》。

② 王夫之：《黄书·宰制》、《读通鉴论》卷末《叙论一》、《黄书·原极》、《读通鉴论》卷二、卷十六、卷十三。

③ 顾炎武：《日知录》卷九、卷十三、卷六。黄宗羲《思旧录》顾炎武条引。

④ 见黄宗羲《明夷待访录》之《原君》、《原臣》、《原法》诸篇。

“破祟”。① 这些观点，虽有历史渊源，但与历史上的“民本”思想、“无君”思想、“越名教而任自然”的思想，已有质的区别，在批判目的上已超出了封建樊篱，在价值取向上已不再是梦游远古而是向往未来。

至于他们针对时弊所提出的改革主张，诸如土地私有、平均地权、惠商恤民、工商皆本，以及抨击科举制度、要求建立学校、尊重科技研究、重视民间文艺等，更具有鲜明的启蒙性质。

## 三

晚明到清初的学术主潮，摆脱了宋明道学的“囚缚”，实现了学术路线的多元转向，并在哲学上有所创新。

中国走出中世纪的思想启蒙，经历了漫长的坎坷道路。明末清初正处于从统治五百年的宋明道学的“囚缚”中挣扎出来，开始另寻出路的转折时期。这一时期的先进学者，几乎无一例外地指斥宋明道学（包括理学和心学）“空谈心性”的虚夸学风，而力求转向“经世致用”、“核物究理”的求实学风。由虚反实，仅就学风而言，难于判明学术变迁的性质；但就学风转变所取得的实际成果而言，由于面向实际，注重实证，强调实践，因而提倡广泛的实地调查、博物考察、文献考订、史地研究。当时学术界主潮，扫荡了空疏庸腐的学风之后，迅速取得的巨大学术成就及其倡导的治学方法，并非仅是由陆王的“尊德性”而转向程朱的“道问学”，而是实质上开始了超越汉宋，另辟新途，成为中国学术近代化的蜕变过程中的重要环节。

明末清初学风的转折，具体表现为在对整个道学的批判、扬弃中实现了学术路线的多元转向。如顾炎武断言“舍经学以言理学者而邪说以作”，倡言以经学代理学，旨在否定“明心见性之空言”，而转向博古通今的考订。② 考订之学，实有义理方向，阎若璩对《古文

① 见唐甄《潜书》之《室语》、《抑尊》、《破祟》诸篇。

② 顾炎武：《答友人论学书》、《日知录》、《答李子德书》。

尚书》的考订，陈确对《大学》的考订，实际是对道学家们津津乐道的“十六字”的道统心传和“三纲八目”的圣学纲领，来了一个釜底抽薪式的根本否定。又如黄宗羲强调“不为迂儒，必兼读史”，力图以史学代理学，旨在抛弃“语录糟粕”，痛斥“道学之乡愿”，转向“独取三千年遗文故册，运以别识心裁”的“通史家风”①，终于开创了一代经世史学；稍后章学诚发挥“六经皆史”的论题，从根本上取消了儒经的权威地位。北方学者傅山指斥“理学家法，一味板拗”，主张复兴被道学家们长期贬为“异端”的诸子之学，嘲笑宋明儒者多为“失心之士”，盲从而近视，“致使如来本迹大明中天而不见，诸子著述云雷鼓震而不闻，盖其迷久矣”②。因而转向《庄》、《荀》、墨辩、《公孙龙子》以及《楞严》、《唯识》等的研究。稍后，汪中继续这一学术路线，开近代子学研究之先河。

可见，明末清初学术思潮的转变，原本不是单向而是多向的，并非只是所谓由宋学转向汉学，由性理空谈转向经学考据。即使以后由于政局干扰等因素曾使考据之学跃居主流，也并不排斥通史之学、诸子之学、新兴质测之学，以及披着经言、考证、复古等外衣的启蒙思想，继续向前发展，直至与近代传入的西学合流。

时代思潮的哲学升华，往往经过多重中间环节而在形式上显得模糊，但由于理性的加工、锤炼而在内容上更加深切。这一时期，对时代思潮进行哲学概括的思想家中最有理论深度的要算王夫之。他在建构自己的理论体系时，采取了“入其垒，袭其辎”，“推故而别致其新”③ 的方式，因而能够遵循哲学发展的内在逻辑，从思想实质上总结并终结了宋明道学。在本体论上，他以“气本”论与“气化”论相统一的完备理论，取代朱、王，复归张载，形成了综合全部理学成

① 见黄宗羲《赠编修弁玉吴君墓志铭》、《孟子师说》卷七，章学诚《文史通义》之《浙东学术》、《申郑》诸篇。

② 傅山：《霜红龛集》卷四十、卷十六、卷二十六。

③ 王夫之：《老子衍·序》、《周易外传》卷五。

果而又首尾玄合的哲学“圆圈”①；在人性论上，他以“性日生日成”，“未成可成，已成可革”的创见，总结了宋明道学各家关于人性问题的争论②；在认识论上，他以“己物”相依、“知行”统一、“以理御心”、“入德凝道”的系统学说，把宋明时期的致知理论推进到一个新的水平。③ 同时，王夫之按“依人建极”的原则，深入“古今之变”的研究，创立了他的“理势相因”、“人文化成”的历史进化论④；由此出发，在“天人”，“理欲”关系问题上，摆脱了宋明道学坚持“理欲”对立、灭欲存理、力图为伦理异化辩护的思想轨道，提出和论证了与之相背离的具有人文主义色彩的鲜明结论。认为人不能“任天而无为”，而应当“竭天成能”，“与天争胜”，“以人道率天道”，成为天地的“主人”⑤；认为就人道说，理欲并非对立，而是“有欲斯有理”，“人欲之各得即天理之大同”，所以不但不能“禁欲”，也不能“薄于欲”⑥，应当满足人的自然欲求，在丰富的感性活动中去充分实现人的价值和人的本质。“耳有聪，目有明，心思有睿智，入天下之声色而研其理者，人之道也。”“入五色而用其明，入五声而用其聪，入五味而观其所养，乃可以周旋进退，与万物交而尽性，以立人道之常。”⑦ 这是反映时代精神的哲学结晶。

宗法伦理意识的核心，是把封建纲常绝对化，从而否定个体的独立价值，只有“事父事君”、“尽伦尽职”才使个人的存在获得意义，对群体的义务压倒一切自我意识，“无我”成为理想的道德境界。王夫之以相反的价值观，反对“无我”，肯定“有我”，认为有了独立

① 参见拙作《王夫之辩证法思想引论》。

② 王夫之：《尚书引义》卷三。

③ 王夫之：《尚书引义》卷一、卷三，《四书训义》卷八，《张子正蒙注》卷五。

④ 王夫之：《周易外传》卷一，《读四书大全说》卷九，《诗广传》卷五。

⑤ 王夫之：《尚书引义》卷一，《续春秋左氏传博议》卷下，《周易外传》卷二。

⑥ 王夫之：《诗广传》卷二，《读四书大全说》卷四。

⑦ 王夫之：《读四书大全说》卷七，《尚书引义》卷六。

的自我，才能体现“大公之理”，发挥道德主体的能动作用。他说：“我者，大公之理所凝也。……于居德之体而言无我，则义不立而道迷。”“已消者已鬼矣，且息者固神也。则吾今日未有明日之吾而能有明日之吾者，不远矣！”① 王夫之用哲学语言的呼唤体现“大公之理”的“明日之吾”，乃是一个早期启蒙者所向往的自我意识的觉醒。

事非偶然，经过18世纪的历史洄流之后，龚自珍又大声呼唤：“众人之宰，非道非极，自名为我！”“我”被看做世界第一原理，肯定无数的独立的“我”——“众人之宰”，具有无穷的创造力，“我光造日月，我力造山川……我理造语言文字，我分别造伦纪”②。这已是近代意义的“自我”觉醒。从王夫之到龚自珍，中国走出中世纪的哲学启蒙，仅仅开始起步，就蹒跚了近两百年。这是一个沉重的序曲。这是令人迷惘的思想史悲剧……

## 余　论

面对这一思想史的悲剧，一方面，我们回顾17世纪崛起的早期启蒙思潮，无论是李贽的“童心”说，徐光启的“会通超胜”说，黄宗羲和唐甄对君主制的斥责，从王夫之到龚自珍对自我觉醒的呼唤……对我们都是如此亲切而值得珍视的思想传统；另一方面，我们又自然想到19世纪以来的民族苦难，多少前驱，唤起风雷，奋力掀起奔向近代化的文化革命运动，但因迫于救亡图存的政治形势，忙于日新月异的西学引进，来不及去清算遗产，推陈出新，以致他们所谓会通中西、融贯新旧的理论创造，往往流于芜浅或自陷迷途。19世纪中国近代文化的代谢发展和哲学革命，事实上长期处于“难产”之中。新的在突破旧的，而死的又拖住了活的。甚至“五四”以后的文化运动，由于腐朽传统在文化深层结构中的复旧作用和对外来文

① 王夫之：《思问录》内篇。

② 龚自珍：《壬癸之际胎观第一》。

化的排拒，也由于忽视了中国思想启蒙的特殊道路和真正优秀传统的发掘与继承，以至历史曾出现多次的曲折和反复。

一个值得思索的教训是，由于中国长期封建社会得到充分发展，以儒家为主流的封建文化高度发达，文化遗产无比丰富，积淀于其中封建意识形态特别强固，以致 17 世纪以来试图冲决封建网罗的启蒙思想显得势单力薄，屡遭挫折，道路坎坷，在一般人心目中若有若无。人们提到中国传统文化，似乎无疑是指从先秦到宋明的儒家传统。直到近现代，虽有学者注意到儒学正宗之外的“异端”，注意到晚明开始出现的学术思潮的异动，并认定其含有新质，但由于中国的近代及其文化发展的畸形，新兴阶级的软弱，没有能力去完成清理遗产和融摄西学的历史任务，长期陷在全盘西化与维护传统的两难选择之中。而按“中体西用”的流行范式所容纳的“西学”，耳食肤受，缺乏深究，从未考虑其与中国传统文化中已经“破块启蒙”的新生面相结合，也从未找到中华文化的历史积累已孕育出的可以向近代转化的文化主体。这样，就只能任康有为的《孔子改制考》和刘师培的《中国民约精义》以至现代新儒家的“返本开新论”流行于一时。

今天，我们在新条件下回顾历史，总结教训，为中华文化的未来发展而掀起文化问题的研讨热潮，对于中西文化的异同比较，异质文化的汇合与冲突，中国文化走向近代的曲折历程，中国传统文化与现代化的关系，中华新文化建设中的主体思想等问题，正展开深入讨论和群体反思。笔者认为，通过历史反思，应当意识到，我们民族踏过了四百年来曲折的历史行程，现正处在新的历史转折时期。就我国走出中世纪、迈向现代化的文化历程的运动轨迹来说，实际是继续着 17 世纪以来的历史行程，正在以多元开放的心态，更自觉、更深广也更有选择地吸取、消化西方文化及其最新成果，同时也应当更自觉地了解中国文化的发展中已经孕育着的必须和可能现代化的内在历史根芽，正确把握传统文化与现代化的历史结合点。

传统文化只能靠自身的代谢活力而获得新的生命，并通过一代文化主体的自觉参与而得以实现向现代化的创造性转化。如卡西尔说的："作为一个整体的人类文化，可以被称作人的不断解放自身的历程。"①

① 恩斯特·卡西尔：《人论》下篇，第十二章《总结与结论》，上海：上海译文出版社 1985 年版，第 288 页。

# 三十五、船山哲学思想初探

学成于聚，新故相资而新其故；

思得于永，微显相次而显察于微。

王夫之（1619—1692）是我国明清之际兴起的启蒙思潮中的哲学代表。他所贡献的哲学体系，是当时时代运动的产物。

17世纪的中国，在社会发展和思想发展上都处在一个变动时期。当时的先进思想家都已敏感到，这是一个“天崩地解”①、“已居于不得不变之势”② 的时代；在文化思想上，已面临到一个“坐集千古之智，折中其间”③、“推故而别致其新”④ 的时代。

明中叶以后，漫长的封建社会开始进入它的末期。15、16世纪以来劳动人民改造自然的艰苦斗争，曾使我国农业和手工业生产达到空前高度的水平。而厉行专制的明代封建统治者，却以无限制地兼并土地和提高剥削率，来满足无穷贪欲，对农民实行空前野蛮的掠夺，终于造成明代后期整个农村经济的破产。同时，嘉靖以来，明代社会经济一度出现了农业和手工业发展不平衡的特殊情况，农村破产过程中，城市工商业却有所发展。原始商业资本积累的增长，手工业中封建依附关系的削弱，破产农民流入城市变为“浮食奇民”的增多，都提供了一定条件，使封建社会内部开始孕育着稀疏的资本主义萌芽。资本的生活史，是农民的破产史。破产农民，流入城市，“延颈

① 黄宗羲语，见《南雷文定·前集》卷一《留别海昌同学序》。

② 顾炎武语，见《亭林文集》卷六《军制论》。

③ 方以智语，见《通雅·考古通论》。

④ 王夫之语，见《周易外传》卷二《无妄》。

待雇”，而贪婪的封建统治者，以同样疯狂的掠夺手段，转向城市工商业，扼杀着新经济的萌芽和城市自由居民的生路。晚明数十年政治上的倒行逆施和经济上的横征暴敛，竟使“三家之村，鸡犬悉尽；五都之市，丝粟皆空”①；“上狠下怨，成乎交逆”②。封建社会的严重危机及其所激化的各种社会矛盾，以空前尖锐的形式表现出来。首先，以农民革命为主流的城乡人民的反封建斗争，波澜壮阔地在全国展开；在这一斗争的冲击下，地主阶级内部也发生了激烈的政治分化；而正当反封建的农民革命战争取得伟大胜利，有可能为社会生产力发展开辟道路时，关外少数民族的满洲贵族，攻入关内，民族矛盾又急剧上升。

在明末清初这一系列的社会震荡和危机面前，作为历史主流的农民革命力量，坚持了前后约40年的武装斗争。由反封建的阶级斗争，直接推翻了朱明王朝的反动政权；再转为反奴役的民族斗争，给予残暴的清朝压迫者及与之勾结的汉族贵族官僚以沉重的打击。这一斗争的规模之大、发动之广、威力之猛，在我国农民革命战争和民族保卫战争的历史上都是空前的；它猛烈地冲击着整个封建统治，成为当时社会发展和思想运动的根本动力。同时，地主阶级内部的分化所形成的政治反对派，尤其是一部分在野开明地主及其知识分子，他们面对着封建社会的严重危机，在当时“庙堂之是非，天下必欲反之；天下之是非，庙堂必欲反之”③ 的情况下，也纷纷组织了具有政治革新和文化革新目的的各种民间结社，掀起了改革运动。前有“东林”清议，后有“复社”斗争。农民革命的暴风雨给予他们以思想惊醒的作用；他们抨击时政的呼声，又赋予当时城市自由居民反封建的自发斗争以一定的政治内容；他们通过爱国主义的实践道路而接近了人

① 张廷玉等：《明史》第二二三卷《王宗沐传》。

② 王夫之：《诗广传》未刊稿。见《湖南历史资料》1959年第3期。

③ 谷应泰：《明史纪事本末》卷六六。

民，并成为当时抗清运动中政治上和思想上的旗手①。他们把明朝覆亡和清兵入关，看做先进的汉民族的自取败辱，而引为沉痛教训，“哀其所败，原其所剧”②，利用他们的文化教养，对历史和现实，实行了深刻的检讨和批判，从而掀起了一代启蒙思潮。

在封建社会末期，地主阶级政治反对派的出现，不仅是封建社会的对抗性矛盾在地主阶级内部的反映；而且，当封建社会开始崩裂而新的阶级和阶级意识又尚未形成以前，这一政治反对派，在特定条件下有可能在政治思想和文化思想的某些方面，成为反映历史进步要求的新思潮的承担者。当时社会经济往前发展的客观要求，劳动人民生产实践基础上自然科学的发展，在阶级矛盾和民族矛盾交织的条件下广大群众奋起斗争的历史实践，乃是这一新思潮产生和发展的基础和动力。这一新的启蒙思潮，在当时条件下，只能通过地主阶级反对派的思想家的思想三棱镜反映出来，不可避免地具有它的特点和局限。它虽然对封建专制制度和传统思想束缚进行了勇敢的斗争，批判了旧世界，却又不能发现一个新世界。这恰好表现出当时作为时代运动主流的农民革命战争的威力和弱点，也表现出当时作为新兴社会势力的市民反对派的力量还很微弱。但是，新思潮既已崛起，明末清初的封建统治者纵采取各种窒压手段，也不可能阻止它的历史作用，适应17~19世纪初中国社会经济波浪式的发展，中国启蒙思潮也有一个波浪式的发展；而经过这一段历史的洄流，更加显示出早期启蒙思想家反映了当时时代精神的思想光辉。

王夫之是这样的启蒙思想家中的典型人物。他一生的政治活动和学术创造，像一面时代的镜子，反映了17世纪中国历史事变的主要进程。

35岁以前，正当明清之交阶级斗争和民族斗争的高潮时期，他

① 如黄宗羲说：“数十年来，勇者燔妻子，弱者埋土室，忠义之盛，度越前代，犹是东林之流风余韵也，一堂师友，冷风热血，洗涤乾坤。”（《明儒学案》卷五十八《东林学案》）

② 王夫之：《黄书·后序》。

和当时许多关心现实的爱国知识分子一样，投身于时代运动，参加政治斗争。直到南明瓦解，他才满怀忧愤，回到故乡，决定“退伏幽栖，俟曙而鸣”①。

此后，他不顾清朝统治者的迫害，坚强地拿起笔来，开始从事另一种形式的战斗。在几年流亡生活中，他写成了《黄书》、《老子衍》等重要著作，同时着手写作哲学巨著《周易外传》。以后隐居于荒寒的石船山麓，“启瓮牖”、“秉孤灯”，在极其困难的条件下，坚持大量的学术研究，“虽饥寒交迫，生死当前而不变”②。正当清康熙帝，一手拿刀，大兴文字狱；又一手拿笔，以各种“御纂”、“钦定”来恢复封建正宗思想的统治时，隐伏在石船山下的王夫之，却用自己峥嵘的笔锋③，开辟了一个广阔的战线。他自称是“六经责我开生面”④，“荆棘是芟，庶显康庄”⑤。事实上，他正是选择了淹贯经史，博通传注的学术途径，“详慎搜阅，参驳古今”⑥，沿着祖国文化发展的大道，披荆斩棘而开拓了新的思想领域。他鉴定自己后半生的学术活动，是抱着“刘越石之孤愤”，来阐扬“张横渠之正学”⑦，这表明他是以崇高的爱国主义理想，来坚持战斗的唯物主义路线，对整个封建统治思想的核心——两汉神学、魏晋玄学、隋唐佛学、宋明道学等唯心主义和神学理论，实行了总结性的批判。“欲尽废古今虚妙之说，而反之实。”⑧

这样，王夫之虽然“退伏幽栖”，却并没有脱离战斗。他以后半生40年的全部精力写出近400卷的著作，其中占大部分的哲学著作，

① 王夫之：《姜斋文集》卷八《章灵赋注》。

② 王敔：《姜斋公行述》。

③ 王夫之：《姜斋诗集七十自定稿》《病起连雨四首》中有句云：“故国余魂长缥缈，残灯绝笔尚峥嵘。”颇能道出他挥笔著述时的情形。

④ 王夫之自题《堂联》。

⑤ 王夫之：《姜斋诗集》卷四《读易》之八。

⑥ 王敔：《姜斋公行述》。

⑦ 王敔：《姜斋公行述》。

⑧ 王夫之自题《墓铭》。

可说是一部传统哲学批判的全书。他的著作，虽曾在清初被湮没100多年，但终于以掩埋不了的思想光芒对近代中国的思想运动和革命运动，发生了深远的影响。这是因为，他的著作中，贯注了一种摸索救国真理的伟大热忱；基于这种动力，他的自成体系的哲学思想，表现了一种严肃的批判精神。

王夫之哲学的批判锋芒，指向了整个中古的各种宗教神学和唯心主义；特别是他把从北宋到明代500年来长期桎梏着人民思想、统治着知识界的道学唯心主义，作为他的直接先行思想资料，进行了认真的解剖和批判的总结。他分析北宋以来的哲学战线，存在着一种“贞邪相競而互为畸胜”的两条路线的斗争。邵雍、二程等的唯心主义，流行一时；而张载为代表的唯物主义，“信从者寡”；“是以不百年而陆子静之异说兴，又二百年而王伯安之邪说熺”。陆王心学占了上风，以致造成社会堕落、国家衰败的局面。① 他把陆王心学，明确地划入“异端”，从政治危害上加以揭露和打击；对邵雍的象数学和程颐的义理学，则从理论体系上进行系统批驳；周敦颐和朱熹的哲学，看来是王夫之所尊重的“先我而得者已竭其思”② 的思想史的成果之一，但在一些根本原则问题，如理气关系、道器关系、知行关系、理欲关系等问题上，可以清楚看到，王夫之所坚持的气一元论的唯物主义路线和周敦颐到朱熹的理一元论的客观唯心主义体系，是哲学路线上的根本对立。他虽从周敦颐哲学的粗糙提纲和朱熹哲学的庞大体系中，吸取了不少思想资料，但纳入自己的世界观体系时，给予了实质上的改造。至于他对所谓“朱门后学”和“姚江之徒”的逐处批驳，更可以看出，包括理学派、心学派在内的整个唯心主义道学，都是王夫之的哲学批判所扬弃的对象。

其所以如此，取决于中国后期封建社会中哲学斗争发展的客观形势。宋明以来，哲学战线上两条路线斗争的焦点，集中到本体论方面的“理、气”关系问题，以及与之相联系的“道、器”关系问题上

① 王夫之：见《张子正蒙注·序论》。

② 王夫之：《四书训义》卷六。

来，并逐步深入到认识论的领域。哲学斗争愈深入，核心问题愈明确，唯心主义和唯物主义双方都在磨炼自己的武器。宋代在唯心主义基础上融合儒、佛、道三教的“新儒学”的创立中，周敦颐的“无极太极说”、邵雍的“先天象数学”、二程的“义理学”等，分别吸取了佛、道二教的理论，经营着各自的体系；在这一气氛中，张载以他的“气化”论，在批判佛教和道教的理论斗争中恢复了唯物主义气一元论的权威；朱熹集大成的“理本气末”的本体论论证，为唯心主义又扩展了广阔的阵地；罗钦顺、王廷相提出“气本”论来反击客观唯心主义是有力的，但他们对“气”范畴的哲学规定，显然敌不过唯心主义思辨的巧密；明代陆、王心学因统治阶级的政治需要而泛滥流行，又把哲学斗争的目标转移到伦理化了的认识论的复杂问题上来。这一哲学斗争发展的“圆圈”，为后起的唯物主义者留下了几个重大的问题：首先，关于客观世界的物质统一性问题，单凭以往“气化”论、“气本”论中对“气”范畴的粗糙规定，如张载所说“不如野马絪缊，不足谓之太和”①，及王廷相所说“气虽无形可见，却是实有之物，口可以吸而入，手可以摇而得”② 等，是不能彻底说明问题的；精巧的唯心主义可以承认这种具体实物性的“气”，而把世界的统一性仍然归结为在“气”之上、“气”之外另有一个更根本的精神本体。其次，关于客观物质世界中的一般（普遍）和个别（特殊）的关系问题，由于标志物质实体的“气”范畴未能摆脱实物性，也就难于依靠正确的抽象来加以唯物主义的论证；因而唯心主义可以利用抽象思维脱离具体事物的可能性，把客观存在的“一般”变为主观臆造的“太极”、“道”、“理”等——最后归结为超现实的“神化了的绝对”。此外，关于主体和客体、感觉和思维、认识和实践等一系列的对立统一关系，更是唯心主义善于颠倒割裂因而能够“惑世诬民”的认识论上的复杂问题，有待唯物主义者更全面地加以说明。

---

① 张载:《正蒙》卷一《太和》。

② 王廷相:《王氏家藏集·内台集》(答何柏斋《造化论》)。

王夫之在哲学斗争的新形势下，担当起批判整个宋明道学的任务。他采用“入其垒、袭其辎、暴其恃而见其瑕”① 的根本方法，熔铸了丰富的先行思想资料，着重从认识论的根本问题上打击陆、王，改造程、朱；而结合对玄学、佛教的批判，抓住了唯心主义本体论的理论核心，并追索到它的认识论根源。同时，他自觉地继承和深入发展了张载的“气化”论，把气一元论的唯物主义体系，提高到足以克服以往唯心主义的新的水平。

清初，虽有康熙帝及其“理学名臣”汤斌、李光地等，“调和朱陆间以自文”，企图依靠政权力量，来复活道学正宗；但是，事实上“清世理学之言”，已经“竭而无余华了”了。章太炎的这一观察②，是颇为敏锐的。寄生在认识发展大树上的宋明道学唯心主义这朵空花，已被明清之际的反道学思潮、尤其是王夫之提供的批判武器基本打落了。这可说是王夫之哲学思想最根本的时代特色。

下面试对王夫之哲学的这一特色，主要就其在本体论和认识论方面几个主要问题上的历史贡献及其局限，作一初步的探讨。

## 一 王夫之的本体学说

### （一）“太虚一实”、“从其用而知其体之有”

在理论思维的进程上，王夫之把张载哲学的终点作为自己的起点。关于理气关系：他着重阐发了张载的“知太虚即气则无‘无’”和“动非自外”的论题；他的主要贡献在于：对作为物质实体的“气”范畴，进行了哲学意义的规定；进而，把朱熹的“理本气末”的颠倒世界观，扶正过来，对理气关系问题作了明确的唯物主义的解决。

首先，针对唯心主义者所谓“理无内外”(“理”是无限的）而

① 王夫之：《老子衍·序》。

② 章太炎：《章氏丛书》《检论》卷四《汤、李别录》、《清儒》。

“气有不存”(“气”是有限的)观点①，唯物主义地论证了“气”的普遍无限性。王夫之认为，整个宇宙“虚涵气、气充虚”，充满着“弥沦无涯”、“通一无二”的“气”。无形的太空，有形的大地，杂多的万物，都是“气”的各种存在形式，“此外，更无他物，亦无间隙”②。世界的物质统一性，也就表明了物质世界的无限性。他说：

> 上天下地曰宇，往古来今曰宙，虽然：莫为之郛郭也。唯有郛郭者，则旁有质而中无实，谓之空洞可矣。宇宙其如是哉！宇宙者，积而成乎久大者也。③
>
> 天地之终，不可得而测也。以理求之，天地始者今日也，天地终者今日也。其始也，人不见其始；其终也，人不见其终。其不见也，遂以谓邃古之前，有一物初生之始；将来之日，有万物皆尽之终。亦愚矣哉！④

宇宙没有边沿(“郛郭”)，也没有起点和终点，而是“二气絪缊”、“积而成乎久大”。“气”弥沦于无限的空间；并且往来聚散，无始无终，是一个无限的发展过程。

其次，王夫之深刻地论述了“气”是一切运动变化的主体，而运动是“气”的根本属性，由此，规定了“气”的永恒不灭性。

他指出：“虚空即气，气则动者也”⑤；“太虚者，本动者也”⑥。气的运动变化，“莫之为而为”⑦，“抟造无心，势不能各保其固然”⑧。物质自然界在自我运动着；它不可能保持“固然”的样子，

---

① 朱熹：《朱子语类》卷一、四。
② 王夫之：《张子正蒙注·太和》。
③ 王夫之：《思问录·内篇》。
④ 王夫之：《周易外传·未济传》。
⑤ 王夫之：《张子正蒙注·参两》。
⑥ 王夫之：《周易外传·系辞下传第五章》。
⑦ 王夫之：《张子正蒙注·太和》。
⑧ 王夫之：《周易外传》卷六《系辞下传》。

永远处在“絪缊生化”过程中。“絪缊”一词，被他专用来形容“二气交相入而包孕以运动之貌”①，藉以表示“气”的运动变化，是根源于“气”所固有的内在矛盾。他由“阴阳不孤行于天地之间”的矛盾的普遍性，来论证“阴阳摩荡”所引起的运动的绝对性。“动、静皆动也；由动之静，亦动也。”②

永恒运动着的“气”，只有往来聚散，而没有生灭。“散入无形而适得气之体，聚为有形而不失气之常。”③ 或聚或散，有形无形，乃至“五行万物之融、结、流、止，飞、潜、动、植，各自成其条理而不妄”④，都只是“气”的各种运动形态；而人物之生死，也不过是“气化”之往来。“生非创有，死非消灭，阴阳自然之理也。”⑤王夫之按当时的科学水平，企图具体证明物质不灭的原理：

> 车薪之火，一烈已尽，而为焰、为烟、为烬，木者仍归木，水者仍归水，土者仍归土，特希微而人不见尔。
>
> 一甑之炊，湿热之气，蓬蓬勃勃，必有所归，若盦盖严密，则郁而不散。
>
> 汞见火则飞，不知何往，而究归于地。有形者且然，况其絪缊不可象者乎！⑥

这里，不仅论证了物质实体是不能“创有”和“消灭”的，只是物质存在的具体形态可以互相转化；而且，试想把“有形”的薪火、蒸气、水银等具体实物和“絪缊不可象”的“气”区别开来。以往的唯物论者，关于物质的抽象，始终没有摆脱实物性，把“气”看做“升降飞扬”的、“生物以息相吹”的游气野马（张载），或“口

① 王夫之：《周易内传》卷六《系辞下传》。
② 王夫之：《读四书大全说》卷十。
③ 王夫之：《张子正蒙注·太和》。
④ 王夫之：《张子正蒙注·太和》。
⑤ 王夫之：《周易内传》卷五《系辞上传》。
⑥ 王夫之：《张子正蒙注·太和》。

可以吸而入”的“实有之物”(王廷相)。王夫之力图突破这一思想局限。他说：

> 生物以息相吹之说，非也。此(“气”) 乃太虚之流动洋溢，非仅生物之息也。①

这一区别，在哲学思维上是一个跃进。标志物质实体的“气”，不能归结为某种具体实物（如“生物之息”的空气）；概括各种具体实物的共同本质，把具体实物的杂多性和物质世界的统一性辩证地统一理解，才能正确地形成关于物质的抽象。这里存在着自然科学和哲学概括的差别。在历史上，曾有过机械的物质观，接近于实验科学，却陷入了机械论；也曾有过辩证的物质观，由于缺乏科学论证，而大多具有思辨哲学的性质。与王夫之同时的大科学家方以智，按实验科学的思路，既肯定了“一切物皆气所为”，“虚、固是气，实形、亦气所凝成”②；而又试图把运动着的“气”，分析为“水、火”二气③，再归结为“火弥两间，体物乃现”④；并用凸镜在阳光下可以“一点即燃”来证明“满空皆火”⑤。方以智的“火一气一元论”中，包含着燃素说的观点，是一种机械自然观的思维途径⑥。王夫之极端推崇好友方以智的“质测之学”，但却采取了另一种思维途径，来发展气一元论的哲学唯物主义。他指出：

> 言太和细缊为太虚，以有体、无形为性，可以资广生大生而无所倚，道之本体也。二气之动，交感而生，凝滞而成物我之万

① 王夫之：《张子正蒙注·太和》。

② 方以智：《物理小识》卷一。

③ 方以智：《物理小识》卷一。

④ 方以智：《药地炮庄》《大宗师篇评语》。

⑤ 方以智：《智者禅师语录》卷二。

⑥ 参见恩格斯《自然辩证法》《〈反杜林论〉·旧序、论辩证法》，北京：人民出版社 1955 年版。

象，虽即太和不容已之大用，而与本体之虚湛异矣。①

这是说，充满太虚的“气”，是“太和絪缊之本体”；它无所依赖而化生一切；它既是实有其体，而又虚湛无形；至于“气”所凝成的“物我万象”，则是“太和”必然表现的“大用”。“气”和“万象”的关系，既区别、又统一，是所谓“体”和“用”的关系。他指出一切唯心主义的特点，“皆立体而废用”②。而实际上，“体用相函者也”③，“体用胥有而相需以实”，只能“由用而得体”④。也就是说，作为物质性的“道之本体”的气，就存在于“物我万象”之中。“不可象者，即在象中。”“絪缊太和之真体，非目力所及，不可得而见也。”⑤

对于这个“有体无形”、“不可得而见”的“太和絪缊之本体”，王夫之曾多方描绘它的属性，如说它是“浑沦于太极之中而为一”⑥；是“理气充凝，……遇方则方，遇圆则圆，或大或小，絪缊变化，初无定质”⑦。又承袭张载用语，说它是“无色、无质、无象、无数”的“清、虚、一、大”⑧。到此为止，王夫之对“气”的规定，超出了具体实物，而基本上还没有摆脱“原始物质”这一朴素的观念。

但是，王夫之并未止步，他进而运用“诚”、“实”、“有”等概念，并给予新规定，试图从哲学意义上更高地来概括物质世界的最本质的属性，即客观实在性。

他唯物主义地改造了“诚”这一来自《中庸》而被周敦颐等所

① 王夫之：《张子正蒙注·太和》。
② 王夫之：《思问录·内篇》。
③ 王夫之：《周易外传·系辞上传第十一章》。
④ 王夫之：《周易外传·大有传》。
⑤ 王夫之：《张子正蒙注·太和》。
⑥ 王夫之：《周易内传·发例》。
⑦ 王夫之：《思问录·外篇》。
⑧ 王夫之：《思问录·外篇》。

神秘化了的范畴：

> 太虚，一实也。故曰："诚者，天之道也。"①
>
> "诚"也者，实也。实有之，固有之也。无有弗然，而非他有耀也。②
>
> 夫"诚"者，实有者也，前有所始，后有所终也。实有者，天下之公有也，有目所共见，有耳所共闻也。③

所谓"诚"，就是真实无伪、实有不虚；而统一的物质世界，正是"太虚一实"，实有固有，为天下所共见共闻，本来面目如此。说它是客观实在的，这就概括了它的最根本的属性。所以说："'诚'者，无对之词也。……说到一个'诚'字，是极顶字，更无一字可以代释，更无一语可以反形。"④ "'诚'，则物之终始，赅而存矣。"⑤ "'诚'者，天理之实然，无人为之伪也。"⑥

如果说，"初无定质"的浑沦之气，还近似于关于"原始物质"的概念；那么，"诚=实有"，则近似于关于"物质一般"的客观实在性的抽象⑦。他认为"太虚一实"的"诚"或"实有"，虽然"视不可见，听不可闻"，但它确确实实是"物之体"⑧。这个"体"的实在性，由它的"用"表现出来。"天下之用。皆其有者也。吾从其用而知其体之有，岂待疑哉？用有以为功效，体有以为性情，体用胥有而相需以实，故盈天下而皆持循之道。故曰：'诚者，物之终

---

① 王夫之：《思问录·内篇》。

② 王夫之：《尚书引义》卷四《洪范》三。

③ 王夫之：《尚书引义》卷三《说命》上。

④ 王夫之：《读四书大全说》卷九。

⑤ 王夫之：《尚书引义》卷三《说命》上。

⑥ 王夫之：《张子正蒙注·诚明》。

⑦ 关于"原始物质"和"物质一般"是不同程度的抽象，参见恩格斯《自然辩证法》，北京：人民出版社1955年版，第203、214页。

⑧ 王夫之：《思问录·内篇》。

始，不诚无物。’”①“用”是事物的属性及其作用于人的实际功效，“体”是世界固有的物质实体。对于这个“体用俱实”的“诚=物之体”，虽然直接感觉不到，但可以“从其用而知其体之有”、“日观化而渐得其原”，即是通过观察各种物质现象的变化始终而逐渐得到关于各种事物的共同本质的认识。“充满两间”的“一实之府”，看不见，听不着，但“存神以穷之，则其富有而非无者自见”②。王夫之认为，人们面对整个物质世界而形成这样一个“客观实在”的观念，有一个过程，是人们的认识逐步演化的结果。他说：

> 两间之有，孰知其所自昉乎？无已，则将自人而言之。今我所以知两间之有者；目之所遇，心之所觉，则固然广大者，先见之；其次，则固然可辨者也；其次，则时与相遇，若异而实同者也；其次，则盈、缩有时，人可以与其事；而乃得以亲用之者也。是故，寥然虚清，确然凝立，无所不在，迎目而觉，游心而不能越，是天地也；……故舟居而渔者，穷年见泽而不见山；岩栖而钼者，穷年见山而不见泽。乃苟见之，则一如天地之固然峙于前而不移也。③

这一深刻的论述，表明独立于人们意识之外的统一物质世界的客观实在性，首先，是一种通过感性直观、笼统观察到的“广大”的存在；其次，具体辨认到互相区别的各种实在事物；再次，反复“相遇”，在差别中又看到“若异实同”的共同本质；最后，通过“与其事”、“亲用之”的实践，知道物质世界有其“盈、缩有时”的固有规律。这样，终于证实了客观物质世界的确是“确然凝立，无所不在”的，是“固然峙于前而不移”的；它作用于感官而可以感觉(“迎目而觉”)，它是抽象思维可以概括而又不能超越(“游心而不能越”)

① 王夫之:《周易外传·大有传》。
② 王夫之:《张子正蒙注·大心》。
③ 王夫之:《周易外传·说卦传》。

的对象。这些虽然具有思辨性质的哲学论证，却包含了对真理的天才猜测。

基于“太虚一实”的本体学说，王夫之还提出“实有可依”、“不能绝物”等观点，对玄学、佛教世界观的核心，给予了致命的打击。

他指出，人类生活和生产的实践，充分证明了人们所依存的物质世界是完全真实的。“夫可依者，有也；至常者，生也。皆无妄而不可谓之妄也。”不仅人的衣、食、住、行，都依存于物；而且，物和物也相依。“所依者之足依，无毫发疑似之或欺!”① 唯心主义者要求“绝物”，以致“废人伦，坏物理，握顽空，蹈死趣”，都是由于“不明于物之不可绝也”。事实上“夫欲绝物者，固不能充其绝也。一眠一食而皆与物俱，一动一言而必依物起。不能充其绝而欲绝之，物且前却而困己，己且龃龉而自困”。② 一切妄想“绝物”的人，只会四处碰壁，龃龉自困。王夫之揭露“庄老言虚无”，“浮屠言寂灭”；其共同思想本质，都在于否认世界的“实有”，公然宣称“实不可居而有为妄”，这完全是“捏目生花，自迷其头”。他清醒地指出唯心主义者的自欺欺人。例如佛教，“谓太虚之中本无一物，而气从幻起以成诸恶，为障碍真如之根本。妄欲销陨世界以为大涅槃。彼亦乌能销陨之哉！徒有妄想以惑世诬民而已”!③

上述这些有破有立的议论，都是在对统一物质世界的客观实在性作艰苦的哲学论证。这些论证虽仍具有思辨的性质，但在我国唯物主义发展史上，却作出了可贵的贡献。有了这样基本摆脱了具体实物性的“气”范畴及其哲学规定，使王夫之在进一步解决“理气”关系问题时，就能在更高的理论水准上，驳斥理本论，坚持气本论，从而克服宋明道学唯心主义发展的高峰——朱熹哲学。

“理气”关系问题，是哲学基本问题的曲折表现。在本体论的意

① 王夫之：《周易外传·无妄传》。

② 王夫之：《尚书引义》卷一《尧典》。

③ 王夫之：《张子正蒙注·神化》。

义上，这一问题所划分的两条哲学路线争论的焦点，乃是理气分合问题和理气本末问题，即世界的统一性和统一于什么的问题。

从程颐到朱熹，都主张“理气各为一物”，这一形而上学的割裂，是唯心主义思辨的第一步，目的在把“理”从物质世界中游离出来，便于把它转变为精神性的或伦理化的观念存在物；王夫之则坚定指出：“理与气元不可分作两截。”①“理与气互相为体，而气外无理，理外亦不能成其气。善言理气者，必不判然离析之?”② 问题是，什么是“理”？王夫之回答说：

> 天下岂别有所谓“理”，气得其理之谓“理”也。③
>
> 理，本非一成可执之物，不可得而见。气之条绪节文，乃理之可见者也。故其始之有理，即于气上见理：抬已得理，则自然成势，又只在势之必然处见理。④

不容许把“理”从现实事物中游离出来变为“单个存在物”，明确地把“理”规定为只是“气”所固有的条理或规律。“理”是客观存在的，不能主观臆造，只能“于气上见理”，“在势之必然处见理”。所以说：“理只是象二仪之妙，气方是二仪之实。健者，气之健也；顺者，气之顺也。天人之蕴，一气而已。”而“气原是有理底，尽天地之间，无不是气，即无不是理也”。⑤ 在这一意义上，王夫之常用“理气”这一复合范畴，来表明二者浑沦不可分。宇宙本是一个统一的、有规律的物质运动过程。但“气”毕竟是阴阳变化的主体；“气”的变化，表现出一定的秩序条理、因果关系、必然规律，这就是“理”。唯心主义的谬误，就在于离气而言理，“去气外求理”⑥，

① 王夫之:《读四书大全说》卷九。
② 王夫之:《读四书大全说》卷十。
③ 王夫之:《读四书大全说》卷九。
④ 王夫之:《读四书大全说》卷九。
⑤ 王夫之:《读四书大全说》卷十。
⑥ 王夫之:《张子正蒙注·太和》。

“看理作一物事、有辙迹”①。所以朱熹说：“理与气决是二物。”“未有此气，已有此理。”王夫之驳斥说：“将理、气分作二事，则是气外有理矣。”而事实上，“气处更无虚托孤立之理”②。

从周敦颐到朱熹，都坚持“太极”(即“理”)动静而产生阴阳(“气”)的唯心主义的根本论纲。自从周敦颐宣布：“太极动而生阳，动极而静，静而生阴。”③ 朱熹接着强调：“太极只是一个‘理’。”“言其秩序，须有这实理，方始有阴阳。”“推其本，则太极生阴阳。”④ 这些论题，构成宋明道学中唯心主义本体论的理论基石。王夫之针锋相对地否定了这些论题，并给予系统驳斥。首先，他把“太极”这一范畴，唯物主义地改造为：“阴阳之本体，絪缊相得，和同而化，充塞于两间，此所谓‘太极’也。张子谓之‘太和’。”⑤“太极”被用来标志“理、气”充凝而构成的物质世界的总体；“太极生两仪，两仪生四象，四象生八卦”等，被解释为是物质世界的自我运动所固有的内部蓬勃开展，即他所说：“固有之则生，同有之则俱生矣。……浑沦皆备，不劳不漏。固合两仪、四象、八卦而为太极，其非别有一太极、以为仪象……明矣。”⑥ 进而，指名老氏、浮屠，而实质上针对着承袭道教与佛教理论的周敦颐与朱熹哲学的核心，给予了有力的批判：

> 老氏以天地如橐籥，动而生风，是虚能于“无”生“有”，变幻无穷。……误解《太极图》者，谓“太极”本未有阴阳，因动而始生阳，静而始生阴。不知动静所生之阴阳，为寒暑、润燥，男女之情质，乃固有之蕴，其絪缊充满，在动静之先。动静者，即此阴阳之动静。……非动而后有阳，静而后有阴，本无二

① 王夫之：《读四书大全说》卷九。
② 王夫之：《读四书大全说》卷十。
③ 周敦颐：《太极图说》。
④ 朱熹：《朱子语类》卷七五。
⑤ 王夫之：《周易内传》卷五《系辞上传》。
⑥ 王夫之：《周易内传》卷五《系辞上传》。

气，由动静而生，如老氏之说也。①

对于周敦颐的《太极图说》渊源于老子的“有生于无”，这是深刻的揭露。又说：

浮屠谓真空常寂之圆成实性，止一光明藏，而地水火风根尘等皆由妄现。……若谓“太极”本无阴阳，乃动静所显之影像，则性本清空，禀于“太极”，形有消长，生于变化；性中增形，形外有性；人不资气而生，而去气外求理；则形为妄而性为真，陷于其邪说矣。②

正是朱熹在反复强调：“太极自是太极，阴阳自是阴阳”③，“太极生阴阳，理生气”④；“当初皆无一物，只有此理而已”⑤，“气有不存，而性却常在”⑥。就世界观的本质看，王夫之所批判的“气外求理”的“邪说”，恰好是吸取了佛教思辨的朱熹哲学的核心。

但是，朱熹的客观唯心主义体系的“精巧”处，却在于他对理气关系问题的迂回论证中，企图避开理气先后问题，甚至在他所谓“理”的“已发”阶段，还经常强调“理气相依”乃至“理在气中”；但唯心主义的诡辩并不能逃避哲学的基本问题，因而朱熹在“理气相依”乃至“理在气中”的前提下，仍然推论出了“理本气末”⑦、“气是依傍这理行”⑧ 的明确结论。王夫之剥取了朱熹哲学中的合理成分，而把它的唯心主义的颠倒结论再颠倒过来，他的结论也

① 王夫之：《张子正蒙注·太和》。
② 王夫之：《张子正蒙注·太和》。
③ 朱熹：《朱子语类》卷五。
④ 周敦颐：《周子全书》卷一。
⑤ 朱熹：《朱子语类》卷九五。
⑥ 朱熹：《朱子语类》卷四。
⑦ 朱熹：《朱文公文集》卷五八《答黄道夫》。
⑧ 朱熹：《朱子语类》卷一。

很明确：

> 气者，理之依也。气盛则理达。天积其健盛之气，故秩序条理、精密变化而日新。①
>
> 理，即是气之理；气当得如此，便是理。理不先而气不后……若论气，本然之体，则未有几时，固有诚也。……唯本有此一实之体，自然成理。②

“气”是“理”所依存的“本然之体”或“一实之体”，这是“理”依于“气”的气本论，和朱熹的“气”依于“理”的理本论，是唯物主义与唯心主义的根本对立。结合对程朱学派“统心、性、天于一理”的整个客观唯心主义体系的细致批判，他更明确指出：“盖言心、性、言无言理，俱必在气上说，若无气处，则俱无也。”③

这样，基于对“气”范畴的哲学规定，基于对“理气关系”问题的较彻底的唯物主义解决，王夫之基本上终结了宋明道学中的程朱理学。

### （二）“天下唯器”、“无其器则无其道”

关于道器关系问题，实即一般（普遍）和个别（特殊）的关系问题，是王夫之在解决了理气关系问题的基础上，利用旧范畴，进一步发挥的新思想。

理气关系，在清醒的唯物论者，只是指物质实体和它的固有的条理、规律之间的关系；而在醉醺醺的宋明唯心主义道学中，则把理和气的关系，与所谓道和器、太极和万物、形而上和形而下的关系，糅混在一起。他们按唯心主义，特别是客观唯心主义的颠倒思路，利用人类认识物质及其规律的抽象过程中的二重性，首先，把客观存在的

---

① 王夫之：《思问录·内篇》。
② 王夫之：《读四书大全说》卷十。
③ 王夫之：《读四书大全说》卷十。

"一般"(在抽象思维中所反映的事物的本质、规律、实体等）和"个别"(在感觉经验中所认识的实际存在的具体事物等)，互相割裂开来；然后，再把被抽象化了的"一般"，看做脱离具体事物或与具体事物并列的"单个存在物"。朱熹说："只是此一个理，万物分之以为体。"①"如一所屋，只是一个道理，有厅有堂；如草木，只是一个道理，有桃有李。"② 恰如马克思所揭露的：思辨哲学总想在苹果、梨子、桃子之外制造"一般果实"③；而"在抽象的最后阶段，作为实体的将是一些逻辑范畴"④。也就是把客观事物所固有的"一般"，经过抽象而变成了"脱离了物质、脱离了自然、神化了的绝对"⑤；变成了"凭空出现的东西"、"人们所不能够捉摸的纯粹抽象的公式"⑥。像朱熹所讲："形而上者，无形无影是此理"，"未有天地之先，毕竟也只是理"，"万一山河大地都陷了，毕竟理却在这里"⑦。于是，问题被搅乱，关系被颠倒过来，本来都是客观存在的理和气两者的关系问题("气"及其"理"都又各有其一般和个别的关系问题)，被唯心主义的思辨改变成为主观制造的精神本体("太极""形而上之道"等）和客观的物质事物("万物""形而下之器"等）之间的关系问题。这个精神本体——在朱熹是自我意识外化的"天理"，在陆、王是自我意识本身的"良知"，又被进一步变成了世界的主宰，生天地、生阴阳、生万物；也就是"使抽象的概念、观念转变（而且是不知不觉的、人们意识不到的转变）成幻想（最后=

① 朱熹：《朱子语类》卷九四。

② 朱熹：《朱子语类》卷六。

③ 《神圣家族》，《马克思恩格斯全集》卷二，北京：人民出版社 1957 年版，第 74 页。

④ 《哲学的贫困》，《马克思恩格斯全集》卷四，北京：人民出版社 1958 年版，第 140 页。

⑤ 列宁：《哲学笔记》，北京：人民出版社 1956 年版，第 365 页。

⑥ 毛泽东：《矛盾论》。

⑦ 朱熹：《朱子语类》卷一。

神）”。①

可见，宋明道学唯心主义，除了社会阶级基础以外，还有其深刻的认识根源。为了清算程、朱、陆、王，必须澄清他们所搅混的问题，揭露其谬误的认识根源，主要是需要唯物主义地（同时必须辩证地）论证客观物质世界的“一般”（“普遍”）和“个别”（“特殊”）的关系问题。

王夫之沿用《易传》上“形而上者谓之道，形而下者谓之器”等古老命题，赋予新的内容，创立了自己的道器论，在解决上述清算唯心主义的关键问题上，作出了重要的理论贡献。

王夫之用“道”这一范畴来标志“一般”：在本体论意义上讲，“一般”至少有两种含义：一是指“物质一般”，即普遍的物质实体；一是指“规律一般”，即普遍的共同规律或事物的共同本质。王夫之也大体区别了“道”的两种含义：或者指“清通不可象”的“气之本体”；或者指“天地人物之通理”。前者，是“物所众著”，可说是“气体”之“道”；后者，是“物所共由”，可说是“气化”之“道”。他对“道”所下的定义是：

> “道”者，物所众著而共由者也。物之所著，唯其有可见之实也。物之所由，唯共有可循之恒也。既盈两间，而无不可见盈两间而无不可循，故盈两间皆“道”也。②

“物所众著”（一切事物所共同表现）的，是普遍存在的物质实体；“物所共由”（一切事物所共同遵循）的，是普遍规律。都是“道”（一般）。

至于“器”，则指个别、特殊的具体事物，以及和事物的普遍规律与共同本质相对而言的具体规律和特殊本质等。用王夫之的话来说：

① 列宁：《哲学笔记》，北京：人民出版社1956年版，第339页。

② 王夫之：《周易外传·系辞上传第五章》。

阴阳与道为体，道建阴阳以居；相，融相结而象生，相参相耦而数立。……象日生而为载道之器，数成务而因行道之时，器有大小，时有往来，载者有量，行者有程。①

由阴阳变合而成的“象”(具体现象）及其相互交错而成的“数”(具体规律)，都是具体的、变动的、杂多的。“象”是“载道”的（包含着物质实体)，而所载之量不同，则表现为“器”(具体事物）有大有小；“数”是“行道”的（表现着普遍规律)，而各有差别，乃由于“时”(具体条件）有所不同。但具体事物及其具体规律，尽管无限复杂而又都是客观的、有定的。“象至常而无穷，数极变而有定。”② 可见，王夫之对哲学范畴的规定，是较细密的；在他的哲学体系中，“道器”与“理气”这两对范畴，是显然区别、各有所指的。把唯心主义所搅混的问题，加以澄清，这在理论思维的发展和理论斗争的深入上，都是一个进步。

弄清了他的范畴，再来看他的论述：

首先，他把“道器”问题还原为物质世界本身的问题，立下自己“道在器中”的论纲。他说：

统此一物，形而上则谓之道，形而下则谓之器，无非一阴阳之和而成，尽器则道在其中矣。③

无论“道”和“器”，都是“一阴阳之和而成”的客观物质世界所固有的；两者是统一的，统一于具体事物。世界充满着具体存在的事物(“器”），而“道”就存在于具体事物之中。“道，体乎物之中以生天下之用者也。”④ “若夫道，含万物以入万物，方往方来，婉嬗

① 王夫之:《周易外传·系辞上传第二章》。

② 王夫之:《周易外传·系辞上传第二章》。

③ 王夫之:《思问录·内篇》。

④ 王夫之:《周易外传·乾卦传》。

希微，固不穷已。”① “两间皆形象，则两皆阴阳也；两间皆阴阳，则两间皆道。”② 可见“道”是物质性的客观存在，存在于“万物”之中。其次，关于“道”和“器”的关系问题，王夫之进一步作了详细的论述，他对《易系辞》的“形而上者谓之道，形而下者谓之器”，作了别开生面的新解释：

> “谓之”者，从其谓而立之名也。“上下”者初无定界，从乎所拟议而施之谓也。然则上下无殊畛，而道器无易体，明矣。
>
> 天下唯器而已矣。道者器之道，器者不可谓之道之器也。无其道则无其器，人类能言之；虽然，苟有其器矣，岂患无道哉！……人或昧于其道者，其器不成；不成，非无器也；无其器则无其道，人鲜能言之，而固其诚然者也。洪荒无揖让之道，唐虞无吊伐之道，汉唐无今日之道，则今日无他年之道多矣。未有弓矢而无射道，未有车马而无御道，……道之可有而且无者多矣。故无其器则无其道，诚然之言也，而人特未之察耳。
>
> 故古之圣人，能治器而不能治道，治器者则谓之道。道得则谓之德，器成则谓之行，器用之广，则谓之变通，器效之著，则谓之事业。……故圣人者，善治器而已矣。自其治而言之，而“上”之名立焉。“上”之名立，而“下”之名亦立焉。“上、下”皆名也，非有涯量之可别者也。③

这里，王夫之深刻论述了以下一些重要观点：

“上下无殊畛，道器无易体”——“道”(一般) 和“器”(个别、特殊的具体事物) 之间的所谓“上下”关系，是相对的，二者没有绝对的界限，并不是截然两体，就所处理的对象不同，才区别所谓“上、下”；对不同类的事物有不同的“一般”和“个别”(“特殊”)

① 王夫之：《老子衍》。

② 王夫之：《周易外传·系辞上传第五章》。

③ 王夫之：《周易外传·系辞上传第十二章》。

的关系；这首先揭示了道、器关系的客观辩证法，和朱熹等形而上学地割裂道、器，所谓“道器之间，分际甚明，不可乱也”① 的观点，根本相反。

“天下唯器而已矣”——世界上一切事物都是具体的存在物。现象是无比丰富的。但每一具体事物和现象，本身既具有自己的特殊性，又具有同类事物的共同性，即是说都是个别（特殊）和一般（普遍）的统一。“普遍性即存在于特殊性之中。”共同本质即存在于杂多现象之中。所以说：

> “盈天下而皆象”，“象不胜多”而“天下无象外之道。”②
>
> “盈天地间皆器”，“象日生而为载道之器”③，故“群有之器，皆与道为体。”④

既然“天下唯器”，“道在其中”，所以“无其器则无其道”。没有个别，就没有一般。“一般只能在个别中存在，只能通过个别而存在。”⑤ 一般包含在个别之中，而个别却不能完全包入一般。所以，只能说“道者器之道”，而不能反过来说“器”是“道之器”。看来是抽象的逻辑推论，却具有重大的实际意义。历史在发展，“器”在变化，“道”也必须随之而变，根本不存在一个“天不变，道亦不变”之“道”。“据器而道存，离器而道毁。”⑥ 王夫之运用自己的“道器”论来考察社会历史，他看到了时代条件的变化，决定着社会法则也在向前推移。洪荒、唐虞、汉唐、今日，乃至他年的社会，都各有自己的“道”。他指出：“道之所行者时也，时之所承者变也，

① 朱熹：《答黄道夫》，《朱文公文集》卷五八。

② 王夫之：《周易外传·系辞下传第三章》。

③ 王夫之：《周易外传·系辞下传第三章》。

④ 王夫之：《周易外传·大有传》。

⑤ 列宁：《哲学笔记》，北京：人民出版社 1956 年版，第 36 页。

⑥ 王夫之：《周易外传·大有传》。

道因时而万殊也。"① 依存于"器"的"道",是随着时代条件的变化而变化的。既然"道因时而万殊",所以"道莫盛于趋时"②;"趋时应变者,唯其富有,是以可以日新而不困"③。因而,"顺时中权"④、"与时偕行"⑤、"格物达变"⑥、"趋时更新"⑦ 等,便成为他的"道器"理论所导出的重要实践结论。他运用"道莫盛于趋时"的观点,来总结历史事变,而得出无论因、革,只要顺"时",都是合"道"的结论:

是故,因亦一道也,革亦一道也。其通也时也,万古不易者,时之真也;其塞也时也,古今殊异者,时之顺也。考三王,俟百世,精义以中权,存乎道而已矣。⑧

同时,他基于民族爱国主义的立场,面对民族矛盾掩盖了阶级矛盾的现实,更得出为了保卫民族,君权"可革"的结论:

"今族类之不能自固,而何他仁义之云云也哉!""保其类者为之长,卫其群者为之邱。……可禅、可继、可革!而不可使夷类间之。"⑨

王夫之的"道器"论,应看做明清之际基于民族爱国主义的启蒙思潮和民主思想相结合的理论化的表现。正因如此,谭嗣同才会从王夫

① 王夫之:《周易外传·杂卦传》。
② 王夫之:《思问录·内篇》。
③ 王夫之:《张子正蒙注·大易》。
④ 王夫之:《周易外传·系辞下传第七章》。
⑤ 王夫之:《周易外传·说卦传》。
⑥ 王夫之:《周易外传·说卦传》。
⑦ 王夫之:《宋论》卷一。
⑧ 王夫之:《宋论》卷一。
⑨ 王夫之:《黄书》:《后序》、《原极》。

之的“道器”论中找到自己主张变法维新的理论根据。①

既然“无其器则无其道”，即使圣人，也只能“治器”而“不能治道”。作为“物质一般”或“规律一般”的道；都是既不能消灭，又不能创造的；只能遵循“道”来“治器”，在“治器”的实践过程中发现“道”、把握“道”。人类历史实践证明，没有“弓矢”，就没有“射道”；“道因时而万殊”，随着人类实践的发展，今后可以有而现在还没有的“道”，还多得很。因而根本不存在脱离具体事物的、乃至派生具体事物的永恒的“道”或“理”。这就揭穿了客观唯心主义的臆造，剥夺了把“一般”变为“单个存在物”的可能。正因如此，所以王夫之的这一理论，曾给“新理学”的提倡者造成极大的困难。

作为“物质一般”的“道”，则根本没有成毁，所以，王夫之在这个意义上又说：“器敝而道未尝息。”“器”有成毁，而作为“气之本体”的“道”，则“古今无异”，永恒不灭。在这种意义上所用的“道”范畴，他作了如下的规定：

> 形而上者谓之道，形而下者谓之器。形而上，即所谓清通而不可象者也。器有成毁，而不可象者寓于器以起用，未尝成，亦不可毁，器敝而道未尝息也。②

所谓“清通不可象者”，即他所说“太和细缊之本体”；这样的“道”，实是王夫之对“太虚”、“太和”、“太极”、“天”或“天地”等普遍的物质实体概念所作的总概括，是他所制定的、同唯心主义精神本体论正相对立的唯物主义的本体或实体概念。

这一“实体”概念的形成，正如列宁曾指出的，是“人类对自然界和物质认识的发展过程中的重要阶段”。因为，“一方面，应该从认识物质深入到认识（理解）实体，以便探求现象的原因。另一

① 谭嗣同：《思纬壹台短书——报贝元徵》。

② 王夫之：《张子正蒙注·太和》。

方面，真正地认识原因，就是使我们的认识从现象的外在性深入到实体。”列宁说：“自然科学史和哲学史+技术发展史的精华”证明了这一点。① 王夫之在制定这一标志物质实体的“道”范畴中，一方面在试图探求现象产生的原因，而归结为一切现象都根源于“一阴一阳之谓道”的自我矛盾运动。如他说：

> “道”，谓天道也。阴阳者，太极所有之实也。……合之则为太极，分之则谓之阴阳，不可强同而不相悖害，谓之“太和”，皆以言乎阴阳静存之体，而动发亦不失也。然阴阳充满乎两间，而盈天地之间，唯阴阳而已矣。“一一”云者，相合以成主持而分剂之谓也。无有阴而无阳，无有阳而无阴，两相倚而不离也，……必交待以相成也。……此太极之所以出生万物，成万理，而起万事者也，资始资生之本体也。故谓之“道”。②

万事万物都“资始资生”于“道”的“本体”。“充满乎两间”的实体：“道” = “太极”(“太和”) = 阴阳之合，由一分为二，阴阳二者互相依存转化（相倚、相交），它的内部在蓬勃开展。“生万物，成万理，起万事”，“故道以阴阳为体，阴阳以道为体，交与为体，终无有虚悬孤致之道。……道器相须而大成焉”。③ “故道生于有，备于大繁。有皆实，而速行不息，太极之函乎五行二殊，固然如斯也。”④ 因而，他坚决反对在阴阳、形器之外去设置一个“虚悬孤致之道”：来作为世界的创始者或推动者；痛斥一切找寻世界的开始的思想：如老子的“橐籥”论；《乾凿度》的“危构四级于无形之上”，说什么“有太易、有太初、有太始、有太素”；庄子所谓“有有者、有无者、有未始有夫有无者”等宇宙起源论；全是一些把世

① 列宁：《哲学笔记》，北京：人民出版社 1956 年版，第 141 页。

② 王夫之：《周易内传》卷五《系辞上传》。

③ 王夫之：《周易外传 · 咸卦传》。

④ 王夫之：《周易外传 · 序卦传》。

界看做“待推于彼而生之”的唯心主义谬论，“虚为之名而无实”①。

王夫之深刻分析了“道”与“象”的关系，提出“天下无象外之道”的命题，并利用“隐”和“显”的对立范畴，接触到了“从现象的外在性深入到实体”这一现象和本质的客观辩证法问题。他说：

> 天下无象外之道，何也？有外，则相与为两，即甚亲，而亦如父之于子也；无外，则相与为一，虽有异名，而亦若耳目之于聪明也。……象外无道，欲详道而略象，奚可哉？②

形而上者，隐也，形而下者，显也。才说个形而上，早已有形字为可按之迹，可指求之主名。就者（这）上面穷将去，虽深求而亦无不可。唯一概抹下者（这）形，笼统向那没边际处去搜索，……全不依物理推测将去，方是“索隐”。……君子之道……皆求之于显，以知其隐，则隐者自显，亦非舍隐不知，而特不索耳。③ 这是说，“象外无道”、“道”和“象”是统一的，要把握“道”必须通过“象”，“舍象而无所征”。形而上的“道”，是“隐”——现象背后的本质(“一般即本质”④ )；要把握“道”，必须“求”之于“显”。因此，“隐”和“显”也是统一的。就这一意义上，王夫之认为“道器”关系，“隐显”关系，可说是“本末”关系；“道为器之本，器为道之末，此本末一贯之说也。物之有本末，本者必末之本，末者必本之末”。⑤ 也可说是“体用”关系：“中涵者，其体；是生者，其用。……体者，所以用；用者，即用其体。”⑥ “体用相

① 王夫之：《周易外传·系辞上传第十一章》。

② 王夫之：《周易外传·系辞下传第三章》。

③ 王夫之：《读四书大全说》卷二。

④ 列宁：《哲学笔记》，北京：人民出版社1956年版，第274页。

⑤ 王夫之：《读四书大全说》卷七。

⑥ 王夫之：《张子正蒙注·太和》。

函者也。……体以致用，用以备体。”① 宋明道学中的“体用”、“本末”等范畴，被王夫之摄取过来，作为自己唯物主义道器一贯论的环节。

可以看出，王夫之对于作为物质实体的“道”范畴的规定，以及关于“道器”关系问题各个侧面的开展，虽还束缚在传统的思维形式中，但仍有许多天才的思想闪光；在人类形成“实体”概念的认识深化过程中，他的一些观点，按照列宁的指示，应看做哲学史的精华。

“一般”和“个别”的辩证法，本具有重要的认识论的意义，王夫之的“道器”理论，也涉及一些认识论的重要问题，主要是怎样认识“道”的问题。

一方面，他强调了“尽器则道在其中”，“治器者则谓之道”。这是认识“道”的基本出发点。离开了“器”，根本无从认识“道”，接触具体事物是整个认识的基础。另一方面，他又反过来，指出：“尽道所以审器”、“人或昧于其道者其器不成”。这是指某一具体认识的进一步发展。如果能够“尽道”，可以更好地“审器”，相反，对具体人、具体事来说，“昧其道”，也会“其器不成”。理论认识具有一定的指导作用。这一思想的深刻性，还在于他又把“尽器”、“治器”和“作器”、“践形”等联系起来，不仅把《易传》中所谓“作者之谓圣”，解释为“作器也”；“述者之谓明”，解释为“述器也”；“鼓天下之动者存乎辞”，解释为“辞所以显器，而鼓天下之动，使勉于治器也”；把“唯圣人然后可以践形”，解释为“践其下（器），非践其上（道）也②。并且提出“尽器难矣”的深刻观点。他说：

> 圣人之所不知不能者，器也；夫妇之所与知与能者，道也。故尽器难矣！尽器则道无不贯，尽道所以审器。知至于尽器，能

① 王夫之：《周易外传·系辞上传第十章》。
② 王夫之：《周易外传·系辞上传第十二章》。

至于践形，德盛矣哉!①

抽象原则的“道”，一般人也可以“与知与能”；具体事物的“器”，则十分复杂，虽是“圣人”，也有所“不知不能”。从认识上说，要真正做到“尽器”，即对于具体事物，“识其品式，辨其条理，善其用，定其体……成器在心，而据之为德”②，是极不容易的；要做到这一点，必须经过认识不断深化的反复过程。一方面，“尽器则道无不贯”，由特殊到一般；另一方面，“尽道所以审器”，又由一般到特殊，只有通过这两个过程的互相联结，才可能“入德以凝道”。

王夫之常用“道”与“德”这一对范畴，来表示在认识过程中对一般(“道”）和个别(“器”）的把握。“德”是表示对“个别”认识，使“天地民物固然之用、当然之则、各得（即“据之为德”）焉，则谓之‘道’”③。可见，“道”是对“德”的综合，而不是离开“德”的抽象。他认为，一方面“德至而道凝”④，即通过对“个别”(“特殊”）的把握而把握“一般”；另一方面，“道定而德著”⑤，即掌握了“一般”又可以加深对具体事物的了解。但王夫之深刻地指出，这两个方面不是平列的，主要的是应该把握“特殊”即“尽器”。因为，“天下唯器”、“象日生而为载道之器”，现实的“器”，无比复杂，而“尽器”十分困难。只有通过“特殊”，才能认识“一般”。所以，他强调说：

勇于德而道凝；勇于道，则道为天下病矣。⑥

因为，真理是具体的，只能“入德以凝道”；如果单是去“勇于道”，

① 王夫之：《思问录·内篇》。
② 王夫之：《周易外传·系辞上传第十二章》。
③ 王夫之：《四书训义》卷八。
④ 王夫之：《周易外传·说卦传》。
⑤ 王夫之：《周易外传·说卦传》。
⑥ 王夫之：《思问录·内篇》。

抓住一些普遍原则而不顾具体条件，这种抽象的“道”，只会“为天下病”，而实质上是“附托于道而不知德”①。因而，他和当时许多启蒙思想家一样，坚决反对宋明以来“蹈虚”、“空谈”的学风，反对“绝学而游心于虚”②，而主张严肃地面向现实，深入实际，只有“格物而达变，而后可以择善而执中③；只有“推之近远，抵之幽深，会其参伍，通其错综，然后深可极而几可研”④。

王夫之由“道器”关系问题的基本正确解决所导出的认识论结论，应该说，是十分光辉的。可说是，把明清之际启蒙思潮所掀起的“实事求是”的新学风，提到认识论原则的高度，进行了哲学概括。

有了上述这样的理论武器，所以王夫之能信心十足地向唯心主义开火，基本上击中敌人的要害：

> 形而上者，非无形之谓；既有形矣，有形而后有形而上，无形之上，亘古今、通万变、穷天穷地、穷人穷物，皆夹右者也。……如其舍此（器）而求诸未有器之先，亘古今、通万变、穷天穷地、穷人穷物，而不能为之名，而况得其实乎？
>
> 老氏瞀于此，而曰道在虚，虚亦器之虚也。释氏瞀于此，而曰道在寂，寂亦器之寂也。淫词锞炙，而不能离乎器，然且标离器之名以自神，将谁欺乎?!
>
> “器”而后有形，形而后有上，无形无下，人所言也。无形无上，显然易见之理，而邪说者淫曼以衍之而不知惭，则君子之所深鉴其愚而恶其妄也。⑤

王夫之这种批判锋芒的尖锐性和战斗性，来自一种理论上的自信。这

① 王夫之：《张子正蒙注·至当》。

② 王夫之：《思问录·内篇》。

③ 王夫之：《周易外传·说卦传》。

④ 王夫之：《周易外传·系辞上传第十章》。

⑤ 王夫之：《周易外传·系辞上传第十二章》。

里指明的是老氏和释氏，事实上宋明道学唯心主义思辨的空洞，也恰是如此。例如自认为把话“说得活”的朱熹，也明白宣称：“形而上者，无形无影，是此理。”①“形是这形质，以上便是‘道’，以下便是器，这个分别得最亲切。故明道云：‘唯此语截得上下最分明。’形以上底虚，浑是道理；形以下的实．便是器。”“即形器之本体而离乎形器，则谓之‘道’。”② 王夫之所痛斥的，正是朱熹等所坚持的。两种世界观的对立，如此鲜明。“标离器之名以自神”，“求之于未有器之先”，即是说，利用抽象观念脱离对象(“标离器之名”)的可能性，割裂“一般”和“个别”(程颢所谓“截得上下最分明”)，然后在“形之上”、“器之先”或“器之外”去制造、安置一个精神本体，老子叫作“虚”，玄学家叫作“无”，佛教叫作“寂”，宋明道学叫作“离乎形器”的“道”、“理”或“太极”。这就是作为封建统治思想支柱的唯心主义本体论代代相传的思辨秘密。他们“淫曼以衍之”所构造的种种烦琐体系，基本上被王夫之所揭穿了。

总的说来，王夫之在唯物主义地解决了“理气”关系问题的基础上，进而把“道器”关系，实际理解为“一般”(普遍)和“个别”(特殊)的关系，并坚持了辩证思维的途径，给予了基本方向正确的论证。这就能更好地揭露和批驳唯心主义利用人类认识的二重化而把“一般”的抽象转变为“神化的绝对”的根本谬误，从而巩固和扩展了唯物主义理论阵地。

但是，王夫之的哲学，还存在着极大的局限性。他对自然的观察，虽利用了一些科学成果，但基本上还是直观的；他所运用的哲学范畴，虽有一定的规定，但极不严密，往往受到传统思辨结构的严重影响和束缚；他的自然哲学，虽在理论思维的进程上有杰出贡献，但包含了因袭传统而来的唯心主义和形而上学杂质。特别是在宋明道学的影响下，为了“合天人于一理”，会通所谓“人伦”与“物理”，虽在观察人类史中力图运用他的自然史观而有所创获，但却把一些社

① 朱熹:《朱子语类》卷九五。

② 朱熹:《朱子语类》卷七五。

会伦理的观念又糅杂在对自然的认识中。如他认为天地、乾坤、阴阳二气等也都具有“知、能”作用和“仁、义”属性等①，这就常陷于思想混乱。又如他强调了“太虚即气”，坚决反对了“以理言天”，但有时又认为“天主理，地主气”②；肯定了“太虚本动”，坚决反对“废然之静”，但有时又认为“体静而用动”③；表现出理论上的自我矛盾。这些谬误和失足之处，按当时历史条件，是可以理解的。瑕不掩瑜，王夫之的道器论，是我国哲学遗产中一颗发光的珍珠。

## 二 王夫之的认识理论

### （一）“因所以发能、能必副其所”

利用认识论问题来发展唯心主义，是后期佛教和宋明道学的特点之一。虽然他们为了强化宗教、伦理的实践，总是把认识论的范畴和一些道德伦理的范畴糅混在一起；但毕竟在唯心主义基础上提出和“抽象地发展了”一些认识论的问题。王夫之批判地吸取了先行思想资料，建立起自己的认识论体系。

他利用佛教哲学中的“能”、“所”范畴，把认识论问题上主观（“能”）和客观（“所”）的对立性加以明确规定，表述了反映论的基本原理。他说：

> “能”、“所”之分，夫固有之，释氏为分授之名，亦非诬也。乃以俟用者为“所”，则必实有其体；以用乎俟用而以可有功者为“能”，则必实有其用。体俟用，则因“所”以发“能”；用，用乎体，则“能”必副其“所”；体用一依其实，

① 王夫之：《周易外传·系辞上传第一章》。
② 王夫之：《思问录·外篇》。
③ 王夫之：《张子正蒙注·太和》。

不背其故，而名实各相称矣。①

佛教提出“能”、“所”范畴，把认识主体和认识对象区别开，这是对的。问题是，首先必须把“能”和“所”唯物主义地理解为都是真实的，而不是虚幻的。必须实有客观物体，才能作为认识对象，必须实有认识能力，才能具有认识作用。其次必须肯定“因所以发能”，认识作用是由客观对象所引发而起的；而正确的认识内容又必须主观符合客观；“能必副其所”，主观是客观的副本。这就抓住了认识论最根本的问题，提出和规定了反映论的基本原则。值得注意的是，王夫之利用传统的“体、用”范畴来说明能所关系问题时，把客观的对象，规定为“俟用者”，即接受认识作用的认识对象；把主观认识作用，规定为作用于“俟用者”的“有功者”。他利用“人能弘道”、“为仁由己”等传统命题来解释“能”，实即把认识主体看做不完全是消极被动的。一方面，客观决定着主观，“因所以发能”；另一方面，主观是“可有功者”，具有一定的能动性。他坚持反映论原则，然而一开始就没有忽视人类认识活动中的能动因素。这在他的认识理论往后开展中，会更鲜明地表现出来。

根据反映论原则，他着重揭露了佛教及陆、王心学的主观唯心主义实质，乃在于“消所以入能”而“以能为所”，既把客观归结为主观，又把主观意识设置为认识的对象。他具体分析佛教等“三变以立其说”的唯心主义诡辩：第一步，“以有为幻，以无为实”，根本否认物质世界的客观实在性，这是不可能的；于是，第二步，“诡其词曰：‘空我执而无能，空法执而无所’”，所谓“能所双泯”，企图抹杀“能”、“所”的界限，但事实上，“有能有所，则又固然而不容昧”，这又是抹杀不了的；于是，第三步，便干脆“能其所，所其能，消所以入能，而谓能为所，以立其说”。他们把客观世界消融在主观意识中，又把主观意识外化为认识对象，所谓“三界唯心而心即界，万法唯识而识即法”。这就是“释氏凡三变而‘以能为所’之

① 王夫之：《尚书引义》卷五《召诰无逸》。

说成”。王夫之严厉驳斥了这种认为“天下固无有‘所’，而唯吾心之能作者为‘所’。……吾心未作，而天下本无有‘所’”的主观唯心主义谬论。他指出：“耳苟未闻，目苟未见，心苟未虑，皆将捐之，谓天下之固无此乎？越有山，而我未至越，不可谓越无山，则不可谓我之至越者为越之山也。……所登者山，不得谓登为山；所涉者水，不得谓涉为水。”这一论证，看来很平实，却有力地揭露了主观唯心主义的“意之所在即是物”的荒谬本质。他的理论来自生活实践，特别是来自他所说的“民碞之可畏，实有其情；小民之所依，实有其事”这样社会政治生活的实际观察。他一贯认为明末反动统治集团的盲目性和疯狂性，与阳明心学的泛滥有关。他从政治上揭露这种“拒物而空之”的主观唯心主义，“其祸人心，贼仁义，尤酷矣哉”！同时，从理论上，得出了空前明确的论断：

> 唯心、唯识之说，抑矛盾自攻，不足以立！①

基于唯物主义的反映论原则，他进而分析人的认识活动的产生，需要三个条件，即人的肉体感官（形）、人的意识（神）和外物三者的遇合。“形也、神也、物也，三相遇而知觉乃发”②；“耳与声合，目与色合，皆心所翕辟之牖也。合、故相知”③。感觉器官是接受外部刺激的窗子；感觉内容是“与物交”的结果；把张载所用的“客感”一词，明确解释为“自外至曰客”④，它来自外部世界，所以是客观的。“若其为五色、五声、五味之固然者，天下诚然而有之，吾心诚然而喻之；天下诚然而授之，吾心诚然而受之。”⑤ 客观事物是授予者，主观认识是接受者，在感觉内容的来源问题上，基本上坚持

---

① 以上均见王夫之：《尚书引义》卷五《召诰无逸》。

② 王夫之：《张子正蒙注·太和》。

③ 王夫之：《张子正蒙注·大心》。

④ 王夫之：《张子正蒙注·太和》。

⑤ 王夫之：《尚书引义》卷六《顾命》。

了从“物到感觉和思想”的唯物主义路线。

至于理性思维的内容，即反映客观事物的本质、规律、全体、一般的抽象概念（他称之为“理”、“道”等），是否也来自外部世界呢？王夫之提出“所不在内”和“能不在外”的原则，认为“‘所’著于人伦物理之中，‘能’取诸耳目心思之用”①。把认识对象的客观性和认识能力的主观性加以区分，论证了思维的内容是来自客观世界的，而思维能力则是自然赋予人的“良能”。他说：

> 原知见之自生，资于见闻；见闻之所得，因于天地之所昭著与人心之所先得；人心之所先得，自圣人以至于夫妇，皆气化之良能也。②

这一“人心之所先得”的“良能”，具有一定的先验性质，是王夫之在扬弃宋明道学，特别是阳明心学中所保留下的唯心主义杂质。但他力图剥去这种“不学而能”、“不虑而知”的“良能”、“良知”的神秘性，把它看做人人都具有的认识能力；这种主观的能力，也并不能主观自生，而必须依靠“学虑之充”来加以发展③；至于思维的对象、内容，则基本上是客观的。如他说：

> 万物皆有固然之用，万事皆有当然之则，所谓“理”也，乃此“理”也。唯人之所可必知、所可必行，非人之所不能知、不能行，而别有“理”也。④

这是说，“理”是事物所固有的法则，是客观存在的；同时，它又是可知的，可以遵循的。接着，提出了“以心循理”的原则：

① 王夫之：《尚书引义》卷五《召诰无逸》。
② 王夫之：《思问录·内篇》。
③ 王夫之：《思问录·内篇》。
④ 王夫之：《四书训义》卷八。

理者，物之固然，事之所以然也，显著于天下，循而得之。①

具此“理”于中而知之不昧，行之不疑者，则所谓“心”也。以心循理，而天地民物固然之用，当然之则，各得焉，则所谓“道”。②

“心”可以认识“理”，并以之作为“行之不疑”的指南；“理”是客观的，虽可具于心中，但只能“以心循理”，从把握个别，（“各得”）到把握一般(“道”)，形成反映事物规律性的理性知识。王夫之认定只有老老实实去“以心循理”，“随时循理，而自相贯通，顺其固然，不凿聪明以自用”③；所谓“循”是“依物之实，缘物之理，率由其固然，不平白地画一个葫芦与他安上”④。只有这样，才能达到主、客观的统一，达到“天下所有，即吾心之得；吾心所藏，即天下之诚”⑤。

王夫之进一步分析：人的“心”之所以能够“循理”，思维和存在之所以有同一性，一方面由于人和物都同样是物质自然的产物：

自天而言之，则以阴阳五行成万物，万物之实体而有其“理”；即此阴阳五行之灵妙，合于人而为情性，以启其知行者，而有其“心”。则“心”之于“理”所从出，本非二物。故“理”者人心之实，而“心”者天理之所著、所存者也。……知其所真知者，果万物之理不违此知也；知其所笃行者，果万事之理不异必行也。反而求之于吾心，而可以贯者存此一心也，即天与我以与天地民物相往来者也。⑥

① 王夫之：《张子正蒙注·至当》。
② 王夫之：《四书训义》卷八。
③ 王夫之：《张子正蒙注·中正》。
④ 王夫之：《读四书大全说》卷一。
⑤ 王夫之：《尚书引义》卷三《仲虺之诰》。
⑥ 王夫之：《四书训义》卷八。

从自然史看来，人心和“理所从出”的万物，都是“阴阳五行”所构成，“本非二物”；所以，作为思维内容的“理”，也就是客观自然法则在心中的反映(“天理之所著、所存”)；如实反映的“真知”，便和“万物之理”，具有“不违”、“不异”的同一性。试图按唯物主义原则来说明第一性的“在物之理”转化为第二性的“在心之理”的客观基础。

另一方面，他更深刻地分析下“心”把握“理”的理性思维，并不是“逐物而分应”，也不必“异念而旁求”，而只是一种综合、抽象的“纯”、“约”、“推”、“贯”的能力。他说：

> 天下无心外之理，而特夫人有理外之心。以心循理，心尽而理亦尽；以理御心，理可推而心必推。尽之于小而小者无遗，可以贯乎大矣；尽之大而大者不虚，可以贯于小矣；推之于常而常者无所执，可以贯于变矣；推之于变而变者有其则，可以贯于常矣……表里一也，精粗一也，始终同条，而内外合德，此之谓“纯”，此之谓“约”；无他，于心求之而已。……心果尽矣，果推矣，则自无不可贯，而后知其协于一也。

这是说，凡“理”都可被反映(“无心外之理”)，人具有反映“理”的独特能力(“有理外之心”)，发挥这种能力去如实地反映(“以心循理”)和合理地思维(“以理御心”)，可以达到贯通大小常变，统一表里精粗，形成理论体系，做到内外同一。这是“求之于心”，“无不可贯”的抽象(“纯”、“约”)和推理(“推”、“贯”)的思维作用。但抽象思维，容易脱离实际而陷入各种片面性，他指出：

> 顾人之求道也，以为天地万物之全体大用皆通于一心，顾欲扩其心量以包乎广远，则务大者必略乎小，察乎小者必忘乎大，执为常者必穷于变，遂于变者反碍其常。

这样“扩大心量”的结果，并不能反映客观真理。“虽有所得于道之一端”而“明乎此者昧于彼，行乎一曲者不足以达乎大全”。因为，“天下之理，亦至繁矣”，只有“小不废大，大不遗小，小大因乎事而达之者一致；常不碍变，变不失常，常变因乎时而行之者一揆”，才不至于“得其偏而失其全”，也才可能把握真理的具体性（“因乎事”、“因乎时”）和真理的全面性（“达乎大全”、“一以贯之”）①。

由此出发，王夫之一方面，坚持了以心“循理”，而反对了以心“立理”的唯心主义唯理论。他指斥当时自然科学中各种“以心取理，执理论天”的主观附会以及传统的五行生克说等，“凡为彼说，皆成戏论，非穷物理者之所当信”②。进而提出“有即事以穷理，无立理以限事”的认识原则，实质上把朱熹也列入“异端”而痛斥说：

> 故所恶于“异端”者，非恶其无能为“理”也，冏然仅有得于“理”，因立之以概天下也。……“异端”之言曰：“万变而不出吾宗”……谓彼（客观世界）之事，一吾宗之结构运行也（按朱熹便常说：“心包万理”，“理该万事万物”，“宇宙之间，一理而已……盖皆此理之流行”③ 等），非天下之至诞者孰敢信其然哉！④

另一方面，他虽指出格物穷理，是致知的基础，重视了经验知识，但更看到了经验的局限性，“耳目但得其表”。他认为，发挥人的抽象思维作用，才可以突破这个限界，做到“表里之具悉”。他说：

> 声色之丽耳目，一见闻之而然，虽进求之而亦然，但为物所蔽而蔽尽于物。岂如心之愈思而愈得，物所已有者，无不表里之

① 以上所引均见王夫之：《四书训义》卷八。
② 王夫之：《思问录·外篇》。
③ 朱熹：《朱子语类》卷九、《朱文公文集》卷七。
④ 王夫之：《续春秋左氏博议》卷下。

具悉（原注：耳目但得其表），物所未有者，可使之形著而明动哉？①

王夫之突出地强调了“心官独致之功”的抽象思维作用，认为感觉是被动接受的，“不思而得”的，容易“为物所蔽”；而抽象思维则可以“物引不动，经纬自全”，“愈思而愈得”，突破感性认识的局限。他说：

天下之物无涯，吾之格之也有涯，吾之所知者有量；而及其致之也，不复拘于量。②

既然如此，不可知论是不能成立的：

知有其不知者存，则既知有之矣，是知也。因此而求之者：尽其所见，则不见之色章；尽其所闻，则不闻之声著；尽其所言，则不言之义立。虽知有其不知，而必因此以致之，不迫于其所不知而索之。此圣学、异端之大辨。③

说有一个“不知者存”，恰好证明已知它的存在了。人类依靠自己的认识能力因此而“求之”，“致之”，“索之”，则可以把握客观世界的一切对象，“所未至者皆其可至者也”。

总之，王夫之继续张载的思路，把宗教意识的根源归结为宥于感性知识的局限。他认为，必须看到人类的认识能力的无限性，既要克服经验论，又要克服不可知论及其为宗教所留下的地盘。他的结论是：“统而论之，流俗之徇欲也，以见闻域所知也；释氏之邪妄者，据见闻之所穷而遂谓‘无’也。致知之道，唯在远此二愚，大其心

① 王夫之：《读四书大全说》卷十。

② 王夫之：《读四书大全说》卷十。

③ 王夫之：《思问录·内篇》。

(发挥思维的能动作用)以体物体身(符合客观存在)而已。"①

沿着上述唯物主义的可知论的认识论路线,王夫之利用和改造了"格物"与"致知"、"博文"、"约礼"、"多学"、"一贯"等传统范畴,开展了他的认识论的辩证法。

在"格物"与"致知"的关系问题上,他把宋明道学家所制造的各种颠倒、混淆和割裂,加以扶正和还原,并吸取了朱熹唯心辩证法中一些合理因素,论述了认识过程的阶段性的统一性。他认为,"格物"与"致知":既不能混淆,也不能割裂,而是统一认识过程中的两阶段;每一个阶段上,作为感性认识的"格物"工夫与作为抽象思维的"致知"功用,也不能截然分割,而只是各有偏重,各有主从。他说:

> 大抵"格物"之功,心官与耳目均用,学问为主而思辨辅之,所思所辨者,皆其所学问之事,"致知"之功,则唯在心官,思辨为主,而学问辅之,所学问者,乃以决其思辨之疑。致知在格物,以耳目资心之用,而使有所循也;非耳目全操心之权,而心可废也。②

这是说,认识的感性阶段,以耳目的感性活动为主("学问为主"),但不能脱离"心官"的思辨作用。在抽象思维阶段,主要靠"心官"的思辨作用,但离不开感性认识("学问辅之");所学所问的感性资料,既是思辨所循的内容,又是"决思辨之疑"的基础。这是王夫之所看到的认识过程的辩证性。他进而指出:离开"致知"去"格物",就会迷于现象而走入"玩物以丧志";反之,离开"格物"去"致知",就会流于空想而"荡智以入邪",因此,必须"二者相济"③。但总的说,仍强调"格物穷理"是基础:"多闻而择,多见

① 王夫之:《张子正蒙注·大心》。
② 王夫之:《读四书大全说》卷一。
③ 王夫之:《尚书引义》卷三《说命中二》。

而识，乃以启发心思而会归于一。又非徒恃存神，而置格物穷理之学也。”① 因而，十分重视和推崇新兴的“质测之学”，批评张载在《正蒙》中关于“海水潮汐”等假说：“不及专家之学，以浑天质测及潮汐南北异候验之之实也。”② 而对同时的大科学家方以智则给予很高评价：

> 密翁（即方以智）与其公子（即方中通）为质测之学，诚学思兼致之实功。盖格物者，即物以穷理，唯质测唯得之。③

再就“博文”与“约礼”、“多学”与“一贯”等范畴，试图论证这些对立面的统一关系，接触到了认识运动中具体和抽象、特殊和一般、杂多和统一的辩证法问题。着重反对了朱熹的“一旦豁然贯通”之说，指出：“若立个时节，因缘作迷悟关头，则已入释氏窠臼。……‘一旦’二字，……要未可以为据也。”王夫之认为：“博文、约礼，并至为功，方‘博’而即方‘约’，方‘文’而即方‘礼’。……‘约’者，博之约，而‘博’者，约之博。故将以反乎说‘约’，于是乎博学而详说之；凡为其博且详者，皆为‘约’致其功也。”④ 所谓“博文”或“多学”，是指广泛接触杂多的事物、现象，求得具体知识；所谓“约礼”或“一贯”，是指从客观事物中找到统一的规律，用以指导行动。这两个方面，在认识发展过程中是相反相成、互相依赖的。他指出：“博学”的目的是为了“反约”，这就必须“一以贯乎所学所识”，如果漫无目的地追求知识，即使读经读史，也算是“玩物丧志”。并且，“方博而方约”的认识提高的历程，是永无止境的；做学问应该“日新有得”，而不能现在只管学识而“俟一贯于他日”，那样便会引到“希顿悟于一旦”，由形而上学

① 王夫之：《张子正蒙注·大心》。
② 王夫之：《张子正蒙注·参两》。
③ 王夫之：《搔首问》。
④ 王夫之：《读四书大全说》卷六。

的方法走上僧侣主义的道路。他又提出“一”和“万”关系问题，如说：

> 天居一以统万，圣合万而皆一。①
>
> 兼之富者，合万于一；一之纯者，一以贯万。②
>
> 常一而变万，变万而未常改一。③
>
> 由一而向万，本大而末小。本大而一者，理之一也；末小而万者，分之殊也。理唯其一，道之所以统于同；分唯其殊，人之所以必珍其独。④

这是说，客观事物有其统一性（“常一”），又有其多样性（“变万”），多样性不妨碍其统一性。因而，认识事物的普遍性（“统于同”的“道”），是重要的；但对具体事物的特殊性，必须重视（“必珍其独”）；而且，真正的普遍性和统一性，不是脱离，而是包含了特殊性和多样性的“兼之富者”的普遍和统一。“一含万入万，而不与万为对”⑤，“是以君子格物而达变，而后可以择善而执中。贞夫一者，所以异于执一也”⑥。结合他的“尽器则道无不贯”，“勇于德而道凝”的观点，可以看到王夫之对特殊和一般的认识辩证法，是有一定认识的。

**（二）“行可兼知”、“善动化物”**

王夫之在认识论方面更突出的贡献，是在清算宋明道学关于“知行”关系问题的各种谬论中，建立了自己“行可兼知”、“善动化物”的独创理论。

---

① 王夫之：《尚书引义》卷三《咸有一德》。
② 王夫之：《张子正蒙注·至当》。
③ 王夫之：《周易外传·说卦传》。
④ 王夫之：《尚书引义》卷四《泰誓上》。
⑤ 王夫之：《老子衍》。
⑥ 王夫之：《周易外传·说卦传》。

他认为“尊知而贱能”、“离行以为知”，是整个唯心主义“叛道以流于恍惚之中”的根本所在；宋明道学家关于知行问题，“聚讼不已”，或主张“先知后行”，或表面主张“知行合一”而实质上是以知代行，全都是唯心主义的歪曲。他一方面深刻地揭露了陆、王主观唯心主义的“知行合一”说，混淆知行的区别，“销行以归知，终始于知”。另一方面，他又剖视了程、朱派表面上反对“知行合一”而提出所谓“知先行后”，则是割裂知行的统一，“以困学者于知见之中，且将荡然以失据”。他认为，无论是陆、王派或是程、朱派，他们都“离行而言知”、“凭虚以索惝恍之觉悟”，其共同特点，是“惮行之艰，利知之易，以托足焉”。“朱门后学”与“陆、杨（简）之徒”，并无本质差别，“异尚而同归”!①

清算了旧的，建立起新的。与程、朱、陆、王相对立，王夫之坚持了知与行的辩证统一观。他说：

> 知行相资以为用。唯其各有致功，而亦各有其效，故相资以互用；则于其相互；益知其必分矣。同者不相为用，资于异者乃和同而起功，此定理也。不知其各有功效而相资，于是姚江王氏“知行合一”之说，得借口以惑世。②

这是说，知与行各有效用，互相区别；正因互相区别，才能在认识过程中统一起来。用唯物主义的知行统一观，和心学唯心主义的知行合一说互相对立起来。进而分析，知和行又是统一的，不能割裂，知中有行，行中有知。朱熹等主张“先知后行”，“立一划然之秩序”，也是荒谬的。他认为：“知行终始不相离。……更不可分一事以为知而非行，行而非知。”③

“知行相资以为用”，还是一个循环往复不断发展的过程：“由

① 王夫之：《尚书引义》卷三《说命中二》。

② 王夫之：《礼记章句》卷三一。

③ 王夫之：《读四书大全说》卷三。

知，而知所行；由行，而行则知之；亦可云并进而有功。”① 认识通过行而从不知到知、从浅知到深知，“日进于高明而不穷”。即他所说：

> 知者，知礼（理）者也；礼（合理的行动）者，履其知也。履其知而礼皆中节（符合当然之则），知礼则精义入神（认识深化），日进于高明而不穷。②

这样的知行并进、日趋高明的过程，是认识内容不断深化，认识能力不断提高的过程。他称之为“知能日新”，“知能同功而成德业”，试图说明人类知和行的能动性是不断发展着的。

但是，知行并进，并不是二者平行，他认定行是知的基础，行是主导方面，具有决定的意义。他明确指出：

> 且夫知也者，固以行为功者也；行也者，不以知为功者也。行焉可以得知也；知焉未可以收行之效也。……行可兼知，而知不可兼行，“下学而上达”，岂达焉而始学乎？君子之学，未尝离行以为知也，必矣！③

正如他在本体论上提出“道器一贯”、“无其器则无其道”、“尽器则道在其中”等光辉思想，并坚决反对了“离器而言道”一样；他在认识论上，相应地提出“知行统一”、“行可以得知之效”、“为学必以践履为主”等，从而坚决反对了“离行以为知”。王夫之的理论体系基本上是首尾一贯的。这里，首先肯定“知以行为功”，他以科学活动为例，指出：“将为格物穷理之学，抑必勉勉孜孜，而后择之精、语之详，是‘知’必以‘行’为功也。”这是说，科学的认识，

① 王夫之：《读四书大全说》卷四。
② 王夫之：《思问录·内篇》。
③ 王夫之：《尚书引义》卷三《说命中二》。

必须依赖于科学的实践。其次，又认定“行焉可以得知之效”，这是说行才可以检验认识的可靠程度，他说：“行于君民亲友喜怒哀乐之间”的实际活动，总是从行上证实做对了或是做错了，认识上才明确起来，“是行可有知之效也”。凡能够行，必有所知，故“行可兼知”；但仅是知，未必能行，故“知不可兼行”。基于这样的系统理论，正如他从本体论上揭露了唯心主义的共同点在于“悬道于器外”一样，他从认识论方面也深刻揭露了各种唯心主义的总根子就在于“离行以为知”。批判是很有力的：

> 离行以为知，其卑者，则训诂之末流，无异于词章之玩物，而加陋焉；其高者，瞑目据梧，消心而绝物，得者或得，而失者遂叛道以流于恍惚之中；异学之贼道也，正在于此！而不但异学为然也，浮屠之参悟者，此耳；抑不但屠浮为然也，黄冠之炼己沐浴；求透帘幕之光者，亦此耳；皆先知后行，划然离行以为知者也。①

一面破，一面立，王夫之强调指出：

> 以人之知行言之；闻见之知，不如心之所喻；心之所喻，不如身之所亲行焉。②
>
> 知能日新，则前未有名，礼缘义起。……知所不喻，行且通焉。况其知乎？③

这说得很明白，“身所亲行”的活动，优越于“闻见之知”的感性认识，也优越于“心之所喻”的理性认识。因为，即使“知所不喻”，也可以在“知能日新”的条件下，“行且通焉”。所以他认为在“治

① 王夫之：《尚书引义》卷三《说命中二》。

② 王夫之：《周易内传》卷五《系辞上传》。

③ 王夫之：《思问录·内篇》。

水”问题上，尧赶不上禹，“君子知能相因；不知则亦不能矣；或有知而不能，如尧非不知治水之理，而下手处自不及禹也”①。如果停留在“知”上，则会像“司庚之吏，持筹悉委，而要不获一粟之用也”②；如果停留在只会说，不会做，“能言而遂谓能知，自谓已知而不复勤于力行，则君子甚恶之”③！

进一步，他更提出“实践”的范畴，并深刻指出：

> 知之尽，则实践之而已。实践之，乃心所素知，行焉皆顺。④
>
> 以知知义，以义行知，存于心而推行于物，神化之事也。……心之所存，推而行之，无不合于理，则天不能违矣。⑤

“知”的目的在“行”，所谓“行”，不是抽象的，而是具体的活动，即“存于心”的道理要“推行于物”，并做到“行焉皆顺”，“天不能违”。王夫之认为，这是人和自然之间的一种特殊关系，即他在人性论中所着重发挥的“继善成性”的“天人相绍之际”的关系⑥。这里只引证他在认识论上的主要论纲：

> 原于天而顺乎道，凝于形气，而五常百行之理，无不可知，无不可能，于此言之则谓之性。人之有性，函之于心，而感物以通，象著而数陈，名立而义起，习其故而心喻之。形也、神也、物也，三相遇而知觉乃发。故由性生知，以知知性，交涵于聚，而有间之中统于一心，由此言之则谓之心。顺而言之，则唯天有道，以道成性，性发知道；逆而推之，则以心尽性，以性合道，

① 王夫之：《读四书大全说》卷二。
② 王夫之：《续春秋左氏传博议》卷上。
③ 王夫之：《四书训义》卷九。
④ 王夫之：《张子正蒙注·至当》。
⑤ 王夫之：《张子正蒙注·神化》。
⑥ 王夫之：《周易外传·系辞上传第五章》。

> 以道事天。①

我们剥开他的沉重的、古老的语言外壳，可以看到，他这里所提出的人秉自然形气而生，具有“知”、“能”之性，因而对外部世界及其规律有认识和统摄的能力，一方面，“由性生知”、“性发”而认识自然规律(“知道”)，另一方面，“以心尽性”、发挥认识能动作用而掌握规律以适应或利用自然(“合道”、“事天”)等思想，实际上是试图探索认识论中另一重大问题，即主观反映了客观就能反作用于客观的人的自觉能动性的问题。

他认为，人的“性”(即人的特殊本质)，其根本特点就在于有知、有能。如说：“人之有生，天命之也。……阴阳之良，各以其知、能为生之主。”② “夫天下之用二：知能是也。……知、能者，人事也。”③“知”和“能”，成为他的哲学中两个重要范畴。就认识论方面的意义说，王夫之似乎把“知”和“能”看做人的自觉能动作用的两个方面：“知”是认识的能动性；“能”是实践的能动性。如他说：

> 夫人者，合知、能而载之一心也。……人合天地之用也。夫弥亘初终，而持之一贯，亦至难矣。虚中忘我，以随顺乎万变；勉其所至，而行乎无疆；亦至繁矣。……
>
> 知能同功而成德业。……夫能有迹，知无迹。故知可诡，能不可诡。……知无迹，能者，知之迹也④。

“知”的作用，在“虚中忘我，随顺万变”，这是认识问题；“能”的作用，则在“勉其所至，行乎无疆”，这是实践问题。“知”

---

① 王夫之:《张子正蒙注·太和》。

② 王夫之:《周易外传·困卦传》。

③ 王夫之:《周易外传·系辞上传第一章》。

④ 王夫之:《周易外传·系辞上传第一章》。

无迹而可诡，认识可能主观自生；“能”有迹而不可诡，实践必受客观检验。因而主张“圣人以尽伦成物为道，抑非但恃其虚灵之悟，故知虽良而能不逮，犹之乎弗知”。① 这是说，“尽伦成物”，是认识的目的；只是“知”是不够的，必须发挥“能”的作用（实践作用），使认识变为行动。实际地去“尽伦成物”了，“心之所存，推而行之，无不合于理”，才算是认识的完成；否则，“知虽良而能不逮，犹之乎弗知”。从而，提出了“存于心而推行于物”；“知天之理，善动化物”等深刻观点，接触到了人的自觉能动性的本质问题，即“变主观的东西为客观的东西”的问题。

“心之所存”（主观的东西）为什么可以“推行于物”（变为客观的东西）呢？

由于客观事物互相联系而有其规律性，可以为人所认识和利用。他说：

> 凡物非相类则相反。……万物之成，以错综而成用。……比类相观，乃知此物所以成彼物之利。金得火而成器，木受锯而生火。唯于天下之物知之明，而合之、离之、消之、长之，乃成吾用。不然，物各自物，而非我所得而用，非物矣。②

作为人类认识对象的自然界，同时也就是人类实践活动的对象；由于自然事物的互相联结而有其固有的规律性，人就可以利用它来实现人的目的；这里的条件在于，在认识上“知之明”，并在实践上“合之、离之、消之、长之”。脱离了实践的改造活动，事物便只是“自在的”，也就无从认识其规律，也就说不上“推行于物”了。其所以能够“知之明”，又由于对实践经验的“存”。什么是“存”？

> 存，谓识其理于心而不忘也。变者，阴阳顺逆、事物得失之

① 王夫之：《张子正蒙注·诚明》。

② 王夫之：《张子正蒙注·动物》。

数。尽知其必有之变而存之于心，则物化无恒而皆豫知其情状而裁之。化虽异而不惊，裁因时而不逆，天道且唯其所裁，而况人事乎！①

经验的积累（“存”），可以形成规律性的知识，预见事变的发展，而裁成万物。“化”是客观的，掌握了它的规律，则“虽异不惊”；“裁”是适应于客观规律而采取的措施，“因时不逆”，就可以反作用于自然。所谓：存于心而推行于物”，即这样对于天道人事，由“存”到“豫知”、再到“唯其所裁”，表现出人的自觉能动性。他说：“察事物所以然之理，察之精而尽其变，此在事变未起之先，见几而决，故行焉而无不利。”② 又说：“圣人之志在胜天，不容不动也。……贞其大常，存神以御气，则为功于变化屈伸之际，物无不感天亦不能违之。”③“知之尽”，对于客观规律便能“贞其大常”；“实践之”，则是“为功于变化屈伸之际”，即利用事物互相联结、互相转化的“相乘之几”，以达到“善动化物”的目的。所以说：

天者人之所可待，而人者天之所必应也。物长而穷则必消，人静而审则可动。……

夫天，有贞一之理焉，有相乘之几焉。知天之理者，善动以化物；知天之几者，居静以不伤物，而物亦不能伤之。以理司化者，君子之德也；以几远害者，黄老之道也。降此无道矣。④

“志在胜天”，不是盲动，而是在“知天之理”的基础上，冷静地、审慎地去“以理司化”和“以几远害”（促进事物有利于人的变化和避免其不利于人的变化），前者是积极的，后者是消极的。王夫之强

① 王夫之：《张子正蒙注·天道》。
② 王夫之：《张子正蒙注·神化》。
③ 王夫之：《张子正蒙注·太和》。
④ 王夫之：《读通鉴论》卷二。

调应该积极地去“善动以化物”，充分发挥人的能动性，“以人道率天道”，“尽乎人之所以异于禽兽者”。① 他认为，人类从动物中分化出来，建立起文明社会，首先在于改造自然，从事了物质生产，“来牟率育而大文发焉”②。我们的祖先后稷所开始的农业生产，其伟大意义在于：“因天之能，尽地之利，以人能合而成之。凡圣人所以用天地之神（按：“神者非他，二气清通之理也”③），而化其已成之质，使充实光辉，皆若此。”④ 人类社会的文明，是人向自然作斗争的产物，是人类利用和改造自然的光辉业绩。他进一步指出：

> 人之道，天之道也；天之道，人不可以之为道者也。……夫天与之目力，必竭而后明焉；天与之耳力，必竭而后聪焉；天与之心思，必竭而后睿焉；天与之正气，必竭而后缰以贞焉。可竭者天也，竭之者人也。人有可竭之成能，故天之所死，犹将生之！天之所愚，犹将哲之！天之所无，犹将有之！天之所乱，犹将治之！……任天而无能为，无以为人！⑤

“竭”，是“尽乎人之所以异于禽兽者”的主观努力和实践锻炼；经过这种努力和锻炼，人可以胜天。不能等待自然的恩赐，而要改造自然；不能“任天而无能为”，而要有所作为；乃至反“天道”而为之，改革社会，改造人类自己；即是说，要充分发展人的自觉能动性。这种“自觉的活动和努力，是人之所以区别于物的特点”⑥。王夫之的这种思想，是他整个哲学的实践结论，鲜明地表明了一个启蒙思想家的性格上的坚强和理论上的勇气，也鲜明地表现了一个伟大民族志士复兴民族的强烈的政治愿望。所以，根据上述理论，他发出这

① 王夫之：《思问录·内篇》。

② 王夫之：《诗广传》卷五。

③ 王夫之：《张子正蒙注·太和》。

④ 王夫之：《张子正蒙注·乐器》。

⑤ 王夫之：《续春秋左氏传博议》卷下。

⑥ 毛泽东：《论持久战》七九节。

样的号召：

> 裁之于天下，正之于己，虽乱而不与俱流；立之于己，施之于天下，则凶人戢其暴，诈人敛其奸，顽人砭其愚，即欲乱天下而天下犹不乱也。……若其权不自我，势不可回，身可辱，生可捐，国可亡，而志不可夺！①

这是当时民族战线上最强烈的战斗呼声。

综上所述，可以看到，王夫之在清算宋明道学中所建立起的认识理论，基本上坚持了反映论原则，在许多复杂的问题上保持着唯物主义者的清醒头脑；特别是，他敢于“入其垒、袭其辎”，对一些“聪明的”唯心主义者所“抽象地发展了”的人的自觉能动性和“以概念本性的研究为前提”的人的思维的辩证性等问题，进行了颇为深入的探讨和艰苦批判的工作，利用大量的先行资料来铸造自己的理论体系。从而，在一系列认识论的核心问题上，扬弃了程、朱、陆、王，总结和终结了宋明道学唯心主义。但是，他在论述这些问题时，虽闪出了一些天才思想的光辉，却渗入了不少唯心主义的杂质。突出的是从思、孟学派直到宋明道学把认识问题伦理化的思想影响，使他在认识来源问题上，多少保留了认为人具有先天道德观念和先验思维能力的思想。如他认为“唯其有仁义之心，是以心有其思之能”②；而“思”本身似乎先验地就具有“由仁义行”和“一念之非几”③等“不假于视、听”的道德判断。又如他为了强调理性思维的重要，便认为在“知觉运动”之上还有一种“纯思”④；在一般的“人心”之上，还有一种“道心”⑤。这就不免失足而陷入了唯心主义唯理论

① 王夫之：《续春秋左氏传博议》卷下。

② 王夫之：《读四书大全说》卷十。

③ 王夫之：《读四书大全说》卷一、卷十。

④ 王夫之：《读四书大全说》卷一、卷十。

⑤ 王夫之：《尚书引义·大禹谟一》。

的谬误。

至于他所谓“行”，主要指的还是一般“应事接物”的活动或“力其所讲求之事”的勉力行为；他朦胧地看到了“作器”、“治器”等生产活动对认识发展的意义，也抽象地论述了思维向存在转化、认识向实践飞跃的原理，但总把这一类改造自然的“利用厚生”的生产活动和所谓“行于君民亲友之间”的封建社会伦理实践，糅混在一起，并都看做主要是所谓“圣人君子”的事。并且，他还认为，“庶民之终日营营”的“求食、求匹偶、求安居”的活动，不但不能称为“行”，而且和禽兽差不多①。这就使他陷入了封建剥削阶级的阶级偏见而不能自拔。阶级的和时代的局限，使他至多只能把抽象的个人或按封建道德标准所理想化了的“圣人”，看做认识的主体；根本不了解人的本质是社会关系的总和，也根本不了解人们的认识依赖于社会实践。因而，对于他所接触到的主观和客观、认识和实践的关系问题，也只能朦胧地臆测到一些真理的侧面，而不可能真正作出科学的说明。

## 三　王夫之哲学的历史地位

以上的概述，只涉及王夫之哲学中关于本体论方面的“理气”关系和“道器”关系问题、认识论方面的“能所”关系和“知行”关系问题，不是他的哲学思想的全部。但这几个问题，可说是他的唯物主义世界观的理论基础。从以上初步的探讨，已能够看出，在封建时期“哲学发展的圆圈”中，他所贡献的哲学理论，似已达到了当时历史条件下所可能达到的典型的高度。

杜国庠同志在其《论“理学”的终结》一文中，曾深刻分析明清之际顾、黄、王、颜等从不同学术途径，批判、总结了宋明500余年的所谓“理学”。认为“经过了他们的批判，理学是决定地终结了，绝没有死灰复燃的可能；虽然还有人企图把它再‘新’一下，

① 王夫之：《俟解》。

究竟是过时的果实，变了味道了。”并指出：王夫之“既谈性天，也研佛老，公然著述而又能确实做到‘入其垒，袭其辎，暴其恃而见其瑕’。因此，才能够完成‘六经责我开生面’的抱负，发展而超越了六经；也因此，才能够‘直捣黄龙’，批判而终结了理学。”①

作为明清之际启蒙思想家中的哲学代表，王夫之在哲学上多方面的贡献，确不愧为一代思想巨人。他不同于李贽之类的批判思想家，靠“滑稽排调、冲口而发”②，“不费一毫气力”、“直冲横撞”③ 式地去否决传统；而是以“刻志兢兢”的艰苦劳动，进入传统思想的堡垒，“直捣黄龙”式地去完成终结宋明道学这一代思潮的巨大历史任务。因此，他能够在祖国文化发展及哲学发展的大道上，正面开拓出新的领域。

明清之际，一代启蒙学者，如顾炎武、黄宗羲、方以智、颜元等，都具有反对宋明道学唯心主义的共同思想倾向，又各有其独特的贡献。王夫之和他们并列，而哲学方面的理论贡献是较为突出的。他的贡献，主要在于认真地回答了传统哲学问题，坚持了唯物主义路线，而与当时唯心主义发展的高峰——理学和心学“相比较而存在、相斗争而发展”，从而把我国源远流长的唯物主义传统，提高到一个新的水平。在这一基础上，反映了当时社会政治生活中的急剧变化和矛盾联结，注意了当时新兴的“质测之学”的科学成果，反刍了我国易学系统及其他传统思想中丰富的先行资料，使他的体系中，在一定程度上与唯物主义相结合的辩证法思想，包含了更多的真理颗粒；从而，成就了一种具有一定特色的一元论体系。

王夫之对以往学术思想的遗产，几乎进行全面的探究，而基本采取了继承和批判相结合的态度和方法。这是他的学术活动上的一个显著特点。清初刘献廷曾称美他：“其学无所不窥，于六经皆有发

---

① 《杜国庠文集》，北京：人民出版社 1962 年版，第 377、394 页。

② 袁宏道对李贽的评论。见《袁中郎全集》《李温陵传》。

③ 见李贽《与友人论文》中语，见《续焚书》卷一。

明。"① 清末王闿运贬抑他："如船山之好奇兼爱，志欲包古今之述作矣。总其成书，亦杂家之流。"② 其实，王夫之的思想，既远远超过了六经的樊篱，却又以淹贯经史、参驳古今，而没有离开祖国文化发展的大道；他勇于开拓广阔的思想来源，却又绝非"杂家之流"，而有自己抉择批判的原则。他对以往思想遗产，一方面，按他自己所划分的"正学"与"异端"的对立路线，自觉地继承和发扬了包含在整个《易》学系统中的古代朴素辩证法，全面推进了从王充到张载的唯物主义的气一元论，并把两者结合起来，成为自己体系的基石。同时，大体上把各种宗教迷信和唯心主义都划入所谓"异端"阵营，并提出"异端之恶，均于商纣"的论断③，认为同"迷以诬天，骄以玩人"的唯心主义和宗教神学作斗争，是"学者之任，治道之本"④；他把唯心主义看做民族的大敌、亡国的祸根，主张对明末与禅宗合流的心学末流，一定要"伸斧钺于定论"⑤。另一方面，他又按自己提出的"入其垒、袭其辎"，"因而通之，可以与心理不背"⑥ 的方法，对于一些"聪明"的唯心主义，如老庄哲学、佛教禅宗及相宗等，即使世界观和人生观都是他坚决否定的对象，却并非简单地一脚踢开，而通过认真地研究解剖，写出专著，当做吸取理论思维教训的镜子，用来锻炼和丰富、提高自己。上述指导思想，被他概括为"学成于聚，新故相资而新其故；思得于永，微显相次而显察于微"⑦，"学非有碍于思，学愈博而思愈远；思正有功于学，思之困则学必勤"⑧ 等方法论原则。"学"和"思"的关系，被他看做文化继承和革新的辩证联结的关系。因而，在著作的形式上，他大量

---

① 刘献廷：《广阳杂记》卷二。
② 王闿运：《衡阳县志》《艺文志》。
③ 王夫之：《尚书引义》卷五《多士》。
④ 王夫之：《读通鉴论》卷七。
⑤ 王夫之：《读通鉴论》卷五。
⑥ 王夫之：《庄子通·序》。
⑦ 王夫之：《周易外传·系辞上传第五章》。
⑧ 王夫之：《四书训义》卷六。

采取传统的传注形式，利用古老经典来发挥自己的独立见解；在思想内容上，由于综合熔铸了丰富的先行思想资料，在许多哲学问题上，作出了推陈出新的卓越贡献，创立起自己具有历史总结意义的博大体系。但同时，也使他的思想，受到传统思维形式和古代语言外壳的严重束缚，并因而保留了不少“鱼龙混杂、泥沙俱下”的旧思想杂质。他自题堂联：“六经责我开生面”，这是说，新的要求突破旧的；“七尺从天乞活埋”，这是说，死的却在扼杀活的。王夫之思想中的这一矛盾的特点，恰好是17世纪中国长期封建社会仅仅开始崩裂而又转入历史洄流的过程中特殊时代矛盾的反映。

王夫之的哲学，毕竟是17世纪的时代产物。地主阶级反对派的主观立场，单纯反封建的农民战争和反压迫的民族斗争的客观动力，小农经济和手工业的生产规模与之相联系的一般科学文化的水准，制约着他的思想的发展，不可避免地具有二重性。一方面，他从爱国主义和唯物主义相统一的立场出发，在揭露和批判各种唯心主义的毒害时，表现了一种理论斗争的党性。从而推动他严肃地思考，严肃地写作，敢破敢立，“尽异于先儒之言”以“求其通”①；“刻志兢兢，求安于心，求顺于理，求适于用”②。这使他能以探索真理的求实精神，作出超越前人的理论贡献。他的哲学中的精华部分，便成为我国哲学遗产中的珍品。另一方面，时代的和阶级的限制，当时人民实践和科学发展水平的限制，又使他的哲学，还基本上属于封建社会意识形态。除了作为“历史惰力”的传统思想影响以外，按当时条件来要求，他的哲学还具有以下的根本缺陷：首先，由于远离生产实践，他的理论概括，落后于当时自然科学发展已达到的水平，因而未能更好地摆脱哲学上的思辨性质和直观性质（在这一点上，他比起同时代的方以智还有所不及）；又由于较深的阶级成见，使他对当时农民革命运动抱着恐惧心理，在政治上倾向保守，因而在他的辩证法思想中，表现了鲜明的调和矛盾、强调渐变、抹杀斗争性、夸大同一性等

① 王夫之：《周易内传·发例》。

② 王夫之：《读通鉴论》卷末《叙论》。

消极性质；再由于对儒家经典的迷信，幻想着“治统”和“道统”的延续，他所特别坚持、用以判别一切的大是大非的标准——所谓“华、夷之辨”，“君子、小人之辨”，“圣学、异端之辨”等，其中虽含有积极因素，却包容不少封建伦理的内容和地主阶级的偏见。因而，使他的哲学思想中也保留了不少唯心主义、形而上学乃至传统宗教意识。这些局限和谬误，构成他的思想中的糟粕部分。

一九六二年十月

# 三十六、船山辩证法论纲

17 世纪中国特殊历史条件下产生的王船山哲学，从总体上观其特点，可说是沿着“即事穷理”①、“以理御心”②、“入德以凝道”③、“要变以知常”④ 的认识途径，对自然和人类社会的客观矛盾运动进行了“会其参伍，通其错综”⑤ 的辩证考察，形成所谓“极物理人事之变”⑥ 的辩证的自然史观和人类史观。同时，对这种辩证考察的认识运动本身，“事之来，心之往”⑦，怎样做到“始终同条，内外合德”⑧，也进行了某些辩证考察，形成其辩证的认识理论。王船山朴素唯物辩证法思想的这三个方面是互相涵摄的，却又各有其范畴体系，因而可以分别加以研究。此文所论，略举其纲要而已。

## 一　絪缊生化的自然史观

中国古代哲学传统中的气一元论，从本体论的意义上大多把自然和人类看做统一的气化过程。这种朴素的自然观（天道观）所要说明的哲学问题主要有两个：第一，天地人物的共同本质是什么？第

① 王夫之：《续春秋左氏传博议》卷下。
② 王夫之：《四书训义》卷八。
③ 王夫之：《张子正蒙注 · 至当》。
④ 王夫之：《周易外传 · 系辞下传第八章》。
⑤ 王夫之：《周易外传 · 系辞上传第十章》。
⑥ 王夫之：《周易内传》卷一。
⑦ 王夫之：《尚书引义 · 仲虺之诰》。
⑧ 王夫之：《尚书引义 · 仲虺之诰》。

二，天地人物的共通规律是怎样的？用王船山的话说，就是要弄清“物所众著”与“物所共由”这两大问题。① 王船山认为“天人之蕴，一气而已”②，天地人物的共同本质就是永恒运动着的物质实体——“气”，他对“气”范畴作了新规定，概括出了“诚=实有”的最高范畴③，用以标志统一物质世界的最根本属性，对“物所众著”的问题作了朴素唯物主义的回答。而对“物所共由”的问题，王船山则通过他的“絪缊生化”的自然史观，作了朴素辩证法的阐发。

王船山的辩证自然史观，仍属于朴素形态；但其理论实质，是中国封建社会及其统治思想已进入自我批判阶段的历史产物，预示着新的哲学启蒙。

### （一）关于“絪缊”

王船山在其哲学论纲——《思问录》中概括性地指出：“天不听物之自然，是故絪缊而化生。乾坤之体立，首出以屯，雷雨之动满盈，然后无为而成。”④ 这是用易学语言表达的“絪缊生化”的自然史观的一个总纲。

从本体意义上，他把“絪缊”规定为“太和未分之本然”，“絪缊太和之真体”，意指“阴阳未分，二气合一”的宇宙之本原状态。船山修正张载沿袭庄子的“野马絪缊”的提法，而肯定张载“太虚即气则无无”的论断，强调指出“太虚之流动洋溢，非仅‘生物之息’也”。就是说“太虚即气”之“气”，作为“絪缊不可象”的实有，比“生物之息”的实物（空气）更为根本。⑤ 这“絪缊之本体”，“非目力所及，不可得而见”⑥，然它却是形成和展开宇宙万物

① 王夫之：《周易外传·系辞上传第五章》。
② 王夫之：《读四书大全说》卷十。
③ 王夫之：《尚书引义·说命上》。
④ 王夫之：《思问录·内篇》。
⑤ 王夫之：《张子正蒙注·太和》。
⑥ 王夫之：《张子正蒙注·太和》。

整个气化过程的始基："言太和絪缊为太虚，以有体无形为性，可以资广生大生而无所倚，道之本体也。"① 可见，"絪缊"范畴一开始就与"太和"、"太虚"相联系而赋予了本体实有的规定。

从功能意义上，"絪缊"又被他规定为"敦化之本"、"必动之几"，意指宇宙万物生生不已的内在动因。他对"絪缊"所下的明确定义即"二气交相入而包孕以运动之貌"②，所谓"太虚"、"太和"的"絪缊之本体"，本身固有阴阳二气，必然相感相交、相摩相荡，由此展开物质自然界无限的气化运动。

"气化者，气之化也。阴阳具于太虚絪缊之中，其一阴一阳，或动或静，相与摩荡，乘其时位以著其功能，五行万物之融、结、流、止，飞、潜、动、植，各自成其条理而不妄。"③ 合规律的气化运动（即自然发展史）之所以可能，就在于"太虚絪缊之中"涵有阴阳对立统一的矛盾运动，而动静、聚散、虚实、清浊等都根源于阴阳对立的矛盾性。就宇宙总体说，任何运动"皆取给于太和絪缊之实体"；就万物分殊说，任何事物都是"合两端于一体"而具有"絪缊"的特性，即"两之用"的功能。④

这样，王船山的辩证自然观，以贫乏抽象而又蕴含着丰富内容的"絪缊"范畴作为逻辑起点，必然地从中引出"两"与"一"、"分"与"合"等范畴。

### （二）关于"两、一"，"分、合"

船山认为："絪缊之中，阴阳具足，而变易以出"；"一气之中，二端既肇，摩之荡之，而变化无穷。"⑤ 由"絪缊"所蕴含的动因义而展开了他的矛盾观。

---

① 王夫之：《张子正蒙注·太和》。
② 王夫之：《周易内传》卷六。
③ 王夫之：《张子正蒙注·太和》。
④ 王夫之：《张子正蒙注·太和》。
⑤ 王夫之：《张子正蒙注·太和》。

王船山在矛盾观上发展了张载，扬弃了程、朱，较深入地揭示了“天下之变万而要归于两端，两端归于一致”①，“由两而见一”②，“非合两而以一为之纽”③ 的客观矛盾法则。

首先，他提出“乾坤并建”，“阴阳不孤行于天地之间”④，任何事物都是“合两端于一体”⑤，肯定了矛盾的普遍存在和绝对性。他摒弃一切“忌阴阳而巧避之”的“抱一”、“执一”、“贵一”、“归一”以及“抟聚而合之一”、“分析而各一之”⑥ 等排斥矛盾的形而上学谬说，认为“一阴一阳者，群所大因”⑦，没有矛盾就没有一切。

其次，他以“非有一，则无两”，“二异致而一”⑧，进一步具体地考察了统一体中矛盾着的对立面之间的关系所固有的二重性。一方面，阴阳“相峙以并立”，“判然各为一物，其性情、才质、功效，皆不可强之而同”⑨，这是“分而为两”、“分一为二”的关系，表现为“阳之摈阴，先之以怒”⑩，“阴阳异用，恶不容已”，“必相反而相为仇”⑪。另一方面，两者又“相倚而不相离”⑫，不能“判然分而为二”⑬，“反者有不反者存”⑭，绝非“截然分析而必相对待”，

① 王夫之：《老子衍》。
② 王夫之：《张子正蒙注·太和》。
③ 王夫之：《思问录·内篇》。
④ 王夫之：《周易外传·说卦传》。
⑤ 王夫之：《张子正蒙注·太和》。
⑥ 王夫之：《周易外传·系辞上传第五章》。
⑦ 王夫之：《周易外传·序卦传》。
⑧ 王夫之：《周易外传·系辞上传第十二章》。
⑨ 王夫之：《周易内传》卷一、卷五。
⑩ 王夫之：《周易外传·否卦传》。
⑪ 王夫之：《张子正蒙注·太和》。
⑫ 王夫之：《思问录·内篇》。
⑬ 王夫之：《思问录·内篇》。
⑭ 王夫之：《周易外传·杂卦传》。

"截然分疆而不相出入"①，这是"自其合则一"，"合二以一"的关系，表现为"阴得阳，阳得阴，乃遂其化，爰不容已"②，"相反而固会其通"③。王船山认为，这两重关系，不可分割，"其理并行而不相拂"，应当"会通于一"④。"合二以一者，既分一为二之所固有"⑤，"一之体立，故两之用行"⑥。这个"一之体"中的"两之用"，也就是"阴变阳合，乘机而为动静"⑦ 的功能，即整个气化过程的真正的内在动因。"盖阴阳者，气之二体；动静者，气之二几。体同而用异，则相感而动，动而成象则静。动静之几，聚散、出入、形不形之从来也。"⑧

由于述阴阳对立统一的矛盾观引出了"动静之几"，从而展开"动、静"范畴的哲学分析。

### （三）关于"动、静"

王船山的自然史观，明显地以主动论为基石。他强调："太虚者，本动者也。动以入动，不息不滞。"⑨ "天地之气，恒生于动，而不生于静"⑩。"气机物化，皆有往来，原于道之流荡，推移吐纳，妙于不静。"⑪ 他把自然界看做永恒自我运动着的物质过程。由此，他批判了王弼以来的"静为躁君"、"静非对动"的形而上学静止观。认定"静由动得"而"动不藉于静"；"不动之常，唯以动验；既动

① 王夫之：《周易外传·说卦传》。
② 王夫之：《张子正蒙注·太和》。
③ 王夫之：《周易外传·杂卦传》。
④ 王夫之：《张子正蒙注·王道》。
⑤ 王夫之：《周易外传·系辞传上》。
⑥ 王夫之：《张子正蒙注·太和》。
⑦ 王夫之：《尚书引义·大禹谟一》。
⑧ 王夫之：《张子正蒙注·太和》。
⑨ 王夫之：《周易外传·系辞下传五章》。
⑩ 王夫之：《读四书大全说》卷十。
⑪ 王夫之：《老子衍》。

之常，不待反推”①，即运动是绝对的、根本的，而静止是相对的、依存的。

但他并不否认静止的意义和作用，深刻地提出：“二气之动，交感而生，凝滞而成物我之万象。”“动而成象则静。”② 相对的静止，是“物我万象”得以形成的必要条件。由此，他批判了庄周和佛教所谓“刹那生灭”、“行尽如驰”等割裂运动和静止的形而上学运动观。

王船山把动和静互相联结起来，从而肯定“动静皆动”。他把运动分为两种状态，一是动态的动，一是静态的动。他说：“止而行之，动动也；行而止之，静亦动也；一也。”③ 动和静都统一于动。“此动字不对静字言，动静皆动也。”④ “静者静动，非不动也。”⑤ 一方面“静即含动”，另一方面，“动不舍静”，总起来，“动静互涵，以为万变之宗”。⑥

这样，王船山基本正确地阐明了运动的绝对性和静止的相对性以及二者的辩证联结。他进而提出，宋明道学家有所谓“禁动”的方针是完全错误的，从根本上违反了自然和人类发展的客观规律。如果人们用以治理自然和社会，“禁其必动，窒其方生”⑦，将造成极大灾祸。他还尖锐地揭露主静论者的自我修养方法，也只能导致“生而死，人而鬼，灵而蠢，人而物，其异于蚓之结而鳖之缩者几何耶?”⑧ 因此，他大力主张：“天下日动而君子日生；天下日生而君子日动”,⑨ 把动的自然观和动的人生观结合起来，认定“善体天地

① 王夫之：《周易外传·无妄传》。
② 王夫之：《张子正蒙注·太和》。
③ 王夫之：《张子正蒙注·太和》。
④ 王夫之：《读四书大全说》卷十。
⑤ 王夫之：《思问录·内篇》。
⑥ 王夫之：《周易外传·震卦传》。
⑦ 王夫之：《周易外传·系辞下传第一章》。
⑧ 王夫之：《读四书大全说》卷十。
⑨ 王夫之：《周易外传·系辞下传第一章》。

之化者，未有不如此者也”①。由此而推演出“化”与“变”的范畴。

### （四）关于“化、变”

在王船山的自然史观中，化与变、生与死、新与故，是同一层次的范畴。他认为，任何自然过程，都处于“化生”或“化变”之中；而所谓“日新之化”，就是一个“已消”、“且息”即生死更迭、新陈代谢的过程。他否定佛道二教“据妄为真”、“颠倒生死”的宗教异化，而主张“尊生”、“珍生”；认为“物情非妄，皆以生征”②。

在他看来，总的宇宙生命是无始无终的，而具体事物的生命过程，则可以分别为五个阶段：胚胎、流荡、灌注、衰减、散灭。前三个阶段，生命体“阴阳充积”，“静躁往来”，“同类牖纳”，是处于同化中的生长过程；后两个阶段，则“基量有穷”，“予而不茹”，是处于异化中的衰亡过程。但就在“衰减之穷”到最终“散灭”的过程中，已经孕育着“推故而别致其新”的契机，开始了另一个新的生命过程。他强调：“由致新而言之，则死亦生之大造矣!”③ 旧事物的死亡，也正是新事物诞生的伟大开端。这是说，死中有生。从另一个侧面看，“新故密移，则死亦非顿然而尽”④。这是说，生中有死。但就其发展的总趋势而言，生命运动是永恒的、无穷的，是不可范围、不可阻止的。“可依者有，至常者生”⑤；“荣枯相代而弥见其新”⑥。这样的“生化之理”，正是宇宙的根本法则。

自然界的生化运动，不断自我更新，得以永葆青春。由此，王船山力主“更新而趋时”⑦，认为只有随着时代不断前进，才会富有生

---

① 王夫之：《思问录·外篇》。
② 王夫之：《周易外传·无妄传》。
③ 王夫之：《周易外传·无妄传》。
④ 王夫之：《读四书大全说》卷六。
⑤ 王夫之：《周易外传·无妄传》。
⑥ 王夫之：《张子正蒙注·大易》。
⑦ 王夫之：《思问录·内篇》。

命力，“日新而不困”①。

黑格尔说过：“生命即具有死亡的种子。”王船山则宣称：“死亦生之大造。”他们从不同侧面揭示了生与死的辩证法，破除了中世纪关于“生死之狂惑”的宗教迷信。

### （五）关于“内成、外生”

王船山通过生死关系的辩证法所阐述的“日新之化”，触及量变和量变过程中部分质变到根本质变问题，但未展开。他进一步提出“内成”和“外生”这对范畴，用以概括和区别“日新之化”的两种型：“变必通”和“穷必变”②。

“内成”，意指事物在某种规定性范围内的质和量的变化，其特点是“通而自成”。这时事物的内容虽也不断更新，但未发生根本质变而保持着原有的性状和规律。“质日代而形如一”，“日新而不爽其故”，“德不易”而“化相符”③。如大自然的日月、江河，今日之光非昨日之光，今日之水非昨日之水；又如人体的骨骸、毛发也每天都新陈代谢，但保持原有的“规模仪象”。这种“变必通”、“通而自成”的变化，是一种自我更新。

“外生”，意指事物超出某种规定性范围而发生的质变，其特点是“变而生彼”。这时，旧事物由内容到形式都归于“散灭”，从而由此物变为彼物，这是“推故而别致其新”的伟大飞跃。这种“穷必变”、“变而生彼”的变化，是一种“谢故以生新”④。

事物通过“变必通”、“通而自成”和“穷必变”、“变而生彼”，变化蕃衍，应当是一个由低到高、由简到繁的前进运动。王船山承认“天地之生亦繁矣！倮介、羽毛、动植、灵冥，类以相续为蕃衍”。但如果生物老是蕃衍，“固宜今日之人物充足两间而无所容”。于是

---

① 王夫之：《张子正蒙注·大易》。

② 王夫之：《周易外传·系辞上传第五章》。

③ 王夫之：《思问录·外篇》。

④ 王夫之：《周易外传·革卦传》。

他认为，从宇宙的总体看，生命运动的消谢与生育是互相均衡的。“土足于居，毛足于养，邃古无旷地，今日无余物，其消谢、生育相值，而偿其登耗者适相均也。”① 这种臆测性的均衡思想，逻辑地触及到了宇宙万物的“守恒”与“日新”的关系问题，宇宙发展的“有限”(“有始有终”）与“无限”(“无始无终”）的关系问题。局限于时代的科学水平，王船山对这些问题只能按朴素形态的辩证逻辑思维水平去给予回答。

### （六）关于“始、终”

均衡、守恒和变化日新的思想矛盾，并没有把王船山引向宇宙有限论；他通过“始、终”范畴的分析，提出“积而成乎久大”的思想，探讨了宇宙发展的无限性。

王船山认为，“絪缊而化生”所标志的宇宙发展，既然是内部矛盾蓬勃开展的运动，当然就没有什么起点和终点；每一瞬间，既是终点又是起点。“天地之始，天地之终，一而已矣。”② “天地之终，不可得而测也。以理求之，天地始者今日也，天地终者今日也。”③ “畴昔之天地，死于今日；今日之天地，生于畴昔。源源而授之，生故无已。”④ 今日既是无穷过去之终点，又是无限未来之起点，天地万物处在不断发展的“今日”之中。由此，他批评了一切寻找宇宙始端或预言宇宙终结的思想，如道教的先天创世说，佛教的大劫末日论，“谓邃古之前，有一物初生之始；将来之日，有万物皆尽之终，亦愚矣哉”!⑤

汉代思想家认定宇宙有一个原始混沌的物质起点，这就给有神论和形而上学留下了地盘。船山力图克服这种局限，反对用衍化论的思

① 王夫之:《周易外传·未济传》。

② 王夫之:《周易外传·艮卦传》。

③ 王夫之:《周易外传·未济传》。

④ 王夫之:《老子衍》。

⑤ 王夫之:《周易外传·未济传》。

路描绘宇宙发展的图式。他别开生面地把“易有太极，是生两仪”中的“是生”解释为“固有之则生，同有之则俱生，……立于此而生，非待推于彼而生之”①。这就否定了世界之外有“橐籥”，阴阳之上有“太极”。在他看来，“太极”无非是阴阳对立的统一体，“合之则为太极，分之则为阴阳”②；“阴阳之本体，絪缊相得，和同而化，充塞于两间，此所谓‘太极’也。张子谓之‘太和’”③。在船山哲学中，“阴阳之合”=“太极”=“太和”=“絪缊之实体”，宇宙就是这种物质实体自我运动的持续和扩充。因此，他对“宇宙”的哲学规定是：“宇宙者，积而成乎久大者也。二气絪缊，知能不舍，故成乎久大。”④ 这就多少触及到宇宙的时空无限性根本上是依存于物质存在的广延性和物质运动的连续性。要之，宇宙中只有阴阳二气互相依存转化的聚散、往来、隐显、屈伸等诸种形态，而没有始终、生灭。“生非创有而死非消灭，阴阳自然之理也。”⑤“散而归于太虚，复其絪缊之本体，非消灭也。”⑥

这样，王船山回复到他的自然史观的逻辑起点——“絪缊”。但这是理论思维的螺旋上升、首尾玄合的回复。通过上述一系列范畴的推衍，“絪缊”之中所潜存的理论环节得以展开。“絪缊”，再不是一个贫乏的抽象，而与其必然引出的诸范畴互相联系，组成一面认识之网，表现出王船山自然史观的丰富性及其理论深度。

## 二　理势相成的人类史观

如前所述，我国古代朴素形态的唯物辩证法，一般把自然史和人类史看做同一气化过程。船山在承认此前提下，更多地注意到人从自

① 王夫之：《周易外传·系辞上传第十一章》。
② 王夫之：《周易内传》卷五。
③ 王夫之：《周易内传》卷五。
④ 王夫之：《思问录·内篇》。
⑤ 王夫之：《周易内传》卷五。
⑥ 王夫之：《张子正蒙注·太和》。

然界中产生和分化出来以后的“类特性”，与“草木禽兽”有着“壁立万仞”的界限。由此，区别于自然史观而展示了把人的类存在作为单独考察对象的人类史观。

船山人类史观的理论前提，即肯定人是自然的最高产物，人一旦产生便成为自然的“主持者”，成为“天地之心”①。人的生理发育特别迟缓，人的智慧和道德更必须在社会生活中“践形尽性”，长期培育，“迟久而始成”②。正因为如此，人以其“明聪睿哲”成为混沌的开辟者。人一产生，就作为主体而与客体自然物形成一种矛盾关系，“已成形则与物为对，而利于物者损于己，利于己者损于物，必相反而仇，然终不能不取物以自益也，和而解矣”③。通过“取物自益”的人的实践活动，天下之物才由“自在之物”变成“为我之物”，“以我为人而乃有物，则亦以我为人而乃有天地”。④ 总之，人产生之后，自然界才作为人所认识和改造的对象而存在。

据此，船山提出“依人建极”的原则：“道行于乾坤之全，而其用必以人为依。不依乎人者，人不得而用之，则耳目所穷，功效亦废，其道可知而不必知。圣人所以依人而建极也。”⑤ 这就是说，所谓“天道”、“物理”等宇宙普遍法则，必然通过人类社会生活表现出来，并只能由人按实践需要去加以把握。这里，“开辟混沌”、“主持天地”的“人”和“以人为依”而建立的“人极”还是一个笼统的抽象，但在船山的精神胚胎学中，正是他的历史辩证法所借以展开的逻辑起点。

### （一）关于“人极”

“人极”、“人纪”、“人维”，都是指文明人类之所以为文明人类

① 王夫之：《周易外传 · 复卦传》。
② 王夫之：《周易外传 · 系辞上传第一章》。
③ 王夫之：《张子正蒙注 · 太和》。
④ 王夫之：《周易外传 · 咸卦传》。
⑤ 王夫之：《周易外传 · 泰卦传》。

的人类的本质特征，涉及从“人禽之辨”、“华夷之辨”等方面来辨析所谓“人性”的标准和界限问题。

就“人禽之辨”说，他强调人和动物都同样具有生命、知觉以及“甘食悦色”等自然本能；但“人之异于禽兽者几希”的“几希”二字，却是“严辞，亦大辞”①。这一严格的标准，重大的界限，即是人更具有社会生活中自觉的道德意识和道德活动。所谓“明伦、察物、居仁、由义四者，禽兽之所不得与。壁立万仞，只争一线”②。如果“视情皆善，则人极不立”，乃至“自陷于禽兽”③。

就“华夷之辨”说，他沿袭了华夏族才达到了文明人类这一传统的偏见，甚至把夷狄视为“异类”，认为华与夷“地界分、天气殊而不可乱，乱则人极毁”。但他所强调的华夏与夷狄的区别，主要是由于地域不同而形成了文明与野蛮的界限，认为“均是人也，而夷、夏分以其疆”④。“夷狄不能备其文”；而“中国之文，乍明乍灭”，华夏族也可能倒退为夷狄，乃至退化为“植立之兽”⑤。

在《黄书·原极》中，他更提出“三维”的观点，试图把“人极”的内容，规定为人和物、华夏和夷狄自觉地划清界限，“自畛其类”。透过其中民族偏见、阶级偏见的迷雾，可以发现王船山所谓“自畛其类”的“人极”，实即把人的特殊本质朦胧地看做具有一定文明的族类生活的群体。这样的群体，即是社会化的现实的人类；这样的人类，有其由禽到人，由夷到夏（即由野到文），由文之不备到高度文明的发展历程。由此出发展开的人类历史的考察，首先导出“古”和“今”的范畴。

### （二）关于“古、今”

船山辩证地考察人类社会，着重发挥了今胜于古的思想，驳斥了

① 王夫之：《读四书大全说》卷九。
② 王夫之：《俟解》。
③ 王夫之：《读四书大全说》卷十。
④ 王夫之：《读通鉴论》卷十四。
⑤ 王夫之：《思问录·外篇》。

“泥古过高而菲薄方今，以蔑生人之性”① 的退化史观及复古理论。他认为时代变化中形成的“古今殊异”，留下了历史演进的辙迹，人类的进步是在古今变革中实现的。

他根据自己当时对湘桂一带少数民族社会生活的实地考察，结合历史文献的研究，大胆地打破了对三代古史的传统迷信，否定邵雍、朱熹等人的退化史观，断定人类史是由野蛮到文明的进化过程。在《思问录》、《读通鉴论》等著作中，船山公然宣布我们的祖先是“植立之兽”，明确论定文明人类的华夏族也有其史前史的发展阶段：兽禽→“植立之兽”(“不全其质”且“无文”)→夷狄(“文之不备”)→文明人类在中国的诞生(“天开地辟于轩辕之代”②)。这是冲破历史蒙昧主义的卓越创见。

从轩辕时代开辟的文明史，也呈现出人类社会前进发展的诸阶段。从经济生活看，也认为由原始的“射生饮血”，发展到燧人、神农时代开始“火食”、“粒食”而仍“鲜食艰食相杂”，再进到后稷时代的农业普遍化，“来牟（即小麦）率育而大文发焉”③。以后，“世益降，物益备”，物质文明不断提高。从政治组织看，他判定由古代的“万国分立”到三代时“渐有合一之势”的“封建之天下”，“风教日趋于画一，而生民之困亦以少衰”；经过战国时期这一“古今一大变革之会”，发展到秦以后的“郡县之天下”④，出现了汉、唐、宋、明这样统一强盛的朝代，终于形成一个“财足自亿，兵足自强，智足自名”⑤ 的伟大民族国家。从精神文明看，他认为唐虞以前“婚姻未别，丧祭未修，狉狉獉獉，人之异于禽兽无几也”；直到孔子“删诗书，定礼乐而道术始明”⑥。唐宋以后，整个民族的文化、道德水准大大提高。

---

① 王夫之:《读通鉴论》卷二十。

② 王夫之:《思问录・外篇》。

③ 王夫之:《诗广传》卷五。

④ 王夫之:《读通鉴论》卷二十《叙论四》。

⑤ 王夫之:《黄书・宰制》。

⑥ 王夫之:《读通鉴论》卷二十《叙论四》。

船山在坚持今胜于古的历史进化观同时，更进一步通观古今，从中国文化中心南移的一些事实，推论历史上华夷文野是互相转化的①；由此臆测到历史的前进运动并非直线，而是充满着曲折和反复。

船山从“古今殊异”的历史外部表现揭示人类社会发展的总趋势之后，进一步深入到历史的内部结构去剖析各种社会政治立法原则依存于相应的社会制度，即“道丽于器”的关系问题。

### （三）关于“道、器”

“道器”范畴在船山哲学中具有多重含义。当其运用于人类史观，对社会历史进行横剖，触及各种社会关系、制度、器物等具体存在(“器”）对依附于它们的政治立法原则、伦理道德规范以及一般原理(“道”）的决定作用问题。他反复指明二者的关系只能是“道”依存于“器”，“无其器则无其道”，“器”变则“道”亦随之而变②；“时移势易，而是非然否亦相反相谢而因乎化”③。就是说，社会立法原则、道德规范、是非标准必然随古今社会的变革而不断变革。

王船山基于他的“器道相须”、“道丽于器”④的观点，从社会制度上把中国史分为先秦“封建制”和秦以后“郡县制”两大阶段，并对“封建”、学校、乡里选举、土地制度、兵农合一，乃至肉刑、职田、什一之税等具体政法制度的演变情况作了具体的分析研究，总结出了“封建不可复行于后世，民力所不堪，而势在必革也”⑤的明确论断。他说：“就事论法，因其时而酌其宜”⑥，“道”随“器”

① 王夫之：《思问录·外篇》。
② 王夫之：《周易外传·系辞上传第十二章》。
③ 王夫之：《庄子解·秋水》。
④ 王夫之：《张子正蒙注·三十》。
⑤ 王夫之：《读通鉴论》卷二、卷三。
⑥ 王夫之：《读通鉴论》卷末《叙论四》、《叙论二》。

变，法因时改。所以“道莫盛于趋时”①，“趋时应变者，……可以日新而不困”②。这是具有启蒙意义的政治结论。

但就历史研究来说，王夫之认为，对古今、道器怎样发展变化，还必须“推其所以然之由，辨其不尽然之实”③，即必须进一步探究历史运动的“所以然”(必然性、合理性）和“不尽然”(偶然性、现实性)，对历史进行纵剖，剖视其发展的必然趋势和内在规律。这样，由“器道相须”的社会结构论过渡到“理势相成”的历史规律论。

### （四）关于“理、势”

在王船山的人类史观中，“势”范畴标志历史发展的客观过程及其必然趋势，涵有“自然之气机”④、“不得不然”⑤诸义，近于“现实的”或“现实性”；“理”范畴标志历史必然趋势中所表现的规律性，涵有“当然之宰制”⑥、“当然而然”⑦诸义，近于“合理的”或“合理性”。他认为，现实的历史进程，其“势之必然”就表现了“理之当然”，即使“势之偶然”，也表现了某种“理之固然”。历史事变的必然性和偶然性，都体现了历史运动的内在规律；至于人们的历史实践，“得理自然成势”，倾势也就合理，所以“理势不可以两截沟分”⑧，两者在现实的历史中是相涵互成的。

就王船山的一贯思路，在自然观上坚持“理依于气”、“道寓于器”，似乎在历史观上也会归结为“理因乎势”。但事实不然，他似乎意识到了历史运动的复杂关系，试图展开多侧面的论证。

① 王夫之:《思问录·内篇》。
② 王夫之:《张子正蒙注·大易》。
③ 王夫之:《读通鉴论》卷末《叙论四》、《叙论二》。
④ 王夫之:《四书训义》卷三十一。
⑤ 王夫之:《读四书大全说》卷九。
⑥ 王夫之:《四书训义》卷三十一。
⑦ 王夫之:《读四书大全说》卷九。
⑧ 王夫之:《读四书大全说》卷九。

首先，从“理成势”的侧面说，他强调的是：“理当然而然，则成乎势矣”；“迨已得理，则自然成势”。一句话：“势因理成。”① 即是说，凡是合理的，必将成为现实的。人们合理的历史活动形成历史的现实过程，历史的必然规律也体现在人们合目的的历史活动之中。他以周文王、宋太祖成功的史实说明“得理自然成势”。

其次，再从“势成理”的侧面说，他着重指出：“只在势之必然处见理”；“势既然而不得不然，则即此为理矣。”② 一句话：“理因乎势。”即是说，凡是现实的，总有其合理性。船山试图区别历史现实所表现的两种“理”：一为“有道之理”即“有定”之理或“当然而然”之理，例如汤武革命，勾践复国；一为“无道之理”即“无定之理”或因势而成的“不得不然”之理，例如曹操成功地顺势统一北中国。无论“有道之理”或“无道之理”都依存于必然之势表现出来，而历史必然之势所实现的客观规律性和合理性，并不以任何历史人物的主观意愿为转移。他在《读通鉴论》首章对秦变“封建”为“郡县”这一重大历史事变表现出的必然性和合理性的统一，进行了深刻的分析，得出了“势相激而理随以易”等重要结论。

最后，船山进一步把“理成势”和“势成理”两方面综合起来，概括为一个“理势相成”的论纲：“顺逆者，理也。理所制者，道也。可否者，事也。事所成者，势也。以其顺，成其可；以其逆，成其否；理成势者也。循其可，则顺；用其否，则逆；势成理者也。”③ 这里，他力图全面阐明历史事变既是一个现实的客观过程，又是历史人物能动的实践过程。理有顺逆之别，势有可否之分，人们的历史活动更有各种复杂情况，因而形成历史运动中偶然性和必然性、曲折性和前进性、现实性和合理性的复杂联结。他肯定“理势”不可分，试图从“理成势”和“势成理”等多方面的规定中，来阐明人类历史的规律性。其“理势相成”说，深入到历史运动内部去探索古今

① 王夫之:《读四书大全说》卷九。
② 王夫之:《读四书大全说》卷九。
③ 王夫之:《诗广传》卷三。

道器演变的必然性和合理性；而历史规律的实现，还要求人们在“顺势”、“合理”的历史活动中正确地把握“时”与“几”。

**（五）关于“时”、“几”**

“时”多与“势”相联系，主要指历史发展过程中转折变动的时机、时势、时代脉搏；“几”多与“理”相联系，主要指历史发展规律中屈伸消长的契机、比较隐微的征兆、矛盾转化的关节点。两者可以互通。

船山强调“时”和“势”一样，具有“不可违”的客观性，因此人们既不能“先时而动”，又不能“时过犹执”，而应当“更新而趋时”。“时”的特点是伴随“理势”而变动不居，“难得而易失”，“已去而不可追”①，要做到“时将然而导之”、“时然而不得不然”②，即善于推进或适应时代潮流，才可能完成某种历史功业。

“乘时者”必须“见几”、“知几”。船山视“几”为“动静必然之介”③；“天下不可易者，理也；因乎时而为一动一静之势者，几也。”④ 足见，“几”是历史运动中必然之理“因乎时”而在“动静之势”中表现出来，人们可以认识和把握。

船山提出了“贞一之理”与“相乘之几”的问题。⑤ 所谓“贞一之理”，主要指历史前进发展的必然而一贯的总规律；而“相乘之几”，则指历史运动中各种矛盾势力互相激荡而形成的转化契机。“贞一之理”正是凭借“相乘之几”而得以实现，“相乘之几”恰是实现着“贞一之理”的历史前进运动的内在根据或“发动之由”⑥。船山据此分析了秦统一和秦以后历次农民起义的爆发、失败以及新旧王朝的代谢，朦胧地看到封建社会中王朝更迭的规律和农民战争的

① 王夫之：《宋论》卷四。
② 王夫之：《春秋世论》卷五。
③ 王夫之：《张子正蒙注·至当》。
④ 王夫之：《读通鉴论》卷十四。
⑤ 王夫之：《读通鉴论》卷二。
⑥ 王夫之：《读四书大全说》卷一。

作用。

这就必然导向对“相乘之几”的内容进行哲学剖析，船山由此提出了一系列关于“人事之几”的对立范畴，展开了他的社会矛盾学说。

### （六）关于“相反而固会其通”

与自然史观中的矛盾观相一致，王船山在人类史观中，也承认“同人者，争战之府也”①；“生之与死，成之与败，皆理势之必有”②。他认为，对于尖锐的社会矛盾不应“惊于相反”，而应看到“反者有不反者存”，“相反而固会其通”③。在他看来，人类社会作为一个“同者所以统异”、“异者所以贞同”的矛盾统一体，既不能“解而散之”，又不能“因而仍之”，而只能“斟酌融通”、调节矛盾，“善其交而不畏其争”④，“不忧其终相背而不相通，是以君子乐观其反也”。⑤ 通过对人类社会中“异”与“同”、“反者”与“不反者”的辩证分析，他承认了社会矛盾运动中差异的同一、对立的同一，并强调了从差异、对立中去把握同一。

旷观历史，面对现实，船山也试图描述社会矛盾运动中的对立斗争乃至对抗性冲突。历代“贪暴”的统治者，“迫民于死地，民乃视之如仇雠”，所以农民起义“皆自然不可中止之势”，冲翻一个个王朝。⑥ 至于明末，更是“上狠下怨，成乎交逆”⑦，“闯、八、革、操起于二十年之中，而为天下裂”⑧。船山以“天下之势，循则极，极

① 王夫之：《周易外传·同人传》。
② 王夫之：《读通鉴论》卷二十八。
③ 王夫之：《周易外传·杂卦传》。
④ 王夫之：《周易外传·未济传》。
⑤ 王夫之：《周易外传·杂卦传》。
⑥ 王夫之：《读通鉴论》卷二十六、卷二十七。
⑦ 《诗广传》未刊稿，参见长沙：《湖南历史资料》1959 年第 3 期。
⑧ 王夫之：《春秋世论》卷四。

则反”①；“势极于不可止，必大反而后能有所定”② 等历史辩证法的命题和“极”、“反”、“大反”等范畴，概括社会矛盾的对抗性斗争形式。他认为这是一种特殊的形式，大量的社会矛盾并非如此。对抗形式是对立双方各走极端造成的，如果善于调节和会通，可以“得其和平”。他结合天道人事，进而分析矛盾状态大体有两种：一是“雷风相薄”的激烈斗争状态，一是“水火不相射”的和平共处状态③。他认为，“阴阳者，恒通而未必相薄。薄者，其不常矣”④。矛盾双方“相薄”的状态是“反常”的，而互相联合、贯通，始终保持同一性的状态才是“正常”的。这样，他由社会矛盾的分析，自然转到社会常变问题的探讨。

### （七）关于“变而不失其常”

“常变”范畴在船山哲学中亦有多重含义，在历史观中主要标志社会矛盾运动的常态与变局和社会制度演化中的常住性与变动性。

就社会矛盾运动说，他虽提出过“乐观其反”、“不畏其争”等命题，也承认了“雷风相薄”的非常变局的客观存在；但在理论上旨在论证矛盾同一性的常规性和重要性，强调了“奉常以处变”⑤。

就社会制度演化说，他虽提出过古今道器的变化，“今日无他年之道多矣”⑥，“当其未变，固不知后之变也奚若”⑦，并主张“于常治变，于变有常，夫乃与时偕行，以待忧患”；但在思想上更多地倾向于“变在常之中”，“变而不失其常”⑧。

---

① 王夫之：《春秋世论》卷四。
② 王夫之：《宋论》卷八。
③ 王夫之：《周易外传・系辞上传第一章》。
④ 王夫之：《周易外传・说卦传》。
⑤ 王夫之：《周易外传・杂卦传》。
⑥ 王夫之：《周易外传・系辞上传第十二章》。
⑦ 王夫之：《读通鉴论》卷末《叙论一》。
⑧ 王夫之：《周易外传・杂卦传》。

王船山的人类史观的常变论中，有一个特殊的思想矛盾，即所谓“《易》兼常变，‘礼’唯贞常”的矛盾。这里的《易》，实指他自己坚持的哲学辩证法，“极物理人事之变”，并要求普遍应用于一切对象，“全用而无择”；“礼”则是他仍然迷信的封建政治道德原则，“天经地纬”，只能“慎守”。他承认不敢把《易》的“极变”思想全面运用于“礼”的原则，因而尽管“《易》兼常变”，而只能在礼的原则的制约下讲变，保留“礼唯贞常”这一常住性的绝对性。① 因而，他只能强调：“天下亦变矣，变而非能改其常”②；“变而不失其常，而后大常贞”③。船山所谓“变不出其范围”，所谓“反变以尽常”④ 的“大常”，实即封建礼法制度的总原则在其思想中的升华。

船山辩证法思想的锋芒，终于被局限在“礼唯贞常”的范围内，承认了社会生活的变动性，而不敢否认封建制度的常住性。这是其人类史观不可摆脱的历史局限。

### (八) 关于“即民以见天”、“援天以观民”

王船山的人类史观，经过“古今道器”的进化观、“理势合一”的规律观、“乐观其反”的矛盾观、“变不失常”的常变观诸理论环节，必然深入到支配社会历史发展的决定力量问题。他认为这就是“理势合一”的天，所谓“势字精微，理字广大，合而名之曰天”⑤。“天”这一古老范畴被王船山赋予了新的内容，他把作为客观支配力量的“天”分为：

---

① 王夫之：《周易外传 · 系辞下传第七章》。

② 王夫之：《周易外传 · 震卦传》。

③ 王夫之：《周易外传 · 杂卦传》。

④ 王夫之：《周易外传 · 系辞下传第七章》。

⑤ 王夫之：《读四书大全说》卷九。

- “天之天”（统人物之合以敦化）
- “物之天”（物之所知）
- “人之天”（人之所知）
  - “己之天”（属于少数“贤智”）
  - “民之天”（属于广大民众——他称为“愚、不肖”）

一方面，他反对了历代“滥于物之天”、“僭于天之天”的天人感应论及一切神学史观。另一方面，他认为圣人应当“不专于己之天”、“不自矜其贤智”，而要体察民心，“统同”于民。① 因此，在他的历史观中，把所谓“天”的内涵基本上规定为“人之所同然”② 或“民心之大同”③，即归结为可视可听的现实的客观力量，并注意到民心向背的历史作用。他所提出的“民之天”与“己之天”的对比中，强调不能“以己之意见，号之曰‘天’，以期人之尊信”④，而应当重用“民之天”，肯定人民的“视听聪明”、“好恶”、“德怨”，“莫不有理”⑤，必须高度重视，不能违反。

但是，当他进一步分析，则又认为“民之视听”，复杂多变，并不可靠。“一旦之向背”、“一方之风尚”、“一事之愉快”、“民之视听如是其夥也”。特别是“万有不齐之民”，“旦喜夕怒，莫能诘其所终”；“一夫唱之，万人和之”的盲目性，“忘大德，思小怨”的狭隘性等，即使形成一时“流风”，也不能去“诡随”⑥，而应当另找“定乎理之所在”的标准。因此，他又回到“己之天”，认为所谓“民之天”还需要圣人去加以鉴别和“慎用”，把“民之天”又屈从于“圣人之见”。

由于“畏民”而“重民”，也由于“畏民”而更需“深知而慎

① 王夫之：《尚书引义·皋陶谟》。
② 王夫之：《读通鉴论》卷十九。
③ 王夫之：《张子正蒙注·天道》。
④ 王夫之：《尚书引义·皋陶谟》。
⑤ 王夫之：《尚书引父·泰誓中》。
⑥ 王夫之：《尚书引父·泰誓中》。

用之”。既肯定“即民以见天”，又强调“援天以观民”①，阶级的偏见、时代的局限，使他在“天”(神权、君权）和“民”(人权、民权）的夹缝中生长出的“民心之大同”的思想，只能是一种微弱的人文主义思想萌芽。

“民之天”，毕竟是一个新范畴。王船山的人类史观，试图把支配人类社会历史发展的决定力量归之于“民之天”。在一定意义上，它区别于“天之天”、“物之天”以及少数特权者（圣贤）的“己之天”，而具有了某种独立的内容。尽管刚从“人之天”中分化出来，还未能摆脱对少数圣贤的“己之天”的屈从地位，但“民之天”这一概念的内涵对于所谓“人极”——“人的类特性”这一历史范畴，显然有所充实和具体化。

从“人极”到“民之天”，从“依人建极”到“即民见天”，船山的历史辩证法呈现为一个首尾相应的理论思维的圆圈。

## 三　以理御心、入德凝道的认识辩证法

如果说王船山的辩证发展观以自然史观为基石，而他的人类史观从社会史的角度探讨了“人的类特性”，那么，关于社会化了的人对于客观世界和人本身的认识的可能性、认识的深化过程和发展规律等问题的探讨，则构成了他的认识辩证法。

船山的认识辩证法有其理论上的出发点，就是与自然物和动物相区别的“人”，这个“人”就是展开认识活动的主体。什么是认识活动？“识知者，五常之性所与天下相通而起用者也。”② 在他看来，所谓认识乃是“合五行之秀”的人的认识，乃是人与客观外物交互作用的过程。“人者动物，得天地之最秀者也，其体愈灵，其用愈广。”③ 人与一般物的区别，在于人具有能动的认识和统摄外部世界

① 王夫之：《尚书引义·泰誓中》。
② 王夫之：《张子正蒙注·太和》。
③ 王夫之：《张子正蒙注·动物》。

及其规律的无限能力。“人之有性，函之于心而感物以通，象著而数陈，名立而义起，习其故而心喻之。形也、神也、物也，三相遇而知觉乃发。”① 人的感官在思维活动的参与下和客观对象“相遇”则产生感觉，经过多次反复，把表象条理化，通过“立名”、“起义”、“习故”即由概念、判断而推理，发挥“心”的无限统摄能力。所有这些认识运动得以展开，首先在于人具有不同于物的特殊本质（“性”）。这就是“阴阳之良，各以其‘知’、‘能’为生之主”②。作为认识主体的人的特殊性能，即是“知”与“能”。“知、能者，人事也。”③ 这样对主体的规定，构成船山认识辩证法体系的开端。

**（一）关于“知”与“能”**

王船山认为，尽性之“心”乃是“凝之于人而函于形中，因形发用以起‘知’、‘能’者”④。足见“知”和“能”是认识主体所固有的尚待展现出来的两种潜在的能动性。

“知”这种能动性的发挥，使人们不断加深对客体的认识（直到“尽器”）；然而单有它却不行，因为“甫其有知，即思能之，起而有作，而知固未全也”⑤；而且，单是知，难免产生虚假的认识。“能”这种能动性必须同时发挥，促进人们去躬行实践，不断提高主体能力（直到“践行”）。只有把人的“知”与“能”这两种潜在能力同时发挥出来，才能成就人的大业，实现人的本质，达到人的目的。

在王船山看来，“知”与“能”是互相依存、互相促进的。然而“知”“能”二者并不是平列的，从一定意义上说，实践的能动性比认识的能动性更为重要。他批判陆王心学“舍能而孤言知”的错误，指出：“异端者于此，以知为首，尊知而践能，则能废。……废其

① 王夫之：《张子正蒙注·太和》。
② 王夫之：《周易外传·困卦传》。
③ 王夫之：《周易外传·系辞上传第一章》。
④ 王夫之：《张子正蒙注·诚明》。
⑤ 王夫之：《周易外传·系辞上传第一章》。

能，则知非其知，而知亦废。于是异端欲并废之。”① “圣人以尽伦成物为道，抑非但恃其虚灵之悟。故知虽良而能不逮，犹之乎弗知。”② 人类认识的目的是“尽伦成物”，因此，把“知”、“能”二者割裂开来，只重视认识的能力而不发挥实践的能力，无疑是背离了人的认识目的。抛开“能”，再好的“良知”无从实现，也等于无知。陆王心学表面上“尊知而贱能”，实际上取消了“能”，也否定了“知”，是知能并废。反之，强调人的实践的能动性，并不抹杀认识的能动性，二者必须同时发挥作用，才能实现主体的功能。

王船山认为，“知”、“能”作为一种潜能，是人所特有的“性之德”。它以“好学”、“力行”、“知耻”为内容，是“二气之良能”，而与生物之本能(“天地之化机”）有质的区别。这种“人道之独”的特殊禀赋，要靠“引之而达，推行而恒”。③ 怎样才能使它们由潜能转化为现实呢？其首要条件不能不是：把认识主体(“己”）和认识的客观对象(“物”）对置起来，进而联结起来。因此，自然引向“己、物”范畴。

### (二）关于“己”与“能”

王船山看到，只有当人们将认识主体从客观存在中分化、独立出来，把主观与客观、主体与客体即“己”与“物”分开的时候，才真正开始了现实的认识活动。认识由潜在的变为现实的，首先出现的就是互为“对设之词”的“己”与“物”。④

主体的认识活动，大体分为视、听、言、动四个方面，其中，建立在视听和思考基础上的言与动是“己之加人者”，主动权较大；视与听是“己与物相缘者”，是基本而又粗浅的认识活动，主动权受到一定限制。但视与听从根本上还是取决于主体，“己欲交而后交，则

① 王夫之：《周易外传·系辞上传第一章》。
② 王夫之：《张子正蒙注·诚明》。
③ 王夫之：《思问录·内篇》。
④ 王夫之：《读四书大全说》卷三。

己固有权矣"。① 这里既坚持了反映论原则，又注意到倘若抹杀了主体的能动性，就不会有最起码的认识活动。

这里的"物"，并非泛指一般外物。船山发挥张载"不见其成，虽物非物"的思想，认为在人类"制器而利天下之用"的合、离、消、长的活动中，"乃成吾用"的自然物，才是认识的对象，"非我所得用，非物矣"。② 这就蕴含有"客体"范畴的新义：尚未进入主体作用范围之内的客观存在，还不属于认识的客体。

和"己、物"属于同一层次的，还有"能、所"范畴。船山在批判佛教、心学夸大抽象的能动性、混淆主观与客观界限的同时，扬弃了他们的某些思辨，肯定了主观是"用之加乎境而有功者"，又把客观限定在"境之俟用者"的范围之内。③ 也就是说，有待主观作用才是"所"，主观见之于客观并能取得实际功效的才是"能"。这样就和他关于"己"和"物"的规定一致。这些论证，证明王船山看到了主体在认识中的被动性与主动性的统一。

在"己""物"相互关系的问题上，王船山批判了四种错误倾向：其一为反对积极"治物"，主张听任自然，"绝圣弃智"；其二为怀疑主观有认识和改造客观的能力，主张消极地等待"时势"；其三为无视客观条件和客观规律，主张随心所欲、盲目行动；其四为干脆抛弃外物，割断主观与客观的联系，主张"绝己绝物"。④ 前两种属于抹杀主观能动性的宿命论，后两种属于夸大主观能动性的唯意志论，都是不正确的。王船山认为，必须把尊重客观规律与积极有为的活动密切结合起来，既反对无所作为，又反对为所欲为。

"己物"、"能所"关系还只是一般地规定了主体与客体的区别以及两者在认识运动中的联结。对客观事物的认识（由感知现象到洞察本质）如何具体展开？这就需要转入对"心"与"事"、"心"与

① 王夫之：《尚书引义・大禹谟二》。

② 王夫之：《张子正蒙注・动物》。

③ 王夫之：《尚书引义・召诰无逸》。

④ 王夫之：《尚书引义・尧典一》。

"理"诸范畴的分析。

### （三）关于"心"与"事"、"心"与"理"

"心、事"关系，实质上是主观与客观事物的现象之间的关系问题，王船山由此展开了他的朴素唯物辩证法的感觉论。他生动地阐述了色、声、味等感觉内容是"天下诚然而有之"，① 而进入人的感官，则有"心之往"与"事之来"的关系②，把感觉看成客观对象、感觉作用和思维活动三者结合的产物。其关键之一是"心"对"耳目口体"的作用，其关键之二是"心"对于"物"或"事"的能动作用。在坚持感觉来源于外物的基础上，突出强调了思维在感觉中的作用以及感觉主体对于感觉对象的主动权。

"心、理"关系是抽象思维与客观事物的本质规律之间的关系问题。"理"，作为事物所固有的法则，是客观存在的，同时又是可以认识、可以遵循的。船山批判了程朱理学"以心立理"、"心包万理"的"唯心之说"，而主张"以心循理"，坚持了"有即事以穷理，无立理以限事"③ 的认识路线。

船山把"心"对于"理"的认识分为两个阶段，其一是"以心循理"的知性认识阶段，其二是"以理御心"的理性认识阶段。前一阶段主要是从事物中孤立和抽象出一般的"道"和"理"，以把握事物及其关系的部分、方面、特征和特性。其方法就是"纯"和"约"，即通过"识其品别（式）、辨其条理"④ 的分析和归纳整理，由"格物"上升到"致知"，由"器"上升到"道"，由"博"上升到"约"，由"多"上升到"一"，也就是从感性具体到抽象认识，从个别、特殊到普遍。这个认识阶段对于获得知识、形成概念、掌握客观事物的初级本质，是非常必要的。后一阶段主要是贯通大小常

① 王夫之：《尚书引义·顾命》。

② 王夫之：《尚书引义·仲虺之诰》。

③ 王夫之：《续春秋左氏传博议》卷下。

④ 王夫之：《周易外传·系辞上传第十二章》。

变、统一表里粗精，即是将前阶段所得的各个片面的认识综合起来并演绎开去，以从总体上认识客观对象的高一级本质，并形成理论体系。通过“推”、“贯”的方法，由“致知”回到“格物”，由“道”回到“器”，由“约”再返“博”，由“一”进到“多”，也就是从抽象认识再升到理性具体，从普遍再回到特殊和个别。

其所以必须如此，是因为知性阶段的“纯”、“约”抽象，把认识对象割裂成为各个片面，这样“虽有所得于道之一端，而明乎此者昧乎彼，行乎一曲者不足以达乎大全”。① 只有理性认识能力才可以做到以“推贯”“会通”的方法克服由“纯”、“约”抽象而来的“得其偏而失其全”的弊病，把握真理的具体性(“因乎时”、“因乎事”）和全面性(“达乎大全”、“不滞于一隅之识”）。②

王船山在认识的感性阶段提出要防止“以见闻域所知”的狭隘经验论及其可能导致的不可知论；在认识的知性阶段提出要避免“逐物而分应”、“得其偏而失其全”的形而上学错误；在认识的理性阶段则提出要批判“异念而旁求”的唯心主义唯理论思想。由于他认识到各个认识阶段的弊病，因而充分注意了由此达彼的上升性、前进性，着意说明了在“但得其表”的感性认识与“表里之具悉”的抽象思维之间，在“以心循理”的知性认识与“以理御心”的理性认识之间，都不是彼此割裂、毫无联系的。应当说，他朦胧地触到了感性、知性与理性三阶段在认识运动中的统一。

### （四）关于“道”与“德”

“道”与“德”这一对范畴，在船山认识论的范畴体系中具有特殊的地位，它既是“以心循理”与“以理御心”相互关系的论证所必然要得出的产物，又是船山自然观与历史观中的“道”“器”理论在其辩证逻辑思想中的反映和结晶。

在这里，“道”是关于“器”(某一具体事物）的片面的真理，

---

① 王夫之:《四书训义》卷八。

② 王夫之:《四书训义》卷八。

是经过抽象分析得到的结论。“德”则是对于“器”的全面、完整的认识，是经过分析以后进一步综合的成果。

王船山思维论中有一个“尽器”——“贯道”——“入德”的公式。他把那种在更高的基础上回复到“器”的认识称之为“德”，只有“成器在心”才能“据之为德”，只有“入德”才能“凝道”。“德”是对道的综合，“道得则谓之德”，“道定而德著”。这种综合，是对于事物的本质和规律的总体把握：“德至而道凝”，“勇于德则道凝”①。

认识过程中由“尽器”到“贯道”，由“尽道”到“审器”的循环往复，就是由感性的具体，经过知性的抽象，回复到理性的具体的反复过程；也即是由“器”到“道”的分析与由“道”到“德”的综合不断演进、无穷深化的过程。在这个过程中，船山强调的一是“尽器”，二是“入德”，他抓住了前后两种具体，反对满足于普遍原则的抽象认识(“附托于道而不知德”)，认为单是“勇于道，则道为天下病矣”②。注重真理的全面性和具体性，注重分析与综合的统一，是王船山思维理论中的精华。

除了“道”与“德”这对范畴外，船山利用改造了“格物”和“致知”、“博文”和“约礼”、“多学”和“一贯”等传统范畴，论证了它们之间的辩证联结，接触到了认识的个别、特殊和普遍的辩证法，以及归纳与演绎的“两端而一致”。

船山赞扬方以智父子的“质测之学”，在“即物以穷理”的基础上，“诚学思兼致之实功”③，不断发展了人的认识能力，积累经验，上升到理论。这样，尽管“天下之物无涯，吾之格之也有涯，吾之所知者有量”，然而，“及其致之也”，可以“不复拘于量”④，“知有

① 王夫之：《周易外传·系辞上传第十二章》、《思问录·内篇》、《张子正蒙注·至当》。

② 王夫之：《思问录·内篇》。

③ 王夫之：《搔首问》。

④ 王夫之：《读四书大全说》卷一。

其不知者存”，通过“求之”、“致之”、“索之”的格物穷理功夫①，可以不断地在知识的量上扩张，不断地由现象进入本质，由低级本质进入高级本质。

把“格物”和“致知”作为“尽器”、“贯道”和“入德”的方法，在他看来，要把握真理的具体性，“格物穷理”是必经之路。船山的“格物致知”论之不同于朱熹，就在于他由此而发挥和发展了辩证的“知行统一”学说。在认识的内在矛盾推动下，潜藏在主体内部的“知”与“能”发挥出来，转化为现实的“知”和“行”，就是不可避免的了。

### （五）关于“知”与“行”

“知行”范畴，是王船山认识论的核心。在“知”“行”关系的问题上，他扬弃了陆王及其门人与朱熹及其后学激烈争鸣的思想成果，作出了前无古人的贡献。其要点，第一是突出肯定了“行”在认识过程中的地位，得出了“行可兼知”的重要结论；第二是深刻阐明了人的认识在知行“并进而有功”的运动中“日进于高明而不穷”的思想。

船山力图从认识路线上清算宋明道学，坚决批判“离行以为知”这个导致民族败亡的祸根。他从“知”源于“行”，“知”必须“以行为功”，“行焉可以得知之效”② 等各方面论证了“行”是“知”的基础、动力和落脚点，“行”包括了“知”、统率着“知”、优越于“知”。船山并不因此而否定“知”对于“行”的作用，他的知行观，是在重行的基础上的知行统一观。他阐释的“知行相资以为用”、“并进而有功”的道理，触及到认识与实践的相互关系的辩证法和认识与实践的无限性思想。“知行相资以为用。唯其各有致功，而亦各有其效，故相资以互用；则以其相互，益知其必分矣。同者不相为用，资于异者乃和同而起功，此定理也。不知其各有功效而相

① 王夫之：《思问录·内篇》。

② 王夫之：《尚书引义·说命中二》。

资，于是姚江王氏‘知行合一’之说，得借口以惑世。”① 在人们具体的认识活动中，知和行不可截然分割，知中有行，行中有知。“知行终始不相离”；“由知，而知所行；由行，而行则知之；亦可云并进而有功”。② 人们通过“行”，从不知到知，从浅知到深知，“日进于高明而不穷”③。

这样的知行并进、日趋高明的过程，也就是在实践的基础上认识内容不断深化、认识能力不断提高、主观逐步符合客观并且改造客观的无限发展的过程。王夫之认为，致知是没有止境的，力行也是没有止境的，“道之在天下也，岂有穷哉！以一人之身藐然孤处于天地万物之中，虽圣人而不能知、不能行者多矣。……君子知此，念道之无穷，而知能之有限”。④ 他接触到了真理的无限性和人类认识、实践的相对性。

在对知行关系作了如此深入探讨的基础上，王船山更进一步提出了“实践”的范畴，说明了认识主体在改造自然、改造社会和改造自己的活动中的重大作用，从而使他的认识论的终点回复到起点——作为认识主体的实践着的人。

### （六）关于“实践”

船山认为，知行并进的认识应当有一个正确的目的，就是“实践之”，把“心之所存”的合理思想“推行于物”⑤。船山所提出的“实践”，当然包括了封建道德践履，但他更多涉及的却是改造自然、社会和人本身的活动，其中透露出来的关于人的自觉能动性的思想火花，格外夺目。

他尊重“厚生利用”等生产活动，认为人类一方面“资其用于

① 王夫之：《礼记章句》卷三十一。
② 王夫之：《读四书大全说》卷三、卷四。
③ 王夫之：《思问录·内篇》。
④ 王夫之：《周易内传》卷二。
⑤ 王夫之：《张子正蒙注·至当》、《张子正蒙注·神化》。

天”，另一方面又可以创造出自然界所没有而人们又必需的生活资料，“人有为也，有为而求盈，盈而与天争胜”。为了御寒，人们可以“缉裘以代毛”；为了自卫，人们可以“铸兵以代角”①，进行有目的性的改造世界的活动。在改造社会方面，他提出，不仅“君相可以造命”，而且“一介之士莫不有造焉”②。普通人也能多少掌握历史命运，治理社会。在“国家之治乱存亡”的问题上，“人有可竭之成能。故天之所死，犹将生之；天之所愚，犹将哲之；天之所无，犹将有之；天之所乱，犹将治之”③。充分发挥人的主观能动性，坚持人道正义，就可以起死回生、化愚为哲、变无为有、拨乱反正，创造人间奇迹。

就认识主体自身来说，正是在“善动化物”、“以人造天”等改造自然、创造历史的活动中，才得以实现“人之所以异于禽兽”的本质、本性，达到真、善、美的统一。在这个问题上，他提出了“竭天成能”说、“继善成性”说、“贞生死以尽人道”说。

船山认为，聪明智慧的增长，理想人格的培养，要靠人的主观努力和实际锻炼。他说，“可竭者，天也；竭之者，人也”；自然禀赋的目力、耳力、心思愈运用则愈明、愈聪、愈睿；人的正义感，愈发挥则愈强烈。④ 这就和宋明以来“瞑目据梧”、“蹈虚空谈”的腐朽学风正相对立。

船山认为，禽兽只能“用其初命”，而人类却在与自然界交互作用的过程中，特别是在“取精用物”的实践中，“命日受，性日生”；人性“日生日成”，“未成可成，已成可革……新故相推，日生不滞”⑤。他还强调“立志”、“养志”，指出“立志之始，在脱习气”。这就是说，在人性的完善、道德境界的提高的问题上，个人是有主动

① 王夫之：《尚书引义·洪范一》。

② 王夫之：《读通鉴论》卷二十四。

③ 王夫之：《续春秋左氏传博议》卷下。

④ 王夫之：《续春秋左氏传博议》卷下。

⑤ 王夫之：《尚书引义·太甲二》。

权的，理想的人格依靠自我锻造而成。这就有力批判了宋明道学的宿命论的“复性”说和“主静”、“禁动”论。

船山改造了传统的“继善成性”说，认为“性则因乎成矣，成则因乎继矣。不成未有性，不继不能成”。① “成性”的过程也离不开“成身”，即满足人们合理的物质欲望。他说：“饮食男女之欲，人之大共也”；“苟其食鱼，则以河鲂为美”，“苟其娶妻，则以齐姜为正”②，他痛斥了宋明道学“惩忿”、“窒欲”、“灭情”等伦理异化的谬论，主张“入五色而用其明，入五声而用其聪，入五味而观其所养，乃可以与万物交而尽性，以立人道之常”。③ 他还审慎地区别了“公欲”和“私欲”，指出少数特权者纵一己之私欲，实是遏天下之公欲，“纵其心于一求，而天下之群求塞”④。为了反对封建等级特权所保护的这种贪婪而专横的纵一己之私欲，他提出了一个所谓“均平方正之矩”⑤ 的立法原则，幻想借以实现“不以天下私一人”的“公天下”⑥ 和“有其力者治其地”的“均天下”⑦ 的社会改革方案。

王船山的絪缊生化的自然史观，理势相成的人类史观和以理御心、入德凝道的认识理论，闪耀着积极辩证法的光辉，表现出早期启蒙者的人文主义思想，而最后落脚到“贞生死以尽人道”，即正确地认识生和死的客观辩证法，自觉地实现人的特殊本质，发挥人的主观能动性，树立“健”“动”的人生观，并对佛、道二教陷入“生死之狂惑”、蔑弃人道的宗教异化和宋明道学宣扬“禁动”“窒欲”、扭曲人性的伦理异化，进行了猛烈的抨击。

王船山以其丰富的辩证法思想，透露出试图冲破中世纪阴霾的

① 王夫之：《周易外传·系辞上传第五章》。
② 王夫之：《诗广传》卷二。
③ 王夫之：《四书训义》卷三。
④ 王夫之：《诗广传》卷四。
⑤ 王夫之：《读四书大全说》卷一。
⑥ 王夫之：《黄书·宰制》；《读通鉴论》卷末《叙论一》。
⑦ 王夫之：《噩梦》；《诗广传》卷四。

智慧之光。他不愧为 17 世纪中国哲学原野上“破块启蒙”的播种者！

（原载《王船山学术思想讨论集》，湖南人民出版社 1985 年版）

# 三十七、王夫之矛盾观中的“分一为二”与“合二而一”

王夫之生活的明末清初，正当我国封建制走向衰落，资本主义开始萌芽，各种社会矛盾空前激化，农民革命的风雷曾使封建政权一度崩裂；而以清代明的王朝更迭，又使旧制度得以延续，新经济和新思想遭到窒压，“死的拖住活的”，形成一个历史的洄流。这一切，铸造了王夫之哲学思想的时代特征。

王夫之自认为经历了“天崩地裂”① 的政治变局。他声称自己研究哲学是为了“极物理人事之变，以明得失吉凶之故”②；“揭阴阳之固有、屈伸之必然，以立中道”③。这是说，他要探究自然和社会的变动原因，揭示客观矛盾运动的固有规律，以得出一套所谓“中道”理论。的确，他的哲学贡献，也突出地表现为富于辩证思维，勇于批判形而上学，并在朴素唯物论的基础上把朴素形态的辩证法尤其是矛盾观，发展到了时代条件允许的典型高度。

任何理论思维都是时代的产物。王夫之自觉地继承了张载的辩证法，又精研易理，改铸老庄，扬弃朱熹，批判佛学，善于综合大量的先行思想资料；但他的辩证法思想的真正客观来源，是明清之际新兴“质测之学”（即自然科学）的成果，是他所经历的大动荡的社会现实，尤其是伟大的农民革命战争所展开的客观矛盾运动。他的辩证法思想中展开了的矛盾学说，其所以含有某些超越前人的理论成就，就

---

① 王夫之:《亿得·放杜少陵文文山作七歌》。

② 王夫之:《周易内传》卷一。

③ 王夫之:《张子正蒙注·序论》。

在于他作为一个属于地主阶级革新派的思想家，又在特定历史条件下参与了某些进步的政治活动，被卷入了当时互相交错的阶级斗争和民族斗争的旋涡，因而从哲学上能够对客观的社会矛盾运动有所反映。当然，他的反映，不可避免地具有阶级的和时代的局限。

王夫之的矛盾观，与同时代的方以智相比，可说是更典型地表现了朴素形态的对立统一思想可能达到的理论思维水平。因此，在关于“一分为二”与“合二而一”问题的再探讨中，为了澄清把这两个命题割裂和对立起来所曾造成的是非颠倒和理论混乱，对王夫之的矛盾观中的“合、分”，“一、两”等范畴的基本含义作一些剖析，应该说有一定的借鉴意义。

## 一　“天下之变万，而要归于两端”

列宁根据哲学史的考察，指出矛盾法则其所以是辩证法的实质，就在于只有矛盾观点“才提供理解一切现存事物的‘自己运动’的钥匙”，即承认事物运动发展的动力和泉源不在事物的外部而在内部；而这一点，正是辩证法的发展观与形而上学相区别的主要特征；所以说：“要认识世界上一切过程的‘自己运动’、自生的发展和蓬勃的生活，就要把这些过程当做对立面的统一来认识。”① 回答事物运动发展的动力源泉问题，坚持内因论，是对立统一思想的出发点。

王夫之继承和发展张载的“一物两体”、“动非自外”的思想，展开他的矛盾观，也是从回答事物运动变化的动力源泉问题出发的。为什么充满宇宙的物质实体——“气”会永恒地运动着？他认为，由于物质实体本身存在着互相依赖而又互相排斥的两种势力、两种性能、两种趋向、两个方面，沿用传统范畴，统称之为“阴阳”（或“乾坤”），简括为“两端”。就宇宙整体说，统一的“气”，分裂为“两”，即阴阳二气；两者性能相反，却彼此制约，互为消长，互相

① 列宁：《谈谈辩证法问题》，《列宁选集》第二卷，北京：人民出版社1972年版，第712页。

作用，形成“相摩”、“相感”的矛盾关系，从而生成天地万物，推动一切事物不停息地运动变化。就具体事物说，也都是阴阳二气的具体而微。“一气之中，二端既肇，摩之荡之而变化无穷。”“阴阳相摩……皆动之不容已者。……阴阳之消长隐见不可测，而天地人物屈伸往来之故，尽于此。”① 统一体分裂为阴阳对立物，两者互相摩擦激荡，就是天地人物“动之不容已”的根本原因。他力图利用自然知识来加以证明。例如植物的生长过程，表面看来，“非芽不蕊，非蕊不花，非花不实，非实不芽”。似乎只是一个因果联系过程，没有什么内在矛盾。但“进而求之”，就会发现：“非阴阳定裁，不有荄茎；非阳动阴感，不相柎萼”，没有植物体内阴阳对立物的一定剪裁化合（新陈代谢），就不会发芽长枝；没有阴阳交感（雄雌蕊交配），就不会形成胚株而结出新果。他认为这就是“道有阴阳，阴阳生群有”的“物情非妄”的证明。② 推而广之，整个自然界的日月运行、雷霆风雨以及一切生物的生成变化，都是“乾坤怒气之生”、“阴阳互交之化”③ 的结果。这些思想被他概括为：

> 天下之变万，而要归于两端。④
>
> 万殊之生，因乎二气；二气之合，行乎万殊。⑤

世界上的事物，千差万别，变化复杂，但归根到底，其生成变化的根源在于内部的“两端”，即自身的矛盾。

王夫之的这些观点，对传统哲学中的形而上学外因论，是一种否定。值得注意的是，他敏锐地观察到，我国哲学史上从老庄玄学直到宋明道学，形成了一种狡猾的形而上学，即表面上都在讲“阴阳动

① 王夫之：《张子正蒙注》卷一。
② 王夫之：《周易外传》卷二。
③ 王夫之：《周易外传》卷五。
④ 王夫之：《老子衍》。
⑤ 王夫之：《张子正蒙注》卷一。

静”，但却坚持了一个形而上学的前提，就是把“阴阳动静”的源泉移到物质世界的外部，鼓吹“橐籥生风”之类的外因论。如老子，在“道生一，一生二”的前提下，也讲“反者道之动”，“万物负阴而抱阳”等。玄学唯心主义把老子的“道生一，一生二”的命题和《易传》的“易有太极，是生两仪”的命题沟通起来，发挥出一套“无生有”、“静制动”、“一统众”的形而上学。宋明道学家们沿着这一思路，坚持“太极生阴阳”这个大前提，然后也大讲“二气交感，化生万物”(周敦颐)，“万物莫不有对”(程颢)，“天地之间无往而非阴阳”(朱熹）等，似乎都承认现实世界的矛盾运动，但却在现实世界之上去安置一个本体——“道”、“一”、“太极”，作为产生“阴阳动静”的根源。运动的源泉“被移到外部——神、主体等那里去了”。

王夫之在批判宋明道学，追根到老庄玄学的理论斗争中，对这种形而上学的外因论，着重进行了解剖。他首先指出：无论是老子的“无能生有”、“橐籥动而生风”；还是周敦颐的“太极动静而生阴阳”，都是在现实的“阴阳动静”之外去虚构一个“待推于彼而生之”的神秘物。其实，“阴阳”是一切事物的“固有之蕴”，不是“动静所生”，而是动静的主体，“动静者即此阴阳之动静”①。因而，在阴阳之外去找动静的根源，只能是主观虚构，“虚为之名而亡实”②。他紧紧抓住宋明道学家们公认的“太极生阴阳”这个根本命题，进行了反复批驳。指出这种“阴阳未有之先而有太极”③的观点，其理论谬误是认为“太极本无阴阳”，把“阴阳”看做太极“动静所显之影象”，即把矛盾看做一种派生的虚幻的东西。这是一种“气外求理”的邪说。他强调：“阴阳充满乎两间！而盈天地之间，唯阴阳而已矣！”④矛盾无处不在，矛盾就是一切存在物的本质。

① 王夫之：《张子正蒙注》卷一。
② 王夫之：《张子正蒙注》卷一。
③ 王夫之：《周易外传》卷五。
④ 王夫之：《周易外传》卷五。

“我之性，乾坤之性，皆不越阴阳健顺之二端，纯驳、良楛、灵蠢，随其质而皆兼体。”① 矛盾运动是永恒的，无始无终。“阴阳无始者也，太极非孤立于阴阳之上者也。”② 这是从批判外因论而朴素地论证了矛盾的普遍性和绝对性。

进一步，王夫之对“太极”这一范畴以及“太极生阴阳”所根据的《易系辞》上“易有太极，是生两仪，两仪生四象，四象生八卦”的命题，作出了他自己的崭新解释。他说：“阴阳之本体，絪缊相得，和同而化，充塞于两间，此所谓‘太极’也。张子谓之‘太和’。”③ 又说：“太极一浑天之全体。……乾坤并建而阴阳之极皆显，四象、八卦、三十六象、六十四卦，摩荡于中，无所不极。故谓之‘太极’。”④ 对“太极”范畴的这一唯物的辩证的改造，是王夫之的朴素矛盾观的一个理论贡献。他实际上把“太极”用作标志阴阳对立统一体的范畴，“合之则谓之太极，分之则谓之阴阳”⑤。“太极”存在于阴阳对立统一之中。也就是阴阳对立统一的总的法则。所以说：“阴阳之外无理数，乾坤之外无太极。”⑥“太极”所标志的阴阳对立统一的总法则，也就是客观物质世界“同有而无不至”的普遍本质。按他的解释：“同有而无不至，至则‘极’，无不至，则‘太极’矣。”⑦ 即是说阴阳对立统一法则是一切事物所“同有”，所以称“极”；无一例外，所以称“太极”。进而，他又把“易有太极，是生两仪”的“是生”二字解释为“固有之则生，同有之则俱生矣，故曰‘是生’。是‘生’者，立于此而生，非待推于彼而生之”。⑧ 即是说，阴阳对立统一法则是事物所固有的，任何事物的生成变化取决

① 王夫之：《张子正蒙注》卷九。
② 王夫之：《周易内传》卷五。
③ 王夫之：《周易内传》卷五。
④ 王夫之：《周易内传发例》。
⑤ 王夫之：《周易内传》卷五。
⑥ 王夫之：《周易内传发例》。
⑦ 王夫之：《周易外传》卷五。
⑧ 王夫之：《周易外传》卷五。

于此岸世界的现实矛盾，而不需要在彼岸世界去找一个推动者。

经过这番破中有立的批判，王夫之扬弃了“太极生阴阳”之类的形而上学外因论。

## 二 “合两端于一体”，“非有一，则无两”

王夫之由坚持辩证发展观的内因论，论述了矛盾的普遍性，进而提出“乾坤并建”、“阴阳不孤行于天地之间”的观点，强调任何具体事物也都是在特定的时空条件下具体的阴阳对立统一体，各自形成特殊的规律。用他的话说：“阴阳具于太虚絪缊之中，其一阴一阳，或动或静，相与摩荡，乘其时位以著其功能，五行万物之融结流止、飞潜动植，各自成其条理而不妄。”① “一唯阴阳之变合，故物无定情，无定状；相同而必相异。足知阴阳行乎万物之中，乘时以各效，全具一絪缊之总体而微尔。”② 这是朴素辩证法对矛盾的特殊性和相对性的笼统认识，但肯定了任何事物都具有阴阳两端。“物物有阴阳，事亦如之。”③ 他认为，既然“阴阳行乎万物之中”，“无有阴而无阳，无有阳而无阴，两相倚而不离”④，所以任何一个事物都兼有阴阳的统一体，他的哲学概括是：

> 无孤阳之物，亦无孤阴之物。……合两端于一体，则无有不兼体者也。⑤

世界上不存在没有矛盾之物，任何存在物都是“合两端于一体”的矛盾统一体。由此出发，在张载“一两学说”的基础上，王夫之进

① 王夫之：《张子正蒙注》卷一。
② 王夫之：《张子正蒙注》卷一。
③ 王夫之：《张子正蒙注》卷三。
④ 王夫之：《周易内传》卷五。
⑤ 王夫之：《张子正蒙注》卷一。

一步探讨了矛盾观中的二两关系、分合关系等问题。

张载提出“一物两体，气也。一故神，两故化”① 的命题。在气一元论的基础上发挥了朴素的矛盾观，第一次把“一”、“两”作为一对范畴给予哲学的规定。按他的理解：“一”指物质实体的气是一个统一体，其中含有对立的两部分——阴阳，即“两”。“一”中有“两”，故神妙莫测；“两”统于“一”，故能生变化。又说：“两不立，则一不可见；一不可见，则两之用息。”② 即是说，没有对立面，就形不成统一体；如果对立面不在统一体中，对立面的作用也就消失。张载抽象出的“一”、“两”关系，仅是概指统一体和对立面之间的一定依存关系，还没有用以表达统一体中矛盾着的两个对立面之间的关系。张载虽也讲到对立面两者之间的相互作用，列举了“若阴阳之气，则循环迭至，聚散相荡，升降相求，絪缊相揉，盖相兼相制，欲一之而不能”③ 等状况。但他把对立面之间的根本作用归结为“相感”，并把“感”的内容规定为“感即合也。……以其能合异，故谓之感”④。至于“相感”、“合异”的过程中也会发生“对必反其为，有反斯有仇”的情形，但结果“仇必和而解”⑤。因为“一能合异”⑥，这就是他所概括的“有两，则须有感”⑦，“二端，故有感；本一，故能合”。⑧ 以感应、感通为主的各种矛盾终会消解在“太虚”之中。张载在辩证法史上的贡献是突出的，但局限性也较明显。他的辩证观念较多地来自对自然现象的直观；他所说的“一”、“两”，仅指统一体及其所包含的对立面，没有深入到对立面之间的内在关系；他的“太虚”、“太和”作为朴素唯物主义的本体概念，

① 张载：《正蒙·参两篇》。
② 张载：《正蒙·大和篇》。
③ 张载：《正蒙·参两篇》。
④ 张载：《正蒙·乾称篇》。
⑤ 张载：《正蒙·大和篇》。
⑥ 张载：《正蒙·乾称篇》。
⑦ 张载：《易说上·经·观卦》。
⑧ 张载：《正蒙·乾称篇》。

多少具有超乎阴阳矛盾之上的非辩证性质。

王夫之继承张载思想的积极成果，力图克服张载的理论弱点给唯心主义本体论留下的空子，把朴素辩证法的矛盾学说推进到一个崭新的阶段。主要在以下问题上有所突破。

首先，他提出和论证了“道”与“阴阳”的关系问题。“道”这个广泛的范畴，唯心主义用以指精神本体，朴素唯物主义用以指普遍的物质实体及其固有的普遍规律。在王夫之的辩证法中，“道”的特定含义就是作为阴阳对立统一体的物质实体及其总的矛盾法则，离开了现实的阴阳对立统一的客观矛盾运动就别无所谓“道”。他说：“道者，物所众著而共由者也。物之所著，唯其有可见之实也；物之所由，唯其有可循之恒也。既盈两间而无不可见。盈两间而无不可循，故盈两间皆道也。”① 这个“可见之实”、“可循之恒”，就是现实的阴阳对立统一的矛盾运动，所以说：“阴阳与道为体，道建阴阳以居，相融相结而象生，相参相耦而数立。”② “故道以阴阳为体，阴阳以道为体，交与为体，终无虚悬孤致之道。”③ 就是说，阴阳二气的统一体就存在于阴阳二气的对立之中，阴阳对立统一的矛盾法则也就体现在阴阳二气的矛盾运动之中，道与阴阳二者不能割裂。王夫之强调这个问题，是针对邵雍、朱熹等用先天定位的“一分为二”、“一变为二”、“一每生二”等来歪曲或臆造矛盾。邵、朱所讲的“太极一也，不动；生二，则神也”④ 以及阴阳动静全是“理为之宰”⑤等，都是在矛盾之上去安置一个主宰者。王夫之批判他们不懂《易》理，“疑夫乾坤之先有太极”⑥，“乃见一阴一阳之云，遂判然分而为二，随而倍之，瓜分缕析，谓皆有成数之不易，将无执与”!⑦ 把

① 王夫之：《周易外传》卷五。

② 王夫之：《周易外传》卷五。

③ 王夫之：《周易外传》卷三。

④ 邵雍；《皇极经世·双物外篇》。

⑤ 朱熹：《太极图注》。

⑥ 王夫之：《周易外传》卷五。

⑦ 王夫之：《思问录·内篇》。

“判然分而为二”的主观“成数”，强加在客观的复杂的矛盾身上，当然是错误的。

据此，王夫之还着重批判了道家的虚无主义，把客观矛盾“分析而各一之”，即把矛盾双方分裂为互不相关的两块，妄图“忌阴阳而巧避之”，声称“于阴于阳而非道，而道且游于其虚”。又批判佛教的神秘主义，把客观矛盾“抟聚而合之一”，即取消、抹杀矛盾而妄图超乎矛盾之上去追求一种“统摄”一切的“大圆”之道①。这种背向现实，希图逃避或抹杀矛盾，而认为“阴阳之外有道”的观点，当然更是错误的。

王夫之借解释《易系辞》中“乾坤其易之缊耶”这句话，进一步阐述了他关于“阴阳之外无道”的重要思想，同时提出了他的“合二为一”和“分一为二”的论题②。据他分析，“乾坤其易之缊耶”这个命题，就是指“乾坤”蕴藏着“易道”(在王夫之的用语中，“易道”就是指“极物理人事之变”的辩证法及其核心——“揭阴阳之固有”的矛盾法则)，也就是说，任何客观事物都“分一为二”、分为“两端”的活生生的事实，便包含着把这两个对立面结合为一的矛盾法则，矛盾法则不是外加的、臆造的，而是依附于、表现于具体事物中的，他指出：

> 故夫天下之赜，天下之动，事业之广，物宜之繁，典礼之别，分为阴，分为阳，表里相待而二，二异致而一，存乎其人，存乎德行。德行者所以一之也③。

这是说，天下纷纭复杂、不断变化的万事万物，都必然分为阴阳、分为表里，构成“相待而二”的两个方面，两个方面虽然存在差异、对立，却又统一；对这种对立统一的正确认识，在于人具体掌

① 王夫之:《周易外传》卷五。
② 王夫之:《周易外传》卷五。
③ 王夫之:《周易外传》卷五。

握它的规律和实践，所以说："合二以一者，既分一为二之所固有。"把事物的阴阳、表里等对立面统一起来的矛盾规律，是事物本身必然分为阴阳表里等对立面的客观矛盾所固有的。他认为，正因如此，所以"器不死而道不虚生"①。事物不是僵死的而是活生生的，事物的矛盾规律绝不是凭空出现的。这一深刻论证，正是他的"无其器则无其道"②、"尽器则道无不贯"③ 的著名的"道器论"的理论前提。

王夫之在这里重点论证的是"合二以一"的矛盾规律依存于"分一为二"的矛盾事实，但他所讲的"分一为二"包含了"合二以一"，"相待而二，二异致而一"，他对"一、二"，"合、分"等范畴的哲学规定，不能说不是作为一般规律来讲的。他运用自己规定的范畴，对张载的"一两"说有所发挥，在解释张载的"有反斯有仇，仇必和而解"时，虽表现了与张载同样的思想局限，但对矛盾属性的剖析中，触及了对矛盾着的对立面之间的关系的辩证认识。如指出："阳阴各成其象，则相为对"，一方面，"刚柔、寒温、生杀，必相反而相为仇"，"相反相仇则恶，……阴阳异用，恶不容已！"④ 承认了对立的双方具有斗争乃至对抗的性质。在解释《周易》的《否》卦时，提到"阳之摈阴，先之以怒"⑤；解释《同人》卦时，强调"同人者，争战之府"⑥，都透露出某些新的思想火花。另一方面，他不仅认为"阴得阳，阳得阴，乃遂其化，爱不容已"，"互以相成，无终相敌之理"；并一再强调"非有一，则无两"，"一之体立，故两之用行"。⑦ 一再斥责邵雍的形而上学对分法是"有背驰而无合理"⑧，显然更明确地注意到了矛盾必须共居于统一体中的同一性。

① 王夫之：《周易外传》卷五。
② 王夫之：《周易外传》卷五。
③ 王夫之：《思问录·内篇》。
④ 王夫之：《张子正蒙注》卷一。
⑤ 王夫之：《周易外传》卷一。
⑥ 王夫之：《周易外传》卷二。
⑦ 王夫之：《张子正蒙注》卷一。
⑧ 王夫之：《周易外传》卷五。

从他对矛盾运动的纵剖中，如说：“合者，阴阳之始本一也；而因动静分而为两；迨其成，又合阴阳于一也。”① “道之流行于人也，始于合，中于分，终于合。”② 概括出“一——两——一”、“合—分—合”的公式，也比张载更加深刻地暴露了朴素辩证法不可避免的二重性。应当看到，王夫之由“合二以一”是“分一为二”所固有的综合命题出发，在《思问录·内篇》中对张载的“两端者，虚实也，动静也，聚散也，清浊也，其究一也”的命题，作了新的解说，区别于《正蒙注》中把“其究一也”注释为“皆取给于太和絪缊之实体”的说法，而专从虚实、动静等对立面的互为消长、互相渗透的辩证同一的关系去说明，克服了张载所说的“一”带有抽象同一性、即同一实体的思想局限；并且得出了重要的结论：所谓“一”，“非合两而以‘一’为之纽也”③。即这里的“一”，是指“两端”之间互相联结的一种关系，而不是另有一个什么实体把“两端”统起来或纽结在一起。这显然是对方以智哲学中把“合二而一”的“一”有时理解为“用一贯二”、“用一化二”的“大一”、“真一”这种形而上学观念进行了批判。方以智的哲学体系中有丰富的辩证法，但他的矛盾观颇受天台宗所谓“圆融三谛”之类的貌似辩证法的形而上学思辨的影响。《东西均·三征》篇附记中曾说：“圆∴（音伊）三点，举一明三，即是两端用中，一以贯之。……上一点为无对待、不落四句之太极；下二点为相对待、交轮太极之两仪。”方以智的“合二而一”、“用一贯二”的“一”，确有超越矛盾之上、泯除一切对待的第三者的意味。王夫之寄怀好友方以智的诗中曾提道：“哭笑双遮∴字眼，宫商遥绝断纹琴。”④ 可见他熟知方以智这方面的见解。“非合两而以一为之纽”，虽只这么一句批评，但可以看出他在矛盾观上的思维水平，比同时代的方以智略高一筹。

① 王夫之：《张子正蒙注》卷一。
② 王夫之：《周易外传》卷六。
③ 王夫之：《思问录·内篇》。
④ 王夫之：《五十自定稿·寄怀青原药翁》。

当然，衡量王夫之的哲学思维水平，主要的还应当看抽象思维回到现实中来对现实的矛盾运动是怎样观察和剖析的。

## 三 矛盾并非“截然分析之物”，“反者有不反者存”

毛泽东同志在《矛盾论》中总结哲学斗争的历史经验，曾经指出：“只有现在的和历史上的反动的统治阶级以及为他们服务的形而上学，不是把对立的事物当做生动的、有条件的、可变动的、互相转化的东西去看，而是当做死的、凝固的东西去看，并且把这种错误的看法到处宣传，迷惑人民群众，以达到其继续统治的目的。”① 中国封建社会中的形而上学正是这样。从“天尊地卑，乾坤定矣；卑高以陈，贵贱位矣”② 开始，经过董仲舒的“凡物必有合”、“合各有阴阳”③ 的粗糙加工，直到程朱的“天下万物之理，无独必有对”④ 的哲学论证，似乎都讲矛盾，并且讲得十分带劲。程颢声称，每当他半夜想到“无独必有对”这个道理，就高兴得“手之舞之，足之蹈之”⑤。他们都不否认“尊卑上下”等的对立，但力图把这种对立，按封建隶属关系加以凝固化、绝对化，宣传一种以矛盾定位论为特征的形而上学。邵雍、朱熹在此基础上还炮制了一套貌似辩证法的形而上学两分法，认为一切事物都必然“破作两片”。邵雍的先天象数学，即把一切事物都武断地固定在他的“一分为二、二分为四、四分为八……”的先验框子里，并宣称这是“神”的安排。⑥ 朱熹肯定邵雍的“一分为二，节节如此，以至于无穷，皆是一生两尔”⑦；学生问他：“先生说邵尧夫看天下物皆成四片，如此，则圣人看天下

① 毛泽东：《毛泽东选集》合订本，第305页。
② 《易系辞》。
③ 董仲舒：《春秋繁露·基义》。
④ 程颢、程颐：《河南程氏遗书》卷十一。
⑤ 程颢、程颐：《河南程氏遗书》卷十一。
⑥ 邵雍：《皇极经世·观物外篇》。
⑦ 朱熹：《朱子语类》卷六十七。

物皆成两片也?”他回答:“也是如此,只是阴阳而已。”① 他宣称:“君臣父子,定位不易,事之常也”② 一切对立,“皆是理必当如此”③。这是一种旨在强化封建等级制的形而上学的矛盾定位论。

王夫之生活在封建社会危机大爆发的时代。他亲眼看到明末农民革命战争把朱明王朝打翻在地;接着先进的汉民族又被落后的少数民族的武力所征服。当时各种社会矛盾的复杂交错和急剧转化,推动王夫之正视现实矛盾,为总结明亡教训而清算宋明道学。邵雍以及朱熹的矛盾定位论及其形而上学两分法,他认为是一种“贼道而有余”的谬论。明亡后,他在流亡中写出的第一部哲学论著《周易外传》就给予了重点批判,在批判中展开了他的关于矛盾同一性的朴素理论。

首先,王夫之指出:“《皇极经世》之旨,尽于朱子‘破作两片’之语,谓天下无不相对待者耳。”把邵雍和朱熹挂在一起,一针见血地把他们形而上学两分法的实质点出来,就是把阴阳、刚柔等说成是分作两片、绝对对立。王夫之认为,这全是主观臆测,“非自然之理也”④。他针锋相对地提出:“天下有截然分析(全然分离)而必相对待(绝对对立)之物乎?求之于天地,无有此也;求之于万物,无有此也;反而求之于心,抑未谂其必然也。”⑤ 坚决否定了邵雍等把阴阳对立看做截然分离和绝对对立而没有任何联系、也不会互相转化的形而上学观点;并形象地揭露他们那种“一分为二,二分为四,……”的两分法,实际是把对立的事物看做像用斧劈柴,“已分而不可合”;又像沟分水流,“已去而不可回”。这是完全不符合天地万物的实际情况的。⑥

他所展开的论证,是力图用社会和自然现象来说明对立的事物之

① 朱熹:《朱子语类》卷一百。

② 朱熹:《甲寅行宫便殿奏劄一》。

③ 朱熹:《朱子语类》卷九十五。

④ 王夫之:《思问录·外篇》。

⑤ 王夫之:《周易外传》卷七。

⑥ 王夫之:《周易外传》卷七。

间并没有绝对的界限，不是僵化不动的，而往往是互相渗透的，是可以互相过渡、互相转化的。

例如说“天尊于上，地卑于下”(这个命题，在封建社会里被赋予强烈的政治性)，似乎是绝对的，可是，天会转入深深的地下，地也会升到高高的天际（王夫之利用了当时有关“天左旋”、“地有四游”等方面的天文学知识)，可见“尊卑上下”的界限不是固定不变的，“其界不可得而剖也”。

又如，进退、存亡等社会现象，矛盾着的双方，进的一方到了极限，退的一方就逼上来，“进极于进，退者以进”；现在败亡的一方，可能坚持到将来，“今者所亡，不绝于将来”；从发展看，“进退”、“存亡”的格局也是难定的，“其局不可得而定也”(这显然是明清之际的政治变局在王夫之思想上的反映)。

又如，“是非、善恶”的区别，也只有相对的意义、公认的真理，如果把它绝对化，会变成谬误，“天下有公是，而执是则非”。任何公认的错误，也可能包含着正确成分，“天下有公非，而凡非可是”，“其别不可得而拘也”。

再如，许多自然现象，“麦秋于夏，萤旦其昏，一阴阳之无门也；金炀则液，水冻则坚，一刚柔之无畛也；齿发不知其暗衰，爪甲不知其渐长，一老少之无时也；云有时而不雨，虹有时而不晴，一往来之无法也”。四时昼夜，刚柔老少，雨往晴来，全都没有截然的分界和僵化的法则。

这些事例表明，“截然分析而必相对待者，天地无有也，万物无有也，人心无有也”。由此，王夫之善于概括地论证对立的事物之间和事物自身的对立面之间，既不是“截然分析而必相对待”，也不是“截然分疆而不相出入”①，所以不应看做死板的、凝固的，而应看做生动的、可变的、可以互相过渡和转化的。

王夫之在理论思维的进程上，比他的先行者前进了一步，把笼统的抽象的“一、两”关系加以多方面的规定，使之逐步具体，从而

① 王夫之:《周易外传》卷七。

深入到对矛盾着的对立面之间的本质关系的综合分析，尽管这种分析仍然是朴素的，他认为阴阳作为矛盾着的双方，它们之间的关系，一方面是“相峙以并立”①，“判然各为一物，其性情、才质、功效皆不可强之而同”②，“各有成质而不相紊”③，这是“洵乎其必分”④、“分一为二”的关系；另一方面，两者又“相倚而不离”⑤，不能“判然分而为二”⑥，专用“絪缊（氤氲）”一词来形容阴阳两者“交相入而包孕以运动之貌”⑦。这是“自其合则一”⑧、“合二以一”的关系。他认为，这两重关系，又不可割裂，应当“会通于一”，用他的话说：“其理并行而不相拂。”但“合二以一”是“分一为二”所固有，“非有一，则无两”，所以他在理论倾向上偏重于论述后者，即矛盾的同一性的意义、作用等问题。他认为，矛盾着的事物之间的具体同一性，“错综乘乎化，方所因乎时”，情况是复杂变化的，绝不是“划然成位，而各止其所以不迁”，所以“穷理者穷之于此而已矣”⑨。

王夫之强调，一个“极物理人事之变”的“穷理者”，不能用静止的、僵化的、割裂的观点看待对立的事物及其相互关系；对于既然对立的事物，就主要应看到对立双方“相因而非相反”、“相承而无不可通”的一面。他举例说：呼和吸是一对矛盾，可是，“呼之必有吸，吸之必有呼，统一气而互为息，相因而非相反也”。刚柔燥湿是对立的，可是“以燥合燥者，裂而不得刚；以湿合湿者，流而不得柔。统二用而听乎调，相承而无不可通也”。往来阖辟是相反的，可

① 王夫之：《周易内传》卷一。
② 王夫之：《周易内传》卷五。
③ 王夫之：《周易内传发例》。
④ 王夫之：《周易外传》卷五。
⑤ 王夫之：《周易内传》卷五。
⑥ 王夫之：《思问录·内篇》。
⑦ 王夫之：《周易内传》卷六。
⑧ 王夫之：《思问录·内篇》。
⑨ 王夫之：《周易外传》卷七。

是“以阖故辟，无阖则何辟？以辟故阖，无辟则何阖”？如果认为“阖辟以异情而相敌，往来以异势而相反”，“阴阳有各致之能，相与偶（耦）立而不相浃”，是完全违反客观实际的。他指斥邵雍等先天定位说的谬误，就在于“局于方，划于对，剖于两”，即局限于某一固定的格局，把对立的界限划得太死，割裂对立双方的联系；认为按此处理矛盾，就会“使万物之性命分崩离析，而终无和顺之情”①。他从矛盾的转化现象中，特别注意处于统一体中的矛盾双方互相依存、互相促成的一面，在思想战线斗争中所批判的对象是邵雍、朱熹等的矛盾定位论及其形而上学两分法，在哲学思维的逻辑发展上，是克服了张载的“本一故能合”的矛盾直接“和解”论，也克服了王安石的矛盾简单“耦立”论和叶适的“言道者必以两”的片面性，这是有意义的。至于它所掩盖的另一种倾向，如夸大同一性的作用等，有导致矛盾融合论的可能，但还不能简单地斥之为矛盾融合论。

王夫之进一步提出“反者有不反者存”、“君子乐观其反”、“不畏其争”的命题，论述了他对相反者之间的同一性的看法和对待客观矛盾的态度。他说：

> 反者有不反者存，而非极重难回，以孤行于一径矣。反者，疑乎其不相均也，疑乎其不相济也。不相济，则难乎其一揆；不相均，则难乎其两行。其唯君子乎！知其源同之无殊流，声叶之有众响也，故乐观而利用之，以起主持分剂之大用。……下此者，惊于相反，而无所不疑，道之所以违，性之所以缺，其妄滋矣。②

这是说，相反者之间除了相反的关系以外还有不相反的关系，并非各走极端，一去不返。相反者之间，看来是“不相均”、“不相济”的，是难于统一或并行的。但是，“君子”就能够从“殊流”中看到共通

① 王夫之：《周易外传》卷七。

② 王夫之：《周易外传》卷七。

的源头，从“众响”中听到和谐的乐章。即从差异、矛盾、对立中认识和掌握统一，这样，就能正视客观矛盾，“乐观其反”，“而利用之”，以发挥正确处理和调节矛盾的主观作用。如果在矛盾面前惊慌失措，就会违反规律，谬误百出。王夫之把他的批判锋芒指向所谓“庸人”和“妄人”。他指出：“规于一致，而昧于两行者，庸人也。乘乎两行，而执为一致者，妄人也。”① 在他看来，愚昧地拘守统一，看不到对立，封建统治阶级中粉饰太平的保守派，就是“庸人”；看到矛盾的对立，而固执一端，强求统一，封建统治阶级中贪暴成性的顽固派，则是“妄人”。按照他所谓的“君子”的观点，应该是承认矛盾，正视矛盾，既看到“相反者”，更要看到“反者有不反者存”，以此去分析、处理、调节矛盾，“乐观而利用之”。他还分析，任何矛盾，即使如水火相灭的矛盾，都“莫不相需以致其功”，矛盾双方既不能“解而散之”，又不能“因而仍之”，而应当“善其交而不畏其争”②。

王夫之所谓“乐观其反”、“不畏其争”，当然不是乐于通过斗争去解决矛盾，而是相反，他希望通过所谓“善其交”的办法，可以充分利用矛盾的同一性去调节矛盾，使矛盾统一体不致破裂，不致“分崩离析”。

王夫之的这些观点，正是他的政治态度，即他对待当时阶级矛盾和民族矛盾所持的基本政治立场，在哲学上的具体反映。面对当时严重的社会危机和民族危机，王夫之从汉族在野开明地主的政治要求和经济利益出发，对当时的社会矛盾的基本态度是：主张以减轻赋役，抑制兼并，严以治吏，宽以养民等，来调节封建社会内农民和地主阶级的矛盾，达到他所幻想的“公其心，去其危”③ 的目的。在民族矛盾急剧上升时期，他又积极主张联合农民义军，开展全民族的抗清

---

① 王夫之：《周易外传》卷七。

② 王夫之：《周易外传》卷四。

③ 王夫之：《黄书·任官》。

斗争，以达到他所希望的“固其族而无忧”① 的目的。这样一种政治要求，使他相信汉族封建社会这个统一体中矛盾着的双方，应当“相反而固会其通”，保持同一性。因而，他力图论证“反者有不反者存”，“不忧其终相背而不相通”②。哲学，总是服务于一定阶级的政治；而辩证法，从来就是一种政治代数学。

王夫之在矛盾同一性的理论上是不是简单地重蹈了张载的“仇必和而解”的覆辙呢？似乎不能作出这样一刀切的结论。因为他不仅明确地反对“巧避”矛盾和“圆融”矛盾，而且进一步在历史领域——这一客观矛盾运动的最高形式中，作了一些“浚而求之，是以有论”③ 的理论探索。

## 四　“势极于不可止，必大反而后能有所定”

明清之际农民革命的风雷激荡对王夫之的冲击，使他不能不有所惊醒。他特重读史，“史特其鉴也”，④ 把历史看做一面镜子。他从历史上看到农民起义的烈火，历代都在燃烧。封建统治者的贪暴，“迫民于死地，民乃视之如仇雠”，广大劳苦农民“昼耕夜织”，结果是被残酷掠夺，“货积于上，而怨流于下”，“奸蔽愈滋”，“大贪愈纵”，“民安得不饥寒而攘臂以起哉”？所以“王仙芝、黄巢一呼而天下鼎沸”⑤，这完全是必然的。“裘甫平方，庞勋旋起，皆自然不可中止之势也！”⑥ 纵观历史，从陈胜、吴广到元末徐寿辉、韩山童等，他们“犯天下之险以首事”的暴烈行动，正是“暴君篡主相灭之先征”⑦。历史上农民革命的急风暴雨，以“不可中止之势”，冲翻了

① 王夫之：《黄书·宰制》。

② 王夫之：《周易外传》卷七。

③ 王夫之：《读通鉴论》卷末。

④ 王夫之：《读通鉴论》卷末。

⑤ 王夫之：《读通鉴论》卷二十六。

⑥ 王夫之：《读通鉴论》卷二十七。

⑦ 王夫之：《读通鉴论》卷五。

一个个末日王朝。

至于明末的社会现实，“豪强兼并之家”全都在“渔猎小民而使之流离失所”①，造成“所聚者盈溢，所损者空矣”② 的土地危机，终于激起空前规模的农民大起义。“闯（‘闯王’高迎祥、李自成）、八（‘八大王’张献忠）、革（‘革里眼’贺一龙）、操（‘曹操’罗汝才），起于二十年之中，而为天下裂。”③ 原因就是：“鸷吏以其繁刑驱民而之死，民死亡而国人益困，上狠下怨，成乎交逆，此之谓以势之否，成理之逆，理势交违，而国无与立也!”④ 明王朝在农民革命怒火中覆灭，正是“上狠下怨，成乎交逆”，矛盾空前激化的结果。

农民战争所展示的社会矛盾运动，反映在王夫之的思想三棱镜中，使他终于概括出了这样朴素的历史辩证法的命题：

> 天下之势，极则变，已变则因。⑤
>
> 天下之势，循则极，极则反。⑥
>
> 势极于不可止，必大反而后能有所定，故《易》曰：“倾、否，先否后喜。”否之已极，消之不得也。倾之而后喜。⑦

在他看来，社会矛盾运动的发展，总是平稳一段就走向极端，引起矛盾的激化，发生剧变；矛盾尖锐化到无法消解了，就只能一方推翻一方，“倾之而后喜”；通过一场剧变，社会又才稳定下来。这是历史和现实迫使王夫之看到的社会矛盾的斗争性及其对抗形式。他承

① 王夫之：《读四书大全说》卷一。
② 王夫之：《诗广传》卷四。
③ 王夫之：《春秋世论》卷四。
④ 王夫之：《诗广传》卷三。
⑤ 王夫之：《春秋世论》卷一。
⑥ 王夫之：《春秋世论》卷四。
⑦ 王夫之：《宋论》卷八。

认，对这样矛盾激化到极点所产生的“地裂天倾”① 的变局（实即在明末农民革命战争的胜利中所表现的封建社会的基本矛盾发展到对抗引起的社会统一体的一度破裂），他开始面临时感到非常惊恐，只是到后来才逐步认识到这也是天地间固有的一种现象，他用哲学语言说：

> 盖阴阳者恒通，而未必其相薄（逼迫、搏斗）。薄者，其不常也！
>
> 阳欻（突然）薄阴而雷作，阴欻薄阳而风动，通之变也。变，则不数与之相遇，历时而知之；始若可惊、继乃知其亦固然也，故曰“雷风相薄”。唯其不可期也，而为两间之固有。其盈也，人不得而缩之；其缩也，人不得而盈之；为功于万物，而万物不得执之以为用。②

这是说，阴阳之间经常状态是“相通”的，不一定要“相薄”；互相逼迫、激烈搏斗的状况，是不经常的；阴阳相薄而出现的大风雷，是很少见的，所以“始若可惊”，经历之后，才知道这种变局虽不可预期，但可以理解，也是天地间固有的一种现象。他天真地承认，阳气膨胀而打雷，阴气收缩而刮风，人是无法控制的；“雷风相薄”对万物是有功的，可是万物却无法控制它来为自己所用。一个剥削阶级的思想家对阶级矛盾引起的革命风雷，只能朦胧地承认到这种程度。

王夫之终于通过历史领域，直观地朦胧地认识到了矛盾的斗争和通过斗争乃至对抗所引起的事物的变化性，承认了它“为两间所固有”的客观性，乃至承认了它“为功于万物”的历史作用。由中世纪庸人的愚昧走向早期启蒙思想家的觉醒，他在理论思维上迈出了重大的一步。这在中国辩证法史上，只有先秦哲学发展圆圈的终点中的

---

① 王夫之：《春秋家说·叙》言：“黄地既裂，昊天复倾。”

② 王夫之：《周易外传》卷七。

韩非，曾有过类似的思想光芒①；而王夫之是在两千年封建社会哲学发展又一个圆圈的终点上重新射出这一思想光芒的。当然他是在更高的思维水平上，却又是不自觉地用他的“雷风相薄”来与韩非的“急风暴雨”相呼应的。

可是，时代条件的不成熟，“死的拖住了活的”的历史洄流，又把王夫之的矛盾观中的思想精华淹没了，他的矛盾观仍然被拖回到迷信封建制度常住性的历史水平上，仍然被局限在封建意识形态的框框中。

## 五 “奉常以处变”——朴素辩证法的终结

王夫之承认“雷风相薄”是客观固有，但他坚持“薄者其不常”，认为阴阳激烈搏斗的情况的出现，不是正常而是反常的，因而是偶然发生的而不是普遍必然的。他在分析“雷风相薄”的状况时，同时分析了另一种“水火不相射”的状况，他说：“时而知有雷风，见其相薄；与其事而亲之以为功，则知有水火，疑其相射而终不相射也。”他实际提出和分析了阴阳对立的客观矛盾有两种状态：一种是他认为不正常的状态，“阳欺薄阴”，“阴欺薄阳”，突然盈缩，不可预期，偶然遇见，人也无从控制利用，即“雷风相薄”的矛盾状态；另一种是正常的状态，“盈缩有时，人可以与其事而乃得以亲用之”②，经常遇见，长期利用，即“水火不相射”的矛盾状态。他分析“水火”关系说；“若夫水火，吾未见其可共而处也，抑又未见其处而不争也”，“故极乎阴阳之必异；莫甚于水火”。即是说：最能表现阴阳异性的水火，似乎是完全对立、绝不相容的。可是人在“与其事而亲用之”的实践中，认识到正是水火异性，对人来说“莫不相需以致其功”，“水凝而不化，熯之者所以荡而善其化；火燥而易

① 韩非：《韩非子》：《难势》、《亡征》。

② 王夫之：《周易外传》卷七。

穷，灭之者所以息而养其穷”。① 所以水火关系是“疑其相射而终不相射”的关系。“合致其功于人，而人以合阴阳之感者也。”② 他以人对“水火相射而不相射”的认识和利用，来说明“合二以一”、“合阴阳之感”，即认识和掌握矛盾的相反相成的同一性的重要性。

推广到社会生活，王夫之对“物极必反”的古老命题作出他的新解释：

> 两间之化，人事之几，往来、吉凶、生杀、善败，固有极其至后反者，而岂皆极其至而后反哉？……其极也唯恐不甚，其反也厚集而怒报之，则天地之情，前之不恤其过，后之褊迫以取偿，两间日构（斗），而未有宁矣。此殆以细人之衷测道者与！③

这是认为，自然和社会中的各种矛盾，固然有“极其至而后反”(即“雷风相薄”）的情况，但岂能都是那样，如果矛盾双方，一方要走极端，压迫“唯恐不甚”，不惜过分；另一方，被迫反击，以牙还牙，“厚集而怒报之”；那就会造成天地间天天都在斗争，没有安宁的日子。王夫之认为“天地之情”不是这样，如果这样理解矛盾法则，就是所谓“以细人之衷测道”。很显然，地主阶级思想家王夫之，在特定条件下承认了矛盾的斗争性，但他害怕并反对矛盾的斗争，而希望并相信矛盾能得到调节，斗争能得到缓和，不必也不应当发展到极端，以致造成“雷风相薄”的“反常”状态，而应保持“水火不相射”的“正常”状态，即始终保持矛盾双方互相联合的同一性。

王夫之的矛盾学说终于走到了自己的终点，从坚持内因论到肯定了矛盾的普遍性、绝对性和矛盾法则的客观性，从“合二以一”是

① 王夫之:《周易外传》卷四。
② 王夫之:《周易外传》卷七。
③ 王夫之:《思问录·外篇》。

“分一为二”所固有的思想到展开对矛盾同一性及其多样形式的认识，从历史辩证法的考察到关于矛盾斗争性及其对抗形式的承认，是他在中国辩证法史上的主要贡献；从夸大矛盾同一性的意义和作用到把矛盾同一性绝对化，进而把事物和过程的常住性也绝对化，是他的矛盾观的根本局限。

17世纪的中国，封建社会母体内孕育着新的经济萌芽，还十分微弱，没有出现新生产方式的可能；当时基于小农经济和小手工业生产规模的自然科学知识，也没有在世界观上突破循环论和均衡论的可能。这些，当然制约着王夫之的思想，使他不可能了解“一切过程的常住性是相对的，但一种过程转化为他种过程的这种变动性是绝对的”。而根本的是时代和阶级的局限，理论思维发展的历史进程的局限，使他不可能想象封建的社会形态会被另一种新的社会形态所代替，而只能把封建社会过程的常住性看做绝对的。农民革命的威力和弱点以及他本能地对当时农民革命战争的敌视态度和恐惧心理，再加以明清之际的政治变局所造成的历史洄流，都使他不可能怀疑封建社会过程的常住性。王夫之哲学的思辨性和直观性，他所沿用的阴阳、一两、合分、常变等范畴，大多仍是一些颇为笼统的抽象，而不是经过具体的科学分析所得到的关于“对象本质自身中的矛盾”的概括。这种把客观世界当做一个整体来把握的朴素辩证法，也容易把统一体中矛盾双方的互相联结、互相贯通，看做无条件的。因而，王夫之的“极物理人事之变”的辩证法的归宿，只能是“变不失常，奉常以处变”，“变而不失其常，而后大常贞”①，即认为一切变动，都不能超出所谓“大常”的范围。他说：“圣人反变以尽常，常立而变不出其范围，岂必惊心耀魄于忧患之至，以与之波靡也哉?”② 这样，他用阴阳对立统一的观点所观察到“流转于时势”的一切“生死、死生，成败、败成”的矛盾运动，也都“如丸善走，不能逾越于盘中”。③

① 王夫之：《周易外传》卷七。
② 王夫之：《周易外传》卷六。
③ 王夫之：《读通鉴论》卷二十八。

即各种社会矛盾所引起的历史事变，只能在现存的封建关系这个大盘子中旋转，即承认一定范围内的变动性，而迷信封建制度的常住性，这就是王夫之的矛盾观的终点。

为什么王夫之又能够以“乐观其反”、“不畏其争”的理论勇气，登上封建社会朴素辩证法思想发展的光辉顶点？首先是由于农民战争所开展的社会矛盾运动，像他所意识到“雷风相薄”、“为功于万物”一样，为他的主观辩证法提供了生动、丰富的客观源泉；同时，在当时阶级斗争与民族斗争杂错的条件下，他基于反对民族压迫的进步立场，曾寄希望汉族政权能联合农民军抗击清军，提出“求先君之遗裔，联草泽之英雄，有一日之生，尽一日之瘁”① 的主张，这种政治要求，使他勇于批判矛盾凝固论、矛盾定位论之类的传统形而上学，注意矛盾同一性问题的研究，自觉坚持“反者有不反者存”、“相反而固会其通”的政治代数学。

王夫之的矛盾观，其成就和局限都打上了阶级和时代的烙印，标志着朴素辩证法的终结。

一九七九年八月

① 王夫之：《宋论》卷十五。

# 三十八、浅论船山历史哲学

## （一）

王夫之（1619—1692）是我国明末清初时期一位反映了时代精神的进步思想家。他的著作很多，其中历史评论著作有早年写的《尚书引义》、《春秋家说》、《春秋世论》、《续春秋左氏传博议》、《诗广传》等书，和晚年写的《读通鉴论》、《宋论》两部巨著。早年写的书虽名为说经，实际大多是论史之作，是他的系统史论的古代史论部分，晚年写的两部巨著，对秦以后漫长的中古史进行了系统的分析和评论，是他的史论的代表作。这些书都采取了观点和史料相结合的形式。在这些书中，王夫之都有意识地把评史和论政两者统一起来，借评论史事，来抒发自己的政治主张。同时，他也借对历史现象的分析，来阐述自己的哲学思想。他评史、论政，都不止于就事论事，对于"上下古今兴亡得失之故、制作轻重之原"①，对于历史上王朝更替及其"合离之势"②，"变革之会"③ 等；他都力图分析其原因，探索其规律，给予理论上的概括。因而在他的系统史论中贯穿着他的历史哲学。

作为明清之际启蒙学者中的哲学代表，王夫之所提供的哲学体系，以其多方面的理论创造，可以说是我国封建社会中唯物主义和辩

① 王敔：《姜斋公行述》。

② 《春秋世论》序。

③ 《读通鉴论》卷末。

证法思想发展的高峰。他的哲学思想的显著特点之一，是他基于爱国主义和唯物主义相统一的立场，特别重视对民族历史和社会现实的调查研究。据他的儿子王敔记载：

> 府君自少喜从人间问四方事，至于江山险要、士马食货、典制沿革，皆极意研究；读史、读注疏，至于书志年表，考驳同异，人之所忽，必详慎搜阅之，而更以见闻证之。①

这种求实精神和他在考古、论史中所坚持的“刻志兢兢”的严肃态度，不仅使他在史学上取得卓越成就，对许多历史事件和历史人物的分析、评论比较切近实际；而且，由于他致力于社会生活和历史现象的解剖、观察并达到一定的深度，也使他在哲学上比起前人有新的贡献。这些新的贡献突出表现在：他把自己的自然史观运用于对社会历史现象的研究，多少揭示了一些社会生活的实际和历史运动的辩证法。

王夫之致力于历史和历史哲学的研究，具有很鲜明的实践目的。首先，他把对民族历史的批判研究，看做反清斗争的思想准备工作。他以反清斗争为内容的民族爱国主义思想，促使他去认真检讨明朝覆亡的原因，从中寻找民族复兴的道路，以巩固人们对民族前途的信心。这个目的又推动他去深刻总结几千年来民族发展中兴衰成败的经验教训。但他认为这样的总结和论证，必须在理论上具有高度的严肃性，才能做到“鉴之也明，通之也广，资之也深”，② 并把历史规律知识，能动地变为爱国实践活动的指南。其次，他又把认识和掌握历史的必然规律，看做坚持民族气节、巩固进步世界观的基本修养。他改造了庄子的“参万岁而一成纯”一语，指出：荒远的万岁，无从去参，但“数千年以内，见闻可及”的历史事变，却“自当参其变

① 《姜斋公行述》。

② 《读通鉴论》卷末《叙论四》。

而知其常，以立一成纯之局”。这样立身处世，才能“历乎无穷之险阻而皆不丧其所依，则不为世所颠倒，而可与立矣”。他把一切缺乏民族历史教养而丧失民族自信心的动摇变节分子，痛斥为“蝇飞蝶惊”样的“无恒之人”；而认为通过历史研究，认清社会演变的规律和历史发展的动向就可能经得起各种“险阻”的考验，坚定民族自信心，巩固“不为世所颠倒”的进步立场①。王夫之的历史哲学之所以具有一定的科学内容，正是由他所坚持的民族爱国主义的进步立场所决定的。

对历史和历史哲学研究的重视，使王夫之区别于某些自然哲学家。他突出地提出了“依人建极”的人本主义思想，认为“道行乎乾坤之全，而其用必以人为依；不依乎人者，人不得而用之”。这是说，作为自然法则、乃至统一的宇宙法则的“道”，必然通过人类社会生活表现出来，并须由人按实践需要去加以把握。因此，在王夫之看来，人类史的研究比自然史的研究更为重要。对于某些自然现象，“耳目所穷，功效亦废，其道可知，而不必知。圣人之所以依人而建极也”②。王夫之的“依人建极”的思想原则，把历史哲学研究的课题提到新的地位，并使他的整个哲学体系处处表露出启蒙主义者的思想光辉。如果说，王夫之哲学的自然观和认识论部分，由于未能摆脱传统思辨结构的束缚，对于古代经典主要采取了“因而通之”的方法来“推陈出新”，那么，他的历史哲学部分却主要采用了“引而伸之”、“浚而求之”的方法来发挥独立的“心得而可以资人之通”的议论③。这就是说，他的哲学中的自然观和认识论部分虽然也作出了重大的理论贡献，却总不免于“死的拖住了活的”，而他的历史哲学部分却具有较多“新的突破了旧的”的思想内容。下面试就王夫之的历史哲学的几个主要论题，作一粗略的分析。

① 《俟解》。

② 《周易外传》卷一《泰》。

③ 《读通鉴论》卷末《叙论四》。

## （二）

王夫之把他的，“道器一贯”、“气化日新”的自然史观应用于对社会历史的考察上，发挥了今胜于古的思想观点，深刻地论证了历史发展的方向问题。

首先，他肯定历史是进化的。结合具体史实，他痛斥一切退化史观和复古理论，认为这些观点都是“泥古过高而菲薄方今，以蔑生人之性”。他有力地戳穿了对三代古史的神话迷信，说道：

> 唐虞以前，无得而详考也，然衣裳未正，五品未清，昏姻未别，丧祭未修，狉狉獉獉，人之异于禽兽无几也。……若夫三代之季，尤历历可征焉，当纣之世，朝歌之沈酗，南国之淫奔，亦孔丑矣。……春秋之民，无以异于三代之始，帝王经理之余，孔子垂训之后，民固不乏败类，而视唐虞三代帝王初兴、政教未孚之日，其愈也多矣。……唐初略定，……以太宗为君，魏征为相，聊修仁义之文，而天下已帖然受治，施及四夷，解辫归诚，不待尧舜汤武也。……孰谓后世之天下，难与言仁义哉！①

这些议论，冲击了所谓“三代盛世”的传统教条；直接驳斥了朱熹等所谓三代以上天理流行，以后一千五百年间全是人欲支配的复古谬论，指出：古代是野蛮的，后世是日趋文明的，历史是沿着由野蛮到文明的方向不断前进的。他根据对西南少数民族生活的实地观察；对比历史文献研究，得出了他对于所谓“三代盛世”的看法：

> 自邃古以来，各君其土，各役其民，若今化外土夷之长，名为天子之守臣，而实自据为部落。②

① 《读通鉴论》卷二十。

② 《读通鉴论》卷十五。

> 三代沿上古之封建，国小而君多，……而暴君横取，无异于今川、广之土司，吸龁其部民，使鹄面鸠形，衣百结而食草木。①

这就是说，他把唐虞三代的“国”和“君”，如实地描写为原始的部落和残暴野蛮的奴隶主的统治②。他又大胆断定：

> 故吾所知者，中国之天下，轩辕以前，其犹夷狄乎！太昊以上，其犹禽兽乎！……所谓“饥则呴呴，饱则弃余”者，亦植立之兽而已矣！③

这就公然宣布我们的祖先是“植立之兽”！

我们的祖先是从动物中分化出来的。人类社会是依靠人类的劳动，通过人类改造自然和改造社会的斗争，不断前进发展的。王夫之判定在“燧、农以前”还是“君无适主，妇无适匹”的原始社会，以后虽有燧人氏、神农氏的伟大发明（火食、粒食），但那时还是“鲜食艰食相杂”，“九州之野有不粒食”的时代。直到后稷把农业生产普遍化，才奠定了文明社会的基础，“来牟率育而大文发焉”④。他肯定我们的祖先后稷所开始的农业生产，是人类改造自然斗争的光辉业绩。

王夫之认为，从此以后，在“轩辕所治、大禹所经维”的亚洲东部的广阔平原上，我们民族开始走上文化发展的大道。据他观察，我国历史发展的总趋势和总方向，是由野蛮而日趋文明，由万国分立而日趋统一，随着历史的每进一步，“风教日趋于画一，而生民之困

---

① 《读通鉴论》卷二十。

② 清初进步学者刘献廷，曾去湖南访问过王夫之，在其《广阳杂记》中，也论断过：“古之诸侯，即今之土司也。后之儒者，以汉唐宋之眼目，看夏商周之人情，宜其言之愈多而愈不合也。”（卷四）于此足见王夫之史学思想的影响。

③ 《思问录·外篇》。

④ 《诗广传》卷五；《张子正蒙注·乐器》。来、牟（或作麰），均指麦类农作物。

亦以少衰”①。从经济生活上看，整个国土日益开发，农业生产日益发展，由“射生饮血”到“来牟率育”②，再到“天地之产，聪明材勇，物力丰犀，势足资中区而给其卫”③。由于“破块启蒙，粲然皆有。……治地者，有而富有；起功者，有而日新”④。“世益降，物益备”⑤。人民的物质、文化生活，总是在不断地向前发展着。从政治生活上看，由万国分立而“生民极困”的古代社会，到三代时“渐有合一之势”的“封建之天下”，经过战国时期这一“古今一大变革之会”，再到秦以后“生民之困少衰”的“郡县之天下”，终于发展到明代，形成一个“财足自亿、兵足自强、智足自明”⑥的伟大民族国家。在这一发展过程中，逐渐形成了以“华夏”为中心的我国独立自主的政治传统(“帝王之兴，以治相继”的“治统”）和文化传统(“圣人之教”，“以人存道”的“道统”)⑦。尽管这样的民族传统曾屡次被落后民族的统治和暴君篡主的窃夺所打乱，但从战国到明代这两千多年间，以汉、唐、宋、明四个统一强盛的朝代为标志，它不但没有中断过，而且我国民族还日趋强大和进步⑧。他以坚定的民族自信心预言着：今后只要“公其心，去其危，尽中原之智力，治轩辕之天下，族类强植，仁勇竞命，虽历百世而弱丧之祸消也”!⑨ 他提出当时的战斗任务，是保卫民族自主，“可禅、可继、可革！而不可使夷类间之”！至于民族的未来，他坚信在“不以天下私一人”的条件下，必然能够“休养厉精，士佻粟积，取威万方，

---

① 《读通鉴论》卷二十。

② 《诗广传》卷五;《张子正蒙注・乐器》。来、牟（或作麰)，均指麦类农作物。

③ 《黄书・宰制》。

④ 《周易外传》卷二。

⑤ 《读通鉴论》卷十九。

⑥ 《黄书・宰制》。

⑦ 《读通鉴论》卷十三。

⑧ 《读通鉴论》卷十一。

⑨ 《黄书・任官》。

濯秦愚，刷宋耻……足以固其族而无忧”!① 由深厚的历史教养培植起来的爱国热忱，使王夫之在他所谓“大运倾复”、“地裂天倾”②的艰苦岁月里，对民族复兴的前途始终充满着信心。

王夫之不仅从理论上驳斥了对古代史的一些传统谬论，坚持了历史前进运动的观点，而且依据他的道器一贯论，他还分析了历史前进运动的具体表现。他从社会制度上把以往历史划分为先秦的“封建制”和秦以后的“郡县制”两大阶段，并根据对封建、学校、乡里选举、土地制度、兵农合一，乃至肉刑、职田、什一之税等政法制度演变情况的具体分析③，认定政法制度随时代条件的变化必然发生变化。“事随势迁而法必变”，“汉以后之天下”，只能“以汉以后之法治之”④。根据“无其器则无其道”的原则，他深刻地指出：“洪荒无揖让之道，唐虞无吊伐之道，汉唐无今日之道，则今日无他年之道者多矣。”⑤ 历史在发展，“器”在变化，依存于“器”的“道”，也必然随之而变，根本不存在一个永恒的社会立法，而只能“就事论法，因其时而酌其宜”⑥。并且他由此导出了下述崭新的哲学结论：“道之所行者时也，……时之所承者变也，……道因时而万殊也。”⑦王夫之的这种思想，对于自董仲舒以来长期占统治地位的道统史观——所谓“道之大原出于天，天不变，道亦不变”的神学教条，无疑是一个沉重的打击。

既然“道因时而万殊”，所以“道莫盛于趋时”⑧。“顺时中

---

① 《黄书·宰制》。

② 《春秋家说叙》。

③ 参《读通鉴论》卷一、二、三、五；《尚书引义》卷六《费誓》；《宋论》卷二十二。

④ 《读通鉴论》卷五。

⑤ 《周易外传》卷五。

⑥ 《读通鉴论》卷末《叙论四》。

⑦ 《周易外传·杂卦传》。

⑧ 《思问录·内篇》。

权”①、“趋时更新”②、“革命改制”③ 等，这便是王夫之通过对历史进化事实的分析进一步达到的政治结论。可以肯定，王夫之所坚持的历史进化观及其所依据的唯物主义道器论，是具有一定的科学内容和重大的进步意义的。他的这种理论，在我国旧民主主义革命时期，曾产生过具有启蒙意义的深远影响。

## （三）

在王夫之看来，历史发展过程是一个有规律的客观过程。他依据他的“理依于气”、“气无非理”的自然观，创立了关于历史发展规律的学说，即“理势合一”、“理势相成”的学说。

王夫之没有、也不可能发现人类社会生活中的客观物质基础，而只是从对大量历史事变的综合中制定了一个标志历史事变发展的必然趋势和客观过程的范畴，即所谓“势”。他把刘知几、柳宗元等人曾运用过的十分笼统的“势”概念，加以具体规定，并与新加界说的“理”、“几”、“天”、“时”等范畴联结起来，试图更深入地来揭示历史运动过程的必然性。他认为，正如物质自然界的“气化”过程有其固有之“理”一样，历史事变的发展过程是一个必然之“势”，在“势”之必然处，也就表现出当然之“理”。历史之“势”，是社会运动的客观过程；历史之“理”，便是这一过程所表现的规律性。自然史和人类史，在王夫之看来，都是一个合规律的必然过程，也就是一个自然过程(“天”)。所以说：

> 顺必然之“势”者，“理”也。“理”之自然者，“天”也。……夫岂有苍苍不可问之“天”哉？“天”者，“理”而已矣。“理”者，“势”之顺而已矣。④

① 《宋论》卷一。

② 《思问录·内篇》。

③ 《宋论》卷七。

④ 《宋论》卷七。

> “势”字精微，“理”字广大，合而名之曰“天”。①
>
> 吉凶之消长在“天”，动静之得失在“人”，“天”者“人”之所可待，而“人”者“天”之所必应也。物长而穷则必消，人静而审则可动，故“天”常有迭消迭长之“机”，以平天下之险阻。……可与知“时”，殆乎知“天”矣。知“天”者，知天之“几”也。②
>
> “几”者，事之征，吉凶之先见者也。③
>
> 因乎时而为一动一静之“势”者，“几”也。④

以上引文表明，“理”、“势”、“天”、“人”、“几”、“时”等，是王夫之历史哲学中互相联结的几个基本范畴，是他所看到的历史运动这一复杂现象的“网上的纽结”。

为探讨他的关于历史规律的学说，先就“理”、“势”关系这一中心问题看他是怎样利用上述范畴来发挥他的理论的。关于理势关系，他有一个简括的论纲，

> 顺逆者，理也。理所制者。道也。可否者，事也。事所成者，势也。以其顺，成其可；以其逆，成其否：理成势者也。循其可，则顺；用其否，则逆：势成理者也。⑤

---

① 《读四书大全说》卷九。

② 《读通鉴论》卷二。

③ 《读通鉴论》卷十四。

④ 《读通鉴论》卷十四。

⑤ 《诗广传》未刊稿，见《湖南历史资料》1959年第3期。关于理、势关系，《尚书引义》卷四《武成》中结合武王伐纣问题，他还有过分析，大体上也认为：一方面是“理成势”；“势之难易，理之顺逆为之也。……理之顺，即势之便也。”所以“守天下者，正名定分而天下定，唯因理以得势”。另一方面是“势成理”。“势处于不顺，则事虽易而必难。”所以“攻天下者，原情准理而天下服，则亦顺势以循理”。与此处所引，可以互参。

“理”是历史发展的规律性，历史规律是客观存在的，在一定时期，人们对于历史客观规律，可以顺之而行，可以逆之而行，所以，对于“理”，有顺或逆的问题。“势”则是由历史事变的事实形成的，在事实面前，只有可行或不可行的问题。正因为“顺理”，所以可行，因而“成势”；反之，正因为“势”已形成，必须循之而行，所以“循其可”之行，也就合理。这是“理”和“势”的区别和统一。他看到了在历史的进程中，历史人物的活动和历史事变的发展是不可分的；“理”和“势”基本上是统一的。无论历史事变是“成乎治之理”，或是“成乎乱之理”，“均成其理”；“均成其理，则均成乎势矣”①。“是故大智者，以理为势，以势从理。”②

按上述王夫之的论纲，理势关系可从两方面分析：

一方面，就“理成势”的角度说，“得‘理’自然成‘势’”，“‘理’当然而然，则成乎‘势’矣”。③ 历史的必然规律，体现在人们合乎规律的历史活动之中。如他在《宋论》第一篇分析宋太祖赵匡胤的“统一天下”，似乎有一种“天命”的必然在支配；在论述中，他还沿用了一些“帝王受命论”的传统观念。但他在分析历史事变时所用的“天命”这一范畴，却曾作过明确的理论规定：

> 天之命，有理而无心者也；……生有生之理，死有死之理，治有治之理，乱有乱之理，存有存之理，亡有亡之理。天者，理也；其命，理之流行者也。……违生之理，浅者以病，深者以死，人不自知而自取之，而自昧之。……自然其不可移矣，天何心哉？夫国家之治乱存亡，亦如此而已矣。④

以人的生死寿夭为例，看来好像有一个不可知的天命”在支配，

① 《读四书大全说》卷九。
② 《春秋家说》卷一。
③ 《读四书大全说》卷九。
④ 《读通鉴论》卷二十四。

实际却是“理”在支配。人自己违反了“生理”规律，招致疾病以至死亡，这里确实存在着“不可移”的必然性。但并不是“天”有什么意志、目的，“必欲寿之、必欲夭之”。“国家之治乱存亡”等社会现象，也是如此。按王夫之的基本思想看来，宋太祖“统一天下”，不过是“以其顺、成其可”、“得理自然成势”的规律在起作用，“天何心哉”？

另一方面，从“势成理”的角度说，“于‘势’之必然处见‘理’”，“‘势’既然而不得不然，则即此为‘理’矣”①。这是王夫之的根本思想。《读通鉴论》开宗明义第一篇，通过对秦变“封建”为“郡县之制”这一重大历史事变的必然性的分析，得出了“势相激而理随以易”的重要结论，确立了他的“理势合二”、“理势相成”的历史观的基石。首先，他肯定了“郡县之制垂二千年而弗能改矣（指改为封建制）”这一历史的现实。然后分析其所以如此，指出：到战国时期，“封建”制已经过时，“世国”、“世官”等已是“势所必滥”；而在世袭等级制压迫下的人们，作为新兴势力，已经由“势所必激”，而“相乘以兴”；并且，事实上，“郡县之制”的萌芽“已在秦先”出现，所以，“封建毁而选举行”就成为不可阻挡的必然趋势。依存于“势”之“理”，也就必然随之而改变。因而，秦变“封建制”为“郡县制”，就完全顺势而合理，所以“今古上下皆安之”②。通过对这类历史事变的概括，王夫之得出下述理论上的结论：

> 势之所趋，岂非理而能然哉！③
> 势之顺者，即理之当然者已。④
> 时异而势异，势异而理亦异。⑤

① 《读四书大全说》卷九。
② 《读通鉴论》卷一。
③ 《读通鉴论》卷一。
④ 《读四书大全说》卷九。
⑤ 《宋论》卷十。

势合而后可言情，情得而后可言理。①

王夫之的理论是首尾一贯的。正如他在本体论上坚决驳斥“悬道于器外”、“离气而言理”的唯心主义世界观一样，他在历史观上也坚决反对在现实的历史发展过程之外去设置“天命”、“道统”、“天理”等各种唯心史观。并且，按照“于势之必然处见理”的原则，他认为，只要是顺着必然之势而存在的现实，即使看来好像是不合理的，也总有它合理的成分。他以汉末曹操用武力权术统一北中国为例，肯定当时“弱小固受制于强大，以戢其糜烂鼎沸之毒”。“势之顺者，即理之当然”。所以，“从旁旷观”，曹操是做得对的。②

总之，王夫之的理论，显然区别于所谓“天理史观”，而是以历史之“势”作为现实基础的。他肯定“理、势不可分”，又强调了“势因乎时，理因乎势”③。他之所以把“理成势”和“势成理”两方面结合起来分析，实质上是企图全面地说明历史运动是一个客观事实发展的必然过程，同时，也是活动着的历史人物的合理的实践过程。

“从旁旷观”的历史考察，还使王夫之看到了历史的具体发展充满着矛盾。他认为，人们在推进历史前进中，经历着无穷的“忧患”和“险阻”；历史前进运动的“贞一之理”，是通过极其曲折、复杂的“相乘之几”来实现的。例如，他敏锐地看到：秦变“封建”为“郡县”这一制度变革和历史前进的步伐，是由于两种社会势力“相乘以兴”所激起的必然之“势”所决定的。他说：在已经过时的世袭等级制度下，“士有顽而农有秀，秀不能终屈于顽而相乘以兴”，这种“势所必激”结果，就使得“封建毁而选举行”④。至于秦以后的改朝换代，大多是由于统治者急于“取民”的残酷剥削。“鸷吏以

① 《春秋家说》卷二。
② 《读四书大全说》卷九。
③ 《读通鉴论》卷十二。
④ 《读通鉴论》卷一。

其繁刑驱民而之死，民死亡而国人益困，上狠下怨，成乎交逆，此谓之以‘势’之否，成‘理’之逆，理势交违，而国无与立也。"① 所以，"张角起而汉裂，黄巢起而唐倾……如火之燎原；不可扑矣"②。"民本非碞，上使之碞；既碞，孰能反之荡平哉？裘甫方平，庞勋旋起，皆自然不可中止之势也。"③ 这种"上狠下怨、成乎交逆"所引起的"如火燎原"、"不可中止"之"势"，冲毁了一个个末日王朝。虽然"亡汉者黄巾，而黄巾不能有汉；亡隋者'群盗'，而'群盗'不能有隋；亡唐者黄巢，而黄巢不能有唐"④，但是，"陈涉吴广败死而后胡亥亡，刘崇、翟义、刘快败死而后王莽亡，杨玄感败死而后杨广亡，徐寿辉、韩山童败死而后蒙古亡"。他们"犯天下之险以首事……不恤其死亡"的活动，正好是"暴君篡主相灭之先征"；这些"狂起而犯上"的人物的出现，也是"天将亡秦、隋、蒙古而适承其动机也"⑤。王夫之朦朦胧胧地看到了封建社会中王朝更迭的基本规律。他有时也承认：发生这样的历史事变，是属于"势极于不可止，必大反而后能有所定"⑥ 的规律在起作用；有时却认为："人事之几，往来吉凶，生杀善败"的规律，"固有极其至而后反者，而岂皆极其至而后反哉"？⑦ 历史上农民革命的"烈火"，王夫之看到了它的作用，却把它看做历史发展中的变局或"险阻"，甚至说："孔甲之抱祭器以归陈涉，有苦心焉"；但又认为孔甲是"无其德"、"轻出者为天下笑"⑧。这些议论深刻表露出明末农民革命浪潮对他的冲击作用和他的地主阶级改革派立场的两面性格。

又如，秦变"封建"为"郡县之制"这一改革，王夫之认为

---

① 《诗广传》未刊稿，见《湖南历史资料》1959年第3期。
② 《读通鉴论》卷二十六。
③ 《读通鉴论》卷二十七。
④ 《读通鉴论》卷二十七。
⑤ 《读通鉴论》卷五。
⑥ 《宋论》卷八。
⑦ 《思问录·外篇》。
⑧ 《周易外传·随卦传》。

“非天子之利”，是秦汉以后“国祚所以不长”的原因。但是这一变革对于人民是有利的，因为它“于守令之贪残，有所借于黜陟以苏其困”，是合乎人民要求的，是“理所宜也”。至于“秦以私天下之心，而罢侯置守”，这是“天假其私以行其大公”①，历史的必然规律通过秦统治者的“私”而得到实现。王夫之以同一原理；论过“天”会“默移宇文氏鲜卑之运于隋”，好让它“进李氏而治中国”；论过秦末、隋末农民起义领袖们虽然败死，乃是“天贸其死，以亡秦隋”；论过“天其假手武氏（指武则天杀裴炎事）以正纲常于万世”②。通过这些事例，王夫之认为历史的必然规律的实现，必须通过历史人物的活动；而历史人物的功罪，又必须放在整个历史发展过程中来“通古今而计之”，并需进行矛盾的分析。他说：

> “天”欲开之，圣人成之。圣人不作，则假手于时君及智力之士以启其渐。以一时之利害言之，则病天下；通古今而计之，则利大而圣道以宏。……时之未至，不能先焉。迨其气之已动，则以不令之君臣，役难堪之百姓，而即其失也以为得，即其罪也以为功，诚有不可测者矣。“天”之所启，人为效之，非人之能也。③

“理势合一”的历史发展必然性，往往通过一些为害当时、造成人民极大痛苦的“反面”人物的活动来给自己开辟道路。历史条件没有成熟之前，不可能出现这些人物，而到了“时之已至”、“气之已动”，这样的人物便成为“天”假借来实现历史使命的工具。他们为满足个人贪欲、在当时看来又是“病天下”的活动，却反而成了历史发展的杠杆。历史的支配力量、发展趋势是不以历史人物的主观动机为转移的，人只能“成之”、“效之”，而“非人之能也”，“非人

① 《读通鉴论》卷一。

② 分别见《读通鉴论》卷十三、卷五、卷二十三。

③ 《读通鉴论》卷三。

之所可强也”。王夫之在这里比柳宗元更明确地表述了在对抗性社会中历史发展的矛盾性问题。中国封建社会历史所提供的证据，使王夫之模糊地猜到了“自从各种社会阶级的对立发生以来，正是人的恶劣的情欲——贪欲和权势欲成了历史发展的杠杆”① 这一历史运动的辩证法。

由于对历史和现实的观察达到一定深度，王夫之看到了历史发展的总趋势是合规律的前进运动，而又有各种险阻和曲折，并充满着复杂的矛盾。因而他认为，一个“以身任天下”的人，一定要有高瞻远瞩的气魄，看到历史长河的发展，“体定于百年之虑，而后机不失于俄顷之利钝”。他语重心长地指出：

> 生之与死，成之与败，皆理势之必有，相为圜转而不可测者也。既以身任天下，则死之与败，非意外之凶危；生之与成，抑固然之筹画；生而知其或死，则死而知其固可以生；败而知其可成，则成而抑思其且可以败。生死死生，成败败成，流转于时势，而皆有量以受之。如丸善走，不能踰越于盘中。其不动也如山，其决机也如水，此所谓守气也。②

这是说，社会历史事变中的生死成败，“皆理势之必有”，是不可避免的；并且，生死成败按一定的“时势”条件是可以互相转化的。看到这一客观必然法则，才可以看到长远，不致被一时的挫折失败所动摇，而能够沉得住气；并且善于把握时机，当机立断，“致命遂志”，“力争剥复”。历史的教养，正是王夫之在明清之交的历史剧变中坚持了“生死当前而不变”③ 的民族气节的重要原因之一。

① 恩格斯：《费尔巴哈与德国古典哲学的终结》，北京：人民出版社 1957 年版，第 27 页。

② 《读通鉴论》卷二十八。

③ 王敔：《姜斋公行述》。

## （四）

“理势合一”的“天”(“‘势’字精微，‘理’字广大，合而名之曰‘天’”)，被王夫之看做支配社会历史发展的决定力量，但“天”这一范畴所标志的客观内容是什么呢?

他利用“天视听自我民视听，天聪明自我民聪明，天明威自我民明威”等古老命题，继承和发展了柳宗元的“生人之意”决定历史的无神论史观，在他的历史哲学中，把“天”这一范畴的内涵，基本规定为“人之所同然”或“民心之大同”：

> 善言天者验于人，未闻善言人者验之于天也。宜于事之谓理，顺于物之谓化。理、化，天也；事、物，人也。无以知天，于事物知之尔。①
>
> 可以行之千年而不易，人也，即天也。“天视自我民视”者也。……天不可知，知之以理。……拂于理则违于天，必革之而后安。……以理律天，而不知在天者即为理；以天制人，而不知人之所同然者即为天。②
>
> 天无特立之体，即其神化以为体；“民之视听明威”，皆天之神也。故民心之大同者，理在是，天即在是，而吉凶应之。③
>
> “天聪明自我民聪明，天明威自我民明威。”即民之聪明明威，而见天之违顺，则秉天以治人，人之可从、可违者，审矣。④

很清楚，把“天”归结为“人”，归结为“人之所同然”或“民心

---

① 《读通鉴论》卷二十八。

② 《读通鉴论》卷七。

③ 《张子正蒙注·天道》。

④ 《读通鉴论》卷十四。

之大同”，也就是把天归结为“人之可违可从”的一种客观力量。王夫之保留“天”这一概念，却改变了它的内容，基本上摆脱了神学史观，也力图摆脱英雄天才史观。

王夫之进一步对“天”的内涵作了分析，把作为客观支配力量的“天”分为五种：

（一）“统人物之合以敦化”的，是“天之天”；

（二）“物之所知”的，是“物之天”；

（三）“人之所知”的，是“人之天”；在同属于“人之天”中，又还有：

（四）属于少数“贤智”个人的“己之天”；

（五）属于大多数民众（他称为“愚、不肖”）的“民之天”。

王夫之在这里所试图探索的问题是：总的支配宇宙的力量(“天之天”)以及生物界的支配法则(“物之天”)和人类社会的支配法则(“人之天”)，相互区别；在人类社会生活中，少数“贤智”的个人意志(“己之天”)与多数民众的共同要求(“民之天”)，又有区别。

对于人类社会发展，究竟哪一种“天”在起主导的支配作用呢？

在这互有区别的几种“天”的面前，以往的“神学史观”及其变相的“天理史观”，都大讲“天之天”的权威；历代“天人感应”论的社会历史观，则在“天之天”、“物之天”与“人之天”之间去架设幻想的神秘的桥梁；一切主张“英雄天才（圣贤）史观”的人，则把个人先夸大为高人一等的“英雄天才（圣贤）”，而迷信自己的“己之天”。王夫之想从这些“臆测乎天”的迷雾中走出来，他认为：

> 圣人所用之“天”，“民之天”也！不专于“己之天”，以统同也；不滥于“物之天”，以别嫌也；不僭于“天之天”，以安土也。
>
> 均乎“人之天”者，通贤、智、愚、不肖而一。圣人重用夫愚、不肖（之天），……圣人固不自矜其贤智矣！

一方面，他反对了“滥于物之天”、“僭于天之天”的天人感应论及一切神学史观，驳斥了传统的五行灾异说，写道：“不若（顺）于民，举天以弹压之；臆测乎天，诬民以模仿之。《月令》、《五行传》之‘天’，非‘民之天’也。”另一方面，他认为“圣人”应该“不专于己之天”，“不自矜其贤智”，要体察民心，“统同”于民。如果“以己之意见号之曰‘天’，以期人之尊信”，那是十分危险的。他反复指出：“《春秋》谨天人际，《洪范》叙协居之伦，皆‘聪明’自民，‘明威’自民之谓也。”①

从王夫之对几种“天”的对比分析和对“民之天”在社会生活中作用的估计中，可以看出，他在探索关于历史发展的决定力量这一复杂问题时，多少看到了人民群众在历史上的作用。但是，“民之天”却需要由“圣人”来加以“重用”：“‘天’奚在乎？在乎人之心而已，故圣人见‘天’于心（按：应指民心），而后以其所见之‘天’为神化之主。”② 这一来，他又把“民之天”屈从于“圣人之见”。在“民众”和“圣人”、“意见”和“历史”两者的关系问题上，王夫之仍然陷入“互相作用”的理解。

所以，他的理论再往前发展，便认为反映“民之天”的“民之视听”，是必须加以重视的，是不能违反的。但是，他对人民群众的智慧和判别力，又表示了极大的怀疑。他说：

> 尊无与尚，道弗能逾，人不得违者，唯“天”而已。……举天而属之民，其重民也至矣；虽然，言民而系之天，其用民也尤慎矣。……故可推广而言之，曰“天视听自民视听”，以极乎道之所察；固可推本而言之，曰“民视听自天视听”，以定乎理之所存。之二说者，其归一也，而用之者不一。展转以绎之，道存乎其间矣。由乎人之不知重民者，则即民以见天，而莫畏匪民矣。由乎人之能审于民者，则援天以观民，而民之情伪，不可不

① 以上均见《尚书引义》卷一《皋陶谟》。

② 《宋论》卷六。

深知而慎用之矣。①

由于“畏民”而必须“重民”，也由于“畏民”而又需“慎用之”。所以，既作了“即民以见天”的肯定，又作了还需“援天以观民”的保留。作为一个地主阶级反对派的诚实的思想家，王夫之在这一严重的理论问题和现实问题面前犹豫起来。一方面，他看到了人民的好恶是有道理的，人民的眼睛是雪亮的，他写道：“有视听而有聪明，有聪明而有好恶，有好恶而有德怨，情所必逮，事所必兴矣，莫不有理存焉。故民之德怨，理所察也。谨所恶以亶聪明者所必察也。”②伟大的明末农民革命的正义斗争，促使王夫之有了这样的觉醒。但是，另一方面，封建剥削阶级的根本立场，当时人民群众的实践水平，又使他认为：“民之视听”有时并不可靠。“一旦之向背……一方之风尚……一事之愉快……民之视听如此者甚夥也。”特别是，“万有不齐之民”，由于“物变杂生，以动摇其耳目……而固非‘民之天’也。非‘民之天’，则视眩而听荧，曹好而党恶，忘大德，思小怨，一夫倡之，万人和之，不崇朝而喧阗流沔，溢于四海，旦喜夕怒，莫能诘其所终。”他认为，在这种情况下，即使形成一股“流风”，也不能去“诡随”，而应该“持静正之风裁”去“执古以矫颓风”③。无怪乎张献忠率领农民义军席卷两湖、进驻衡阳，特来邀请他时，他却坚决拒绝了。

王夫之按他所能达到的认识水平，观察到一些历史实际，一方面，他正确地把社会历史的支配力量，归结为由人民的聪明、好恶、德怨等所表现的“民之天”，认为必须重视“人心之向背”，不能违反；另一方面，他却又认为“民之视听”很不可靠，还必须另找一个标准来“审民之视听，以贞己之从违”。他根本不懂得阶级人的社会本质和阶级关系，所以，“万有不齐之民”的要求被他抽象地概括

① 《尚书引义》卷四《泰誓中》。
② 《尚书引义》卷四《泰誓中》。
③ 《尚书引义》卷四《泰誓中》。

为“民情”或“民之天”；他朦胧地看到它的力量和作用，而找不到一个真正的标准来判定究竟什么是反映历史进步要求的“民情”，究竟什么是支配历史动向的“人之所同然者”的具体内容。

但王夫之并没有停步在这里，他转向人性问题的研究。在这方面，除了展开他的“知能日新”、“习与性成”、“继善成性”等系统的人性可变的理论以外，更提出了“天理寓于人欲”的观点，企图对他的“人之所同然”的“民之天”，充实以现实的、物质的内容。他一贯的思路是：不能离气而言理，离器而言道，离势而言理，离行而言知，离形气而言人的天性。因此，他一反宋明道学的“存天理，去人欲”的封建主义禁欲论，而坚决主张：“随处见人欲，即随处见天理”①、“人欲之各得，即天理之大同”②、“人欲之大公，即天理之至正”③、“私欲之中，天理所寓”④。他由对“动”的肯定到对“欲”的肯定，发出了时代的呼声：

> 夫欲禁天下之动，则亦恶从而禁之？……天下日动，而君子日生；天下日生，而君子日动！⑤
>
> 动则见天地之心，则天理之节文随动而现也。……是礼虽纯为天理之节文，而必寓于人欲以见（自注：饮食、货；男女、色）。虽居静而为感通之则，然因乎变合以章其用（自注：饮食，变之用；男女，合之用）。唯然，故终不离人而别有天，终不离欲而别有理也。⑥
>
> 圣人有欲，其欲即天之理；天无欲，其理即人之欲。学者有理有欲，理尽则合人之欲，欲推即合天之理。于此可见，人欲之各得，即天理之大同；天理之大同，无人欲之或异（自注：愚此

① 《读四书大全说》卷八。
② 《读四书大全说》卷四。
③ 《四书训义》卷三。
④ 《四书训义》卷二。
⑤ 《周易外传·系辞下传第一章》。
⑥ 《读四书大全说》卷八。

解，朴实有味。……但从此求之，则不堕俗儒，不入异端矣）。①

王夫之根据自己这一“朴实有味”的创见，不仅痛斥了一切“离，人而言天”、“绝欲以为理”的唯心主义、僧侣主义的谬论；并且认为人类的社会生活是与“天理”相合的、人类共同的欲望在推动着：

> 可欲、则谓之善也，人同此心也，心同此理也。不拂乎天下之情，必不违乎天下之性，而即可以善天下之动。人欲之，彼即能之，实有其可欲者在也；此盖性之相近，往往与天理而相合者也。②

孟子的“可欲之谓善”一语，被解释为：满足共同的“人欲”，合乎共同的人性等，就可以“善天下之动”。因此，他认为满足人类的物质欲望，让人们正常地进行生产和安排好生活，就是“以身任天下”的“君子”所应该重视的“天理”，应该遵循的社会法则。他说：

> “饮食男女之欲，人之大共也。”“吾惧夫薄于‘欲’者之亦薄于‘理’，薄于以身受天下者之薄于以身任天下也。……是故天地之产，皆有所用；饮食男女，皆有所贞。君子敬天地之产而秩其分；重饮食男女之辨而协以其安。苟其食鱼，则以河鲂为美，亦恶得而弗河鲂哉？苟其娶妻，则以齐姜为正，亦恶得而弗齐姜哉？”③

王夫之坚决反对“去人欲”，也反对“薄于欲”，而主张充分发展“天地之产”，使人们的物质生活“协以其安”，“饮食男女”的欲望都能得到最好的满足。“入五色而用其明，入五声而用其聪，入五味

① 《读四书大全说》卷四。

② 《四书训义》卷三。

③ 《诗广传》卷二。

而观其所养，乃可以周旋进退，与万物交而尽性，以立人道之常。"①

作为"人之所同然"的"公欲"，是指广大人民的形色天性的自然要求，他说："于此声色臭味，廓然见万物之公欲，而即为万物之公理。"这说的是有关社会历史观方面的问题，至于他还另有许多反对"私欲"的言论，那说的是社会伦理观和道德修养方面的问题．两者各有所指，此处不去详论。但即使出自人们的"形色天性"的"公欲"，也各人不同，"民之好恶，直恁参差，利于甲者病于乙"，必然互相矛盾。怎么办呢？王夫之认为，应该根据"民之所好，民之所恶"，立出一个准则，即所谓"合上下前后左右而皆无恶"的"均平方正之矩"，用来"使一国率而由之"，"整齐其好恶而平施之"，这样就可以做到"天下之理得，而君子之心亦无不安矣"②。这就是所谓"人欲之大公，即天理之至正"。在"上狠下怨，成乎交逆"的对抗性的社会里，这当然是一个根本不可能实现的梦想。

王夫之对社会历史的研究，由"理势合一"转到"即民见天"，再由"天人"关系转入"理欲"关系，形成他的历史哲学的几个基本环节；而最后，由他的历史哲学所导出的政治结论，乃是一个所谓大公至正的均平原则。他在这一原则指导下，曾痛斥"豪强兼并之家，渔猎小民而使之流离失所"，揭露了明末土地高度集中，贫富尖锐对立，必然激起农民大起义的风暴；并因此而提出过"有其力者治其地"③、"民可有田而田自均"④等具体的经济主张。这不是偶然的。应该说，这是通过一个被农民革命风暴震醒了的地主阶级改革派的思想三棱镜，既反映了中下层地主的反兼并要求，也折射出了一些广大农民的平均要求。在李自成的起义旗帜上写的"简明的政治标语"，是"割富济贫"、"均田免粮"；而在王夫之的思想中，则升华为这样的哲学语言：

---

① 《尚书引义》卷六《顾命》。

② 《读四书大全说》卷一。

③ 《噩梦》。

④ 《宋论》卷十二。

> 两间之气常均。均、故无不盈也。……聚者有余，有余者，不均也。聚以之于彼，则此不足；不足者，不均也。至于大聚，奚但不均哉，所聚者盈溢，而所损者空矣。……土满而荒，人满而馁，枵虚而怨，得方生之气而摇。是以一夫揭竿，而天下响应。……虽欲弭之，其将能乎？故平天下者，均天下而已！均、物之理，所以叙天之气也。①

这是王夫之思想中跳动着的当时时代脉搏的最强音。虽然他所自觉到的只是："示平道焉，以消其不平。……君子盖不得已而用《谦》，以调物情之险阻也。"② 其阶级局限性，十分鲜明。

## （五）

从以上粗略的分析中可以看出，王夫之的历史哲学中确有一些"新的突破了旧的"思想内容。17世纪中国社会的震荡，广大人民在阶级矛盾和民族矛盾互相错综和空前激化的条件下奋起斗争的历史实践，是产生这些思想的客观动力。作为一个地主阶级改革派的思想家，王夫之虽以严谨的研究态度，博学深思，"浚而求之"，作出了超越前人乃至超越同辈的理论贡献；但是，即使他的思想的精华部分，也仍然鲜明地表现了剥削阶级轻视和歧视劳动群众的阶级本质。这就成为他的历史观的根本缺陷。至于他的整个历史哲学体系，还包容了不少的封建糟粕以及理论上的矛盾和混乱。

他的"理势合一"、"势极必反"的历史规律论，从根本上说，还没有摆脱循环论的束缚，如说什么"天下之势，一离一合，一治一乱而已"③ 等；并且由于没有质变观点和阶级观点，他也根本不可能揭示出社会发展的内在规律及其阶段性，而只能作些直观性的

① 《诗广传》卷四。

② 《周易外传》卷二《谦》。

③ 《读通鉴论》卷十六。

臆测。

他的“验天于人”、“即民见天”的历史动力说，基本上还停留在用人的“意见”、尤其是“圣人”的“意见”来解释历史的唯心史观的水平上，至多只是“对社会现象的某个领域作了个别的、或多或少深刻的注释”①；至于关于历史事变发生、发展的动因的探究，他透过所谓“民之天”的外衣，力图找到一种支配历史的客观力量，最后归结为一种包括“饮食男女”等人类共同的物质生活欲望。这一方面表明他的思想具有启蒙主义的进步性质，但另一方面也表明一切旧唯物主义者在社会历史观上的根本局限。他根本不了解，人们“吃饭穿衣、经营事业、生育小孩、生产物品、交换产品等事实”所形成的历史事件的“客观必然的链条”，乃是社会物质生产方式的演变，是“经济进化（社会存在的进化）的客观逻辑”②。

按王夫之在历史研究中对一些问题的探索所达到的思想深度及其局限，我们似乎可以用普列汉诺夫评论爱尔维修的几句话来评论他：

> 由于他在饥渴等需要中寻找人类历史运动的原因，所以他担当起发现人类历史运动的唯物主义说明工作。……
>
> 他的尝试是必然要失败的，因为严格说来，应当考察的并不是人的需要，而是满足需要所采取的手段和途径。③

王夫之的尝试也是失败的，但这是在向着真理的方向进行艰苦探索的过程中的失败。因此，他留下的教训，对于我们锻炼理论思维，仍十分有益。

一九六二年十月

① 普列汉诺夫：《论一元论历史观的发展》，北京：人民出版社 1957 年版，第 65 页。

② 《列宁全集》第十四卷，北京：人民出版社 1957 年版，第 343 页。

③ 《唯物主义史论丛》，《普列汉诺夫哲学著作选集》第二卷，北京：三联书店 1961 年版，第 136、163 页。

# 三十九、船山人类史观述评

王船山哲学思想的显著特点之一，是他基于以人道率天道的人本主义的立场，特别重视对民族历史和社会现实的调查研究。据王敔的《薑斋公行述》记载：

> 盖亡考自少喜从人间问四方事，至于江山险要、士马食货、典制沿革，皆极意研究；读史、读注疏，至于书志年表，考驳同异，人之所忽，必详慎搜阅之，而更以见闻证之。①

这种求实精神和他在考古、论史中所坚持的“刻志兢兢”的严肃态度，不仅使他在史学上取得卓越成就，对许多历史事件和历史人物的分析、评论比较切近实际；而且，由于他致力于社会生活和历史现象的解剖、观察并达到一定的深度，也使他在哲学上比起前人有新的贡献。这些新的贡献突出表现在：他把自己的自然史观运用于对社会历史现象的研究，多少揭示了一些社会生活的实际和历史运动的辩证法。而且王船山突出地提出了“依人建极”的人本主义思想，强调人在宇宙中的特殊地位。在他看来，人类史的研究比自然史的研究更为重要。因此，王船山把历史哲学研究的课题提到了新的地位，并使他的整个思想体系处处表露出浓厚的启蒙主义者的思想光辉。这在他的历史哲学上表现为具有较多的“新的突破了旧的”思想内容。

王船山历史评论著作众多，其中早年写有《尚书引义》、《春秋

---

① 王夫之：《薑斋公行述》，《船山全书》第16册，长沙：岳麓书社1996年版，第84页。

家说》、《春秋世论》、《续春秋左氏传博议》、《诗广传》等书，晚年重订了《诗广传》、《尚书引义》，并写有《读通鉴论》、《宋论》两部巨著。早年写的书虽名为说经，实际大多是论史之作，是他的系统史论的古代史论部分；晚年写的两部巨著，对秦以后漫长的中古史进行了系统的分析和评论，是他的史论的代表作。船山采取了观点和史料相结合的形式，有意识地把评史、论政两者统一起来，借评论史事来抒发自己的政治主张。同时，他也借对历史现象的分析，来阐述自己的哲学思想。船山论史不止于就事论事，对于“上下古今兴亡得失之故、制作轻重之原”①，对于历代王朝更替及其“合离之势”②、“变革之会”③ 等，他都力图分析其原因，探索其规律，给予理论上的概括。因而在船山的系统史论中贯穿着他的历史哲学。此外，船山历史哲学还体现于《周易内外传》、《读四书大全说》、《四书训义》、《四书笺解》、《礼记章句》、《思问录》、《张子正蒙注》、《庄子通》、《庄子解》等经子注疏中。总之，船山的史学思想是自成体系的相对完整的理论系统。

## 一、“依人建极”，今胜于古

我国古代朴素形态的唯物辩证法，一般把自然史和人类史看做同一气化过程。从王充到张载，莫不如此。船山是在承认此前提下，更多地注意到人从自然界中产生和分化出来以后，所具有的人的“类特性”。它与“草木禽兽”有着“壁立万仞”的界限。“天道不遗于

① 王夫之：《薑斋公行述》，《船山全书》第16册，长沙：岳麓书社1996年版，第84页。

② 王夫之：《春秋世论·叙》，《船山全书》第5册，长沙：岳麓书社1996年版，第385页。

③ 王夫之：《读通鉴论》卷末《叙论四》，《船山全书》第10册，长沙：岳麓书社1996年版，第1180页。

禽兽，而人道则为人之独”①；“人之异于禽兽，则自性而行，自道而器，极乎广大，尽乎精微，莫非异者”②。因而，强调不可“迷其所同而失其所以异”③，反对“过持自然之说”④。由此，区别于自然史观而展示了把人的类存在作为单独考察对象的人类史观。

### （一）人极的内涵

船山曰：“天人之蕴，一气而已。”⑤ 天地间气化絪缊流行，生生不息。故曰：

> 天以其一真无妄之理为阴阳为五行，而化生万物者曰天道。阴阳五行之气化生万物，其秀而最灵者为人，形既成而理固在其中，于是有其耳目则有其聪明，有其心思则有其睿智，智足以知此理，力足以行此理者曰人道。是人道者，即天分其一真无妄之道以授之，而成乎所生之性者也。⑥
>
> 天地之生，以人为始。故其吊灵而聚美，首物以克家，聪明睿哲，流动以入物之藏，而显天地之妙用，人实任之……自然者天地，主持者人。人者，天地之心。⑦

① 王夫之：《思问录·内篇》，《船山全书》第12册，长沙：岳麓书社1996年版，第405页。

② 王夫之：《读四书大全说》卷九，《船山全书》第6册，长沙：岳麓书社1996年版，第1026页。

③ 王夫之：《思问录·内篇》，《船山全书》第12册，长沙：岳麓书社1996年版。

④ 王夫之：《读四书大全说》卷九，《船山全书》第6册，长沙：岳麓书社1996年版，第1018-1019页。

⑤ 王夫之：《读四书大全说》卷十，《船山全书》第6册，长沙：岳麓书社1996年版，第1052页。

⑥ 王夫之：《四书训义》卷二，《船山全书》第7册，长沙：岳麓书社1996年版，第105页。

⑦ 王夫之：《周易外传》卷二，见《船山全书》第1册，长沙：岳麓书社1996年版，第882-885页。

人是天地的产物，是阴阳气化最灵秀者。“禽兽之与有之者，天之道也……人之独而禽兽不得与，人之道也。”① 因此，人不仅是天地的组成部分，是“天地之妙用”的体现，而且是最集中最本质的表现，是“天地之心”。人的这种特殊性主要表现在有耳目能知觉万物，有心思能了悟大道，因而，能够化天之道为人之道，以人之道尽天之道。

船山人类史观的理论前提，即肯定人是自然的最高产物，人一旦产生便成为自然的“主持者”，成为“天地之心”②。人的生理发育特别迟缓，人的智慧和道德更必须在社会生活中“践形尽性”，长期培育，“迟久而始成”③。正因为如此，人以其“聪明睿哲”成为混沌的开辟者。人一产生，就作为主体而与客体自然物形成一种矛盾关系，“己成形则与物为对，而利于物者损于己，利于己者损于物，必相反而仇，然终不能不取物以自益也，和而解矣”④。通过“取物自益”的人的实践活动，天下之物才由“自在之物”变成“为我之物”，“以我为人乃有物，则亦以我为人而乃有天地”⑤。总之，人产生之后，自然界才作为人所认识和改造的对象而存在。据此，船山揭示了“依人建极”的思想原则。他提出：

> 道行于乾坤之全，而其用必以人为依。不依乎人者，人不得而用之，则耳目所穷，功效亦废，其道可知而不必知。圣人之所

① 王夫之：《思问录·内篇》，《船山全书》第12册，长沙：岳麓书社1996年版，第402页。

② 王夫之：《周易外传》卷二，《船山全书》第1册，长沙：岳麓书社1996年版，第885页。

③ 王夫之：《周易外传》卷五，《船山全书》第1册，长沙：岳麓书社1996年版，第987页。

④ 王夫之：《张子正蒙注》卷一，《船山全书》第12册，长沙：岳麓书社1996年版，第41页。

⑤ 王夫之：《周易外传》卷三，《船山全书》第1册，长沙：岳麓书社1996年版，第905页。

以依人而建极也。①

这就是说，作为自然法则，乃至统一的宇宙法则的“道”，必须通过人类社会生活表现出来，并只能由人按实践需要去加以把握。所谓“言道者必以天为宗，必以人为归”② 是也。

何谓“依人建极”？即是说，不应该抽象地去讲“天道”、“物理”，而应以“人”作为出发点来考察万物，考察人类在天地中的地位及其活动规律，“以人为依，则人极建而天地之位定也”③。而所谓“人极”（在船山思想中也指“人纪”、“人维”、“人道”等），指的是人的类特性或文明人类的本质特征，就是船山说的“人之独而禽兽不得与”。换言之，就是人之所以为人的本质特征，以及文明人类之所以为文明人类的本质特征。船山云：

> 朴之为说，始于老氏，后世习以为美谈。朴者，木已伐而未裁者也。已伐则生理已绝，未裁则不成于用，终乎朴则终乎无用矣。……人之生理在生气之中，原自盎然充满，条达荣茂。伐而绝之，使不得以畅茂，而又不施以琢磨之功，任其顽质，则天然之美既丧，而人事又废，君子而野人，人而禽，胥此为之。若以朴言，则唯饥可得而食、寒可得而衣者为切实有用。养不死之躯以待尽，天下岂少若而人耶！自鬻为奴，穿窬为盗，皆以全其朴，奚不可哉！养其生理自然之文，而修饰之成乎用者，礼也。④

① 王夫之：《周易外传》卷一，《船山全书》第1册，长沙：岳麓书社1996年版，第850页。

② 王夫之：《尚书引义》卷五，《船山全书》第2册，长沙：岳麓书社1996年版，第381页。

③ 王夫之：《周易外传》卷一，《船山全书》第1册，长沙：岳麓书社1996年版，第852页。

④ 王夫之：《俟解》，《船山全书》第12册，长沙：岳麓书社1996年版，第486-487页。

针对“古人淳朴，渐至浇伪”的说法，船山反其道而行之，斥“朴”而尚“文”，强调“文”对于人的重大意义，认为由“朴”而“文”是人之为人的必然发展过程。因此船山严于“人禽之辨”、“华夷之辨”，认为人的道德自觉和人格塑造有一个由禽到人、由夷到华即由野到文，乃至继善成性而超迈流俗的漫长过程。

首先，就“人禽之辨”说，王船山强调人和动物都同样具有生命、知觉以及“甘食悦色”等自然本能；但“人之异于禽兽者几希”的“几希”二字，却是“严辞，亦大辞”①。这一严格的标准，即是人更具有社会生活中自觉的道德意识和道德活动。所谓“明伦、察物、居仁、由义四者，禽兽之所不得与。壁立万仞，只争一线”②。如果“视情皆善，则人极不立”，乃至“自陷于禽兽”③。

此外，就“华夷之辨”说，王船山沿袭了华夏族才达到了文明人类这一传统偏见，甚至把夷狄视为“异类”，认为华与夷“地界分、天气殊而不可乱，乱则人极毁”。但他所强调的华夏与夷狄的区别，主要是由于地域不同而形成了文明与野蛮的界限，认为“均是人也，而夷、夏分以其疆”④。“夷狄不能备其文”；而“中国之文，乍明乍灭”，华夏族也可能倒退为夷狄，乃至退化为“植立之兽”⑤。

“人禽之辨”与“华夷之辨”是船山“人极”思想的重要组成部分，它们明确了船山的人的类特性思想的界限，为生活在历史中的人提供了具体规定。但王船山并不满足于对个体的人的思考和表达，

① 王夫之：《读四书大全说》卷九，《船山全书》第6册，长沙：岳麓书社1996年版，第1023页。

② 王夫之：《俟解》，《船山全书》第12册，长沙：岳麓书社1996年版，第478-479页。

③ 王夫之：《读四书大全说》卷十，《船山全书》第6册，长沙：岳麓书社1996年版，第1072-1073页。

④ 王夫之：《读通鉴论》卷十四，《船山全书》第10册，长沙：岳麓书社1996年版，第503页。

⑤ 王夫之：《思问录·外篇》，《船山全书》第12册，长沙：岳麓书社1996年版，第467页。

他似乎不仅看到了作为抽象的群体的人，而且还看到了生活在历史中的作为文化的人的群体。在《黄书·原极》中，王船山更提出“三维”的观点，试图把“人极”的内容，规定为人和物、华夏和夷狄自觉地划清界限，“自畛其类”①。透过其中民族偏见、阶级偏见的迷雾，可以发现王船山所谓“自畛其类”的“人极”，实即把人的特殊本质朦胧地看做具有一定文明的族类生活的群体。这样的群体，即是社会化的现实的人类；这样的人类，有其由禽到人、由夷到华（即由野到文）、由文之不备到高度文明的发展历程。王船山由此出发而展开的人类历史考察，就不会是关于抽象的人的历史活动叙述，也不是带有神秘色彩的天命史观，更不可能是那种所谓的神意史观了，而是对于人群的社会历史客观发展的学术思想研究。

### （二）人群的进化

船山考察人类社会着重发挥了今胜于古的思想，驳斥了“泥古过高而菲薄方今，以蔑生人之性”② 的退化史观及复古理论，深刻论证了历史的发展方向问题。他根据自己当时对湘桂一带少数民族社会生活的实地考察，结合历史文献的研究，大胆地打破了对三代古史的传统迷信，否定了邵雍、朱熹等人的退化史观，断定人类史是由野蛮到文明的进化过程。

首先，船山有力地戳穿了对三代古史的神话迷信，他说道：

> 唐虞以前，无得而详考也，然衣裳未正，五品未清，婚姻未别，丧祭未修，狉狉獉獉，人之异于禽兽无几也。故孟子曰：“庶民去之，君子存之”。舜之明伦察物，存唐虞之民所去也，同气之中有象，况天下乎？若夫三代之季，尤历历可征焉。当纣

① 王夫之：《黄书·原极第一》，《船山全书》第12册，长沙：岳麓书社1996年版，第501页。

② 王夫之：《读通鉴论》卷二十，《船山全书》第10册，长沙：岳麓书社1996年版，第764页。

之世，朝歌之沈酗，南国之淫奔，亦孔丑矣。……春秋之民，无以异于三代之始，帝王经理之余，孔子垂训之后，民固不乏败类，而视唐虞三代帝王初兴、政教未孚之日，其愈也多矣。……唐初略定……以太宗为君，魏征为相，聊修仁义之文，而天下已帖然受治，施及四夷，解辫归诚，不待尧舜汤武也。……孰谓后世之天下，难与言仁义哉！①

这些议论，冲击了所谓“三代盛世”的传统教条，直接驳斥了朱熹等所谓三代以上天理流行以后一千五百年间全是人欲支配的复古谬论，指出了：古代是野蛮的，后世是日趋文明的，历史是沿着由野蛮到文明的方向不断前进的。他根据自己的研究考察得出了他对于所谓“三代盛世”的看法：

自邃古以来，各君其土，各役其民，若今化外土夷之长，名为天子之守臣，而实自据为部落。②

三代沿上古之封建，国小而君多……而暴君横取，无异于今川、广之土司，吸龁其部民，使鹄面鸠形，衣百结而食草木。③

这就是说，他把唐虞三代的“国”、“君”，如实地描绘为原始的部落和残忍野蛮的奴隶主的统治。他甚至断定：

故吾所知者，中国之天下，轩辕以前，其犹夷狄乎！太昊以上，其犹禽兽乎！……所谓“饥则呴呴，饱则弃余”者，亦植

① 王夫之：《读通鉴论》卷二十，《船山全书》，第10册，长沙：岳麓书社1996年版，第763-764页。

② 王夫之：《读通鉴论》，卷十五，《船山全书》第10册，长沙：岳麓书社1996年版，第585-586页。

③ 王夫之：《读通鉴论》卷二十，《船山全书》第10册，长沙：岳麓书社1996年版，第746页。

立之兽而已矣！①

据此可知，船山竟然宣布我们的祖先是“植立之兽”！

同时，在《诗广传》、《思问录》、《读通鉴论》等著作中，船山明确论定文明人类的华夏族也有其史前史的发展阶段。他说：

草木禽兽之有材，疑足以为质矣，而未足以为质者，资于天而不能自用也。故天均之以生，而殊之以用。野人之有质，疑亦有其文，而未足以为文者，安于用而不足与几也。故圣人善成其用，而不因其几。……文者，圣人之所有为也。天无为，物无为，野人安于为而不能为。高之不敢妄跻于天，卑之不欲取法于野人，下之不忍并生于草木，而后皇极建焉。皇极建于上，而后人纪修于下，物莫能干焉。至哉其为文乎！②

名之不胜实，文之不胜质也，久矣。然古先圣人，两俱不废以平天下之情。奖之以名者，以全其实也。导之以文者，以全其质也。人之有情不一矣，既与物交，则乐于物而相取，名所不至，虽为之而不乐于终。③

故吾所知者，中国之天下，轩辕以前，其犹夷狄乎！太昊以上，其犹禽兽乎！禽兽不能全其质，夷狄不能备其文。文之不备，渐至于无文……太昊以前，中国之人若麇聚鸟集。非必日照月临之下而皆然也，必有一方焉如唐、虞、三代之中国也。……《易》曰：“乾坤毁则无以见易”，非谓天地之灭裂也，乾坤之大文不行于此土，则其德毁矣。故曰：“黄帝、尧、舜垂衣裳而天

① 王夫之：《思问录·外篇》，《船山全书》第12册，长沙：岳麓书社1996年版，第467页。

② 王夫之：《诗广传》卷三，《船山全书》第3册，长沙：岳麓书社1996年版，第391页。

③ 王夫之：《读通鉴论》卷十，《船山全书》第10册，长沙：岳麓书社1996年版，第389页。

下治，盖取诸乾坤”，则虽谓天开地辟于轩辕之代焉可矣。①

以上引文表明，船山认为华夏文明开创于轩辕黄帝时代，以此为标志，此后为文明史的开展，而此前的史前史则分为四个连续的发展阶段：禽兽→“植立之兽”(“不全其质”且“无文”)→夷狄(“文之不备”)→文明人类在中国的诞生(“天开地辟于轩辕之代”)。这无疑是一种冲破历史蒙昧主义的卓越创见，是一种独特的“人文化成天下”②的人群历史进化观。

继而，船山认为，从轩辕时代开辟的文明史，也呈现出人类社会前进发展的诸阶段。从经济生活看，船山认为由原始的“射生饮血”，发展到燧人、神农时代开始“火食”、“粒食”而仍“鲜食艰食相杂矣，九州之野有不粒不火者矣”，再进到后稷时代的农业普遍化，“来牟率育而大文发焉”③。以后，“世益降，物益备”④，物质文明不断提高。从政治组织来看，他判定由古代的“万国分立”到三代时“渐有合一之势”的“封建之天下”，“风教日趋于画一，而生民之困亦以少衰”⑤；经过战国时期这一“古今一大变革之会”，发展到秦以后的“郡县之天下”⑥，出现了汉、唐、宋、明这样统一

① 王夫之：《思问录·外篇》，《船山全书》第12册，长沙：岳麓书社1996年版，第467-468页。

② 王夫之：《尚书引义》卷六，《船山全书》第2册，长沙：岳麓书社1996年版，第415页。

③ 王夫之：《诗广传》卷五，《船山全书》第3册，长沙：岳麓书社1996年版，第491-492页。

④ 王夫之：《读通鉴论》卷十九，见《船山全书》第10册，长沙：岳麓书社1996年版，第697页。

⑤ 王夫之：《读通鉴论》卷二十，《船山全书》第10册，长沙：岳麓书社1996年版，第754页。

⑥ 王夫之：《读通鉴论》卷末《叙论四》，《船山全书》第10册，长沙：岳麓书社1996年版，第1180页。

强盛的朝代，终于形成一个“财足自亿，兵足自强，智足自名”①的伟大国家。从精神文明看，他认为唐虞以前“婚姻未别，丧祭未修，狉狉獉獉，人之异于禽兽无几也”，直到孔子“删诗书，定礼乐而道术始明”②。唐宋以后，整个国家民族的文化、道德水准大大提高。在这个发展过程中，逐渐形成了以“华夏”为中心的独立自主的政治传统（“帝王之兴，以治相继”的“治统”）和文化传统（“圣人之教”“以人存道”的“道统”）。尽管这样的民族传统曾屡次被落后民族的统治和暴君篡主的窃夺所打乱，但从战国到明代这两千多年间，它不但没有中断过，而且我国民族还日趋强大和进步。③ 他以坚定的民族自信心预言着：今后只要“公其心，去其危，尽中原之智力，治轩辕之天下，族类强植，仁勇竞命，虽历百世而弱丧之祸消也”④！他提出当时的主要任务，是保卫华夏民族的自主和维系华夏文明的存续，“可禅、可继、可革而不可使夷类间之”⑤，“以往来绝续，系人纪于不亡也”⑥！至于民族的未来，他坚信在“不以天下私一人”的条件下，必然能够“修养厉精，士佻粟积，取威万方，濯秦愚，刷宋耻……保延千祀，博衣弁带、仁育义植之士甿，足以固其族而无忧矣”⑦！由深厚的历史教养培育起来的爱国热情，使王夫之

① 王夫之：《黄书·宰制第三》，《船山全书》第12册，长沙：岳麓书社1996年版，第519页。

② 王夫之：《读通鉴论》卷二十，《船山全书》第10册，长沙：岳麓书社1996年版，第763页。

③ 王夫之：《读通鉴论》卷十一，《船山全书》第10册，长沙：岳麓书社1996年版，第416-417页。

④ 王夫之：《黄书·任官第五》，《船山全书》第12册，长沙：岳麓书社1996年版，第527页。

⑤ 王夫之：《黄书·原极第一》，《船山全书》第12册，长沙：岳麓书社1996年版，第503页。

⑥ 王夫之：《春秋世论》卷一，《船山全书》第5册，长沙：岳麓书社1996年版，第389页。

⑦ 王夫之：《黄书·宰制第三》，《船山全书》第12册，长沙：岳麓书社1996年版，第519页。

在他所谓“大运倾覆”、“地裂天倾”① 的艰苦岁月里，对民族复兴的前途始终充满着信心。

### （三）人类文明史概观

船山在坚持今胜于古的历史进化观同时，更进一步通观古今，从中国文化中心南移的一些事实，推论历史上华夷文野是互相转化的；由此臆测到历史的前进运动并非直线，而是充满着曲折和反复的。

船山继承了文化至上的中国传统思想观念，把文化看做华夏族与其他民族区别的标志，加以他所处的明末清初的特殊历史背景，因而尤其强调夷夏之防、文野之辨。他说：“天下之大防有二：中国、夷狄也，君子、小人也。非本末有别，而先王强为之防也。中国之于夷狄，所生异地，其地异，其气异矣；气异而习异，习异而所知所行蔑不异焉。乃于其中亦自有其贵贱焉，特地界分、天气殊，而不可乱；乱则人极毁，中国之生民亦受其吞噬而憔悴。”② 所谓夷狄之防，就是中国与夷狄的分界。这种分界不是种族的分等，而是地域习俗的差异，“均是人也，而夷、夏分以其疆”③；更不是人为的划分，而是“其分也，天也，非人之故别之也”④。民族间的差异是本身就存在的，“因乎天”。船山认为，这些民族差异导致了生活习俗的不同，进而出现了各民族文化先进与落后的发展状况。在他看来，人与禽兽、夷狄的差别只是道德文化价值意义上的，而非出于种族歧视的以及狭隘的华夏族中心主义的偏激之见使然。因此，民族差别的实质是文化的差别。他说：

① 王夫之：《春秋家说·叙》，《船山全书》第5册，长沙：岳麓书社1996年版，第105-107页。

② 王夫之：《读通鉴论》卷十四，《船山全书》第10册，长沙：岳麓书社1996年版，第502页。

③ 王夫之：《读通鉴论》卷十四，《船山全书》第10册，长沙：岳麓书社1996年版，第503页。

④ 王夫之：《读通鉴论》卷十五，《船山全书》第10册，长沙：岳麓书社1996年版，第566页。

天以洪钧一气生长万族，而地限之以其域，天气亦随之而变，天命亦随之而殊。中国之形如箕，坤维其膺也，山两分而两迤，北自贺兰，东垂于碣石，南自岷山，东垂于五岭，而中为奥区，为神皋焉。故裔夷者，如衣之裔垂于边幅，而因山阻漠以自立，地形之异，即天气之分；为其性情之所便，即其生理之所存，滥而进宅乎神皋焉，非不歆其美利也，地之所不宜，天之所不佑，性之所不顺，命之所不安。①

船山论述了物质生活条件对民族及其文化发展的影响，尤其强调在远古生产力十分低下的条件下，地理环境对人类社会的发展、民族文化形成的极其重要的作用。正是天定的地理环境的各种复杂因素，促成了各民族文化的形成和发展，因而，各民族文化的特性从一开始就与其生活的地理环境息息相关。然而，船山并不是所谓地理环境决定论者。他的卓越之处就在于他不仅注重物质生活条件对文化的产生和发展的重要作用，而且更为强调人及其群体在历史文化中的创造作用。

“无资而兴，天兴之也；有资而兴，人自兴也。古之帝王及其元侯，肇邦国，立人纪，其势一屈一伸。介乎其伸，苟有为者，皆有造以兴，后先相藉，而天无能开猝起之功。”② 禽兽只有初命，故终其一生只能用初命。“人所有事于天之化，非徒任诸天也。”③ 天道授命，人道用权。人能“继天成性”，“竭天成能”，“因天造命”，成

① 王夫之：《读通鉴论》卷十三，《船山全书》第10册，长沙：岳麓书社1996年版，第485页。

② 王夫之：《春秋世论》卷三，《船山全书》第5册，长沙：岳麓书社1996年版，第473-474页。

③ 王夫之：《尚书引义》卷四，见《船山全书》第2册，长沙：岳麓书社1996年版，第350页。

就“人之天”，“以人文化成天下”。故船山云：“文明以应，窃成天也”①；又云：“天之化裁人，终古不测其妙；人之裁成天，终古而不代其工”，“均乎人之天者，通贤智愚不肖而一”②。由此可见，船山对人于历史创造作用的重视。然而夷狄因天不佑，性不顺，而命不安，“徒自溃乱也”。华夏则不然。他指出：

> 述古继天而王者，本轩辕之治，建黄中，拒间气殊类之灾，扶长中夏以尽其材，治道该矣。……何为其然也？民之初生，自纪其群，远其害沴，摈其异类，统建维君。故仁以自爱其类，义以自制其伦，强干自辅，所以凝黄中之絪缊也。今族类之不能自固，而何他仁义之云云也哉！③

其人能化天成文，故贵；其族类能保此“絪缊”，仁以自爱，义以自制，强干自辅，成为文化道德的寄存者，故由此族类繁衍其文化，日新日化，愈贵矣。由此，保其族类即是保其文化之谓。进而，船山比较了华夷之间的不同特点：“夷狄之强也，以其法制之疏略，居处衣食之粗犷，养其骄悍之气，弗改其俗，而大利存焉。……彼自安其逐水草、习射猎、赋税之可纳，昏姻仕进之可荣。”④ 夷狄的特点为缺乏礼义节制、粗犷、强悍，生活原始，文化落后，发展停滞。华夏则表现为完善的礼义制度、智巧、坚韧，繁荣富庶，文化发达，不断进步。先进、文明与落后、野蛮的冲突构成了华夷之防的核心。

① 王夫之：《黄书·后序》，《船山全书》第12册，长沙：岳麓书社1996年版，第539页。

② 王夫之：《尚书引义》卷一，《船山全书》第2册，长沙：岳麓书社1996年版，第270-271页。

③ 王夫之：《黄书·后序》，《船山全书》第12册，长沙：岳麓书社1996年版，第538页。

④ 王夫之：《读通鉴论》卷二十八，《船山全书》第10册，长沙：岳麓书社1996年版，第1093-1094页。

故船山说："中国之义、人禽之界，天下古今之公义也。"① 所谓"中国之义"，"人禽之界"，就是华夷文野之论，一方面为民族冲突，是民族主义；另一方面是文化冲突，为文化主义。这两者似乎纠缠一起，其实互为表里，合为一体。

尽管船山特别重视夷夏之防，但并未把它绝对化，看做不可变易的。如前所述，这些差异被看做人类文明发展的不同程度的表现。由"兽"而"夷"而"华"乃是由"野"到"文之为备"到"文之已备"。人类是可变化的、不断发展的。华夏文明就是由禽兽、夷狄进化来的。因此，夷狄可以进化为华夏文明，华夏文明亦可以退化为夷狄乃至禽兽。对此，船山论述甚详，有一套确切的理论。他说：

> 天地之气衰旺，彼此迭相异也。太昊以前，中国之人若麇聚鸟集。非必日照月临之下而皆然也，必有一方焉如唐、虞、三代之中国也。既人力所不通，而方彼之盛，此之衰而不能征之，迨此之盛，则彼又衰而弗能述以授人，故亦蔑从知之也。以其近且小者推之，吴、楚、闽、越、汉以前夷也，而今为文教之薮。齐、晋、燕、赵，唐隋以前之中夏也，而今之椎钝驿戾者，十九而抱禽心矣。宋之去今，五百年耳；邵子谓南人作相，乱自此始，则南人犹劣于北矣。洪、永以来，学术、节义、事功、文章皆出荆、扬之产，而贪忍无良、弑君卖国、结宫禁、附宦寺、事仇雠者，北人犹酷焉。则邵子之言验于宋而移于今矣。今且两粤、滇、黔渐向文明，而徐、豫以北风俗人心益不忍问。地气南徙，在近小间有如此者，推之荒远，此混沌而彼文明，又何怪乎！《易》曰："乾坤毁则无以见易"，非谓天地之灭裂也，乾坤之大文不行于此土，则其德毁矣。
>
> 中国之文，乍明乍灭，他日者必且陵蔑以之于无文，而人之返乎轩辕以前，蔑不夷矣。文去而质不足以留，且将食非其食，

① 王夫之：《读通鉴论》卷十五，《船山全书》第10册，长沙：岳麓书社1996年版，第589页。

衣非其衣，食异而血气改，衣异而形仪殊，又返乎太昊以前，而蔑不兽矣。至是而文字不行，闻见不征，虽有亿万年之耳目，亦无与征之矣，此为混沌而已矣。①

以上引文表明，船山对历史作了仔细考察。他认为，不仅民族文化会随着历史社会的变化而变化，而且造成民族文化特性的“天地之气”也会随着历史社会的变化而变迁，具体表现为“天地文明之气日移而南”②。“三代以上，淑气聚于北，而南为蛮夷。汉高帝起于丰、沛，因楚以定天下，而天气移于南。郡县封建易于人，而南北移于天，天人合符之几也。天气南徙，而匈奴始强，渐与幽、并、冀、雍之地气相得。故三代以上，华、夷之分在燕山，三代以后在大河。”③ 由此，他作出推论，当远古的中国文明未萌时，世界上别的地方必有文明之族存在；而进入文明后，中国之文，还乍明乍灭，甚至于有“无文”为兽而混沌的危险。所以说，夷可变华，华亦可变夷，文可无文，野亦可成文，华夷文野互变迭相异。这就表明：华夷之野之防并非绝对的界限，文化既不是华夏族独有的，也不是一成型而不易的。各民族文化不断发展，文野的界限也随之不断改变。显然，各民族文化的发展具有不平衡性和盛衰起伏的规律性。而这一切又都与“天地文明之气”密切相关，随着它的迁徙而兴衰更迭，文明的中心也随之移异。但天地之气并不神秘。在生民之初，它就是物质生活条件特别是地理环境。渐向文明之后，就不仅指此，还包括“人文化成之天下”了。“文质随风会以移”④ 是也；“武帝平瓯、

① 以上均见王夫之：《思问录·外篇》，《船山全书》第12册，长沙：岳麓书社1996年版，第467-468页。

② 王夫之：《读通鉴论》卷三，《船山全书》第10册，长沙：岳麓书社1996年版，第127页。

③ 王夫之：《读通鉴论》卷十二，《船山全书》第10册，长沙：岳麓书社1996年版，第454页。

④ 王夫之：《尚书引义》卷一，《船山全书》第2册，长沙：岳麓书社1996年版，第253页。

闽，开南越，于今为文教之郡邑。而宋置河朔、燕、云之民，画塘水三关以绝之，使渐染夷风，而彝伦泯丧，于是天地文明之气日移而南，天且歆汉之功而厌宋之偷矣"① 亦是也。

进而言之，既然华夷文野互变迭相异，各民族的文化发展不平衡，文化的进步具有盛衰起伏的规律，那么人类历史社会的前进运动就不会是单一的直线性的，而是曲折的、反复的。故“天下之势，一离一合，一治一乱而已。离而合之，合者不继离也；乱而治之，治者不继乱也”②。因此，船山的人类文明史观也就可以概括为进化与治乱离合的统一，换言之，即是以今胜于古为总趋势，合以治乱离合之势而已。

## 二、古今殊异，道随器变

船山从“古今殊异”而今胜于古的历史外部表现来揭示人类社会发展的总趋势之后，为了进一步探索人类社会是怎么发展，他继续深入到历史的内部结构去剖析各种社会政治立法原则依存于相应的社会制度，即“道丽于器”的关系问题。他沿用了《易传》上“形而上之谓之道，形而下之谓之器”等古老命题，赋予了新的内容，创立了自己的道器论，把它运用到了人类社会历史领域。

### （一）“道丽于器”，“法因时变”

“道器”范畴在船山哲学中具有多种含义。抽象地说，道器关系问题实即一般（普遍）和个别（特殊）的关系问题。所谓“‘道’

① 王夫之：《读通鉴论》卷三，《船山全书》第10册，长沙：岳麓书社1996年版，第127页。

② 王夫之：《读通鉴论》卷十六，《船山全书》第10册，长沙：岳麓书社1996年版，第610页。

者，物所众著而共由者也”①，又言：“道者，天地人物之通理”②，即普遍的物质实体和普遍规律之意。而“象日生而为载道之器”③，“器”指的是个别、特殊的具体事物以及与普遍规律相对而言的具体规律和特殊本质。当“道器”范畴运用于人类史观，则从标志普遍规律与具体事物的含义中引申出社会政治、道德立法的原则与具体的社会关系、社会制度之间的关系。他试图运用“道器”范畴对社会历史进行横剖，触及到了各种社会关系、制度、器物等具体存在（“器”）对依附于它们的政治立法原则、伦理道德规范以及一般原理(“道”）的决定作用问题。“盈天地间皆器矣。”④ 同其本体论的论证一样，船山首先明确地指出充满整个宇宙间的都是具体器物，人类社会历史的存在发展也不例外。他说：

> 天下唯器而已矣。道者器之道，器者不可谓之道之器也。无其道则无其器，人类能言之。虽然，苟有其器矣，岂患无道哉！……人或昧于其道者，其器不成，不成非无器也。无其器则无其道，人鲜能言之，而固其诚然者也。洪荒无揖让之道，唐、虞无吊伐之道，汉、唐无今日之道，则今日无他年之道多矣。未有弓矢而无射道，未有车马而无御道，未有牢醴璧币、钟磬管弦而无礼乐之道。……道之可有而且无者多矣。故无其器则无其道，诚然之言也，人特未之察耳。……呜呼！君子之道，尽夫器

① 王夫之：《周易外传》卷五，《船山全书》第1册，长沙：岳麓书社1996年版，第1003页。

② 王夫之：《张子正蒙注》卷一，《船山全书》第1册，长沙：岳麓书社1996年版，第15页。

③ 王夫之：《周易外传》卷五，《船山全书》第1册，长沙：岳麓书社1996年版，第992页。

④ 王夫之：《周易外传》卷五，《船山全书》第1册，长沙：岳麓书社1996年版，第1026页。

而止矣。①

"盈天下而皆象"，"象不胜多" 而 "天下无象外之道"②。

"盈天地间皆器矣"③，"象日生而为载道之器"④，故 "群有之器，皆与道为体"⑤。

道非直器也，而非器则道无所丽以行。故能守先王之道者，君子所效法而师焉者也；能守道之器者，君子所登进而资焉者也。⑥

这里，船山深刻论述了 "道器" 关系。他认为，世界上一切事物都是具体的存在物。现象是无比丰富的。但每一具体事物和现象，本身既具有自己的特殊性，又具有同类事物的共同性，即是说都是个别（特殊）和一般（普遍）的统一。"普遍性即存在于特殊性之中。" 共同本质即存在于杂多现象之中。既然 "天下唯器"，"道在其中"，所以 "无其器则无其道"。没有个别，就没有一般。"一般只能在个别中存在，只能通过个别而存在。"⑦ 一般包含在个别之中，而个别却不能完全包含一般。所以，只能说 "道者器之道"，而不能反过来说 "器" 是 "道之器"。这看来是抽象的逻辑推论，却具有重大的意义。历史在发展，"器" 在变化，"道" 也必须随之而变，根本

① 王夫之：《周易外传》卷五，《船山全书》第 1 册，长沙：岳麓书社 1996 年版，第 1027-1029 页。

② 王夫之：《周易外传》卷六，见《船山全书》第 1 册，长沙：岳麓书社 1996 年版，第 1038-1039 页。

③ 王夫之：《周易外传》卷五，《船山全书》第 1 册，长沙：岳麓书社 1996 年版，第 1026 页。

④ 王夫之：《周易外传》卷五，《船山全书》第 1 册，长沙：岳麓书社 1996 年版，第 992 页。

⑤ 王夫之：《周易传传》卷二，《船山全书》第 1 册，长沙：岳麓书社 1996 年版，第 862 页。

⑥ 王夫之：《读通鉴论》卷六，《船山全书》第 10 册，长沙：岳麓书社 1996 年版，第 240 页。

⑦ 列宁：《哲学笔记》，第 36 页，北京：人民出版社 1956 年版。

不存在一个“天不变、道亦不变”之“道”。“据器而道存，离器而道毁。”① 他虽强调“道器无异体”②，“器道相须而大成”③，但反复指明两者的关系只能是“道”依存于“器”，有了“器”才会有“道”。横剖历史，只能承认“形而上之道丽于器之中”④，“器”变则“道”亦随之而变。他具体地指出：“洪荒无揖让之道，唐、虞无吊伐之道，汉、唐无今日之道，则今日无他年之道多矣。”其所以如此，因为：“未有弓矢而无射道，未有车马而无御道，未有牢醴璧币、钟磬管弦而无礼乐之道；则未有子而无父道，未有弟而无兄道，道之可有而且无者多矣。”这就是说，人类社会在发展中，具体的政治关系、伦理关系、经济生活、器物制度等都在变化，依存于“器”的“道”也必然随之而变。“事随势迁，而法必变”⑤，“时移势易，而是非然否亦相反相谢而因乎化”⑥。社会立法原则、道德规范、是非标准必然随古今社会的变革而不断变革。这就是船山所说的，“道非直器也，而非器则道无所丽以行”。因而，“君子之道，尽夫器而止矣”；“尽器则道在其中”，“尽器则道无不贯”⑦。此之谓“道”随“器”变。

同样，由“器道相须”、“道丽于器”的观点，就他的“见闻所

① 王夫之：《周易外传》卷二，《船山全书》第1册，长沙：岳麓书社1996年版，第861页。

② 王夫之：《周易外传》卷五，《船山全书》第1册，长沙：岳麓书社1996年版，第1027页。

③ 王夫之：《周易外传》卷三，《船山全书》第1册，长沙：岳麓书社1996年版，第905页。

④ 王夫之：《张子正蒙注》卷六，《船山全书》第12册，长沙：岳麓书社1996年版，第232页。

⑤ 王夫之：《读通鉴论》卷五，《船山全书》第10册，长沙：岳麓书社1996年版，第191页。

⑥ 王夫之：《庄子解》卷十七，《船山全书》第13册，长沙：岳麓书社1996年版，第276页。

⑦ 王夫之：《思问录·内篇》，《船山全书》第12册，长沙：岳麓书社1996年版，第427页。

及”，船山从社会制度上把中国史分为先秦“封建制”和秦以后“郡县制”两大阶段，并对“封建”、学校、乡里选举、土地制度、兵农合一，乃至肉刑、职田、什一之税等具体政法制度的演变情况作了具体的分析研究，总结出了“封建不可复行于后世，民力所不堪，而势在必革也”①，“郡县之与封建殊，犹裘与葛之不相沿矣”② 的明确论断；得出了“汉以后之天下”只能“以汉以后之法治之”③ 的结论。在船山看来，所谓“法者，非以快人之怒、平人之愤、释人之怨、遂人之恶恶之情者也；所以叙彝伦、正名分、定民志、息祸乱，为万世法者也”④。也就是说，“法”不是维系道德伦理、人情好恶的手段工具，“法与情不两立”⑤，而是具体时代具体社会的制度原则。政法制度随时代条件的变化必然发生变化。“理有定而法无定，因乎其时而已。”⑥ 是故，时移事异，“法”亦“一兴一废一繁一简之间”因时而改变。所以他说：“就事论法，因其时而酌其宜。”⑦ 此之谓“法因时改”。

总之，“道者因天”“生于心”，“法者因人”“生于事”，⑧ 故

---

① 王夫之：《读通鉴论》卷二，《船山全书》第 10 册，长沙：岳麓书社 1996 年版，第 114 页。

② 王夫之：《读通鉴论》卷三，《船山全书》第 10 册，长沙：岳麓书社 1996 年版，第 124 页。

③ 王夫之：《读通鉴论》卷五，《船山全书》第 10 册，长沙：岳麓书社 1996 年版，第 191 页。

④ 王夫之：《读通鉴论》卷二十一，《船山全书》第 10 册，长沙：岳麓书社 1996 年版，第 814 页。

⑤ 王夫之：《读通鉴论》卷二十，《船山全书》第 10 册，长沙：岳麓书社 1996 年版，第 747 页。

⑥ 王夫之：《读通鉴论》卷六，《船山全书》第 10 册，长沙：岳麓书社 1996 年版，第 233 页。

⑦ 王夫之：《读通鉴论》卷末，《船山全书》第 10 册，长沙：岳麓书社 1996 年版，第 1180 页。

⑧ 王夫之：《读通鉴论》卷十七，《船山全书》第 10 册，长沙：岳麓书社 1996 年版，第 667 页。

“道”大“法”小，“道”变“法”亦变。历史在发展，“器”在变化，依存于“器”的“道”也必然随之而变，根本不存在一个永恒不变的社会立法，而只能是“道”随“器”变，“法”亦因时而改。

### （二）“道因时而万殊”

王船山运用了自己的“道器”论来考察社会历史，他看到了时代条件的变化决定着社会法则也在向前推移，因而得出了洪荒、唐虞、汉唐、今日，乃至他年的社会都各有自己的“道”的结论。很显然，“道”与“时”有着密切的关系。他说：

> 夫天下之万变，时而已矣；君子之贞一，时而已矣。变以万，与变俱万而要之以时，故曰：“随时之义大矣哉！……括天下之变而一之以时”，“莫变匪时”、“时者，天之恒。”①
>
> 时者，有序而不息之谓……道者，日用事物当行之理，皆性之德而具于心，无物不有，无时不然，所以不可须臾离也。②
>
> 道一本而万殊。万殊者，皆戴夫一本者也。③
>
> “变”者，尽乎万殊之理而无所滞也。④
>
> 道之所行者时也……时之所承者变也……道因时而万殊也。……万殊仍乎时变，而必有其相为分背者矣。往者一时，来者一时，同往同来者一时，异往异来者一时。时亟变而道皆常，变而不失其常，而后大常贞，终古以协于一。小变而输于所委，大变而反于所冲，性丽时以行道，时因保道以成性，皆备其备，

---

① 王夫之：《诗广传》卷三、卷四，《船山全书》第3册，长沙：岳麓书社1996年版，第405、451-452页。

② 王夫之：《礼记章句》卷十八，《船山全书》第4册，长沙：岳麓书社1996年版，第876、1248页。

③ 王夫之：《续春秋左氏传博议》卷下，《船山全书》第5册，长沙：岳麓书社1996年版，第608页。

④ 王夫之：《周易内传》卷五下，《船山全书》第1册，长沙：岳麓书社1996年版，第554页。

以各实其实，岂必其始之有殊心，终之无合理，而后成乎相反哉?①

“时”是天地万物的本性，具有“有序”与“不息”两种基本属性。“道”也是天地万物的本性，是“日用事物当行之理”，特点是“一本而万殊”。天下事物就存在意义而言，都共有同一个本源“气”；“气化流行”生成器物，而器物与“道”、“时”“不可须臾离”。就其变化的意义而言，万事万物都无不有“常”与“变”；“时亟变而道皆常，变而不失其常”，但“道”与“时”、“常”与“变”终归要“协于一”。人类社会历史的发展也就是“道”与“时”、“常”与“变”的辩证统一的变化表现。“道”的流行就是“时”的体现。“道”的开展需要“时”。任何事物的“当行之理”都是通过过程才体现出来的。“时行物生”②，“道因时而万殊”。也正因为有“时”世界才有变化，有变化才显示出意义来。

依存于“器”的“道”，是随着时代条件的变化而变化的。“时已变，则道随而易，守而不变，则于情理未之协也。”③ 因而，船山重时因时，强调“趋时”。他指出：

> 道莫胜于趋时。富贵、贫贱、夷狄、患难，极于俄顷之动静、云为，以与物接，莫不有自尽之道。时驰于前，不知乘以有功，逮其失而后继之以悔，及其悔而当前之时又失矣④。
>
> 时有常变，数有吉凶。因常而常，因变而变，宅忧患者每以

① 王夫之：《周易外传》卷七，《船山全书》第1册，长沙：岳麓书社1996年版，第1112页。

② 王夫之：《张子正蒙注》卷五，《船山全书》第12册，长沙：岳麓书社1996年版，第208页。

③ 王夫之：《宋论》卷一，《船山全书》第11册，长沙：岳麓书社1996年版，第43页。

④ 王夫之：《思问录·内篇》，《船山全书》第12册，长沙：岳麓书社1996年版，第416页。

因时为道曰："此易之与时盈虚而行权"者也。……故圣人于常治变，于变有常，夫乃与时偕行，以待忧患。①

船山认为，一切社会历史现象莫不有其"自尽之道"，莫不有其"盈虚之时"，故要"与时偕行"，"因时为道"，就要"趋时应变"②。所谓"趋时者，与时行而不息，宵昼瞬息，皆有研几徙义之功也"③，"趋时，因时择中，日乾夕惕也"④。趋时即是紧随时势的发展变化，善于把握时势的动向，抓住时代的脉搏，引导并推进时势的潮流，成为历史的参与者和创造者。因而，人在历史中，"时然而不得不然"，"时将然而导之"，进而，"时然而弗然，消息乎己以匡时"，从而实现由"因时者"而"先时者"乃至"治时者"的转化。⑤ 此外，他说，"盖道至其极而后可以变通，非富有不能日新"；又说，"趋时应变者唯其富有，足以可日新而不困"⑥。因此，唯能趋时应变，才可达道变通，才可日化日新。他运用"道莫盛于趋时"的观点，来总结历史事变，而得出无论因、革，只要顺"时"，都是合"道"的结论：

是故，因亦一道也，革亦一道也。其通也时也，万古不易者，时之贞也；其塞也时也，古今殊异者，时之顺也。考三王，

① 王夫之：《周易外传》卷六，《船山全书》第1册，长沙：岳麓书社1996年版，第1056页。

② 王夫之：《张子正蒙注》卷七，《船山全书》第12册，长沙：岳麓书社1996年版，第277页。

③ 王夫之：《张子正蒙注》卷五，《船山全书》第12册，长沙：岳麓书社1996年版，第216页。

④ 王夫之：《张子正蒙注》卷七，《船山全书》第12册，长沙：岳麓书社1996年版，第309页。

⑤ 王夫之：《春秋世论》卷五，《船山全书》第5册，长沙：岳麓书社1996年版，第509页。

⑥ 王夫之：《张子正蒙注》卷七，《船山全书》第12册，长沙：岳麓书社1996年版，第276-277页。

> 俟百世，精义以中权，存乎道而已矣。①

同时，他基于民族爱国主义的立场，面对民族矛盾掩盖了阶级矛盾的现实，更得出为了保卫民族，君权“可革”的结论：

> 今族类之不能自固，而何他仁义之云云也哉！
>
> 保其类者为之长，卫其群者为之邱。……可禅可继可革而不可使夷类间之。②

船山以上的这些思想，对于自董仲舒以来长期占统治地位的道统史观，即所谓“道之大原出于天，天不变，道亦不变”的神学教条，无疑是一个沉重的打击。他所得出的这些结论显然是具有启蒙色彩的政治结论。

总之，王船山的“道器”理论，应看做明清之际基于民族爱国主义的启蒙思潮和民主思想相结合的理论化的表现。正因如此，清末的谭嗣同才会从王船山的“道器”论中找到自己主张变法维新的理论根据。然而，就历史研究来说，王夫之认为，对古今、道器怎样发展变化，还必须“推其所以然之由，辩其不尽然之实”③，即必须进一步探究历史运动的“所以然”(必然性、合理性）和“不尽然”(偶然性、现实性)，对历史运动进行纵剖，剖视其发展的必然趋势和内在规律。这样，由“器道相须”的社会结构论过渡到“理势相成”的历史规律论。

---

① 王夫之：《宋论》卷一，《船山全书》第11册，长沙：岳麓书社1996年版，第45页。

② 王夫之：《黄书·后序》、《黄书·原极》，《船山全书》第12册，长沙：岳麓书社1996年版，第503、538页。

③ 王夫之：《读通鉴论》卷末，《船山全书》第10册，长沙：岳麓书社1996年版，第1177页。

## 三、理势“相成”，“延天祐人”

在王船山看来，历史发展过程是一个有规律的客观过程。他依据他的“理依于气”、“气无非理”的自然观，创立了关于历史发展规律的学说，即“理势合一”、“理势相成”的学说。当然，船山没有、也不可能发现人类社会生活中的客观物质基础，而只是从对大量历史事变的综合中制定了一个标志历史事变发展的必然趋势和客观过程的范畴，即所谓“势”。他把柳宗元等人曾运用过的十分笼统的“势”概念，加以具体规定，并与新加界说的“理”、“几”、“天”、“时”等范畴联结起来，试图更深入地来揭示历史运动过程的必然性。他认为，正如物质自然界的“气化”过程有其固有之“理”一样，历史事变的发展过程是一个必然之“势”，在“势”之必然处，也就表现出当然之“理”。历史之“势”，是社会运动的客观过程；历史之“理”，便是这一过程所表现的规律性。在王夫之看来，都是一个合规律的必然过程，也就是一个自然过程(“天”)。其实，就王船山的一贯思路，在自然观上坚持“理依于气”、“道寓于器”，似乎在历史观上也会归结为“理因乎势”。但事实不然，他似乎意识到了历史运动的复杂关系，试图展开多侧面的论证。

### (一)“理成势”与“势成理”

在王船山的人类史观中，“势”范畴标志历史发展的客观过程及其必然趋势，含有“自然之气机”①、“不得不然”② 诸义，近于“现实的”或“现实性”；“理”范畴标志历史必然趋势中所表现的

① 王夫之：《四书训义》卷三十一，《船山全书》第8册，长沙：岳麓书社1996年版，第431页。

② 王夫之：《读四书大全说》卷九，《船山全书》第6册，长沙：岳麓书社1996年版，第990页。

规律性，含有“当然之宰制”①、“当然而然”② 诸义，近于“合理的”或“合理性”。他认为，现实的历史进程，其“势之必然”就表现了“理之当然”，即使“势之偶然”，也表现了某种“理之固然”。历史事变的必然性和偶然性，都体现了历史运动的内在规律；至于人们的历史实践，“得理自然成势”，顺势也就合理，所以“理势不可以两截沟分”③，两者在现实的历史中是相涵互成的。

船山根据“心有两端之用，而必合于一致”的辩证思维方法，把关于“理”与“势”的思想概括为“理势相成”的历史规律学说。他有一个简括的论纲：

> 顺逆者，理也。理所制者，道也；可否者，事也。事所成者，势也。以其顺成其可，以其逆成其否，理成势者也。循其可则顺，用其否则逆，势成理者也。④

“理”是历史发展的规律性，历史规律是客观存在的，在一定时期，人们对于历史客观规律，可以顺之而行，可以逆之而行，所以，对于“理”，有顺或逆的问题。“势”则是由历史事变的事实形成的，在事实面前，只有可行或不可行的问题。正因为“顺理”，所以可行，因而“成势”；因为“逆理”而造成行不通之势，这都属于“理成势”的情态。反之，正因为“势”已形成，必须循之而行，所以“循其可”之行，也就合乎“理”；如果“用其否”也就违背了“理”，这都属于“势成理”的情态。这是“理”和“势”的区别和

① 王夫之：《四书训义》卷三十一，《船山全书》第8册，长沙：岳麓书社1996年版，第431页。

② 王夫之：《读四书大全说》卷九，《船山全书》第6册，长沙：岳麓书社1996年版，第990页。

③ 王夫之：《读四书大全说》卷九，《船山全书》第6册，长沙：岳麓书社1996年版，第992页。

④ 王夫之：《诗广传》卷三，《船山全书》第3册，长沙：岳麓书社1996年版，第421页。

统一。他看到了在历史的进程中，历史人物的活动和历史事变的发展是不可分的；“理”和“势”基本上是统一的。无论历史事变是“成乎治之理”，或是“成乎乱之理”，“均成其理”；“均成其理，则均成乎势矣”①。“是故大智者，以理为势，以势从理。”②

根据以上论纲，理势关系便可从两方面予以分析：

一方面，就“理成势”的角度说，“迨已得理，则自然成势”，“理当然而然，则成乎势矣”，“势之顺者，则理之当然者已”，“凡言势者皆顺而不逆之谓也；从高趋卑，从大包小，不容违阻之谓也。夫然，又安往而非理乎”③？历史的必然规律，体现在人们合乎规律的历史活动之中。他以文王“以百里而兴”的史实为例，即使“势不便而受屈”，但由于文王的行动合理，“道自我行”，结果能够“易无道为有道”，“尽人事以回天”，实现了“长诸侯而图王业”的历史使命。④ 又如他在《宋论》第一篇分析宋太祖赵匡胤的“统一天下”，似乎有一种“天命”的必然在支配；在论述中，他还沿用了一些“帝王受命论”的传统观念。⑤ 但他在分析历史事变时所用的“天命”这一范畴，却曾作过明确的理论规定：

> 天之命，有理而无心者也。……生有生之理，死有死之理，治有治之理，乱有乱之理，存有存之理，亡有亡之理。天者，理也；其命，理之流行者也。……违生之理，浅者以病，深者以

① 王夫之：《读四书大全说》卷九，《船山全书》第6册，长沙：岳麓书社1996年版，第991页。

② 王夫之：《春秋家说》卷上，《船山全书》第5册，长沙：岳麓书社1996年版，第120页。

③ 王夫之：《读四书大全说》卷九，《船山全书》第6册，长沙：岳麓书社1996年版，第990-992页。

④ 王夫之：《四书训义》卷三十一，《船山全书》第8册，长沙：岳麓书社1996年版，第433页。

⑤ 王夫之：《宋论》卷一，《船山全书》第11册，长沙：岳麓书社1996年版，第19页。

死，人不自知而自取之。……自然其不可移矣，天何心哉！夫国家之治乱存亡，亦如此而已矣。①

以人的生死寿夭为例，看来好像有一个不可知的“天命”在支配，实际却是“理”的支配。人自己违反了“生理”规律，招致疾病以至死亡，这里确是存在着“不可移”的必然性。但并不是“天”有什么意志、目的，“必欲寿之，必欲夭之”。“国家之治乱存亡”等社会现象，也是如此。从船山的基本思想看来，周文王的兴起、宋太祖的“统一天下”，不过是“以其顺成其可”、“得理自然成势”的规律在起作用，“天何心哉”！总之，“势因理成”②。即是说，凡是合理的，必将成为现实的。人们合理的历史活动形成历史的现实过程，历史的必然规律也体现在人们合目的的历史活动之中。

另一方面，从“势成理”的角度说，他着重指出：“只在势之必然处见理”③，“势既然而不得不然，则即此为理矣”④。这是王夫之历史理论的根本思想。他试图区别历史现实所表现的两种“理”：一为“有道之理”即“有定”之理或“当然而然”之理，例如汤武革命，勾践复国；二为“无道之理”即“无定之理”或因势而成的“不得不然”之理，例如曹操成功地顺势统一北中国。无论“有道之理”或“无道之理”都依存于必然之势表现出来，而历史必然之势所实现的客观规律性和合理性，并不以任何历史人物的主观意愿为转移。他在《读通鉴论》的第一篇对秦变“封建”为“郡县之制”这一重大历史事变表现出的必然性和合理性的统一，进行了卓越的分

① 王夫之：《读通鉴论》卷二十四，《船山全书》第10册，长沙：岳麓书社1996年版，第934页。

② 王夫之：《读四书大全说》卷九，《船山全书》第6册，长沙：岳麓书社1996年版，第992页。

③ 王夫之：《读四书大全说》卷九，《船山全书》第6册，长沙：岳麓书社1996年版，第992页。

④ 王夫之：《读四书大全说》卷九，《船山全书》第6册，长沙：岳麓书社1996年版，第990页。

析，得出了“势相激而理随以易”的重要结论，确立了他的“理势相成”的历史观的基石①。首先，他肯定了“郡县之制垂二千年而弗能改”这一历史的现实。然后分析其所以如此，指出：到战国时期，“封建”制已经过时，“世国”、“世官”等已是“势所必滥”；而在世袭等级制压迫下的人们，作为新兴势力，已经由“势所必激”，而“相乘以兴”；并且，事实上，“郡县之制”的萌芽“已在秦先”，所以，“封建毁而选举行”就成为不可阻挡的必然趋势。依存于“势”之“理”，也就必然随之而变。因而，秦变“封建为郡县”，就完全顺势而合理，所以“今古上下皆安之”。他指出“秦以私天下之心而罢侯置守”，却实现了历史前进的“大公”之理。通过对这类历史事件的概括，船山得出了下述理论上的结论：

> 势之所趋，岂非理而能然哉！②
> 势之顺者，即理之当然者已。③
> 时异而势异，势异而理亦异。④
> 势合而后可言情，情得而后可言理。⑤

王夫之的理论是首尾一贯的。正如他在本体论上坚决驳斥“悬道于器外”、“离气而言理”的唯心主义世界观一样，他在历史观上也坚决反对在现实的历史发展过程之外去设置“天命”、“道统”、

---

① 王夫之：《读通鉴论》卷一，《船山全书》第10册，长沙：岳麓书社1996年版，第67-68页。

② 王夫之：《读通鉴论》卷一，《船山全书》第10册，长沙：岳麓书社1996年版，第67页。

③ 王夫之：《读四书大全说》卷九，《船山全书》第11册，长沙：岳麓书社1996年版，第991页。

④ 王夫之：《宋论》卷十五，《船山全书》第11册，长沙：岳麓书社1996年版，第335页。

⑤ 王夫之：《春秋家说》卷中，《船山全书》第11册，长沙：岳麓书社1996年版，第238页。

“天理”等各种唯心史观。并且，按照“只在势之必然处见理”的原则，他认为，只要是顺着必然之势而存在的现实，即使看来好像是不合理的，也总有它的合理成分。他以汉末曹操用武力权术统一北中国为例，肯定当时“弱小固受制于强大，以戢其糜烂鼎沸之毒。而势之顺者，即理之当然者已”。所以，“从旁旷观”，曹操是做得对的。① 总之，“理因乎势”即是说，凡是现实的，总有其合理性。

总的说，王夫之的历史理论是以历史之“势”作为现实基础的，显然区别于以朱熹为代表的以为帝王心术的好坏就决定了社会历史发展的“天理史观”。他肯定“理势”不可分，又强调了“势因乎时，理因乎势”②。他之所以把“理成势”和“势成理”两方面结合起来分析，实质上是力图全面阐明历史运动既是一个现实的客观发展过程，又是历史人物合理的能动的实践过程。船山的“理势相成”说概述了社会历史运动的基本规律，至今仍有着重要的理论意义。

### （二）“贞一之理”与“相乘之几”

船山的“理势相成”说深入到社会历史运动内部去探索古今道器演变的必然性和合理性。他发现理有顺逆之别，势有可否之分，人们的历史活动更有各种复杂情况，因而形成历史运动中偶然性和必然性、曲折性和前进性、现实性和合理性的复杂联结。这就使王船山看到了历史的具体发展充满着复杂的矛盾，人们在历史的活动中经历着无穷的“忧患”和“险阻”。因此，对历史规律的认识把握，还要求人们在“顺势”、“合理”的历史活动过程中正确把握“时”与“几”。

“时”与“几”是王船山历史辩证法的重要范畴。“时”多与“势”相联系，主要指历史发展过程中转折变动的时机、时势、时代

① 王夫之：《读四书大全说》卷九，《船山全书》第6册，长沙：岳麓书社1996年版，第991页。

② 王夫之：《读通鉴论》卷十二，《船山全书》第10册，长沙：岳麓书社1996年版，第458页。

脉搏；“几者，事之微，吉凶之先见者也”①，“几”多与“理”相联系，主要指历史发展规律中屈伸消长的契机、比较隐微的征兆、矛盾转换的关节点。船山说：“可与知时，殆乎知天矣。知天者，知天之几也。”② 显然，两者同一层次，可以互通。“知时”也就是“知几”，而“适当其可之几”也就是“得天之时”。

船山强调“时”和“势”一样，具有“不可违”的客观性。“得天之时则不逆，应人以其时则志定。时者，圣人之所不能违也”③，且“违乎时，违乎道矣”④。一方面，不能“先进而动”，“时之未至，不能先焉”(《读通鉴论》卷三)；另一方面，也不能“时过犹执”，如果“时已过而犹执者，必非自然之理”(《张子正蒙注》卷五)。因而，应当“更新而趋时”，如果“时驰于前，不能乘而有功”，乃是“终身于悔之道”(《思问录·内篇》)，“亟违于时，亡之疾矣”！(《春秋世论》卷五) 同时，他又提出“理势”均不是固定的，因而“时”更具有变化性。他说：

> 夫所谓理势者，岂有定理，而形迹相若，其势均哉？度之己，度之彼，智者不能违，勇者不能竞，唯其时而已。……难得而易失者，时也。……已去而不可追者，亦时也。……知时以审势，因势以求合于理。岂可以概论哉？⑤

---

① 王夫之：《读通鉴论》卷八，《船山全书》第10册，长沙：岳麓书社1996年版，第337页。

② 王夫之：《读通鉴论》卷二，《船山全书》第10册，长沙：岳麓书社1996年版，第117页。

③ 王夫之：《读通鉴论》卷二十，《船山全书》第10册，长沙：岳麓书社1996年版，第733页。

④ 王夫之：《读通鉴论》卷二，《船山全书》第10册，长沙：岳麓书社1996年版，第93页。

⑤ 王夫之：《宋论》卷四，《船山全书》第11册，长沙：岳麓书社1996年版，第140-142页。

"时"的特点是伴随"理势"而变动不居，"难得而易失"，"已去而不可追"①。要做到"时将然而导之"、"时然而不得不然"②，即善于抓住时代脉搏，推进或适应时代潮流，才可能完成某种历史功业。单凭"智慧以立功"是不行的，"有智慧而无可为之势，则不如乘时者之因机顺导，易用其智慧"③。

所谓"乘时者"要能"因机顺导"，在于"见几"、"知几"。船山视"几"为"动静必然之介"，即动静必然之理的一种隐微表现。"几者，动静必然之介，伸必有屈，屈所以伸，动静之理然也。"④"天下不可易者，理也；因乎时而为一动一静之势者，几也。"⑤足见，"几"是历史运动中必然之理"因乎时"而在"动静之势"中表现出来，人们可以认识和把握。所以，他说："夫几亦易审矣，事后而反观之，粲然无可疑者。而迂阔之士，执一理以忘众理，则失之；狂狡之徒，见其几而别挟一机，则尤失之；无他，气陷之相取相轧，信乱而不信有已乱之几也。……所谓间世之英杰能见几者，如此而已矣，岂有不可测之神智乎！"⑥

由此，船山提出了"贞一之理"与"相乘之几"的问题。他说：

> 夫天有贞一之理焉，有相乘之几焉。知天之理者，善动以化物；知天之几者，居静以不伤物，而物亦不能伤之。以理司化

① 王夫之：《宋论》卷四，《船山全书》第 11 册，长沙：岳麓书社 1996 年版，第 142 页。

② 王夫之：《春秋世论》卷五，《船山全书》第 5 册，长沙：岳麓书社 1996 年版，第 509 页。

③ 王夫之：《四书训义》卷二十七，《船山全书》第 8 册，长沙：岳麓书社 1996 年版，第 167 页。

④ 王夫之：《张子正蒙注》卷五，《船山全书》第 12 册，长沙：岳麓书社 1996 年版，第 212 页。

⑤ 王夫之：《读通鉴论》卷十四，《船山全书》第 10 册，长沙：岳麓书社 1996 年版，第 527 页。

⑥ 王夫之：《读通鉴论》卷十四，《船山全书》第 10 册，长沙：岳麓书社 1996 年版，第 527-528 页。

者，君子之德也；以几远害者，黄、老之道也；降此无道矣。①

所谓“贞一之理”，主要指历史前进发展的必然而一贯的总规律；而“相乘之几”，则指历史运动中各种矛盾势力互相激荡而形成的转化契机。历史前进运动的“贞一之理”正是通过极其曲折、复杂的“相乘之几”而得以实现的，“相乘之几”恰是实现着“贞一之理”的历史前进运动的内在根据或“发动之由”②。据此船山分析了秦统一和秦以后历次农民起义的爆发、失败以及新旧王朝的代谢，朦胧地看到封建社会中王朝更迭的规律和农民战争的作用。

他敏锐地看到：秦变“封建”为“郡县”这一制度变革和历史前进的步伐，是由于两种社会势力“相乘以兴”所激起的必然之“势”所决定的。他说：在已经过时的世袭等级制度下，“士有顽而农有秀，秀不能终屈于顽而相乘以兴”，这种“势所必激”结果，就使得“封建毁而选举行”③。至于秦以后的改朝换代，大多是由于统治者急于“取民”的残酷剥削。“鸷吏以其繁刑驱民而之死，民死亡而国人益困，上狠下怨，成乎交逆，此谓之以势之否，成理之逆，理势交违，而国无于立也。”④ 所以，“张角起而汉裂，黄巢起而唐倾……如火之燎原，不可扑矣”(《读通鉴论》卷二十六)。“民本非碞，上使之碞；既碞，孰能反之荡平哉？裘甫方平，庞勋旋起，皆自然不可中止之势也。”(《读通鉴论》卷二十七）这种“上狠下怨，成乎交逆”所引起的“如火之燎原”、“不可中止”之“势”，冲毁了一个个末日王朝。虽然“亡汉者黄巾，而黄巾不能有汉；亡隋者群

① 王夫之：《读通鉴论》卷二，《船山全书》第10册，长沙：岳麓书社1996年版，第117页。

② 王夫之：《读四书大全说》卷一，《船山全书》第6册，长沙：岳麓书社1996年版，第432页。

③ 王夫之：《读通鉴论》卷一，《船山全书》第10册，长沙：岳麓书社1996年版，第68页。

④ 王夫之：《诗广传》卷三，《船山全书》第3册，长沙：岳麓书社1996年版，第421页。

盗，而群盗不能有隋；亡唐者黄巢，而黄巢不能有唐”(《读通鉴论》卷二十七)，但是，“陈涉吴广败死而后胡亥亡，刘崇、翟义、刘快败死而后王莽亡，杨玄感败死而后杨广亡，徐寿辉、韩山童败死而后蒙古亡”。他们“犯天下之险以首事……不恤其死亡”的活动，正好是“暴君篡主相灭之先征”；这些“狂起而犯上”的人物的出现，也是“天将亡秦、隋、蒙古而适承其动机也”(《读通鉴论》卷五)。王夫之朦朦胧胧地看到了封建社会王朝更迭的基本规律。他认为，发生这样的历史事变是属于“天下之势，循则极，极则反”①、“势极于不可止，必大反而后能有所定”② 等历史规律在起作用。对于农民起义者，他甚至称赞他们“自输其肝脑以拯天之衰”以及面对统治者残酷的压迫剥削，“不走而死，义尤烈哉”③！这些无疑都是船山历史观的卓越之处。但船山历史观也有其自相矛盾之处。如他既论述了“势极则反而后定”的历史规律，又说“人事之几，往来吉凶，生杀善败”的规律，“固有极其至而后反者，而岂皆极其至而后反哉”④？又如王船山看到了历史上农民革命的“烈火”的作用，却把它看做历史发展中的变局或“险阻”，甚至说：“孔甲之抱祭器以归陈涉，有苦心焉”；但又认为孔甲是“无其德”、“轻出者为天下笑”⑤。这些议论深刻表露出明末农民起义对他的冲击作用以及作为一个伟大的传统思想总结者所具有的无法避免的矛盾性。

通过以上分析，可以看到，船山对历史事变发生原因的解释，并

---

① 王夫之：《春秋世论》卷四，《船山全书》第 5 册，长沙：岳麓书社 1996 年版，第 491 页。

② 王夫之：《宋论》卷八，《船山全书》第 11 册，长沙：岳麓书社 1996 年版，第 201 页。

③ 王夫之：《读通鉴论》卷五，《船山全书》第 10 册，长沙：岳麓书社 1996 年版，第 201 页。

④ 王夫之：《思问录 · 外篇》，《船山全书》第 12 册，长沙：岳麓书社 1996 年版，第 430 页。

⑤ 王夫之：《周易外传》卷二，《船山全书》第 2 册，长沙：岳麓书社 1996 年版，第 867 页。

不满足于“天理流行”之类的理论框架的硬套；而是似乎更进了一层，试图运用一种社会历史矛盾运动观来驾驭历史事变。船山在其絪缊生化的自然史观中，强调了“天下之变万，而要归于两端，两端生于一致”①，“合二以一者，既分一为二之所固有”② 的辩证思想；在其人类史观中，继续贯穿了这一“两端而一致”论。他说，“同人者，争战之府也”(《周易外传》卷二)；“生之与死，成之与败，皆理势之必有”(《读通鉴论》卷二十八)；“治乱循环，一阴阳动静之几也”(《思问录·外篇》) ……人类社会充满着尖锐的矛盾。但他认为，对于尖锐的社会矛盾不应“惊于相反”，而应当看到“反者有不反者存”，“相反固会其通”(《周易外传》卷七)。在他看来，人类社会作为一个“同者所以统异”、“异者所以贞同”的矛盾统一体，既不能“解而散之”，又不能“因而仍之”，而只能“斟酌融通”，调节矛盾，“善其交而不畏其争”。他说：

> 反者有不反者存，而非积重难回，以孤行于一径矣。反者，疑乎其不相均也，疑乎其不相济也。不相济，则难乎其一揆；不相均，则难乎其两行。其唯君子乎！知其源同无殊流，声叶之有众响也：故乐观而利用之，以起主持分剂之大用。是以肖天地之化而无渐，备万物之诚而自乐。下此者：惊于相反而无所不疑，道之所以违，性之所以缺，其妄滋矣。③
>
> 夫唯其一也，故殊形绝质而不可离也，强刑弱害而不可舍也。……夫同者所以统异也，异者所以贞同也，是以君子善其交而不畏其争。今夫天地，则阴阳判矣；雷风、山泽、水火，则刚柔分矣；是皆其异焉者也，而君子必乐其同。……其异焉者中固

① 王夫之：《老子衍》，《船山全书》第13册，长沙：岳麓书社1996年版，第18页。

② 王夫之：《周易外传》卷五，《船山全书》第1册，长沙：岳麓书社1996年版，第1027页。

③ 王夫之：《周易外传》卷七，《船山全书》第1册，长沙：岳麓书社1996年版，第1113页。

有同然者，特忘本者未之察耳。①

这是他对人类社会中“异”与“同”、“反者”与“不反者”的矛盾分析，他承认了社会矛盾运动中差异的同一、对立的同一，并强调了从差异对立中去把握同一。“听道之运行不滞者，以各极其致，而不忧其终相背而不相通，是以君子乐观其反也。”② 他基于这种“乐观其反”的辩证矛盾论，揭露了“规于一致而昧于两行”的“庸人”和“乘乎两行而执为一致”的“妄人”③，并深刻地批判了邵雍等“局于方、划于对、剖于两”的貌似辩证法的形而上学；也有力地批驳了一切“忌阴阳而巧避之”的“抱一”、“执一”、“贵一”、“归一”、“抟聚而合一”、“分析而各一之”以及“合两而以一为之纽”④ 等反辩证法的谬说。如前所述，针对于社会矛盾运动中的对立斗争乃至对抗性冲突，旷观历史，船山指出，历代“贪暴”的统治者，“迫民于死地，民乃视之为仇雠”，所以农民起义“皆自然不可中止之势”，推翻一个个王朝。这样的客观社会历史运动被他概括为：

天下之势，循则极，极则反。⑤

势极于不可止，必大反而后能有所定。故《易》曰：倾、否，先否后喜。否之已极，消之不得也，倾之而后喜。⑥

① 王夫之：《周易外传》卷四，《船山全书》第1册，长沙：岳麓书社1996年版，第980-981页。

② 王夫之：《周易外传》卷七，《船山全书》第1册，长沙：岳麓书社1996年版，第1112页。

③ 王夫之：《周易外传》卷七，《船山全书》第1册，长沙：岳麓书社1996年版，第1113页。

④ 以上见王夫之：《周易外传》卷五、《老子衍》、《思问录·内篇》。

⑤ 王夫之：《春秋世论》卷四，《船山全书》第5册，长沙：岳麓书社1996年版，第491页。

⑥ 王夫之：《宋论》卷八，《船山全书》第11册，长沙：岳麓书社1996年版，第201页。

这里提出的“极”、“反”、“大反”等范畴，是社会矛盾激化为对抗及其斗争形式的反映。但船山认为，“极则反”、“极其至而大反”乃是社会矛盾运动的一种特殊形式，大量的社会矛盾并非如此。他说：

> 通者，化虽变而吉凶相倚，喜怒相因，得失相互，可会通于一也。推其情之所必至，势之所必反，行于此者可通于彼，而不滞于一隅之识，则夏之葛可通于冬之裘，昼之作可通之于夜之息，要归于得其和平，而变皆常矣。①

即是说，对抗形式是对立双方各走极端造成的，如果善于调节，使之“会通”，“不滞于一隅”，可以“得其和平”。他结合天道人事，进而分析矛盾状态大体有两种：一是“雷风相薄”的激烈斗争状态，一是“水火不相射”的和平共处状态。他认为，“盖阴阳者恒通，而未必相薄，薄者其不常矣”②。矛盾双方“相薄”的状态是“反常”的，而互相联合、贯通，始终保持同一性的状态才是“正常”的。由此，进入到船山社会历史观的“常变”说。

“常变”范畴在船山哲学中亦有多重含义，但在历史观中主要标志社会矛盾运动的常态与变局和社会制度演化中的常住性与变动性。就社会矛盾运动说，他虽提出过“乐观其反”、“不畏其争”等命题，也承认了“雷风相薄”的非常变局的客观存在；但在理论上旨在论证矛盾同一性的常规性和重要性，强调了“奉常以处变”③。就社会

① 王夫之：《张子正蒙注》卷二，《船山全书》，第12册，长沙：岳麓书社1996年版，第72页。

② 王夫之：《周易外传》卷七，《船山全书》第1册，长沙：岳麓书社1996年版，第1077页。

③ 王夫之：《周易外传》卷七，《船山全书》第1册，长沙：岳麓书社1996年版，第1112页。

制度演化说，他虽提出过古今道器的变化，“今日无他年之道多矣”①，“当其未变，固不知后之变也奚若”②，并主张“于常治变，于变有常，夫乃与时偕行，以待忧患”；但在思想上更多地倾向于“变在常之中”，“变而不失其常”(《周易外传》卷七)。船山人类史观常变论的基本思想是“《易》兼常变，礼唯贞常”的矛盾。

> 《易》全用而无择，礼慎用而有则。礼合天经地纬以备人事之吉凶，而于《易》则不敢泰然尽用之，……《易》兼常变，礼唯贞常，易道大而无惭，礼数约而守正。故《易》极变，而礼唯居常。③

这里的“《易》”，实指他自己坚持的哲学辩证法，“极物理人事之变”，并要求普遍应用于一切对象，“全用而无择”；“礼”则是封建政治道德原则，“天经地纬”，只能“慎守”。他承认不敢把《易》的“极变”思想全面运用于“礼”的原则，因而尽管“《易》兼常变”，而只能在礼的原则的制约下讲变，保留“礼唯贞常”这一常住性的绝对性(《周易外传》卷六)。因而，他只能强调：“天下亦变矣，变而非能改其常”④，“变而不失其常，而后大常贞”⑤。船山所谓“变不出其范围”，所谓“反变以尽常”⑥ 的“大常”，实即封建礼法

① 王夫之：《周易外传》卷五，《船山全书》第1册，长沙：岳麓书社1996年版，第1028页。

② 王夫之：《读通鉴论》卷末《叙论一》，《船山全书》第10册，长沙：岳麓书社1996年版，第1174页。

③ 王夫之：《周易外传》卷六，《船山全书》第1册，长沙：岳麓书社1996年版，第1057页。

④ 王夫之：《周易外传》卷四，《船山全书》第1册，长沙：岳麓书社1996年版，第946页。

⑤ 王夫之：《周易外传》卷七，《船山全书》第1册，长沙：岳麓书社1996年版，第1112页。

⑥ 王夫之：《周易外传》卷六，《船山全书》第1册，长沙：岳麓书社1996年版，第1057页。

制度的总原则在其思想中的升华。因此，船山的社会历史矛盾运动思想终究是囿于“礼唯贞常”范围内的，承认了社会生活、历史事变的变动性，而不敢否认封建制度的常住性。这是其人类史观不可摆脱的历史局限。

对船山而言，“贞一之理”与“相乘之几”是其“理成势”与“势成理”的历史规律论的进一步发展，也就是历史前进发展的必然规律与历史运动中各种矛盾交错所形成的偶然契机。由此深入到社会历史运动内部去探索社会历史事变发生的根本原因，进而形成他独具卓识的社会历史矛盾运动理论，对社会历史事变作出了较为合理的解释，从而为其“理势相成”的社会历史规律论找到了内在的理论依据。这些思想无疑充满了现代气息，具有浓郁的启蒙色彩。而它们竟然出自于一个生活在17世纪的中国山居士人的头脑，这是多么地令人惊讶的思想史奇迹！

### （三）理势合而为天与相天造命论

根据船山的历史理论，“理势相成”即为“理势合一”；“理”与“势”成于历史，必合于历史。然而，“理”与“势”虽是历史发展的体现，但并不是历史本身。历史只是气化流行的一个组成部分。他说：“太虚即气，絪缊之本体……其升降飞扬，莫之为而为万物之资始，于此言之则谓之天。气化者，气之化也。……其一阴一阳，或动或静，相与摩荡，乘其时位以著其功能，五行万物之融结流止，飞潜动植，各自成其条理而不妄，则物有物之道，人有人之道，鬼神有鬼神之道。”① 故“理”与“势”只不过是“天之化”的表现罢了。

> 天者，所以张主纲维是气者也。理以治气，气所受成，斯谓之天。……有道、无道，莫非气也，则莫不成乎其势也。气之成

① 王夫之：《张子正蒙注》卷一，《船山全书》第12册，长沙：岳麓书社1996年版，第32页。

乎治之理者为有道，成乎乱之理者为无道。均成其理，则均成乎势矣。故曰："斯二者，天也。"①

顺必然之势者，理也；理之自然者，天也……天者，理而已矣；理者，势之顺而已矣。②

理与气不相离，而势因理成，……知理势不可以两截沟分。③

因而，船山"总将理势作一合说"，"看得'势'字精微，'理'字广大，合而名之曰'天'"④。即是说，天有其理，亦成其势。理势合而为天。

由此，针对于两汉以来盛行的以"天人感应"为核心的神意史观以及一切由神秘的力量所支配的宿命论，船山提出了"天命有理而无心"论。首先，他指出，天命无心。所谓"命"，"其或寿或夭不可知者"，是不以人的意志为转移的支配事物变化的原因或力量。但它并没有自我意识，而是纯属自然的。"天何所须其人之久存而寿之？何所患其人之妨己而夭之？……而非天必欲寿之，必欲夭之，屑屑然以至高大明之真宰与人争蝼蛄之春秋也。"进而，他提出："天者，理也；其命，理之流行者也。"一切无非一"理"。事物与现象的生死存亡，社会与国家的治乱兴衰都有其固有之理。人之得病，或寒或暑、或饥或饱，无不是违背了生命的固有之理，故浅一点的，大病一场：重一点的，不免一死。然而，人们并不知晓。结果，本来是自己的缘故而造成的，却由于人们自己的愚昧而不自知，还以为是神的意旨或别的什么神秘力量造成的，因而奉为"天之命"。对此，船

① 王夫之：《读四书大全说》卷九，《船山全书》第6册，长沙：岳麓书社1996年版，第991页。

② 王夫之：《宋论》卷七，《船山全书》第11册，长沙：岳麓书社1996年版，第177、179页。

③ 王夫之：《读四书大全说》卷九，《船山全书》第6册，长沙：岳麓书社1996年版，第992页。

④ 王夫之：《读四书大全说》卷九，《船山全书》第6册，长沙：岳麓书社1996年版，第993页。

山痛切地指出，这确实是天命使然，但此“命”非彼“命”，而只是自然之天所应有的客观规律罢了。人们违背了客观自然规律，与自然天道相对抗，当然不会有好结果。“天何心哉!”① 进而船山认定“任天无能为，无以为人”②，因为人有心而可知天事天。

船山认为，人“合五行之秀以成”，可“原天顺道，凝于形气，而五常百行之理无不可知，无不可能”，故人能“秉彝”、“有性”，“涵之于心而感物以通”，“以心尽性，以性合道，以道事天”。故“人心即天”③。他说：

> 天之命也无心，人之命也有心……人有心而制命，有心而非其自私之心，然后信之以为天。④
>
> 大哉人道乎！作对于天而有功矣。……人者，两间之精气也，取精于天，翕阴阳而发其冋明。故天广大而人之力精微，天神化而人之识专一，天不与圣人同忧，而人得以其忧相天之不及。故曰：“诚之者，人之道也。”天授精于人，而亦唯人之自至矣。唯人有道，人自至焉。天恶得而弗求，求恶得而必获哉！知天之道则可与安土，安土则尽人而不妄。知人之道则可与立命，立命则得天而作配。呜呼！知人之道，其参天矣夫！⑤
>
> 天之所不可知，人与知之，妄也；天之所可知，人与知之，非妄也。天之所授，人知宜之，天之可事者也；天之所授，人不

① 以上见王夫之：《读通鉴论》卷二十四，《船山全书》第10册，长沙：岳麓书社1996年版，第934-935页。

② 王夫之：《续春秋左氏博议》卷下，《船山全书》第5册，长沙：岳麓书社1996年版，第618页。

③ 王夫之：《张子正蒙注》卷一，见《船山全书》第12册，长沙：岳麓书社1996年版，第33页。

④ 王夫之：《诗广传》卷一，《船山全书》第3册，长沙：岳麓书社1996年版，第313页。

⑤ 王夫之：《诗广传》卷四，《船山全书》第3册，长沙：岳麓书社1996年版，第446-447页。

知所宜，天之无可事者也。事天于其事，顺而吉，应天也；事天于其无可事，凶而不咎，立命也。①

天无定心，君子有定理。……夫君子有定理，捍患御灾，侧身修行是已。……先事而为之备，加于素而益虔。以其定理修人之天，则承天治人之道尽。……故君子之知天，知人之天也；君子之应天，应天之于人者也。枵然自大，以为彼玄象者不出此指纹掌图之中，多见其不知量矣。②

人之道，天之道也；天之道，人不可以之为道者也。语相天大业，则必举而归之于圣人。乃其弗能相天与，则任天而已矣。③

阴阳生人，而能任人之生；阴阳治人，而不能代人以治。既生以后，人以所受之性情为其性情；道既与之，不能复代治之。……圣人与人为徒，与天通理。与人为徒，仁不遗遐；与天通理，知不昧初。将延天以祐人于既生之余，而《易》由此其兴焉。……器有小大，斟酌之以为载；时有往来，消息之以为受。载者行，不载者止；受者趋，不受者避。前使知之，安遇而知其无妄也；中使忧之，尽道而抵于无忧也；终使善之，凝道而消其不测也。此圣人之延天以祐人也。④

以上议论表明，船山关注的中心始终是人，所谓“天地之生，莫贵于人矣”⑤。天授命于人，天命无心而人命有心，“人有心而制

① 王夫之：《诗广传》卷一，《船山全书》第3册，长沙：岳麓书社1996年版，第306页。

② 王夫之：《春秋家说》卷上，《船山全书》第5册，长沙：岳麓书社1996年版，第132-134页。

③ 王夫之：《续春秋左氏博议》卷下，《船山全书》第5册，长沙：岳麓书社1996年版，第617页。

④ 王夫之：《周易外传》卷五，《船山全书》第1册，长沙：岳麓书社1996年版，第992-993页。

⑤ 王夫之：《诗广传》卷五，见《船山全书》第3册，长沙：岳麓书社1996年版，第513页。

命”，故人“知天，知人之天”而事天、应天，而以立命。立命在于知人之道。知人之道，“其参天矣夫”，故可“语相天大业”。他概括道，“君子之言化，有天化，有人化，化凝于人而人道起矣。君子以人事而言天，有在天下之事，有在我之事。在我之事，天在我也。在天下之事，天在化也。在乎我之事而我犹不能知，然后推诸人之外而曰天，谓一唯天化”①。此之谓“因人以成天”。同时，他又特别指明，人道“作对于天而有功矣”。因此，“天之命”不是不可知的，人在其来临时也不是只能“束手以待之”的，而是“天之绪显垂于人，待人以行”的，即人以所受之性情为其性情，与道合，与天通理，故可“前使知之，安遇而知其无妄也；中使忧之，尽道而抵于无忧也；终使善之，凝道而消其不测也”。此之谓“延天以祐人”。正所谓“人之为，天之化也”、“人之道，天之道也”，讲的都是一个“承天治人”的道理。但在天与人的关系中人的方面是相对的，天的方面才是绝对的，船山显然十分注重这一点，而没有因人而废天。他一再强调，“天命不可亢”，“天命不可违”，“天之所不可知，人与知之，妄也”，“天之道，人不可以之为道者也”，指的就是人的一切作为必须满足于一个不可抗拒的前提条件，即服从于天道自然的客观规律性。人的一切活动都是由此而展开的。那些不知天高地厚的人类行为被船山称之为“枵然自大，以为彼玄象者不出此指纹掌图之中，多见其不知量矣”。人类的实践活动之所以可能都是由于服从了“天”这一客观规律之所在。对此，船山称之为“任天而已矣”。然而，“任天无能为，无以为人”，人之所以为人就在于其能由“任天”而“知天”，继而“事天”、“应天”，终能“参天”、“相天”。所以说，人能“事天”、“立命”，更能“相天”、“造命”。由此展开了船山著名的“相天”“造命”论。

船山认为，历史是人的历史，是人“赞天地之化育”而“人文化成”的。他盛赞了唐代邺侯李泌的“君相可以造命”论。他说：

---

① 王夫之：《诗广传》卷一，见《船山全书》第3册，长沙：岳麓书社1996年版，第329页。

君相可以造命，邺侯之言大矣！进君相而与天争权，异乎古之言俟命者矣。乃唯能造命者，而后可以俟命，能受命者，而后可以造命，推致其极，又岂徒君相为然哉！……君相之权藉大，故治乱存亡之数亦大，实则与士庶之穷通生死、其量适止于是者，一也。……故邺侯之言非大也，非与天争权，自知其藐然不足以当天之喜怒，而天固无喜怒，唯循理以畏天，则命在己矣。虽然，其言有病，唯君相可以造命，岂非君相而无与于命乎？修身以俟命，慎动以永命，一介之士，莫不有造焉。祸福之大小，则视乎权藉之重轻而已矣。①

圣人赞天地之化，则可以造万物之命，而不能自造其命。……造万物之命者，非必如万物之意欲也。天之造之，圣人为君相而造之，皆规乎其大凡而止。……圣人以此可继天而为万物之司命。……乃若欲自造其命……弗能造也，受之而已。受之以道，则虽危而安，虽亡而存，而君相之道得矣。李泌曰："君相可以造命。"一偏之说，足以警庸愚，要非知命之言也。至大而无区畛，至简而无委曲，至常而无推移者，命也。……皆顺受也，奚造哉！造者，以遂己之意欲也。……天命之为君，天命之为相，俾造民物之命。己之命，己之意欲，奚其得与哉！②

粗略地看了以上两段引文，似乎不难发现船山话语的自相矛盾。即是说，他一方面赞"邺侯之言大矣"，另一方面又说"邺侯之言非大矣"，甚至指出是"一偏之说"、"其言有病"，"非知命之言也"。其实不然，这反更凸显了船山史观超越前人之处。

首先，区别于以往的天理史观或天命史观的"俟命"说，船山

① 王夫之：《读通鉴论》卷二十四，《船山全书》第10册，长沙：岳麓书社1996年版，第934-935页。

② 王夫之：《薑斋文集》卷一，《船山全书》第15册，长沙：岳麓书社1996年版，第88-89页。

对它作出了新的解释。他说，“俟命”不是把天命“见为不可知，信为莫之致，而束手以待之”的，而是认为唯能“造命”，而后能“俟命”。“圣人以此可继天而为万物之司命”。因此，他赞誉邺侯的“君相可以造命”说。结合传统的“圣贤史观”以及船山对圣贤君相的看重，如“语相天大业，则必举而归之于圣人”等，这很容易让人得出船山只是一个囿于传统、主张圣贤史观的思想史家。然而，他还有进一步的解释，他说，“推致其极，又岂徒君相为然哉”！只不过是，“君相之权藉大”，故而对社会历史的治乱兴亡的影响作用亦大。事实上，君相也好，圣贤也好，“实则与士庶之穷通生死、其量适止于是者，一也”。因而，“一介之士，莫不有造焉”。这就表明，历史不只是君相圣贤的历史，而是所有人的历史。历史是由所有人共同创造的，人人都对历史的发展作出了自己的贡献。只不过由于各自的历史背景、社会地位和权力等各不相同，造成各自在历史运动中所起的影响和作用大小不一罢了，即所谓“祸福之大小，则视乎权藉之重轻而已矣”。但每个人不管其作用的大小，都有其独特的贡献与价值。就此而言，那种认为船山史观是英雄史观的观点是难以令人信服的，也是值得商榷的。

此外，船山指出，人能“与天争权”就在于人能“受命”，而后可以“造命”。所谓“命”，“至大而无区畛，至简而无委曲，至常而无推移者”。显然，“命”不是神秘的异己力量，而是支配着万事万物的生存死亡并具有“至大”、“至简”、“至常”三个基本特征的普遍的客观规律的代名词。“天命有理无心”，最简洁地概括了它的特性。所谓“造”就是“以遂己之意欲也”。可见，“造”就是指人所具有的作用“人之独”的主体能动性的能力。于是，“造命”就是人通过认识把握客观规律（包括自然的和社会的）以参与历史和世界的“生化”过程，进而去创造历史、创造世界以推动历史和世界本身具有的“化育”过程。所以说，“天固无喜怒，唯循理以畏天，则命在己矣”，又说：“天之造之，圣人为君相而造之，皆规乎其大凡而止。”换言之，无论人有再大的能力和影响力，都不可违“理”，与生相背，而要“循理畏天”。人应“自知其藐然不足”；人能“造命”，“非与天争权”，“任天”“循理”而已。脱离了客观规律的“天道”，何言“造命”？因而，在自然“天道”的客观规律面前，人是无比渺小的。因此，他才说“邺侯之言非大也”。如果离弃了“造命”的条件——“受命”而“无与于命”，只看到人可“造命”，李泌的“君相造命”论就不免“其言有病”，成为“一偏之词”，而“非知命之言也”。因此，“造命”其实是“赞天地之化”的“参天”，即“相天”。故人“可以造万物之命，而不能自造其命”。人本来就是“一气化生”、“天理流行”的产物，“弗能造也，受之而已”，它不可能摆脱生育自己的天地以及孕育其中的“命”、“理”，因而它无法肆意妄为，随心所欲地去创造。人总是“秉彝”持理而行，任天而能为的。所谓“可竭者天也，竭之者人也”，“竭天成能”，“功被于天下”①。因此，船山史观于此迥异于只见“天理流行”，无视人类实践活动的“天理史观”；而是既看到了历史的客观规律性，又注重了人的历史实践的主观能动性。总之，“相天”与“造命”不可分割而论，而应有机地联系起来结合起来看待。“相天”表明“天”不可违，“人”不可妄，人只是参赞天地化育；“造命”显示“天命”有理无心，“人”有心得理，人能够充分发挥主体能动性“受道”、“得道”以“遂己之意欲”。统而言之，就是“相天”“造命”之论。这一思想理论具体运用于人类社会历史的考察就是船山史论中著名的“假手”论。

船山认为，历史的发展是复杂曲折的，“天理流行”即客观规律的实现也不是简单直线的，而有其特殊的运动轨迹、表现方式。如，秦变“封建”为“郡县之制”，他认为“非天子之利”，是秦汉以后“国祚所以不长”的原因。但是这一变革对于人民是有利的，因为它“于守令之贪残，有所借于黜陟以苏其困”，是合乎人民要求的，是“理所宜也”。至于“秦以私天下之心，而罢侯置守”，这是“天假其私以行其大公”；历史的必然规律通过秦统治

① 王夫之：《续春秋左氏传博议》卷下，《船山全书》第5册，长沙：岳麓书社1996年版，第617-618页。

者的“私”而得到实现①。王夫之以同一原理，论过汉武帝开南越“于今为文教之郡邑”，而宋绝民塘水三关之外，“使渐染夷风，而彝伦泯丧”，于是“天地文明之气日移而南”，“天且歆汉之功而厌宋之偷矣”②；论过秦末、隋末农民起义领袖们虽然败死，乃是“天贸其死，以亡秦隋”③；论过“逆若司马，解法纲以媚天下，天且假之以息民”④；论过东晋明帝早夭，无以收复中原，乃是“天假五胡以乱中夏，气数之穷也”⑤；论过梁武帝抑沈约杀王亮，而言“乱臣贼子，天下无能正其罚，而假手于所援立之君，天道也，非人之所可用其厚薄之私者也”⑥；论过“天假其手武氏（指武则天杀裴炎事）以正纲常于万世”⑦ 等。可以说，船山对此一原理的运用不是偶而为之的，而是自觉地有目的地在其系统史论中贯彻始终的。

通过这些事例，船山认为历史的必然规律的实现，必须通过历史人物的活动；而历史人物的功罪，又必须放在整个历史发展过程中来“通古今而计之”，并需进行矛盾的分析。他说：

> “天”欲开之；圣人成之。圣人不作，则假手于时君及智力之士以启其渐。以一时之利害言之，则病天下；通古今而计之，

① 王夫之：《读通鉴论》卷一，《船山全书》第10册，长沙：岳麓书社1996年版，第68页。

② 王夫之：《读通鉴论》卷三，《船山全书》第10册，长沙：岳麓书社1996年版，第127页。

③ 王夫之：《读通鉴论》卷五，《船山全书》第10册，长沙：岳麓书社1996年版，第206-207页。

④ 王夫之：《读通鉴论》卷十，《船山全书》第10册，长沙：岳麓书社1996年版，第407页。

⑤ 王夫之：《读通鉴论》卷十三，《船山全书》第10册，长沙：岳麓书社1996年版，第472页。

⑥ 王夫之：《读通鉴论》卷十七，《船山全书》第10册，长沙：岳麓书社1996年版，第626页。

⑦ 王夫之：《读通鉴论》卷二十一，《船山全书》第10册，长沙：岳麓书社1996年版，第802页。

则利大而圣道以宏。……时之未至，不能先焉。迨其气之已动，则以不令之君臣，役难堪之百姓，而即其失也以为得，即其罪也以为功，诚有不可测者矣。“天”之所启，人为效之，非人之能也。①

“理势合一”的历史发展必然性，往往通过一些为害当时、造成人民极大痛苦的“反面”人物的活动来给自己开辟道路。历史条件没有成熟之前，不可能出现这些人物；而到了“时之已至”、“气之已动”，这样的人物便成为“天”假借来实现历史使命的工具。他们为满足个人贪欲，在当时看来又是“病天下”的活动，却反而成了历史发展的杠杆。历史的支配力量、发展趋势是不以历史人物的主观动机为转移的，人只能“成之”、“效之”，而“非人之能也”、“非人之所强也”。王船山在这里比柳宗元更明确地表述了社会历史发展的矛盾性问题。一方面，历史运动具有不以人的意志为转移的客观规律性，船山称之为“天理”。另一方面，历史运动又是通过人的实践活动展开的，而人是“天地之心”，能“受命”而后“造命”以“遂己之意欲”，这样“天理”的实现也就在人的历史活动中得以体现出来。不管人类是否自觉地“奉天而行”，“天理”都始终贯彻于历史之中。顺理而行，人类就可造就功业；背天而动，自然无所成，甚至祸害无穷。然而，“天不测，圣人无所测”，“天理”的实现者并不以人的意愿来确定，于是便出现了“天”假借所谓的历史“反面”人物来实现历史使命的事情。船山称之为“假手”论。这种思想同德国古典哲学家黑格尔在其历史哲学中所说的——一种有目的地利用工具的活动即“理性的狡计”② 的思想惊人地相似，令人赞叹不已。显然，中国封建社会历史所提供的证据，使王船山模糊地猜到了“自从各种社会阶级的对立发生以来，正是人的恶劣的情欲——贪欲

① 王夫之：《读通鉴论》卷三，《船山全书》第10册，长沙：岳麓书社1996年版，第138页。

② 黑格尔：《历史哲学》，上海：上海书店出版社1999年版，第34页。

和权势欲成了历史发展的杠杆”① 这一历史运动的辩证法。

由于对历史和现实的观察达到了一定深度，王船山看到了历史发展的总趋势是合规律地前进运动，而又有各种险阻和曲折，并充满着复杂的矛盾。因而他认为，一个“以身任天下”的人，一定要有高瞻远瞩的气魄，看到历史长河的发展，“体定于百年之长虑，而后机不失于俄顷之利钝”。他语重心长地指出：

> 生之与死，成之与败，皆理势之必有，相为圆转而不可测者也。既以身任天下，则死之与败，非意外之凶危；生之与成，抑固然之筹画。生而知其或死，则死而知其固可以生；败而知有可成，则成而抑思其且可以败。生死死生，成败败成，流转于时势，而皆有量以受之，如丸善走，不能逾越于盘中。其不动也如山，其决机也如水，此所谓守气也。②

这就是说，社会历史事变中的生死成败，“皆理势之必有”，是不可避免的；并且生死成败按一定的“时势”条件是可以互相转化的。看到这一客观必然法则，才可以看到长远，不致被一时的挫折失败所动摇，而能够沉得住气；并且善于把握时机，当机立断，“致命遂志”，“力争剥复”。历史的教养，正是王船山在明清之际的历史剧变中坚持了“生死当前而不变”③ 的民族气节的重要原因之一。

## 四、天人相继，“即民见天”

王船山的人类史观，经过“古今道器”的进化观、“理势相成”

① 恩格斯：《费尔巴哈与德国古典哲学的终结》，北京：人民出版社 1957 年版，第 27 页。

② 王夫之：《读通鉴论》卷二十八，《船山全书》第 10 册，长沙：岳麓书社 1996 年版，第 1106-1107 页。

③ 王夫之：《薑斋公行述》，《船山全书》第 16 册，长沙：岳麓书社 1996 年版，第 81 页。

的规律观、“乐观其反”及“变不失常”的社会矛盾运动观诸理论环节，必然深入到支配社会历史发展的决定力量问题。他认为这就是“理势合一”的“天”。

### （一）“天”的内涵更新

“势字精微，理字广大，合而名之曰天。”①“天”这一中国传统思想中的古老范畴被王船山赋予了新的内容。“天”不再是上帝或圣人的意志，也不是绝对的天理，而是理与势相统一的事物运动发展过程。所谓“顺必然之势者，理也；理之自然者，天也”②。从船山整个思想体系来看，“天”是气化絪緼的天，是客观自然的天，而不是神意的天、理念的天或命运的天。因此，船山不曾在事物发展之外寻求运动变化的理由，更没有在社会历史之外寻求历史变化的原因。

船山利用“天视听自我民视听，天聪明自我民聪明，天明威自我民明威”等古老命题，继承和发展了柳宗元的“生人之意”决定历史的无神论史观，在他的历史哲学中，把“天”这一范畴的内涵基本规定为“人之所同然”或“民心之大同”，即归结为可视可听的现实的客观力量，并注意到了民心向背的历史作用。他说：

> 善言天者验于人，未闻善言人者之验于天也。宜于事之谓理，顺于物之谓化。理、化，天也；事、物，人也。无以知天，于事物知之尔。③
>
> 可以行之千年而不易，人也，即天也。天视自我民视者也。……天不可知，知之以理。……拂于理则违于天，必革之而后安。……以理律天，而不知在天者即为理；以天制人，而不知

① 王夫之：《读四书大全说》卷九，《船山全书》第6册，长沙：岳麓书社1996年版，第993页。

② 王夫之：《宋论》卷七，《船山全书》第11册，长沙：岳麓书社1996年版，第177页。

③ 王夫之：《读通鉴论》卷七，《船山全书》第10册，长沙：岳麓书社1996年版，第280页。

> 人之所同然者即为天。①
>
> 天无特立之体，即其神化以为体；民之视听明威，皆天之神也。故民心之大同者，理在是，天即在是，而吉凶应之。②
>
> “天视自我民视，天听自我民听”，举天而属之民，其重民也至矣。虽然，言民而系之天，其用民也尤慎矣。……故可推广而言之曰：“天视听自民视听”，以极乎道之所察；固可推本而言之曰：“民视听自天视听”，以定乎理之所存。之二说者，其归一也，而用之者不一。辗转以绎之，道存乎其间矣。③

很清楚，把“天”归结为“人”，归结为“人之所同然”或“民心之大同”，也就是把“天”归结为“人之可违可从”的一种客观自然力量。王船山保留“天”这一概念，却改变了它的内容，基本上摆脱了神意史观、天理史观或天命史观，也表明他力图摆脱英雄天才史观，从事物本身的发展变化客观地分析社会历史现象的变迁。

### （二）五重天的分析

船山赋予了“天”以新的内容，并进一步对“天”的内涵作分析。他把作为客观支配力量的“天”分为五种：

（1）“统人物之合以敦化”的，是“天之天”；

（2）“物之所知”的，是“物之天”；

（3）“人之所知”的，是“人之天”；

在同属于“人之天”中，又有：

（4）属于少数“贤智”个人的“己之天”；

---

① 王夫之：《读通鉴论》卷十九，《船山全书》第10册，长沙：岳麓书社1996年版，第697-698页。

② 王夫之：《张子正蒙注》卷二，《船山全书》第12册，长沙：岳麓书社1996年版，第71页。

③ 王夫之：《尚书引义》卷四，《船山全书》第2册，长沙：岳麓书社1996年版，第327页。

(5) 属于大多数民众（他称为"愚、不肖"）的"民之天"。

船山在这里所试图探索的问题是：总的支配宇宙的力量（"天之天"）以及生物界的支配法则（"物之天"）和人类社会的支配法则（"人之天"），相互区别；在人类社会生活中，少数"贤智"的个人意志（"己之天"）与多数民众的共同要求（"民之天"），又有区别。对于人类社会发展，究竟哪一种"天"在起主要的支配作用呢？在这互有区别的几种"天"面前，以往的神意史观及其变相的天理史观，都大讲"天之天"的权威；历代"天人感应"论的社会历史观，则在"天之天"、"物之天"与"人之天"之间去架设幻想的神秘的桥梁；一切主张"圣贤"（英雄天才）史观的人，则把个人先夸大为高人一等的"圣贤"（英雄天才），而迷信自己的"己之天"。船山力图从这些"臆测乎天"的迷雾中走出来，他认为："圣人所用之天，民之天也！不专于己之天，以统同也；不滥于物之天，以别嫌也；不僭于天之天，以安土也。""均乎人之天者，通贤智愚不肖而一。圣人重用夫愚不肖，不独为贤智之天者，愚不肖限于不可使知，圣人固不自矜其贤智矣。"

一方面，他反对了历代"滥于物之天"、"僭于天之天"的天人感应论及一切神意史观，驳斥了传统的五行灾异说："不若于民，举天以弹压之；臆测乎天，诬民以模仿之。《月令》、《五行传》之天，非民之天也。"另一方面，他认为圣人应当"不专于己之天"、"不自矜其贤智"，而要体察民心，"统同"于民。他强调不能"以己之意见号之曰天，以期人之尊信"，而应当重用"民之天"。他反复指出："《春秋》谨天人之际，《洪范》叙协居之伦，皆'聪明'自民，'明威'自民之谓也。"①

### （三）"即民以见天"与"援天以观民"

从王船山对几种"天"的对比分析和对"民之天"在社会生活

① 以上所引均见王夫之：《尚书引义》，《船山全书》第2册，长沙：岳麓书社1996年版，第270-272页。

中作用的估计可以看出，他在探索关于历史发展的决定力量这一复杂问题时，多少看到了人民群众在历史上的作用。但是，“民之天”却需要由“圣人”来加以“重用”：“天奚在乎？在乎人之心而已，故圣人见天于心，而后以其所见之天为神化之主。”① 这一来，他又把“民之天”屈从于“圣人之见”。在“民众”和“圣人”、“意见”和“历史”两者的关系问题上，王船山仍然陷入“互相作用”的理解。

所以，他的理论再往前发展，便认为反映“民之天”的“民之视听”，是必须加以重视的，是不能违反的。但是，他对人民群众的智慧和判别力，又表示了极大的怀疑。他说：

> 尊无与尚，道弗能逾，人不得违者，唯天而已。……举天而属之民，其重民也至矣；虽然，言民而系之天，其用民也尤慎矣。……故可推广而言之，曰“天视听自民视听”，以极乎道之所察；固可推本而言之，曰“民视听自天视听”，以定乎理之所存。之二说者，其归一也，而用之者不一。辗转以绎之，道存乎其间矣。由乎人之不知重民者，则即民以见天，而莫畏匪民矣。由乎人之能审于民者，则援天以观民，而民之情伪，不可不深知而慎用之矣。②

由于“畏民”而必须“重民”，也由于“畏民”而更需“深知而慎用之”。所以，既作了“即民以见天”的肯定，却又作了还需“援天以观民”的保留。作为一个 17 世纪的中国思想家，王船山在这一关乎理论与现实的重大问题上不免有些踌躇。一方面，他看到了人民的视听、好恶是有道理的：“有视听而有聪明，有聪明而有好恶，有好恶而有德怨，情所必逮，事所必兴矣，莫不有理存焉。故民

① 王夫之：《宋论》卷六，《船山全书》第 11 册，长沙：岳麓书社 1996 年版，第 161 页。

② 王夫之：《尚书引义》卷四，《船山全书》，第 2 册，长沙：岳麓书社 1996 年版，第 327-328 页。

之德怨，理所察也。谨好恶以直聪明者所必察也。”但是，另一方面，他又认为“民之视听”复杂多变，并不可靠。“一旦之向背，骛之如不及，已而释然其鲜味矣。一方之风尚，趋之如恐后，徙其地而漠然其已忘矣。一事之愉快，传之而争相歆羡，旋受其害而固不暇谋矣。教之衰、风之替，民之视听如此者甚夥也。”特别是“万有不齐之民”，“旦喜夕怒，莫能诘其所终”，具有“一夫唱之，万人和之”的盲目性，“忘大德，思小怨”的狭隘性；又易于因“物变杂生，以摇动其耳目而移易其初秉之灵”，视听受“物气之薰蒸，渐渍其耳目而忘其固有之精。则虽民也，而化于物矣”。在这样的状况下，即使形成一时“流风”，也不能去“诡随”，而应当“持静正之风裁”去“执古以矫颓风”，另找“定乎理之所在”的标准。因此，船山又由重用“民之天”回到“己之天”，认为所谓“民之天”还需要圣人去加以鉴别和“慎用”，把“民之天”又屈从于“圣人之见”。阶级的偏见、时代的局限，使他在“天”（神权、君权）和“民”（人权、民权）的夹缝中生长出的“民心之大同”的思想，只能是一种微弱的人文主义思想萌芽。①

王船山按他所能达到的认识水平，观察到一些历史实际，一方面，他正确地把社会历史的支配力量，归结为由人民的聪明、好恶、德怨等所代表的“民之天”，认为必须重视“人心之向背”，不能违反；另一方面，他却又认为“民之视听”很不可靠，还必须另找一个标准来“审民之视听，以贞己之从违”。他将“万有不齐之民”的要求抽象地概括为“民情”或“民之天”；他朦胧地看到它的力量和作用，而找不到一个真正的标准来判定究竟什么是反映历史进步要求的“民情”，究竟什么是支配历史动向的“人之所同然者”的具体内容。但“民之天”毕竟是一个新范畴。船山的人类史观，试图把支配人类社会历史发展的决定力量归之于“民之天”，而具有了某种独立的内容。尽管刚从“人之天”中分化出来，还未能摆脱对少数圣

① 以上引文均见王夫之：《尚书引义》卷四，《船山全书》第2册，长沙：岳麓书社1996年版，第327-331页。

贤的“己之天”的屈从地位，但“民之天”这一范畴的内涵对于所谓“人极”——“人的类特性”这一历史范畴，显然有所充实和具体化。

然而，王船山并没有停步在这里，他转向人性问题的研究。在这方面，除了展开他的“知能日新”、“习与性成”、“继善成性”等系统的人性可变的理论外，更提出了“天理寓于人欲”的观点，企图对他的“人之所同然”的“民之天”，充实以现实的物质的内容。他一贯的思路是：不能离气而言理、离器而言道、离势而言理、离行而言知、离行气而言人的天性。因此，他一反宋明理学的“存天理，去人欲”的封建主义禁欲论，而坚决主张：“随处见人欲，即随处见天理”①、“人欲之各得，即天理之大同”②、“人欲之大公，即天理之至正”③、“私欲之中，天理所寓”④。他由对“动”的肯定到对“欲”的肯定，发出了时代的呼声：

> 夫欲禁天下之动，则亦恶从而禁之？……天下日动而君子日生，天下日生而君子日动。⑤
>
> 动则见天地之心，则天理之节文随动而现也。……是礼虽纯为天理之节文，而必寓于人欲以见。虽居静而为感通之则，然因乎变合以章其用。唯然，故终不离人而别有天，终不离欲而别有

① 王夫之：《读四书大全说》卷八，《船山全书》第6册，长沙：岳麓书社1996年版，第912页。

② 王夫之：《读四书大全说》卷四，《船山全书》第6册，长沙：岳麓书社1996年版，第639页。

③ 王夫之：《四书训义》卷三，《船山全书》第7册，长沙：岳麓书社1996年版，第137页。

④ 王夫之：《四书训义》卷二，《船山全书》第7册，长沙：岳麓书社1996年版。

⑤ 王夫之：《周易外传》卷六，《船山全书》第1册，长沙：岳麓书社1996年版，第1032-1033页。

理也。①

圣人有欲，其欲即天之理；天无欲，其理即人之欲。学者有理有欲，理尽则合人之欲，欲推即合天之理。于此可见，人欲之各得，即天理之大同；天理之大同，无人欲之或异（自注：愚此解，朴实有味。……但从此求之，则不堕俗儒，不入异端矣）。②

船山根据自己这一“朴实有味”的创见，不仅痛斥了一切“离人而言天”、“绝欲以为理”的唯心主义、僧侣主义的谬论，并且认为人类的社会生活是与“天理”相合的、人类共同的欲望在推动着：

可欲，则谓之善也，人同此心也，心同此理也。不拂乎天下之情，必不违乎天下之性，而即可以善天下之动。人欲之，彼即能之，实有其可欲者在也；此盖性之相近，往往与天理而相合者也。③

孟子的“可欲之谓善”一语，被解释为：满足共同的“人欲”，合乎共同的人性等，就可以“善天下之动”。因此，他认为满足人类的物质欲望，让人们正常地进行生产和安排好生活，就是“以身任天下”的“君子”所应该重视的“天理”，应该遵循的社会法则。他说：

饮食男女之欲，人之大共也……吾惧夫薄于欲者之亦薄于理，薄于以身受天下者之薄于以身任天下也。……是故天地之

① 王夫之：《读四书大全说》卷八，《船山全书》第6册，长沙：岳麓书社1996年版，第910-911页。

② 王夫之：《读四书大全说》卷四，《船山全书》第6册，长沙：岳麓书社1996年版，第639页。

③ 王夫之：《四书训义》卷四，《船山全书》第8册，长沙：岳麓书社1996年版，第937页。

产，皆有所用；饮食男女，皆有所贞。君子敬天地之产而秩以其分；重饮食男女之辨而协以其安。苟其食鱼，则以河鲂为美，亦恶得而弗河鲂哉？苟其娶妻，则以齐姜为正：亦恶得而弗齐姜哉?①

船山坚决反对“去人欲”，也反对“薄于欲”，而主张充分发展“天地之产”，使人们的物质生活“协以其安”，“饮食男女”的欲望都能得到最好的满足。“人五色而用其明，入五声而用其聪，入五味而观其所养，乃可以周旋进退，与万物交而尽性，以立人道之常。”②

作为“人之所同然”的“公欲”，是指广大人民的形色天性的自然要求，他说：“于此声色臭味，廓然见万物之公欲，而即为万物之公理。”这说的是有关社会历史观方面的问题。至于他还另有许多反对“私欲”的言论，那说的是社会伦理观和道德修养方面的问题——两者各有所指，此处不去详论。但即使出自人文的“形色天性”的“公欲”，也各有不同，“民之好恶，直恁参差，利于甲者病于乙”，必然互相矛盾。王夫之认为，应该根据“民之所好，民之所恶”，立出一个准则，即所谓“合上下前后左右而皆无恶”的“均平方正之矩”，用来“使一国率而由之”，“整齐其好恶而平施之”，这样就可以做到“天下之理得，而君子之心亦无不安矣”③。这就是所谓“人欲之大公，即天理之至正”。在“上狠下怨，成乎交逆”的对抗性的社会里，这当然是一个根本不可能实现的空想。

王船山对社会历史的研究，由“理势合一”转到“即民见天”，再由“天人”关系转入“理欲”关系，形成了他的历史哲学的几个基本环节；而最后，由他的历史哲学所导出的政治结论，乃是一个大

① 王夫之：《诗广传》卷二，《船山全书》第3册，长沙：岳麓书社1996年版，第374-375页。

② 王夫之：《尚书引义》卷六，《船山全书》第2册，长沙：岳麓书社1996年版，第409页。

③ 王夫之：《读四书大全说》卷一，《船山全书》第6册，长沙：岳麓书社1996年版，第437-438页。

公至正的均平原则。他在这一原则指导下，曾痛斥“豪强兼并之家，渔猎小民而使之流离失所”，揭露了明末土地高度集中，贫富尖锐对立，必然激起农民大起义的风暴；并因此而提出过“有其力者治其地”①、“人可有田，而田自均”② 等具体的经济主张。这不是偶然的。应该说，这是一个被农民革命风暴深深震撼了的传统思想家的思想反映，反映了广大人民的反兼并和特定平均要求。以李自成为首的农民起义军的“割富济贫”、“均田免粮”等主张，在王船山的思想中，则升华为这样的哲学语言：

> 两间之气常均。均故无不盈也。……聚者有余，有余者，不均也。聚以之于彼，则此不足；不足者，不均也。至于大聚，奚但不均哉，所聚者盈溢，而所损者空矣。……土满而荒，人满而馁，枵虚而怨，得方生之气而摇。是以一夫揭竿，而天下响应，贪人败类聚敛以败国而国为腐，蛊乃生焉，虽欲弭之，其将能乎？故平天下者，均天下而已！均，物主理，所以叙天之气也。③

这是王船山思想中跳动着的当时时代脉搏的最强音，具有早期启蒙者的人文主义思想曙光；虽然他所自觉到的只是“示平道焉，以消其不平。……君子盖不得已而用《谦》，以调物情之险阻也”④，又表现出鲜明的阶级局限性。

---

① 王夫之：《噩梦》，《船山全书》第 23 册，长沙：岳麓书社 1996 年版，第 551 页。

② 王夫之：《宋论》卷十二，《船山全书》第 11 册，长沙：岳麓书社 1996 年版，第 277 页。

③ 王夫之：《诗广传》卷四，《船山全书》第 3 册，长沙：岳麓书社 1996 年版，第 472 页。

④ 王夫之：《周易外传》卷二，《船山全书》第 1 册，长沙：岳麓书社 1996 年版，第 863-864 页。

## 五、“参万岁而一成纯”，变通可久

从“人极”到“民之天”，从“依人建极”到“即民见天”，船山的史学思想呈现为一个首尾相应的理论思维圆圈。他不仅系统批判了历代史学中弥漫着的神学思想和复古谬论，把对当时湘桂少数民族生活的实地考察与历史文献研究相结合，大胆地打破美化三代古史的迷信，驳斥“泥古薄今”的观点，阐明人类史是由野蛮到文明的进化过程；而且，基于他“理依于气”、“道器相须”的一贯思路和对历史事变的深入考察，提出了“理势相成”的历史规律论和“即民见天”的历史动力论。由此，形成了他系统的史学思想体系。船山思想中的人类史观系统理论应有其自身的意义和目的。

### （一）船山之学，以史为归

船山之学，以史为归。然“史”在船山，非记诵之学，而是可资能动取鉴的镜子。“善取资者，变通以成乎可久。”通过“史”，发现自我的历史存在，感受民族文化慧命的绵延。“鉴之也明，通之也广，资之也深”①，可以唤起和培育巨大的历史感。

他为总结明亡教训，“推本得失之原”而读史、论史。“所贵乎史者，述往以为来者师也。”② 他认为，“取古人宗社之安危代为之忧患，而己之去危以即安者在矣；取古昔民情之利病代为之斟酌，而今之兴利以除害者在矣。得可资，失亦可资也；同可资，异亦可资也。故治之所资，唯在一心，而史特其鉴也”。并指出，借鉴历史是“设身易地以求其实”的能动的思维过程，可以做到“人自取之，而

① 王夫之：《读通鉴论》卷末，《船山全书》第10册，长沙：岳麓书社1996年版，第1182页。

② 王夫之：《读通鉴论》卷六，《船山全书》第10册，长沙：岳麓书社1996年版，第225页。

治身治世，肆应而不穷”①。因而，历史的作用在于鉴古知今。

然而，船山的用意还不止于此，还有更深更广层次上的意义。他说：

> 过去，吾识也。未来，吾虑也。现在，吾思也。天下古今以此而成，天下之亹亹以此而生，其际不可紊，其备不可遗，呜呼难矣！②

这不仅仅是一个中国传统士大夫偶然流露出来的伤时感怀的悲叹，其实更深深蕴藏着一个文化人极其深重的历史忧患意识和无比强烈的历史使命感。

船山思想表面上是以太虚一实的本体论为落脚点的，即由所谓“太虚即气，絪缊之本体”来展开其从自然史观到人类史观的思想体系的。事实上，絪缊生化、气化流行以生万物，终于“秉太虚和气健顺相涵之实，而合五行之秀以成乎人”的自然史过程只不过是船山思想的伏笔罢了；其根本目的在于，由此而生的人就可原天顺道，凝乎形气，“五常百行之理无不可知，无不可能”而有“人之性”，因而涵心尽性感物以通，化天之道为人之道，而“以道事天”、“相天造命”最终而“人文化成天下”③。“立人极”才是船山思想的核心。人乃是文化的动物。正因如此，人才能以“人文化成天下”并“积而成乎久大”；因而，才能有其历史，历史也才有其意义。船山说：

> 上天下地曰宇，往古来今曰宙，……宇宙者，积而成乎久大

① 王夫之：《读通鉴论》卷末，《船山全书》第10册，长沙：岳麓书社1996年版，第1182页。

② 王夫之：《思问录·内篇》，《船山全书》第12册，长沙：岳麓书社1996年版，第404页。

③ 王夫之：《张子正蒙注》卷一，《船山全书》第12册，长沙：岳麓书社1996年版，第32-33页。

> 者也。二气絪缊，知能不舍，故成乎久大。二气絪缊而健顺章，诚也。知能不舍而变合禅，诚之者也。①

诚者，是天之道；诚之者，是人之道。“君子之所以贵者道也，以诚体物也。”② 是故，船山严于“华夷文野”、“君子小人”之大防，合而为一：重“人之道”也。人类社会的发展繁荣，历史文化的繁衍兴盛，无一不是人类艰苦卓绝地创造、点点滴滴地积累而成。就是在这个意义上，可以说没有“人之道”，就没有人类历史。反过来，没有历史文化的点滴积累，就不可能有人类社会的延续发展“成乎久大”，也不可能维系人纪、人极，保全“人之道”。总之，船山思想由天、地到人而史，以史为归，展现的是一个丰富多彩、日新富有而可“成乎久大”的历史文化世界。

### （二）“参万岁而一成纯”

船山早年“韶华读史过”，晚年“云中读史千秋泪”，衰病余年奋力写出史论千余篇，全都是读史养志、“引归身心”的自觉实践。

船山善引庄子的“参万岁而一成纯”一语而为之别解：

> 言万岁，亦荒远矣，虽圣人有所不知，而何以参之？乃数千年以内，见闻可及者，天运之变，物理之不齐，升降污隆治乱之数，质文风尚之殊，自当参其变而知其常，以立一成纯之局，而酌所以自处者，历乎无穷之险阻而皆不丧其所依，则不为世所颠倒而可与立矣！使我而生乎三代，将何如？使我而生乎汉、唐、宋之盛，将何如？使我而生乎秦、隋，将何如？使我而生乎南北朝、五代，将何如？使我而生乎契丹、金、元之世，将何如？则

① 王夫之：《思问录·内篇》，《船山全书》第12册，长沙：岳麓书社1996年版，第420页。

② 王夫之：《思问录·内篇》，《船山全书》第12册，长沙：岳麓书社1996年版，第421页。

> 我生乎今日而将何如，岂在彼在此遂可沉与俱沉，浮与俱浮耶？参之而成纯之一审矣。极吾一生数十年之内，使我而为王侯卿相，将何如？使我而饥寒不能免，将何如？使我而蹈乎刀锯鼎镬之下，将何如？使我而名满天下，功盖当世，将何如？使我而槁项黄馘，没没以死于绳枢瓮牖之中，将何如？使我不荣不辱，终天年于闾巷田畴，将何如？岂如此如彼，遂可骄、可移、可屈耶？参之而成纯之一又审矣。变者岁也，不变者一也。变者用也，不变者体也。岁之寒暄晴雨异，而天之左旋、七曜之右转也一。手所持之物、足所履之地，或动或止异，而手之可以持、足之可以行也一。唯其一也，是以可参于万世。无恒之人，富而骄，贫而谄，旦而秦，暮而楚，缁衣而出，素衣而入，蝇飞蝶惊，如飘风之不终日，暴雨之不终晨，有识者哀其心之死，能勿以自警乎！①

这样不随风倒的独立人格，“是以笃实光辉，如泰山乔岳屹立群峰之表……俯临乎流俗污世而物莫能撄”。这是基于历史修养而自觉形成的理想人格的崇高美。

关于人格美的自我塑造，船山首重立志和养志。“人苟有志，生死以之，性亦自定。”立志，就是确立坚定的、恒一的价值取向，强调要“仁礼存心”，超越流俗物质生活，超越个人得失祸福，卓立道德自我，创建精神文明，实现真正的人的价值。“壁立万仞，只争一线，可弗惧哉！”② 思想上划清界限，实践中长期磨炼，经得起各种考验。“袗衣、鼓瑟而居之自得，夏台、羑里而处之不忧。”养志，就是要始终坚持贞一不渝的志向，并不断地“荡涤其浊心，震其暮气”，“怨艾以牖其聪明而神智日益，退抑以守其坚忍而魄骨日强”，

① 王夫之：《俟解》，《船山全书》第 12 册，长沙：岳麓书社 1996 年版，第 485-486 页。

② 王夫之：《俟解》，《船山全书》，第 12 册，长沙：岳麓书社 1996 年版，第 478-479 页。

就可以做到“堂堂巍巍，壁立万仞，心气自而和平”，“孤月之明，炳于长夜”。

“有志者其量亦远。”“量”，是具有一定历史自觉的承担胸怀。持其志，又充其量，就能够“定体于恒”，“出入险阻而自靖”，面对“生死死生，成败败成，流转于时势，而皆有量以受之”①。不惶惑，不动摇，不迷乱，“历忧患而不穷，处生死而不乱”，达到对执著理想的坚贞，在存在的缺陷中自我充实，在必然的境遇中自我超越。“此心一定，羲皇怀葛，凝目即在，明珠良玉，万年不改其光辉。”②对这一内在人格美的赞颂及其不朽价值的评判，船山曾以韵语托出，字字珠玑：

> 立志之始，在脱习气……潇洒安康，天君无系。亭亭鼎鼎，风光月霁。以之读书，得古人意。以之立身，踞豪杰地。以之事亲，所养唯志。以之交友，所合唯义。唯其超越，是以和易。光芒烛天，芳菲匝地。深潭映碧，春山凝翠。③

对此，我们也只能神交心悟，目击道存，如船山所云：“言不能及，眉笑而已。”④

### （三）鉴史之法

此外，在史学方法方面，船山也富有创见。他认为研究历史的目

---

① 王夫之：《读通鉴论》卷二十八，《船山全书》第10册，长沙：岳麓书社1996年版，第1107页。

② 王夫之：《薑斋文集》卷四，《船山全书》第15册，长沙：岳麓书社1996年版，第146页。

③ 王夫之：《薑斋文集》卷四，《船山全书》第15册，长沙：岳麓书社1996年版，第145页。

④ 王夫之：《薑斋文集补遗·苏太君孝寿说》，《船山全书》第15册，长沙：岳麓书社1996年版，第235-236页。

的应当是“述往以为来者师也”，把历史作为镜子，“以为力行求治之资”①。如他曾说过：“读史者鉴之，可以知治，可以知德，可以知学矣。”② 因而，研究历史的态度应当十分严肃，“求安于心，求顺于理，求适于用”③；而研究历史的方法，也必须实事求是，力戒虚夸，对历史人物的功罪是非的评断，不能仅着眼于“一时之利害”，而应当“通古今而计之”，力求写出“天下之公史”。因此，船山秉持“推其所以然之由，辨其不尽然之实”、“因时度势察心穷效”④、“宁为无定之言，不敢执一以贼道”⑤ 等鉴史的辩证方法，对历史“引而伸之”、“浚而求之”、“博而证之”、“协而一之”，从而“心得而可以资人之通，是以有论”⑥。

正是在此基础上，船山严厉地批评了那种“流俗之相沿也，习非为是，虽覆载不容之恶而视之若常”⑦ 的历史观，认为这是一种将人的理性放任自流而缺乏自主性的思想。论史要扫除流俗的遗毒，确立自己的是非原则，否则“人心蛊，大乱作”，遗祸无穷。他说：

> 论史者有二弊焉：放于道而非道之中，依于法而非法之审，褒其所不待褒，而君子不以为荣，贬其所不胜贬，而奸邪顾以为

① 王夫之：《读通鉴论》卷末，《船山全书》第10册，长沙：岳麓书社1996年版，第1181页。

② 王夫之：《读通鉴论》卷二十，《船山全书》第10册，长沙：岳麓书社1996年版，第760页。

③ 王夫之：《读通鉴论》卷末，《船山全书》第10册，长沙：岳麓书社1996年版，第1179页。

④ 王夫之：《读通鉴论》卷末，《船山全书》第10册，长沙：岳麓书社1996年版，第1177-1178页。

⑤ 王夫之：《读通鉴论》卷末，《船山全书》第10册，长沙：岳麓书社1996年版，第1181页。

⑥ 王夫之：《读通鉴论》卷末，《船山全书》，第10册，长沙：岳麓书社1996年版，第1182页。

⑦ 王夫之：《读通鉴论》卷末，《船山全书》，第10册，长沙：岳麓书社1996年版，第1176页。

笑，此既浅中无当之失矣；乃其为弊，尚无伤于教、无贼于民也。抑有纤曲嵬琐之说出焉，谋尚其诈，谏尚其谲，徼功而行险，干誉而违道，奖诡随为中庸，夸偷生为明哲，以挑达摇人之精爽而使浮，以机巧裂人之名义而使枉；此其于世教于民生也，灾愈于洪水，恶烈于猛兽矣。①

在船山看来，那种缺乏理性、人云亦云的随意褒贬，虽然无伤于教化、无害于人民，但使得“闻者不足以兴”、“闻者不足以戒”②，历史也就失去了应有的意义，人道的尊严自然也就形同虚设了。至于颠倒黑白是非不分的，害处可就大了，其危害更甚于洪水猛兽。不仅谈不上历史的教化意义，只怕会“导天下于邪淫，以酿中夏衣冠之祸”③ 了。因此，需要确立评价是非的标准。故船山指出：

天下有大公至正之是非焉，匹夫匹妇之与知，圣人莫能违也。然而君子之是非，终不与匹夫匹妇争鸣，以口说为名教，故其是非一出而天下莫敢不服。④

是非原则、评价标准不是出自个人的意愿，而是客观的、符合历史规律的，即他所谓“大公至正之是非”。

“大公至正”是什么意思呢？所谓“正”，“得其理而守之，不为

① 王夫之：《读通鉴论》卷末，《船山全书》第 10 册，长沙：岳麓书社 1996 年版，第 1178 页。

② 王夫之：《读通鉴论》卷末，《船山全书》第 10 册，长沙：岳麓书社 1996 年版，第 1177 页。

③ 王夫之：《读通鉴论》卷末，《船山全书》，第 10 册，长沙：岳麓书社 1996 年版，第 1178 页。

④ 王夫之：《读通鉴论》卷末，《船山全书》，第 10 册，长沙：岳麓书社 1996 年版，第 1176 页。

物迁之谓正”；所谓“至正者，无所不正，贯天下之道者也”①。关于“大公”，船山在其史论中有过多次阐述，如“以天下论者，必循天下之公”，“公者，命也，理也，成之者性也”②。显然，“大公”与“至正”的含义基本相同，都是指客观规律(“理”)，在其史论中则指历史的客观规律和民众的共同愿望之所在。而“大公至正之是非”同“义利”有着密不可分的关系。

船山一贯严于华夷文野、君子小人之辨，把它们当做其历史文化思想中的最高原则而予以重视。一般人只以为是其狭隘的民族主义使然。其实不然，船山于此有其深意所在。他说：

> 天下之大防二：中国，夷狄也，君子、小人也……而其归一也。一者，何也？义、利之分也。……故均是人也，而夷、夏分以其疆，君子、小人殊以其类，防之不可不严也。③

“天下之大防二”是以义利之分作为标准的。按照儒家传统的一贯做法，当然是义大于利，二者不可得兼，取义而舍利。船山继承发展了这一思想，他认为，“天下无非义而可以利”，“义者，利之合也。知义者，知合而已矣”④。义利关系是统一的，“义”本身就是“利之合”，而“利”本身也是符合“义”的，只是因为时移地异，“义利”在具体的历史环境里表现出差异，形成了一定的矛盾，但从根本上说是一致的。其实，义也好，利也好，船山的本意并不在于一时之历史制度、道德规范和物质利益的得失；而是出于一贯的“人

---

① 王夫之：《张子正蒙注》卷四，《船山全书》第12册，长沙：岳麓书社1996年版，第156、159页。

② 王夫之：《思问录·内篇》，《船山全书》第12册，长沙：岳麓书社1996年版，第418页。

③ 王夫之：《读通鉴论》卷十四，《船山全书》第10册，长沙：岳麓书社1996年版，第502-503页。

④ 王夫之：《春秋家说》卷下，《船山全书》第5册，长沙：岳麓书社1996年版，第267-268页。

文化成”思想的主张，对华夏族所展现出来的那种人类才有的“文明”的殷切期望与无比关切。对此，他丝毫不掩饰他的民族自豪感。实际上，船山的历史文化思想是文化主义与民族主义的融合、结晶。华夷分界、君子小人殊类，都在于维系“人极”、“人纪”，护持天地间精微广大的人类“文明”。他说：“中国之义，人禽之界，天下古今之公义也。”① 因而，他的“义利”思想有更深一层的意义，即他所赞同的“立天下之大义”的思想。在此之“大义”已融会了“义利”的思想，将其抽象为一种普遍的原则了，即“据正有常而不易之谓”②。因此，“大公至正之是非”是以把人类文明的根本利益与华夏民族的长远利益结合起来考虑为出发点来评价历史的发展变化及其人物事变的。船山将这一原则具体化为三个层次，并对它们作了详细的分析：

> 有一人之正义，有一时之大义，有古今之通义；轻重之衡，公私之辨，三者不可不察。以一人之义，视一时之大义，而一人之义私矣；以一时之义视古今之通义，而一时之义私矣。公者重，私者轻矣，权衡之所自定也。三者有时而合，合则亘千古、通天下。而协于一人之正，则以一人之义裁之，而古今天下不能越。有时而不能交全也，则不可以一时废千古，不可以一人废天下。执其一义以求伸，其义虽伸，而非万世不易之公理，是非愈严，而义愈病。③

义有轻重、公私之别，“一人之正义”、“一时之大义”、“古今之通义”三个层次有其主次先后关系。公私若一致，自可兼顾；若发

① 王夫之：《读通鉴论》卷十五，《船山全书》第10册，长沙：岳麓书社1996年版，第589页。

② 王夫之：《张子正蒙注》卷一，《船山全书》第12册，长沙：岳麓书社1996年版，第37页。

③ 王夫之：《读通鉴论》卷十四，《船山全书》第10册，长沙：岳麓书社1996年版，第535页。

生冲突，则“公者重，私者轻矣”，必然舍私从公。因而，他提出“一人之义，不可废天下之公”，“不以一时之君臣，废古今夷夏之通义”①。由是可见，一人之私，君臣之“正义”，即具体历史时代的个人爱好取舍、礼乐制度、道德法制等，都不是最重要的；最终起着决定性作用的是“古今夷夏之通义”，即文明之真义。然而，“大公”与“至正”都是“理也”、“命也”、“性也”，需要人去“受之”、“成之”、“守之”。否则，又有何用？又有何意义？因此，唯有“人”才是最重要的。“我者，大公之理所凝也。”② 确立自我主体的精神，凸显主体的意义才是船山史学思想的意义所在，才是其史学思想方法的根本核心所在。

总之，船山的人类史观确立了以人为核心的历史观念，历史是人的历史，人亦是历史的人。人唯有继善成性、竭天成能，高扬人的主体精神去“尽性践形”、“相天造命”，才能真正确立“大公至正”的历史是非准则。

---

① 王夫之：《读通鉴论》卷十四，《船山全书》第10册，长沙：岳麓书社1996年版，第536页。

② 王夫之：《思问录·内篇》，见《船山全书》第12册，长沙：岳麓书社1996年版，第418页。

# 四十、论唐君毅之哲学史观及其对船山哲学之阐释
## ——读《中国哲学原论》

君毅唐先生，乃巴蜀高士硕学唐迪风先生①之哲嗣，幼承家学熏陶，早慧，多奇想，十五岁读中学时发表《荀子的性论》起，笃学精思数十年如一日，终以德慧双修，教泽广远，成就辉煌而流誉海内外学林，成为现代中国卓立不苟、自成一家之言的一代哲人。

## 一

君毅先生治学，堂庑甚广，融贯古今。虽曾泛滥出入于中西各派思潮，而未尝拘守一家；所遇接引皆当代名师，而平生学无常师；平生所遇之人师、经师、启蒙师、一字师，皆拳拳于心，终生不忘，但不暖暖姝姝于一先生之言；在学术上自辟蹊径，自具权衡，自成条贯。关于君毅学术思想的历史渊源及其自身的发展，论析者颇多。或以其青年时期驰心西哲，于中学则欣赏道家，而后期则由西方回到东

① 唐迪风先生（1886—1933），四川宜宾人，原名铁风，辛亥革命失败后，愤革命党人多腐化，有词斥之曰："武士头颅文士笔，竟纷纷化作侯门狗。"民初，主笔《国民公报》，揭露军阀，力持正论，义声震蜀中。退而从事教育与学术研究，曾继章太炎作《广新方言》，又赴金陵问佛学于欧阳竟无；后与彭云生、吴芳吉、刘鉴泉、蒙文通诸先生创办敬业学院，被推为院长。博览古今书而好道家言，晚著《诸子论释》、《志学謏闻》、《孟子大义》等书，兼通儒学，又曾拟著《人学》一书，未就，困处乱世，竟赍志以殁，年仅四十六。时论誉为蜀中正学独行之士，现已列传四川省志。

方，由理论思辨回到道德践履，而归宗儒学；或以其早年崇尚新实在论，后乃转向理想主义即康德以后的唯心论，而最后仍归宗于孔孟和宋明儒学；或以其三十岁前后有一重大思想转折，即由分析、比较中西文化所持的自然天道观进到确立“道德自我”或“仁体本心”为哲学之中心一环，此后即此中心一环展开而不再有方向上的改变，直到“心通九境论系统”的建立，如其自引志勤禅师诗所示：“三十年来寻剑客，几回落叶又抽枝，自从一见桃花后，直到如今更不疑。”或又称其晚年著《生命存在与心灵境界》一书总结一生学养、形成哲学定论时，尚有一重要转变，即改变了前此仅止于以“道德自我”为基石而建立一哲学系统的想法，进到由人的生命主体及其整个心灵活动的展开，涵摄一切知识与学术文化，以建立一更广大、更融通的哲学系统。凡此，皆言之有据，足资启发。

当然，对一哲学系统的动态研究、诠释与理解，总是与研究者的历史文化视野及其所采取的一定视角和方法相关，往往因人而异，因时而异，见仁见智，不必强同。

君毅著作宏富，经纬万端，如就其以前期学养为根基而确立了中心观念以后哲学思想的成熟发展而言，则似乎可以概说其运思的主要趋向：首先是道德自我的建立。这一运思的起点，旨在超越物质现实及自然生命，而以道德理性或精神自我来界定人的本性或本质，并认定人类的社会生活和各种文化活动，皆以道德理性为依归，皆为道德自我的分殊展现。一方面，据此反对自然主义、唯物主义、功利主义的社会文化观；另一方面，从道德生活乃行为主体的自觉的、自为主宰的、自律的道德自我之实现出发，对于传统的夸张外在伦理规范的伦理至上、伦理本位观念实际有所突破，确立了自贵其心的个体独立人格及其自觉追求真善美等理想的价值，反对了重物轻人、重外轻内的各种拜物教及人的异化，且与梨洲、船山同调，高扬耿介不阿的“豪杰精神”①。其次是人文精神的阐扬。这是把道德自我作为精神

① 关于“豪杰精神”，君毅之论见《孔子与人格世界》等文，梨洲之论见《南雷文定》后集《靳熊封诗序》等文，船山之论见《俟解》等。

主体的合乎逻辑的展开，历史地总结中西人文思想的成就和异同，肯定了中国文化（包括哲学智慧，道德理想、艺术精神、人格境界、宗教意识等）的精神价值，提出了通过中西文化的洞察和返本以开新，展示未来人类文化（自由，民主，和平，悠久等人文理想）的前景，并寄望于中国传统人文精神的发展能够融摄西方之科学、民主与宗教的精神精华，以创建一理想的人文世界。以上两个层面，颇与传统的内圣与外王、明体与达用、成己与成人等致思程序相应。最后是文化价值的哲学升华。这是通过对中国传统哲学的系统反刍，对西方哲学和印度哲学的进一步了解之后，虽仍以道德理性为归依，但将哲学系统扩展为以整个生命存在和心灵活动为基础，对人类文化的各种价值形态，对人类哲学的各种义理，进行哲学心灵的遍观和升华，即其最后完成的“心有三向”、“心通九境”的系统理论；而这一系统理论的指向，乃在于对植根于生命主体而又超越个体的人类一切文化创造及哲学义理，重新加以历史的和逻辑的定位，依序升进，伸屈开阖，“以‘圆而神’之枢，运转、吐纳诸‘方以智’之义”，“如九爪之神龙之游于九天，而气象万千”①，终于成就其冶中、西、印及儒、佛、道于一炉之人文哲学体系。约而言之，从道德自我之建立到人文精神的阐扬，再进到文化价值的哲学升华，围绕着人，开展出人生、人心、人性、人格、人伦、人道、人极、人文的多层面慧解。以人对物质欲望等个体生命的超越为出发点，又以人的文化创造作为人的主体性的实现并视为哲学终极关怀的归宿。君毅之学，人学也。迪风先生于世纪初拟著《人学》之宏愿，终由君毅继志述事、积学求真，以“充实而有光辉”之形态完成之。

## 二

除上述以“立人极”为义理中心的哲学体系的建构以外，君毅

① 见唐君毅：《生命存在与心灵境界》上《导论》，台北：学生书局 1980 年版，第 53-56 页。

先生之学尚有另一大的层面，即通过对中国传统哲学的遍观与反思而建立的“即哲学史以论哲学”的系统。如果说，前者是从切身体验的道德自我这一核心观念出发，横向地会通和参证古今学术，而主要在依心灵之感通活动及其种别、次序、层位等，自构严整的哲学体系，那么，后者则重在如实地考订和评价古今之各家哲学，纵向地论定其在哲学智慧的史的发展中的地位。如君毅所自陈，“古人往矣，以吾人之心思，遥通古人之心思，而会及其义理，更为之说，以示后人”；“必考其遗言，求其训诂，循其本义而评论之”；“古人之言，非仅一端，而各有所当，今果能就其所当之义，为之分疏条列，以使之各及其位”；“义理自在天壤，维贤者能识其大，尊贤崇圣，不敢以慢易之心，低视其言”①。通过这样严肃的探究，“于同观异，于异见同，方得其通，然后得于此哲学义理之流行，见古今慧命之相续”。② 显然，其首要在于以巨大的历史感，续古今哲学之慧命，而表现为建构一富有创见的哲学史观。这两者运思的路向是迥然不同的。前者近似于逻辑的，后者近似于历史的，前者属义理之当然，后者属史事之实然，而两者在哲学智慧的观照中却又是更递为用，相涵互补的。

君毅“即哲学史以论哲学”的思想，主要体现于皇皇巨著《中国哲学原论》之中。此书体大而思精，胜义递出。其中，首先《导论篇》，就中国传统哲学中诸问题及重要范畴，展开了举纲张目的论析；其次《原性篇》，就中国传统哲学中“即生以言性”与“即心以言性”的诸说（自先秦到清代）的衍变，评论其异同；再次《原道篇》，则就中国传统哲学中综摄最广的“道”概念的内涵（自先秦诸子到隋唐佛学）作了详尽的历史疏解；最后续出的《原教篇》，乃专论“宋明儒学之发展”，而归结到王船山以其“磅礴之思”对宋明哲

① 见唐君毅：《中国哲学原论 · 原性篇》《自序》，台北：学生书局 1984 年版，第 7 页。

② 见唐君毅：《中国哲学原论 · 原教篇》《自序》，台北：学生书局 1984 年版，第 8 页。

学思潮作了历史的总结，在方法论上尤具特色。

首先，全书《自序》首论《中国哲学原论》之“原”，特标新义，提出：“吾书既欲见中国哲学义理有不同之型态，实丰富而多端，而又欲其合之足以见整个中国哲学之面目。故吾之说明中国哲学义理之道，既在察其问题之‘原’，名辞义训之‘原’，思想义理孳生之‘原’，而吾于昔贤之言，亦常略迹原心，于诸家言之异义者，乐推原其本旨所在，以求其可并行不悖而相融无碍之处。……异说相纠，而思想之途乃壅塞而难进，然若能一一探异说之义理之‘原’，如其所歧而知其所以歧，则歧者未尝非道，道未尝不并行，即皆可通之于大道，而歧者亦不歧矣。故吾人果能运其神明之思，以彻于异说之义理所以歧之‘原’，则纠结无不可解，而人之思想，自无壅塞之虞，可顺进而前行矣。‘原’之时义大矣哉!”① 这里，所谓“原”，首在“原其本旨”，自需训诂名言，考订文献，更需明其义理，而义理“初无古今中外之隔”，故说中国哲学之义理，还要“旁通于世界之哲学义理与人类心理所能有、当有之哲学义理以为言”②，则足以见“思想义理次第孳生之‘原’”。次在对历史上分歧矛盾的学说，原其“义理之所以歧”，求其“可并行不悖，相融无碍之处”，可以于异观同，于歧见通。“其宛然之冲突矛盾，皆只是宛然而暂有，无不可终归于消解，以交光互映于一义理世界”③；这是从《易传》、《中庸》提出“殊途”、“百虑”、“并育”、“并行”之旨④以来，历代学者多所阐发的学术史观。庄、荀各以其齐物论之不齐或去其一曲

---

① 见唐君毅：《中国哲学原论·导论篇》，《自序》，台北：学生书局 1984 年版，第 2-4 页。

② 见唐君毅：《中国哲学原论·导论篇》，《自序》，台北：学生书局 1984 年版，第 2-4 页。

③ 唐君毅：《中国哲学原论·原性篇》《自序》，台北：学生书局 1984 年版，第 9 页。

④ 《易传·系辞下》：“天下同归而殊途，一致而百虑”；《礼记·中庸》：“万物并育而不相害，道并行而不相悖，小德川流，大德敦化，此天地之所以为大也。”

之蔽患①，倡导于前；柳宗元“诸子合观”的“通而同之”，华严宗判教理论的“会通本末”等，各有申论②。直到17世纪，更有黄梨洲强调“圣贤之血路，散殊于百家”，学术史研究应深体“一本万殊”之理，尊重“一偏之见”，承认“相反之论”，坚持“殊途百虑之学”③。王船山乃从哲学上作出了“异以贞同”，“杂以成纯”的概括，认定“同者所以统异，异者所以贞同，是以君子善其交而不畏其争”，“杂统于纯，而纯非单一也。……杂因纯起，即杂以成纯；变合常全，奉常以处变。则相反者固会其通，无不可见之天心，无不可合之道符”。此乃船山反复强调的“君子乐观其反”、“乐观其杂”的观法④。显然，君毅所说“合各时代诸学术之精神生命之流行，以观其由往古及来今，乃或分而合，或合而分，处处山穷水尽，处处柳暗花明，而黄河九曲，依旧朝东，又有不期其然而自然者，此则皆所谓哲学史之业也”⑤。正与黄、王所持慧解，遥相契合；且与并世前修，亦多同调。如熊十力先生即主张“以平等心究观古今各大学派”，“析其异而观其通”，反对把哲学史视为“相斫书”，强调“夏虫井蛙，学者宜戒”！认为“旷观百家之虑，虽各有条例，各成系统，而如其分理，不齐思齐，会其玄极，同于大通”。曾引述马一浮之言：“耻为一往之言，贵通天下之志”，称其“此言若近，而有远旨”⑥。君毅有所承于马、熊诸前辈硕学之人品学风，虽涵盖益广，辨析愈精，而其“即哲学史以论哲学”的博通精神，则心印无间。

其次，《中国哲学原论》所陈“即哲学史以论哲学”之旨，更有

① 见《庄子》：《齐物论》、《天下》等，《荀子》：《解蔽》、《非十二子》等。

② 见柳宗元：《送元十八山人》、《送僧浩初序》等，法藏：《十二门论宗致义记·导论》，宗密：《华严原人论》等。

③ 见黄宗羲：《清溪钱先生墓志铭》、《明儒学案·自序》等。

④ 见王船山：《周易外传》一《未济传》、《杂卦传》。

⑤ 见唐君毅：《中国哲学原论·导论篇》《自序》，台北：学生书局1984年版，第15页。

⑥ 见熊十力《新唯识论》(语体文本)：《附录》。

三层进境：初观一哲学义理在东西古今哲人心中异同及同中有异、异中有同，此即比较哲学之所为；次入纯哲学之探究，则无东西、古今、人我之分；终于“即哲学而超哲学”，即到最高层次的“无言”之境，“所过者化”、“所存者神”，“斯为至极”。然而君毅发愤著书，自处于言说之境。但由其历史感所蓄发的理性激情，使其著述时，“一波才动万波随”，下笔不能自休，沛然不可中止，其言说皆由生命流出，无穷悲愿，跃然纸上，意在赋予中国哲学以新的生命，“使人对此中国的绿野神州上下数千年的哲学的慧命相续，由古至今未尝断，有如实之观解”①；并希图“开来者之慧命于无疆”。② 读其书者，自然有此种实感。

再次，《中国哲学原论》并非记问之学，绝不是止于编列古人的遗言，考论其源流，疏释其义理而已，重在于就不同形态之哲学义理表现于历史进程中而深观哲学义理之流行及其流行之方向。“既曰流行，则先后必有所异，亦必相续无间而成其流，而其流亦当有其共同之方向”，“如何分开而歧出，又如何聚合而相交会”，“由方之异以得圆之通”③，力求揭示其义理流行之内在逻辑。具体到宋明哲学这一段义理流行之剖视，透露出不少哲学史观上的独得之见。例如，从周濂溪、张横渠皆由言天道以及于人道，“而宋初经史之学特重《易》和《春秋》开始，中经朱陆之分流”，“乃缘周、张之言天人之际，二程之言内外之际，而直下措思于一心中之明觉与天理之际”；阳明“缘朱子之格物致知之论转手”，“以还契于陆之本心”，故朱、陆、王“互有异同，宜相观而善”；其终端为刘蕺山既谓宋五子及阳明之学皆统于濂溪，“更本濂溪之承太极而立人极之旨，以作《人极图》，为《人谱》，而归宗于人极。”足见，从濂溪以至蕺山，

① 唐君毅：《中国哲学原论·原教篇》《自序》，台北：学生书局 1984 年版，第 7-9 页。

② 唐君毅：《中国哲学原论·导论篇》《自序》，台北：学生书局 1984 年版，第 17 页。

③ 唐君毅：《中国哲学原论·原教篇》《自序》，台北：学生书局 1984 年版，第 7-8 页。

"其终始相生，如一圆之象"。而船山之学，上承横渠"言客观之道而重论民族历史文化"，且颇同于宋初之尊尚《易》与《春秋》二经，"此又为一终始相生，如一圆之象"。前者如宋明儒学的"内城之圆"，后者则如"外廓之圆"。而船山、梨洲、亭林下开清儒之学，"皆不同于宋明理学只重天理、性理、义理者，乃转而重言天下事势之理，古今文物之理，亦不专言内圣之学，而志在于外王之事功"，沿此而有清代的重六艺，重文字器物之理，重史学与经世之学。不言而喻，这又是"一终始相生，如一圆之象"。

但君毅所揭橥"终始相生"的"一圆之象"，乃指哲学上高明精微之义理境界，"初不能无偏至，必步步稳进，历数百年而至乎其极"。此有似于黑格尔之论哲学史的发展宛如一串"圆圈"的妙喻，但又不同于黑格尔视以往哲学皆为义理之偏，唯有合观其史之发展始得义理之全；而认定绾合德性工夫以言哲学义理，则言虽有偏至而其所指向之意义，未尝不可同趋于义理之全。此乃君毅有契于易学"通变"之理与佛学"判教"之说，而有异于黑格尔的哲学史观，并把黑格尔称自己的哲学为"绝对精神之最高表现"，斥为"慢语"。于此君毅提出一极深之思想，即把哲学心灵的活动看做"不断超越的历程"。因而他称自己的哲学以及洞观古今东西之各家哲学，实皆非一个个"堡垒"而实为一道道"桥梁"，皆非一座座"山岳"而实为一条条"通道"，皆足以使人由此及彼，由浅入深，由偏至全。但既为"桥梁道路"，"未至者望之，则显然是有；已经过之，则隐于后而若无。凡彼造桥梁道路者，亦正欲人经过之而任之隐、任之无"。① 只有这样契入，对哲学史上各家学说，"乃可纵通今古，横观其并在，如见其环山而俱立，一一皆示人以登升之路，而共趣于一境"。② 这是君毅之"即哲学史以论哲学"的系统观点中的精义

① 唐君毅：《生命存在与心灵境界》：《导论》七，台北：学生书局 1980 年版。

② 唐君毅：《中国哲学原论·原教篇》第十九章，台北：学生书局 1984 年版，第 509-512 页。

之一。

## 三

君毅先生以上述哲学史观来考察王船山哲学，无论是微观剖视或宏观把握，都有其独到的见解。

先就宏观把握而言，《中国哲学原论》对船山哲学思想的结构，从总体上分为"天道论"、"天道性命关系论"、"人性论"、"人道论"、"人文化成论"五个层面，逐次加以详细论述。但这五个层面不是孤立割裂的，而是有其历史的和逻辑的联系。船山哲学"取客观现实的宇宙论之进路，初非心性论之进路"，故以天道论为逻辑起点，而"特取横渠之言气"，"以气为实"①。进而论及"天以其理授气于人，谓之命；人以其气受理于天，谓之性"②，故次言性命与天道之关系；人性之善，在于能够继天而日生日成，故船山论"继善成性"，自树新义，并进而论到"人道之尊"，所谓人禽之辨，就在于"明伦、察物、居仁、由义"，要完成人之所以为人，应当"尽心存性，而立人道"，"上继天道，而辅天道之不足"；最后落足于人文之化成，而归宗于民族历史文化生命的继往开来。船山思想这一逻辑进程，被放进更广阔的哲学文化背景去考察。《原教篇》论述了船山思想历程之后，总括地指出："西洋哲学之主要概念有三：曰理性，曰意识，曰存在。存在有物质与生命之自然存在，有精神之存在。中国哲学之主要概念亦有三：曰理、曰心、曰气。气正兼摄自然之物质、生命与人之精神之存在者也。""昭人与世界之律则，必尊吾理性；启人生之觉悟，必唤醒吾心；而欲人文之化成乎天下，必资乎作气。理之所尚，心之所往；心之所觉，气之所作。三者固不可分，然理必昭于心之前，气必继于此心之后，则人固皆可反省而知之者也。

① 唐君毅：《中国哲学原论·原教篇》第二十章，台北：学生书局 1984 年版，第 514 页。

② 王夫之：《读四书大全说》卷十。

夫然，故哲学必先论宇宙人生之理，而继以求人生之觉悟，而终于论人文之化成。”君毅通观中西哲学的逻辑发展，认为大体均如此。例如，康德以来的德国哲学，“承理性主义之潮流，以心统理”，“康德犹偏重于尊理性，菲希特则偏重于言超越意识之心，黑格尔则特重理性之经意识而表现为客观精神与历史文化矣”；至于中国宋明理学之发展，朱子重“理”，阳明重“心”，而船山“承数百年理学之问题，入乎其中，出乎其外，于横渠之重气独有会于心，知实现此理此心于行事，以成人文之大盛者，必重此浩然之气之塞乎两间，而两间之气，亦即皆所以实现此理者。则人道固贵，而天地亦尊；德义固贵，功利亦尊；心性固贵，才情亦尊。由是而宗教、礼乐、政治、经济之人文化成的历史，并为其所重”。① 故船山哲学之致知途径，宛如胚胎学之重现古生物学的发展，也通过“理”与“心”而重言“气”。入手于“乾坤并建”，“𬘘缊化生”的“天道自然观”，通过对“心、性、理”与“情、才、欲”的分析，确立了“人道之尊”，而落实到“人文化成论”。这一宏观的概说，确能“先立乎其大者”，而使船山哲学得到公正的历史定位，并使船山哲学的系统结构得到逻辑的说明。

再就微观而言，《中国哲学原论》对船山之论理、论性等，均有细密的分析。如，关于“理”有六义的历史展开，具体指出：通观全部中国哲学史中“理”范畴的含义衍变，在先秦，《论语》、《老子》中不见“理”字，墨、孟、庄、荀、韩则言“理”颇多，意义各别，似涵容了以后所论“名理”、“空理”、“性理”、“事理”、“物理”……诸义之源，而先秦思想所特重者乃“文理”，即“社会文理”，指人之活动历程中之次序综贯，既有分别义，又有总持义。魏晋玄学所特重者乃“名理”，隋唐佛学乃特重“空理”，宋明理学特重“性理”，清代学者及船山等所特重者乃为“事理”，至于近代中国受西学影响之后则特重“物理”。船山重史事，深论“有即事以穷

① 唐君毅：《中国哲学原论·原教篇》第二十四章《后论》，台北：学生书局1984年版，第665-666页。

理，无立理以限事”。故专就船山所重之“事理”分析之，则所谓“事理”，既因一事由诸事缘会、承他事而生，具有史事的“承续性”；史事之所以成，有其独特之理，具有“具体性”（与物理、名理、空理之为抽象者不同）；史事之理随事之不断发生而不断创出，故“事理”又具有“创生性”。再进一层，事理之与其他理不同，尚有求知之目的不同，如求知“物理”在于“避错求正”与“舍害得利”，求知“名理”在于“会同别异”，求知“空理”在于“息妄显真”，求知“性理”在于“存诚去伪”，求知社会文理，在于“拨乱反治”，而求知事理，研虑评论史事的“顺逆之势”、“成败之机”，目的乃在于引古筹今，述往思来，“避逆就顺”、“求成去败”①。即器论道，即事穷理，论史事之相承相续、得失顺逆成败兴亡之故，既博而又能精，确系船山广论事理的历史哲学之精义所在。

又如关于船山之论性命，《中国哲学原论》尤盛赞之。一则曰：“当明清之际，能上承宋明儒学之问题，反对王学末流，亦不以朱子之论为已足，而上承张横渠之即气言心性之思路，又对心性之广大精微有所见，而能自树新义以补宋明儒之所不足者，则王船山是也。”②再则曰：“船山之言气化之流行，不只从自然宇宙之变言，乃扩之为一观人事历史之变之思想。气化之流行往来不穷，由此而命无前定，性非限于初生，故船山有‘命日降、性日生’之说。……此则中国先哲气化之流行以言生人之立命致命之思想之一极致，而非横渠之所能及者也。”③ 进而对船山的人性论分层而细剖之。君毅于40年代即在《学原》上发表了《船山之性与天道论通释》长文，对于船山人性论中所涵之“道大而善小，善大而性小”、“合天道人性而知善”而“不以气质之偏为不善”、“性善而气亦善”、“通性、情、才、欲

① 以上见唐君毅：《中国哲学原论·导论篇》第二章，台北：学生书局1984年版，第55-60页。

② 唐君毅：《中国哲学原论·原性论》第十六章，台北：学生书局1984年版，第485页。

③ 唐君毅：《中国哲学原论·导论篇》第二章，台北：学生书局1984年版，第603-624页。

以观，皆无不善”、“命日降而性日生”而“尽性非复初”，“受命在人”、“致力在我”；“情才欲皆人与禽兽之所同而性为人之所独，尽心尊性而人禽之辨乃严”诸义①，已进行了剖析入微的阐释。而在《中国哲学原论》中，更进一步强调了“船山之言善恶，皆自性或理或道之客观上说”，“固与程朱由气质之性言不善之原者异”，“故重气质，尊生而重情才”；尤其对船山“远本于易教”，“重在言乾坤阴阳之恒久不息的相对而相涵”，气既流行，理亦非故，“以乾坤并建言天地万物之日新而富有”，生生不已，继往开来，相依而进，日生日成，但有新新，都无故故。由此阐释船山以人道继天道的人文化成的历史文化意识，并由船山论气化流行只有往来而无断灭，“直指客观宇宙历史之大化之神，阖辟之不已，往来之不穷”，“推故而别致其新则死亦生之大造”，而发挥其“人之气大往大来于天地中，死而不亡”以及“继志述事”、“慎终追远”之诚敬祭祀意识等②。对于船山的性命之学，可谓阐微显幽，发前人之所未发，多能作出合理之诠释。

## 四

君毅先生悲智双运，神交古人，其对船山哲学体系的理论重心和最后归趋的把握，可谓独具卓识。他明确判定：“船山之学，归在论史。”③“船山之学，得力于引申横渠之思想，以论天人性命，而其归宗则在存中华民族之历史文化之统绪。”④ 这都指明，船山哲学之

① 《学原》第一卷、第二、三、四期。

② 唐君毅：《中国哲学原论·原性篇》第十六章，台北：学生书局 1984 年版，第 491-496 页；《导论篇》第十八章，台北：学生书局 1986 年版，第 604 页。

③ 唐君毅：《中国哲学原论·原性篇》第十六章，台北：学生书局 1984 年版，第 494 页。

④ 唐君毅：《中国哲学原论·原教篇》第二十三章，台北：学生书局 1984 年版，第 621 页。

致思进程及价值取向乃在于继天道之善，立人道之尊，而归宗于人文化成论。

《中国哲学原论》非割裂、孤立地仅以船山晚年托心史论而论“船山之学，归在论史”，乃从船山哲学之精神整体，就其发愤著书四十年，“六经责我开生面”之实践，“即知其精神所涵润者，实在中国历史文化之全体”，“乃上有所承，下有所开，旁皇周浃于古人之言之教，守先以待后，精神斯充实而瀰沦于历史文化之长流”。① 以此为起点，进而论及船山哲学之致思，乃以乾坤并建、二气流行、“畅发宇宙人生之日新而富有”的天道论和以性命“日生日成”、人能继天成圣、高扬“人道之尊”的人道论，作为人文化成论之理论基础；而贯串其中，乃是船山近承横渠、远本易教之特有的“气”论。“由此以论中国之历史文化，则尤能见其精彩。非昔之宋明儒者所及。”

《中国哲学原论》别具心裁地指出：“道德意识”与“历史文化意识”有所区别，前者仅止于个人道德实践之有得于心，仅在主观动机上表现其价值；后者则就个人实践之表现于客观世界而言，重在个人参与群体各种物质、文化的创造活动及其对后世影响而表现其历史价值。就宋明哲学思潮而言，“朱子之言理，阳明之言心，于论道德为足者，于论文化历史则皆未必足”。② 盖朱子、阳明所言之理与心，颇局于内养与自得，且其理与心乃“无外之理，无外之心，皆求之于己而无歉”，即使论到历史文化，如朱子之作《通鉴纲目》，不过以历史文化所表现之理作为吾心之理的例证与外化而已。船山则不然，不同于朱子与阳明于言理言心之外，复重言气。船山所言之气，可释为“流行之存在”或“存在之流行”，非只物质、生命之气，亦涵摄精神上之气，即人所创造之人文世界。此乃“船山之善

① 唐君毅：《中国哲学原论·原教篇》第二十二章，台北：学生书局 1984 年版，第 622 页。

② 唐君毅：《中国哲学原论·原教篇》第二十三章，台北：学生书局 1984 年版，第 625、626 页。

论文化历史之关键”。有的论者指出：“故历史文化之业绩，处于天地之间，虽同属诸天，然亦与自然世界有异，而为另一种存在。此存在即纯为人所创辟，而人即可秉天之化理，以创造一新的道德世界矣。故船山尝云：‘易曰：乾坤毁则无以见易，非谓天地之灭裂也，乾坤之大文不行于此土，则其德毁矣。故曰：黄帝尧舜垂衣裳而天下治，盖取诸乾坤。则虽谓天开地辟于轩辕之代焉可矣。’据此即云自然之天亘古自在，而实能显发人道之创造性者，则此道德文化之天地也，故此天地即始于先圣垂衣裳以治天下之文明活动。人继天之善，所日化日成之性，恳切言之，实指此耳。故人死而精神永存，亦实永存于此历史文化之中。故论人之继善成性，终必当归结于人文之化成，然后为义理之最高显豁与最后归宿也。”① 这对于船山人文化成思想之衍释，堪称的解，可与《中国哲学原论》相发明。

《中国哲学原论》尚申言船山之重“气”何以能深论文化历史而昂扬民族精神，盖认定宋明时期的“气”范畴，乃指“宇宙人生之存在的流行之特殊化原则”，以与“理”为普遍性原则相对。船山认为“天不听物之自然，是故䌷缊而化生”。②“二气之动，交感而生，凝滞而成物我之万象。”③“气化而生物我，我之气必有其外，有他人之气，有万物之气，前有古人后有来者之气，则‘个体心身之气’，乃包裹于前乎我、后乎我之千万人与万物之气之中，而胎息焉、滋生焉、呼吸焉。”因此，“个人精神涵育于社会客观精神中”，“亦即客观之历史文化涵育吾个人之道德努力”。④ 通过学习、继承、创造，借用陆机《文赋》中语所说：“收百世之缺文，采千载之遗韵，谢朝花于已披，启夕秀于未振，观古今于须臾，抚四海于一瞬。”这样，“我之心量日宏，我之气得浑合于天地古今之气，使我

① 曾昭旭：《王船山哲学》第三篇第五章，台北：里仁书局1983年版，第542页。

② 《思问录·内篇》。

③ 《张子正蒙注》卷一《太和》。

④ 唐君毅：《中国哲学原论·原教篇》第二十三章，台北：学生书局1984年版，第628-629页。

之为我之此特殊个体之精神，与天地古今中其他特殊个体之精神，融凝为一，使我之精神真成绝对不自限之精神，然后我此心此理之为一普遍者，乃真贯入一切特殊之个体，成为真正具体之普遍者”。① 《原论》此解，深体并融会了中土司马迁和西哲黑格尔之宏伟的历史感，用以阐释船山由重“气”的絪缊生化观而转入重社会历史价值与民族文化价值的人文化成论，乃顺乎理之必然。并指出：“船山以理气皆尊，德才并重，心身俱贵，理欲同行之言，特适于说明功业之不可废，居位理财、经国济民之重要，则固船山学说之一特色。”② 因而，“宗教、礼、乐、政治、经济之人文化成之历史，并为其所重，而人类之文化历史者，亦即此心此理之实现，而昭著于天地之间。……故船山之能通过理与心以言气，即船山之所以真能重气，而能善于引申发挥气之观念之各方面含义，以说明历史文化之形成者也”。③ 君毅认定，此正表现了明清之际这一特殊时代的哲学精神。与船山同时的黄宗羲、顾炎武，亦皆如此。“然梨洲于宋学之功不深、亭林则多言明儒之病，二人皆门生故旧满天下，不免以交游之多，泄漏精神。唯船山则知明学之弊，亦能知宋学之长，独老空山，磅礴之思，一一见诸文字，而精光毕露，为结束明清之际之大哲，与黑格尔之综合西方近代理性主义经验主义之流相类。”“观黑氏与船山之言气言存在，必重精神之存在，文化之存在，言历史能扣紧民族精神之发展而言，以昭苏国魂为己任，则黑氏、船山，敻乎尚已。……在中国，欲救清儒之失，不以考证遗编、苟裕民生为已足，而欲建立国家民族之全体大用，则舍船山之精神，其谁与归！”④

① 唐君毅：《中国哲学原论·原教篇》第二十三章，台北：学生书局 1984 年版，第 628-629 页。

② 唐君毅：《中国哲学原论·原教篇》第二十三章，台北：学生书局 1984 年版，第 611-666 页。

③ 唐君毅：《中国哲学原论·原教篇》第二十三章，台北：学生书局 1984 年版，第 611-666 页。

④ 唐君毅：《中国哲学原论·原教篇》第二十四章，台北：学生书局 1984 年版，第 664-666 页。

自清末船山学流行以来，论者多矣。阐释如此之深，辨析如此之密，评价如此之高，实为罕见。唯熊十力、侯外庐书中对船山思想多所揄扬，差可比拟。而君毅于他书中尝声称："明末顾、黄、王诸儒，乃直承宋明理学家之重德性之精神而加以充实扩展，由'博学于文'以言史学，兼论社会文化之各方面。其中王船山之论礼、乐、政、教，尤能力求直透于宇宙人生之本原。……由精神以论文化，又较只本心性以论文化者，更能重文化之多方发展。而我今之论文化，即承船山之重气、重精神之表现之义而发展。"① 足见，君毅之学，渊源所自。承转之迹，学脉昭然，惜其对清初以来三百年学术思想之嬗变，仅归纳为七型，而未及畅论。至于反复申言："以吾人之心思，遥通古人之心思，而会及其义理，更为之说，以示后人"，"可见中国思想的慧命之流，自上古以至于今日，由今日以至来世，其道皆承先以成其富有，启后以成其日新，而于穆不已……"② 其所寄托于来者之厚望，其所预示的如何反本开新，以营建我中华民族之新的文化历史哲学，则显然值得后人认真地加以反思和琢磨。

一九八八年十月

① 唐君毅：《文化意识与道性理性》，台北：学生书局 1986 年版，第 8 页。

② 唐君毅：《中国哲学原论·原教篇》第二十六章，台北：学生书局 1984 年版，第 708 页。

# 四十一、黄宗羲的真理观片论

## 一、"寒芒熠熠，南雷之村"

黄宗羲晚年自号"南雷"，似乎别有深意。康熙二年癸卯（1663）他53岁写成《明夷待访录》一书的《题辞》，自署"梨洲老人识"，"梨洲"一号以后并不常用；康熙十五年丙辰（1676）他66岁时在《留别海昌同学序》这篇名文中，慨然自称"余南雷之野人也，气质卤莽"；同时，猛烈抨击当时道学圈子中空疏狭隘、"封己守残"的学风。此后，他编定自己的文集、诗集以及《黄子留书》等，均冠以"南雷"二字。全祖望就其处于"贞元之运"的一生学行，赞之为："鲁国而儒者一人。矧其为甘陵之党籍，厓海之孤臣。寒芒熠熠，南雷之村。更亿万年，吾铭不泯。"且谓其"建续钞堂于南雷，思承东发之绪"①，即有承继远祖宋元之际思想家黄震学术的意向。"南雷"本地名（余姚县南有南雷峰，其下有南雷里，距黄宗羲故居黄竹浦不远，他曾奉母移居）。全氏这一引申，使人自然联想到《易传》所云："震为雷"，"动万物者莫疾乎雷"。黄宗羲在《明夷待访录·题辞》中寄望于"大壮之交"(《左传》昭公三十二年记史墨语："雷乘乾曰大壮"),在《缩斋文集序》等文中他又一再呼唤着"元气鼓荡而出"的"风雷之文"。有同志细考黄宗羲由自署"梨洲老人"改为用"南雷"别号，实透露出他抗清失败后一度退隐消沉而再转向奋发有为，晚年走上更光辉的人生道路，表现出对"雷"

---

① 全祖望：《梨洲先生神道碑文》，《鲒埼亭集》卷十一。

的特殊爱好。① 也有同志总其一生的学术贡献，肯定他“为中国近代勾画了一幅民主主义的理想蓝图，用‘风雷之文’召唤着‘豪杰之士’起来冲破‘囚缚’……实是一位立足于当时的现实而又一脚跨进了未来的伟大思想家”②。我想，这些评断，并非出于臆测或过誉。

黄宗羲是17世纪中国特殊历史条件下诞生的早期启蒙思想家。他以东林遗孤、复社领袖、“冷风热血、洗涤乾坤”的个人特殊经历和晚年博通经史、吞吐百家、抛弃“语录糟粕”而“别开天地”的巨大学术成就，成为明清之际时代运动的旗手，成为破除“讲堂痼疾”、转变一代学风的带头人，成为中国走出中世纪的思想启蒙道路的最早的探索者。一部《明夷待访录》，振聋发聩，石破天惊，表现了他冲决封建“囚缚”的勇气和剖判封建专制的深度，从君主与万民的经济政治利益的对抗来揭露君主制实“天下之大害”，封建法乃“非法之法”，进而主张把封建君民关系中的主客地位根本上颠倒过来，实现“天下为主，君为客”的社会原则，以“天下之法”代替“一家之法”，实现“有治法而后有治人”的法制理想。③ 这部书中反映的东方近代化的思想萌芽，尽管因时代不成熟和历史包袱沉重而带有各种局限，但以其植根于民族文化传统中深沉的民主意识而特有生机，在近代中国变法维新和民主革命运动中一直起着特殊的酵母作用，至今仍有其启蒙意义。另一部《明儒学案》，实开断代学术史论的先河，疏观其综述有明一代的理学思想，“言行并载，支派各分，择精语详，钩玄提要，一代学术源流，了如指掌”④。隐然把握到以心学的产生、发展、分化到总结为时代思潮的主线，但又“论不主于一家”⑤，虽“以大宗属姚江”，而“凡宗姚江与辟姚江者，是非

---

① 徐仲力、诸焕灿：《黄宗羲“梨洲”“南雷”两号探微》，《清史研究通讯》1986年第2期。

② 冯契：《中国古代哲学的逻辑发展》，下册，上海：上海人民出版社1985年版，第1045页。

③ 《明夷待访录》：《原君》、《原法》。

④ 《明儒学案》莫晋序。

⑤ 《明儒学案》贾润序。

互见，得失两存"①，确系优秀史作。如果密察其贯穿全书的指导思想和评判诸家得失是非的准则，参以其他论学衡文之旨趣，则可以发现其学术史论中寓有特别可贵的哲学观点，诸如真理的探索是一个历史过程，学术真理是在"殊途百虑"的多元化形态中发展，时代精神寓于文化创造的诸领域之中等观点，就如"明月之珠，尚沉于大泽"②，值得珍视和发掘。

## 二、"言性命者，必究于史"

"言性命者，必究于史"，这是章学诚经过博学慎思，对黄宗羲所开创的浙东学术所作出的一句赞语，可谓片言居要，足以传神。

旧说多以黄宗羲的哲学思想为其政治思想的光华所掩；甚或以他在哲学路线上赞白沙，宗阳明，承蕺山，陷入心学窠臼，无可取；见其"盈天地皆心也"、"圣人之学心学也"等语，即斥为谬说。其实，黄宗羲的哲学思想正与其政治思想脉络贯通，互为体用。正因为敢于在政治上否定"以天子之是非为是非"③，所以能够在学术上提倡"殊途百虑"的真理史观，尊重"一偏之见"、乐闻"相反之论"，坚决反对"执定成局"、"好同恶异"、"必欲出于一途"④的传统的僵化思维模式。他生当旧制度刚出现崩解征兆的"夷之初旦，明而未融"⑤的时节，只能在"晨光熹微"中自发地探索着中国哲学启蒙的去路。这种探索的苦心及其新开辟的学术途径，前人直书所见，往往足资启发。如全祖望颇见其"于广大之中求精微"⑥的意旨，确有会心地指出："有明以来，学术大坏，谈性命者迂疏无当，穷数学者诡诞不经，言淹雅者遗讥杂丑，攻文词者不谙古今。自先生合义

① 《明儒学案》莫晋序。
② 《孟子师说·题辞》。
③ 《明夷待访录·学校》。
④ 《明儒学案·自序》、《明儒学案·发凡》。
⑤ 《明夷待访录·题辞》。
⑥ 《甬上证人书院记》，《鲒埼亭集·外编》卷十六。

理、象数、名物而一之，又合理学、气节、文章而一之，使学者晓然于九流百家之可以返于一贯。”① 若就理学一环而言，“公以濂洛之统，综会诸家，横渠之礼教，康节之数学，东莱之文献，艮斋止斋之经制，水心之文章，莫不旁推交通，连珠合璧”②。这里，两个“合而一之”，一个“综会诸家”，显示出他所见到的黄宗羲学术堂庑之广大，超出了汉学、宋学以及宋学诸流派的藩篱；至于“九流百家之可以返于一贯”，则表露出黄宗羲所追求的新哲学体系，对于九流百家的思想都试图融摄包容，驰骋古今，不拘家派，“其于象数图纬，无所不工，以至二氏之藏，亦披抉殆尽”③。这正是启蒙学者的探索精神和恢宏气象。章学诚似乎更透一层，意识到黄宗羲开创的浙东学风，“通经服古，绝不空言德性”，谓“梨洲黄氏出蕺山刘氏之门，而开万氏兄弟经史之学，以至全氏祖望辈尚存其意，宗陆而不悖于朱”，虽与顾炎武所创的浙西之学并峙，而“较之顾氏，源远而流长”，不仅跳出了“朱陆门户”之争，而且强调“天人性命之学，不可以空言讲”，应当与“经世史学”相结合。独具慧眼地评判：“浙东之学，言性命者，必究于史，此其所以卓也。”④ “言性命者，必究于史”这句话，含义颇丰。此语似从黄宗羲的“不为迂儒，必兼读史”脱胎而来，实指浙东学术的基本路向在于寓义理于史学，与顾炎武的“经学即理学”、言性命必本之经、寓义理于经学的学术路向恰相对应；就其反对理学而言，且具同等意义，即都以一定的时代自觉力求摆脱统治思想界五百年的理学桎梏。尽管他们都脱胎于理学，所谓“顾氏宗朱而黄氏宗陆”⑤，所承学脉不同，不免带上印记。顾氏恪守“读九经自考文始”⑥ 的治学门径，“博学于文”⑦，

---

① 《二老阁藏书记》，《鲒埼亭集·外编》卷十七。

② 《梨洲先生神道碑文》，《鲒埼亭集》卷十一。

③ 《甬上证人书院记》，《鲒埼亭集·外编》卷十六。

④ 《文史通义》内篇二《浙东学术》。

⑤ 《文史通义》内篇二《浙东学术》。

⑥ 见《顾亭林文集》卷四《答李子德书》。

⑦ 见《顾亭林文集》卷三《与友人论学书》。

“援古证今”①，又重视亲身实地调查，反对“明心见性之空言”②，强调“见诸行事”③，“验于事物”④，颇近于经验论的思路和方法。黄氏则坚信“学者不可不通知史事”⑤，以“读《明十三朝实录》、《二十一史》”为治学入门，虽声称“以六经为根柢”，而实重史学⑥；但受过心学宗旨陶冶，而又能超出朱陆门户，故又主张“读书不多，无以证斯理之变化，多而不求于心，则为俗学”，强调的是“深求其故，取证于心”⑦，则恰与顾氏相区别，而颇近于唯理论思路。章学诚再申言，浙东的“史学”，并非“史纂”、“史考”，而在于“浙东贵专家”，得与“浙西尚博雅”（指亭林所倡考据之学）相区别。⑧ 所谓“专家”之学，指的是“不徒以词采为文，考据为学”，“而独取三千年来遗文故册，运以别识心裁，盖承通史家风，而自为经纬，成一家言”⑨。这是借褒扬郑樵，阐述浙东特有学风，所谓“别识心裁”，“自为经纬”，正与宗羲反对“肤论瞽言”而主张“深求其故，取证于心”的意旨相合。故前揭章氏“言性命者，必究于史”一语，可以理解为研究“天人性命之学”，绝不能再走宋明道学家的老路，停留于“朱陆异同”的争论或调和已毫无意义，必须另辟蹊径，改变学风，舍性理空谈而转向经世实学；也还可以再引申一层，理解为“义理”研究当与史学相结合，坚持历史主义态

---

① 潘耒：《日知录·序》。

② 《日知录》卷七“夫子之言性与天命”条。

③ 见《顾亭林文集》卷四《与人书二》。

④ 见《日知录》卷十八“心学”条。

⑤ 全祖望：《梨洲先生神道碑文》。

⑥ 浙东本有“五经皆史”之说，首发于阳明《传习录上》：“以事言谓之史，以道言谓之经，事即道，道即事。《春秋》亦经，五经亦史。”经黄宗羲到章学诚大畅其旨，“六经皆史”，“经”不过是“三代之史”，实有把“经学”降为“史学”之一分支的意味。

⑦ 黄宗羲语，见全祖望《梨洲先生神道碑文》与《南雷文定》卷一《恽仲升文集序》。

⑧ 《文史通义》内篇二《浙东学术》。

⑨ 《文史通义》内篇四《申郑》。

度，运用历史分析方法，网罗文献资料而又特重“别识心裁”，以“通史家风”来对待学术异同，跳出门户圈子和道统偏见，把历史上各家各派“学术之不同”，看做正显示出“此心之万殊”、“道体之无尽”，真理的展开本为一个过程。《明儒学案》正是这样“自为经纬，成一家言”的专著的标本。章学诚所见到的浙东“言性命者必究于史”① 的“专家之学”的卓越之处，正是黄宗羲在哲学启蒙方面推陈出新的独特贡献。

## 三、“心无本体，工夫所至，即其本体”

黄宗羲寓义理于史学，“运以别识心裁”的巨著《明儒学案》写成之后十七年，为北地贾醇庵愿刻印此书而郑重撰写的自序文，现存至少有三种稿本，说明曾经反复修改，时年已八十四岁，堪称晚年哲学定论。序首开宗明义声言：

> “盈天地皆心也。变化不测，不能不万殊。心无本体，工夫[文集本作“功力”]所至，即其本体。故穷理者，穷此心之万殊，非穷万物之万殊也。[穷心则物莫能遁，穷物则心滞一隅。]”(此据紫筠斋刻本，无末二句，据文集本补。)另德辉堂刻本作：“盈天地间皆心也。人与天地万物为一体，故穷天地万物之理，即在吾心之中。后之学者，错会前贤之意，以为此理悬空于天地万物之间，吾从而穷之，不几于义外乎？此处一差，则万殊不能归一。夫苟工夫著到，不离此心，则万殊总为一致。”

这一段话，颇滋歧解。或以为宗羲承蕺山曾多次讲过“盈天地间皆气也”、“盈天地间一气而已”，而此处却又断定“盈天地皆心

① 章学诚也曾将寓理学于史学的浙东学风，上推到南宋，如说：“南宋以来，浙东儒哲讲性命者多攻史学，历有所承。”(《邵与桐别传》，《章氏遗书》卷十八《文集》三)

也”，足见其思想矛盾混乱，终于“陷入主观唯心主义”。或分析“盈天地皆心”与“盈天地间皆气”这两个命题，在黄宗羲思想体系中并非对立而是统一的，因他认定“心即气”或“心即气之灵处”，即心即气，把物质与精神视为一体，在本体观上趋向泛神论。或指出他沿着阳明心学思路，强调“人心”的“主宰”作用，而又修正阳明，否定了“心”是宇宙本体之说，把“心”作为认识主体，认为“心无体”，通过“意”、“知”去认识事物，从而获得其内容，这在认识论上属于唯物主义反映论。在这里，可以暂不去较论判别唯心、唯物的准则与是非，也暂不去分解一个命题在本体论与认识论中确有不同的含义，但明显的事实是，“盈天地皆心也”以及下文所展开的诸命题，出于《明儒学案》一书自序，其所论述的是学术思潮衍变或真理发展进程的问题，实属于探讨哲学史上展示的精神发展的链条或人类理性的反思等方面的命题，似乎并未涉及世界本原或心物关系的问题。

按此理解，“盈天地皆心”这一命题，可否破译为：“充满哲学发展史（或哲学发展的天地里）乃是心灵的创造活动及其成果。”“天地”本可泛用，指特定时空范围；“心”系陆王心学的中心范畴，虽时有夸张失误之处，但不外乎因过分强调而夸大了认识主体的能动性和人类理性对外部世界的统摄作用。如阳明所谓“心即理”，“心之所以为心，不在明觉而在天理”，“致吾心良知之天理于事事物物，则事事物物皆得其理”，“向外寻理，终是无源之水，无根之木，总[纵]使各得，本体上已费转手，故沿门乞火与合眼见暗，相去不远”①。这是黄宗羲推崇的阳明心学大旨。就其以“心”来泛指人类心灵（精神）的创造活动，运用于学术史领域则特指各个思想家的穷理工夫及其所达到的理论成就、精神境界等，并不难理解。下文推证，这种“心”的穷理活动，“变化不测，不能不万殊”，即各家所达到的理论成就、精神境界不可能是一律的。进一步分析，这是由于“心无本体，工夫所至，即其本体”。阳明本有“心无体，以天地万

① 《明儒学案》卷十《姚江学案》。

物感应之是非为体”的说法，故强调“知行合一”，以力行为工夫，富有合理因素。宗羲更承蕺山观点，明确认定：“心无体，以意为体；意无体，以知为体；知无体，以物为体。物无用，以知为用；知无用，以意为用；意无用，以心为用。”① 认识主体的“心”，守此明觉，并无内容，必须通过“意”和“知”的积极活动，以对象物作为内容，才能对“本体”(“道体”、真理)的内容有所把握。“心以物为体，离物无知”②，但物又要“以知为用……以心为用”，即物的性能等，要通过人的认识才得以显示出来，自在之物才能变成为我之物。所以，“心”的主体作用实现过程，也就是“本体”(真理)被发现或被把握的过程。这就是“工夫所至，即其本体”的基本含义。关于“工夫”，由于宋明道学把认识论问题伦理化，把理性认识与道德意识糅混为一，故常涵两义：“成德”工夫与“致知”工夫。前者包摄存心、返约、发明本心、致广大、极高明等，属“尊德性”一义；后者包摄致知、博学、格物穷理、尽精微、道中庸等，属“道问学”一义。二者往往混杂不清，而学者又必然各有偏重，朱陆分歧，由此发轫。阳明把道德意识的主体作为“良知”，其“致良知”、“知行合一”等议论，多偏重于“成德”工夫。蕺山虽主“慎独”，为救阳明之失，已强调“离物无知”，“吾儒自‘心’而推之‘意’与‘知’，其工夫实地却在‘格物’”③。宗羲则更是强调博学，扩展为“儒者之学，经纬天地”④，“元元本本，可据可依”⑤，要求通过“读书”来“证斯理之变化”、“格物务极其至”⑥，以求达到“深求其故”⑦ 的目的。其所讲“工夫”，实偏重于“致知”、“道问学”方面。但又强调在博学的基础上还要独立思考，“务得于

① 《黄宗羲全集》第一册《子刘子学言》卷一。
② 《黄宗羲全集》第一册《子刘子学言》卷一。
③ 《黄宗羲全集》第一册《子刘子学言》卷一。
④ 《赠编整弁玉吴君墓志铭》，《南雷文定》后集三。
⑤ 全祖望：《甬上证人书院记》。
⑥ 全祖望：《梨洲先生神道碑文》。
⑦ 《恽仲升文集序》，《南雷文定》卷一。

己"、"取证于心"①。全祖望赞之为"于广大之中求精微"、"杂而不越"，有一定见地。但主要的是善于汲取陆王心学精华，又蕴含着理性觉醒的新意。

"工夫所至，即其本体"，表明真理的被认识是一个过程。就个体说，"精神胚胎学"的发育有一个过程，"诸先生学不一途，师门宗旨，或析之为数家；终身学术，每久之而一变"②。经他对王阳明一生学术变化的细心个案研究，揭示其早年思想经历，由"泛滥于词章"而"遍读考亭之书"，又"出入于佛老者久之"，然后才"忽悟格物致知之旨"，形成"心即理"的系统观点。"其学，凡三变而始得其门。"此后，思想继续发展，由"默坐澄心"，到提出"致良知"，再发挥为"知行合一"、寂感不二，达到圆熟。"是学成之后，又有此三变"③。这样，对个人思想发展的动态研究，使他体会到"夫圣学之难，不特造之者难，知之者亦难"，因为"诸儒之言，有自得者，有传授者，有剽窃者，有浅而实深者，有深而实浅者"，如果不是"工夫积久，能见本体"，达到很高的思想境界和认识水平，是很难作出准确评断的④。纵观人类的认识史，就"精神的古生物学"而言，更是展开为一个复杂的过程。如他自叙：

> 羲为《明儒学案》，上下诸先生，深浅各得，醇疵互见，要皆功力所至，竭其心之万殊而后成家，未尝以懵懂精神冒人糟粕。于是为之分源别派，使其宗旨历然。由是而之焉，固圣人之耳目也。

德辉堂本另作：

① 《恽仲升文集序》，《南雷文定》卷一。

② 《明儒文集》德辉堂本序。

③ 《明儒学案》卷十《姚江学案》。

④ 《移史馆论不宜立理学传书》。

> 诸先生不肯以懵懂精神冒人糟粕，虽浅深详略之不同，要不可谓无见于道者也。余于是分其宗旨，别其源流，与同门姜定庵、董无休操［文集本作“撮”］其大要，以著于篇，听学者从而自择。①

可见，学术史上“竭其心之万殊而成家”的学者，“功力所至”，深浅不同，只要不是“以懵懂精神冒人糟粕”，对于“道”或多或少总有所“见”。换言之，真理(“本体”、“道体”）之被发现，随学者们不同角度，不同层面的“工夫（功力）所至”而展开为一个过程。所谓“穷理者，穷此心之万殊，非穷万物之万殊”，“先儒之语录，人人不同，只是印我之心体，变动不居”②。一方面，这是由“心即理”、“心外无理”所导出的关于认识成果的“理”的多样性的观点，纳入学术史观，是试图解释各家思想宗旨的不同，乃根源于“心之万殊”，当然有其局限；但另一方面，着眼于认识主体的心态的多样性，借以说明各个“成家”学者所取得的认识成果的多样性和“分其宗旨，别其源流”的可能性，也并不完全悖理。

学术真理展开为一个过程，是否有其固有的规律性？黄宗羲无力回答这一问题。但他在撰写学案的实践中，注意到“宗旨杂越”、“风光狼藉”的学术思想史，并非杂乱无章，而是“苟善读之，未始非一贯也”③（借汤斌语）。他面对“各家自有宗旨”的经验事实，扬弃了前人固执“一人之宗旨”与“杂收不复甄别”两种偏向，花大工夫从“使其宗旨历然”入手，对“明室数百年学脉”作了清理④，看做“白沙开其端，至姚江而始大明”⑤；此后，阳明心学经过大发展、大分化，而终于走向自我否定；最后，经东林师友“冷

---

① 《明儒学案·自序》。
② 《明儒学案·自序》。
③ 《明儒学案·自序》。
④ 《明儒学案·发凡》。
⑤ 《明儒学案》卷十《姚江学案》。

风热血”的洗礼，由蕺山总其成。①《明儒学案》所展现这一合规律的过程，“导山导水，脉络分明”②，至今仍有参考价值。他从晚明思潮的起伏，似乎推测到思想运动往往是在补偏救弊中沿着“之”字路发展。蕺山曾论及晚明学术流弊说：“呜呼！学术之难言也。王守仁之言良知也，无善无恶，其弊也必为老庄，顽钝而无耻；顾宪成之学朱子也，善善而恶恶，其弊也必为申韩，惨刻而不情。佛老之害得宪成而救，臣惧一变复为申韩，自今日始。……”③ 宗羲也曾论及阳明和蕺山“皆因时风众势以立教”：“阳明当建安格物之学大坏，无以救章句训诂之支离，故以良知之说，倡率一时，乃曾未百年，阳明之学亦复大坏，无以绝葱岭异端之夹杂，故蕺山证人之教出焉。阳明圣门之狂，蕺山圣门之狷。”末二句，被全祖望赞为“其评至允，百世不可易”④。其实，值得注意的是，他把思潮的更迭，看做针对流弊，代谢更新。不仅对“此一亦述朱，彼亦一述朱”的陈腐学风深恶痛绝，且对自己师承的阳明之学，也认为久必“大坏”。进而利用“元亨利贞”传统范畴，在神秘的形式下朦胧地臆测到学术思想的发展通过否定性环节而形成某种“圆圈”。蕺山曾说：“贞下起元，是天道人心至妙至妙处。”⑤ 妙在何处，未加阐明。宗羲加以发挥说：

> 道之在天地间，人人同具，于穆不已，不以一人之存亡为增损。……然无添减而却有晦明，贞元之会，必有出而主张斯道者以大明于天下，积久而后气聚，五百岁不为远也。

借孟子关于“五百年必有王者兴”的论题，阐述学术思想史似乎五百年也必有一次“贞元之会”，出现继往开来的划时代的大思想

① 《明儒学案》卷三十二《泰州学案》、卷五十八《东林学案》、卷六十二《蕺山学案》。

② 汤斌致黄宗羲书，《南雷文定》附录。

③ 刘宗周上书，载《子刘子行状》上。

④ 全祖望：《甬上证人书院记》，《鲒埼亭集》卷十六。

⑤ 《子刘子学言》卷二。

家。按“贞下起元”的周期模式，他认为，从尧舜到孔孟是一个周期，“若以后贤论：周程，其元也；朱陆，其亨也；姚江，其利也；蕺山，其贞也”①，是又一个周期。在臆测中，大体勾画出宋明五百年道学发展的“圆圈”。然后，他以启蒙者的胸襟，面向未来，大声呼唤：“孰为贞下之元乎?”②

## 四、“圣贤之血路，散殊于百家”

《明儒学案·自序》还有一段关于学术真理多元化问题的论述：

> 学术之不同，正以见道体之无尽也。（即如圣门，师、商之论交，游、夏之论教，何曾归一？终不可谓此是而彼非也）奈何今之君子，必欲出于一途，剿其成说，以衡量古今，稍有异同即诋之为离经叛道，时风众势，不免为黄茅白苇之归耳。

“心之万殊”，形成“学术之不同”，正显示真理展开为一个过程是无穷尽、无止境的。上举《论语》所载，孔门中子张与子夏论交，子游与子夏论教，就主张不一，互相争论，难于说“此是而彼非”。面临宋明以来道学内部的朱陆之争，阳明与朱门后学之争，阳明心学内部的分化和论争，当时不少人各陷门户，互相攻讦，造成所谓“使杏坛块土为一哄之市”的局面。宗羲虽也学宗阳明，师事蕺山，但由于他在真理观上有其独见，因而能够摆脱一些门户偏见和道统观念③，对封建传统文化意识的专断、庸妄、狭隘，有较多的突破，对指向未

① 《孟子师说》卷七。

② 《孟子师说》卷七。

③ 郑性、全祖望都认为黄宗羲“门户之见未化”，“党人之习气未尽”（见全氏《五岳游人（郑性）穿中柱文》、《答诸子问南雷学术帖子》），或指宗羲在政治上多为东林、复社辩护，写《汰存录》以驳夏允彝的《幸存录》等。恰好在《汰存录》中，宗羲提出了在学术上“议论不可专一”而在政治上必须分清“流品”的观点。学术上的门户偏见，宗羲似比亭林、船山均少得多。

来的文化启蒙，有较多的开拓。

他以一种理论上的自信，特别反对“必欲出于一途”的专断和固守“一定之说”的愚昧。按他的观点，推动学术真理的发展，正是靠独立思考的学者“穷此心之万殊”，由于他们“工夫所至”不同，所走途径不同，对于“本体”的体认把握只能是“深浅各得，醇疵互见”；特别是具有创造性、开拓性的学者，“宁凿五丁之间道，不假邯郸之野马，故其途亦不得不殊”。因此，独断地坚持“必欲出于一途”，就只能窒息创造性思维、扼杀智慧的生命，“使美厥灵根，化为焦芽绝港”，最后出现的只能是“黄茅白苇”似的一片枯槁和萧条。① 扼杀真理的“一定之说”，总是凭借“时风众势”，特别是科举仕途的需要，“抄其成说以衡量古今，稍有异同即诋之为离经叛道”②，“执其成说，以裁量古今之学术，有一语不与之相合者，愕眙而视曰：‘此离经也！此背训也！’于是六经之传注，历代之治乱，人物之臧否，莫不各有一定之说”③。在当时，这种“一定之说”就是钦定一尊、奉为科举考试准则的官方理学。宗羲尖锐地揭露：“此一定之说者，皆肤论瞽言，未尝深求其故，取证于心，其书数卷可尽也，其学终朝可毕也”，实际是“庸妄”之学。④ 这样的“庸妄”之学流行的恶果是，“数百年亿万人之心思耳目，俱用于揣摩抄袭之中，空华臭腐，人才曷茸”⑤，“穿穴经传，形灰心死”⑥。

通观儒门内的学术分歧，虽学有宗主而不堕门户；鄙弃日趋僵化的“一定之说”，“不以庸妄者之是非为是非”⑦，当时进步的学术界大多能做到。但对于儒门外的学术派别，长期被目为“异端”的道家、佛家，以及“下至九流六艺切于民生日用者”，承认其作为真理

① 《明儒学案·自序》。
② 《明儒学案·自序》。
③ 《恽仲升文集序》，《南雷文定》卷一。
④ 《恽仲升文集序》，《南雷文定》卷一。
⑤ 《传是楼藏书记》，《南雷文定》三集卷一。
⑥ 《进士心友张君墓志铭》，《南雷文定》前集卷八。
⑦ 《恽仲升文集序》，《南雷文定》卷一。

发展的一环，在学术上给予平等的地位，这在当时就难能可贵了。有的虽也承认“出入于佛老”的意义，但旨在入室操戈，以破显立。刘宗周虽仍固执“圣学”与“异端”之辨，但提出“所谓异端，即近在吾心”之说，认为诸子各家，乃至“凡人”、“乡愿”，都不过是“起念”不同而已。① 黄尊素曾对《孟子》的“知言”一词意解为“全将自己心源，印证群迹”，“知得群心之变，亦只养得吾心之常”②。宗羲或由此出发，推衍出：“古今诸子百家，言人人殊，亦必依傍圣门之一知半解而后得成其说，何曾出此范围。”③ 把“圣门”理想化为真理之全，但毕竟承认了“古今诸子”也是真理之分。更进一步，还发挥出了“圣贤之血路，散殊于百家”的创见。他说：

> 昔明道泛滥诸家，出入于老释者几十年，而后返求诸六经。考亭于释老之学，亦必究其归趋，订其是非。自来求道之士，未有不然者。盖道，非一家之私，圣贤之血路，散殊于百家。求之愈艰，则得之愈真。虽其得之有至有不至，要不可谓无与于道者也。④

这里，对“出入于老释”的肯定，再不是赞为迷途知返或研究乃是为了批判，而是另作新的解释，认为研究“老释”也是“求道”的一环。因为，“道非一家之私”，学术真理并非某一家一派的垄断物；真理的追求，理想境界的攀登，途径是多样化的，分别体现在各家学说之中。佛、道各家，也都曾“竭其心之万殊而后成家”，也就不同程度地有见于道，“不可谓无与于道”。因此，必须重视“一偏

---

① 《子刘子学言》卷一：“夫子所云异端，即近在吾心。从人欲起念者，是凡；从生死起念，便是佛；从成毁起念，便是老；从名实起念，便是申韩；从毁誉起念，便是乡愿；从人我起念，便是杨墨；从适莫起念，便是子莫。四下分消，粹然立中正之极，当下便是圣人体段。”

② 《孟子师说》卷二。

③ 《孟子师说》卷七。

④ 《清溪钱先生墓志铭》，《南雷文定》三集卷二。

之见”，承认“相反之论”，坚持“殊途百虑之学”①，才符合并有利于真理多元化的客观发展。否则，“成说在前。此亦一述朱，彼亦一述朱，宜其学者之愈多而愈晦也”②。

“圣贤之血路，散殊于百家”的观点，在17世纪中国，具有巨大的思想启蒙意义。它打破了儒家道统一尊以及“正宗”与“异端”的等级对立，试图改变“举一废百”、“好同恶异”的传统思维模式。黄宗羲以这种真理多元化的观点为指导，进而放眼于更广阔的学术原野，认为除了“散殊于百家”的哲学理论以外，文化思想各个领域里的创造性成果，都寄寓着反映时代脉搏的“豪杰精神”。他所说的“豪杰”也可以说就是历史上的文化巨人或知识精英。

> 从来豪杰之精神，不能无所寓。老、庄之道德，申、韩之刑名，左、迁之史，郑、服之经，韩、欧之文，李、杜之诗，下至师旷之音声，郭守敬之律历，王实甫、关汉卿之院本，皆其一生精神之所寓也。苟不得其所寓，则若龙挛虎跛，壮士囚缚，拥勇(涌)郁遏，坌愤激讦，溢而四出，天地为之动色，而况于其他乎?③

这段名文，以高度浓缩的信息表达了他的中国文化史观（或微型的“精神现象学”）。这里列举的哲学、政治、史学、经学、科学、散文、诗歌以及音乐、戏剧等九个方面，代表了文化意识形态的诸方面，说明作为文化精英的不朽的精神创造，是通过多样化的文化形式表现出来。宛如龙腾虎跃，冲破“囚缚”，惊涛激浪，汹涌而出，绝不可能使其拘守某一种规格。如果“欲使天下之精神，聚之于一途，是使诈伪百出，止留其肤受耳”④。文化创造，精神生产，如果强使

① 《明儒学案·自序》、《明儒学案·发凡》。

② 《孟子师说》、《题辞》。

③ 《靳熊封诗序》，《南雷文定》后集卷一。

④ 《靳熊封诗序》，《南雷文定》后集卷一。

一律，只许唱一个调子，就只能制造出大量的虚伪、庸俗和肤浅。

值得注意的是，此处作为“豪杰之精神”的例证，不仅从老、庄哲学举到郭守敬的律历科学，而且，竟同时提到了“王实甫，关汉卿之院本”，透露出一种17世纪中国才可能出现的新的文化价值观。他晚年另有《偶书》六绝之一，论及汤显祖剧中表达的人性观。

> 诸公说性不分明，玉茗翻为儿女情。不道象贤参不透，欲将一火盖平生。（自注：玉茗堂四梦之外，又有他剧，为其子开远烧却。）①

诗意灼然，对“玉茗堂四梦”所抒发的“儿女情”，许为优越于理学家们的“说性”，对汤显祖其他剧作遗稿得不到理解而被焚，深表惋惜和同情。

上述真理多元化观点及其所开拓的广阔的文化视野，是黄宗羲作为早期启蒙思想家中的佼佼者所特有的真理史观和文化价值观，至今仍保有“莫邪出匣”的光芒。

## 五、“此意无穷，海怒鹏骞”

基于上述真理发展观，黄宗羲针对时弊，对于阻滞真理发展的科举之学、语录之学、乡愿（特别是“道学之乡愿”）之学，以及把“肤论瞽言”奉为“一定之说”的庸妄之学等，特别予以愤斥。

《明夷待访录》中，早对“学校害士”、“科举嚣争”、“取士之弊，至今日制科而极矣”的状况有所剖析，继又一再指出：

> 举业盛而圣学亡，举业之士亦知其非圣学也，第以仕宦之途寄迹焉尔！②

---

① 《南雷诗历》卷四。

② 《恽仲升文集序》，《南雷文定》卷一。

嗟乎！自科举之学盛，世不复知有书矣！六经子史，亦以为冬华之桃李，不适于用。……愈降愈下，传注再变而为时文，数百年亿万人之心思耳目，俱用于揣摩剿袭之中，空华臭腐，人才弱茸。至于细民亦皆转相模锓，以取衣食，遂使此物汗牛充栋，障蔽聪明。①

科举考试制度早已使人奔竞于利禄，醉心于时文，不仅消磨许多人的聪明才智，而且败坏了整个学风，培养出一大批不关心国计民生而只热衷于卖弄语录、空谈性命、欺世盗名的“道学之乡愿”。他痛切地指出：

儒者之学经纬天地，而后世乃以语录为究竟，仅附答问一二条于伊、洛门下，便厕儒者之列，假其名以欺世。……徒以“生民立极，天地立心，万世开太平”之阔论，钤束天下。一旦有大夫之忧，当报国之日，则蒙然张口，如坐云雾。②

千百年来，糜烂于文纲世法之中，皆乡愿之薪传也。即有贤者，头出头没，不能决其范围，苟欲有所振动，则举世目为怪魅矣。以是，诗文有诗文之乡愿，汉笔唐诗，袭其肤廓；读书有读书之乡愿，成败是非，讲贯纪闻，皆有成说；道学有道学之乡愿，所读者止于《四书》、《通书》、《太极图说》、《近思录》、《东西铭》、《语类》，建立书院，刊注《四书》，衍辑语录，天崩地坼，无落吾事。③

这番揭露，真够淋漓痛快，情见乎词。锋芒所向，直指宋明道学家们的欺世丑态和腐朽学风，并把“所读者止于《四书》……”、“刊注《四书》”，也大胆地列为嘲讽的对象。但贯注其中的，不仅

① 《传是楼藏书记》，《南雷文定》三集卷一。

② 《赠编修弁玉吴君墓志铭》，《南雷文定》后集卷三。

③ 《孟子师说》卷七。

是对“伊洛门下”一大群“道学之乡愿”的鄙薄和批判，而且表现了一种理性的激情，要求冲决千百年来“弥缝周至”的“文纲世法”，向往着“有所振动”、“决其范围”的改革和创新。

学术真理必须在创新中得到发展。“日新不已”，才不致“以已往之理为方来之理”，才能从“已往之理”中推陈出新，引出“方来之理”①。因此，学术的钻研，真理的追求，是永无止境的，“仿佛其涯涘而不可得”。这是黄宗羲的真理观中一个可贵的卓见。他虽言之不详，但用以论学取友，身体力行，确乎是他“自用得著者为真”的重要宗旨之一。

《明儒学案》首列“师说”二十条，摘自刘宗周《皇明道统录》，显然表示对先师的尊重，但细察《明儒学案》中对各家评断，与“师说”不同乃至牴牾者甚多。如引“师说”论陈白沙指为“学宗自然”，又斥其“欲速见小”，“似禅非禅，不必论矣”；而《明儒学案》则盛赞“有明之学，至白沙始入精微，其吃紧工夫，全在涵养”，“作圣之功，至先生而始明”，并反驳“或者谓其近禅”，竟称“此庸人之论，不足辩也”②。尊师而不盲从师说。③ 至于他对刘宗周学术贡献的尊重和表彰，几乎全着眼于刘的学说中“不能不与先牴牾”、“与洛闽龃龉”④ 的创见。为了保护这些“先师所以异于诸儒”⑤ 的创见，他坚决反对刘伯绳整理刘宗周遗书时拟将“其言有与洛闽龃龉者”加以“删削”的意见⑥，并拒绝给同门好友恽仲升所辑《刘子节要》一书作序，因为恽仲升迷信《论语》上有“勿意”一语，竟把“先师之言意者一概节去”。他对此作法不以为然，并从真理史观的高度，批评恽仲升说：“是则仲升于殊途百虑之学，

① 《明儒学案》卷七《河东学案》。

② 《明儒学案》卷首《师说》和卷五《白沙学案》。

③ 陈荣捷先生有《论明儒学案之师说》一文（载《王阳明与禅》一书中），辨此颇详。

④ 《先师蕺山先生文集序》，《南雷文定》后集卷一。

⑤ 《明儒学案·自序》（紫筠斋本）。

⑥ 《先师蕺山先生文集序》，《南雷文定》后集卷一。

尚有成局之未化也。”① 黄宗羲与同门陈确交谊特深，关于天理人欲问题上二人曾有过争论（争论中黄曾站到“天理人欲正是相反”的旧说一边，来批驳陈确“天理正从人欲中见，人欲恰好处即天理”的新解②)，可到晚年黄宗羲日益敬重陈确思想，为陈确所写墓志铭，三易其稿，承认当初对陈确的创见“不能深究”，“今详玩遗稿，方识指归，有负良友多矣，因理其绪言，以谶前过”，因而充分表彰陈确“其学无所倚傍，无所瞻顾，凡不合于心者，虽先儒已有成说，亦不肯随声附和，遂多惊世骇俗之论”③ 的独立创新精神，赞其“力行所至，自信其心，不须沿门乞火，即以《图书》为怪妄，《大学》为别传，言之过当，亦不相妨，与剿袭成说者，相去远矣”④。这种不徒空言，见诸行事，在尊师重道、交友论学的实践活动中所形成的蔑视剿袭成说、支持立异创新的观点，在宗羲所撰学案中得到了体现，他强调：“学问之道，以各人自用得著者为真，凡倚门傍户，依样葫芦者，非流俗之士，则经生之业也。……学者于其不同处，正宜著眼理会，所谓一本而万殊也。以水济水，岂是学问!”⑤ 这种观点，也使他一生勤奋，直到晚年，仍笃学不倦（如对好友陈确遗著认真细读得到许多新的启发)，绝不停步自满。他有诗自警，足见风怀：“彭泽闲情付酒杯，孤山风韵契寒梅。老来文笔多枯槁，借取波澜向玉台。”“六家指要灿陈编，每件应须数十年。却恨一生穷目力，自知尚在半途边。”⑥ 正因有这样的风怀，所以他能保持学术生命的活力，不断地开阔视野，借取波澜，八十四岁高龄时，写出了《明儒学案·自序》这样新意盎然的文字，以海纳百川的妙喻，阐述了朴素辩证法的真理史观。他坚信学海无涯，真理无限，“学者穷年矻

---

① 《明儒学案·自序》(紫筠斋本)。

② 《与陈乾初论学书》。

③ 《陈乾初墓志铭》,《南雷文定》后集卷三。

④ 《思旧录》,《黄宗羲全集》第一册。

⑤ 《明儒学案·发凡》。

⑥ 《南雷诗历》卷四《偶书》。

矻，仿佛其涯涘而不可得”①。他曾这样表达自己跳出中世纪庸人意识和传统章句禁锢、走向真理追求的开放心态：

> 躛躛章句，锢人性命。
> 视一科名，以为究竟。
> 正如海师，针经错乱。
> 妄认鱼背，指曰洲岸。
> 所以古人，举头天外。
> 些少得志，曾不芥蒂。
> 此意无穷，海怒鹏骞。
> 希圣希贤，以至希天。②

“此意无穷，海怒鹏骞”，何等壮美！而“举头天外”所希的“天”，又何等渺茫！这是17世纪中国早期启蒙者不可自解的矛盾和两难。

一九八五年十月

① 《进士心友张君墓志铭》，《南雷文集》前集卷八。
② 《进士心友张君墓志铭》，《南雷文集》前集卷八。

# 四十二、傅山三百年祭

甲子初秋，山西省学术界举行学术讨论会于太原，纪念傅山先生逝世三百周年。谨缀心花数瓣，略抒景慕之忱。至于考其宗旨，辨其学脉，察其醇疵，论定其在明清学术史上的客观地位，积学求真，期诸来日。

一九八四年八月记于东湖之滨

## （一）

白发朱衣两袖风，萧然物外脱牢笼。坎坷道路惊回首，愧向山翁说启蒙。

傅山（1606—1684），字青主，自号朱衣道人。17 世纪中国北方崛起的早期启蒙思想家。中国反对封建蒙昧的启蒙运动，在傅山死后三百年，经历了坎坷曲折的道路，至今尚在马克思主义的指引下摧枯拉朽，破旧立新，继续向封建蒙昧作斗争。缅怀前驱，思之慨然。顾炎武在《广师篇》中赞许傅山："萧然物外，自得天机。"傅山一生"不登宦人之堂"，而顺治十一年以参加抗清活动，入狱受刑，几死；康熙十七年又被强征入朝，峻拒，亦几死，终以"黄冠自放"得脱。所以亭林此赞语，亦可作挣脱封建牢笼解。

## （二）

抗疏揭帖斥权奄，燕市悲歌一少年。自唉黄精耿侠骨，敢呼雷电破霾天。

傅山青年时，喜任侠，啖黄精，为山西提学袁继咸被权阉诬陷事约集通省诸生赴京上书，揭帖请愿，袁案终得雪。其后论诗文，常以“风云雷电，林薄晦冥，惊骇胸臆”（孙郅所藏手稿）等喻诗文中的奇气。

## （三）

土穴难埋剑气横，黄冠自隐岂沉沦。“仰天画地”谁能会，遥听夔东战鼓声。

全祖望《阳曲傅先生事略》云：“甲申，梦天帝赐之黄冠，乃衣朱衣，居土穴以养母。……甲午以连染遭刑戮，抗词不屈，绝粒九日，几死，门人有以奇计救之者得免。然先生深自咤恨，以为不如速死之为愈，而其仰视天、俯画地者，并未尝一日止。”此事，赵俪生先生据邓之诚《骨董琐记》有所考订。盖有宋谦者，系永历总兵，又受夔东十三家郝摇旗、刘体纯所给“副札”，曾到太原两访傅山，密谋起兵事泄，故傅山被下狱（见《寄陇居论文集》中，《清初明遗民奔走活动事迹考略》一文）。近又有何高民同志在《晋阳学刊》所发表《关于朱衣道人案的题本》一文，考订更详。

## （四）

莽莽榆园鼓角悲，山东崛起好男儿。润山不负蕺山教，此日闻风拜义旗。

明末山东榆园义军起于曹、濮二州，曾用“闯王”旗号，甲申后坚持反清斗争。濮阳叶廷秀，字润山，又字润苍，刘宗周学生，参加了榆园军。傅山有《风闻叶润苍先生举义》一诗甚壮：“铁脊铜肝杖不糜，山东留有好男儿。橐装倡散天祯俸，鼓角高鸣日月悲。咳唾千夫来虎豹，风云万里泣熊罴。山中不诵无衣赋，遥伏黄冠拜义旗。”(《霜红龛集》卷十)

## (五)

劫余痛定思悠悠，萧瑟松庄四望愁。云暗神州缘底事？“囫囵理学”尽“沟犹”。

傅山隐居处，在太原城东七八里之松庄。(见《遂初堂集》)他自称“值今变乱，购书无复力量，间遇之，涉猎之耳，兼以忧抑仓皇，蒿目世变，强颜俯首。……或劝我著述，著述须一付坚贞雄迈心力，始克纵横。我、庾开府萧瑟极矣。”(《霜红龛集》卷二十五)

傅山于甲申后总结明末政治腐朽、学风衰败的原因，集中在“囫囵理学”之流毒。“后世之奴儒，尊其奴师之说，闭之不能拓，结之不能觽，……沟犹瞀儒者，所谓在沟渠中而犹犹然自以为大，盖瞎而儒也。”(《霜红龛集》卷三十一)“沟犹，如本音读，则谓如沟渎之中而讲谋猷，是瞀儒之大概也。”(《荀子评注》)

## (六)

失心缠理堕迷途，故纸堆中养蠹鱼。朱陆异同如说梦，声容可笑是“奴儒”。

傅山论学，痛斥：“失心之士，毫无餐采，致使如来本迹大明中天而不见，诸子著述云雷鼓震而不闻，盖其迷也久矣。”(《霜红龛集》卷十六)“宋儒好缠理字，理本有义，好字而出自儒者之口，只觉其声容俱可笑匹。”(孙藏手稿)“后世之奴儒，生而拥皋比以自尊，死而图从祀以盗名，其所谓闻见，毫无闻见也，安有所谓觉也?”(《霜红龛集》卷三)“只在注脚中讨分晓，此之谓钻故纸，此之谓蠹鱼。”

(《霜红龛集》卷三十八) 傅山对李颙兄弟谈论王学正统颇为不满，说：“我闻之俱不解，不知说甚。正由我不曾讲学、辨朱陆买卖，是以闻此等说如梦。”(《霜红龛集》卷四十) 但其思想路数，实有取于阳明，故多斥程朱之流道学家们为“失心之士”，“好缠理字”，“一味板拗”。

## (七)

庸庸奴性最堪哀，安得“神医”扫荡哉。老去折肱蓄真气，长歌当哭唤奇才。

傅山思想最能反映时代脉搏者，为反奴性、反奴气、反奴俗、反奴才，诗有“天地有腹疾，奴物在其中。神医须武圣，扫荡奏奇功”(《霜红龛集》卷九)。大声疾呼，要把“奴俗龌龊意见，不知不觉打扫干净”(孙藏手稿)。亭林赠诗“老去肱频折，愁深口自缄”，而他的和诗云：“天涯之子对，真气不吾缄。”又阎尔梅赠诗：“茫茫四海似无声，且把长歌代痛哭。”傅山读诗、作诗，常“泪如雨下”，其《寄艾上人》诗序云：“杂诗约四五十首，面时尽呈，共当痛哭耳。”(《霜红龛集》卷二十三)

## (八)

闲瞄慧眼注荀卿，揭露埤庸理学群。敢道兰陵兼墨法，铮铮《性恶》辨天人。

《荀子评注》手稿：“长夏蒸溽，闲坐不住，取昔所点荀卿书再一瞄之。”其评注多精义，如《非相篇》注：“好实不恤文，不免埤污庸俗，是理学一流人。”《非十二子篇》注：“儒真多瞎子。”又总评“《荀子》三十二篇，不全儒家者言。而习称为儒者，不细读其书也。有儒之一端焉，是其辞之复而啴者也。但其精挚处，则即与儒远，而近于法家，近于刑名家；非墨而又有近于墨家者言。《性恶》一篇，立义甚高，而文不足以副之。‘伪’字本别有义，而为后世用以诈伪，遂昧‘从人从为’之义”。允为千古的论。

## （九）

学如蝉蜕日趋新，打破“蒙笼”别有情。庄、释参同申墨辩，此中消息倩谁论？

傅山论学，贵在“蜕”字。“君子学问不时变化。如蝉脱壳，若得少自锢，岂能长进。”(《霜红龛集》卷二十二)《荀注》手稿中也赞扬荀子“君子之学如蜕，幡然迁之，妙喻”！又强调“博学广闻”，既重管、老、庄、列、墨、荀、淮南、鬼谷等，又注意吸取佛学思辨，认为“凡此家蒙笼不好问答处，彼皆粉碎说出”，“吾以《管子》、《庄子》、《列子》、《楞严》、《唯识》、《毗婆》诸论约略参同，益知所谓儒者之不济事也”(《霜红龛集》卷二十六)。特别注意到《公孙龙子》“旨趣空深，全是楞严”，因而评释《白马》等四论与《墨子·大取篇》，精义甚多。侯外庐、汪奠基等前辈学者稍申论之。实开近代逻辑思维模式之先河，仅汪容甫、章太炎能继其声，但他们却未能自觉地继承和发展。中国的《新工具》之所以长期难产者，以此欤？或非耶？谁能析之？

## （十）

学海汪洋隐巨人，“反常之论”见精神。多才多艺多奇趣，笔底“情华”孕好春。

傅山作为17世纪中国资本主义萌芽时代的早期启蒙学者，多才多艺，性刚情挚，完全够得上恩格斯所说的文艺复兴时代的“思想巨人”，只是尘埋未显，隐而未彰，尚待有“大声音出”为之“钟鼓波涛”而已。傅山自白：“贫道昔编《性史》，深论孝友之理，于古今常变，多所发明。……遭乱失矣，间有其说存之故纸者，友人家或有一二条。然皆反常之论，不存此书者天也。”(《霜红龛集》卷二十五）又论文艺乃“性情之华”，“情动中而发于外，是故情深而文精，气盛而化神……”(《霜红龛集》卷二十五）侯外老断为“具有启蒙期个性解放的进步性”，乃不刊之论。

## （十一）

晋阳初设“卫生堂”，医史珍传傅氏方。“票号”流通新信息，弄潮原是濯缨郎。

阮葵生《茶余客话》载：“古晋阳城中，有傅先生卖药处，立牌书‘卫生堂药饵’五字，先生笔也。”傅山医学著作甚多，如《傅青主女科》、《大小诸证方法》等在中国医学史上有重要地位。

章太炎《书顾亭林轶事》：“近闻山西人言亭林尝得李自成窖金，因设票号，属傅青主主之。始明时票号规则不善，亭林与青主更立新制，天下信从，以是饶于财用。清一代票号制度，皆亭林、青主所创也。”此说果确，殊堪玩味。

## （十二）

彤管风尘记异人，犁娃苦恋注深情。“钱神”不敌“花神”力，惊蛰春雷第几声。

傅山曾写作乐府《方心》、《犁娃从石生序》等，歌颂四条绳索下受压迫最深的妇女追求婚姻自由、“不爱健儿、不爱衙豪、单爱穷板子秀才”的纯贞爱情；对被封建礼教吞噬、残害的妇女，深表同情，“吾实怜之，每欲取常所亲见，略为风尘异人杂记，俾此辈不以不幸终湮没无闻”(《霜红龛集》卷十六)。傅山尚有《红罗镜》等传奇，惜未刊。明中叶以来，戏曲、小说、诗词等文艺作品中所反映的反封建的人文主义觉醒，触处皆是。汤显祖《四梦》中所塑造的“钱神”与“花神”的对立，颇典型。侯外老有论，甚精。（见《论汤显祖剧作四种》）

## （十三）

苍龙行雨海生涛，老树新花著嫩条。鹃血招魂招未得，野人天际盼春潮。

顾炎武赠傅山诗中的名句：“苍龙日暮还行雨，老树春深更著花。”傅山手稿中有：“欻地杜鹃啼滴血，燕山真有未招魂。”“沧海碧云天际意，丹霞明月野人心。”（孙藏手稿）亦可称为名句。诗是心声。名句，更是心深处迸射出的时代及个人生命的呼唤声。诗无达诂，允许读者作多种理解。

## （十四）

船山青竹郁苍苍，更有方、颜、顾、李、黄。历史乐章凭合奏，见林见树费商量。

傅山又号青竹。他与王夫之、方以智、颜元、顾炎武、李颙、黄宗羲以及同时崛起的许多学者、诗人，确乎都在明清之际的时代潮流中各有创造而又合奏了一曲中国式的启蒙者之歌的第一乐章。他们既有同中之异，又有异中之同。果能同异交得，见树又见林，庶几乎可免夫黑格尔所谓听见音调而不闻乐章之讥。

实质与形式，现实与理想，存在与意义，事实与价值等常常被认为是分离的两套概念：一是实践的现象，一是规范的觉识，因而一个整全的人生也常常被放置在两组命题之下来了解：一种是“事实判断”，了解的人生片断，它所看到的人类生活全是事实生活，全部被自然律则所支配；极端的说法以为，人生的历程不过是一串物理的，化学的，或生物的现象，无所谓价值，无所谓目的性。真、善、美、爱……不过是从人的生物性中升华出来的抽象概念，分析到最后，仅是一串机械的因果法则所支配的刺激与反应而已。另一种是“价值理性”所了解的人生，它用一套价值理想来规范人生的全部活动，它认为整个人生的活动都是一种意义的展现，每一个行为都应该含蕴一个目的性的价值：“真”是理性所融摄的实在的秩序；“善”是自由意志所实现的人格的尊严；而“美”则是整个心灵所观照的对象的和谐。秩序、尊严与和谐，并不是一些描述的实在，而只是实在所表现的意义与律则，这是人的精神向宇宙所宣布所赋予所渲染的。人生的意义唯有放在此种规范意义之下才能被我们所洞彻。

上述两种看法实际上是两种命题：说“这朵花是红的”是事实命题；然而说“这朵花很美”却又是价值命题；说“这个人的臂力很强能举百斤”是事实判断；说“这个人的战斗意志非常坚定而可敬”却又是价值判断。这两套不同的判断，构成了人类两组不同的识：事实判断只是现象的描写而构成所谓“叙述科学”(Descriptive ence)；而价值判断则为规范的研究，构成所谓“价值科学”xiological science)。除了对实际无所肯定的分析命题，只是消极的辑形式以外，一切构成知识的综合命题，必是这二者之一。

然而，这两套命题所了解的宇宙与人生遂有截然不同的意义，由类知识的此种二元的对立，一些充满矛盾的常识便把宇宙与人生裂成无法统一的片断；一些只是事实的必然，另一些却又展露了的意义，尤其在人生意义上，这种分裂又形成各种不能调和的矛盾；一般所谓理想与现实的矛盾，存在与意义的分离——甚至在义上，哲学与科学的争辩，诗与逻辑的冲突——都是由此发

# 四十三、原　美

生存不过是一片大和谐！

——

充实之谓美，充实而有光辉之谓大。

## 一

人生是整谐的统一体，不可分割！不同的角度来认
不同的了解；不同的境界所体验的人生可能有不同的悟
只是认识态度与觉解层次的差异，人生是同一的。对
不同，但这种不同只是层次的，而不是部分的；只是
片断的。生命活动历程的意义本身只是一个整全而
这种“意义的实在”与融摄这种“实在的意义”，
性的功能”；而理性功能所表现的形式若果纳之
则又形成所谓理性的与实践的两方面。我们考察
旧是知识本身所涵含的“差别想”的必然后果
种最根本的二元性，仍然是融为一贯的。因
的对立是一种无穷的矛盾的统一。知识活动既
而也可以纳之于实践范畴之中。所以，一种
悟的本身既是一种生活，而又是一切生活实
在这种意义下统一起来，我们才能说：生
可分的。道德自我的内在人格，既可作观
整形态，也正是一种实现的价值。

# 四十三、原　　美

生存不过是一片大和谐！

——Leibniz

充实之谓美，充实而有光辉之谓大。

——孟轲

## 一

人生是整谐的统一体，不可分割！不同的角度来认识人生可能有不同的了解；不同的境界所体验的人生可能有不同的悟觉。然而，这只是认识态度与觉解层次的差异，人生是同一的。对人生的了解容或不同，但这种不同只是层次的，而不是部分的；只是方面的，而不是片断的。生命活动历程的意义本身只是一个整全而具体的实在；把握这种“意义的实在”与融摄这种“实在的意义”，是人类所特具“理性的功能”；而理性功能所表现的形式若果纳之于知识的范畴以内，则又形成所谓理性的与实践的两方面。我们考察此种二元的倾向，依旧是知识本身所涵含的“差别想”的必然后果；在生命活动本身两种最根本的二元性，仍然是融为一贯的。因为分析“理论与实践”的对立是一种无穷的矛盾的统一。知识活动既是在生活历程以内，因而也可以纳之于实践范畴之中。所以，一种理解，一种观赏，一种了悟的本身既是一种生活，而又是一切生活实践的动力与泉源。知与行在这种意义下统一起来，我们才能说：生活与学习，理论与实践是不可分的。道德自我的内在人格，既可作观赏的对象；智慧与情操的完整形态，也正是一种实现的价值。

实质与形式，现实与理想，存在与意义，事实与价值等常常被认为是分离的两套概念：一是实践的现象，一是规范的觉识，因而一个整全的人生也常常被放置在两组命题之下来了解：一种是“事实判断”，了解的人生片断，它所看到的人类生活全是事实生活，全部被自然律则所支配；极端的说法以为，人生的历程不过是一串物理的，化学的，或生物的现象，无所谓价值，无所谓目的性。真、善、美、爱……不过是从人的生物性中升华出来的抽象概念，分析到最后，仅是一串机械的因果法则所支配的刺激与反应而已。另一种是“价值理性”所了解的人生，它用一套价值理想来规范人生的全部活动，它认为整个人生的活动都是一种意义的展现，每一个行为都应该含蕴一个目的性的价值：“真”是理性所融摄的实在的秩序；“善”是自由意志所实现的人格的尊严；而“美”则是整个心灵所观照的对象的和谐。秩序、尊严与和谐，并不是一些描述的实在，而只是实在所表现的意义与律则，这是人的精神向宇宙所宣布所赋予所渲染的。人生的意义唯有放在此种规范意义之下才能被我们所洞彻。

上述两种看法实际上是两种命题：说“这朵花是红的”是事实命题；然而说“这朵花很美”却又是价值命题；说“这个人的臂力很强能举百斤”是事实判断；说“这个人的战斗意志非常坚定而可敬”却又是价值判断。这两套不同的判断，构成了人类两组不同的知识：事实判断只是现象的描写而构成所谓“叙述科学”(Descriptive science)；而价值判断则为规范的研究，构成所谓“价值科学”(Axiological science)。除了对实际无所肯定的分析命题，只是消极的逻辑形式以外，一切构成知识的综合命题，必是这二者之一。

然而，这两套命题所了解的宇宙与人生遂有截然不同的意义，由于人类知识的此种二元的对立，一些充满矛盾的常识便把宇宙与人生也分裂成无法统一的片断；一些只是事实的必然，另一些却又展露了规范的意义，尤其在人生意义上，这种分裂又形成各种不能调和的矛盾观照；一般所谓理想与现实的矛盾，存在与意义的分离——甚至在某种意义上，哲学与科学的争辩，诗与逻辑的冲突——都是由此发生的。

在伦理学上，所谓自然主义与理性主义的两套永远对立的思想，把此种矛盾表现得最清楚。但是，如果一个自然主义者或理性主义者真能完全贯彻他的主张而形成自己一套完全能够实践的理论系统，那么问题也许容易解决，但是一般的道德哲学都把行为对象分割为三类：道德的（Moral），不道德的（Immoral）与非道德的（Unmoral），前两者始有道德的意义，而后者是无所谓善与恶，是与道德无关的。这种由于知识形式的分裂导致了知识对象的分裂，任意随时空而改变其观点，同时用两套命题来分割整全的人生历程，从而人生的意义无从统一地把握与一贯地了解，而理论本身也自陷于矛盾的境地。

实际上，这种矛盾是表面的，是似是而非的。人生既是整谐的统一体，不可分割，则对于人生的认识与了解，我们只能有"方面"与"层次"的不同，而并不是"部分"与"片断"的割裂，认识的层次纵有差异，但认识对象却不容分割。角度与层次的不同，并不妨碍其都把人生当做一个整全的一体来了解，而且认清了层次的差异，则可发现其从属的统一关系。然而，如果随时更改角度，跳越层次，则所获得判断，既没有逻辑的一贯性，也不会有事实的普遍性。

如能认清此点，则可以看出所述的两套命题是可以统一的。正如人生历程与其理想不可分离一样，所以事实生活与价值生活是重合的！

就认识的层次说，这种重合更获得理论的证明。因为前述两种对立的观照，表面上把事实与价值，存在与意义分割为二，但是两套命题之间就其终极的意蕴而言是有着从属的统一的关系的，因为事实命题只是现象的描写与所知对象之间的必然关系的陈述，而对此种描述内容的"意义"之了解，即是说对于生活事实的理想性与目的性的把握，则非叙述科学所能穷究的；规范意识完成悟性所未尽之功！价值范畴扩大并充实了悟性的形式。而进一步，对于"事实界"与"意义界"的知识，乃因更高的综合而获得究竟的统一。所以规范科学所给予的价值命题，才是了悟人生意义的最后归宿。

因此，我们的结论是：人生的历史是在事实的平原上创造着价值生活或意义生活。价值理想渗透了整个的人生历程。整个宇宙呈现于我们为一个可理解的意义系统；整个人生呈现于我们为一个价值实现的历程。

## 二

什么是价值呢?

简单的答案是：价值是规范意识所摄觉的实在。它是意义的实现，是透过现实的形式所展现的理想的内容。规范意识所认识的是一种渗透在事实界或自然界中的目的性与理想性的真实。在那里：实然之理（Idea of what it is）与应然之理（Idea of what it ought to be）浑然不分；现实的与理想的合而为一（The ideal is identified with the real)。我们认为，此种价值觉识所下的最根本的判断，才是整个实在的根据；自然事实的实在性，乃蕴含在规范意识的理想性之中。所以我们说：人类是站在事实的平原上创造意义生活。因此，事实判断以价值为依归，而唯有价值观念的合理系统，才能解释整个人生意义之全。

有人干脆把哲学定义为价值之学，而把人类意识中具有普遍价值意义的三方面——思维，意志，审美——分为三种规范知识的领域：认识哲学，道德哲学与艺术哲学（美学），遂形成“真”、“善”、“美”三种不同的价值系统，鼎足而立，各不相犯。然由于思想家的偏重不同乃造成各种不同的从属关系，因此有了各种哲学的体系：有人以“真”来说明“善”与“美”，有人用“美”来统摄“善”与“真”，也有人用“善”来包举“真”与“美”。进一步，有人追求一种更高的统一，因而提出了“爱”或“宗教的意识”。

我们根据人生意义的整谐性，认为真、善、美三种价值系统不是互相对立、互相干涉的，而是互相涵摄、互相观照的。从道德、智慧或艺术的观点都可以洞彻整个人生的意蕴，所以三者交相融贯，凝成一个唯一的价值观念体系，我们可以说：我们所观照的人生的历程只是“一个”意义系统的展现。真、善与美仅是规范意识所运用的认识形式的分殊；或者说：整个的人生的意义在不同的形式里浮显；生命的律动在诸多观照中更展示其和谐的统一。

## 三

由上述种种前提使我们对于美学的内容有了一个新的认识。首先我们认为过去一些美学家把审美观照（Aesthetic contemplation）的对象只限定在“自然”与“艺术品”的狭窄范围之内，这是把整全的价值世界任意地分割了。让我们扩大美的领域，尤其是把它贯注在生命的律动以内，因为我们认为美是一种意义的展现，它渗透了整个内界与外界的真实。Plotinus 对于“宇宙美”曾加赞述；Pythagoras 听见了天体运行和谐的音乐；而 Kant、Schiller 等对于“人性美”与“灵魂美”的阐述更留给我们以无限的启示。

至于，什么是美呢?

这一个平凡的问题却是最难答复的：远古的 Plato 严肃地说：美即是善；浪漫的诗人 Keats 却歌颂着：美即是真；Plotinus 认为“美”是神圣理念在宇宙中的展开；Hegel 又把美当做绝对精神与感觉世界之间的契合的媒质；Spinoza 说“可欲之谓美”；Winckelmann 却以“美”是离开了物质的一种燃烧着的精神力量；Schiller 承继 Kant，把美认作知识主体与感性对象互相调和时一种合目的性的快感；Nietzsche 及其他进化论者都认为“美”可以用生物基础来解释；主观论者以美为感觉的事实；客观论者以美为客观的属性；Bosanguet 看重美的精神的内容；Croce 认为美只是形象的直觉与表现；至于 Santayana 说：“所谓美乃是客观化的快乐”；Stendnal 也谓：“所谓美，乃是愉悦的期望”……这一切似是而非的定义，充满了关于美学的著作。

我们认为：美既不仅是感觉经验的事实，也不全是事物客观的属性；性爱的升华与形象的直觉都各有所偏；精神的展现与形质的契合亦不能把握美的整全；我们简单的结论是：美是规范意识所觉识到的价值系统的一面，它是一种渗透在现实中的理想，是融注在存在中的价值，由于它是普遍的价值意识所摄的对象，所以它贯彻了整个宇宙与人生。

William James 说："如果我们宇宙间把神和星光灿烂的天空一概抹杀，仅仅有两个相爱的心灵蹲伏在一个岩石上，那其中便饶有一个道德的世界。"我们可进一步说："只要有一个自觉的心灵观照着这个宇宙，那里便已有一个美的世界了。"

因此，我们可以正面答复什么是美的问题，美的意义就是实现了的和谐。和谐的一般含义是指对称、平衡，对立的调和与杂多的统一；而更主要的则是指"部分"与"整体"那种合乎目的性的依存关系。此种关系是价值理想的最高实现的形式，所以和谐的理想便成为规范意识所摄取的最高理想，当它具体体现在人生全部历程中会获得更丰富的内容。

我们由此进一步把整个人生放置在这种价值意识中去观赏，则可以发现"美"在人生中体现出四个阶段，并可以分为两个不同的领域。

当感官的对象依照了规范理想的安排，部分与全体的关系恰恰表现出一种均衡而和谐的统一，我们立即觉察到一种和谐的意义，但是这是静态的观赏只觉察到"静的和谐"(Static Harmony)。在生命的领域，这只是形象的表现，一般只注意"感官美"的人对于"人生美"丰富内容却只能觉察"人体美"的一面；在艺术的领域内，则只是外表的形式美，把审美的感觉只归属于直觉，则所摄觉的对象只是形象的完整。这种具体形象所表现的美，我们称之为"形体美"(Bodily Beauty)，而这种美的意义的实现仅是"静的和谐"。若干美学家与艺术批评家把自己限制在这种粗浅的阶段上，便满足了他们的审美的价值意识，过去的美学原则大体只能应用于这人生美所体现的第一个阶段，因此也只获得"静的和谐"的了彻。

我们既认为人生是一个和谐的统一体，而价值理念又渗透了整个人生，对于"人生美"的内容，我们应发掘得更深。因此我们认为，"美"在人生中体现的第二个阶段乃进入智慧的领域：当人类理性的法则全部控制和协调了思维的系统，观念与观念之间获得逻辑的自圆，思维的历程中部分与全体的关系形成有机的协动关系，澄明的观照泯去了一切内在冲突，这种希腊人所谓的“亚波罗”式的静穆，是若干哲学家所向往的理性世界，这种人生中纯思维的智慧境界所表现的和谐的意义，我们称之为“智慧美”(Intellectual Beauty)。更进一步我们把人类情感活动的意义纳之于价值理想之中，则看出情绪的和谐也是一种“美”，我们称之为“情操美”(Emotional Beauty)，例如宗教式的热忱，扩大和深蕴的爱，都是“情操美”的表现。人生美的最后的体现乃表现为道德的完成，一个合理意志的内容获得了主从的和谐关系，因而表现出意志律令的完整与自由的尊严。当道德自我从一切混乱与矛盾中解放出来，达成“从心所欲不逾矩”的高度自由，这时人格的尊严表现了美的最高绝的境界，我们称这种意志的绝对自由与高度和谐为“道德美”或“人格美”(Moral Beauty, or Beauty of personality)。“人格美”即道德自我的实现内容，它的形式可以表现为自我完成，也可以表现为自我牺牲，而自我完成与自我牺牲在“人格美”的实现历程里却复归于一。

由于人生是动进的，创化的，所以人生美表现在智慧，情操与道德的领域内也是动进的，创化的。这种精神生活的“美”的意义，我们称之为“动的和谐”(Dynamic Harmony)。

由“静的和谐”到“动的和谐”，形成人生美的发展阶段：那便是由“形体美”而“智慧美”而“情操美”到“人格美”的转化与递升。这在发展的历程上，“美”的意义获得不断的提高与充实。但这四阶段所表现的四种美，并不是互相排斥而是层层涵摄的，因为生命本身是创化的历程，是自我不断扩延的历程。

前述四种美既不能互相排斥，则必综合为一种更高的统一；如果彻底把握和谐这个活的价值理想，则我们追究到美的最高的含义，即把四种人生美的观念交相融合又予以和谐化。那便是“和谐的和谐”，也即是“美的美”。这种最高的和谐与最高的美乃人性的最充实与最光辉的实现。

一幅画，一支乐曲或一首诗，如果不仅具备了形式的完整，而且蕴含了澄澈的智慧，深挚的情操与庄严的人格，则它始能称实现了最高的美；而一个人如果能贯彻和谐的观念，灵魂与外表，内界与外界生活都获得究竟的调协与融合，则它把人生美的价值理想完全地实现了。但是动的和谐必须动地把握，所以，人生的意义在本质上应该是一种无穷的扩大与充实——创造！

（为纪念两年前大渡河上的一个美丽的黄昏而作）

一九四八年八月

# 四十四、诗化哲学与哲学的诗化
## ——原名“序方任安《诗评中国著名哲学家》”

伟哉中华！诗的国度，诗的海洋！微波巨浪，浩瀚无疆！

在中国，古今知名及无名的诗人之多，历代传世及失传的诗作之富，诗作中的体裁、律式、风格、流派之繁，诗，对民族精神生活各个层面浸润、影响之广且深，均可说是举世无匹。诗魂，成为中华传统文化中最灵动、最具有渗透力的精神文化基因。

诗的渗透力，表现在它弥漫于民族生活的方方面面，无论是庙堂雅颂，军旅铙歌，折冲樽俎之间的应对，男女怨慕之情的表白，直到山村民谣，野老踏歌，市井俚曲，小红低唱，无处非诗。而在文化深层则突显在两个方面。一方面，表现在“诗教”对社会政治生活的全面渗入。儒学正宗一贯宣扬诗教的重要性和现实性，强调诗的政治化、伦理化。如孔子把“诗”的价值意义归结为“思无邪”，可以“兴、观、群、怨”，“事父、事君”；以后《毛诗序》等更提出“发乎情，止乎礼义”或“温柔敦厚”的原则，强调诗具有“正得失，动天地，感鬼神”的特殊功能，可以发挥出“经夫妇，成孝敬，厚人伦，美教化，移风俗”的巨大的社会作用。由此，奠定了诗作为政治伦理教化工具的价值取向。中国历代许多诗人，无不以强烈的政治责任感和社会参与意识，感时议政，忧国忧民，化民间疾苦为笔底波涛。诗，在对现实政治参与中，实现着人类理想的美和善的统一。这是中国诗美学传统中一个显著的特点。另一方面，也深刻地表现为诗心对哲学文化的渗入。许多哲人认定哲理与诗心的合一更能达到形而上学的内在超越，因而强调哲学的诗化与诗的哲学化。这两者又几乎是同一的心路历程。“万物静观皆自得，四时佳兴与人同”；“我来问道无余说，云在青天水在瓶”。在情与理的冲突中求和谐，在形象思维与逻辑思维的互斥中求互补，在诗与哲学的差异中求统一，乃是中华哲人和诗人们共同缔造的优秀传统。他们在这一心灵创造活动中实现着美和真的合一，使中国哲学走上一条独特的追求最高价值理想的形而上学思维的道路，既避免把哲学最后引向宗教迷狂，又超越了使哲学最后仅局促于科学实证，而是把哲学所追求的终极目标归结为一种诗化的人生境界，即审美与契真合而为一的境界。中国哲学的致思取向，从总体上乃是诗化的哲学。且不说《周易》、《诗经》、《尚书》及《逸周书》等古文献中已存有不少富有哲理的古歌谣，中国第一部哲学专著《老子》，竟是精心琢磨出的全可韵读的哲学诗篇；《庄》、《列》、《文》等道家诸子，多用诗的文辞或充满诗意的卮言、寓言等来展示他们的哲学智慧。至于儒门，孔叹“逝者如斯，不舍昼夜”；孟称“观水有术，必观其澜”，乃至王阳明的“铿然舍瑟春风里，点也虽狂得我情”……凡此都饶有诗趣。荀况更有《成相》、《赋》篇，以民歌和赋体来诗化自己的哲学。屈原问天，贾谊哭鹏，司马迁以“无韵之离骚”合而传之。从此，形成中国哲学中一个追求诗化的优秀传统，陶、谢、嵇、阮，各有名篇，李、杜、王、孟，纷呈异彩，直到晦翁的“源头活水”，阳明的“海涛天风”，梨洲的“此意无穷，海怒鹏骞”，船山的“光芒烛天，芳菲匝地”……春兰秋菊，葳蕤不绝，神思慧命，绵延至今。

诗化哲学，形貌繁多。就作者的文化背景与创作旨趣之不同，似乎可以区别两大类型：一类是哲学家或其他作者所创作的哲理诗，即用诗的形式及诗的语言来表达某一哲学义理或哲学境界。中华哲人，大多能诗，大多乐于在散文论著之余，用诗心及诗语来对其哲学思想核心作出艺术概括，程伊川用“数点梅花天地心”来绎解他所悟得的《周易》“复卦”义理，即是显例。由于中国文化心理结构中，诗处于崇高神奇的地位。《诗纬》云：“诗者，天地之心。”而中国哲学所追求的人生最高境界，正是“赞天地之化育”，“为天地立心”。所以，古今哲人大多精心创作过若干哲理诗。历代的哲理诗（诸如玄言诗、步虚词、禅门诗、道学诗等以及言志、咏怀、山水、游仙等其他诗体中也有不少含有哲理的篇什），在中国诗坛占有相当比重，如果裒辑起来，会有很大的数量。但蔚为茂林，必多枯枝。这类哲理诗，易流于仅注意排比一些“理语”入诗，而缺乏“理趣”的涵泳。真能做到哲理与诗心互相凑泊，浑融无间，“如水中盐，蜜中花，体匿性存，无痕有味，观相无相，立说无说，所谓冥合圆显者”，上乘之作，实不多见。故虽邵尧夫、陈白沙等大家，其许多哲理诗作，也难免“徒为理语”、“难入诗格”之讥。

另一类乃是诗人们用韵语所写的对历代哲人的精神风貌、思想精华等进行述评的诗哲学，实为诗化的哲学评论。中国诗人既长于抒情、言志，也善于评史、论学，并在评史、论学中，更能深入到哲学思辨领域，以简驭繁，由一显多，为历代圣哲的灵魂“画像”，寥寥数语，往往传神。例如，陶渊明的《咏贫士》、《读史述九章》中，论及荣启期、原宪等高士和伯夷、叔齐、箕子、七十二弟子、屈原、贾谊、韩非、鲁二儒等哲人，着眼于诸人的人格风神，语约而意深。陈子昂《感遇》中的“吾爱鬼谷子”(咏鬼谷)，王维《偶然作》中的“楚国有狂夫”(咏楚狂接舆)，李太白《古风》中的“庄周梦蝴蝶”，“君平既弃世”(咏庄周、严遵)，唐玄宗《经鲁祭孔子而叹之》“夫子何为者，栖栖一代中”(咏孔丘）等，均论及思想史上的专人，托事显理，体察入微，真如《诗品》所言“超以象外，得其环中”，故成为诗史上的名篇。至于正史中系统的《史赞》，间有涉及思想家者，类多浅近；以《史赞》形式专门论述历史上哲人者，则有朱晦翁之《六先生画像赞》，分别赞述了濂溪（周敦颐）、明道（程颢）、伊川（程颐）、康节（邵雍）、横渠（张载）、涑水（司马光）等六位哲学家，要言不烦，颇中肯綮。今人苏渊雷先生有《风流人物无双谱》之作，以窅窕诗心，尚友古贤，其所敬慕的“风流人物”共三十六位，半属哲学家，半属文学家，人系一绝，简注点睛。如赞司马迁云：“龙门史笔发奇文，独擅千秋一席尊，读到伤心铭骨处，始知血泪铸精魂。”简注除录《报任少卿书》一段外，只从《人间词话》转引了尼采的“一切文字，吾爱以血书者”一语。引而不发，堪称妙笔。但专门以历代哲学家的哲思及行迹为对象的系统诗作，即系统的诗化哲学评论，纵观哲坛，索诸诗史，尚付阙如。

方任安先生，桐城诗人，坎坷求索之奇士也。顷慨然将其新著《诗评中国著名哲学家》一书书稿寄示，临风展读，击节神移，不胜钦佩！深感他老骥伏枥，停云浩歌，洪钟一诺，奋笔十年，终于写成古近体诗六百六十五首，系统地评论了中华古今哲学巨匠八十七人，每人系一小传，诗后缀以必要的史迹和绎注，既便省览，更有意将哲理、诗心、史感三者融为一体。继志前修，踵事增华；神交先哲，招魂玄圃。就其全书体制的一贯性，评及古今哲学家思想的系统性和涵盖性，乃前之所未尝有，实为拓荒补白之力作。

通读《诗评中国著名哲学家》全书，不难发现作者力图对古人思想成果作出平实的概述，公允的评价，不溢美，不苛求；而对一些作者所特别心仪感通的对象，则往往语出自然，意在言外，成为诗化哲学评论的传神之笔。例如，评老子云："自然为法高层美，艺术人生亘古今"；评商鞅云："纵然车裂为秦死，灭旧生新一产婆"；评司马迁云："百家思想同扬弃，一史风骚共月明"；评仲长统云："仲长不失其中杰，疑是长沙去复来"；评柳宗元云："遭逢不幸长沙似，何处招魂岭外天"；又如，化哲学思辨为诗意语言，论二程云："仁者浑然与物同，消融内外更从容"；论叶适云："道原于一成于两，两物相摩变易源"；论方以智云："东西总合终成体，今古纷陈尽是诗"，"错综三五如妙叶，代错无妨变异呈"……凡此，虽尚未完全摆脱"理语"筌蹄，但已力求取精用宏，发掘其中的"理趣"，读之引人入胜。

《诗评中国著名哲学家》中对历代哲人的述评的又一重要特点，是既注意到历史的客观性，历史述评应力求如实和公允，但又毫不隐讳作者倾注其中的主观情思和历史爱憎。因而书中对不同人物及其思想的诗化述评，详略、精粗，抑扬、取舍，各具特色，实际上体现了作者鉴古筹今的价值取向和历史感情。书中，对破旧趋新的改革家和批判思潮的旗手，总赋予更多的表彰和同情。如对管仲、商鞅、庄周、屈原、贾谊、王充、柳宗元、刘禹锡、张载、王安石、陈亮、叶适等，诗与注俱较绵密，且语多褒扬。尤其对明清之际的大批启蒙学者，更是作者纵观历史之后的别具慧解，一往情深，如称王艮为首的泰州学派为具有启蒙意义的“时代新潮”，肯定何心隐“卓尔新思自古稀，不为名教所拘羁”，而李贽更是“发聋振聩”的一面“大旗”；对方以智、黄宗羲、王夫之、戴震、龚自珍、魏源直到章太炎，尤为重视，赞扬他们是“绝世才”，是“哲海奇珍”、“民主先河”，认为他们的学术贡献是“一代哲人集大成”，“擘开门户拓新天”，不愧为“高空传木铎”，“人寰一大师”。如此笔锋带感情的启蒙讴歌，反映了作者的中国哲学史观和反思传统的价值评判意识，与当前某些论者所持的弘扬国粹、反本开新的观点有所不同，读之也足以发人深省。

至于本书的其他特点和优点，读者品味自知，毋庸赘述。

方任安先生与我神交不久，秋水伊人，尚未握晤。我仅从他惠寄的《求索斋诗词》中，略知他的坎坷经历与坦荡襟怀，风雨征途，感慨略同。今又得读他的会心之作《诗评中国著名哲学家》一书，启迪实多。遵嘱草序，期符雅意。言之不足，再缀一律：

耕烟锄玉忒殷勤，种得瑶花灿烂春。
赤水珠还劳象网，兰陵赋就颂蚕云。
庄狂屈狷缘殊性，孔乐佛悲有共因。
一卷高吟入玄圃，契真融美见精神。

一九九五年十月

# 四十五、易道与书法
## ——序屠新时先生《墨韵易经》

一部《易经》，堪称千古奇书。

它是东方最古老的一部元典，却激发起现代人广泛的研究兴趣；它以奇偶错综为原型的简单符号系统，却容纳了巨量的文化信息；它原是一本占卜书，一经理论加工，竟被儒门列为“五经之首”，道家尊为“三玄之一”，成为儒、道两家独一无二的共同经典，成为我泱泱中华的文化传统和哲学智慧的主要活水源头。

经过理论加工，合经传为一体的《周易》，“广大悉备，有天道焉，有人道焉，有地道焉”。《易》兼三才之道，而人道居中。天地自然之道，是人道的依据；又是人顶天立地、仰观俯察、“极深研几”的对象化的认识成果。因此，易道又可三分：“观乎天文，以察时变”的科学易；“观乎人文，以化成天下”的人文易；“是兴神物，以前民用”的神道易。易道乃是我古先民的科学智慧、人文理想与神道意识三者的奇妙综合。三者既相联系，又相区别，且互为消长，与不同时期的社会思潮相激荡而发挥着不同的文化功能。易道内容繁复，显然以人文易为其核心，“神而明之，存乎其人”；而“吉凶与民同患”，“明于忧患与故”的忧患意识，这是中华传统文化中特有的价值观念，又构成了人文易中整个价值理想的思想核心。

《周易》用以表达和论证这些核心思想的致思方式非常平实，既不故作神秘化的夸张，也不单靠概念化的推理，而是用富有真情实感的意象来表白作《易》者在特定的艰危处境下的忧惧心态。“作《易》者其有忧患乎?”“《易》之兴也，其当殷之末世、周之盛德邪？当文王与纣之事邪?”以殷、周之际的政治风云与文王被囚于羑里而演《周易》的史实作背景，凸显出《周易》一书的主旨和特色，在于“其辞危”！“危者使平，易者使倾，其道甚大；百物不废，惧以终始，其要无咎。此之谓《易》之道也。”整个易道的价值取向的重心，正是“居安思危”、“朝乾夕惕”、“外内使惧”、“困穷而通”……“忧患从来启圣知，当年羑里演危辞”。一个“危”字，意象昭然！

一部《周易》，可说是“圣人立象以尽意”的一个特殊的符号系统。作《易》者意识到：造作书契文字是人类跃进到文明时代的标志。但单是书契文字，并不足以表达整个人类的意义世界和精神意境。而“立象”却能“尽意”。即通过“观物取象”、“象其物宜”，琢磨出一套“絜静精微”的易象，以之作为媒介，则可以“类万物之情，通神明之德”。通过易象，就能够把握、洞察或表达有关宇宙、人生的多层意义、意蕴或意境。如八卦之象：☰乾、☷坤、☳震、☴巽、☵坎、☲离、☶艮，☱兑，既可代表天、地以及雷、风、水、火、山、泽等自然物象，又可以象征父、母以及长、中、少三男三女等宗法伦理，且触类旁通而与八方、八风、八音之象等相关联。由八卦重为六十四卦，各有“大象”；每卦六爻积为三百八十四爻，又各有“小象”，所谓“八卦成列，象在其中”。这样的“象”，“其称名也小，其取类也大”，并非反映感觉中的个别物象，而是通过“观物取象”的择取、一定程度的类化和“钩深致远”的综合而形成的意象系统。如䷀（乾）卦的“龙”象，非仅指生物“龙”的由“潜”到“见”、由“跃”到“飞”的过程或“苍龙星”的一年出没规律，而是概指一切事物阳刚之性的健动、升腾、亢进的态势。这就使“易象”符号系统具有极大的包容性。所谓“易道广大，无所不包”，“见仁见智”，任人择取，乃至“百姓日用而不知”的许多潜存的意蕴，也可以不断地被人发掘和阐释出来。

《周易》这一超越名言、特重“意象”的致思思路，对中国传统哲学、宗教、美学、人生修养和艺术创作等方面都产生了巨大的影响。《易传》作者超前两千年清醒地指出：“书不尽言，言不尽意。”名言思辨有其固有的局限性，因而主张“立象尽意”乃至“得意忘言”，这是在名言思辨之外另辟的一条意象思维的途径。“易道”与中国传统书法艺术，在这里找到了深相契合的融通之处。“易道”把认知主体所摄取对象分为“言、象、意”三个层面。认定单靠逻辑化的概念思维（名言）不足以“尽意”，必须通过诗意化的意象思维才能够表达超绝名言的深层意义（意蕴、意境）。陶渊明深达此理，他的名篇：

结庐在人境，而无车马喧。
问君何能尔，心远地自偏。
采菊东篱下，悠然见南山。
山气日夕佳，飞鸟相与还。
此中有真意，欲辩已忘言。

诗人采菊东篱、悠然心远的真实意蕴，已由所见南山、归鸟等意象全盘托出，用不着再加任何文字说明。中国传统书法艺术也可说是深达此理。首先，书法并不脱离中国字及其形、音、义等内涵，乃至原文出处以及历史文化背景等。但是，书法创作乃是对所书文字及其内涵进行另一番艺术加工，还是选择真、草、篆、隶诸体的不同造型，还是对单字笔意、行气疏密与整体章法的精心结构，乃至所书文字的内涵与外形（装裱、色彩）的契合等，都是意象的重新创造，既不脱离又不限于原文字，而旨在重新“立象”，借以“尽意”。此处“尽意”，乃指书法创作中自觉或不自觉地所要表达的深层的“意蕴”(作书者所感受到的人生甘苦、审美意趣、道德情操、时代精神等)。中国书法艺术的创作、欣赏（欣赏也是一种再创作），都实践着依托文字、立象造型、抒发意蕴这样基本的三部曲，恰与易道一脉相通，并且是“圣人立象以尽意”的“易理”在艺术创作方面最生动的实践。中国书法艺术的实践更具有其特殊的独创性和个性化色彩。王羲之留下的书法瑰宝《兰亭序》，历代临摹者不计其数，传世的著名临摹本已不少，而似与不似，皆各具一格；至于功夫厚薄，意境深浅，更是千变万化，千差万别。此正符合“易道”之“唯变所适”，“神无方而易无体”，“通其变，遂成天下之文”。

屠新时君研习祖国书法有年，笃学精思，卓然有成，蜚声海外，而仍缅怀先哲，苦恋神州。近年出版《书法与中国大智慧》(岭南美术出版社，1998）一书，选录古今名言、隽句一百余条，既按其哲思内涵而美之以书法艺术，为求远播，又精译为英文，悦目赏心，已为海内外学人视为珍品。现新时君又出版《墨韵易经》，以精心慎择的书法艺术分别展示《易经》六十四卦的卦象（大象辞)。这正体现了“易道”所谓“圣人立象以尽意”的主旨，正表达了“易道”与书法的深层的意象融合与形神统一。新时君在其书法艺术创作中，力图将中华传统文化长期积蓄的哲学智慧美、诗化情操美、浩然正气美、峥嵘人格美全都熔铸进作品，使得中国书法获得新的慧命和无限活力。这一蕲向，实获我心。乐观其成，喜为之序。

一九九九年元旦序于羊城旅次

# 四十六、船山人格美颂

## ——为纪念王船山逝世三百周年作

## 一

船山一生，风骨嶙峋。时代的风涛，个人的经历，传统文化的教养，学术道路的选择，都促使并激励着他始终执著于“壁立万仞，只争一线”的理想人格美的追求。

青年船山，倜傥不羁。十六岁学诗，“读古今诗十万首”；十九岁读史，“日成博议几千行”；二十四岁乡试，以《春秋》第一中式。诗与史，培育出一个忧时志士的倔强灵魂。

中年船山，出入险阻，投身时代激流，经受了各种复杂矛盾的严峻考验，终于在明清之际“海徙山移”的变局中，“寸心孤往”，“退伏幽栖”。三年多湘南流亡生活，所见民间疾苦，化为笔底波涛，从《易》、《老》两大原典中汲取哲学智慧，披麻衣，拾破纸，在“厨无隔夕之粟”的艰苦条件下，写出了反映时代精神美的光辉著作。

晚年船山，潜隐著书，瓮牖孤灯，绝笔峥嵘。在学术上自辟蹊径，精研易理，熔铸老、庄，出入相、禅，扬弃程、朱、陆、王而复归张载，“推故致新”，“破块启蒙”，别开生面；同时，搔首问天，以诗达志，续梦观生，“内极才情”，充分表露其“胸次”、“性灵”、“独至之微”，直至辛未深秋绝笔之作《船山记》中“赏心”、“遥感”的顽石之美。

船山自我鉴定一生的政治实践和学术活动为“抱刘越石之孤愤”，“希张横渠之正学”，这是理性的选择；而“芜绿湘西一草堂”

的艺境诗心，却与“芷香沅水三闾国”的楚骚传统一脉相承。

## 二

船山哲学，首重“人极”，依人建极，主持天地。所谓“人极”，指人类的特性或文明人类的本质特征。故严于“人禽之辨”、“夷夏之辨”、“君子小人之辨”，认为人的道德自觉和人格塑造有一个由禽到人，由夷到夏，即由野到文，乃至继善成性而超迈流俗的漫长过程。

由此，在天人关系上，反对“任天而无为”，而力主“竭天成能”，“与天争胜”，“以人道率天道”，成为天地的主人；在理欲关系上，反对“灭欲”、“禁欲”乃至“薄于欲”，而主张“人欲之各得即天理之大同”，更强调“人天下之声色而研其理”，“与万物交而尽性”，才算是“立人道之常”；在群己、公私关系上，冲破迷雾，否定“无我”，肯定“有我之非私”，且强调“我者，大公之理所凝也”。有了独立的主体或道德自我，才可能体现出“大公之理”的价值尺度。

因此，在人性论上，船山独树一帜，反对“复性”说，坚持“成性”论，且主张“习与性成”、“继善成性”、“性者生也，日生而日成之也”，依靠主观努力与实践锻炼，人的道德、智慧、才情都在发展中日趋完美。“学成于聚，思得于永”，“新故相推，日生不滞”，“取精用物而性以成焉，人之几也”。船山的“成性”论，为其内在超越流俗，充分实现自我的人格美追求，提供了绵密的理论依据。

## 三

船山多梦，并都予以诗化。诗中梦境，凝聚了他的理想追求和内蕴情结。

“抱刘越石之孤愤”而又“思芳春兮迢遥”，乃船山心中最大情结。故甲申（1644）之后，仍以“续梦”名庵，且举兵衡山，奔驰岭表；庚子（1660）以后，“哀其所败，原其所剧”，居“败叶庐”，写《落花诗》：“旧梦已难续，无如新梦惊。”船山始终在寻觅着“新梦”。

船山特叮咛：“梦未圆时莫浪猜”，足见他确有欲圆而未圆之“梦”，期待后人理解。他曾“抛卷小窗寻蚁梦”，正当此时，写成《噩梦》一书，表明所寻之“梦”，并非虚无缥缈，乃是“苏人之死，解人之狂”的改革设计，并寄希望于未来。但“中原未死看今日，天地无情唤奈何”，有时“拔地雷声惊笋梦”，有时却“蝶魂入梦不惊霜”；有时“雨雨风风，消受残春一梦中”，有时又“青天如梦，倩取百啭啼莺唤”；还梦过“昨夜喧雷雨，一枕血潮奔”的奇景，更有过“眼不稳，梅花梦也无凭准”的迷茫。这纷至重叠的梦影，在船山诗中织成瑰丽的“情中景”。

船山诗境中最突出的还有一个“蟠藕修罗”的梦影。此典出于《观佛三昧海经》，谓阿修罗反抗帝释天，战败，暂时蟠身在污泥藕孔之中。船山早年自比阿修罗，“铁网罩空飞不得，修罗一丝蟠泥藕”，“扯断藕丝无住处，弥天元不罥修罗”，把反抗者虽战败而不屈的意志引为同调。晚年对镜，仍以阿修罗的坚贞自慰：“……别有一线霏微，轻丝飘忽，系蟠泥秋藕。一恁败荷凋叶尽，自有玉香灵透。眉下双岩，电光犹射，独运枯杨肘。无情日月，也须如此消受。”更有为二如长老所题“别峰庵”一联，妙契佛理，仍寄梦想于“藕丝香孔里”的阿修罗，说他终于会“慑尽万缘，神威自振，不教钓艇空归”。

船山诗化了的“梦”，乃其人格美的艺术升华。

## 四

船山之学，以史为归。“史”在船山，非记诵之学，而是可资能动取鉴的镜子。“善取资者，变通以成乎可久。”通过“史”，发现自我的历史存在，感受民族文化慧命的绵延，“鉴之也明，通之也广，资之也深”，可能唤起和培育巨大的历史感。

船山早年“韶华读史过”，晚年“云中读史千秋泪”；衰病余年，奋力写出史论千余篇，全都是读史养志，“引归身心”的自觉实践。

船山善引庄子的“参万岁而一成纯”一语而为之别解：“言万岁，亦荒远矣，虽圣人有所不知，而何以参之？乃数千年以内，见闻可及者，天运之变，物理之不齐，升降污隆治乱之数，质文风尚之殊，自当参其变而知其常，以立一成纯之局，而酌所以自处者，历乎无穷之险阻而皆不丧其所依，则不为世所颠倒而可与立矣！”这样不随风倒的独立人格，“是以笃实光辉，如泰山乔岳屹立群峰之表，当世之是非、毁誉、去就、恩怨漠然于己无与，而后俯临乎流俗污世而物莫能撄”。这是基于历史教养而自觉形成的理想人格的崇高美。

至于这样的人格风貌所观照的祖国的山河大地、族类、历史、声教文物之美，及其所预见的“尽中区之智力，治轩辕之天下”的光辉未来，则《黄书》七篇俱在，璀璨夺目。

## 五

关于人格美的自我塑造，船山首重立志和养志。“人苟有志，生死以之，性亦自定。”立志，就是确立坚定的、恒一的价值取向。强调要“仁礼存心”，超越流俗物质生活，超越个人得失祸福，卓立道德自我，纯化精神境界，实现真正的人的价值。“壁立万仞，只争一线，可弗惧哉！”思想上界限分明，实践中长期磨炼，经得起各种考验。“袗衣、鼓琴而居之自得，夏台、羑里而处之不忧。”养志，就是要始终坚持贞一不渝的志向，并不断地“荡涤其浊心，震其暮气”，“怨艾以牖其聪明而神智日益，退抑以守其坚忍而魄骨日强”，就可以做到“堂堂巍巍，壁立万仞，心气自尔和平”，“孤月之明，炳于长夜”。

“在志者其量亦远。”“量”，是具有一定历史自觉的承担胸怀。持其志，又充其量，就能够“定体于恒”，“出入于险阻而自靖”，面对“生死、死生、成败、败成，流转于时势，而皆有量以受之”。不惶惑，不动摇，不迷乱，“历忧患而不穷，处生死而不乱”，达到对执著理想的坚贞，在存在的缺陷中自我充实，在必然的境遇中自我超越。“此心一定，羲皇怀葛，凝目即在，明珠良玉，万年不改其光辉。”对这一内在人格美的赞颂及其不朽价值的评判，船山曾以韵语托出，字字珠玑：

> 立志之始，在脱习气……
> 潇洒安康，天君无系。
> 亭亭鼎鼎，风光月霁。
> 以之读书，得古人意。
> 以之立身，踞豪杰地。
> 以之事亲，所养唯志。
> 以之交友，所合唯义。
> 唯其超越，是以和易。
> 光芒烛天，芳菲匝地。
> 深潭映碧，春山凝翠。

对此，我们也只能神交心悟，目击道存，如船山所云：“言不能及，眉笑而已。”

一九九二年十月

# 附录　萧萐父先生学行简谱

1924年1月，先生出生于成都西城区一废桑园。小名莽子，初字萐莆，后改为萐父。先生讳萐父，四川井研县人。父萧参（1885—1961，字仲伦），私淑乡贤廖平，早年弃举业参加同盟会，后弃政从学，先后任四川大学、华西大学等校教授。母杨励昭（1897—1984），清代爱国名将杨遇春之后，善诗词、工书画。

1927年　4岁　童年由父母教读，早年耳濡目染左、孟、庄、骚、明清野史笔记，很早对黄宗羲、王夫之等明末清初的学人产生了“历史情结”。廖平、严君平的形象也在先生童年印象中生了根。

1935年　12岁　开始读小学。

1937年　14岁　考入成都县中。校内有扬雄洗墨池。受罗孟祯先生影响，撰写第一篇论史习作即《论史慧》的长文。

1938年　15岁　暑假朱点《史记》、《后汉书》等原典，又旁涉西方文化，在一次学校五题必做的外国史考试中，先生只答有关希腊哲学家的一题，反而意外地得到老师给的高分。

1943年　20岁　3、4月间，先生正读高三，逃学听冯友兰讲人生境界理论，由此搜读了冯先生的“贞元六书”，增进了对哲理的兴趣。与同好办中文墙报《空谷跫音》、英文墙报《Rainbow》，出诗歌专号《狂飙》。先生还手抄诗集《寥天鹤唳》。秋，考入时在四川乐山的武汉大学哲学系，同学仅十几位，所开的课程几乎全是西方哲学。张真如、万卓恒、胡稼胎、朱光潜、缪朗山、彭迪安等教授言传身教，给先生以“智能哺育”和“人格熏陶”。

1945年　22岁　先生倾心作诗，佳句满纸。组诗《峨嵋纪行》为其著者，诗作“回荡着在时代风涛里泅泳者的呼唤和心声”，突出了以诗释理的学术风格，形成了论理（Logic）与抒情（Lyric）并重的“双L情结”。

1946年　23岁　夏，武汉大学迁返珞珈山。先生向金克木先生请教中、西、印文化比较的问题。11月，与其他同好12人发起、编辑《珞珈学报》。12月，参加主持抗议沈崇事件的全校座谈会等活动。

1947年　24岁　5月，先生与庹楫庭、张继达等集资创办的四开四版铅印小报《珞珈学报》正式创刊，第1期印行2000册。武大“六一惨案”后，先生身任学生自治组织的宣传部长，办学运小报，组织五月大游行，以长诗《春雷颂》鞭挞黑暗，期盼黎明，因而被国民党特务列入黑名单。在万卓恒教授指导下，完成大学毕业论文《康德之道德形上学》，全文3万字的论文，参考文献几乎都是英文原著，提出的观点在当时实属前沿。7月毕业，8月离汉回蓉，担任成都华阳县中国文教员。

1948年　25岁　8月，先生撰《原美》，表述了先生对哲学反思与人生慧命的思考，也表达了一生致力于真、善、美相统一的人生志向。

1949年　26岁　5月，加入中国共产党。指导华阳县中学生阅读进步书刊，成立“读书会”，主办《而已》墙报。墙报因思想激进被国民党中统特务魏少申取缔，理由是“煽动人心，侮辱师长”。“读书会”积极响应成都地下党组织“尊师运动”的号召，通过“级联会”组织全校师生，走在四川十八所省立中学“尊师运动”队伍的前列。为《西方日报》主编“稷下”副刊，并被蒙文通先生聘为尊经国学专科学校的西方哲学史教席。开始深入研读马克思主义著作。秋，先生参加接管华阳中学并任副校长。12月底，成都解放，先生受党组织委派作为军管会成员参与接管华西大学，后留任该校马列主义教研室主任。

1953年　30岁　院系调整，华西大学重组，先生留任四川医学院马列主义教研室主任。

1956年　33岁　进中央党校高级理论班深造。是年，武大恢复创办哲学系。

1957年　34岁　春，在京听武大校长李达的重建哲学系的设想，决心应邀重返母校。按办新哲学系的教学需要，转到北京大学进修中、外哲学史，先后选修或聆听过冯友兰、郑昕、朱谦之、张岱年、吴则虞、侯外庐、杜国庠、吕振羽诸贤的专题课或学术演讲。先生常造访贺麟、汤用彤，学业上也得到导师任继愈先生的具体指点。先生在一年多进修期间积极参与了当时有关中国哲学史方法论问题的两次大的讨论，积极参加中国科学院研究所中国哲学史研究室主持的中国哲学史资料选辑工作。先生论史结合、古今通气的创见，受到国内外学术界的广泛关注。20世纪70年代，美籍学者陈荣捷先生编译中国哲学资料汇编时，先生被作为五种新观点的代表者来介绍。在全国反"右派"运动中，先生作为北大哲学系中国哲学史党支部副书记，参加过批判"右派"，也因仗义执言保护同志而被视为"严重右倾"，因此受到"留党察看"的严厉处分。7月初，先生正式调入武大哲学系，任哲学史教研室代主任。先生与李德勇、唐明邦先生提出研读"两典"（马列主义经典著作与中国古典哲学文献）为基石，以清理"藤瓜"（哲学发展的历史线索及其重点）、探索"两源"（哲学理论形成的社会历史根源与认识论根源）为起点，全力置身于中国哲学史课程的教改工作中，使武大中国哲学史课程逐步形成了自己的教学体系和理论风格。

1962年　39岁　11月，先生参与筹办由湖南、湖北两省社联主持的纪念王船山逝世270周年学术研讨会，并向大会提交了《王夫之哲学思想初探》、《试论王夫之的历史哲学》两篇重要学术论文，代表当时船山学研究的水平。此后，先生以船山学专家名世。先生在佛学研究方面成果卓著，是年1月刊发第一篇佛学论文《禅宗慧能学派》，先生有《佛教哲学简介》的打印本讲义；80年代又发表《浅析佛教哲学的一般思辩结构》、《〈古尊宿语录〉校点前言》、《佛家证悟论中的认识论问题》等。先生指导的学生中以佛学研究著名的专家主要有吕有祥、龚隽等。

1966年　43岁　撰成《关于中国哲学史课程改革的几个问题》

等论文，编印近百万字的《中国哲学史》教材，汇编一套《中国古典哲学名著选读》。6 月 7 日，武汉大学批判以老校长李达为首的“珞珈山三家村”。先生受牵连被批斗，前后七次抄家，后又长期下放湖北襄阳广德寺农场。先生囚居野寺，一冬奋笔写成《船山年谱》20 万言，继又草成《船山哲学》10 余万言。

1977 年　54 岁　先生给本科生上课，常脱离教材，旁征博引，拓展很开。先生渴求思想解放，关切国事民瘼，以天下苍生为念，在课堂上动情地背诵郭沫若为杜甫草堂题写的对联：“民间疾苦，笔底波澜。”

1978 年　55 岁　教育部组织九所高校合作编写《中国哲学史》教材，先生与李锦全先生共同主编，先生任第一主编，1982 年 12 月上卷出版、1983 年 10 月出版下卷，陆续印行 10 多次、11 万余套，被国家教委评为优秀教材一等奖，有 10 多所学校采用，培养了两代学人，更被译成韩文与英文，产生了广泛影响。先生开始招收硕士研究生。先生风度翩翩，上《中国哲学史》课妙语连珠，时用机锋，偶把讲坛一拍，作狮子之吼；上“中国哲学史史料源流举要”课，常令学生查勘线装、善本古籍，考究其目录及版本情况，以引类掘新；提倡学习古文最好的办法，是直接读没有标点的文献。先生亲自批解学生的习作，告之以如何修改完善。先生采用开放式教学，常请过往武汉的专家来讲；主张“学无常师”，提倡师生平等切磋学问。学生黄卫平撰文与先生商榷，还被先生推荐发表。先生多才多艺，善诗书雕刻，多方接引后学，每逢开会聚餐，令学生喝白酒。有的同学不胜酒力，又不善诗词歌赋，有一次他说：你们又不会喝酒，又不会吟诗，又不会书法，搞什么中国哲学？撰文《真理和民主》，刊于 1978 年 11 月 16 日《光明日报》，系较早参与真理标准问题大讨论的学人之一。

1979 年　56 岁　到太原出席中哲史学界第一次会议。开始中国辩证法史研究，80 年代中期承接了与此相关的高校博士点基金项目，并指导十多位研究生撰写相关的硕士论文，最终成果是三卷本的《中国辩证法史稿》，先生任总编及第三卷主编。

1981年　58岁　参加杭州举行的首届宋明理学国际学术讨论会，提交论文《中国哲学启蒙的坎坷道路》，后载《中国社会科学》中文版1983年第1期、英文版1983年第2期。先生创造性地发展了我国近代启蒙思想家章太炎、梁启超和40年代在国统区奋斗的侯外庐、杜国庠、邓拓等马克思主义思想史家，及嵇文甫、谢国桢等学者的有关论断。先生认为，中国确乎有过自己的哲学启蒙或文艺复兴，但绝非始于宋代理学，而是始于对整个宋明道学（包括理学和心学）进行否定性批判的明清之际具有异端性格的启蒙巨人。

1982年　59岁被评聘为教授。12月，参与组织的衡阳纪念王船山逝世290周年学术讨论会，提交船山哲学的系列论文——《王夫之的认识辩证法》、《王夫之的自然史观》、《王夫之的人类史观》及《王夫之年表》等，标志着先生之船山学研究上升到了一个新的高度。先生指导的学人中以明清学研究著名的专家主要有许苏民、蒋国保、吴根友等。

1983年　60岁　与汤一介先生共同主编的《熊十力论著集》三卷本，即《新唯识论》、《体用论》、《十力语要》，由中华书局陆续出齐。开始指导郭齐勇、王守常、景海峰、蔡兆华等搜集、整理、点校了九卷本的《熊十力全集》，撰写《编者序言》，指导郭齐勇撰写硕士、博士毕业论文。先生指导下的熊十力遗著整理及研究，获得日、美、港、台学者的高度重视和高度评价。先生指导的学生中以熊十力研究著名的专家主要是郭齐勇。5月，参加呼和浩特蒙古族哲学思想史首次年会，提交论文《马克思主义哲学史观与蒙古族思想史研究》。

1984年　61岁　1月，与陈修斋教授共同主编的《哲学史方法论研究》一书由武汉大学出版社出版。5月，先生主编的《王夫之辩证法思想引论》由湖北人民出版社出版。先生被聘为《中国大百科全书·哲学卷》“王夫之”长条及船山哲学若干范畴等10多条的撰稿人，又被罗马尼亚Lucian Boia教授聘为《国际史学家辞典》中“王夫之”条的撰稿人。5月30日，与唐明邦教授等发起组织了在武汉举行的全国第一届周易学术讨论会，并致开幕词，发表了《〈周易〉

与早期阴阳家言》。这次会议推动了全国的易学研究。9月19日，在第二汽车制造厂党委组织报告会上发表讲话《关于改革开放的文化思考》。

1985年　62岁　12月底，先生筹备、组织的“纪念熊十力先生诞辰一百周年学术讨论会”于黄州举行，海外冉云华、杜维明、成中英及前苏联科学院布罗夫等都是第一次来湖北。会后先生主编了论文集《玄圃论学集——熊十力生平与学术》，1990年由北京三联书店出版。借熊十力会议的机缘，先生指导萧汉明、郭齐勇等在黄州举办了大型的“现代化与中国传统文化”讲习班。先生第一次赴美。先生与吴于廑先生、冯天瑜先生联合组织了“明清文化史沙龙”的学术活动。

1986年　63岁　被遴选为博士生导师。10月，参加浙江宁波国际黄宗羲学术讨论会，提交论文《黄宗羲的真理观片论》。先生一贯重视研究学术要有现实感，研究现实要有历史感，而重视真理与民主问题，为重要表现之一也。

1987年　64岁　开始招收博士研究生。先生在实践中总结出“德业双修，学思并重，史论结合，中西对比，古今贯通”二十字箴言，提倡统合考据、义理、辞章，统合思想与历史的双重进路。先生撰《关于中西文化论争以及传统文化与现代化的历史接合点》(《武汉大学学报》1987第5期)。在80年代的文化大讨论中，先生通过《中国哲学启蒙的坎坷道路》、《中国传统文化与中国启蒙哲学》及相关论文，独标新意，成一家言，先生提出的“明清启蒙史观”深受海内外学者的关注。这一学说主张“从万历到五四”应视为一个同质的、连续的文化历程，应当从中西哲学文化发展轨迹的对比中揭示其同中之异与异中之同，超越中西殊途、体用割裂的思维模式；注意文化发展中一与多、共与殊、常与变的矛盾联结，以及文化的民族性差异与时代性差异的经纬关系；强调应从17世纪以来的曲折发展的启蒙思潮中去发现中国文化走出中世纪、迈向现代化的内在历史根芽，正确地把握传统文化与现代化之间的历史接合点。9月，先生与章开沅、冯天瑜等先生发起的“中国走向近代的文化历程”学术讨论会在华中师大举行。10月底，出席北京香山饭店“梁漱溟思想国际学术研讨会”。

1988年　65岁　冬，出席香港法住文化书院举行的“唐君毅思想国际会议”，此次会议开始了海峡两岸哲学界的互动。先生长期担任中国哲学史学会副会长、湖北省哲学史学会会长、国际中国哲学会国际学术顾问、中国《周易》学会顾问，国际道联学术委员，国际儒联顾问、中国文化书院导师等，多次应邀赴美国、德国、新加坡、中国香港等国家和地区出席国际学术会议或讲学，多次在国内各大城市、各高校作学术演讲。

1989年　66岁　10月，提出了哲学史的纯化与泛化的有张力的统一观，认为以哲学史为核心的文化史或以文化史为铺垫的哲学史，更能充分反映人的智慧创造和不断自我解放的历程。先生是最早具有文化自觉与学科自觉的当代学人之一。先生主张努力改变五四以降中国哲学依傍、移植、临摹西方哲学或以西方哲学的某家某派的理论与方法对中国哲学的史料任意地简单比附、“削足适履”的状况，逐渐建树了“中国哲学”学科的自立性或自主性。开始指导吴根友先生明清价值观近代转型、徐水生先生中国哲学与日本文化的博士论文。

1990　67岁　7月，先生与唐明邦先生等发起的“道家（道教）文化与当代文化建设学术讨论会”在湖北襄阳举行，先生致开幕词。这次会议推动了全国关于道家与道教的研究。此后当代新道家的思潮涌起，先生是发起者之一。先生是一个行动上的儒家和情趣上的道家。会议论文集由先生与罗炽主编为《众妙之门——道教文化之谜探微》一书（湖南教育出版社1991年3月版）。8月，参加庐山《周易》与中国文化学术讨论会，先生致开幕词。

1991年　68岁　出席冯友兰的国际学术研讨会，与田文军教授合撰论文《旧邦新命　真火无疆——冯友兰先生学思历程片论》，后刊发于《中州学刊》1991年第6期。秋，全国博士点整顿，先生因莫须有而被停招博士生达两年之久，加之咳喘得厉害，以“荒斋”名斋。

1992年　69岁　参加海南“中国现代哲学史第二届全国理论研

讨会”，在开幕式上致词。秋，出席康桥“文化中国”之会，与刘梦溪先生同处一室，夜阑，豪语詈叱一小人之不德，威言历历，块垒难平。11 月，提交湖南纪念王船山逝世三百周年学术讨论会论文《船山人格美浅绎》。出席五台山佛教会议。

1993 年　70 岁　先生将关于船山学研究的散篇著作汇编成《船山哲学引论》，由江西人民出版社出版。8 月，参加北大举行的纪念汤用彤诞辰 100 周年学术座谈会，私吟颂诗中名句“漫汗通观儒释道，从容涵化印中西”。先生认为，90 年代以后，学界面临着“世界性的百家争鸣”。先生热切期待各方面的理论准备，呼唤“文化包容意识”、“多元开放心态”，期望“中国传统文化的现代化与西方先进文化的中国化”双向交涵互动，推陈出新，作出新的综合创造，以真正推进中西文化的兼容、互补、合流。

1994 年　71 岁　11 月，参加黄梅禅宗与中国文化国际学术研讨会，并致开幕词。

1995 年　72 岁　与许苏民教授合著《明清启蒙学术流变》，由辽宁教育出版社出版，系“国学丛书”之一。7 月，经北京、洛杉矶到达波士顿出席第九届国际中国哲学大会。8 月，参加宜宾唐君毅思想国际学术研讨会，提交论文《“富有之谓大业”》。同月，由川归汉，参加武汉徐复观思想与现代新儒学发展学术讨论会，在开幕式上作了题为《徐复观学思成就的时代意义》的发言，后载于香港《毅圃》1996 年 9 月第七期。

1996 年　73 岁　8 月，出席长沙纪念石头禅及曹洞宗学术研讨会，提交论文《石头希迁禅风浅绎》。

1997 年　74 岁　与许苏民先生共同主编了《明清文化名人丛书》，从哲学史泛化的角度，考察了明清启蒙学术流变。搬到新居博导楼，次年新居有了暖气，从此结束了近七八年来秋冬南行、春暖回汉的“候鸟”式生活。

1998 年　75 岁　11 月，出席香港“中华文化与二十一世纪”国际学术研讨会，作了题为《“东西慧命几时圆”》的发言。5 月，《中国哲学史史料源流举要》由武汉大学出版社出版。12 月，《吹沙纪程》由上海文艺出版社出版。

1999年　76岁　1月，先生文集《吹沙集》，5月，《吹沙二集》、《吹沙三集》陆续由巴蜀书社出版。10月，出席武汉大学首届郭店楚简国际学术研讨会，在开幕式上发表讲话《楚简重光　历史改写——郭店楚简的价值和意义》。10月，与李锦全主编的《中国哲学史纲要》由外文出版社出版。秋，与夫人卢教授去北京出席国际儒学联合会学术大会，此系先生最后一次去外地开会。先生于是年离休。发起创立湖北省哲学史学会。

2001年　78岁　8月，先生与郭齐勇教授用了12年功夫主编的五百万言九卷十册本《熊十力全集》由湖北教育出版社出版。9月7日，"熊十力与中国文化"国际学术研讨会在武汉大学召开，先生致开幕词。9月，先生与吴根友教授主编的《传统价值：鲲化鹏飞》，由湖北教育出版社出版。

2002年　79岁　在纪念王船山逝世310周年之际，先生与许苏民先生合著的《王夫之评传》由南京大学出版社出版。是书为先生四十年船山学研究的总结性成果，被学者评为"秉承马克思主义解读王船山的集大成者"，"在对王夫之基本精神的把握中，熔铸了作者自身的学术使命"，力图发掘早期启蒙学术思想的"内生原发"的现代性因素，寻求传统与现代的"结合点"。

2004年　81岁　春，武大设置"资深教授"岗位，先生主动放弃申报。7月，郭齐勇、吴根友主编的123万字的《萧萐父教授八十寿辰纪念文集》由湖北教育出版社出版。

2005年　82岁　6月9日，先生的武大同学、与先生风雨同舟、相濡以沫近六十年的卢文筠先生仙逝，先生悲痛万分。卢先生爱梅并擅长画梅，先生则题写诗句的"筠画萐诗"佳话，从此成为绝唱。后来进京小住，先生还对庞朴先生言"我学不了庄子啊！"。9月，出席武汉大学第七届新儒学国际学术研讨会开幕式并发言。

2007年　84岁　6月初，浓缩先生学术精华的四卷本《萧氏文心》由武汉大学出版社出版。先生是当代中国哲学史界少有的诗人哲学家，他晚年一再强调中国哲学的诗性特质，执著地探索 Logic

（逻辑）与 Lyric（情感）的统一，并认定这一特质使得中国哲学既避免了宗教的迷狂，也避免了科学实证的狭隘，体现出理性与感性双峰并峙的精神风貌。他自叙以诗歌升华人生、歌哭由我的超迈："书生自有逍遥处，苦乐忧愁尽化诗。"四卷之一即先生诗集，名为《火凤凰吟》。6 月底，先生出席第十五届中国哲学国际学术研讨会并于开幕式发言。7 月，先生文集《吹沙集》、《吹沙二集》、《吹沙三集》由巴蜀书社推出新版。

2008 年　85 岁　4 月，为武大国学试验班习作刊物《志学》题笺，用繁体竖行题写了几幅，供同学们选用。"5·12"汶川大地震后不久，先生即致电郭齐勇要求捐款，因程静宇先生去他家小坐，就急切地托程先生带了 500 元捐到院里。7 月 16 日，先生坐轮椅，脚肿了，记忆力尚好，还向来访的郭齐勇推荐《炎黄春秋》，谈了儒家道德价值特别是个人道德的重要性，一再肯定儒家核心价值。临走，还提醒女儿萧萌，把李守庸先生托她转送给吕有祥的书让郭带走，便于转交吕教授。7 月 17 日晚，先生因老年慢性支气管炎与肺部缺氧住院。9 月 17 日（农历八月十八）十六时三十分，先生因呼吸衰竭和心力衰竭安详西驾。先生云逝，吊唁者二百余人，出席 9 月 23 日告别仪式者三百余人，唁电函三百多，花圈花篮三百多，媒体网络发表的怀念诗文无数。追悼会上，著名历史学家、华中师范大学前校长章开沅教授慨然叹曰："萧老师学贯古今中西，诗词歌赋皆通，我很佩服他。他对真理的执著、对学术操守的坚持、对学术自由的追求和对学者尊严的维护，有士大夫的品格，其风范、气度影响了几代知识分子。一代学人逝去，是为学殇。"

2009 年　11 月 2—4 日，由武汉大学吴根友教授召集、武汉大学哲学学院与中国传统文化研究中心主办的"国际明清学术思想研讨会暨纪念萧萐父先生诞辰八十五周年"会议在武汉大学珞珈山庄隆重召开，来自德国、日本、新加坡，中国台湾、中国香港等国家和地区的近 40 名海内外学者与会。大会收到论文及纪念文章 30 余篇，并交流了近几年来纪念萧先生的诗、文、联集。学者围绕萧先生"早期启蒙说"及明清学术之间的接续与转进关系，进行了热烈而深入的探讨，既有对萧先生启蒙学说的科学内涵、学术贡献展开的“纯化”（萧萐父先生语）式诠释，也有在比较文化视域、从明清之际这个宏阔的学术背景出发，对明清学术展开了“泛化”式研究。大会论文，部分以《多元范式下的明清思想研究》为名，吴根友主编，2011年8月由三联书店出版；少部分论文以纪念萧先生专题刊发于《人文论丛》2010年卷上，中国社会科学出版社2011年11月出版。

2011年　4月4日上午，由四川师范大学，武汉大学哲学学院、国学院联合主办，四川师范大学政教学院、四川省中国哲学史研究会和四川省朱熹研究会承办的“‘萧萐父先生与蜀学研究’学术研讨会”在四川师范大学召开，60余位学者参加，大会共收到40多篇论文。大会围绕“萧萐父先生所从事的蜀学研究及对蜀学研究的重视”、“蜀学研究的学术价值和现实意义”等议题展开了热烈讨论。

先生是武汉大学中国哲学学科的创建者与学术带头人，武汉大学中国传统文化研究中心学术委员会主任。曾任中国哲学史学会副会长，国际道联学术委员，国际儒联顾问，中国文化书院导师等，著作等身。先生是我国著名哲学史家，独树一帜地提出和论证了“明清启蒙史观”，深受海内外学界关注。先生强调的“中西对比，古今贯通；学思并进，史论结合；德业双修，言行相掩；做人与做学问一致，文风与人风淳朴；统合考据、义理、辞章，统合思想与历史的双重进路”，也是该学科点做人与治学之传统。

先生的德业双修，先生“孔乐佛悲各尽性，庄狂屈狷任天游”的诗人哲学家形象，先生“漫汗通观儒释道，从容涵化印中西”的学术胸襟，包括先生在明清学术上的创见，将永远嘉惠后学。先生的风仪与文章永存！

注：本文编写过程中，参考了郭齐勇师、李维武师、田文军师、吴根友师的相关论说。